WESTPREUSSEN.
Maßstab 1 : 1700000
15 25 35 45 55 65 75
Kilometer
sind doppelt, Kreissitze einfach unterstrichen
Höhen in Metern.
Anschluß s. Karte 22 » Ostseeprovinzen «.
RUSSLAND
OSTPREUSSEN
Kurische Nehrung
Kurisches Haff
Memel
Tilsit
Königsberg
Insterbg.
Gumbinnen
Pillau
Braunsberg
Allenstein
Osterode
Lyk
Goldap
Lötzen
Rastenburg
Ortelsburg
Neidenburg
Soldau
Mlawa
Ostrolenka
Lomsha
Makow
Ostrow
55
54
53
v. Greenwich.
20
Anschluß siehe Karte 21 » Polen u. Westrußland «. 22
v. Warschau

August Ambrassat

Die Provinz Ostpreußen

Ein Handbuch der Heimatkunde

Zweite, neu bearbeitete Auflage

Mit 147 Abbildungen nach photographischen
Aufnahmen und einer Tafel

WEIDLICH REPRINTS
FRANKFURT/MAIN

Unveränderter Nachdruck der Ausgabe von 1912

Gesamtherstellung: Julius Beltz KG, Hemsbach
Printed in Germany
ISBN 3 8128 0017 9

Kennspruch:

Das Wissen von angereihten Tatsachen tut es nicht. Eine Vertrautheit wie die des Kindes mit dem Vaterhause muß das Ziel der Heimatkunde sein.

Friedrich Ratzel.

Vorwort.

Zum zweiten Male tritt mein Ostpreußenbuch seine Wanderung in die Weite an. Sein Aussehen ist jetzt ein ganz anderes als bei seinem ersten Erscheinen im Jahre 1896. So hat es nicht nur einen reichen Bilderschmuck angelegt, sondern zeigt auch im Text wesentliche Veränderungen.

Der Text ist fast durchweg umgearbeitet und neu gestaltet worden. Die Sagen und sagenhaften Erzählungen wurden entweder ganz fortgelassen oder doch erheblich gekürzt. Dasselbe gilt von den geschichtlichen Abschnitten. Der dadurch gewonnene Raum konnte zur Erweiterung der Ortskunde verwendet werden. Eine ausführlichere Behandlung als in der ersten Auflage erfuhren deshalb auch die Natur- und Kunstdenkmäler und die Vorgeschichte. Berechtigte und wohlgemeinte Ausstellungen, die an dem Buche bei seinem ersten Erscheinen gemacht worden sind, haben eine gewissenhafte Berücksichtigung gefunden, die wichtigsten Veränderungen und Ereignisse in der Provinz seit 1896 sind an geeigneter Stelle erwähnt worden, so daß es nunmehr eine möglichst getreue und zuverlässige Darstellung der gegenwärtigen Verhältnisse Ostpreußens bringt. Auch das sprachliche Gewand wurde vielfach verändert. Fremdwörter sind nach Möglichkeit vermieden.

Die Abbildungen wollen zunächst eine gewisse Abwechslung in das Buch hineinbringen. Ihr eigentlicher Zweck ist jedoch, seinen Inhalt zu beleben, zu besserem Verständnisse zu bringen und das Schöne und Eigenartige, das Ostpreußen bietet, besser zu veranschaulichen. Eine große Zahl der Abbildungen ist eigens für die Zwecke des Buches hergestellt worden. Mit dankenswertem Eifer hat sich Herr Hermann Schultz in Königsberg dieser Aufgabe unterzogen. Der Herr Landeshauptmann der Provinz Ostpreußen gestattete gütigst die Vervielfältigung mehrerer Photographien der Bau- und Kunstdenkmäler dieser Provinz, und der Herr Provinzialkonservator ging in liebenswürdiger Weise bei der Auswahl der Photographien aus dem Denkmalarchiv auf meine Wünsche ein.

Das vorliegende Buch ist das Ergebnis einer vieljährigen Arbeit auf dem Gebiete der Heimatkunde. Es beruht nicht lediglich auf dem Studium einschlägiger Quellenschriften am Arbeitstische, sondern vor allem auf der Grundlage des eigenen Forschens an Ort und Stelle. Seit mehr als zehn Jahren habe ich alljährlich in meiner Heimatprovinz längere Reisen gemacht und mir dort Land und Leute angesehen. Ich habe die heimatlichen Hochmoore besucht, die Haffe und Seen befahren, die Leuchttürme bestiegen, Strandwanderungen gemacht, die weiten Heiden durchreist, war bei den Philipponen und Nehrungsbewohnern zu Gaste, kehrte in den Haffdörfern ein, ebenso in den Heidedörfern des südlichen Masurens, sah mir die verschiedensten Ordensburgen an, besuchte die Städte und erkundigte mich unerkannt nach Freud und Leid ihrer Bürger. Kurz, ich ließ nichts unversucht, mir selbst ein getreues Bild von Ostpreußen zu verschaffen. Wo ich nicht hingelangen konnte, holte ich mir schriftliche Auskunft ein.

Allen Behörden, Verwaltungen und Einzelpersonen, die mir bereitwilligst Aufschluß gaben, Quellenschriften und sonstiges Material zur Verfügung stellten, sei aufs herzlichste gedankt. Die Liebenswürdigkeit, mit der mir geholfen wurde, hat manchmal alles Erwarten übertroffen. Es würde ein recht langes Verzeichnis entstehen, wenn ich alle, die mir hilfreiche Hand boten, auch nur mit bloßem Namen aufführen sollte. Einen Mitarbeiter muß ich jedoch besonders erwähnen, nämlich Herrn Lehrer Paul Behrend in Kommerau, der sich der großen Mühe unterzogen hat, das umfangreiche Register aufzustellen.

Möge das „Ostpreußenbuch“ auch in seiner neuen Gestalt Heimatkenntnis und Heimatliebe bei seinen Lesern wecken und pflegen. Und das ist ja der Zweck einer jeden ernstgemeinten Heimatkunde.

Graudenz, im November 1911. **A. Ambrassat.**

Inhaltsübersicht.

Erster Teil.

Das Land.

Zweiter Teil.

Die Leute.

Dritter Teil.

Siedelungen.

Vierter Teil.

Übersichtliche Zusammenstellungen.

Mein Heimatland.

Sie sagen all: du bist nicht schön,
Mein trautes Heimatland,
Du trägst nicht stolze Bergeshöhn,
Nicht rebengrün Gewand,
In deinen Lüften rauscht kein Aar,
Es grüßt kein Palmenbaum:
Doch glänzt der Vorzeit Träne klar
An deiner Küste Saum.

Und gibst dem König auch kein Erz,
Nicht Purpur, Diamant,
Klopft in dir doch das treuste Herz
Fürs heil'ge Vaterland.
Zum Kampfe lieferst du das Roß,
Wohl Tonnen Goldes wert,
Und Männer, stark zum Schlachtentroß,
Die kräft'ge Faust zum Schwert.

Und wenn ich träumend dann durchgeh'
Die düstre Tannennacht
Und hoch die mächt'gen Eichen seh'
In königlicher Pracht,
Wenn rings erschallt am Memelstrand
Der Nachtigallen Lied
Und ob dem fernen Dünensand
Die weiße Möwe zieht:

Dann überkommt mich solche Lust,
Daß ich's nicht sagen kann,
Ich sing' ein Lied aus voller Brust,
Schlag' froh die Saiten an.
Und trägst du auch nur schlicht Gewand
Und keine stolzen Höhn:
Ostpreußen, hoch! Mein Heimatland,
Wie bist du wunderschön!

Johanna Ambrosius.

Heimatland, sei es Moor und Strand
Oder Fluß und Sand,
Es ist daraus etwas zu gewinnen,
Wenn man's nur anschaut mit rechten Sinnen.

Johannes Trojan.

Erster Teil.

Das Land.

I. Allgemeines.

1. Einleitende Übersicht.

Die Provinz Ostpreußen wird noch immer vielfach verkannt, noch lange nicht genügend gewürdigt. Sie genießt aber mit Unrecht, und zwar meist nur aus mangelnder Kenntnis, einen so wenig günstigen Ruf. Sie ist ein schönes und an den meisten Stellen ein reichgesegnetes Land. In mancher Beziehung kann sie sogar Anspruch auf ein ganz besonderes Interesse erheben.

Ostpreußen ist ein schönes Land. Wie häufig haben wir bei uns den Wechsel von Hügel, Tal und Ebene, Wald, Flur und See. Viele Kilometer weit dehnen sich gewaltige Wälder und Heiden aus. Schier unzählig sind unsere Seen, oft umgeben von duftigem Waldesgrün, dessen Pracht sich an den sanft ansteigenden Ufern ausbreitet. Wie oft spiegeln sich dunkle Fichten in den klaren Fluten von Masurens Seen und herrliche Laubwälder in den Wasserbecken des Oberlandes. Prächtig liegen die Inseln und Halbinseln da, die von diesen Gewässern eingeschlossen werden. Wahrlich, wir haben in Ostpreußen manche Stätte, die, was landschaftliche Schönheiten anbetrifft, auch das Herz eines weitgereisten Naturfreundes erfreuen kann. Der samländische Strand wird sogar einem verwöhnten Geschmacke Rechnung tragen. Selbst der nördliche, der vorwiegend ebene und tiefgelegene Teil unserer Provinz hat seine mannigfachen Reize. Sehen wir beispielsweise auf die Niederung des Memeldeltas: da wechseln fast undurchdringliche Forsten, in denen sich noch der Elch, der Repräsentant längst vergangener Zeiten, umhertummelt, mit saftigen Wiesen, auf denen prächtige Rinderherden grasen, und mit weiten, beinahe unzugänglichen Mooren ab. Neben schmalen Wasserrinnen, die von den Zweigen der daranstehenden Waldbäume fast überwölbt sind, durchziehen die mächtigen Stromarme der Memel jene Gegend und enthüllen dem Auge des Wanderers nie geahnte Schönheiten unseres Heimatlandes. Nirgend im ganzen Norddeutschen Flachlande haben wir so viele, so tiefe, so steilrandig eingeschnittene und daher so schöne Flußtäler, als sie bei uns Inster, Angerapp, Pissa, der obere Pregel, die untere Alle, Memel und Dange aufzuweisen vermögen. Auch dieser Umstand trägt dazu bei, Ostpreußen zu einer landschaftlich schönen Provinz zu gestalten.

Ostpreußen ist ein gesegnetes Land. Zwar wächst bei uns nicht der edle Weinstock. Lorbeer- und Zitronenhaine sucht man hier vergebens. Aber der Boden trägt wogende Ährenfelder und grasreiche Weiden und befähigt die Bewohner in reichlichem Maße, der friedlichen Beschäftigung des Ackerbaues und der Viehzucht nachzugehen. Die frühesten sicheren Geschichtsquellen berichten schon von einem ackerbautreibenden Volk in unserem Preußenland, und so muß bereits im grauen Altertume die fruchtbare Ackerkrume des Landmannes Schweiß reichlich gelohnt haben. Sebastian Münster schreibt in seiner „Cosmographie": „Wenn Jupiter vom Himmel fallen sollte, könnte er kaum in ein besseres Land als in dies Preußen fallen." Und Hennenberger erzählt, daß die Bettelmönche, die zur Zeit der Reformation unsere Provinz durchzogen, nicht genug ihre Fruchtbarkeit und ihren Reichtum an fischreichen Flüssen in allen Teilen Deutschlands rühmen konnten. Unsere Wälder bergen viel Wild und große Schätze an nutzbarem Holze. Nach Erzen würde zwar der Bergmann bei uns umsonst graben. Aber höchstwahrscheinlich schon vor Beginn der christlichen Zeitrechnung fand man im heimischen Boden ein Mineral, das bereits die Blicke der alten klassischen Kulturvölker auf unsere Küste lenkte und wie anfangs dem Handel, so auch später dem Gewerbe eine lohnende Stätte eröffnete, nämlich den Bernstein.

Ostpreußen ist ein interessantes Land. Zunächst bietet diese Provinz in geographischer und naturhistorischer Beziehung viel Bemerkenswertes. Blicken wir beispielsweise auf unsere Nehrungen mit ihren Sandfeldern, ihren Dünenhügeln und Oasen. Es sind das Gebiete, die jedem denkenden Menschen Bewunderung abnötigen. Interessant ist die Entstehungsgeschichte des heimatlichen Bodens mit seinen Mooren, Flußtälern, Hügeln und Seen. Nicht minder beachtenswert ist sein geologischer Aufbau. Von den heimischen Bodenschätzen fesselt uns besonders der Bernstein. Die Pflanzen- und Tierwelt Ostpreußens enthält zwar nichts besonders Auffälliges. Sie zeigt aber dem kundigen Auge doch manches Stück, auf dem es nicht nur mit Wohlgefallen, sondern auch mit Interesse ruhen kann. Im Elch haben wir sogar eine Erscheinung der Tierwelt, die in anderen Gegenden des deutschen Vaterlandes nicht vorhanden ist. Ferner ist die Geschichte der Bewohner Ostpreußens reich an interessanten Tatsachen. Zwar reicht sie nicht so weit in die Vergangenheit zurück als die mancher anderen Provinz des Preußischen Staates, aber sie erzählt genug von frohen und trüben Ereignissen, die sich auf heimatlichem Boden in reichem Wechsel abgespielt haben. Ostpreußen kann mit Recht darauf stolz sein, einst das Wirkungsgebiet der großartigen kulturellen Bestrebungen des Deutschen Ritterordens gebildet zu haben. Noch heute legen mächtige Burgen, ehrwürdige Gotteshäuser von jener großen Zeit Zeugnis ab. Die Hochfluten deutschnationalen Lebens haben stets ihre Wogen auch in unsere Provinz hineingeschlagen. Wie stark war beispielsweise hier die Begeisterung zur Zeit der Reformation!

Und denken wir an die Zeit der Befreiungskriege. Ostpreußen hat den Ruhm für sich, das Zeichen zur Erhebung gegen die napoleonische Knechtschaft gegeben zu haben. Hier bei uns im Osten ging der große Morgen des Völkerfrühlings an. Mit Stolz können wir Ostpreußen darauf hinweisen, daß die Geschichte unserer Heimatprovinz in den letzten beiden Jahrhunderten fast mehr als die einer anderen preußischen Provinz der großen Weltgeschichte angehört. Der erste Preußenkönig wußte seine Ansprüche auf den Königstitel hauptsächlich damit zu begründen, daß er nicht allein Kurfürst von Brandenburg, sondern auch Herzog von Preußen war. Ostpreußen ist das Stammland der preußischen Monarchie, die von Friedrich dem Großen in die Reihe der europäischen Großmächte versetzt wurde. Die ostpreußische Provinzialhauptstadt wurde und ist noch heute die Krönungsstadt der preußischen Herrscher. Wohl keine Provinz des Preußischen Staates hat so mannigfache Beziehungen zum Hause der Hohenzollern wie gerade Ostpreußen. Hier hat der Große Kurfürst die Macht der ostpreußischen Stände gebrochen, hier hat Friedrich Wilhelm I. wie ein Vater für die durch die Pest entvölkerte Provinz gesorgt, hier hat „Preußens Genius", die edle Königin Luise, ihre schwersten Dulderjahre erlebt. Von einem Sohne der Stadt Königsberg, dem Geistesheros Kant, ging eine neue Weltanschauung aus. Ostpreußische Soldaten haben in allen Schlachten, in denen sie vor den Feind geschickt wurden, aufs rühmlichste gekämpft, ihre Tapferkeit hat manchen Sieg davongetragen. Eine große Zahl ostpreußischer Männer hat sich auf den verschiedensten Gebieten des wirtschaftlichen und geistigen Lebens einen achtunggebietenden Namen in der Welt der Gebildeten erworben. Wenn Tage der Not über Ostpreußen kamen, Krieg, Pest, teure Zeiten mit rauher Hand in unsere Provinz hineingriffen und viel Elend zeitigten, dann wurden mit festem Gottvertrauen und zielbewußter Tatkraft alle Trübsale, selbst die schwersten, überwunden, und siegreich ging dann ihre Bevölkerung durch Nacht dem Licht entgegen.

Auf dem Gebiete des Verkehrs, des Handels und der Industrie steht Ostpreußen in mancher Hinsicht hinter den meisten Schwesterprovinzen zurück. Darüber wollen wir aber nicht verzagen. Von Jahr zu Jahr wird es besser damit. Das Eisenbahnnetz vergrößert sich ständig. Wasserstraßen werden gebaut und damit manche Schätze unserer Provinz, die bis dahin brachlagen, erschlossen. Kurz: Ostpreußen wird immer mehr hineingezogen in das Getriebe internationaler Berufstätigkeit. Es steht nicht mehr so abgeschlossen wie früher da, allein angewiesen auf die beiden Erwerbszweige Ackerbau und Viehzucht.

Allzeit wird Ostpreußen eine kostbare Perle in der preußischen Königskrone sein. Die Bewohner dieser Provinz werden nach Väter Art treue Wacht an des Reiches Ostmark halten, ihrem König und Vaterlande bis zum letzten Atemzuge dienen und, wie es hier immer Sitte gewesen ist, in opferfreudigster Weise stets eintreten nicht nur für das Wohl und den Ruhm des engeren Heimatlandes, sondern auch für das große deutsche Vaterland. Sie werden stets das Dichterwort beherzigen:

„Ans Vaterland, ans teure, schließ dich an,
Das halte fest mit deinem ganzen Herzen,
Hier sind die starken Wurzeln deiner Kraft.“

2. Der Name Ostpreußens.

Nehmen wir eine Geschichtskarte zur Hand, die uns die Beschaffenheit Europas zur Zeit Christi oder zur Zeit der Völkerwanderung zeigt, so werden wir den Namen „Preußen“ auf ihr vergebens suchen, selbst eine ähnlich klingende Bezeichnung wird nicht zu finden sein. Auch die Karten, die uns die Ausdehnung des Reiches Karls des Großen veranschaulichen, bringen noch nicht diesen Namen. Auf der Stelle, wo wir jetzt unser Ostpreußen aufgezeichnet finden, erblicken wir das Wort Aestier oder Estenland. Mit dem Wort Aestier bezeichnet Tacitus die östlichen Nachbarn der an der unteren Weichsel wohnenden Gotenstämme. Zweifelsohne sind die Aestier Angehörige eines indogermanischen Sprachstammes, den man heutzutage baltischen Sprachstamm nennt, und zu dem einstmals die alten Preußen zählten, die Litauer und Letten noch gegenwärtig gehören. Erst gegen Ende des zehnten Jahrhunderts kommt das Wort Preußen vor, und zwar in der Form „Pruzzi“. Es findet sich ursprünglich in polnischen Urkunden und bezieht sich auf die damaligen Bewohner unseres ostpreußischen Heimatlandes. Das Land wurde „Prucia“, „Pruscia“, auch „Prussia“ genannt. Die Bedeutung dieser Namen ist ungewiß. Pruzzi soll mit dem litauischen Worte protas = Einsicht, Verstand verwandt sein. So haben es die Ureinwohner Ostpreußens ebenso gemacht wie viele andere Volksstämme auch: sie hielten sich ihren Nachbarn gegenüber für das bessere, begabtere, einsichtsvollere Volk. Das Wort „Borussia“ ist der neulateinische Name für Preußen. Es kommt öfter in vaterländischen Gedichten vor. Seit der Königskrönung 1701 ist diese Bezeichnung sogar amtlich bei feierlichen Gelegenheiten gebraucht worden. Sie stammt von einem gelehrten Antiquar aus dem Anfange des sechzehnten Jahrhunderts, der wahrscheinlich an die „Borusker“ des Alexandriner Geographen Ptolemäus gedacht hat.

Der Name „Ostpreußen“ tritt als geographische Bezeichnung zum erstenmal im Jahre 1815 auf. Nach der am 30. April 1815 erfolgten Verordnung über die verbesserte Einrichtung der Provinzialbehörden wurde das bisherige Preußen in die beiden Provinzen „Preußen“ und „Westpreußen“ geteilt. Preußen bestand aus den Regierungsbezirken „Ostpreußen“ mit der Hauptstadt Königsberg und „Litauen“ mit der Hauptstadt Gumbinnen. Im Jahre 1824 wurden aber die Provinzen Preußen und Westpreußen zu einer

Provinz vereinigt und einem Oberpräsidenten unterstellt. Das Gesetz vom 19. März 1877 sprach jedoch die Teilung der Provinz Preußen in zwei Provinzen, Ost- und Westpreußen, aus. Die Teilung selbst erfolgte am 1. April 1878.

3. Die Lage Ostpreußens.

Ostpreußen, die nordöstlichste Provinz des Preußischen Staates, liegt in der nördlich-gemäßigten Zone an der Südküste der Ostsee, und zwar zwischen 52° 54′ und 55° 53′ nördlicher Breite und zwischen 19° 19′ und 22° 54′ östlicher Länge von Greenwich, der Sternwarte bei London. Königsberg hat 54° 42′ nördlicher Breite und 20° 29′ östlicher Länge. Memel, die nördlichste Stadt Ostpreußens, hat mit Tomsk, Moskau, Kopenhagen, Edinburg fast dieselbe Entfernung vom Äquator.

Im Königreich Preußen finden wir zwischen denselben Breitengraden nur die Provinz Schleswig-Holstein. Die genannten Breiten schließen in Europa sonst noch einen Teil des nördlichen Englands und des südlichen Schottlands ein und begrenzen das nördliche Irland. Von Schweden fällt in diesen Gürtel die äußerste Südspitze, während Rußland fast in der Mitte von ihm durchschnitten wird. In Asien befindet sich in derselben nördlichen Breite bereits das unwirtliche Sibirien. Der 56. Breitengrad durchschneidet das Nordende des Baikalsees. Von diesem Grade wird ferner der Südzipfel der Halbinsel Kamtschatka abgegrenzt. Auf der westlichen Halbkugel durchzieht der erwähnte Erdgürtel die südliche Hälfte des Britischen Nordamerikas und bedeckt ferner die südliche Ausbuchtung der Hudsonbai, die Jamesbai.

Was die östliche Länge Ostpreußens anbetrifft, so finden wir unter ihr im hohen Norden die unbewohnte Inselgruppe Spitzbergen, im Süden das Kapland. Von den europäischen Staaten mit derselben östlichen Länge mag nur Griechenland erwähnt sein. Fast unter demselben Längengrade wie Königsberg liegt Belgrad, die Hauptstadt Serbiens.

Die Provinz Ostpreußen bildet den am weitesten nach Nordosten gehenden Ausläufer Mitteleuropas. Sie umfaßt das Flußgebiet des Pregels und das Mündungsdelta der Memel. Auch das Weichselgebiet greift mit einem kleineren Stück in Ostpreußen hinein. Diese Provinz gehört zu dem Landstriche, der sich von den Sudeten, den Karpaten und der Waldaihöhe nach der Ostsee hin abdacht.

4. Die Grenzen Ostpreußens.

Im Norden wird Ostpreußen in einer ungefähren Länge von 225 km von der Ostsee bespült. Die Nordgrenze bildet zwei Bogen, die sich bei Brüsterort treffen. Der westliche Bogen, die Danziger Bucht, ist nach Norden, der östliche, die Cranzer oder Kurische Bucht, nach Nordwesten geöffnet. Die Ost- und Südgrenze wird in einer ungefähren Länge von fast 500 km durch das Russische Reich gebildet. Sie stellt einen ebenfalls nach Nordwesten geöffneten Bogen dar, der im Norden an die Küste stößt, im westlichsten **Punkt** aber etwa 190 km von ihr entfernt bleibt. Westlich grenzt Ostpreußen in der bereits erwähnten Länge von 190 km an Westpreußen.

Die jetzigen Grenzen Ostpreußens fallen nicht zusammen mit denen desjenigen Gebietes, das die alten Preußen bewohnten. Nach dem Ordenschronisten Dusburg wurde das ehemalige Preußenland von der Weichsel, der Memel, dem „salzigen Meer" und Rußland eingeschlossen. Doch sind diese Grenzen, mit Ausnahme der nördlichen, zu weit gezogen. Die Westgrenze wurde entschieden nicht von der ganzen Weichsel, sondern von der Liebe, der alten Nogat und dem jetzigen Nogatarm gebildet. Die Landschaft zwischen Weichsel, Ossa und Drewenz ist von slawischen Volksstämmen, den Lechen, bewohnt gewesen. Der südöstliche Zipfel Ostpreußens, das ehemalige Sudauen, hat ebenfalls nicht den alten Pruzzi gehört. Hier wohnte der Volksstamm der Jadzwinger oder Pollexianer. Dagegen darf man die Sambi, d. h. Samen, die auf dem heutigen Samland wohnten, nicht in Abzug bringen. Nordische Chronisten bezeichneten mit diesem Namen die dortigen Aestier. Auf jeden Fall war aber das alte Preußenland bedeutend kleiner als das heutige Ostpreußen.

Die gegenwärtigen Grenzen, von der Nordgrenze selbstverständlich abgesehen, sind im Laufe der Jahrhunderte allmählich festgestellt worden. Seit der Zeit des Deutschen Ritterordens bestehen Ost- und Südgrenze, und zwar ist letztere älteren Datums als die erstgenannte. Sie ist im wesentlichen auf den im Jahre 1422 zwischen dem Orden und den Polen an dem im heutigen Graudenzer Kreise belegenen Melnosee geschlossenen Frieden zurückzuführen. Die Westgrenze trat nach dem zweiten Thorner Frieden, 1466, nördlich von der Ossa auf eine kurze Strecke an die Weichsel heran. Der größere Teil des heutigen westpreußischen Kreises Rosenberg sowie der östlich der Weichsel gelegene Teil des Marienwerder Kreises fielen nämlich nicht an Polen, sondern verblieben beim Herzogtum Preußen. Durch die Verwaltungsneuordnung vom Jahre 1815 und durch das Gesetz vom 19. März 1877 wurde die Westgrenze Ostpreußens endgültig bestimmt.

5. Größe und Bevölkerungsdichte.

Ostpreußen hat 36 998,75 qkm Flächeninhalt. Davon entfallen auf den Regierungsbezirk Königsberg 14 010,38 qkm, auf den Regierungsbezirk Gumbinnen 10 950,76 qkm und auf den seit 1905 bestehenden Regierungsbezirk Allenstein 12 037,61 qkm. Die größte Entfernung in Ostpreußen von Norden nach Süden, etwa von Nimmersatt bis Mlawka, beträgt rund 300 km und die größte Entfernung von Westen nach Osten, etwa von Güldenboden bis Eydtkuhnen, ungefähr 225 km. Königsberg und Eydtkuhnen liegen 144 km voneinander entfernt. Von Königsberg bis Berlin sind 525 km und von Königsberg bis Cöln 1000 km.

Im Vergleiche zu anderen Provinzen des Preußischen Staates nimmt Ostpreußen, was die Größe anbetrifft, die dritte Stelle ein. Schlesien mit rund 40 300 qkm ist die größte Provinz. Dann folgen Brandenburg, jedoch ohne den Stadtkreis Berlin (er ist durch Gesetz vom 30. Juli 1883 aus der Provinz Brandenburg ausgeschieden und bildet einen Verwaltungsbezirk für sich), Ostpreußen, Hannover, Pommern, Posen, Rheinprovinz, Westpreußen, Sachsen, Westfalen, Schleswig-Holstein und Hessen-Nassau. Die letztgenannte Provinz umfaßt 15 700 qkm, ist also nicht erheblich größer als der Regierungsbezirk Königsberg.

Ostpreußen hat unter allen Provinzen die geringste Bevölkerungsdichte. Es kommen auf 1 qkm genau 55,8 Einwohner, in Pommern 57. Die dichteste Bevölkerung hat die Rheinprovinz mit 263,8 Seelen auf 1 qkm.

Die mangelhafte Bevölkerungsdichte hat mannigfache Ursachen. Was verschiedenen anderen Provinzen unseres Staates eine hohe Bevölkerungsziffer gibt, nämlich ausgedehnter Bergbau, Hüttenwesen, reiche Fabriktätigkeit, alles das fehlt bei uns oder ist doch nur in ganz beschränktem Maßstabe vorhanden. Selbst der Ackerbau liefert nicht gleichmäßige und überall ausreichende Erträge. Es gibt viele unfruchtbare Stellen in unserer Provinz, die deswegen notgedrungen schwach bevölkert sein müssen. Das preußische Hügelland hat nicht selten wenig ertragreiche Bodenarten. In Masuren beeinflußt die Nachbarschaft der großen Seenflächen und der vertorften Seebecken das anstoßende Ackerland zuungunsten reicherer Bodenerzeugnisse, sie halten den Untergrund in zu feuchtem Zustande. Weite Sandfelder, Unmengen von erratischem Geschiebe behindern eine ersprießliche Behandlung des Ackers und bedingen infolgedessen Mindererträge. In Litauen finden sich große Hochmoore und ausgedehnte Grünlandmoore. Weite Niederungsgebiete und verschiedene Flußtäler sind dort häufigen Überschwemmungen ausgesetzt. Alles das hindert die zweckmäßige Bebauung des Landes und beschränkt dadurch auch die Bevölkerungszahl. Die ostpreußischen Waldungen weisen keine Holzindustrie auf, wie sie beispielsweise Thüringen oder der Schwarzwald hat. Zwar sucht man in der neuesten Zeit unseren Holzreichtum mehr industriell zu verwerten, als das früher geschah, eine erhebliche Erhöhung der Einwohnerzahl ist dadurch aber kaum eingetreten.

Nicht mit Unrecht wird von verschiedenen Seiten darauf hingewiesen, daß an der schwachen Bevölkerung Ostpreußens auch die großen Güter schuld tragen. Es gibt nicht selten Güter von 150 ha und darüber. In manchen Kreisen, und oft in den fruchtbarsten, nehmen sie dem bäuerlichen Besitz einen übermäßig großen Raum weg und hemmen somit die Vergrößerung der Bevölkerungszahl. Es ist eine sich häufig wiederholende Erscheinung, daß Güter auf einem ebenso großen Gebiete wie das einer benachbarten Dorfgemeinde nur den dritten, manchmal sogar nur den vierten Teil der Seelenzahl der letzteren haben. Die Zahl der Landgemeinden übersteigt zwar die der Gutsbezirke um mehr als das Doppelte, aber die Einwohnerzahl der ersteren die der letzteren um mehr als das Vierfache.

Am meisten macht sich die mangelhafte Dichtigkeit unserer Bevölkerung in den Kleinstädten bemerkbar. Fast bei allen ist in den letzten Jahren nicht nur ein Stillstand, sondern sogar ein Rückschritt in der Einwohnerzahl festzustellen gewesen. Selbst das Hineinziehen dieser Städte in das Eisenbahnnetz hat keinen erheblichen Wandel zum Bessern gebracht. Der Grund dafür ist in dem Umstande zu suchen, daß Handel und Gewerbtätigkeit hier immer mehr zurückgehen, und eine größere industrielle Anlage durchaus keinen festen Boden fassen kann. Kapitalkräftige Leute lassen sich in solch einer Stadt nicht nieder, und Eingeborene, die in besserer Vermögenslage sind, ziehen nach größeren Städten, oft aus dem Grunde, weil in den Kleinstädten meistens recht hohe Steuerlasten zu tragen sind. Im Rechnungsjahre 1910 wurden in nachstehenden Städten folgende Zuschläge zur staatlichen Einkommensteuer als Gemeindesteuer erhoben: Angerburg 320 %, Bischofsburg 290 %, Frauenburg 290 %, Gilgenburg 300 %, Goldap 300 %, Liebstadt 300 %, Marggrabowa 300 %, Nikolaiken 300 %, Osterode 309 %, Pillau 400 %, Rössel 315 %, Wehlau 285 %, Zinten 285 %.

Zwar hat die überseeische Auswanderung in den letzten Jahren in Ostpreußen erheblich nachgelassen. Aber es finden noch recht häufig Ortsveränderungen nach den größeren Städten und nach den Industriegebieten der westlichen Provinzen statt. Am meisten werden davon die Gegenden betroffen, in denen der Grundbesitz vorwiegend ist. Die Zahl der sogenannten Inst- und Gutsleute wird von Jahr zu Jahr geringer. Die Güter müssen sich zum größten Teile mit Tagelöhnern oder mit russischen und galizischen Saisonarbeitern begnügen. Nach den größeren Städten der eigenen Provinz, jedoch noch mehr nach Berlin, ziehen Dienstboten und unverheiratete junge Arbeiter. Letztere gehen dort in Fabriken, oder sie leisten bei Bauten Handlangerdienste. Der Leutemangel ist darum bei den ostpreußischen Landwirten an der Tagesordnung. Er hindert oft erheblich eine durchgreifende Bestellung des Bodens und erschwert den gesamten wirtschaftlichen Betrieb in hohem Maße. Die natürliche Folge davon ist, daß deshalb die Bevölkerungszahl in absehbarer Zukunft nicht zunehmen kann.

Noch ein Umstand mag erwähnt werden, der auf die Bevölkerungsziffer Ostpreußens einen nachteiligen Einfluß ausübt, nämlich die russische Grenzsperre. Die Einwohnerzahl unserer Provinz würde entschieden wachsen, wenn zwischen den beiden Nachbarreichen ein regerer Grenzverkehr herrschte und Handel und Wandel dadurch mehr belebt würden.

6. Das Wappen Ostpreußens.

Im Mittelschilde hat das große Wappen unserer Provinz im silbernen Feld einen schwarzen, goldbewehrten, rotgezungten Adler, dessen Haupt mit der königlichen Krone geschmückt ist. In der rechten Klaue hält er das goldene Königszepter, in der linken einen blauen, goldbereiften und goldbekreuzten Reichsapfel. Die Flügel sind mit goldenen Kleestengeln besteckt. Auf der Brust des Adlers steht der Namenszug König Friedrichs I., die verschlungenen Buchstaben F. R. Über dem Mittelschild erhebt sich ein gekrönter Helm.

Als Schildhalter steht rechts auf graubraunem Marmorpostament ein wilder, um Haupt und Hüfte laubbekränzter Mann, der sich mit dem inneren Arm auf den Schild lehnt, links ein Ritter in vollem goldverzierten, stahlfarbenen Harnisch und Helm, mit geschlossenem Visier, goldenen Stachelsporen, mit natürlichem Lederanschnallriemen, goldbordierten Stahlhandschuhen und umgürtetem Schwerte mit goldbeschlagener schwarzer Scheide, dessen Knopf und Parierstange golden ist. Der Griff ist schwarz mit silbernen Verzierungen. Der wilde Mann hält mit der freien Faust eine goldbefranste Standarte mit herabhängenden schwarzsilbernen Schnüren an goldener Lanze mit durchbrochener goldener Spitze, in der der verschlungene goldene Namenszug F. R. erscheint. In dem mit goldenen Nägeln angenagelten weißen Fahnentuche zeigt sich der königlich preußische heraldische Adler, den Kopf nach der inneren (Wappen-)Seite wendend.

Der Ritter als linker Schildhalter trägt über dem Harnische von der rechten Schulter zur linken Hüfte eine schwarz-weiß abgeteilte Schärpe mit ebensolchen Fransen und hält den Schild am oberen Rande mit der rechten Hand. Seine Helmfedern tragen die ostpreußischen Farben, schwarz-weiß. Das von ihm gehaltene Banner hat dieselbe Lanze wie die des rechten Schildhalters, doch ist hier der Namenszug in der Spitze im Spiegelbilde sichtbar. Das Fahnentuch selbst enthält den Adler wie im Schilde. Die Quastenschnüre tragen die Provinzialfarben.

Das mittlere Wappen hat nur den Schild und ist anstatt des Helmes mit der preußischen Königskrone geschmückt. Als Schildhalter erscheinen hier ebenfalls der wilde Mann und der Ritter.

Das kleine Wappen hat den königlich preußischen freischwebenden heraldischen Adler, dessen Brust der goldene königliche Namenszug ziert.

II. Bodenbeschaffenheit.

Heimat.

Den Raum, wo du gewachsen bist, den halte hoch und wert:
Dein Glück und dein Gedeihen ist nur an der Heimat Herd.

O Heil dem Mann, der wohnen kann, wo seine Wiege stand:
Da sieht ihn alles freundlich an, was ihn als Kind gekannt.

Das Brünnlein und der Gartenzaun, der Nußbaum auf dem Plan
Mit treuen Augen auf ihn schau'n als alten Spielkumpan.

Hausgeister hüpfen rings um ihn, sein Schutzgeleit zu sein,
Und jede Straße grüßet ihn, ihm redet jeder Stein.

Und wem die Welt ins Herz gezielt, — Heil, wer nach Haus entrann:
Die Scholle, drauf das Kind gespielt, sie heilt den wunden Mann.

Felix Dahn.

1. Entstehung der gegenwärtigen Bodenverhältnisse.

Der heimatliche Boden verdankt seinen gegenwärtigen Zustand vor allem der Diluvialzeit. Sie drückte seinem Relief die bezeichnenden Züge auf, schuf die verschiedenartigen Talfurchen, grub höchstwahrscheinlich auch die zahlreichen Seebecken und schenkte uns das anbaufähige Ackerland. Denken wir uns die diluvialen Bildungen fortgenommen, so würden auf weite Strecken unfruchtbare Quarz- und Glimmersande der unmittelbar vorhergegangenen Erdentwicklungszeit, des Tertiärs, den ostpreußischen Boden bilden. Allerdings vollzog sich seine diluviale Ausgestaltung auf einem Gebiete, das bereits früher, vor allem in der Tertiärzeit, seine bestimmten Umrisse erhalten hatte.

Noch vor nicht zu langer Zeit hielt man die auf das Tertiär folgenden Diluvialschichten für eine Schöpfung des Meeres. Man nahm nämlich an, daß da, wo sich heute das Norddeutsche Tiefland ausdehnt, zu dem auch Ostpreußen gehört, in diluvialer Zeit die Wogen eines gewaltigen Meeres rollten, dessen Südküste durch den gegenwärtigen mitteldeutschen Gebirgszug gebildet wurde. In Verbindung mit dieser Annahme stand die Drifttheorie, nach der die im gesamten Flachlande verbreiteten Geschiebe als größere und kleinere Steinblöcke auf gewaltigen Eisschollen, die von den skandinavischen Gebirgszügen auf dem Diluvialmeere südwärts schwammen, hierher geführt sein sollen. Neuerdings hat sich jedoch die Inlandeistheorie allgemeine Anerkennung verschafft[1]). Ihre Grundzüge sind kurz folgende:

Im Laufe der Tertiärzeit ging von den Polargebieten eine starke Abkühlung der Erdkugel aus. Am deutlichsten machte sie sich in der heutigen nördlich-kalten Zone bemerkbar. Dort konnten kurz vor Beginn dieser Wärmeabnahme Gewächse fortkommen, deren Verwandte gegenwärtig nicht mehr nordwärts über den Wendekreis hinausgehen. Noch während der mittleren Tertiärzeit wuchsen in Nordgrönland, wo sich heutzutage ungemessene Eiswüsten erstrecken, immergrüne Wälder. Die mittlere Jahreswärme hat sich in jenen Gegenden seit damals um rund 30° erniedrigt. Welches die Ursachen jener merkwürdigen Erscheinung gewesen sind, hat man mit Sicherheit noch nicht feststellen können. So viel ist aber erwiesen, daß die Wärmeabnahme keine plötzliche gewesen ist. Sie schritt sehr langsam vor und trieb in gewissen Zeitabständen eine Tier- und Pflanzenwelt nach der anderen südwärts, bis endlich bei Beginn der Diluvialzeit oder des Quartärs die heutige Tier- und Pflanzenwelt vom heimatlichen Boden Besitz genommen hatte. Allein sie konnte ihren Platz nicht behaupten. Die Wärmeabnahme dauerte fort. Schließlich war die Eiszeit da. Durch ihre gewaltigen Gletschermassen, die eine Mächtigkeit von 1000—1200 m aufzuweisen hatten, übte sie die größten Einflüsse auf die Oberflächengestaltung des Bodens aus. Die Gletscher wirkten sowohl während ihres Vorwärtsschreitens als auch bei ihrem Schmelzprozeß auf das Aussehen und die Beschaffenheit unseres Bodens bestimmend ein.

Langsam schritten die Gletscher in der Richtung von Norden nach Süden über unsere Provinz hinweg. Auf ihrer Bahn rissen und rieben sie vermöge ihrer Schwere von dem Boden, über den sie sich fortschoben, gewaltige Erd- und Gesteinsmassen los und führten sie als Grundmoräne mit sich. Als Spuren ließen sie tiefe Taleinschnitte und breite Erdmulden zurück. Oft brachten sie auf ihrem Rücken leichtere und schwerere Felsstücke, heute Findlings- oder erratische Blöcke genannt, südwärts. Sie bildeten während der Wanderschaft des Gletschers seine Seitenmoränen. Einstmals sind sie von den steilen Bergwänden, an denen sich der Gletscher vorbeischob, auf ihn herabgefallen. Die Grundmoräne des Inlandeises bildet gegenwärtig den in Ostpreußen so häufig auftretenden Geschiebemergel.

[1]) Die Drifttheorie stammt von dem englischen Geologen Charles Lyell, während die Inlandeistheorie von dem schwedischen Geologen Otto Torell aufgestellt worden ist.

Als die Gletscher auftauten, entströmten ihnen gewaltige Wassermassen, von denen wir uns jetzt schwer einen Begriff machen können. Selbstverständlich wirkten auch sie mitbestimmend auf die Oberflächengestaltung des heimatlichen Bodens ein. Die an der Spitze des Gletschers aus dem Gletschertore hervortretenden Bäche gruben sich nicht nur ein tiefes Bett, sondern sie schafften den mitgebrachten und vorläufig schon zur Ruhe gekommenen Moränenschutt noch weiter und lagerten ihn als Sand, Grand oder Schotter an ganz neuen Stellen ab. Entschieden ist die weite sandige Gegend, die dem masurischen Hügellande südlich angelagert ist und sich bis zur Drewenz erstreckt, durch diese Tätigkeit der Gletscherbäche entstanden. Die Schmelzwasser haben aller Wahrscheinlichkeit nach auch die eigentümliche hüglige oder „kupstige" Oberfläche jenes Gebietes erzeugt, die vom Gletscherstock ausgerissenen Erdvertiefungen teilweise gefüllt und dadurch Becken abgegrenzt, die noch heute diesen oder jenen masurischen See darstellen.

Nicht mit Unrecht wird der Gletschertätigkeit auch die Bildung der ostpreußischen Erhebungen zugeschrieben. Wenngleich sie in ihrem Kern unzweifelhaft älteren Ursprungs sind, so ist doch sehr fraglich, ob sie schon vor der Eiszeit als ausgesprochene Hügel vorhanden gewesen sind. Entschieden erhielten sie ihre endgültige Gestaltung erst durch die Gletscher. Einige Hügel sind geradezu als Anhäufungen des Moränenschuttes zu bezeichnen. Dieser Schutt sammelte sich in größeren Mengen vor allem da an, wo der Gletscher zur Ruhe und zum Schmelzen gelangte. Hier bildete sich die Endmoräne.

Die charakteristische Endmoräne des heutigen Galtgarbens.

Ostpreußen ist daran nicht arm. Ein ganzer Gürtel von Endmoränen zieht sich südlich von Bischofsburg über Passenheim nach Jedwabno. Ein mächtiger und deutlich erkennbarer Moränenzug beginnt westlich von Gr. Stürlack und zieht sich am Westufer des Verschmintsees bis zur Nordwestecke des Deiguhnsees hin. Er zeichnet sich durch mächtige Geschiebepackungen und Kieseinlagerungen aus. Erwähnenswert sind ferner die Endmoränen bei Engelstein und Drengfurt sowie der Endmoränenzug im nordwestlichen Samland, der im Galtgarben seine höchste Erhebung erreicht.

Höchstwahrscheinlich ist die Eiszeit kein zusammenhängender Entwickelungsabschnitt des heimischen Bodens gewesen. Zeiten der Vereisung haben mit eisfreien Zeitabschnitten abgewechselt. Man ist geneigt anzunehmen, daß er mindestens zweimal vom Inlandeis überzogen worden sei, und will deshalb eine ältere und eine jüngere Eiszeit unterscheiden. Zwischen beiden soll ein längerer Zeitabschnitt gelegen haben, der wieder ein verhältnismäßig warmes Klima hatte. Dieser Zeitabschnitt wird Zwischeneiszeit genannt. Diese zweimalige Vereisung bedingte auch eine doppelte Ablagerung des Geschiebemergels, nämlich eine untere und eine obere Schicht sowie eine obere und eine untere Grundmoräne. Zwischen beiden Bildungen fand man Sandschichten mit eingebetteten Lagern des sogenannten Diluvialtorfes. Neuerdings will man jedoch das Vorhandensein einer Zwischeneiszeit bestreiten. Vor allem glaubt man für Ostpreußen nicht genügend sichere Anzeichen für eine wiederholte Vereisung zu haben.

So ist der heimatliche Boden hauptsächlich ein Erzeugnis der Diluvialzeit mit seiner Gletschertätigkeit. Es ist nicht ausgeschlossen, daß zur Tertiärzeit oder während der Zwischeneiszeit längere Überflutungen stattgefunden haben. Versteinerte Überreste von Meeresbewohnern aller Art lassen darauf schließen.

2. Beschaffenheit des Bodens in geologischer Hinsicht.

a) Das Vortertiär.

Bis vor einigen Jahrzehnten hat man in Ostpreußen ältere Schichten als das Tertiär nicht gekannt. Durch Tiefbohrungen sind jedoch an mehreren Stellen der Provinz vortertiäre Bildungen nachgewiesen worden. So findet man die dazugehörige Kreide in unserer Provinz in mehr oder weniger bedeutender Tiefe entweder unter dem Tertiär oder, was häufiger ist, unmittelbar unter dem Diluvium. Ibenhorst ist der nördlichste Punkt Ostpreußens, wo man Kreide durch Bohrung angetroffen hat. Ferner erbohrte man Kreide bei Heilsberg, bei Judtschen und Heinrichswalde. Auch der Untergrund der Provinzialhauptstadt und der samländische Boden zeigen an manchen Stellen Kreidebildungen. Was in unserer Provinz beispielsweise bei Gr. Steinort an Kreide zutage tritt, ist jedoch nicht bodenständiges Gestein, sondern als Geschiebe in Gestalt mächtiger Schollen hierhergelangt.

Einzelne Schollen liegen auch in der Erde und sind somit vollständig verhüllt, so bei Tapiau, Osterode, Frauenburg. Bei Mohrungen hat man sogar zwei übereinanderliegende Schollen gefunden.

Älter als Kreide sind die Jurabildungen. Man zählt dazu hauptsächlich Kalk- und Sandstein. Davon ist bei uns aber sehr wenig zu finden. Was hier vorkommt, ist ebenfalls als Geschiebe zu bezeichnen. Und zwar entstammen die ostpreußischen Jurageschiebe unzweifelhaft dem Jura, der in Kurland und an manchen Stellen des russischen Litauens unmittelbar unter dem Diluvium anzutreffen ist.

Noch ältere Bildungen als die der Jura hat man innerhalb unserer Provinz nur zu Purmallen, 6 km nördlich von Memel, ermittelt. Unter dem Diluvium, dem Tertiär und der Juraschicht fand man dort rotgrauen Kalksand, ferner grauen und rötlichgrauen Schieferton und andere Bestandteile, die zu den Devonschichten unserer Erdrinde gehören. Steinsalz, das ebenfalls zu den Bildungen gehört, die älter als die der Jura sind, hat man in Ostpreußen nirgend erbohrt. Wohl aber befindet sich in Gr. Ponnau auf den Uferanhöhen des Auerbaches eine Salzquelle. Sie enthält 0,64 % Salz. Früher muß der Salzgehalt beträchtlicher gewesen sein. Der Orden hatte hier nämlich lohnende Salzwerke errichtet. In den Jahren 1857 bis 1859 sind Bohrungen veranstaltet worden. Doch hatten sie wenig befriedigende Ergebnisse. Trotzdem besteht noch immer die Hoffnung, daß bei Gr. Ponnau noch einmal Salz gewonnen werden wird. Hin und wieder sind in Ostpreußen auch Mineralquellen entdeckt worden. 1898 fand man in Königsberg auf der Vorstadt den Luisenbrunnen, der ein dem Selterwasser ähnliches Getränk liefert. In dem Dorfe Thuren bei Gumbinnen wurde 1784 ein mineralischer Sauerbrunnen entdeckt, der zu Badezwecken Verwendung fand. Dem großen Andrange von Genesungsuchenden genügte aber die eine Quelle nicht. Man bohrte nach weiteren Quellen, wodurch aber der Hauptquelle der Zufluß abgeschnitten wurde. Sie blieb verschwunden. Heute weiß man nicht einmal ihre Stelle mehr.

b) Das Tertiär.

Es tritt in Ostpreußen nur an wenigen Stellen, beispielsweise an der Steilküste des Samlandes, und dann auch nur in einem recht begrenzten Umfang aus der Diluvialschicht hervor. Die zur Tertiärzeit lebenden Säugetiere gehörten zum größten Teil Gattungen an, die wir noch heute haben. Verschiedene Tierarten damaliger Zeit sind allerdings schon lange ausgestorben. Die in der Tertiärschicht eingeschlossenen Hölzer deuten auf eine damalige durchschnittliche Jahreswärme von 17 °. Es muß also in jener Zeit in Ostpreußen dasselbe Klima geherrscht haben, das heute etwa Süditalien hat. Zum Tertiär gehören die bei uns allerdings nicht bedeutenden Braunkohlenlager und die Blaue Erde, die den Bernstein birgt.

Braunkohlenschichten hat man in unserer Provinz, vom nordöstlichen Teil abgesehen, an verschiedenen Stellen gefunden, so z. B. im Samland, wo sie am Strande manchmal bloßliegen. Weiter finden wir Braunkohlen in den Höhen bei Heilsberg. Doch ist das dortige Lager nicht so bedeutend, daß eine bergmännische Ausbeutung lohnend wäre. Versucht hat man eine solche mit dem Lager bei Grünmühle in der Nähe von Hohenstein. Doch ist es beim Versuche geblieben. In der Mitte der neunziger Jahre des vorigen Jahrhunderts wurden bei Willenberg Braunkohlenlager entdeckt. Aber auch hier hat man bis jetzt auf einen bergmännischen Abbau verzichtet. Die heimische Braunkohle sieht man als Ablagerungen eines Meeres der mittleren Tertiärzeit an, das sich allmählich in nordwestlicher Richtung zurückzog, nachdem es organische Gebilde aller Art begraben hatte. Aus ihnen bildeten sich dann die Braunkohlenflöze.

Der Bernstein gehört seiner Entstehung nach in die ältesten Zeiten des Tertiärs. Damals grünte nahe dem heimatlichen Boden der Bernsteinwald, dessen harzreiche Bäume uns noch heute das „ostpreußische Gold" liefern. Es wird in der sogenannten Blauen Erde gefunden. Sie hat eine rauchgraue Farbe, die ins Bläuliche, oft auch ins Gelbliche spielt, fühlt sich sandartig an und ist hauptsächlich an der Küste Samlands, ungefähr von Pillau bis Brüsterort, anzutreffen. Bei Palmnicken liegt sie etwa 15 m unter dem Meeresspiegel. Sie muß entschieden weiterhin auf dem Grunde des Meeres zutage treten. Heftige Stürme, die das Meer aufwühlen, spülen nämlich oft Bernsteinstücke los. Von West- oder Nordweststürmen werden sie mit Tang- oder Seegrasmassen ans Ufer geworfen. Die bernsteinführende Blaue Erde ist auch im Innern des Samlandes erbohrt worden. Ob sie sich aber sonst noch in Ostpreußen findet, ist ungewiß. Zwar hat man selbst im südlichen Masuren nach Bernstein lange Zeit mit Erfolg gegraben, aber man fand ihn hier nicht im Tertiär, sondern im Diluvium. Er ist dorthin mit dem Moränenschutte verschleppt worden. Es dürfte überhaupt in Ostpreußen keine Feldmark geben, auf der nicht vereinzelte Bernsteinstücke gefunden worden sind. Bei Friedrichshof und Willenberg wurde nach den Befreiungskriegen in den Wäldern längere Zeit nach Bernstein gegraben, den man dort oft in „großen Nestern" antraf. In manchen Jahren gewann man für 9000—12 000 Mark Bernstein. Allerdings war der Erfolg der Gräberei eine Glückssache, nahm später auch von Jahr zu Jahr mehr ab. Weil dadurch der Waldwirtschaft großer Schaden zugefügt wurde, so hat der Staat das Verpachten von Waldflächen zu diesem Zweck aufgegeben, und die Bernsteingräberei Masurens ist eingegangen. Außerdem hat man Bernstein im Kurischen Haff, in den Torfmooren bei Prökuls und nördlich von Polangen im Heidesande gefunden. Im September 1911 stieß man im Dorfe Gr. Bertung, Kreis Allenstein, beim Brunnenbohren in einer Tiefe von 26 m auf ein Bernsteinlager. Nachdem eine 20 m dicke Sandschicht durchbrochen worden war, folgte eine 2 m dicke Schicht von blauem Ton (Schluff), dann kam eine 2 m dicke ganz grobe Kiesschicht und schließlich feiner nasser Sand. Darunter lag eine Schicht von vordiluvianischem Koniferenholze. Sie scheint ein mächtiges Bernsteinlager zu bedecken. Der Bohrer förderte etwa 1½ kg reinen Bernstein zutage. Es wies alle Farben von Hellgelb bis Tiefdunkel auf. Die Zeit wird lehren, ob dies zufällig entdeckte Lager abbaufähig ist. Das Berliner Naturalienkabinett enthält das größte Stück dieses kostbaren Minerals. Es stammt aus dem Kreise Gumbinnen, wo es im Jahre 1803 auf einer Wiese in Gemeinschaft von Findlingsblöcken gefunden wurde. Es hat die Gestalt eines Brotes, ist 37 cm lang, 21 cm breit, 14 cm dick und wog fast 7 kg. Sein Wert wird auf 120 000 Mark geschätzt.

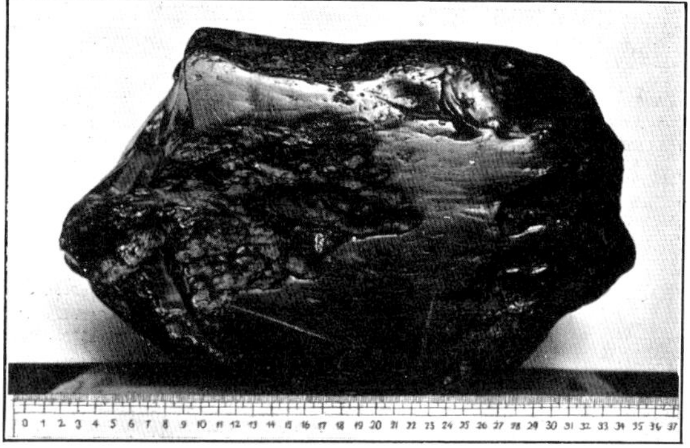

Das größte Stück Bernstein. Aufbewahrt im Mineralogisch-Petrographischen Museum der Universität Berlin.

c) Das Diluvium.

Das Diluvium, der bei weitem vorherrschende Bodenbestandteil Ostpreußens, besteht aus Trümmern, Schutt und Resten aller mineralischen Bildungen, die der Gletscher auf seinem Wege traf und in seine Grundmoräne mit aufnahm. Wir finden deshalb in ihm die verschiedensten Gesteinsbrocken, vom feinsten Ton- und Quarzstaube bis zu Granit- und Kaltblöcken von recht erheblicher Größe. Die mächtigste Schicht führt den Namen Geschiebe- oder Diluvialmergel. Sie liegt meist obenauf, ist von gelblicher Farbe und besteht aus einem unregelmäßigen Gewirre von erratischen Blöcken, grobem und feinem Sande, Staub und Ton. Bedeutend ist der Gehalt des Geschiebemergels an kohlensaurem Kalke. Der Reichtum an Kalk stammt entweder aus den Juraschichten Estlands oder von den anstoßenden Kreidefelsen der westlichen Ostseeküste. Er ist durch die Grundmoräne hierhergebracht worden. Am häufigsten findet er sich in Masuren. In früheren Jahren bildete dort die Kalkbrennerei eine wichtige Einnahmequelle. Gebrannter Kalk wurde bis nach Königsberg verfrachtet. Heute dient die Kalkbrennerei fast nur noch dem örtlichen Bedarf. Ihre Bedeutung wird sich aber nach Fertigstellung der masurischen Schiffahrtsstraße entschieden wieder heben.

Noch reicher als an Kalk ist Masuren an erratischen Blöcken. So finden sich beispielsweise an den Ufern des Spirdingsees weite Gemarkungen, auf denen es nur unter Aufbietung aller Kräfte möglich ist, die Schwierigkeiten zu beseitigen, die die Steine der Landwirtschaft bereiten. „So oft man auf manchen Strecken auch die obere Schicht wegräumt, der Pflug bringt wie aus einem unerschöpflichen Born immer neue Massen ans Tageslicht.“ Allerdings muß zugegeben werden, daß die heimischen Findlingsblöcke anderseits von großem Nutzen sind. Sie bilden ein vorzügliches Bau- und Pflastermaterial. Schon dem Deutschen Ritterorden boten sie einen schätzbaren Rohstoff für seine Bauwerke. Nicht nur die Fundamente der Ordensbauten sind daraus aufgeführt worden, sondern auch vielfach deren Mauern. Selbst einige Ordenskirchen sind aus Findlingsblöcken gebaut worden. Sogar in gegenwärtiger Zeit finden sie für Bauzwecke häufige Verwendung. Auf einer Reise durch Ostpreußen erblickt man große Stallungen und Scheunen, deren Mauern aus „Feldsteinen“ errichtet worden sind. Nicht minder sind diese Steine bei den Wasserbauten unserer Häfen, Schleusenanlagen und Flußregulierungen geschätzt. Aus heimischen Findlingsblöcken werden jetzt auf den Hügeln dem Fürsten Bismarck Gedächtnistürme errichtet. Mächtige Feuergarben leuchten am Geburtstage des eisernen Kanzlers von ihnen weit über die ostpreußischen Fluren.

Einzelne Findlingsblöcke haben gewaltige Ausdehnungen und bilden bemerkenswerte Naturdenkmäler, die als Wahrzeichen der Vergangenheit künftigen Geschlechtern zu erhalten sind. Sie bestehen zumeist aus Gneis oder Granit. Bei einigen findet man noch als Spur des Eistransportes, durch den sie aus dem Norden hierhergebracht wurden, den Gletscherschliff. Er ist erkenntlich an den parallelen Rissen, die sich auf den ganz besonders glatten Flächen zeigen. Zu diesen Naturdenkmälern sind zu zählen: 1. Der Griffstein bei Bischofstein. Sein Umfang wird auf 20—25 m geschätzt. Die Höhe beträgt 3,2 m. Er ist Eigentum der Stadt Bischofstein, und sein Bild ziert das Wappen dieser Stadt. 2. Der Kaiserstein im Schutzbezirk Buchwalde, Kreis Allenstein, der dem Andenken Kaiser Wilhelms I. geweiht ist. Er bildet einen Obelisk von 1,80 m Höhe und ist mit 90 Eichen umpflanzt. 3. Der Bartensteiner Bartel. Seine Größe ist zwar nicht sehr bedeutend, doch trägt er merkwürdige Figuren, die jedenfalls aus heidnischer Vorzeit stammen. 4. Der Teufelstein im Omazatal, Kreis Heiligenbeil. Er war jedenfalls ein heidnischer Opferstein. 5. Der Teufelsblock in Kl. Tauerlauken, Kreis Memel. 6. Der Tatarenstein bei Neidenburg. Er ist etwa 4,5 m lang und 1,7 m hoch. Sein Name erinnert an den Tatareneinfall im Jahre 1556. Große Findlingsblöcke liegen auch im Gebiete der Kernsdorfer Höhen, ferner bei Rastenburg und bei Rössel. Man kann dreist

Der Bartensteiner Bartel.

behaupten, daß sie da am häufigsten sind, wo sich Endmoränen finden. Fast an alle knüpfen sich Sagen, in denen der Teufel eine große Rolle spielt. Die erratischen Blöcke helfen vielfach das Landschaftsbild beleben. Aus mancher purpurbraunen Heidefläche tauchen sie wie „gewachsene" Felsen hervor. Die meisten sind mit einer grauen Verwitterungskruste bedeckt, in der sich dunklere Flecken und Ringe abheben, die durch Flechten und Moose gebildet werden. Dieser Pflanzenschmuck ist nordischer Herkunft. Er wanderte wahrscheinlich zu derselben Zeit hier ein, als die Findlingsblöcke auf dem Rücken der Gletscher südwärts getragen wurden.

Der Tatarenstein bei Neidenburg.

Wo der Geschiebemergel an der Oberfläche liegt, da ist er durch die Einflüsse der Witterung vielfach entkalkt und zu Lehm[1]) geworden. Die Lehmdecke ist von verschiedener Dicke, oft 4 m stark. An einzelnen Stellen greift sie zapfenförmig in die darunterliegende unveränderte Masse des Geschiebemergels hinein. Im allgemeinen ist sie für den Ackerbau recht günstig, liefert auch brauchbares Material für Ziegel und Dachsteine. Für die Tonwarenindustrie ist der Lehm aber nicht so wichtig wie der Tonmergel, der sich meistens in größerer Tiefe befindet. Dieser gehört zu den diluvialen Schlamm-

[1]) Der Lehm besteht aus kieselsaurer Tonerde, feinem und gröberem Quarzsand und Eisenoxydul. Letzteres gibt ihm eine bläuliche Färbung. Wo es jedoch durch Einwirkung kohlensäurehaltigen Wassers in Eisenoxydhydrat, Eisenrost, übergegangen ist, da hat der Lehm eine rötlichgelbe Farbe erhalten.

gebilden, ist ebenso wie der Lehm aus dem Geschiebemergel entstanden und durch fließendes Wasser nach und nach angeschwemmt worden. Meistens ist er wagerecht gelagert. Es finden sich aber auch Tonschichten von schräger und geworfener Richtung. Dies rührt jedenfalls von dem großen Drucke der einstmals darüber gelagerten Gletscherschichten her, vielleicht aber auch von der Unebenheit des Tertiärbodens, die eine stärkere oder geringere Strömung des anschwemmenden Wassers bedingte. Im nördlichen Teil Ostpreußens gibt es Stellen, wo sich der Tonmergel auf den Geschiebemergel legt. Er heißt dann Deckton. Sein Kalkgehalt ist aber, da er an der Oberfläche sehr den Einflüssen der atmosphärischen Luft unterworfen ist, recht gering. Zu den diluvialen Schwemmgebilden gehört auch der Sand. Er tritt vielfach zutage und bietet dann dem Ackerbau schwere Hindernisse. Im südlichen Masuren gibt es Gegenden, wo der Boden viele Kilometer weit nur aus Sand besteht. Die Schmelzwasser der vorzeitlichen Gletscher haben sämtliche leichten Bodenbestandteile ausgeschlämmt und fortgeführt und nur den schwereren Sand zurückgelassen. Hier hat der Staat in letzter Zeit große Striche der Ödländereien angekauft und ist mit allem Eifer bestrebt, sie aufzuforsten und dadurch nutzbar zu machen.

An einigen Stellen der Provinz hat sich der Sand durch die Einwirkung von aufgelöstem kohlensauren Kalk zu Diluvialsandstein umgebildet. Man findet dieses Gebilde, das nur bei ganz oberflächlicher Betrachtung mit dem wirklichen Sandsteine zu verwechseln ist, an der samländischen Nordküste, auf den linken Ufergehängen des Memelstromes von Eisseln bis Ragnit, ferner an den Steilufern der Rominte und am Frischen Haff bei Brandenburg. Eine starke Schicht losen Diluvialsandes tritt hier zwischen dem oberen und unteren Geschiebemergel zutage. Durch Regen- und Schmelzwasser ist in dem oberen Geschiebemergel kohlensaurer Kalk gelöst worden. Diese Lösung hat sich mit dem Sande verbunden und ihn gewissermaßen zusammengekittet. Dadurch ist nun im Lauf ungezählter Jahre eine gesteinsähnliche Masse entstanden, die aber keineswegs den Witterungseinflüssen standhält. Als Bau- und Pflasterstein läßt sich der Diluvialsandstein nicht verwenden.

Die obere Diluvialschicht ist das Ergebnis der jüngsten Vereisung. Sie ist von geringerer Mächtigkeit als die früherer Zeiten. Ihre größte Stärke mag etwa 7 m betragen. Aus diesem Umstande will man folgern, daß sie kürzere Zeit angedauert habe als die erste Vereisung. Die Versteinerungen jedoch, die sich in den oberen Diluvialschichten vorfinden, gehören nicht der letzten Vereisung an, sondern sind als Geschiebe dorthin gekommen. Dasselbe gilt auch von den bei uns in vielen Kiesgruben gefundenen Diluvialmuscheln.

Der bereits erwähnte Tonmergel ist ein Erzeugnis der frühesten Vereisung. Er lagert häufig auf dem sogenannten Bänderton. Man versteht darunter die durch Schmelzwasser abgesetzten und geschichteten Sandmassen und farbigen Tone, die unmittelbar auf dem Tertiärboden lagern. Die Schichten des unteren Geschiebemergels sind beispielsweise bei Angerburg in einer Stärke von 114 m nachgewiesen worden. Eigentümlich ist an ihm, daß er stets selbst an solchen Stellen, wo er oberflächenbildend auftritt, doch bald unter den oberen Geschiebemergel hinuntergeht.

Auch die Zwischeneiszeit hat ihre Ablagerungen hinterlassen, die oft eine Dicke von 50 m erreichen. Die Oberfläche unserer Provinz ist während dieser Zeit höchstwahrscheinlich mit einer starken Pflanzendecke geschmückt gewesen. In dem sogenannten Diluvialtorf hat man zahlreiche Überreste von Verwandten der heutigen Waldbäume gefunden. Die bedeutenden Lager an Diluvialkohle, einem Mitteldinge zwischen Torf und Braunkohle, lassen auf eine beträchtliche Dauer dieser Entwicklungszeit schließen. Diluvialkohle hat man im Dangetale bei Gwilden und nördlich von Memel bei Purmallen gefunden. Ferner deuten der Diatomeenmergel, der aus einzelligen Algen mit einem überaus zierlichen und mannigfach gestalteten Kieselpanzer entstanden ist, und von dem man bei Szuggern, Wilmsdorf und Zinten bedeutende Schichten gefunden hat, ebenso die Lager diluvialer Süßwasserkonchylien bei Kiwitten auf eine lange Zwischeneiszeit hin. Merkwürdig ist, daß in den Zwischeneiszeitschichten sogar Meermuscheln gefunden worden sind, und zwar in derselben Gemeinschaft, in der die gleichen Arten noch heute im Kattegatt leben. Man will daraus den Schluß ziehen, daß während der Zwischeneiszeit ein Teil des heimatlichen Bodens vom Meer überflutet gewesen sei, und spricht darum vom Interglazialmeer. Dieses Meer erstreckte sich etwa von Gerdauen, Bartenstein und Zinten bis Dirschau, Mewe und Marienwerder. Man bezeichnet es als eine Eigentümlichkeit Ostpreußens. In Pommern hat man beispielsweise bisher in dem Diluvium keine Meermuscheln gefunden.

Die Stärke der ostpreußischen Diluvialschichten ist sehr verschieden. Nördlich der Pregellinie ist sie — vom äußersten Nordosten allerdings abgesehen — gering, etwa 20—30 m. Im Kreise Darkehmen, in Dinglauken und Weedern, hat man aber Schichten bis über 150 m Stärke erbohrt. Bei der Stadt Lyck ist die Diluvialschicht 163 m stark, und bei dem Bahnhofe Tollmingkehmen konnte man sie in der bis jetzt erreichten Tiefe nicht durchbrechen.

Am Schlusse des Diluviums war die Urmemel, die im jetzigen Pregeltal ihr Bett hatte, der bedeutendste Abfluß des vereisten Gebietes. Der große Wasserreichtum dieses Stromes war imstande, eine gewaltige Menge von Sinkstoffen, selbst groben Kiesen mitzuschleppen, die sich nach und nach in der Uferlinie ablagerten. In diesen Kiesen finden sich Knochen diluvialer Säugetiere, die einst den heimatlichen Boden bewohnten. Zu diesen Säugetieren gehören Mammut, Urrind, Elch, Auerochs, Bär, Eisnashorn, Wildpferd.

d) Das Alluvium.

Unter Alluvium versteht man die Bodenbildungen der historischen Zeit bis zur Gegenwart. Sie sind bedingt durch die Einflüsse von Wind und Wetter und des tierischen und pflanzlichen Lebens. Vor allem greift hier der Mensch mitbestimmend ein. Das Alluvium ist keine Neuschöpfung, sondern lediglich eine Umgestaltung der Diluvialschichten, dann aber auch ein Zerstörungsprodukt tierischer und pflanzlicher Gebilde der Gegenwart. Alluvium und Diluvium zusammen heißen Quartär und sind die jüngste Erdentwicklungsstufe. Zu den besonders wichtigen Gebilden des Alluviums zählt man in Ostpreußen die Dünen der Nehrungen, die weiten Moorflächen und das Sumpferz. Auch das Memeldelta ist zu einem gewissen Teil eine Schöpfung des Alluviums.

Die Entstehung der **Dünen**[1]) ist auf die Wellenbewegungen der Ostsee und die diese Bewegungen hervorrufenden Winde zurückzuführen. Jede, auch die kleinste Welle schleudert eine gewisse Menge Sand an den Strand. Diese ist naturgemäß um so größer, je stärker die Wellenbewegung ist. So formen sich bescheidene Uferwälle, die kaum getrocknet ein Spiel der Winde werden. Kleine Hindernisse, beispielsweise ein Gesträuch, ein Baumstumpf, ein Stein, sogar ein Grashalm, halten den Sand auf. Es bildet sich eine kleine Erhebung und mit ihr der Kern einer Düne. Einzelne Sandhügel werden durch weitere Sandzufuhr vereinigt, und so entsteht eine Dünenkette, die allmählich immer höher und breiter wird. Von der Seeseite steigt die Düne sanft an. Die Seite nach dem Haff ist meistens erheblich steiler, weil hier die Sandmassen im natürlichen Böschungswinkel abfallen. Hier befindet sich auch der sogenannte Windschatten, das ist die Stelle, wo der Sand vor dem Winde geschützt ist und wenigstens vorübergehend zur Ruhe kommt. Ihre Hauptrichtung erhält die Düne von den herrschenden Winden. Diese kommen fast immer aus Westen oder Nordwesten, und demnach fällt sie mit der Richtung der Nehrung selbst zusammen. Oft wehen auf den Dünen gewaltige Wirbelwinde. Die Nehrungsbewohner sagen dann: „Die Düne raucht." Die Entstehung dieser Winde sucht man sich durch die ungleichmäßige Erwärmung der Luftschichten, die sich über der Nehrung befinden, zu erklären. Die Nehrung mit ihren mächtigen, verhältnismäßig sehr pflanzenarmen Sandstrichen bildet im Sommer zwischen Haff und Meer ein stark erwärmtes Gebiet. Die Luft sucht sich schnell auszugleichen. Infolgedessen entstehen Wirbelwinde, die in wenigen Augenblicken Orkanstärke annehmen, aber ebenso schnell aufhören, wie sie gekommen sind. Natürlich üben sie einen großen Einfluß auf die äußere Gestaltung des Dünenhügels aus, da sie den

[1]) Das Wort Düne soll von dem keltischen Worte dun = steiler Hügel, Berg herkommen. Im Italienischen und Spanischen entspricht es dem Worte duna, im Französischen dune. Im Englischen heißt es down oder sanddown.

fliegenden Sand in großen Mengen mitführen und ihn anderwärts hintragen. Die den Gipfel der Düne besonders kräftig treffenden Winde pressen dagegen den Sand fest zusammen und schärfen ihn zu einem schmalen Grate zu.

Jeder Wind, selbst der schwächste, übt auf die nicht von einer Pflanzendecke geschützte Düne einen mächtigen Einfluß aus. Er treibt sie unaufhaltsam weiter nach Osten, so daß sie Dörfer, Wälder, Friedhöfe usw. mit ihren Sandmassen verschüttet, um sie nach vielen Jahren, wenn sie darüber vollständig hinweggeschritten ist, wieder freizugeben. Schließlich ertränkt sich die Wanderdüne im Haff, nachdem sie vorher durch ihre gewaltige Schwere dessen Boden am Ufer emporgedrückt hat.

Die Niederschläge, die auf diese Sandberge herabfallen, sickern durch ihre durchlassenden Schichten schnell nach unten und sammeln sich in den Vertiefungen des Nehrungsgeländes an. Selten treten sie als Quellen zutage, weil der lose Sand sie daran hindert. Oft steigt das Niederschlagswasser nur bis zu einer bestimmten Höhe unter der Oberfläche empor und hält den Sand in der Schwebe. So entstehen die Triebsandstellen[1]). Sie sind am Fuße der Düne gar nicht selten zu finden. Menschen und Tiere, die da hineingeraten, können leicht zu Schaden kommen. In dürren Sommern trocknet die Oberfläche der Triebsandstellen so aus, daß sie eine feste Decke bildet, die einen Menschen tragen kann; doch ist diese Decke immer trügerisch. Kenntlich ist die Triebsandzone, die oft mit einer artenreichen Algendecke versehen ist, an ihrem stets etwas dunkleren Aussehen. Gräbt man hier eine Rinne auch nur von geringer Tiefe, so sammelt sich recht bald Wasser an, das von süßem Geschmack und der vielen Luftbläschen wegen manchmal von milchiger Farbe ist.

Im Triebsand eingesunkenes Fuhrwerk.

Die Dünen Ostpreußens sind von besonderer Mächtigkeit. Sie erreichen z. B. bei Pillkoppen auf der Kurischen Nehrung eine Höhe von mehr als 60 m. Auf der Frischen Nehrung sind sie erheblich niedriger. Werden sie von den Sonnenstrahlen getroffen, so gleichen sie, aus der Entfernung gesehen,

[1]) In neuester Zeit machen sich Stimmen gegen diese Erklärungsweise geltend. Es ist aber noch nicht gelungen, eine treffendere zu finden.

blendend weißen Schneebergen. Der Dünensand besteht größtenteils aus Quarz, enthält aber auch Feldspat, Hornblende und Glaukonit. Auf der Frischen Nehrung soll der Dünensand reicher an Feldspat als auf der Kurischen Nehrung sein. Dies ist wohl auch der Grund, warum auf der ersteren die Böschungen nicht so regelmäßig und steil als auf der letzteren sind. Es kommen auf jener Rutsche und Überstürze vor, die auf der Kurischen Nehrung am Fuße der Wanderdüne überall fehlen.

Die **Moore** bedecken etwa $4\frac{1}{2}$ % der heimatlichen Bodenfläche. In einigen Kreisen überschreiten sie jedoch diesen Prozentsatz ganz erheblich. So bilden schätzungsweise die Moore im Kreise Neidenburg 6 %, Memel und Pillkallen 7 %, Angerburg 9 %, Ortelsburg 10 %, Johannisburg 11 %, Lötzen 12 %, Tilsit 13 %, Niederung 22 %, Labiau 24 % und Heydekrug sogar über 30 % des gesamten Geländes. Ostpreußen hat sowohl Hochmoore als auch Grünlandmoore.

Die Hochmoore entstehen in der Regel auf undurchlässigem schweren Lehmboden, der den Tagewässern gar keinen oder doch nur einen sehr geringen Abfluß gestattet, ebenso das Grundwasser zurückhält. Die erste Ansiedlung von Moorpflanzen findet sich stets auf dem festen Untergrunde. Diese Pflanzen, vor allem die Torfmoosarten, sind die Baumeister der Hochmoore. Das Torfmoos ist äußerst hygroskopisch und hält nicht nur die Feuchtigkeit des Bodens fest, sondern vermag auch noch diejenige der Luft an sich zu ziehen. Die Feuchtigkeit ist aber seine erste Lebensbedingung. Unter ihrem Einflusse schreitet das Wachstum des Torfmooses schnell vorwärts. Jede andere Pflanzengattung wird dadurch allmählich verdrängt. Auch wird durch die dichte, polsterartige Beschaffenheit der Torfmoosarten der Boden gegen die Einwirkung der atmosphärischen Luft so weit abgeschlossen, daß er dauernd unfähig gemacht wird, eine weitere Pflanzendecke zu erzeugen. Zugleich zeichnen sich die Torfmoose dadurch aus, daß sie, obwohl ihre unteren Teile absterben, auf den toten Schichten ihrer eigenen Gattung immer neuen Nachwuchs entstehen lassen. Bei diesem fortgesetzten Wachstume hebt sich das Hochmoor bis zu 6 m und mehr über seine Grundfläche empor. Es gleicht dann einem gewaltigen, mit Wasser durchtränkten Schwamme. Doch dehnt es sich nicht allein in die Höhe aus, sondern nimmt auch ständig an Flächenausdehnung zu. So überzieht es ehemals fruchtbares Ackerland und bedeckt benachbarte Wälder. Nur eine ausreichende, zweckmäßig angelegte künstliche Entwässerung kann ihm haltgebieten. In chemischer Beziehung kennzeichnen sich die Hochmoore durch große Armut an Kalk und Stickstoff. Der aus ihnen gewonnene Torf enthält im Mittel nur 1,9 % Asche. Trotzdem hat er wegen seines hohen Wassergehaltes und seiner lockeren, schwammigen Beschaffenheit nur einen geringen Brennwert. Ihre Heimat ist vorwiegend Ostpreußen. Außerdem finden sie sich noch in Hannover und im südlichen Bayern.

Die Grünlandmoore bilden sich auf stillstehendem oder doch nur schwach fließendem Wasser, das einen großen Reichtum an Pflanzennährstoffen aufzuweisen hat und dazu etwas kalkhaltig ist. Die Pflanzendecke, die sich auf solchem Wasser ausbreitet, enthält kein Torfmoos, sondern vor allem Riedgräser und andere höher organisierte Wasserpflanzen, z. B. Seggen, Simsen, Wollgräser, Froschlöffel- und Rohrkolbengewächse. Fallen sie dem Verwesungsprozeß anheim, vertorfen sie, so entstehen im Lauf ungezählter Jahre die Grünlandmoore. Am häufigsten geschieht das in flachen Seebecken. Die Vertorfung selbst erfolgt meistens vom Ufer aus. Sie kann aber auch an Flüssen, Bächen, Rinnsalen, die sich in das Seebecken ergießen, eingeleitet und befördert werden. Durch die Zufuhr verschiedener Sinkstoffe wird das Becken immer flacher, und Wasserpflanzen aller Art, die nach ihrer Verwesung Torfschichten bilden, erhalten so Gelegenheit, festen Fuß zu fassen. Endlich können auch schwimmende Wasserpflanzen die Vertorfung kleiner Wasserbecken herbeiführen. Die Decke, die sie bilden, vergrößert und verstärkt sich von Jahr zu Jahr. Sie tritt aber nicht erheblich über die Wasseroberfläche hervor, sondern sie verdichtet sich entweder, oder sie sinkt in dem Maße, wie sie schwerer wird, tiefer in das Becken hinein und verdrängt dessen Wasser mehr und mehr, bis es schließlich ganz mit Torf ausgefüllt ist. Grünlandmoore bilden sich auch manchmal zu beiden Seiten träge dahinfließender Wasserläufe. Dergleichen Moore haben wir in Ostpreußen in größerem Umfange beispielsweise im Pregel- und Frischingstal und zu beiden Seiten der Deime. Der aus den Grünlandmooren gewonnene Torf enthält im Mittel 9% Asche. Doch hat er vermöge seiner Festigkeit eine größere Heizkraft als der den Hochmooren entstammende.

Die heimischen Moore sind das Ergebnis einer in ihrer Dauer nicht abzusehenden Entwicklungszeit. Ihre Schichten geben oft ein recht treues Bild früherer klimatischen und pflanzlichen Verhältnisse. Und da sich im Torf alle Überreste von Lebewesen sowie Erzeugnisse menschlicher Werktätigkeit lange erhalten, so wird uns auch eine bescheidene Kunde von den ehemaligen Bewohnern gegeben, und zwar in derselben Reihenfolge, in der sie hier gelebt haben. Unter den tierischen Resten sind solche der Süßwasserschildkröte besonders bemerkenswert. Von den zahlreichen Früchten und Samen kommen vor allem die der jetzt in Mitteleuropa aussterbenden Wassernuß in Betracht. Bemerkenswert ist, daß sich in der Regel unter den Grünlandmooren reiche Lager des für die Landwirtschaft äußerst wertvollen Wiesenmergels hinziehen.

Das **Sumpferz**, das auch den Namen Raseneisenstein führt, ist hauptsächlich ein Produkt der Humusstoffe. Diese lösen das im Boden befindliche Eisenoxydul auf und führen es in eine innige Berührung mit dem Sauerstoffe. Letzterer verwandelt die so entstandene lösliche chemische Verbindung in das unlösliche Eisenoxydhydrat, das vermöge seiner Schwere zu Boden sinkt und sich dort ansammelt. Es sind darum humusreiche Bodenflächen wie Wiesen und Brücher, die zudem einen nicht zu geringen Feuchtigkeitsgehalt haben, der Bildung des Sumpferzes besonders günstig. Hier wird das Eisen um die Wurzeln abgeschieden und bleibt schließlich liegen. Bei der Weiterentwickelung der Pflanzendecke kommen neue Eisenmengen hinzu, bis endlich Schichten von ganz erheblicher Stärke geschaffen worden sind. Für gewöhnlich ist dem Sumpferze Phosphorsäure beigemengt, manchmal bis zu 10% und darüber. Dieser hohe Phosphorgehalt macht das Sumpferz leicht schmelzbar, beeinträchtigt aber nicht unwesentlich die Festigkeit der aus ihm hergestellten Gußwaren.

Für die Landwirtschaft ist der lagernde Raseneisenstein sehr schädlich. Er macht den Boden undurchlässig und verhindert seine ausreichende Durchlüftung. Besonders häufig kommt er in Masuren vor und hier vor allem in den ärmsten Gegenden. Schon in vorgeschichtlicher Zeit mag es im südlichen Teil Ostpreußens Anlagen gegeben haben, in denen Sumpferz verarbeitet worden ist. Vor 300 Jahren etwa sind dort noch sechs Hochöfen in Betrieb gewesen. Eine ganze Anzahl von Schlackenhaufen legt heute noch Zeugnis von der alten ostpreußischen Eisenindustrie ab. Der bedeutendste Hochofen in neuerer Zeit befand sich in Wondollek. Er wurde im Jahre 1805 in Gebrauch genommen und bezog das Rohmaterial nicht nur allein aus der nächsten Umgebung, sondern auch aus dem 1795 bei der dritten Teilung Polens an Preußen gefallenen Neuostpreußen. Die aus dem Eisen gegossenen Gegenstände fanden in der ganzen Provinz einen guten Absatz. Im Jahre 1811 brachte das Wondolleker Hüttenwerk sogar Stabeisen auf den Markt. Durch die Abtrennung Neuostpreußens (1807) verlor es jedoch sein wichtigstes Abbaugebiet und mußte nun das nötige Rohmaterial bis aus der Ortelsburger und Willenberger Gegend beziehen. Trotzdem brachte es noch befriedigende Erträge. Noch in den sechziger Jahren wurden etwa 5000 Zentner Gußwaren, darunter 55000 Stück rohe und emaillierte Kochgeschirre, und etwa 1200 Zentner Schmiedeeisen gewonnen. Außer Köhlern und Eisengräbern beschäftigte damals das Werk etwa 50 Fabrikarbeiter. Anders wurde es in den siebziger Jahren. Fabrikation und Absatz gingen allmählich zurück. Der Weltmarkt trat in einen zu erfolgreichen Wettbewerb. Die mangelhaften Verkehrsverhältnisse erschwerten außerdem zu sehr den Versand. So hat der Staat dieses Unternehmen als zu wenig nutzbringend eingehen lassen müssen (1878). Rohmaterial ist auch heute noch vorhanden. Allerdings lagert es in Nestern, deren Ausdehnung eine ungleich große ist. Es gibt solche von der Größe eines Quadratmeters, aber auch solche, die einen Hektar fassen. Darum ist es nur eine Frage der Zeit, ob nicht die alte Eisenindustrie Masurens in irgendeiner Form noch wieder ins Leben gerufen werde. Auch ließe sich das Sumpferz seines hohen Phosphorgehaltes wegen in fein pulverisiertem Zustand als Düngemittel verwenden. Ebenso könnte der Reichtum an Phosphorsäure, der sich in den Schlackenhaufen der alten Hochöfen findet, der Landwirtschaft nutzbar gemacht werden.

3. Das Relief der Provinz Ostpreußen.

Wenn wir auch nur oberflächlich eine Höhenschichtenkarte dieser Provinz betrachten, so finden wir, daß ihr ganzer nördlicher Teil mit sehr geringen Ausnahmen flach ist und das Vorland zu dem im Süden gelegenen hügeligen Teile bildet. Die wenigen Erhebungen des nördlichen Teiles sind die Höhen des Samlandes und die noch bescheideneren Hügel am Memel- und Jurafluß östlich von Tilsit. Sonst bilden Abwechselungen in dieser weiten Ebene mit ihren fruchtbaren Äckern, herrlichen Wiesen, unzähligen Wasseradern, großen, oft unzugänglichen Hochmooren die Flußtäler der Memel, des Pregels und der unteren Alle. Sie sind, wie schon eingangs bemerkt worden ist, stellenweise recht tief eingeschnitten. Ein tiefes Tal hat die Memel an der russischen Grenze bei ihrem Eintritt in das preußische Gebiet, der Pregel bei Insterburg und eine Strecke oberhalb Wehlaus, die untere Alle bei Ruhr, Allenburg, Friedland und Schippenbeil. Endlich erfährt der nördliche tiefgelegene Teil Ostpreußens eine Abwechselung durch die Dünen.

Wenden wir uns nun dem südlichen Teil unserer Provinz zu. Man hat das dort befindliche Hügelland für gewöhnlich als einen größeren zusammenhängenden Höhenzug angesehen und ihn als einen Abschnitt des sogenannten uralisch-baltischen Landrückens bezeichnet. Unter diesem Namen gingen früher die Höhen, die sich fast gleichlaufend mit dem Ufer der Ostsee an deren Südküste entlang ziehen. Sie beginnen mit Schleswig-Holstein, ziehen sich um die Lübecker Bucht, streichen durch Mecklenburg, den nördlichsten Teil der Mark Brandenburg und den südlichen Teil Vorpommerns, werden bei Freienwalde von der Oder durchbrochen und setzen sich dann auf dem rechten Ufer dieses Flusses in nordöstlicher Richtung fort, bis sie über Berent und Karthaus hinweg in die Nähe Danzigs gelangen. Ferner treffen wir Erhebungen bei Culm und Graudenz, die hier von der Weichsel durchbrochen werden und sich nun im südlichen Teil Ostpreußens über Hohenstein, Ortelsburg, Nikolaiken, Johannisburg, Lyck, Marggrabowa, Goldap bis ins russische Litauen hinein und schließlich bis zum Ural erstrecken. Die Höhen östlich der Weichsel bis nach Rußland hinein bezeichnet man heute mit dem Namen Preußischer Landrücken, während die Erhebungen Westpreußens westlich der Weichsel Pommerellischer Höhenzug genannt werden.

Von einem zusammenhängenden Höhenzuge, worauf der Name Landrücken hinweist, kann aber weder westlich noch östlich der Weichsel die Rede sein. Neuere Forschungen haben erwiesen, daß in Rußland kein Zusammenhang der einzelnen Hügellandschaften besteht, und auch in der Norddeutschen Tiefebene ist der Zug vielfach unterbrochen. Vor allem gilt das von Ostpreußen. Das Auge sucht vergebens nach einem fortlaufenden Höhenkamm, der anderen Hügeln Lage und Richtung zu bestimmen vermag. Alles geht wirr durcheinander. Es wechseln hier spitze und kuppenartige Hügel mit langgezogenen Bergrücken und weiten Hochflächen ab. Dazwischen finden sich Flußtäler, Seengruppen, mannigfach gestaltete Erdeinsenkungen, die teils trocken, teils mit Torf angefüllt sind. Es ist darum schwer, eine Gliederung und Übersicht über die „bucklige Welt“ des ostpreußischen Hügellandes zu geben.

Dieser Wirrwarr ist durch die eigenartige Entstehung unserer Hügel bedingt. Zwar sind sie hauptsächlich diluviale Gebilde. An einzelnen Stellen, so beispielsweise bei den Heilsberger Höhen, ist aber entschieden der Einfluß vordiluvialer Bodenerhebungen maßgebend gewesen. Sie bildeten nämlich den Kern für die Ansammlungen des Moränenschuttes, nachdem sie den Gletscher auf seiner Bahn festgehalten hatten. Andere vordiluviale Erhebungen verlangsamten dessen Vordringen, gaben wohl auch seinem Weg eine neue Richtung. Dadurch konnte es vorkommen, daß zwei oder auch mehr Gletscherzüge zusammenstießen und infolgedessen besonders viel Moränenschutt anhäuften. Alle diese Umstände mußten aber eine Regellosigkeit in unserer Bodenbeschaffenheit zur Folge haben.

A. Das Hügelland.

a) Die Bodenerhebungen östlich der großen masurischen Seenkette.

Sie bilden den ausgedehntesten Teil des Preußischen Landrückens. Die dazugehörigen Erhebungen ziehen sich ostwärts sogar bis nach Rußland hinein. Nordwärts reichen sie bis in die Nähe Gumbinnens, wo sie in den Plicker Bergen ihren Abschluß finden. Man findet hier eine ganze Anzahl hoher, spitzer Hügel, die teils durch kesselartige Senkungen, teils durch ausgedehntere Gebiete flachen Landes voneinander getrennt sind. Südlich von Goldap erhebt sich der Goldaper Berg bis zu einer Höhe von 272,14 m. Er bildet das westliche Ende eines nicht unbedeutenden Höhenzuges und ist eine schon von weitem sichtbare massige Erhebung, die einem mächtigen Granitbuckel gleicht. Früher ist er bewaldet gewesen. Gegenwärtig ist er vollkommen waldlos. Nur der von ihm durch ein tiefes Tal getrennte und östlich gelegene Schloßberg ist von Bäumen bestanden. Die Wiederaufforstung des Goldaper Berges wäre mit großen Schwierigkeiten verknüpft. Der Boden ist sehr steinicht. Außerdem hat der Berg viele schroffe Abhänge und ist endlich zu sehr den Winden ausgesetzt. Einstmals soll er eine Burg getragen haben, doch fehlen darüber genauere Angaben. Auf dem Schloßberge jedoch hat man sichere Spuren von Verschanzungen aus heidnischer Zeit entdeckt. Der Goldaper Berg führt im Volksmunde den Namen Goldaper Kalender. Er erklärt sich aus der Tatsache, daß von dem Berge manchmal bei Wetterveränderungen Nebel aufsteigen. Im Jahre 1887 war dieser Berg Aussichtspunkt für die Astronomen zur Beobachtung der damaligen totalen Sonnenfinsternis. Südlich vom Goldaper Berg erhebt sich bis zu einer Höhe von 304 m der Friedrichower Berg, der auf seinem Gipfel einen tiefen See trägt, dessen Oberfläche von einer Moordecke immer weiter zugedeckt wird. Diese Moordecke ist reich an seltenen Pflanzen. Die Hügel bei Dagutschen und Gollubien erreichen eine Höhe von 283 m.

Der höchste Punkt des Gesamtteiles wird aber durch den Seesker Berg gebildet, der bis zu 309 m Höhe ansteigt. Er liegt fast auf der Mitte zwischen Goldap und Marggrabowa. Von unten gesehen erscheint er sanft abgerundet und kuppelförmig gewölbt. Sein Gipfel trägt dunkle Fichtenwaldungen. Vom Fuße bis zur Spitze ist er mit einer Menge erratischer Blöcke bedeckt, von denen einige recht bedeutende Ausmessungen aufweisen. Als Aussichtspunkt ist dieser Berg nicht von besonderer Bedeutung. Nur in südwestlicher Richtung hat man einen ziemlich weiten Blick und kann bis nach Rußland hineinsehen. Am bequemsten ist er von der Eisenbahnstation Kowahlen zu erreichen.

Der Seester Berg, westlich von der Eisenbahnstation Kowahlen gelegen.

Nordöstlich der Senke, in der sich der Goldaper und Czarner See befinden, dehnt sich die Rominter Heide aus. Auch hier ist eine ganze Reihe nicht unbedeutender Höhen zu finden. In der eigentlichen Heide erheben sich der Sankalnis bis zu 213 m, die Königshöhe bis zu 219 m und der Lasdinkalnis bis zu 231 m Höhe. Noch beträchtlicher sind die Erhebungen am Süd- und Ostrande dieses Forstes. So erreicht der

Pillnekalnis 278 m, der Woitowosberg 273 m. Einige andere Hügel kommen sogar der Höhe von 300 m ziemlich nahe. Der Dagutscher Berg hat beispielsweise über 285 m.

Die anderen Erhebungen dieses Gebietes reichen nicht an die genannten Höhen heran. Die Wabbaliner Berge, westlich von Goldap bei Szabienen gelegen, sind nur 190 m hoch. Der Pillacker Berg steigt allerdings wieder bis zu 219 m an. Der Jarkener Berg westlich von Marggrabowa übertrifft ihn noch um einiges, er ist 223 m hoch. In dem Heydtwalder Forst steigt eine Anhöhe sogar bis zu 231 m auf.

Südlich von den Erhebungen bei Seesken dehnen sich zu beiden Seiten des Haasznenflusses verschiedene Hügel und Hochebenen aus. Sie gewähren mit den zahlreich dort eingesenkten Seen eine reiche Abwechselung. Jedoch sind sie beinahe alle unter 200 m hoch. Die bedeutendsten sind der Plowczer Berg, 205 m (nordöstlich von Arys), der Spiergstener Berg, 181 m (nordöstlich von Lötzen), und die Chmielewener Höhe, 182 m (nördlich vom Spirding). Östlich von diesem See wird der Boden fast eben, steigt jedoch bei Bialla, südöstlich vom Roschsee, wieder an. Einzelne Hügel erheben sich dort bis zu 206 m Höhe.

In dem Borkener Forst findet sich die Gonza Gora mit 207 m. Von ihrem Aussichtsturme gewährt sie einen prächtigen Blick über ein grünes Meer wogender Wipfel und über ausgedehnte fruchtbare Fluren.

b) Das Hügelland westlich der großen masurischen Seenkette bis zur oberen Drewenz.

Dieses Hügelland läßt sich in zwei gesonderten Gebieten betrachten, die durch das obere Tal der Alle, den Lansker, den Gr. Plautziger, den Omulefsee und den aus letzterem fließenden Omulef getrennt werden.

Das südwestliche Stück steigt aus dem Drewenztal empor und hat zum Gipfelpunkte die Kernsdorfer Höhe, 313 m. Auch auf dieser Erhebung, dem höchsten Punkt Ostpreußens, ist eine Menge Geschiebe zu finden. Das Nachbargelände besitzt ebenfalls einen großen Reichtum an erratischen Blöcken. Lange Steinwälle ziehen sich zwischen den Flurgrenzen dahin. Gewaltige Steinhaufen liegen auf freigelassenen Stellen mitten im Getreidefelde. „Man wandert hier fast wie in einer Ruinenstadt umher." Jede Ackerbestellung fördert aber noch mehr Steine aus dem Boden an die Oberfläche. Er ist fast unerschöpflich daran. Die höchste Stelle der Kernsdorfer Höhe wird seit 1897 durch einen 20 m hohen Aussichtsturm gekennzeichnet. Die umfangreichen Aufforstungen in unmittelbarer Nähe entziehen zwar dem Auge den Fernblick nach Norden und Osten. Unbeschränkt dagegen schweift es nach Westen und Nordwesten über die Höhen, die sich in nebelgrauer Ferne allmählich nach dem Weichseltale senken. Nach Süden eröffnet sich ein Fernblick nach Gilgenburg hinüber. Früher ist die ganze Kernsdorfer Höhe bewaldet gewesen. Jetzt trägt sie Kartoffel- und Getreidefelder.

Nicht weit von dem Aussichtsturme liegt am Ostabhange romantisch in den Waldesgrund eingebettet ein kleiner See, der Franzosensee. Sein sonderbarer Name rührt von einem Racheakte her, den die Bauern 1812 an den aus Rußland heimkehrenden Franzosen als Wiedervergeltung für deren im Jahre 1807 begangene Schandtaten verübt haben sollen. Die völlig wehrlosen Franzosen wurden von den Bauern überfallen, getötet und ihre Leichen dann in den See geworfen. Der prachtvolle Laubwald, in dem sich der See befindet, gehört größtenteils zum Gute Döhlau. Von dem Hügelgelände strömt strahlenförmig eine Unmenge größerer und kleinerer Wasseradern herab, die hauptsächlich der Drewenz zueilen. Sie umspannt in weitem Bogen die Kernsdörfer Höhe im Norden, während ihr Nebenfluß Welle das gleiche auf der Südseite tut.

Gedenkstein auf dem Schlachtfelde von Tannenberg.

In der Nähe der Kernsdorfer Höhe liegt das Schlachtfeld von Tannenberg. Es dehnt sich zwischen den Dörfern Tannenberg und Grünfelde aus. Früher trug es eine Kapelle. Die Inschrift über ihrer Pforte soll gelautet haben: „Hunderttausend sind hier gefallen." 1901 wurde auf dem Schlachtfeld, und zwar auf der Altarstätte der ehemaligen Kapelle, ein etwa 200 Zentner schwerer, $2\frac{1}{2}$ m hoher erratischer Block als Denkstein errichtet, der mit der Inschrift versehen ist: „Im Kampfe für deutsches Wesen, deutsches Recht starb hier der Hochmeister Ulrich von Jungingen am 15. Juli 1410 den Heldentod." Am 25. Juli 1842 besuchte Friedrich Wilhelm IV. das Schlachtfeld von Tannenberg. Zur Erinnerung an jene Schlacht wurde ihm ein Ritterhelm, der angeblich auf dem Kampfplatze gefunden war, überreicht. Der König überwies ihn aber der Kirche in Mühlen.

Die Ausläufer dieses Hügellandes erreichen in den Goldbergen nordöstlich von Neidenburg 235 m, und zwischen Omuleffsee und Omulefffluß in den Mayna- oder Irrbergen, 189 m, ihre höchsten Erhebungen, bis sie schließlich gegen das Tal des letztgenannten Flusses abfallen. Fast in südlicher Richtung von der Kernsdorfer Höhe erstreckt sich ein Höhenzug über Gilgenburg hinweg bis nach Soldau, um sich bald jenseits der russischen Grenze in der Ebene zu verlieren. Einzelne Gipfel desselben steigen in

Rußland bis 335 m an und übertreffen somit den Turmberg bei Karthaus. Nach Osten zu liegen in der Nähe der Drewenz- und Passargequellen noch verschiedene Bodenanschwellungen, die eine bei Geyerswalde ist 234 m und eine andere in der Nähe des Mispelsees 215 m hoch. In nördlicher und nordöstlicher Richtung verflachen sich die vom Hauptstock ausgehenden Erhebungen nach dem Drewenz-, Schilling-, Sarong- und Wulpingsee zu.

Östlich der genannten Scheidegrenze liegt der zweite Abschnitt dieses Hügelgebietes. Er erstreckt sich in nordöstlicher Richtung bis zum Westufer des Mauersees und bis zur Angerapp. Seinen Abschluß findet er im Kuklinsberg, 164 m, östlich von Darkehmen. In der Nähe von Drengfurt und nicht weit vom Mauersee erheben sich die Fürstenauer Höhen. Eine davon trägt eine Bismarcksäule. Aber auch in genau östlicher Richtung zieht sich von der Scheidegrenze eine Hügelkette hin. Sie erreicht das Tal des Pissek. Hier erheben sich die Jablonker Berge bis zu 208 m. Nördlich von Ortelsburg steigt zwischen dem Gr. Schoben- und dem Waldpuschsee die Damerau bis zu 201 m an.

Eigentümlich für diesen Abschnitt ist die Menge der Talspalten und der große Seenreichtum. Hier sind die meisten Seen Ostpreußens zu finden. Unter den Talspalten ist die bedeutendste, die sich nördlich von Allenstein von der Mündung des Wadang in östlicher Richtung bis zum Dadaisee erstreckt und sich von diesem aus sowohl nach Norden als auch nach Süden hinzieht. Eine zweite Spalte wird durch das Simsertal und seine Verlängerung bis zum Gr. Lauternsee gebildet. Sie halbiert den nordwestlichen Ausläufer des in Betrachtung stehenden Hügellandes. Erwähnenswert ist auch die Einsenkung, in der sich die Seen befinden, die um Sensburg herumliegen. Durch die Deine werden sie zur Guber und dann zur Alle abgewässert.

c) Das Oberland.

Auch bei dieser Hügellandschaft müssen zwei Gebiete unterschieden werden, das eine liegt rechts, das andere links vom Oberländischen Kanal. Das westwärts gelegene Stück ist der niedrigere Teil. Seine höchsten Stellen erreichen nur etwa 140 m. Bei Kunzendorf westlich vom Ewingsee in der Nähe von Saalfeld hat eine Erhebung 143 m. Unter gleichmäßiger Abdachung reicht es südlich bis zum Geserichsee. Die Nordgrenze geht etwas über das Sorgeflüßchen hinaus. Nach Westen erstreckt sich dieses Hochland bis nach Westpreußen.

Östlich vom Oberländischen Kanal steigt das Oberland wieder an und zieht sich bis zur Passarge hin. Während das zuerst betrachtete Stück reich an Seen ist, verschwinden hier diese mehr und mehr. Nur eine kleine Zahl ist vorhanden, darunter der Nariensee. Dafür finden sich aber größere Hügel. Die höchsten liegen zwischen Goldbach und Silberberg mit 198 m.

Aber auch nördlich der Weeske und der zur Passarge an Liebstadt vorbeifließenden Liebe, die durch für das Relief unserer Provinz nicht unbedeutende Talspalten fließen, erheben sich Hügel, die bis 170 m Höhe ansteigen.

d) Der Stablack.

Er liegt in dem Dreiecke, dessen Endpunkte die Städte Pr. Eylau, Zinten und Heilsberg sind. Eingeschlossen wird er von der Passarge, der Alle, dem Frisching und seinem Nebenflusse Pasmar. Die höchste Kuppe ist der Schloßberg bei Wildenhof mit 216 m. Eine zweite Höhe, östlich vom Schloßberg bei dem Dorfe Orschen gelegen, weist auch noch 211 m auf. Auf der Mitte zwischen Landsberg und Heilsberg, bei dem Dorfe Hanshagen, erreicht eine Hügelgruppe ebenfalls 216 m. Der Ausläufer dieses Hügelgeländes nach Nordosten hin streicht über Pr. Eylau nach Domnau und findet dort in den Erhebungen der Damerau seinen Abschluß. Nach Süden erstreckt sich ein Ausläufer bis nach Heilsberg, woselbst sich der Kreuzberg und der Schneckenberg, beide etwa 130 m hoch, finden. Die Umgebung dieser Stadt gewährt dem Wanderer den Eindruck einer Berglandschaft. Wenn auch die relative Höhe der dortigen Erhebungen keine bedeutende ist, so fällt doch ihre Steilheit auf. Ein weiterer Ausläufer erstreckt sich bis nach Bartenstein. Der Signalberg nordwestlich dieser Stadt steigt auf 125 m an. Südlich von ihm finden sich Höhen von 118 m.

e) Die Erhebungen des Samlandes.

Der südliche, kleinere Teil des Samlandes ist flach. Im nördlichen Teile zeigt es aber hügelige Beschaffenheit. Der Knotenpunkt dieses Hügellandes ist der 111 m hohe Galtgarben oder der Rinauer Berg. Nach Norden sendet er das Alkgebirge, das nach der See streicht und oft in jäh abstürzenden, von wilden Schluchten durchbrochenen Ufergehängen endet. Nach Südwesten zieht sich ein Höhenzug auf Medenau zu, der in dem Seeberg seinen Endpunkt findet. Nach Westen erstreckt sich ein Höhenzug, der die sogenannte Samländische Schweiz durchschneidet. Seinen Abschluß bildet bei Germau der 89 m hohe Große Hausenberg. Mit diesem Zuge steht der Wachbudenberg bei Kleinkuhren in Verbindung. Mit seinen 61 m Höhe ist er die höchste Erhebung des Nordrandes. Vom Lande her gewährt dieser Hügel einen bequemen Aufstieg, nach der Seeseite fällt er dagegen steil ab. Der südlich gerichtete Zug der samländischen Höhen zieht sich in die Kapornische Heide hinein, wo er sich allmählich verliert.

Trotz seiner geringen Höhe ist der Galtgarben, da er fast unvermittelt aus dem Flachland aufsteigt, weit sichtbar. Der Anblick, den man von seinem Gipfel, vor allem von dem 10 m hohen Aussichtsturme genießt, ist ein erfreulicher. Nach Osten und Südosten schweift der Blick über eine weite

Der Wachbudenberg bei Kleinkuhren, die höchste Erhebung an der samländischen Nordküste.

Landschaft am Galtgarben mit moorigem Untergrunde.

Ebene, die einen moorigen Untergrund enthält, bis zu dem turmreichen Königsberg. Ehemals war höchstwahrscheinlich ein großer Teil dieser Ebene ein See, dessen Wellen den Fuß des Galtgarbens bespülten. In westlicher Richtung erfreut der Anblick der Stadt Fischhausen und eines kleinen Saumes der Ostsee das Auge. Schauen wir durch ein Fernglas nach Süden, so erblicken wir das Frische Haff und die auf hohem Ufer gelegene Burgruine Balga. Nach Norden ist allerdings der Fernblick durch einen sich viele Kilometer weit hinziehenden Forst behindert. Der Berg selbst ist bis oben hinauf mit Laubwald bedeckt.

Früher trug er und die ihn umgebende Landschaft den Namen Rinau. Er gehört zum Besitztume des zumeist in Fischhausen residierenden Bischofs von Samland. Einer dieser Bischöfe soll dort 1264 für seine ländlichen Untertanen eine Fliehburg errichtet haben, die aber schon nach wenigen Jahrzehnten nicht mehr vorhanden war. Jedenfalls hat der Galtgarben schon den alten Preußen als Sicherheitswarte gedient. Von dort verkündigten Feuerzeichen weit in das Land hinein die Annäherung feindlicher Scharen. Der sich noch heute um die Spitze herumziehende Graben nebst Umwallung zeugt davon, daß sich hier Verteidigungsanlagen aus altpreußischer Zeit vorfinden.

Auf dem Gipfel des Berges ist durch seinen Eichen- und Birkenbestand von Westen nach Osten eine Lichtung ausgehauen, in deren Mitte sich ein eisernes Kreuz befindet, das auf einem mächtigen granitenen Unterbau steht.

Das Landwehrkreuz auf dem Galtgarben.

Die nach Osten gewandte Seite des Kreuzes trägt die Inschrift: „Mit Gott für König und Vaterland.“ Auf der Rückseite liest man die Namen Scharnhorst, York, Gneisenau. An der nördlichen und südlichen Seite des Unterbaues führen Treppen hinauf, auf welchen je eine Granitsäule steht. An diesen beiden Säulen sind eiserne Platten angebracht, auf denen die Kämpfe und Siege der großen Zeit von 1813 bis 1815 verzeichnet sind. Die wichtigsten Schlachten sind besonders hervorgehoben. Auch die Namen Blüchers und Bülows sind hier zu lesen. Am 27. September 1818 wurde dieses Denkmal, das Galtgarben-Denkmal, eingeweiht. Seit 1888 wird es von der ostpreußischen Provinzialverwaltung unterhalten.

Auf halber Höhe des Berges, südlich vom Galtgarben-Denkmal, befindet sich in feierlicher Stille und Waldeinsamkeit ein Grabhügel, ein Kenotaphion, von gewaltigen Ausdehnungen. Dieses leere Riesengrab ist den Manen der in den Befreiungskriegen gefallenen Helden geweiht. Auf seiner Mitte steht ein einfaches Holzkreuz mit dem Landwehrspruch auf der einen Seite und der lateinischen Inschrift „Utinam Scharnhorst utinam!“ (etwa: O wenn doch Scharnhorst noch lebte!) auf der anderen Seite. Er trägt deshalb den Namen Scharnhorsthügel. Eine gußeiserne Tafel an seinem Fuße hat folgende, von Eichen und Palmenblättern umgebene Inschrift: „Den Tausenden, die für das Vaterland einst starben, dem Staat und Fürsten Heil, sich Lob und Dank erwarben. 1818.“ Auch dieses eigenartige Erinnerungszeichen befindet sich jetzt im Schutze der Provinz Ostpreußen.

Nördlich vom Galtgarben-Denkmal finden wir das einfache, von Kalksteinen umrahmte und von wildem Efeu geschmückte Grab des Mannes, durch dessen Eifer dieses Denkmal geschaffen wurde. Es ist dies der Kriegs- und Domänenrat Johann Georg Scheffner, der am 17. August 1820 gestorben ist. Auf sein Wirken deutet eine vielfach erneuerte Holztafel mit den von ihm selbst verfaßten Worten hin:

„Der dem eisernen und Landwehrkreuze
auf Galtgarbs Zinn' ein Mal erhob,
unbekümmert, ob auch Dank und Lob
ihm dafür zuteil von andern werde,
ruhet hier im Mutterschoß der Erde.
Möchten alle, die den Berg beschau'n,
mit so frohem Gottvertrau'n
und so frei von Weltverlangen
einst in ihre Gräber gehn,
wie in sein Grab er gegangen.“

Die Provinz Ostpreußen hat 1888 auch die Ruhestätte Scheffners in Pflege und Obhut genommen.

Bis zum Jahre 1847 wurde alljährlich der 18. Juni als der Jahrestag der Schlacht bei Waterloo von den Studenten der Albertina auf dem Galtgarben festlich begangen. Am Abende des 18. Juni wurde ein mächtiges Feuer aus Birkenholz angezündet. Da loderten dann die Flammen weit in das Land hinein und erweckten in vielen Herzen die Erinnerung großer Zeiten. Das stürmische Jahr 1848 gebot diesem alten feierlichen Brauche halt. Wenn auch später noch, so beispielsweise in den sechziger Jahren, Galtgarbenfeste stattfanden, so hatten sie doch nicht mehr Bezug auf die Befreiungskriege, sondern waren lediglich patriotische Zusammenkünfte Königsberger Studenten. Seit einigen Jahren trägt der Galtgarben auch einen Bismarckturm. Er ist aus heimischen Findlingsblöcken erbaut, die von samländischen Gutsbesitzern geliefert und angefahren wurden. In den Abendstunden des 1. April eines jedes Jahres schlagen von seiner Spitze mächtige Flammen empor, die Zeugnis von des Deutschen Reiches Größe, Kraft und Einheit ablegen sollen.

f) Die Höhen an der Memel.

Das am Memelstrom befindliche Hügelland bildet die niedrigste Erhebung Ostpreußens. Bei Toussainen sind die linken Ufergehänge steil abfallend. Der in der Nähe sich erhebende Signalberg gewährt dem Naturfreund einen fesselnden Rundblick. Weiter ostwärts sind die Obereisselner Höhen, die 68 m erreichen. Auf der rechten Seite der Memel ziehen sich die Schreitlaugkener Berge hin. Der dazugehörige Abschrutenberg mißt 80 m, der Kapellenberg 75 m. Am Fuße des Kapellenberges zieht sich der Mergensee, ein alter Memelarm, hin. Der Berg trägt seinen Namen nach einer Kapelle, die als Familiengruft der Gutsherrschaft von Schreitlaugken dient. Sie hat die Form einer abgestumpften Pyramide von 6 m Höhe. Ihre Plattform trägt ein Kreuz. Über der auf der Westseite befindlichen Tür steht auf einer Eisentafel die Inschrift: „Ruhestätte der Familie Dreßler." Bei Kellerischken erhebt sich der Himmelsberg zu einer ähnlichen Höhe. Nach einer kurzen Unterbrechung bei Ablenken steigt dieser Höhenzug wieder an und geht, vom Jurafluß im Osten begleitet, nordwärts bis zur russischen Grenze, wo er bei dem Dorfe Laugsargen sein Ende erreicht. Er führt hier den Namen Jura- oder Willkischker Höhenzug.

Westlich von den Schreitlaugkener Bergen liegt der sagenumwobene Rombinus. Früher war er entschieden mit ihnen vereinigt. Gewaltige Wassermassen, die sich von dem Juraforste hierherwälzten, zerrissen den Zusammenhang, und nun steht der Rombinus allein da. Er war der heiligste Ort, den die alten Litauer hatten, denn dort war der Opferstein, auf dem ganz Litauen den Nationalgöttern opferte. Der Opferstein lag auf der Spitze des Berges. Der Sage nach hatte ihn der Gott Perkunos selbst dorthin gebracht. Unter dem Steine war eine goldene Schüssel und eine silberne Egge vergraben, denn Perkunos war der Gott der Fruchtbarkeit. Bis in die neuere Zeit hinein begaben sich dorthin die Litauer, um Fruchtbarkeit des Feldes zu erflehen. Es war ein alter Glaube, daß das Glück vom Litauerlande nicht weichen werde, solange der Stein noch da ist und der Rombinus unter ihm. Der Berg werde aber einstürzen, wenn man den Opferstein von ihm fortnehme. Der erratische Block ist nicht mehr vorhanden. Im Jahre 1811 ließ ein Müller aus ihm zwei Mühlsteine verfertigen. Der

Der Rombinus.

Rombinus scheint aber auch dem Untergange geweiht zu sein. Er ist nämlich schon mehrfach Bergrutschen ausgesetzt gewesen. Schuld daran ist der quellige Boden, der ihn trägt. Eine ganze Anzahl von Brünnlein sprudelt an seinen Abhängen hervor und arbeitet zwar langsam, aber sicher an seinem Zusammensturz. Ob die Bemühungen, den Berg durch Bepflanzen mit Bäumen zu halten, von Erfolg sein werden, muß die Zeit lehren.

Nördlich von dem Memelstrom dehnt sich, an den Rombinus anschließend, das Memeler Plateau aus. Nördlich von der Stadt Memel erreicht es bei Scheulen eine Höhe von 40 m. Von diesem Plateau zweigt sich ein niedriger Höhenzug ab, der bei Windenburg eine Strecke in das Haff hineinläuft und hier in einer etwa 6 km langen Steinbank unter dem Wasserspiegel des Haffes endigt.

B. Das Niederungsland.

a) Allgemeines.

Ausgesprochene Niederungsgebiete finden wir in bedeutenderem Umfange nur im nördlichen Teile der Provinz und auch da nur als ständige Begleiter der Flußläufe. Außer der litauischen Niederung, die hauptsächlich im Memeldelta liegt, kommen besonders die tiefgelegenen Stellen des Pregelgebietes in Betracht. Das Instertal hat eine Länge von etwa 44 km und ist fast durchweg zu beiden Seiten von 15 bis 20 m ansteigenden Höhen eingefaßt. Die Breite dieses fruchtbaren muldenförmigen Wiesentales beträgt 1 bis 2 km. Es ist häufigen Überschwemmungen ausgesetzt. Als eine Verlängerung des Instertales kann man das Pregeltal ansehen. Dieses nimmt gleichmäßig an Breite zu und ist ebenso wie jenes von Anhöhen begleitet. Mehrere Kilometer vor der Mündung des Pregels sind allerdings die Ufer sehr flach, und die Talsole liegt so tief, daß die auf den ausgedehnten Wiesenflächen befindlichen zerstreut liegenden Gehöfte, die Holländereien, zum großen Teil auf Pfahlrosten erbaut sind. Üppige Wiesen, die alljährlich durch den Schlick der Frühlings-Hochwasser gedüngt werden, enthält das Deimetal. Die es einschließenden, sich aber auch allmählich verflachenden Anhöhen sind teilweise anmutig bewaldet. Aus dem Alluvialboden dieses Tales erhebt sich eine Anzahl von Diluvialinseln. Einige steigen bis zu 20 m Höhe an. Eine solche Diluvialinsel ist beispielsweise Werderhof, 1 km oberhalb Labiaus. Das Strombett der Alle ist bis Friedland tief eingeschnitten und ziemlich eng. Erst unterhalb dieser Stadt verbreitert sich das Alletal und bildet nun zwischen Allenburg und Wehlau ein ausgedehntes Wiesengelände. Tiefgelegene Gebiete mit vorzüglichen Wiesen und Futterweiden finden sich ferner an den Mündungen des Frisching und der Jarft. Sie liegen fast in der Höhe des Haffspiegels. Als Niederungsland gilt auch das tiefgelegene Gebiet an der Mündung der Passarge und ein kleines Stück südlich vom Drausensee. Masuren hat verhältnismäßig wenig Niederungsboden und ist darum an Wiesen recht arm. Doch ist man dort bemüht, durch Trockenlegung von Seen und Entwässerungen sumpfiger Landstrecken fruchtbare Wiesengelände zu schaffen. Unsere ostpreußischen Niederungen mit ihren segenstrotzenden Auen und Äckern sind weiter nichts als eine — wenn auch ältere — Anschwemmung. Das darunterliegende Diluvium bildet fast in allen Fällen eine starke Tonschicht, die nur hin und wieder, wie beispielsweise im Deimetale, niedrige Hügel von Sand und Kies trägt, die einige Abwechselung in das Ebenmäßige des Geländes hineintragen.

b) Die Litauische Niederung.

Sie dehnt sich nicht allein zwischen den Mündungsarmen der Memel aus, sondern erstreckt sich nordwärts bis in die Nähe der Dange und geht südwärts bis zur Stadt Labiau. Der Boden ist nach und nach, wenn man von den Hebungen des gesamten Gebietes bald nach der jüngeren Eiszeit absieht, von den Sinkstoffen des Memelstromes abgelagert worden. Er besteht teils aus Sand, teils aus mehr oder weniger tonigen Schlickmassen. Unmittelbar vor der ersten Hebung soll eine größere Senkung stattgefunden haben, so daß das Land etwa 10 m tiefer lag, als es heute der Fall ist. Die östliche Spitze des Haffes muß damals bis Tilsit gereicht haben. Nach der letzten Hebung aber trat wieder eine Senkung ein, die allmählich den Niederungsboden in seine jetzige Lage zum Haff brachte. Längs des Strandes am Kurischen Haff hat sich eine dünenartige Erhebung gebildet. Auch im Innern gibt es an manchen Stellen hervortretende Sandablagerungen. Aber keine derselben hat mehr als 12 m relative Höhe. Dagegen sinken nicht unbedeutende Strecken der Niederung fast bis zu dem Spiegel des Haffes hinab. Demnach vermögen die Hochwasser des Memelstromes beinahe das ganze Niederungsgelände zu überschwemmen. Ebenso wird das Haffwasser zu gewissen Zeiten verhängnisvoll. Andauernde Nordwest- oder Westwinde treiben es nämlich gegen die Strommündungen, und nun entstehen von hier aufwärts Überschwemmungen, die für die Niederungsbewohner oft gefahrvoller sind als die ersterwähnten. Die Sandablagerungen finden wir bei Heinrichswalde, Neukirch, Lappienen, Seckenburg und Kalningken. Man kann sie als altalluviale Inseln bezeichnen.

Durch die Hauptarme der Memel, Ruß und Gilge, wird die Niederung in drei natürliche Abschnitte eingeteilt.

1. Das Gebiet rechts von Memel und Ruß.

Es hat eine Breite von 7 bis 8 km und erstreckt sich von der Wendung der Memel am Rombinus zunächst bis zur Einmündung der Jäge in die Ruß und führt hier den Namen Plaschkener Niederung. Im Norden wird es von der Memeler Hochfläche begrenzt. Da diese Niederung keinen ausreichenden Deichschutz hat, nur das kleine Minger Polder ist eingedeicht, wird sie vom Hochwasser ungehindert überschwemmt. Nur wenige Ortschaften finden sich dort, die auf wasserfreien Höhen oder Poldern liegen. Einzelne Dörfer haben niedrige Dämme, um bei Eisgang das Eis abzuhalten. Der Boden bildet ein fruchtbares, wenn auch stellenweise mooriges Wiesengelände, das alljährlich durch einen stark tonhaltigen Schlickabsatz gedüngt wird. Die Heuerträge sind meistens vorzügliche. Abwärts der Jägemündung ist das rechte Stromufer hoch. In dem Mündungsgebiete der Ruß, der Rußer Niederung, findet sich aber wieder ein ausgedehntes Tiefland, das nach Nordosten in das sandige und moorige Augstumalbruch übergeht. Auch im Mingetale dehnen sich tiefe Torfmoore und weite Bruchländereien aus. Am Haff zieht sich nordwärts der Ruß ebenfalls tiefliegender Boden hin, der stellenweise übersandet ist. Nach der russischen Grenze zu steigt dann das Gelände zur Memeler Hochebene an. Sie hat viele kaltgründige und moorige Stellen. Um die Stadt Memel herum findet sich jedoch ein schwarzer Lehmboden, der durch eine alte Kultur befähigt ist, dem Landmanne gute Körnererträge zu bieten.

2. Das Gebiet zwischen Ruß und Gilge.

Es heißt seiner Form wegen kurzweg das Memeldelta und ist sowohl gegen die Überschwemmungen der Flußläufe als auch gegen den Rückstau des Haffes geschützt. Dieser stellt sich besonders zur Zeit des Frühlingshochwassers ein. Das Memeler Tief ist dann nicht imstande, die Wassermassen aus dem Haff in die Ostsee abzuführen. Setzen nun noch Westwinde ein, so muß das Niederungsgebiet, falls es ohne Schutzvorrichtung wäre, überschwemmt werden. Bevor diese Schutzvorrichtung bestand, bildete dann der größere Teil der Niederung mit dem Haff eine weite Wasserfläche. Nur die kleinen Sandhügel und die durch Anschwemmung erhöhten Flußufer ragten wie Inseln aus dem Wasser hervor. Für gewöhnlich mußten die Niederunger ihre Wohnungen verlassen und auf dem Dachboden Unterkunft suchen. Der Verkehr wurde fast ausschließlich auf Kähnen vermittelt. Der Ackerbau kam damals kaum in Betracht. Hauptsächlich wurde Heu und Gemüse gewonnen. Das Heu wurde auf Gerüsten, die sich über 1 m über dem Erdboden erhoben, in Haufen gesetzt und erst im Winter abgefahren. Tausende von Schlitten kamen dann von der Nadrauer Hochebene, um das Heu zu holen. Der Heuverkauf bildete eine wichtige Einnahmequelle der Niederunger. Jetzt wird das Memeldelta eingeschlossen von dem Haffstaudeich im Westen, von dem linksseitigen Deiche des Rußstromes im Norden, von dem Kaukefluß in seinem Verlaufe von dem Rußdeiche bis zur Brücke über die alte Gilge bei Kuckerneese und von da ab durch den Lauf der alten Gilge bis Alt Sköpen im Osten und endlich durch den rechtsseitigen Gilgedamm im Süden. Allerdings ist das Stück des Deltas westlich vom Haffstaudeich nicht geschützt. Das eingedeichte Gebiet umfaßt eine Fläche von 19 050 ha. 57 Gemarkungen gehören zum Kreise Niederung, 39 zum Kreise Heydekrug. Die Verwaltung des Deichwesens wird vom Kreise Niederung ausgeübt.

Die Deiche, die die Flußläufe begleiten, sind hauptsächlich Ende des 17. und in der ersten Hälfte des 18. Jahrhunderts gebaut worden. Es geschah dieses zunächst teilweise, bis endlich die vorhandenen Stücke zu einem einzigen Damme verbunden und verstärkt wurden. Jetzt sind die Deiche so mächtig, daß ein Durchbruch kaum zu befürchten ist. Eine bestehende Strom- und Uferordnung ordnet das ganze Deichwesen. Früher mußten bei drohender

Gefahr eines Deichbruches die dazu verpflichteten Niederungsbewohner zum Schutze der Deiche Stroh, Dung, Bretter, Pfähle, Faschinen, Säcke für Erdpackungen usw. liefern, auch Mannschaften zur Dammwache stellen. Jetzt sind diese Lasten in Geldzahlungen umgewandelt worden, die in die Deichkasse des Verbandes fließen. Auch der Deichschutz ist anders geregelt. Schon für die Zeit vor dem Eisgange sind dazu genaue Bestimmungen getroffen worden. In erster Reihe gehen sie vom Deichhauptmann aus, dem Wasserbauinspektoren und Deichgeschworene beratend zur Seite stehen. In den Wachbuden ist ständige Aufsicht vorhanden. Die Deichwächter haben die Anordnungen der aufsichtführenden Beamten und Deichgeschworenen unwiderruflich und gleich auszuführen. Droht eine Eisstopfung, so wird Alarm geschlagen, und die zum Schutze des Deiches bestellte Mannschaft hat sofort an die Verstärkung Hand anzulegen. Dann durchlebt der Niederungsbewohner bange Stunden. Groß ist aber die Freude, wenn der Eisgang einen glatten Verlauf nimmt.

Der Haffstaudeich, der im Jahre 1896 fertiggestellt worden ist, beginnt, von Norden aus gerechnet, an den sandigen Hügeln bei Ibenhorst, geht dann in einem Bogen über die Hügelreihen bei Tramischen, Kuppern, Matzgirren, Rogainen, bis er schließlich den Gilgedamm bei Carlsdorf, Tawellningken gegenüber, erreicht. Mit seinem Bau wurde im Jahre 1894 begonnen. Er ist 30 km lang, 2 m hoch, hat eine Kronenbreite von 2,5 m und ist fast durchweg aus Sand aufgeschüttet, worauf ein Mantel von lehmiger Erde lagert. Seine Mächtigkeit ist derart, daß er das Stauwasser auch bei starken westlichen Winden aufzuhalten vermag. Die zu seiner Aufschüttung erforderlichen Erdmassen wurden zum größten Teile den Sandhügeln des Niederungsbodens entnommen, aber auch durch Baggerung aus den Flußläufen gewonnen. Da, wo der Damm die alten Flußläufe schneidet, sind neun Ausschlußschleusen erbaut worden. Sie gestatten bei niedrigem Haffwasserstande den natürlichen Abfluß der Niederungsflüsse. Bei Hochwasser werden sie jedoch geschlossen und schützen die Niederung vor Überflutungen vom Haff her. Die Schleusen allein genügten aber nicht für eine vollständige Entwässerung. Sie entfernen nicht die sich am Deich ansammelnden Binnenwässer. Um auch diese außerhalb des Deiches zu schaffen, wurden an den Hauptwasserläufen sechs Schöpfwerke erbaut, die durch die Elektrische Zentrale bei Tramischen, in der Nähe von Karkeln auf einer Anhöhe gelegen, in Bewegung gesetzt werden. Die Reihenfolge dieser Schöpfwerke von Norden nach Süden ist: Schöpfwerk I am Ackmingefluß unweit Ibenhorst, Schöpfwerk II an dem Graßterfluß unweit Karkeln und Tramischen, Schöpfwerk III bei Matzgirren am Ackelfluß, Schöpfwerk IV am Prudimfluß, Schöpfwerk V bei Rogainen am Raggingfluß, Schöpfwerk VI bei Schönwiese an der alten Gilge. Die mächtigen eisernen Schöpfräder haben einen Durchmesser von je 8,25 m. Jedes vermag in der Sekunde

1,7 cbm Wasser zu fördern. Das Wasser wird nicht gehoben, sondern über eine Kropfwand nach dem Oberwasser hinausgedrückt. Durch diese großartige, im Deutschen Reiche gegenwärtig einzig dastehende Entwässerungsanlage sind bis jetzt weite, bisher als Unland oder schlechtes Weideland daliegende Flächen für den Ackerbau nutzbar gemacht worden. Die eingedeichte Gegend gehört nunmehr zu den fruchtbarsten Teilen unserer Provinz.

Die Entwässerungsbeiträge des Haffdeichverbandes im Memeldelta werden nach Normal-Hektar berechnet. Für die Berechnung sind nach der Güte und Lage des Bodens drei Klassen aufgestellt worden. Die erste Klasse zahlt den vollen Beitrag, die zweite $\frac{2}{3}$ und die dritte $\frac{1}{4}$ des Betrages vom wirklichen Flächeninhalt. Ursprünglich betrug der volle Beitrag für den Normal-Hektar 12,50 Mark. Doch ist er durch Staats- und Provinzialbeihilfe auf 2 Mark ermäßigt. Neuerdings sind Gemeinden eingedeicht worden, die früher Gegner der Eindeichung waren, dazu gehören Karkeln und Kastaunen. Aus den eingedeichten Gebieten wird das Sammelwasser mittels Windmotoren gehoben. Die Behörden haben zu diesen Anlagen namhafte Beihilfen gegeben. Die Motore setzen entweder Pumpen oder Schnecken in Bewegung. Die hohen Eisengerüste mit dem großen Windrade geben der Gegend ein eigenartiges Aussehen.

3. Das Gebiet westlich vom Haffstaudeich.

Der Haffstaudeich zieht sich in einer durchschnittlichen Entfernung von etwa 7 km vom Haffufer entlang. Der Landstreifen vom Deich bis zum Haff ist von der Eindeichung ausgeschlossen. Auf diese Weise hat man die Elchforste in ihrer ursprünglichen Beschaffenheit erhalten können, aber auch eine vorzügliche Heukammer geschaffen. Allerdings sind die Haffdörfer von der Außenwelt ziemlich abgeschlossen, zumal die Verkehrsverhältnisse noch immer sehr traurig sind. Diese Abgeschlossenheit wird aber den Umstand im Gefolge haben, daß sich manche Volkseigentümlichkeit hier länger erhalten wird als irgend sonstwo. Die Bewohner jener Dörfer sind vorzugsweise Litauer, obwohl das deutsche Element sehr stark vertreten ist. Nur wenig alte Leute finden sich noch, die des Deutschen nicht mächtig sind. Der Menschenschlag ist gesund und kräftig. Man rühmt den Bewohnern der Haffdörfer nach, daß sie einen gesunden, kaufmännisch rechnenden Menschenverstand haben, der überall das Vorteilhafteste, Billigste und Einfachste herausfindet. Die örtlichen Verhältnisse zwingen sie aber auch dazu, den Hauptverdienst aus dem Handel zu ziehen. Sie handeln mit Heu, mit Fischen, besonders aber mit Zwiebeln und Gemüse. Schon zehnjährige Kinder werden auf weitere Reisen nach Memel, Tilsit oder gar Königsberg mitgenommen. Dadurch erweitert sich frühzeitig ihr Gesichtskreis. Aber auch manche Schattenseiten zeigen sich im Charakterbilde jener Niederungsbewohner. Sie sind ungeschliffen, leicht gereizt, zanksüchtig, neigen zum Trunk und zum Betrügen, haben manchmal einen unüberwindbaren Haß gegen jeden, der sich in einer Beamtenstellung befindet. In religiöser und kirchlicher Hinsicht zeigen sich auch häufig Mißstände. Groß ist der Aberglaube und die Neigung zum Sektiererunwesen. Religiöser Wahnsinn ist leider keine Seltenheit. Die Haffdörfer Gilge, Tawe, Inse, Loye usw. zeigen in ihrer Anordnung eine große Übereinstimmung. Zu beiden Seiten des Wasserlaufes, „Stromes", an dem sie liegen, ziehen sich Dämme hin, die nicht nur die Dorfstraße bilden, sondern auch die Spielplätze der Jugend sind. Zu gewissen Zeiten benutzt man sie auch zum Auslesen und Trocknen der Kartoffeln sowie der verschiedenen Gemüsearten. Die Wohnungen stehen hinter dem Damme, die Stallungen manchmal zwischen Fluß und Damm. Die Häuser sind fast alle aus Holz erbaut und mit Stroh oder Rohr gedeckt. Massive Gebäude sind nicht in zu großer Zahl vorhanden. Der Boden würde sie an vielen Stellen ihrer Schwere wegen nicht tragen. Auch Schornsteine fehlen vielfach aus diesem Grunde. Leider werden die alten charakteristischen Litauer-Wohnhäuser immer seltener. Das Dach dieser Häuser reicht ziemlich weit über die Wand hervor. Hier findet man Schutz gegen den Regen. Hier sitzt der Niederungsbewohner des Abends, um sich von den Lasten und Mühen des Tages auszuruhen. Hier trocknet er seine Netze. Hier erledigt er im Sommer manche Arbeit. Fensterläden und Türen sind oft mit grellen Farben angestrichen. In den Haffdörfern zeigen sich auch noch Hallenhäuser, allerdings nur sehr vereinzelt. Verhältnismäßig am zahlreichsten sind sie noch in Gilge vorhanden. Die Halle befindet sich auf der nach der Straße gelegenen Hälfte einer Seitenfront des sogenannten Hallenhauses. Oben ist sie durch das vorspringende, auf Holzpfeilern ruhende Dach geschützt. Vorn und an der Seite ist sie offen. In der Hinterwand führt eine quergeteilte Tür in eine Wohnstube. Der Fußboden der Halle ist meistens mit Steinfliesen gepflastert. Man benutzt sie zum Trocknen der Feldfrüchte und Fischernetze, auch zum Aufbewahren des zerkleinerten Brennholzes. An dem Wohnhause sieht man hin und wieder eine große Tonne stehen. Hier hinein werden bei einem reichlichen Fange die überflüssigen Stinte geworfen. Dasselbe tut man mit den Eingeweiden größerer Fische. Nach einer gewissen Zeit fängt der Inhalt an zu faulen, wobei das Fischfett sich oben als Tran absetzt. Dieser Tran ist ein gesuchtes Mittel zum Schmieren von Leder. Früher wurde er zur Winterszeit von den Niederungsbewohnern mit in die Provinz hineingebracht und dort verkauft. Was von den Stinten nicht zur Tranbereitung gebraucht wird, dient zum Füttern der Schweine, die jeder Haushalt in größerer Zahl aufzieht. Bedauerlicherweise bekommt das Fleisch davon einen gräßlichen Fischgeschmack und ist nur für den genießbar, der daran gewöhnt ist. Als Verkehrsstraßen können hier in der tiefsten Niederung nur die vielfachen Flußarme und Kanäle gerechnet werden. Vor allem gilt das von der Sommerzeit. Gilge hat beispielsweise zurzeit gar keine

Zufuhr-Landwege. Pferde gebraucht man im Sommer höchst selten. Erst zum Winter werden sie gekauft. Dann kann man auf der herrlichen Eisfläche des Haffes jedes Ziel der Luftlinie nach in kürzester Zeit erreichen. Einzelne Reisende befördert man über das Haff auf einem mit einer Deichsel versehenen Stuhlschlitten. Zwei Schlittschuhläufer, einer an der Deichsel ziehend, der andere an der Lehne schiebend, fahren mit dem in Pelzwerk eingemummten Reisenden über die gefrorene Haffläche pfeilschnell dahin. Eigentümlich sind die Bezeichnungen, die der Haffdörfler für Wasserfahrten gebraucht. Er „geht" im Kahn oder Schiff über den Fluß, „läuft" mit dem Timber- oder Keitelkahn über Haff nach Memel oder Königsberg. Wird aber eine Person von zwei

Dorf Inse.

Fischern längs den Kanälen und Gräben nach einem anderen Orte durch Treideln, Schieben und Rudern befördert, so wird sie „gehoben". Diesen Ausdruck gebraucht man auch für das Hinübersetzen einzelner Personen über einen Flußlauf. Sehenswert sind die Friedhöfe in jener Gegend. Allerdings hat der niedrigen Lage wegen nicht jeder Ort seinen eigenen Friedhof. Dicht liegen die Gräber nebeneinander, meist mit reichem Blumenschmucke versehen. Viele tragen auch ein Kreuz oder ein eigenartiges Denkmal. Dieses Denkmal ist aus einem Brette gearbeitet und trägt ungefähr die Umrisse einer auf einem Sockel stehenden Urne. Bunt angestrichen, trägt es in der Mitte ein Namensschild mit kurzen Angaben über das darunter ruhende Menschenkind, dessen Grabesschlummer es schützt. Die Kirchen sind in jener Gegend meist klein und unscheinbar. Ein merkwürdiges Gotteshaus ist die Kirche in Inse. Sie ist aus Holz erbaut und hat eine achteckige Form, ebenso wie die Kirche in Lappienen, die eine Nachahmung der Hedwigskirche in Berlin sein soll. Die Haffanwohner sind fleißige Kirchenbesucher und große Freunde des Gesanges.

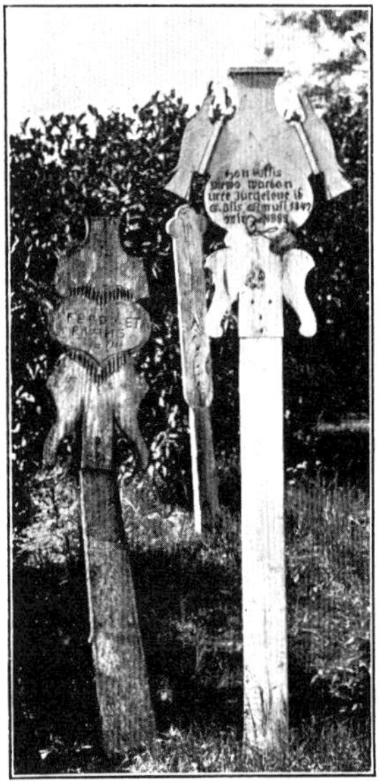

Altlitauische Grabdenkmäler auf dem Friedhofe zu Matzgirren, Kr. Niederung.

Vor dem Hause steht im Flußlaufe der Fischerkahn. Der Mast ist mit der charakteristischen Krummgaffel für das fast viereckige Segel versehen. Auf dem Topp ist er mit der eigenartigen Hausflagge geschmückt, die aus Blech geschnittene Figuren, besonders Reiter, Schiffe, Häuser, Stadttore trägt. Unter der kleineren Hausflagge befindet sich die eigentliche Schiffsflagge. Das Flaggenfeld trägt eine für jeden Ort genau vorgeschriebene Zeichnung, deshalb heißt diese Flagge auch Ortsflagge.[1]) Die Zeichnung dient dem die Haff-Fischerei beaufsichtigenden Fischmeister als Merkmal für die Ortsangehörigkeit des Fischereifahrzeuges. Als Kaiser Wilhelm II. in jener Gegend weilte, fielen ihm die Flaggen auf. Er ordnete an, daß eine solche Flagge dem Marine-Museum einverleibt werde. An den Sonntagen sind sämtliche Kähne eines Dorfes in zwei Reihen, an jedem Flußufer eine, aufgefahren. Sie haben volle Besegelung und tragen über den Segeln die zum Trocknen ausgebreiteten Netze. Das Ganze macht einen stattlichen, wenn auch eigenartigen Eindruck.

Sehr schlimm sieht es in jener Gegend zur Zeit des Schaktarps aus. Unter Schaktarp versteht man die Tage und Wochen, an denen im Herbste beim ersten Froste das Eis noch nicht recht hält, und an denen im Frühlinge beim Tauwetter die Eisdecke das Fuhrwerk oder selbst den Wanderer nicht mehr trägt. Ernst Wichert sagt darüber: „Nun bemerke ich, daß Schaktarp ein litauisches Wort ist und eigentlich „zwischen Zweigen" bedeutet. Man hat eben an die Zeit zu denken, wo in diesem den Überschwemmungen der großen Flüsse ausgesetzten Gebiete die Wege nur durch aufgelegte Baumzweige, also Herstellung eines Knüppeldamms, gangbar gemacht werden können. Da ist also zugleich ein Beispiel für die Fähigkeit der Sprache, durch Zusammensetzung für den abstrakten Begriff den bildlichen Ausdruck zu finden." In dieser Zeit nun sind

[1]) Vgl. hierzu die gegenüberstehende Tafel.

Abzeichen
auf den Ortsflaggen einiger Ortschaften am Kurischen Haff.

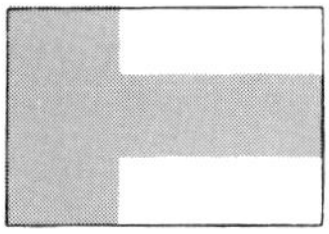
Schmelz

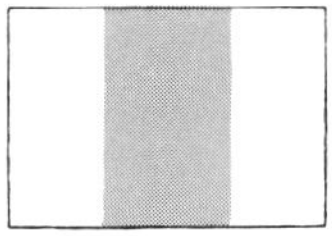
Drawöhnen

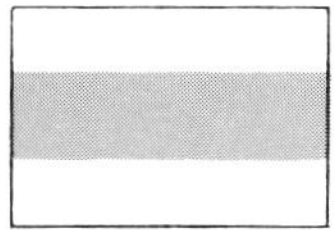
Kinten

Starrischken

Tawe

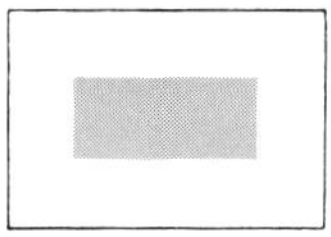
Inse

Nemonien

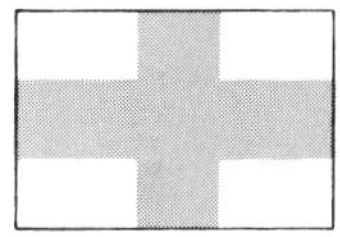
Gilge

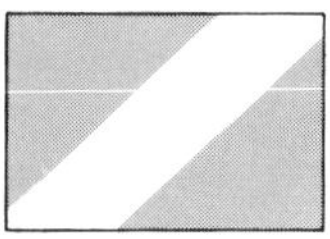
Windenburg

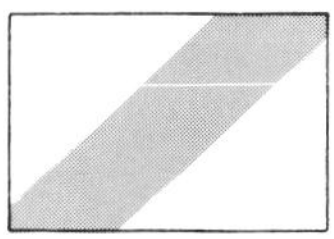
Sturmen
bei Windenburg

Loye

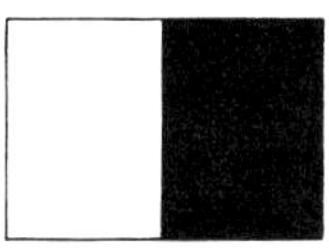
Sarkau

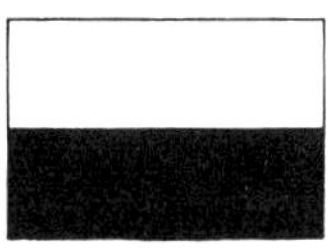
Rossitten

Pillkoppen

Nidden

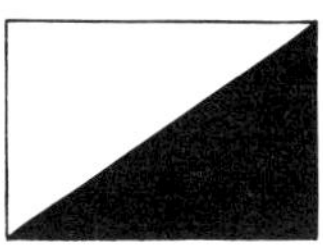
Preil

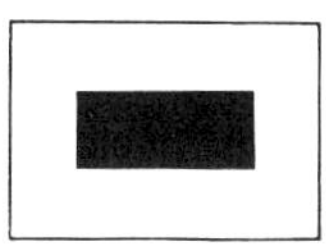
Perwelk

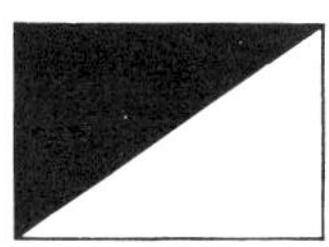
Süderspitze

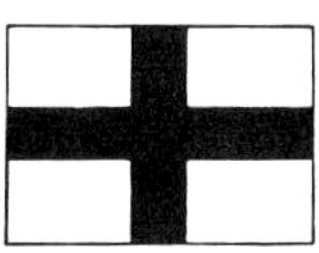
Schwarzort

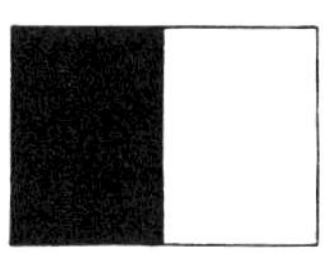
Memel

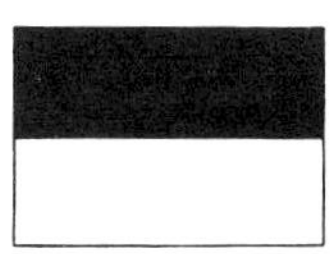
Bommelsvitte

die Haffdörfler völlig von der Außenwelt abgeschnitten, ja sie können nicht einmal ihrer gewöhnlichen Beschäftigung, der Fischerei, nachgehen. Dauert der Schaktarp lange an, so stellen sich nicht selten Mißstände aller Art ein: Hunger, Fehlen des nötigen Brennmaterials, seuchenartige Krankheiten usw. Manchmal ist es dann dort so traurig, daß die Toten nicht beerdigt werden können. Wochenlang müssen die Leichen aufbewahrt werden, bis sie dem Schoße der Erde anvertraut werden können. Im Winter freut man sich wohl nirgend so über einen strengen, anhaltenden Frost wie dort. Nirgend wird der Frühling so sehnsüchtig erwartet wie in jenem Gebiete. Der Frühling ist aber auch von ganz

Flagge eines Keitelkahnes. (Maßstab 1:20.)

besonderer Schönheit, wenn Rohrdommeln, Kraniche, Gänse, Enten, Kronschnepfen, Möwen und Hunderte von Sprossern sich hören lassen, wenn Elche und Rehe am dunkeln Waldrand äsen. Selbst der Winter hat dort seine eigenartige Schönheit, vor allem wenn sein weißes Schneetuch sich über den ebenen, festgefrorenen Erdboden und die unabsehbare Eisfläche des Haffes legt. Dann herrscht in den Haffdörfern reges Leben und Treiben. Handel und Wandel blühen. Der strenge Winter bringt Arbeit und mit der Arbeit auch Verdienst. Er setzt jene abgeschlossene Gegend mit der Welt in Verbindung.

Der Schaktarp.

1. Sonnenschein . . . Frostgeflimmer . . . und Regen braut . .
Und der Märzenschnee tropft. Und das Stromeis taut.
Aber das Stromeis steht. Und der Fischer klagt:
„Wieder der Schaktarp die Memelfischer plagt!“ —

2. Und schon schwillt das Nebelgespenst empor,
Über die Dörfer rieselt sein Mantelflor,
Wall und Giebel und Turm und Weidenbaum
Zucken wie Schatten in seinen Zwielichtsaum.

3. Und es grinst das Gespenst. Und der Fischer sich graut.
Über Wegen und Wiesen sich Schneeflut staut.
Und es klingelt kein Schlitten. Es rauscht kein Kahn.
Und es bricht sich kein Reiter im Dunste Bahn.

4. Und der Fischer vereinsamt im feuchten Gemach,
Und sein Lämpchen zittert den ganzen Tag,
Und seine Netze modern. Er atmet schwer
In das dumpfig schwankende Dämmermeer.

5. Und schon teilt er seufzend sein letztes Brot.
Vor der Türe hüstelt die bleiche Not.
Nichts als Nebel umher. Und das Unheil spült.
Und es burbelt ein Damm, umwölkt und zerwühlt.

6. Also düstert die Nacht. Und hundertfach
Schauern Gebete aus jedem Fischerdach.
Horch, da donnert der Strom. Und es jauchzt ein Schrei:
„Eisgang! Der Schaktarp flüchtet! Und wir sind frei!“

K. T. Tielo.

4. Das Gebiet auf dem linken Ufer der Gilge.

Dieser Teil der Litauischen Niederung führt den Namen Linkuhnen-Seckenburger Niederung und ist vom gesamten Niederungsgebiet am frühesten durch Deiche gegen Hochwasser geschützt worden. Die Grundbesitzer daselbst bilden den Linkuhnen-Seckenburger Entwässerungsverband. Der Deich zieht sich vom hohen Ufer bei Tilsit an der Memel und Gilge entlang und schließt sich südlich von Seckenburg an das hochwasserfreie Land im Kreise Niederung an. Alle Stromläufe, die ehemals dieses Gelände durchzogen und zur Gilge abwässerten, sind abgeschnitten und finden nur als oft hochangeschwollene Sammelgewässer ihren Abzug durch Schleusen und teilweise vermöge Hebewerke. Schon um das Jahr 1650 begann man diesen Deich zu bauen. Und bereits 1664 bildete er einen, wenn auch oft noch unzureichenden, so doch schon zusammenhängenden Schutzwall. Das Eindeichungswesen war anfangs den Anwohnern allein überlassen. Jeder schüttete wie und wann er wollte. Erst seit 1716 übernahmen die Provinzialkammern die Aufsicht. Es wurden Deichverbände gegründet und die Lasten auf die einzelnen Ortschaften nach den zu erwartenden wirtschaftlichen Vorteilen verteilt. Leider konnten die früher bei der Eindeichung gemachten Fehler nicht durchweg beseitigt werden, und deshalb ist die Niederung mancher schweren Überschwemmung, die durch Dammbrüche veranlaßt wurde, ausgesetzt gewesen. Von den schwersten Folgen waren die Überschwemmungen in den Jahren 1746, 1760, 1764, 1771, 1778, 1782, 1792 und 1829. Nach und nach wurden die Deiche erhöht und entsprechend verstärkt. Aber auch Entwässerungsvorrichtungen wurden angelegt. Sie machten sich erforderlich, weil dieses Niederungsgebiet nicht nur sehr unter dem Rückstau des Nemonienstromes, sondern auch unter dem Sammelwasser der abgeschnittenen Flußläufe zu leiden hatte. Als die vom Winde betriebenen Schöpfmühlen nicht ausreichten, wurden Schöpfvorrichtungen mit Dampfbetrieb gebaut. Das erste derartige Schöpfwerk bei Petricken wurde am 2. Dezember 1859 in Tätigkeit gesetzt. Es steht am Nemonienfluß. Das zweite Schöpfwerk befindet sich an der Vereinigung der Schnecke mit der Uszleik in Jodgallen, es wurde 1866 in Betrieb genommen, und das dritte bei Warsze an der Schalteik, es besteht seit dem Jahre 1873. Kleinere Hebewerke finden sich bei Schnecken, Joneikischken, Wolfsdorf und Alecknëiten. Das Verbandsgebiet wird auf 22 176 ha angenommen. Es umfaßt das Flußgebiet des Nemonienstromes und seiner Nebenflüsse. Die Länge der Deiche, die der Entwässerungsverband zu unterhalten hat, schätzt man auf 59 km. Obgleich die Unterhaltungskosten der Deiche und Entwässerungsanlagen oft erheblich sind, so bringen sie doch auch einen ungeheuern Nutzen. Selbst moorige Ländereien sind in fruchtbare Wiesen umgewandelt worden. Die ehemaligen weiten Wiesenflächen sind aber herrliche Getreidefelder geworden. Die ganze Wirtschaftsweise der dortigen Niederungsbewohner hat sich gegen früher ganz anders gestaltet: früher hauptsächlich Heugewinnung, heute Körnerbau. Reist man heute durch jene Gegend von Heinrichswalde nach der Gilge zu, so sieht man rechts und links größere Besitzungen, üppige Getreidefelder und schöne Viehherden, ganz wie in der Weichselniederung. Das Vieh bleibt Tag und Nacht auf der eingefriedigten Weide. Infolge des bedeutenden Viehstandes sind dort große, für den Versand arbeitende Dampfmeiereien eingerichtet worden. Nur die Kirchorte sind noch geschlossene Ortschaften. Sonst wohnen die Besitzer mitten auf ihrem Gelände. Die Gebäude sind, schon weil sie verhältnismäßig neu sind, fast durchweg in gutem Zustand und machen einen erfreulichen Eindruck. Die Wohnhäuser sind auch nicht selten in modernem Stile gebaut und von geschmackvollen Gartenanlagen umgeben. Eine Wanderung durch jene Gegend zur Sommerszeit zeigt ihren großen Wohlstand und preist den Erfolg der Arbeit.

5. Der Rosenwalder Verband.

Dieser Deichverband ist der jüngste. Sein Gebiet umfaßt nur 2500 ha. Es wird von der Chaussee Skaisgirren—Gr. Friedrichsdorf durchschnitten und ist das Überschwemmungsgelände der Arge und Medlauk. Durch den sogenannten Millionendamm ist es hochwasserfrei gemacht. An der erwähnten Chaussee, und zwar am Eglowargraben, der die verwachsenen Flußteile der alten Medlauk verbindet, befindet sich aber auch ein Schöpfwerk. Der dem Verbande gehörige Boden ist ein guter, und da er jetzt gegen Überschwemmungsgefahr ausreichend geschützt ist, bringt er vorzügliche Erträge. Früher diente er auch fast ausschließlich der Heugewinnung.

4. Die Fruchtbarkeit des ostpreußischen Bodens.

Unsere Provinz hat einen, wie schon verschiedentlich erwähnt, durch Anschwemmung und nicht durch Verwitterung entstandenen Boden. Weil die mechanischen Kräfte des Wassers in erster Linie an der Bildung der Ackerkrume mitgearbeitet haben, darum ist die Verteilung der Erdarten auf der Oberfläche sehr mannigfaltig. Es wechseln Moor- und Dammerde, Ton, Lehm, Sand, Kalk sehr häufig ab und liegen oft verworren um- und nebeneinander. Die Krume besteht überall aus einem Gemenge von Quarz und Ton in geschlemmtem Zustande, welchen Bestandteilen in oft wechselnden Mengen Kalk beigemengt ist. Im allgemeinen kann man von ihr behaupten, daß sie allenthalben da, wo der Landmann seinen Fleiß gebraucht, ihm auch seine Mühe durch zufriedenstellenden Ertrag lohnt, und daß vollständig unfruchtbare Stellen, von den Dünen der Nehrung und einzelnen Hochmooren abgesehen, so gut wie gar nicht in unsrer Provinz vorkommen. Auch zeigen sich bei uns nicht die großen Gegensätze, die in manchen Provinzen zwischen fruchtbaren und unfruchtbaren Gebieten bestehen. Trotz alledem geht unserem Ackerboden eine reiche Mannigfaltigkeit nicht ab.

Die Gegend nördlich vom Memelstrom war einst Meeresboden. Hier gibt es viel Sand und baumlose Heiden, sogenannte Palwen. Sie sind mit kurzem Grase bedeckt und hin und wieder mit Wacholdergesträuch bestanden. Eine zweckmäßige Behandlung des Bodens wird aber auch hier mit der Zeit Wandel zum Besseren schaffen.

Zwischen Memel und Pregel ist fast durchgehends ein lehmhaltiger Boden, dessen schöner, milder Charakter an einigen Stellen der Kreise Insterburg, Ragnit und Tilsit von strengem Lehme durchbrochen wird. Bei Gumbinnen und Stallupönen haben wir nächst dem Niederungsboden die fruchtbarste Ackerkrume der Provinz.

Das Samland ist in der Bodenbeschaffenheit verschieden, aber im ganzen genommen recht fruchtbar. Vorherrschend ist Lehmboden mit

Sand vermischt. An den Küsten ziehen sich oft ausgedehnte Dünenlandschaften hin. Es ist wenig wasserreich. Nur einige Bäche und durch Dämme aufgestaute Teiche finden sich hier. Jedoch besitzt es bei seiner hügeligen Lage meist gute Abwässerung und gesunden Untergrund. Nur auf vereinzelten Stellen tritt schwerer Ton und ockriger, undurchlassender Grundboden auf.

Der südliche Teil Litauens, der zwischen dem Pregel einerseits, dem Mauersee und dem Goldapfluß anderseits gelegen ist, hat, soweit er eben ist, vorherrschend Lehmboden. Doch finden sich hie und da Sandflächen und Grünlandmoore.

Besonders schwer sind die Böden am Pasmar- und Frischingfluß um Kreuzburg und an der unteren Passarge bis Schlobitten. An den Mündungen des Frisching, der Passarge und an der Halbinsel Balga finden sich zum Teil eingedeichte Niederungen mit fruchtbaren Schlickböden. Der Frisching mündet zwar zwischen Strandhöhen, die ihn eng einschließen, binnenwärts aber erweitert sich sein Tal bis zu 7 km und mehr Breite und ist bis auf 10 km Entfernung vom Haff dem Überstau desselben ausgesetzt. Die Dörfer, die diese Einsenkung begrenzen, sind wegen ihres vorzüglichen, schwarzgrauen oder braunen, äußerst tiefen und kräftigen Lehmbodens bekannt.

Der Landstrich zwischen Alle und Passarge enthält meist sandigen Lehmboden. Im nördlichen Teile desselben herrscht der Sand vor, im südlichen der Lehm. In der Gegend Zinten-Landsberg finden wir einen ausgesprochenen Roggenboden.

Die Gegend, die sich von Wehlau über Friedland, Allenburg, Gerdauen ausbreitet und bei Rastenburg ausläuft, enthält sehr strengen Lehmboden und ist deshalb schwer zu beackern. Sie hat aber ein Verbesserungsmittel in den fast ausnahmslos unmittelbar unter der Muttererde befindlichen Mergellagern. Bei Rastenburg findet sich ein ausgezeichneter schwarzer Lehmboden, der sich in vorzüglicher Weise für den Weizenanbau eignet.

Das Oberland ist auch ein gesegneter Landstrich. Prächtige Buchenwälder wechseln mit üppigen Getreidefeldern ab. Das leise gewellte Hügelland enthält vorwiegend Weizen- und Gerstenboden.

Masuren hat zum größten Teile Sandboden und ist im allgemeinen nicht so fruchtbar wie das nördlich gelegene Litauen, wenngleich man nicht leugnen kann, daß sich hin und wieder auch Stellen von ganz besonderer Fruchtbarkeit zeigen. Der Sand ist nämlich so reichhaltig mit Lehm versetzt, daß sich bei einer ernsten Kultur der Ackerbau lohnt. Fliegender Sand zeigt sich noch südlich von Willenberg und Ortelsburg. Außerdem wird der Ackerbau in jener Gegend noch ungeheuer durch die vielen Wanderblöcke erschwert.

Die Litauische Niederung ist als einer der fruchtbarsten Landstriche unseres deutschen Vaterlandes bekannt. In weiterem Sinn umfaßt sie die

Kreise Tilsit, Niederung, Heydekrug sowie Teile der Kreise Ragnit und Labiau. Vor etwa zwei Jahrhunderten war das Memeldelta noch ein wüstes, nicht urbar gemachtes Gebiet und der Aufenthaltsort wilder Tiere. Da fanden sich betriebsame Menschen, die die hochgelegenen Stellen zu ihren Wohnungen wählten und urbar machten. Ihre nächsten Nachkommen sahen schon einen großen Teil dieser Bruchgegenden bevölkert. Damals konnten noch Memel, Ruß und Gilge ungehindert über ihre Ufer treten und gefährdeten nicht selten Leben und Eigentum der Anwohner, obgleich sie anderseits durch den zurückgelassenen Schlamm die Fruchtbarkeit des Bodens mächtig förderten. Stellenweise führte aber auch der Strom Sand auf fruchtbare Ackerstücke. Selbst die Sommerüberschwemmungen wurden manchmal gefährlich, da sie oft ganze Ernten vernichteten. Jetzt ist diese Gegend geschützt und lohnt die Mühe des Landmannes in hervorragendem Maße.

III. Bewässerung und Küstenverhältnisse.

1. Die stehenden Gewässer Ostpreußens.

A. Die Ostsee.

a) Allgemeines.

Das heimatliche Meer.

Dich hab' ich gern und bleib' dir treu,
Mein teures heimatliches Meer.
Wie schön das Meer des Südens sei,
Doch geb' ich dich dafür nicht her.

Mein Herz geht auf, wenn ich dich schau',
Daliegend in der Sonne Licht.
Ein tieferes, ein schönres Blau
Hat auch die Flut des Südens nicht.

Und wenn der Wind die Wolken jagt
Hin über die bewegte See:
Auf einem Grunde von Smaragd
Glänzt dann der Wellenkämme Schnee.

Johannes Trojan.

Die Ostsee dringt mit zwei Buchten in die heimische Küste hinein. Von Rixhöft bis Pillau erstreckt sich die Danziger Bucht und von Cranz bis zur russischen Grenze die Cranzer Bucht. Seinen Namen verdankt dieses Meer den Dänen, die es seiner Lage wegen schon vor mehr als tausend Jahren so benannten. Die Bezeichnung „Baltisches Meer“ ist höchstwahrscheinlich von dem baltischen Worte baltas = weiß abzuleiten. Baltisches Meer heißt demnach Weißes Meer. Bei den Alten führte die Ostsee den Namen Sarmatisches oder Suevisches Meer.

Die Breite der Ostsee ist eine sehr verschiedene. Sie wechselt zwischen 675 und 36 bis 75 km. Die Länge beträgt 1350 km. Ihre Oberfläche umfaßt rund 415000 qkm, ist also etwas größer als Preußen, Württemberg und Baden zusammengenommen. Die Tiefe ist geringer als die vieler Alpenseen. Sie beträgt durchschnittlich 67 m. Außer bei der Insel Gotland, woselbst sie 325 m tief ist, kommen Tiefen von mehr als 100 m sehr selten vor. Klippen kennt man an der deutschen Ostseeküste so gut wie gar nicht. Dafür finden sich aber viele Untiefen. Eine ganze Reihe derselben erstreckt sich von Rügen über Bornholm nach Schweden hin. Bei einem kaum um 30 m verringerten Wasserstande könnte man fast trockenen Fußes von Rügen über Bornholm nach Schweden gehen. Die Schiffahrt ist der flachen Küsten und der Untiefen wegen nicht ganz ungefährlich. Erschwert wird sie noch dadurch, daß die Wellen infolge der Binnenlage sehr kurz gehen und die Winde fast immer heftig sind. Auch sind nicht selten am Strande große Steinmassen vorgelagert.

Der Salzgehalt der Ostsee ist ein geringer, im westlichen Teil etwas bedeutender als im östlichen. Er beträgt kaum die Hälfte von dem der Nordsee. Bei Kiel findet man noch 1,66%, bei Memel ein gut Stück unter 1%. Nicht nur die zahlreich einmündenden Flüsse, die ein Landgebiet, das fast viermal so groß ist wie die Ostsee selbst, entwässern, sondern auch die häufigen und starken Niederschläge schwächen bei der geringen Verbindung mit dem offenen Ozean den Salzgehalt. Von der Nordsee fließt zwar allem Anscheine nach ein salzhaltiger Unterstrom in die Ostsee hinein, doch dringt er über die Untiefen zwischen Bornholm und Rügen nicht weiter ostwärts vor. Außerdem wird ein Ausgleich im Salzgehalte noch dadurch erschwert, daß der Wasserspiegel der Ostsee nach mehrmals ausgeführten und sorgfältig kontrollierten Eisenbahn- und Kanalnivellements etwas über dem Spiegel der Nordsee steht. Die Folge davon ist, daß aus der Ostsee viel mehr Wasser abfließt, als ihr aus der salzreichen Nordsee zuströmt.

Die Farbe der Ostsee ist viel heller als die des Ozeans. Das Wasser ist hell meergrün, erscheint aber je nach Beleuchtung, Wellenspiel und Wolkenzug, je nach Sonnenschein und Wolkenbedeckung, auf der der Sonne zu- oder abgewandten Seite in den verschiedensten Farbenabstufungen. Es ist durchsichtig, hell und klar. Eine bemerkenswerte Eigenschaft hat es darin, daß es stets eine verhältnismäßig niedrige Temperatur aufzuweisen hat. Durch das späte Schmelzen des Eises in dem nördlichen und östlichen Busen wird im Frühling und Sommer die Wärme wesentlich herabgemindert. An unserer Küste tritt dieser Unterschied zwischen Wasser- und Lufttemperatur am deutlichsten in den Monaten Mai und Juni hervor.

Fast in jedem Winter bilden sich an der Küste der Ostsee Eisränder, die mit stärker werdendem Froste zunehmen, die Häfen schließen und dann die

Schiffahrt hemmen. Das Eis zieht sich oft viele Kilometer weit, so daß man darüber hinweggehen kann. In den Jahren 1269, 1307, 1322, 1381, 1423, 1459, 1554, 1643, 1667, 1670, 1674, 1678, 1686 war die Ostsee so fest zugefroren, daß häufige Reisen von unserer Küste aus nach Lübeck, Reval, ja selbst nach Schweden über die See hinweg unternommen werden konnten. Man legte sogar auf dem Eise Herbergen für die Reisenden und Schuppen für Schlitten und Pferde an. Im Jahre 1709 fuhr man noch zu Anfang Mai 75 km weit auf die Ostsee hinauf.

Ebbe und Flut können bei der Ostsee als einem Binnenmeere nur wenig bemerkbar sein. Von diesem geheimnisvollen Atmen des Meeres ist an unserer Ostseeküste so gut wie gar nichts zu spüren. Außerdem sind die schwachen Gezeiten sehr unregelmäßig. Die Einflüsse, welche Ebbe und Flut auf die Küste, auf Schiffahrt und Fischerei ausüben, kennt man bei uns nicht. Die wirklich bemerkbaren täglichen, monatlichen und jährlichen Schwankungen der Ostsee werden in erster Linie durch die zeitweise vorherrschenden Winde bedingt. So heben die Westwinde den Wasserstand des Meeres an unserer Küste. Die Folgen davon sind im Pregel bis Königsberg und weiter hinauf zu spüren, indem das Wasser im Flußbett auch steigt. Weil die Winde in gewissen Zeitabschnitten besonders heftig auftreten, darum steigt in diesen auch das Wasser der Ostsee in besonders bemerkbarer Weise. So war in den Jahren 1854, 1867 und 1874 der Wasserstand des Meeres außergewöhnlich hoch.

An der ostpreußischen Küste dacht sich der Untergrund der Ostsee sanft ab. An den meisten Punkten kann ein erwachsener Mensch 100 bis 200 Schritte weit in das Wasser hineingehen, ohne zu ertrinken. Daher finden sich bei uns viele treffliche Badeplätze. Ein recht breiter Streifen des Grundes ist mit Sand bedeckt. Stellenweise geht er in eine Kiesschicht über. Beides sind Rückstände einer durch die Wogen zerstörten vordiluvianischen Bildung. Den Sand werfen die Wellen in gekrümmten Linien an das Ufer. Die Sandkörner haben eine abgerundete Form, die jedenfalls nicht durch die abspülende und anschlagende Tätigkeit des Wassers entstanden ist, sondern durch die gegenseitige Reibung der einzelnen Körnchen, die allerdings durch die Bewegung des Wassers bedingt wird. Nicht selten wird an manchen Stellen ein schwarzbunter Sand angeschwemmt, der zumeist aus Magnet- und Titaneisen besteht. Häufig wirft die Ostsee bei heftigen Stürmen Seetang, besonders Blasentang und das sogenannte Seegras und mit ihm auch Bernsteinstücke aus. An Muscheln und Schnecken ist unser Strand nicht reich. Man findet nur wenige Arten davon, von denen die kleine weiße, oft rosa angehauchte Herzmuschel die häufigste ist.

Für den heimischen Handel hat die Ostsee eine große Bedeutung gehabt und hat sie heute noch. Die Bedingungen dafür liegen von frühester Zeit an wesentlich in der Ausfuhr landwirtschaftlicher Erzeugnisse Preußens und

Rußlands. Bereits vor Ankunft des Deutschen Ritterordens nahten sich Handelsschiffe unserer Küste, um sich von hier die verschiedensten Rohstoffe zu holen. Als die alten Preußen wenigstens teilweise unterworfen und im Land einigermaßen geordnete wirtschaftliche Verhältnisse hergestellt worden waren, da erbaute der Orden 1253 Memel und 1255 Königsberg als feste Burgen, in deren Schutz Lübecker und andere Hanseaten bedeutende städtische Niederlassungen gründeten. Schon um 1350 gehörten Königsberg und Braunsberg dem mächtigen Hansabündnis an. Der Seeverkehr tauschte Waffen, Tuche, Wein und Gegenstände des Luxus gegen die Landesprodukte Getreide, Holz, Honig, Wachs, Bernstein aus. Er ging nach den Hansaorten und deren Niederlagen in Holland und Brabant. 1360 öffnete sich dem Ostseeverkehre Schweden. 1370 knüpfte der Hochmeister Winrich von Kniprode den ersten Getreidehandel mit England an. Die heimischen Hafenplätze Königsberg und Memel nahmen an stetem Wachstume zu, besonders als der Große Kurfürst ihnen 1657 volle Handelsfreiheit gegeben hatte. Seit 1750 entwickelte sich der überseeische Holzhandel der Stadt Memel zu ungehoffter Bedeutung. Auch die von Napoleon I. unter dem 21. November 1806 angeordnete Kontinentalsperre schadete dem Memeler Handel wenig, obwohl sie im übrigen den Ostseehandel ziemlich lahmlegte. Infolge des wirtschaftlichen Aufschwunges in der letzten Hälfte des vorigen Jahrhunderts hob er sich jedoch wieder. Allerdings hat er noch immer nicht die Bedeutung für unsere Heimatprovinz, die er haben könnte. Schuld daran ist die strenge russische Grenzsperre und die Ablenkung des russischen Handels auf die eigenen Ostseehäfen.

Die Seefahrer benutzen als Landmarken an der ostpreußischen Küste, und zwar auf der Fahrt durch die Danziger Bucht das Kurhaus des Seebades Neuhäuser, die Gebäude von Tenkitten, die Kirche von Germau, den Großen und den Kleinen Hausen, den spitzen Kirchturm und die Bergwerkschornsteine von Palmnicken sowie die Gebäude von Gr. Hubnicken, auf der Fahrt durch die Cranzer Bucht die Leuchttürme von Brüsterort und Nidden, den Kirchturm von Cranz, den Wald und den Aussichtsturm bei Schwarzort, die Türme der Stadt Memel und die Holländische Mütze, eine $7\frac{1}{2}$ km nördlich von Memel gelegene bewaldete Höhe.

b) Der samländische Strand.

Die Bernsteinhexe.

Sankt-Elmsfeuer flackert am Hexenturm:
Die Bernsteinhexe beschwor den Sturm.

Ihre Botin ruft ihn flugs herbei —
Lachmöwe mit gellendem Schrilleschrei.

Der West-Nordwest vom schwedischen Sund,
Der wühlt das Meergold auf vom Grund!

Hinaus mit Netzen, mit Bark' und Boot
In das gleißende Glück, in den Tauchertod!

Bald kehren wir wieder, das Boot randvoll —
Nur der Jüngste ertrunken — das ist ihr Zoll!

Felix Dahn.

Im Gegensatze zu der Nordseeküste ragt die Küste der Ostsee allenthalben über den Wasserspiegel hinweg. Deshalb sind Eindeichungen hier nirgend erforderlich. Verhältnismäßig am höchsten ist der samländische Strand. Bei Warnicken erhebt er sich bis zu 60 m. Man sollte glauben, daß die heimische Küste bei dem fast gänzlichen Fehlen der Gezeiten keiner Veränderung durch die Wellenbewegung des Meeres unterworfen wäre. Und doch gibt es nur wenige Küsten, die sich so verändern wie unsere ostpreußische. Die Ostsee rückt jährlich etwa 0,3 m ins Land vor. Das ist unzweifelhaft seit Jahrtausenden geschehen. Deshalb werden wir die ursprüngliche Strandlinie da suchen müssen, wo sich jetzt im Meere bereits eine Tiefe von 10 bis 15 m vorfindet. An der Nordwestecke des Samlandes bei Brüsterort zieht sich die bernsteinführende Blaue Erde weit in das Meer hinein. Früher gehörte sie ohne alle Frage zum Festlande. Heute legt sie davon Zeugnis ab, welchen großen Tribut das Land dem Meere hat zollen müssen.

Aber noch andere Umstände sind bei der Veränderung der Küstenlinie maßgebend gewesen. In der Nähe von Cranz, am Fuße der Kurischen Nehrung, hat man in der See zahlreiche aufrechtstehende, im Boden wurzelnde Baumstubben gefunden, die ehemaligen Kiefern, Erlen und Birken entstammen. Ferner sind an verschiedenen Stellen Torflager auf dem Meeresboden entdeckt worden. Es ist nun hieraus gefolgert worden, daß entweder durch Senkung des Bodens oder durch eine Hebung des Meeresspiegels ehemalige Waldgebiete unter Wasser gekommen sind. Auf jeden Fall besteht eine Verschiebung der Strandlinie in das Festland hinein und somit eine Verminderung des letzteren. Bedingt wird sie entschieden in erster Reihe durch die fortspülende und unterhöhlende Tätigkeit hochgehender Wellen. Ein gut Teil wird man aber auch auf Rechnung der Witterungseinflüsse setzen müssen, die dem weichen Erdreiche der Küstenabhänge recht verhängnisvoll werden. Endlich werden bei jedem heftigen Regen ungeheure Mengen Erde in das Meer gespült. Die Abhänge werden dadurch immer mehr zerrissen, die sich zum Meere hinziehenden Rinnsale immer tiefer.

Die samländische Küste ist von großer landschaftlicher Schönheit. Betrachten wir sie auf einer Wanderung von Pillau bis Cranz genauer:

Einst war die Umgegend von Pillau bis gegen Fischhausen hin dicht bewaldet. Als aber die Schweden im Jahre 1657 den Versuch machten, Pillau von der Landseite anzugreifen, da ließ der Kommandant Pierre de la Cave die Wälder zum großen Teil abholzen. Die zunehmende Versandung und die Gefahr, die daraus den Pillauer Hafenanlagen erwuchs, bewog die Regierung schließlich, diese Gegend wieder aufzuforsten. 1793 ward so durch Bepflanzung die in der Nähe von Pillau befindliche Plantage angelegt. Leider mußte sie 1806 zur Verteidigung der Festung gekappt werden. Nach Beendigung des Unglücklichen Krieges wurden aber bald neue Anlagen gemacht. Vor nicht zu langer Zeit sind auch die nach Neuhäuser sich hinziehenden Dünen wieder bepflanzt, und dadurch ist der Fehler früherer Zeiten gutgemacht worden. Das duftige Fichtenholz mit dem dunkeln Grün seiner Nadeln bildet nunmehr zu dem hellen Graugrün der schaumgekrönten Meereswellen einen angenehmen, eigenartigen Gegensatz. Der Weg von Pillau nach Neuhäuser bietet dem Wanderer manche Ergötzung. Die höchste Kuppe des hügeligen Geländes, das sich bei Neuhäuser zwischen Haff und See erstreckt, ist der Pfannkuchenberg. Die Aussicht von ihm über die von zwei mächtigen Wasserflächen eingeschlossene Landzunge, die mit dem Pillauer Leuchtturm endigt, ist besonders über die Waldungen der Kaporner Heide hinweg bei Sonnenuntergang eine sehr schöne. Nördlich von dem Seebade Neuhäuser erstreckt sich über die ganze Breite dieser Landzunge ein Laubwald, der in seinem westlichen Abschnitte den Namen Pilzenwald führt, im östlichen dagegen Haffwald genannt wird. Hier ist in unserer Provinz die nördlichste Stelle, wo noch die Rotbuche in größeren Beständen auftritt.

Eine weite Fernsicht genießt man von dem hohen Haffufer, das die Ordensburg Lochstädt trägt. Das um diese Burg befindliche, jetzt fruchtbare Gelände lag Jahrhunderte vom Sande verweht wüst da. Zur Ordenszeit war es in guter Kultur. Als im Notstandsjahre 1867 die Bevölkerung beschäftigt werden sollte, wurde von der Staatsregierung das Heraufholen des ungefähr 2 m tiefer liegenden Kulturbodens aus der Ritterzeit angeordnet. Auf ihm wächst heute das Getreide.

Bis Tenkitten ist der Ostseestrand fast reizlos. Zu erwähnen bleibt hier höchstens die Gardine, das ist eine etwa 2 km lange und 9 km breite wallartige Bodenerhebung, die in der Zeit von 1242 bis 1250 von den Samländern zum Schutze gegen den Orden aufgeworfen sein soll. Man zählt die Gardine zu den sogenannten Längswällen oder Landwehren, wie wir sie auch an anderen Stellen unserer Provinz, beispielsweise bei Gerswalde, Heilige Linde, Wartenburg, finden. Da, wo dieser Wall dem Seestrande nahekommt, erhebt sich bei dem Dorfe Tenkitten etwa 18 m hoch eine Dünenkuppe. Sie trägt das St. Adalbertskreuz und gewährt einen schönen Ausblick über Haff und See. Die Küstenstrecke von Tenkitten bis Sorgenau ist ziemlich flach. Nur hin und wieder finden sich einige Dünenhügel. Bei letztgenanntem Orte jedoch, einem Fischerdorfe, das sich immer mehr zum Seebad entwickelt, zeigt die fast durchweg mit Strauchwerk bewachsene Düne malerische Bildungen. Im allgemeinen ist die samländische Westküste eintönig. Einige Abwechselung bieten nur der Groß'e Hausen, der bei Germau liegt und eine weite Aussicht über Haff und See bietet, und die Schlucht von Gr. Dirschkeim. Diese Schlucht zieht sich ziemlich weit ins Land hinein und ist besonders anziehend durch die eng nebeneinander steil aufragenden Wände. Sie wird von einem Bächlein durchflossen, das munter über gemauerte Stufen hinabstürzt. In geologischer Beziehung ist sie insofern wichtig, als sie deutlich die Lagerungen des Geschiebemergels zeigt, von dem nicht selten durch die Wirkung des Frostes große Stücke abgesprengt werden. Im Oktober 1809 weilte Wilhelm von Humboldt bei Dirschkeim an unserer heimischen Küste. In einem Brief an Karoline von Humboldt schrieb er darüber folgendes:

Die Schlucht bei Gr. Dirschkeim.

„Ich blieb eine Nacht gerade an der Ecke der Küste in Dirschkeim, wo auf einer Art Vorgebirge eine Leuchte für die Seefahrenden ist, um die Klippen zu vermeiden. Ich ging noch die Nacht allein an den Meeresstrand. Es war schrecklich stürmisch, aber der Mond kam ununterbrochen zwischen den schwarzen Wolken hervor. Ich habe bis nach Mitternacht dagestanden. Es war ein sehr großes Schauspiel. Ich werde die Nacht nie vergessen, sie ist das Größte und Schönste, was ich seit meiner Abreise aus Italien erlebt habe.“

Ihren Abschluß findet die Westküste, die wegen ihres Reichtums an Bernstein auch Bernsteinküste genannt wird, bei Brüsterort. Kahl und steil ragt sie in einer Höhe von 36 m in das Meer hinaus. Ihre Fortsetzung findet sie in dem fast 4 km unter dem Wasserspiegel sich hinziehenden Steinriff, einem gefahrdrohenden Hindernisse für den Schiffer.

Partie am Zipfelberg mit Blick auf den Wachbudenberg und Brüsterort.

Die nun folgende Nordküste bildet sicherlich den landschaftlich schönsten Teil Ostpreußens. Besonders gilt das von dem zwischen Brüsterort und Neukuhren gelegenen Stücke. Das von Süden nach Norden allmählich ansteigende Hügelland der Halbinsel fällt gegen die See oft recht steil ab, nur ein schmales, niedriges, sandiges Vorland übriglassend. Manchmal taucht der Abhang seinen Fuß sogar in die wogende See. Die Uferwand ist durch eine große Anzahl teils schmaler, in vielfachen Windungen tief eindringender, teils amphitheatralisch sich ausweitender Schluchten zerklüftet. Sie sind durch kleine Rinnsale entstanden, deren nagende, ausspülende Tätigkeit vielfach durch den zwischen den festeren Erdschichten lagernden losen Diluvialsand befördert worden ist.

Bei Großkuhren finden sich die Morgenschlucht, von dem rötlichen Wasser des Morgengrabens durchrieselt, und die Rosenschlucht, nach den wilden Rosensträuchern so benannt, die in früherer Zeit auf ihren Gehängen geradezu üppig wuchsen. Merkwürdig sind bei Großkuhren die steilen, seltsam gestalteten Zacken und Zinken, wie sie nur in Gebirgsgegenden vorkommen. Der Strand besteht hier vielfach aus Diluvialsandstein, der durch das hindurchsickernde eisenhaltige Wasser eine eigentümliche gelbbraune Farbe erhalten hat. In diese Masse haben Wasser und Wetter jene sonderbaren Gebilde hineingeschaffen, sie gezahnt und zugespitzt. Am interessantesten ist der Zipfelberg, der leider bei einem heftigen Sturm im Jahre 1899 seine eigen-

Die Wolfsschlucht bei Warnicken.

artige Spitze verloren hat. An seinem Gipfel zeigt er Braunkohlenschichten, an seinem Sockel die Blaue Erde. Das diese Tertiärbildung überlagernde Diluvium ist an der sich östlich anschließenden Steilwand zu beobachten.

Den Gipfelpunkt samländischer landschaftlicher Reize erreicht Warnicken mit der Wolfsschlucht. Ferdinand Gregorovius schildert diese Schlucht mit folgenden Worten:

„Man steigt hinab in ein Blättermeer, dessen grüne Wogen über der Schlucht zusammenschlagen. An mancher Stelle scheint der Himmel kaum hindurch. Die Schlucht ist das im Sommer trockene, mit Geröll angefüllte Bett eines Wildbaches, über welches Brücken führen. Zerschmetterte Bäume sind hineingestürzt, andere hängen hinab, den Niedersturz drohend. Die üppigste Vegetation bedeckt die steilen Wände, die sich nach dem Meere zu erweitern. Man wandert in der Schlucht bergauf, bergab, immer längs des Baches in der grünen Walddämmerung, gewiegt von dem eintönigen Rauschen der Meeres, das man noch nicht sieht, bis plötzlich die blaue See hereinstrahlt und sich dem Blick die unendlich lichte Meerferne auftut, ein überraschender Kontrast zu der Enge der Schlucht und ihrem Dunkel. Wir setzen uns auf einen der Granitblöcke nieder, die hier das Meer in großer Zahl an die Küste gewälzt hat. Der Naturforscher sagt Ihnen, diese Blöcke kommen vom Nordpol, eingeklemmt in Eisschollen, und wir lachen über die Eisschollen und die eingeklemmten Naturforscher. Wir betrachten die beiden steilen Wände der Schlucht und steigen dann den Jägersteig hinauf, den Blick bald auf das Meer, bald auf den mächtigen Waldwuchs neben, über, unter uns gerichtet. Nun gehen wir längs des Strandes des senkrecht abgestürzten Ufers bis zur Fuchsspitze, einem hohen, eingefaßten Vorsprung, von dem der Blick hinab fast schwindelerregend und der Prospekt ins Meer überraschend groß ist.“ (Idyllen vom baltischen Ufer. 1851.)

Steilküste bei Warnicken.

In der Nähe der Wolfsschlucht erhebt sich die Jägerspitze. Sie bietet eine entzückende Fernsicht über die Strandlinien und weit auf das Meer hinaus. Die von Gregorovius erwähnte Fuchsspitze findet sich in der Nähe der Fuchsschlucht. Auf dieser Spitze saß im September 1840 König Friedrich Wilhelm IV. mit seinem Freunde Alexander von Humboldt und erfreute sich an der Großartigkeit der samländischen Küste. Auf der Fuchsspitze ist ein Gedenkstein für den Oberförster Gebauer errichtet. Deshalb führt dieser Punkt auch den Namen Gebauershöh. Der Stein trägt die Inschrift „Gebauershöh 1848“. Gebauer ist es gewesen, der die Wolfsschlucht dem Wanderer zugänglich gemacht hat. Ein köstliches Idyll ist auch die Collisschlucht bei Warnicken. Sie erscheint besonders großartig, wenn man vom Meer aus den Blick an den kahlen, oft senkrecht abfallenden Uferwänden emporsendet.

Leider ladet die See bei Warnicken nicht sehr zum Baden ein. Es finden sich hier am Ufer eine Menge vorgelagerter, zum Teil riesiger Steinblöcke, die zwar, von der Brandung umbraust, einen mächtigen Eindruck machen, doch dem an diesen Stellen Badenden Unbequemlichkeiten bereiten. Aus diesem Umstande heraus läßt es sich auch erklären, warum Warnicken mehr von durchwandernden Naturfreunden als von ständigen Badegästen besucht wird. Um hier den Wogen das Untergraben der Uferhöhen zu erschweren, sind schon vor einer Reihe von Jahren am Fuße dieser Höhen Steindämme aufgeführt worden. Bei der Sturmflut am 13. Januar 1905 wurden sie fast gänzlich vernichtet. Da sie aber eine unbedingte Notwendigkeit sind, werden sie wiederhergestellt. Die Grenze zwischen Warnicken und Georgenswalde bildet der Warnicker Park. Sein eigenartigster Schmuck ist die ungeheure Menge von Glockenblumen (Campanula latifolia), die er beherbergt. Karl Bulcke schreibt über diese Glockenblumenpracht in einem Roman folgendes:

„Der Wald stand voller Glockenblumen, die so hoch waren, daß sie mir über den Kopf reichten. Das ganze Untergehölz des Waldes war blau von diesen Blumen. Ich möchte diesen Wald nie wiedersehen, weil ich fürchte, daß die Glockenblumen nie wieder so hoch und so blau blühen werden, wie sie in jenen Jahren geblüht haben. So weit man sah, ein blauer, starker, sich in die Ferne verlierender Streif, und darüber grüne Tannen. Wenn ich Rajah von Indien wäre und meine Lieblingsfrauen mit Brillanten und Perlenschnüren überhängen könnte, oder — was mir lieber wäre — wenn ich über einem norwegischen Fjord zwischen Gletschern und in der Nähe der ewigen Wälder ein Schloß von 100 Zimmern, einen Marstall, eine geliebte Frau und einen Standardtresor auf der Bank von England besäße, ich würde doch jeden Hochsommer heimwehkrank nach der Glockenblumenblüte Ostpreußens werden, die ich als Kind einen Sommer lang gesehen habe.“

Die Glockenblume wird jetzt polizeilich geschützt. Das Abreißen wird bestraft. Dasselbe gilt von dem Frauenschuh (Cypripedium calceolus). Diese Pflanze, eine Orchideenart, wächst recht häufig in den Schluchten des heimischen Seestrandes, ist aber sonst in ganz Norddeutschland selten zu finden.

Der bei Georgenswalde gelegenen Detroitschlucht fehlt zwar die Großartigkeit und düstere Wildheit der Wolfsschlucht, diesen Mangel ersetzt sie jedoch durch Lieblichkeit und Anmut. Das unentwirrbare Durcheinander von Linden, Buchen, Eichen, Eschen und andern Laubbäumen, das diese Schlucht aufweist, wirkt außerordentlich malerisch und muß das Herz eines jeden wahrhaften Naturfreundes entzücken. Neben der Detroitschlucht öffnet sich der Wolfskessel, der als einer der sehenswertesten Punkte des Samlandes bezeichnet wird. Auch die Blaue Rinne, die von mächtigen Steilwänden eingeschlossen wird, zieht sich dicht neben dieser Schlucht in das Küstenland hinein. Nicht weit von Rauschen findet sich die Gausupschlucht. Sie ist reich an malerischen Partien, zeigt dem Wanderer bald waldige Gehänge, bald kahle Steilhöhen. Von den sonst bei Rauschen befindlichen Schluchten sei nur noch die Kordollingschlucht genannt, in deren Wänden auffallend viele Uferschwalben nisten.

Als den schönsten Punkt der ganzen samländischen Küste bezeichnet man den Badeort Rauschen, nicht etwa den oberen Teil des Dorfes mit seinen prächtigen Villen, sondern den am Mühlenteiche gelegenen unteren Teil mit seinen schlichten Hütten und dem daranstoßenden Fichtenparke. Der Mühlenteich wird von der Katza durchflossen. Das Katzatal zieht sich durch eine waldige Gegend von eigenartiger Schönheit. Der Volksmund hat sie mit dem Namen Katzengründe belegt. Zwischen Rauschen und Neukuhren erhebt sich die Loppöhner Spitze. Von hier aus überblickt man den ganzen Küstenstreifen von Brüsterort bis Cranz mit seinen teils wildzerklüfteten, nackten, teils in herrliches Grün gekleideten Abhängen. Sie zählt darum zu den wichtigsten Punkten der samländischen Küste.

Etwa in der Mitte der Nordküste befindet sich der Badeort Neukuhren. Er ist ebenfalls sehr schön gelegen. Eine schöne Aussicht genießt man vom Seeberge, besonders beim Sonnenuntergange, „wenn Phöbus mit seinem Sonnenwagen, umstrahlt von dem blendenden Glanze seiner Farbenpracht, in das aufblitzende Meeresbett hinabtaucht“. Von Neukuhren zieht sich der Lachsbach weit in das Land hinein und gewährt den Badegästen bequeme und schattige Spaziergänge. Im oberen Lachstal befindet sich ein großer erratischer Block, der Borsten- oder Lügenstein, von dem man sagt, er erdrücke einen jeden, der gelogen hat. Seit 1904 hat Neukuhren eine Hafenanlage. Sie soll den Fischern bei herannahendem Sturme Zuflucht bieten. Der Hafen hat eine Tiefe von 3½ m. Nach Norden und Osten ist er von Molen begrenzt, die jede 300 m lang sind. Die Einfahrt in den Hafen liegt in der Nordostecke einer Bucht. Er soll so tief gemacht werden, daß er auch größeren Schiffen zugänglich sein kann. Bei Neukuhren findet sich ebenso wie bei Brüsterort eine Menge von Findlingsblöcken in der See. Sie werden durch besondere Zangen gehoben und dann bei Wasserbauten verwendet.

Östlich von Neukuhren wird der Strand niedriger und ziemlich einförmig. Bis Cranz zieht sich eine sandige, aber dem Wanderer doch manche Abwechselung bietende Gegend hin.

c) Die Nehrungen.

Auf der Düne.

Auf einsamer Düne steh' ich stumm,
Vor mir das Meer, der Wald ringsum,
Und über mir blauer Himmel.
Der Wald ist bunt, und das Meer ist glatt,
Die herbstliche Sonne vergoldet matt
Der fallenden Blätter Gewimmel.

Die Zeit ist entflohen, grau ist mein Haar,
Doch in mir regt sich noch wunderbar
In ewiger Jugend mein Lieben.
Verweht ist der Freuden schnell welkendes Laub,
Die Blüten der Hoffnung zerfielen in Staub,
Das ewige Meer ist geblieben.

Julie Burow,
geb. in Kydullen, Ostpr.

Allgemeines. Zu Ostpreußen gehören zwei Nehrungen, die Kurische und die Frische Nehrung. An der letztgenannten hat auch die Provinz Westpreußen Anteil. Die Kurische Nehrung hat eine Länge von 98 km. Ihre größte Breite erreicht sie bei Rossitten (3,5 km), die geringste bei Sarkau (0,5 km). Die Länge der Frischen Nehrung beträgt 56 km. Ihre Breite ist bedeutend geringer als die der Kurischen Nehrung. Stellenweise mißt sie nur 300 m.

Die Nehrungen sind trotz ihrer Öde, trotz der Totenstille, die sich über den größten Teil verbreitet, trotz des melancholischen, oft trostlosen Anblickes, den sie gewähren, interessante Gegenden. Auf welchen Wanderer, der jene Gebiete betritt, wird nicht der schmale, hoch aufgetürmte Sandstreifen mit seinen mächtigen Dünen einen überwältigenden Eindruck machen! Er kann fast an jedem Punkte nicht nur die Wasserfläche des Haffes, sondern auch das ewig bewegte, unendliche Meer sehen. An sein Ohr dringt das Rauschen und Tosen der Wogen, ihm eine Sprache verkündend, die zwar seltsam klingt, aber tief auf das Gemüt einwirkt, wenn es überhaupt dafür empfänglich ist. Diese Sprache hat die verschiedensten Formen und Wendungen. Sie steigt vom leisen Murmeln zum lautesten Donnergeräusch an. Aber nicht nur das Meer, sondern auch die Nehrung selbst hat ihre Stimme. Weht von der See her der kühle Abendwind, so vernimmt man ein eigenartiges leises Rascheln. Es stammt von dem Sandhafer, der sich im Luftzuge sanft schaukelt. Wird der Wind aber stärker, dann erhebt sich ein wunderbares zartes Klingen. Der Sand beginnt seine Wanderung. Die feinen Sandkörner stoßen und reiben sich und verursachen diese Musik, die ebenso eigenartig ist wie der Raum, auf dem sie ertönt.

Mit Recht hat man die weiten Sandflächen der Nehrungen mit Wüsten verglichen und die Kurische Nehrung die nordische Sahara genannt. Der für gewöhnlich weiße Dünensand zeigt je nach dem Stande der Sonne und der Bewölkung des Himmels die verschiedensten Farbenabstufungen, ganz wie die weiten Sandflächen der wirklichen Sahara. Ja sogar die Erscheinungen der Fata Morgana sind auf den Nehrungen beobachtet worden. Allerdings werden ihre Wunder von Jahr zu Jahr immer weniger. Der Kampf des Menschengeistes gegen die dortigen Wanderdünen wird mit allem Erfolge geführt. Eine Eigenart nach der anderen verschwindet in jener seltsamen Gegend. Nicht gar zu lange wird es mehr dauern, dann haben zielbewußte Tatkraft, Fleiß und Ausdauer aus ihr etwas anderes gemacht, als was sie einstmals war und heute vielleicht nur noch teilweise ist. Aber auch dann noch werden die heimischen Nehrungen mächtige Naturdenkmäler sein, auf die das Menschenauge mit Bewunderung blicken wird. Wilhelm von Humboldt hat einmal in einem Brief über die Kurische Nehrung geschrieben:

„Die Kurische Nehrung ist so merkwürdig, daß man sie eigentlich ebensogut als Spanien und Italien gesehen haben muß, wenn einem nicht ein wunderbares Bild in der Seele fehlen soll. Ein schmaler Strich toten Sandes, an dem das Meer unaufhörlich auf einer Seite anwütet, und den an der andern eine ruhige, große Wasserfläche, das Haff, bespült. Die ödesten Sandhügel, die schrecklichsten, traurigsten Kiefern, die ganze Stunden lang, so weit man sehen kann, bloß aus dem Sand ohne einen einzigen Grashalm emporwachsen und nur oben durch die Luft zu leben scheinen, eine Stille und Leere, selbst von Vögeln auf dem Lande, die dem Brausen des Meeres nichts zu übertäuben gibt, nur einzelne große Möwen, die am Ufer hinschweben."

Entstehung. Wie sind die Nehrungen entstanden? Wer sollte nicht danach schon gefragt haben. Und wie viele Antworten auf diese Frage bereits geworden sind, keine ist bestimmt. Die Antwortgeber stützen sich mehr oder weniger nur auf Mutmaßungen. So erzählt Simon Grunau: „Es war Anno 1190 ein so großes Ungewitter, wie es seit der Sündflut nicht gewesen ist, und stand der Nordwind 12 Jahre lang. Bei diesem Unwetter soll, wie Etzliche zu berichten wissen, die Nehrung entstanden sein." Selbstverständlich können wir dieser Sage keine Bedeutung beilegen, denn historisch verbürgte Urkunden aus dem neunten Jahrhundert erwähnen schon das Haff und nennen es im Gegensatze zum Meere „See". Ist aber das Haff vorhanden gewesen, so läßt sich auch das Bestehen der Nehrungen nicht in Frage stellen, und jene Erzählung fällt in nichts zusammen.

Die landläufigste Erklärung für die Entstehung der Nehrungen ist folgende: Es gab Zeiten, in welchen Haff und See noch nicht voneinander getrennt waren, wo also von einem „Haff" überhaupt nicht die Rede sein konnte. Da rollten beispielsweise die Wogen der See noch bis zur Windenburger Ecke, und das heutige Kurische Haff bildete einen Busen des Baltischen Meeres. Dieser Busen war aber sehr flach. Die Tiefe fing erst da an, wo heute noch jenseits der Nehrung der Abfall des Meeresbodens beginnt. Unter der Wechselwirkung des ausströmenden Flußwassers, das viele Sinkstoffe mit sich führte, und der entgegenrollenden Meereswogen bildete sich ein langer, schmaler Sandwall, der sich von Jahr zu Jahr verbreiterte. Auf ihm entstanden aus dem vom Winde zusammengewehten Meeressande die Dünen, die von der Nehrung getragen werden, dafür aber diese, gewissermaßen als Entgelt dafür, vor der Zerstörung der einst sie bauenden Fluten schützen.

Entschieden richtiger als diese ist die folgende Entstehungstheorie: Vor undenklichen Zeiten war da, wo jetzt das Kurische Haff ist, festes Land. Es hatte Steilküsten, wie das Samland sie heute noch besitzt, und wurde von mächtigen Strömen durchzogen, die ihre Fluten nach der Ostsee wälzten und an verschiedenen Stellen den Küstensaum durchbrachen. Ein langsame, aber ständig fortschreitende Senkung des Bodens nahm es in die Tiefe, und zwar so weit, daß die ehemalige Oberfläche dieses Landstriches mehr als 10 m unter dem Wasserspiegel des heutigen Haffes zu liegen kommen würde. In der Richtung der jetzigen Nehrungen blieben trotz der Senkung einzelne Inseln als Reste der alten Steilküste stehen. Ihr senkrechter Durchschnitt hat hinsichtlich der Bodenschichtungen viel Ähnlichkeit mit der des gegenüberliegenden Haffufers. Durch Anschwemmungen, vielleicht auch durch zeitweise Hebungen des Bodens entstand ein zusammenhängender Landstreifen, der sich nach und nach mit einer Vegetationsschicht bezog, sich mit Wald bedeckte und schließlich dem Menschen einen Wohnplatz bot. Allerdings war damit der endgültige Aufbau der Nehrung noch nicht abgeschlossen. Höchstwahrscheinlich trat eine zweite Senkung des Bodens ein. Diese brachte die Nehrung in ihre heutige Lage zum Spiegel der Ostsee, sie nahm auch einen Teil des erwähnten Waldes ins Meer hinab. Zwischen Sarkau und Nidden finden sich noch jetzt Überreste unterseeischer Wälder. Sie können unmöglich durch Abrutschungen des Bodens dorthin gelangt sein, da der Strand an diesen Stellen größtenteils flach ist und infolgedessen nicht abgebrochen sein kann. Auch auf der Frischen Nehrung sind Überreste von unterseeischen Waldstreifen vorhanden. Bei Alttief stören sie nicht selten die Seefischerei. Ob die Bodensenkung noch gegenwärtig andauert, oder ob die Nehrungen sich wieder heben, oder ob beides nicht zutrifft und vollständiger Stillstand herrscht, das ist vorläufig nicht festzustellen.

Bei der Entstehung der Frischen Nehrung will man jedoch den Hebungen und Senkungen des Bodens eine geringere Bedeutung beimessen als bei der Kurischen Nehrung, obwohl sie nicht ganz belanglos gewesen sein dürften. Im allgemeinen wird jene als eine alluviale Sandbank bezeichnet, an deren Aufbau, der sich auf diluvialen Untiefen des Haffes vollzog, das Meer und die in das Haff mündenden Flüsse ziemlich gleichen Anteil haben.

Namen. Die Bedeutung des Namens Nehrung läßt sich nicht mit Sicherheit feststellen. Wahrscheinlich stammt er von dem altpreußischen Worte neria (woraus nergia), das einen von den Wellen aufgeworfenen Landstreifen bezeichnet, der über die Wasserfläche hervorragt. Allerdings bezeichnete man ursprünglich nur die Frische Nehrung als Insel neria. Die Schwesternehrung trug wegen ihrer Nähe an Kurland das Beiwort curionensis. Die Letten nennen die Kurische Nehrung kâpas und die litauischen Haffanwohner kópas.

Tiefe. An verschiedenen Stellen der Kurischen Nehrung sind Einsenkungen zu merken. Es sind das alte Tiefe, mittels welcher Haff und Ostsee ehemals in Verbindung standen. Sie sind versandet, stellenweise vertorft, nochmals versandet und müssen gegenwärtig durch künstlich angelegte Dünen vor einem neuen Durchbruche geschützt werden. Tiefe haben wir am südlichen Wurzelende der Nehrung bei Cranz gehabt, ferner bei Sarkau, woselbst die Meereswellen noch vor nicht zu langer Zeit bei Sturmfluten über die Nehrung hinwegschlugen, bis sie ihren Abfluß nach dem Haff fanden. Ein drittes altes Tief war nördlich von Rossitten. Hier ist die Düne unterbrochen. Es befinden sich dort einzelne Sandhügel, die zwischen sich mehrere flache Ebenen mit Weideland haben, die als das Bett des ehemaligen Tiefs anzusehen sind. Die heutige Verbindung des Haffs mit dem Meere, das Memeler Tief, ist, wie urkundlich nachweisbar, allmählich weiter nach Norden gerückt. Doch ist nicht festzustellen, ob es älteren oder jüngeren Datums ist als die bereits versandeten Tiefe. So viel ist aber erwiesen, daß es mit dazu beigetragen hat, daß diese verschwunden sind.

Auch die Frische Nehrung hat früher mehrere Tiefe gehabt. Noch in geschichtlicher Zeit befand sich bei Lochstädt eine Verbindung zwischen Haff und See. Sie soll 1311 versandet und 1395 ganz verschüttet worden sein. Erwiesen ist auch, daß Tiefe bei Vogelsang und Kahlberg sowie bei Alttief, Balga gegenüber, gewesen sind. Das letztere noch zur Ordenszeit benutzte Tief fing an zu versanden, als im Jahre 1456 die Danziger daselbst mehrere alte Schiffe versenkten, um den Handel des Ordens, der von Elbing ausging, zu schädigen. Da der beabsichtigte Zweck dadurch nicht ganz erreicht wurde, so wiederholten sie dies Verfahren im Jahre 1520 und schlossen das Tief überdies durch eine Pfahlwand vollständig ab. Das jetzige Tief bei Pillau hat schon im 14. Jahrhundert bestanden. Es wird 1376 zum ersten Male erwähnt. Doch wurde es wieder zugedämmt, um die Nehrung zu schützen. 1497 wurde es durch einen großen Sturm aufgerissen. Für größere Schiffe ist es erst seit 1510 fahrbar. Anfangs führte es den Namen Tief bei Wogram. Zum Schutze der hier einlaufenden Handelsschiffe wurde eine Schanze mit einem hölzernen Blockhaus erbaut. (Siehe auch Pillau, Seite 368!)

Die alten Tiefe lassen darauf schließen, daß die Nehrungen ursprünglich aus mehreren Inseln bestanden haben.

Waldungen. Früher waren die Nehrungen viel mehr bewaldet als heute. Noch im 16. Jahrhundert war die Kurische Nehrung mit Ausnahme der schmalen Stelle bei Sarkau mit einem prächtigen Walde bedeckt. Schon die Namen der Ortschaften Lattenwalde, Stangenwalde, Falkenheide lassen darauf schließen. Zur Zeit des Ritterordens waren die Waldungen so dicht, daß sie den Kampf der Ritter mit den heidnischen Eingeborenen erschwerten. Der Orden legte darum Hand an, die Wälder zu lichten. Aus gewaltigen

Baumstämmen wurden undurchdringliche Verhaue quer über die Nehrung angelegt und in deren Schutz „feste Häuser“ für einige Ordensleute gebaut. Schärfer wurde gegen den Wald zur Zeit des Großen Kurfürsten vorgegangen. Geradezu vernichtend wirkten aber auf ihn die Zeiten des Siebenjährigen Krieges ein. Die Russen setzten aus reinem Übermute größere Strecken in Brand oder versuchten aus dem Fichtenholze Teer zu schwelen. Und auch die Eingeborenen selbst vernichteten durch heimliches Abholzen die ehemals prächtigen Forsten. Noch im Anfange des 19. Jahrhunderts besaßen mehrere Gemeinden einige Hektar schöner alter Waldbestände. In den zwanziger Jahren desselben schwanden sie freilich überall, mit einziger Ausnahme der Rossitter, Niddener und Schwarzorter Waldoasen. Diese Haine sind allerdings nur schwache Überreste der früheren Waldespracht. Auch der Wald im Süden der Kurischen Nehrung, der sich von Cranz bis Sarkau hinzieht, ist so wenig dicht, daß er dem Eindringen des Flugsandes wenig Widerstand bietet. Die Frische Nehrung war ebenfalls dicht bewaldet. Dort fanden sich große Kiefernwälder, die aber unverständigerweise ausgerodet wurden. Die Folge davon war ein unaufhaltsames Vordringen der Dünen und ein langsames, aber sicheres Versanden des Haffes.

Der frühere Waldreichtum ermöglichte auch einen guten Wildstand. Auf der Kurischen Nehrung befand sich besonders Rotwild. Im Jahre 1803 wurde jedoch bereits das letzte Stück dieses Wildes abgeschossen. Gegenwärtig ist dort das Wild überhaupt sehr selten. Als eine Merkwürdigkeit mögen die weißen Hasen und Rehe gelten, die sich hin und wieder in der Nähe von Rossitten gezeigt haben. Sie bilden aber keine besondere Art, sondern sind nur als Albinos anzusehen.

Zu Anfang des 19. Jahrhunderts war die Kurische Nehrung in forstlicher Beziehung in drei Verwaltungsbezirke geteilt. Der südliche Teil gehörte zum Forstamte Cranz, der mittlere bildete das Forstamt Rossitten, der Rest bis Süderspitze unterstand dem Forstamte Klooschen. Heute umfaßt die Oberförsterei Rossitten ungefähr die ganze zwischen Sarkau und Schwarzort gelegene Fläche der Kurischen Nehrung. Der südlich von Sarkau gelegene Teil gehört zur Oberförsterei Fritzen, während der nördlich von Schwarzort gelegene der Wasserbauverwaltung zu Memel untersteht. Mit Ausnahme dieses Gebietes sind demnach sämtliche Forsten auf der Kurischen Nehrung der Königlichen Forstverwaltung unterstellt worden. Die Oberförsterei befindet sich in dem Dorfe Rossitten. Förstereien sind in Rossitten, Pillkoppen und Schwarzort. Die Frische Nehrung gehört zu den Oberförstereien Kobbelbude und Steegen.

Wanderdünen. Als die ersten Axtschläge gegen die Waldbestände der Nehrung geführt wurden, war gewissermaßen das Todesurteil der letzteren gesprochen. Sobald der Vorstrand der schützenden Bäume beraubt worden war, und sobald durch die Ausrodung der Wurzeln große Lücken in die dichte

Grasnarbe gerissen worden waren, konnte der Sturm in den freiliegenden Sandboden hineinblasen, den jetzt nichts vor dessen Anprall schützte. Regengüsse und Wellen einer hochgehenden See spülten immer mehr von der schützenden Pflanzendecke hinweg und boten dem Winde, der nun bald mit dem losen Sandboden, dem sich der durch die Wellen ausgeworfene Seesand zugesellte, ein tückisches Spiel zu treiben begann, eine ständig größer werdende Angriffsfläche. Nicht gar zu lange dauerte es mehr, und weite Flächen der Düne und des Nehrungsbodens standen kahl da. Der Flugsand stellte selbst das Bestehen der von Menschenhand nicht vernichteten Wälder in Frage. Die Bäume mußten unter dem ständigen Anpralle der scharfen Sandkörner absterben, und diejenigen, die noch standhielten, wurden allmählich verschüttet.

Wanderdüne auf der Kurischen Nehrung.

Weil der Wind ständig auf die bloßgelegte Düne einwirkt, und weil sie aus so leicht beweglichem Material gebildet ist, so kann sie nicht ihren ursprünglichen Standort behaupten, sondern sie schreitet weiter, sie „wandert“. Vom Fuße der Düne anfangend, jagt der Wind alle losen Sandkörner vor sich her den Abhang hinauf, bis sie über den Kamm des Sandwalles hinübergewirbelt sind und auf der Gegenseite zur Ruhe kommen. Von der Windseite wird Sand fortgenommen und im „Windschatten“ neu angehäuft. Da der Wind hauptsächlich vom Meere her weht, so schreitet die Düne unaufhaltsam, wenn auch langsam und allmählich, dem Haff zu. Es sind aber immerhin 5 bis 10 m, die sie alljährlich zurücklegt. Schließlich ersäuft sie sich, wie die dortigen Bewohner sagen, im Haff und verflacht so dessen Fahrwasser. Auf ihrer Wanderung vernichtet sie alles, was ihr im Wege steht. Wanderdünen haben ganze Dörfer verschüttet. So ist das Dorf Karweiten vom Dünensande begraben worden. Von Lattenwalde ist nur der Name übriggeblieben. Das Dorf Pillkoppen hat in 200 Jahren viermal umgebaut werden müssen, damit sich die Bewohner vor der drohenden Düne retten konnten. Von Kunzen ist keine Spur übriggeblieben. Die Bewohner dieses Dorfes haben es der Düne preisgeben müssen und siedelten sich in Nidden an. Die Kirche der Dorfes Kunzen wurde nach Rossitten verlegt. Ähnliches hat sich auch auf der Frischen Nehrung zugetragen. Im Jahre 1824 stand hier noch ein reiches Dorf namens Schmeergrube. Es ist verschüttet worden. Fast ein genau so großes Gebiet, wie die Düne nach dem Haff zu erobert hat, läßt sie auf der Seeseite wieder frei. Dann kommen hinter ihrem Rücken dürftige Überreste ihres Zerstörungswerkes zum Vorscheine, besonders Friedhöfe mit den vermorschten Grabkreuzen, vielfach verstreuten Schädeln und bleichenden Knochen. Ein Beispiel davon ist der Pestkirchhof in Nidden, ferner der Kirchhof von Kunzen. Trotz dem Vordringen der Wanderdünen liegen die Siedelungen doch alle auf der Haffseite. Hier sind sie vor dem Winde durch die Düne geschützt, hier haben die Bewohner Süßwasser, hier hält sie auch der Fischreichtum des Haffes fest.

Der Pestkirchhof bei Nidden, über den die Wanderdüne hinweggeschritten ist.

Befestigung der Dünen. Der Staat ist seit vielen Jahren mit Erfolg bemüht, dem verderblichen Vorwärtsschreiten der Wanderdünen Einhalt zu tun. Er versucht sämtliche gefahrdrohenden Wanderdünen zu befestigen. Die ersten Versuche auf dem Gebiete der Dünenbefestigung wurden auf der Frischen Nehrung gemacht. Der Däne Sjoeren Bjoern, Kraninspektor in Danzig, unternahm es, die Dünen dieser Nehrung, da sie immer weiter gegen die Weichselmündungen vorrückten und sie gänzlich zu versanden drohten, mittels Sandrohr und Sandhafer zu decken. Darauf wurden hier Fichten gepflanzt. Später ging man weiter, und von 1797 bis 1850 hatte man die

Nehrung ziemlich aufgeforstet. Heute begrenzt sie wie ein grüner Saum das Becken des Frischen Haffes nach dem Meere zu. Sie trägt nicht nur Nadelhölzer, sondern auch Birken, Weiden und Erlen, stellenweise sogar dichtes Unterholz. Der Charakter der Frischen Nehrung ist deshalb lange nicht so scharf ausgeprägt wie derjenige der Kurischen Nehrung. Nackte, unbewaldete Dünen sind dort seltener zu finden. Die erste liegt etwa 30 km südlich von Pillau.

Auch auf der Kurischen Nehrung machte sich bald nach der Waldverwüstung die Notwendigkeit der Dünenbefestigung bemerkbar. Die durch die See und den Flugsand angerichteten Verwüstungen, besonders die Gefahr des Durchbruchs nach dem Haff zu, die drohende Versandung der Nehrungsdörfer im damaligen Amte Rossitten, die Erhaltung der Poststraße von Cranz über Memel nach Rußland und des Memeler Hafens haben am Ende des 18. Jahrhunderts längere Zeit hindurch die Ostpreußische Kriegs- und Domänenkammer veranlaßt, sorgfältige Erhebungen über den Umfang des Schadens und die zur Abhilfe erforderlichen Maßnahmen und Geldmittel anzustellen und an zuständiger Stelle um die Genehmigung zur Ausführung von Uferschutzbauten zu bitten. 1802 bereiste der erwähnte Kraninspektor Bjoern die Kurische Nehrung, und nachdem er über die von der Domänenkammer aufgestellten Pläne sein Gutachten abgegeben hatte, konnte mit den Befestigungsbauten der Düne begonnen werden. Leider kam nichts Nennenswertes zur Ausführung. Die eigentliche Festlegung der Wanderdünen ist einer viel späteren Zeit vorbehalten gewesen.

Es handelt sich dabei hauptsächlich um zweierlei: zunächst will man den frisch ausgeworfenen Seesand festhalten, dann aber beabsichtigt man auch das Weiterwandern der Binnendünen zu verhindern, vor allem der Dünen, von denen für die anstoßenden Dörfer am meisten Gefahr droht.

Um das erstere zu erreichen, werden am Strande, jedoch nicht unter 25 m Entfernung vom Meere, **Vordünen** angelegt. Zu diesem Zwecke wird zunächst ein 50 cm hoher Flechtzaun gezogen, der den frisch aufgeworfenen Sand auffängt und dadurch einen künstlichen Wall bildet, der das Hinübertreiben von Flugsand verhindert. Ist dieser Zaun, der aus Reisig besteht, vollständig von Sand umgeben, so wird hinter ihm in einem gewissen Abstand ein zweiter Zaun gezogen. Zugleich sucht man aber auch die Böschung von dem ersten Sandwalle nach dem Meere zu mit Sandgräsern zu bepflanzen. Es werden hierzu vor allem Arundo arenaria und Elymus arenarius gewählt. Diese Gräser werden durch den über sie hinwegwehenden Sand nicht erstickt, sondern im Gegenteil: sie verkommen allmählich, wenn die Sandzufuhr aufhört. Da sie immer von neuem kräftig aus dem Sande hervorsprießen, so erhöht sich die Vordüne, sobald die nötige Breite bepflanzt ist, ganz von selbst. Von Cranz bis zum Sandkruge zieht sich gegenwärtig etwa 50 m von der See entfernt ein auf diese Weise entstandener Sandwall hin, der 30 bis 40 m breit ist und eine durchschnittliche Höhe von 5 m hat. Von weitem gesehen erscheint die Vordüne wie mit einem grünen Rasen bedeckt. Durch Windrisse und Abspülungen bei hohem Seegange wird sie allerdings häufig beschädigt. Es ist darum erforderlich, auf ihre Beschaffenheit ständig ein wachsames Auge zu richten. Hauptsache ist und bleibt es, eine flache und glatte Böschung nach dem Meere zu haben, um das leichte Aufsteigen und Überfallen des Sandes zu ermöglichen und bei wilderregter See das Totlaufen der Wellen zu erzielen. Ferner müssen die Vordünen an den Biegungen möglichst sanfte Kurven haben, damit sie den seitwärts streichenden Wellen keine Angriffspunkte bieten. Endlich muß ihre Grundfläche eine gewisse Breite besitzen, weil dadurch ihre größere Widerstandsfähigkeit bedingt ist.

Kupstenterrain auf der Kurischen Nehrung.

Durch die Vordüne gedeckt, können sich die Sandmassen unmittelbar hinter ihr nicht wesentlich erhöhen. Der Wind treibt sie für gewöhnlich nach der Mitte der Nehrung zu und fegt dadurch stellenweise den Flugsand bis auf den feuchten Untergrund der Nehrung fort. An manchen Stellen bleibt jedoch der Sand liegen und bildet so kleinere und größere Hügel, Kupsten genannt. Das Gebiet zwischen der Vor- und Binnendüne (Wanderdüne) heißt darum auch Kupstenterrain.

Mehr Sorge und Arbeit als die Vordünen machen der Dünenverwaltung die Wanderdünen. Im allgemeinen befolgt man den Grundsatz, die nicht gefahrdrohenden Dünen vorläufig unbeachtet zu lassen, ihre Abflachung, womöglich ihren Untergang im Haff abzuwarten und den Boden, den sie bei ihrem Vorwärtsschreiten hinter sich lassen, anzuforsten. Nicht immer kann man jedoch mit der Festlegung warten. Manchmal gilt es, bedrohte Dörfer vor der Gefahr des Versandens zu schützen. Dann heißt es schnell handeln, um die Düne zum Stillstand zu bringen. Eine Anzahl von Wanderdünen ist bereits festgelegt worden, so die Bruchberge und der Walgumberg bei Rossitten, der Urbokalns und der Anguikalns bei Nidden, die hohe Sturzdüne bei Pillkoppen[1]), die Düne bei Perwelk, bei Preil, der flüchtige Dünenzug von Süderspitze bis zum Schwarzorter Wald u. a. Innerhalb der Oberförsterei Rossitten ist noch unbewaldet: 1. der Teil von der Südgrenze der

Frisch festgelegte Wanderdüne bei Pillkoppen mit der Nehrungsstraße.

Oberförsterei bis südlich von Kunzen, 2. die Wanderdüne zwischen Rossitten und Pillkoppen, 3. die Wanderdüne zwischen Pillkoppen und Nidden und 4. die Wanderdüne zwischen Perwelk und Schwarzort. Diese Wanderdünen werden nicht festgelegt werden. Wohl aber sollen die zu beiden Seiten der Nehrungsstraße gelegenen Flächen ausschließlich der Wanderdünen aufgeforstet werden.

[1]) Die jetzt festgelegte Düne bei Pillkoppen steht dicht am letzten Hause des Dorfes. Sie wird nunmehr Ephas Höhe genannt, und zwar zu Ehren ihres Besiegers, des verstorbenen Dünenmeisters Epha, mit dessen Namen die Urbarmachung der Kurischen Nehrung enge verknüpft ist. Ein Denkstein trägt die Inschrift: Epha's Höh 1891.

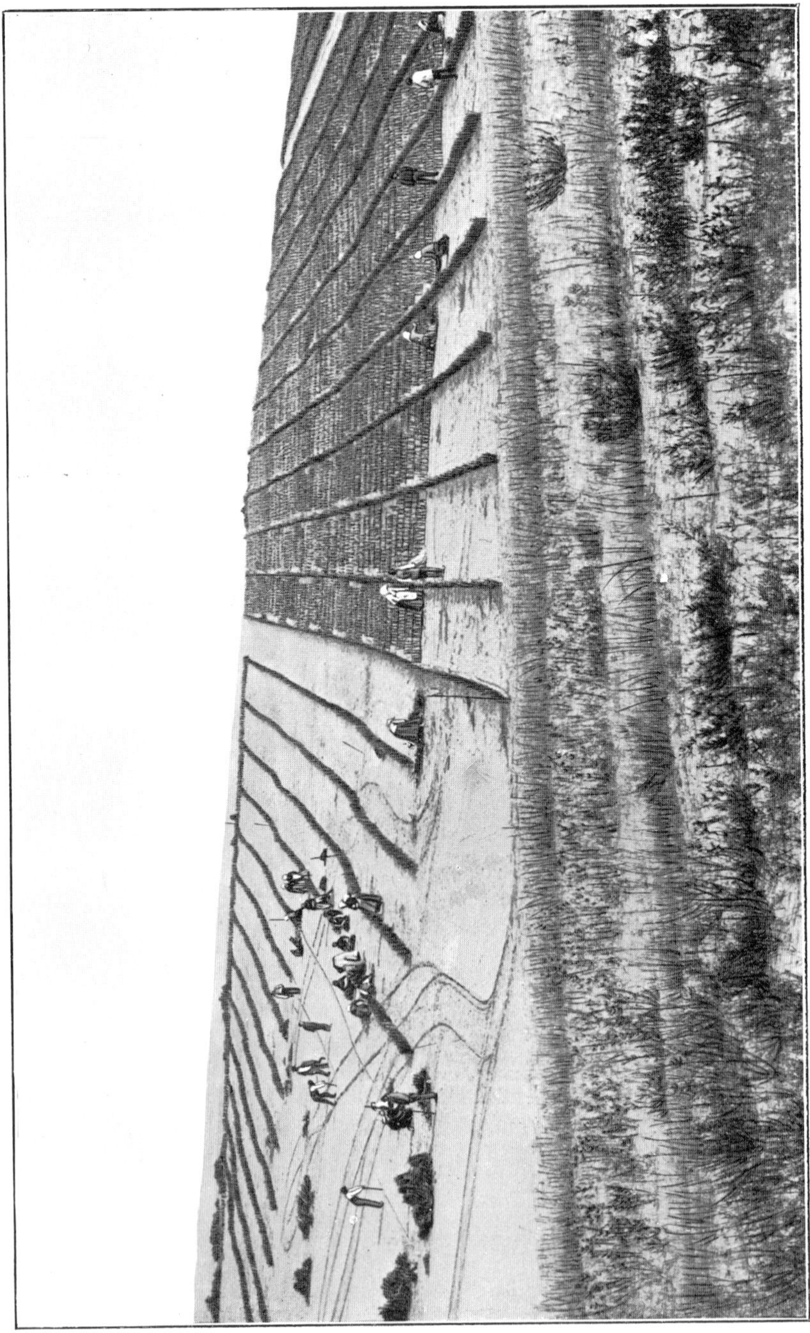

Bepflanzen einer Wanderdüne.

Als wirklich befestigt kann eine Düne nur dann gelten, wenn sie mit Wald bestanden ist. Die Aufforstung ist aber eine sehr mühsame Arbeit. Zunächst muß der Dünenboden je nach den örtlichen Verhältnissen durch Strauchwerk oder durch den Anbau von Sandhafer festgelegt werden. Die in Angriff genommene Bodenfläche wird in der Regel mittels Kiefernzweigen zuerst in größere, dann in kleinere Quadrate abgesteckt. Das Reisig, das etwa 40 bis 50 cm über den Boden hinwegragt, hält sofort den Wind von letzterem ab und beruhigt den Sand. Wenn es möglich ist, wird das zwischen dem Strauchwerke befindliche Erdreich mit Lehm, noch besser aber mit Moorerde oder Baggerschlick gedüngt. Darauf pflanzt man im nächsten Frühjahr in jedes kleine Quadrat ein zwei- bis dreijähriges Kiefernpflänzchen und bedeckt den dazwischen befindlichen Boden mit dem sogenannten Reisighäcksel, einem Gemisch aus Kiefernnadeln, dürren Zweigspitzen und kurz gehacktem Reisig. Am besten eignet sich zur Dünenbepflanzung die Bergkiefer. Sie zeichnet sich durch ihre Unempfindlichkeit gegen Stürme, Sand und Frost, durch ihre dichte Zweigbildung und durch die Eigenschaft, die Nadeln mehrere Jahre hindurch zu tragen, aus. Da, wo der Boden auch nur einigermaßen bewaldet ist, siedeln sich bald noch andere Holzarten an, so Aspen und Weiden.

Geschichtliches. Die Kurische Nehrung tritt uns geschichtlich zum erstenmal in der livländischen Reimchronik, die aus der zweiten Hälfte des zwölften Jahrhunderts stammt, entgegen. Wir erfahren daraus, daß sie schon frühzeitig als Heerstraße nach dem Samlande gedient habe. Peter von Dusburg erzählt in seiner Schrift Chronica terrae prussiae, daß im Winter 1283 achthundert litauische Reiter und im Jahre 1308 fünftausend Szamaiten längs dieser Nehrung in das Samländische eingedrungen seien. Bereits gegen Ende des dreizehnten Jahrhunderts ließ der Landmeister Konrad von Tierberg zum Schutze gegen derartige Einfälle auf der Nehrung eine Burg erbauen. Man hat lange Zeit angenommen, daß sie mit der späteren Burg Rossitten identisch gewesen sei. Richtiger ist wohl, ihre Lage in der Nähe von Cranz zu suchen. Spuren von ihr sind jedoch nicht mehr vorhanden. Dies gilt auch von der bereits erwähnten Ordensburg Rossitten. Erbaut wurde sie um die Mitte des 14. Jahrhunderts, aber erst im Jahre 1403 wird bestimmt ihrer Erwähnung getan. Am Ende des 16. Jahrhunderts war das Schloß schon verfallen. Jetzt ist längst alles von den Fluten verschlungen. Der ostpreußische Novellendichter E. T. A. Hoffmann hat dieses Schloß, dessen sich auch die Sage bemächtigt hat, zum Schauplatze des Schauergemäldes „Das Majorat“ gemacht. Eine Burg soll auch die Frische Nehrung getragen haben. Dem Dorfe Vogelsang gegenüber hat man am Meeresstrand Überreste gefunden, die von einem bedeutenderen massiven Bauwerke herrühren, dessen frühere Bestimmung jedoch ungewiß ist.

Bis zum Jahre 1829 führte die alte Poststraße von Königsberg nach Memel über die Kurische Nehrung. Heute liegt sie aber fast ganz unter den

Dünen vergraben. Im Dorfe Sarkau ist sie noch an einzelnen Weidenbäumen kenntlich. Diese Straße fuhr in den ersten Tagen des Monats Januar 1807 die Königin Luise auf ihrer Flucht nach Memel. Sie unternahm die beschwerliche Reise, nachdem sie eben von einem schweren typhösen Fieber genesen war, in Begleitung ihres Arztes Hufeland. Der Luisenpfahl, eine Stunde von Cranz entfernt, erinnert den Wanderer noch heute an jene Schmerzens- und Trauerzeit des Preußischen Staates. Die anstrengende Fahrt dauerte drei Tage. Ihr zweites Nachtquartier auf der Nehrung hatte die hohe Dulderin in Nidden.

Gegenwärtig führt eine neue Kunststraße über die Nehrung. Ihre Anlage hat manche Schwierigkeit verursacht. An besonders sandigen Stellen wurde zunächst der Boden mit Zweigen und Reisig besteckt, darauf legte man Lehmstücke und Rasentafeln, die oft von recht weit herbeigeholt werden mußten. Über das Ganze schüttete man schließlich eine 10 cm hohe Kiesschicht, die festgestampft wurde. Um die Straße vor Versandung zu schützen, sind an gefährdeten Stellen zu beiden Seiten Fichtenstämmchen angepflanzt worden. Eine Wanderung auf dieser Straße bietet dem Auge viel Eigenartiges. Sie hat die Nehrung den Naturfreunden erst recht erschlossen.

Bevölkerung. Schon in den frühesten Kulturperioden unserer Provinz haben auf der Kurischen Nehrung Menschen gewohnt. Die verschiedenen Scherbenplätze, die man gefunden hat, lassen darauf schließen, daß dort innerhalb der jüngeren Steinzeit ein verhältnismäßig wohlkultiviertes Volk gewohnt habe. Welcher Nationalität jedoch die Nehrungsbewohner angehörten, darüber geben weder die zahlreichen Funde noch die prähistorische Folgezeit Nachricht. Die Scherbenplätze, die nicht etwa Begräbnisstätten, sondern Überreste alter Wohnungsanlagen sind, enthalten eine Unmasse von Scherben, Geräten aus Stein und Knochen, ferner Abfälle von Mahlzeiten, wie Knochen und Fischgräten, Kohlen usw., sogar Schmuckgegenstände von Bernstein. Grabstätten fehlen fast ganz. Die auf der Nehrung gefundenen Urnen scheinen andern Zwecken als den zur Aufnahme der Asche verbrannter Leichen gedient zu haben. Allem Anscheine nach haben die Nehrungsbewohner ihre Leichen zur Steinzeit unverbrannt bestattet.

Die Kuren haben von dieser Nehrung vielleicht erst in historischer Zeit Besitz genommen. Heute sind sie längst nicht mehr. Sie sind jedenfalls schon zur Ordenszeit verschwunden. Die jetzigen Bewohner der Kurischen Nehrung gehören zu einem nicht unbeträchtlichen Teile dem Stamme der Letten an, die mit den Litauern nahe verwandt sind, doch eine wesentlich andere Sprache haben. Allerdings kommt es vor, daß sie vom Volksmunde fälschlich Kuren genannt werden. Außer den Letten wohnen noch Deutsche und Litauer auf der Nehrung. Deutsche Bevölkerung finden wir in Sarkau und Rossitten, lettische in Nidden, Preil und Perwelk. In Schwarzort dürften Letten und Litauer gleich stark vertreten sein. Die Predigt in der Niddener und

Schwarzorter Kirche ist litauisch. In Rossitten und Sarkau dagegen wird deutsch gepredigt. Mit Recht kann behauptet werden, daß fast alle Nehrungsbewohner Hochdeutsch sprechen können, einige alte Mütterlein ausgenommen. Die lettische Sprache, deren Gebiet bei Nidden beginnt und nordwärts bis zur Grenze reicht, herrscht hauptsächlich als Familiensprache vor und wird besonders bei Ausübung der Fischerei gebraucht. Kirchensprache war das Lettische nie. Reste von dem bei uns ausgestorbenen Volksstamme der Kuren dürften wir vielleicht heute nur noch in Kurland suchen.

Die Tracht der „Kuren", d. h. der Bewohner der Kurischen Nehrung, soweit sie Letten sind, stimmt ziemlich mit derjenigen der Litauer überein, die auf dem gegenüberliegenden Haffufer wohnen. Die Männer, fast durchweg bartlos und mit kurzgeschnittenem Kopfhaare, tragen in der Regel von blauer und weißer Wolle gestrickte Jacken oder Jacketts von dunklem, selbstgewirktem Wollstoffe, ferner zu diesen passende Beinkleider oder Drillichhosen. Eine Mütze oder ein Südwester beschließt den Anzug. Geht es bei kälterem Wetter zum Fischfange hinaus, so werden dicke, friesähnliche Wandröcke angezogen, dazu kommen lange, bis über das Knie reichende Wasserstiefel. Sonst geht die ganze Bevölkerung in sogenannten Klotzschlorren, im Sommer aber meistenteils barfuß. Die Frauen und Mädchen unterscheiden sich äußerlich nur dadurch voneinander, daß die ersteren stets, die letzteren dagegen nur auf Ausgängen ein Kopftuch tragen, das jene an Festtagen bisweilen um ein Häubchen drapieren. Unter der Jacke sind sie mit einem Mieder bekleidet, dessen Farbe ebenso wie die der gesteiften Röcke — deren Zahl mit dem Wohlstande der Besitzerin zunimmt — nicht einen bestimmten Ausdruck hat.

Was den Charakter jenes Völkchens anbetrifft, so ist hauptsächlich der Umstand in Betracht zu ziehen, daß sie sehr zähe am Althergebrachten hängen und für Neuerungen, mögen sie noch so zeitgemäß und geradezu auf ihren Vorteil hinzielend sein, fast gänzlich unzugänglich sind. Der fortwährende Kampf mit den Elementen, ihre oft gedrückte materielle Lage, die fast gänzliche Abgeschlossenheit von dem pulsierenden Leben der übrigen Welt haben einen gewissen melancholischen Hauch über ihr Wesen gelegt, der oft mit einem gewissen Trotz und scheuer Zurückgezogenheit Fremden gegenüber gepaart ist. In allen Lebensverhältnissen sind sie von strenger Rechtlichkeit, höchst gastfrei gegen die sich freilich selten in ihre Einsamkeit verlierenden Gäste, unbarmherzig jedoch gegen unglückliche, an ihrer Küste strandende Schiffbrüchige, allerdings das nur hinsichtlich der Schiffsladung. Das an den Strand geworfene Gut sehen sie als ihr Eigentum an. Gar oft schmücken sie mit den Schiffsverzierungen, besonders mit der Gallione, ihre Häuser. Groß ist ihr Aberglaube. In Schwarzort soll es vorgekommen sein, daß Fischer Stücke von einem Glockenstrang in der Kirche abgeschnitten und an das Netz gebunden haben, um nun einen größeren Fang zu tun.

Die Haupterwerbsquelle der Nehrungsbewohner ist der Fischfang auf dem Haff. Hochseefischerei kommt sehr wenig in Frage. Das wichtigste Fischereifahrzeug ist der Keitelkahn. Landwirtschaft wird nur in Rossitten betrieben, wo das Diluvium mit einem vorzüglichen Ackerboden zutage tritt. Vieh wird fast allenthalben gehalten. Im Sommer weidet man es auf den schmalen Wiesenstreifen am Haffufer. Für den Winter muß Heu und Stroh vom gegenüberliegenden Festlande geholt werden. Eine willkommene Nahrungsquelle bildet der Krähenfang. Die Nehrung ist eine Hauptwanderstraße der Krähen vom Norden Sibiriens bis nach Mitteldeutschland. Tausende dieser Vögel überfliegen im Frühling und im Herbst die Nehrung und werden dann mit großen Zugnetzen gefangen und durch einen Biß im Genicke getötet. Die Nehrungsbewohner haben deshalb den Spottnamen Krähenbieter.

Die Vogelwarte Rossiten.

Die Flaggen der Fischerkähne gleichen denen der Niederungsbewohner auf der Ostseite des Kurischen Haffes. Sie weisen ebenfalls die vorschriftsmäßigen Ortsabzeichen auf und tragen darüber die eigenartigen Verzierungen aus Holz oder Blech. Auf alten Fischerhäusern in Rossitten, Nidden usw. sieht man zudem oben auf der Windfahne ähnliche Verzierungen wie auf den Schiffsflaggen. Sie sind aus demselben Stoffe gefertigt wie diese und zeigen ebensolche sonderbare Figuren. Ursprünglich ist es jedenfalls so gewesen, daß der Besitzer des Hauses auf seiner Wetterfahne als Verzierung genau dieselben Reiter, Häuser, Stadttore usw. wie auf seiner Schiffsflagge hatte. Man bezeichnet sie deshalb mit dem Namen Hausmarke.

Die Rossitter Vogelwarte. In Rossitten befindet sich seit Januar 1901 eine Vogelwarte. Sie ist bis jetzt die einzige Einrichtung dieser Art im Deutschen Reiche. Hervorgegangen ist sie aus einer Beobachtungsstation der Deutschen Ornithologischen Gesellschaft. Ihr hauptsächlichster Zweck besteht darin, den Vogelzug wissenschaftlich zu untersuchen. In dieser Hinsicht hat sie seit 1903 überraschende Erfolge mit dem Ringversuch erzielt. Gefangene Vögel, vor allem Krähen, dann aber auch Möwen, Störche, Strandvögel, selbst Schwalben werden durch einen um den Fuß gelegten, mit Nummern und Jahreszahl versehenen Merkring gezeichnet und dann in Freiheit gesetzt. Die Erbeutung solcher gezeichneter Vögel läßt dann stets interessante Schlüsse über ihre Verbreitung zu. Zu den Obliegenheiten der Vogelwarte gehören ferner Untersuchungen über die Lebensweise der Vögel, ihre Abhängigkeit von der Art der Nahrung, ihren wirtschaftlichen Wert, über die Verbreitung von Pflanzen und niederen Tieren durch Vögel usw. Damit die Beobachtungen und Untersuchungen möglichst genau und sorgfältig sind, steht die Vogelwarte mit der biologischen Station auf Helgoland, den Wetterwarten auf der Zugspitze, der Schneekoppe und dem Brocken, mit den Leuchtturmwärtern und einzelnen Vereinen für Luftschiffahrt in Verbindung. Im September 1908 bezog sie ein eigenes, zweckentsprechendes Heim, das einen größeren Sammlungsraum, zwei Arbeitsräume und im Dachgeschoß eine Dienerwohnung enthält. In der Nähe steht ein Stall mit zwei eingebauten Volieren. Ringsherum sind Vogelschutzanpflanzungen und Futterplätze eingerichtet worden. In der weiteren Umgebung befinden sich eine Menge von Nistkästen sowie Nisthöhlen für Höhlenbrüter. Etwa 7 km südlich von Rossitten liegt die Beobachtungsstation Ulmenhorst. Das dazugehörige Häuschen ist von Ulmen umpflanzt und enthält zwei Räume mit Vorbau und anschließendem kleinen Schuppen. Umgeben von eigenartigen, zerrissenen Dünen, bildet es in seiner Weltverlorenheit ein kleines Idyll. Es dient nächtlichen Beobachtungen, um die Höhe und Schnelligkeit des Vogelfluges festzustellen. Die Kurische Nehrung bildet nämlich eine Vogelzugstraße ersten Ranges.

Ortschaften. Die südlichste Ortschaft der Kurischen Nehrung ist Sarkau, eine alte Niederlassung. Schon im Jahre 1569 bestand dieses Kirchdorf. In Sarkau werden vorzügliche Flundern gefangen. Auch der Krähenfang ist hier bedeutend. Auf der Wanderung nach Rossitten kommt man zu dem armseligen Fischerdorfe Neukunzen, das aber mit dem von der Düne verschütteten Kirchdorfe Kunzen in keinem Zusammenhange steht. Rossitten, ein Kirchdorf, das auch als Sommerfrische immer mehr in Ansehen kommt, macht mit seinen Bauernhöfen einen freundlichen Eindruck. Es hat einen festen Bestand an Elchwild. In der Nähe des Dorfes befindet sich der Möwenteich, ein sumpfiges, waldumstandenes Gelände, wo im Frühjahre Tausende von Möwen nisten. Ein Teil ihrer wohlschmeckenden Eier wird gesammelt und als Leckerbissen weit und breit verschickt. Die am Haffstrande gelegene Vogelwiese bietet ebenso wie der Möwenteich den Zugvögeln einen Nahrung spendenden Rastplatz. Von der Müllershöhe genießt man einen weiten Rundblick über das Haff, die See bis zur samländischen Küste und fast über die ganze Nehrung. Vor allem gewinnt man hier einen Überblick über den segensreichen Erfolg der Dünenbefestigung. Weiter nördlich folgt Pillkoppen. Die mit Stroh gedeckten Holzhäuser dieses ziemlich wohlhabenden Fischerdorfes tragen fast durchweg den Charakter des alten

Nehrungs-Wohnhauses. Sie sind ohne Schornstein. Der Rauch dringt durch eine Öffnung in der Decke in den Bodenraum, um hier nach alter Sitte die Netze zu trocknen und zu räuchern. Der Giebel trägt häufig den bereits geschilderten Wetterfahnenschmuck. Die Gefahr, die dem Dorf in den letzten Jahrzehnten durch den Petschberg, eine Wanderdüne, drohte, ist durch deren Bepflanzung beseitigt worden. Das Kirchdorf **Nidden** ist die größte Siedelung auf der Kurischen Nehrung. Es wird bereits 1437 erwähnt und setzt sich aus drei ursprünglich selbständigen Niederlassungen zusammen: Nidden, Skrusdin und Purwin. Nidden wird gern von Malern aufgesucht. Aber auch als Seebad kommt der Ort in neuerer Zeit immer mehr in Aufnahme.

Hafen von Nidden. Im Hintergrunde der Urbokalns mit Leuchtturm.

Ansehnlich ist die dortige Viehzucht. Die Niddener haben aber ihre Wiesen jenseits des Haffes. Das Heu wird auf besonderen Kähnen herübergeholt. Zur Aufnahme sowohl der Heu- als auch der Fischerkähne besitzt Nidden eine geräumige Hafenanlage. Etwa $2\frac{1}{2}$ Stunden nördlich von Nidden liegt **Preil**. Es ist ein armseliges Dorf, das von der Wanderdüne sicher zugedeckt worden wäre, wenn man sie nicht festgelegt hätte. Die Aufforstung erforderte einen Kostenaufwand von 580 000 Mark. Fast noch trauriger sieht es in **Perwelk** aus. Der Eindruck, den dieser Ort auf den Wanderer macht, ist, da fast jeder Pflanzenwuchs dort fehlt, ein derartig trostloser, daß sich ihm unwillkürlich der Gedanke aufdrängt: von welcher Heimatliebe müssen

Purwin, der nördliche Teil von Nidden, mit bepflanzter Wanderdüne.

Im Versanden begriffene Fischerhütte am Rand der Düne in Perwelk.

doch seine Bewohner erfüllt sein, um hier ihr Dasein zu fristen. Zwischen beiden Ortschaften lag einst das jetzt verschüttete Dorf Karwaiten. Noch im Jahre 1781 hatte es einige zwanzig Feuerstellen. Schwarzort, der beliebte Badeort der Kurischen Nehrung, zieht sich etwa 2 km am Haffstrande hin, rings von amphitheatralischen Waldeshöhen umschlossen. Schwarzort hat noch uralte Linden, die bekannteste ist die Grikinlinde, und hochstämmige Birken bei vorwiegendem Kiefernbestand. In mächtigem Bogen legt sich der bis über 50 m aufsteigende Kamm der Hauptdüne auf der Seeseite um Schwarzort und bildet mit den gewaltigen Seitendünen, von denen eine nördlich an der Rohrbucht, die andere südlich an der Pfarrei bis an das Haff herantritt, einen ungeheuren Zirkus mit starkwelligem Grunde. Die höchste Erhebung bei Schwarzort ist der Blocksberg, der einen großartigen Rundblick gewährt. Der Ort ist um 1680 gegründet worden. Als gegen Ende des 18. Jahrhunderts Karwaiten versandete, wurde die dortige Kirche nach Schwarzort verlegt. Bei Schwarzort wächst eine seltene Pflanze, die Nordische Linnäa (Linnaea borealis), die nach dem Naturforscher Linné benannt ist. Sie steht unter polizeilichem Schutz. Auch die auf der Nehrung vielfach zu findende wunderbar blaugrau gefärbte Stranddistel (Seemannstreu) sucht man jetzt vor ihrer vollständigen Ausrottung zu schützen. Auf der nördlichsten Spitze der Nehrung liegt zum Schutze der Hafeneinfahrt ein Fort, das aber seit mehreren Jahren nicht mehr als Festung gilt. Der Dangemündung gegenüber befindet sich der Sandkrug, ein beliebter Ausflugsort der Memeler. Ein vorzüglicher Aussichtspunkt in der Nähe ist „Hagens Höhe". Auf der Frischen Nehrung liegen auf dem zu Ostpreußen gehörigen Gebiete südlich von Pillau: Neutief, Alttief und Großbruch.

Martin Ludwig Rhesa. Dieser hervorragende Mann stammt aus dem seit 1797 vollständig verschütteten Dorfe Karwaiten. Er wurde dort 1777 als der Sohn eines Fischers, der dazu noch „Gastgeber" und Strandbedienter war, geboren. Früh starben seine Eltern. Unterstützungen von Verwandten und Freunden befähigten ihn, dem Studium der Theologie obzuliegen. Nachdem er die Befreiungskriege mitgemacht hatte, kehrte er nach Königsberg zurück, wo er Professor der Theologie an der dortigen Universität und später Konsistorialrat wurde. Hier starb er auch im Jahre 1840. Seine Hauptverdienste bestehen darin, daß er an der Königsberger Universität für das Studium der litauischen Sprache eintrat, und daß er in dankbarer Erinnerung an die in seiner Jugend empfangenen Wohltaten das Rhesianum stiftete. Diese Stiftung gewährt Studenten der Albertina aus allen Fakultäten freie Wohnung. Um seine litauischen Landsleute machte er sich im höchsten Grade dadurch verdient, daß er die Bibel ins Litauische übersetzte. Die Übersetzung erschien 1816. Durch die Herausgabe und Übersetzung mehrerer litauischer Volkslieder, der Dainos, hat er sehr viel dazu beigetragen, die gebildete Welt mit seiner Heimat und dem Denken und Fühlen der Litauer bekanntzumachen. Er übersetzte ferner das bedeutendste Werk des größten litauischen Dichters Donalitius „Die Jahreszeiten". Auch er selbst war Dichter und gab seine Gedichte unter dem Titel „Prutena" heraus. Vielfach beschäftigt sich seine Poesie, die dann einen wehmütigen Ton anschlägt, mit seiner engsten Heimat. Sein von der Düne verschüttetes Heimatdorf beklagt er in folgendem Gedichte:

Weil', o Wanderer, hier und schaue die Hand der Zerstörung!
Wenige Jahre zuvor sah man hier blühende Gärten.
Und ein friedlich Dorf mit seligen Wohnern und Hütten
Lief vom Wald herab bis zu des Meeres Gestade.
Aber anjetzt, was siehst du? Nur bloßen Boden und Sand. Wo
Ist das friedliche Dorf, wo sind die blühenden Gärten?
Ach, dem Aug' entfällt hier eine Träne der Wehmut.
Siehst du dort die Ficht' und eine ärmliche Hütte,
Vor dem Fall gestützt, mit grauem Moose bewachsen?
Dies nur ist der traurige Rest von allem geblieben.
Hinter dem Wald empor hob steil ein Berg sich mit Flugsand,
Der die Tannenwipfel und weit die Flur überschaute.
Stürmend trugen die Wind' am Hang und Gipfel den Sand ab
Und bedeckten den Wald, des armen Dörfchens Umschattung.
Ach, kein sperrender Damm hielt jetzt den Vortritt des Berges,
Und allmählich verschlang er Teich' und Gärten und Häuser.
Neben dem Wald im Dunkel und Graun vieljähriger Eichen
Stand die Kirche des Dorfs, geziert nach älterm Volksbrauch,
Rings von Grabeshügeln umdrängt der friedlichen Toten.
Sieh, dort ragt eine Spitz' hervor, gerötet vom Spätlicht!
Hier versank die Kapelle. Doch rettete man die Geräte
Und den heil'gen Altar. Die frommen Bewohner des Eilands
Flohn zu andern Dörfern mit den armseligen Resten,
Die sie dem Berg entzogen, zu bauen dort ihre Hütten.
Traurig erzählt der Sohn dem Enkel, was hier geschehen,
Weist die Stätt' ihm noch, wo seine Väter gewandelt,
Tief versank ihr Gebein, und droben grünet kein Frühling.
Hier ertönt nicht mehr im Busch der Nachtigall Mailied,
Keine Herde kommt voll Durst zum kühlenden Quell her,
Und kein Täubchen wohnt im Zweig der geselligen Linde.
Hier umarmt das Weib nicht mehr den liebenden Gatten,
Keiner Kinder Schar ersehnt am Ufer den Vater,
Wenn er von wogender See heimkehrt mit flatterndem Wimpel,
Und noch lang erstaunt der Wandrer ob der Verwüstung.
— — — — — — — — — — — — — — — — — — — —
Doch, du trauriger Ort hier, immer werd' ich dich lieben,
Jeglichen Baum, der schwand, in meiner Seele noch tragen!
Denn hier war's, hier ging auch ich als schuldloser Knabe
Zwischen Garten und Teich, an Hand von Vater und Mutter,
Und hier ruhen sie, — die mich wohl noch lieben im Jenseits.

Aus „Prutena oder Preußische Volkslieder und andere vaterländische Dichtungen von L. Rhesa". Königsberg 1809.

d) Ostpreußens Seebäder.

„Wie man mit Spannung den kommenden Wogen entgegensieht:

Nein, das war nichts, — auch diese nicht — sie zersplitterte, zerschäumte auf dem Kiesgrund und umrauscht uns nur noch wie Champagnerschaum, prickelnd, schmeichelnd, aber entzückend. Nun hebt sich's hinten auf dem ersten Riff. Es bäumt sich wie die Mähne eines Renners, der den ersten Satz macht, um unaufgehalten sich der Lenkung des Reiters zu entziehen. Die Mähne senkt sich, der Schaum vergeht. Aber es naht, es naht, wie ein wandelnder Berg, der uns begraben will, brausend in der Tiefe grollend. Und nun wölbt es sich über unserem Haupte wie eine riesige Hohlkehle, und dann stürzt es auf uns nieder, nicht wie ein Regen, nicht wie ein Eimerguß: es ist die Woge selber, die gewaltige, Schiffe verschüttende, daß wir unwillkürlich das Haupt abwenden. Doch wir fliehen nicht. Da muß unser Rücken unsere Verwegenheit büßen. Es ist ein Schlag, wie mit einer Keule. Und sowie er vorüber ist, reißt die zuströmende Woge den Sand unter unseren Füßen fort, daß wir hin und her taumeln und der zweiten Welle nicht achten, die schon wieder auf uns losstürmt und uns in den Sand schleudert, bald häuptlings, bald rücklings. Wie da der Genosse, der sich nicht zu halten vermochte, verlacht wird. Hier ein Jubelgeschrei, dort ein Ruf des Schreckens. Wirr klingen die Stimmen durcheinander."

Louis Passarge. (Aus baltischen Landen.)

Ihre Wirkung. Die Küste der Ostsee bietet dem Badegaste fast durchweg im Gegensatze zu der Küste der Nordsee wohlgepflegte Laub- und Nadelwaldungen, so daß Wald- und Seeluft vereint ihm Kräftigung und Heilung verschaffen können. Vor allem gilt das von den ostpreußischen Seebädern. Die Luft ist daselbst möglichst staubfrei und von balsamischer Frische. Die erhebliche Windstärke, namentlich der Seewinde, wirkt belebend und kräftigend. So ist schon der Aufenthalt an unserm heimischen Strand auch ohne Benutzung der Seebäder von heilsamem Einflusse. Selbst nervenkranke Personen können hier gesunden. Auch die besuchteren Badeorte haben stille Plätze, wo man in ungestörter Ruhe der Erholung leben kann. Dazu kommen noch die günstigen Eindrücke, die das Meer durch seine Großartigkeit und Erhabenheit auf das Gemüt des Erholungsuchenden ausübt. Vor allem sind hier die Licht- und Farbwirkungen zu nennen, die sogar schwermütige Menschen aufrichten und ermuntern können. Die Bäder selbst sind des meist hohen Wellenganges wegen äußerst stärkend. Sie frottieren die Haut, stählen Muskelkraft und Energie und beeinflussen vor allem in günstiger Weise den Stoffwechsel. Der Kältereiz, den die Bäder auf die Haut ausüben, regt deren Tätigkeit an und härtet den Badenden gehörig ab, so daß er gegen die zahlreichen Erkältungskrankheiten geschützt ist. Da sie von so großer Wirksamkeit auf den Gesamtorganismus sind, so können sie ohne weiteres nur von Gesunden genommen werden. Schwächliche und kränkliche Badegäste werden immer vorher den Arzt zu Rate ziehen müssen. Die meisten Badeorte geben ihren Gästen jetzt auch Gelegenheit zum Gebrauche warmer Seebäder. Das Fehlen von Ebbe und Flut an unserer Küste bedeutet keinen Nachteil, sondern ist sogar ein Vorteil, da zu jeder Tageszeit und nicht nur in wenigen Stunden und zu täglich sich verschiebenden Zeiten gebadet werden kann.

Die wichtigsten Badeorte. Das entlegenste Seebad Ostpreußens ist die **Försterei,** 6 km nördlich von Memel an der Bahn nach Bajohren auf hohem Ufer gelegen. Alljährlich weilen hier einige hundert Badegäste, die sich hauptsächlich aus der benachbarten Stadt Memel einfinden. Memeler Kaufherren haben hier ihre Villen. Die Strandhalle bietet einen weiten Ausblick auf die See. Sorgfältig gepflegte Wege leiten den Fremden nach verschiedenen herrlichen Aussichtspunkten und eindrucksvollen Waldpartien. Da sind zu nennen Miramare, die drei Berge, die Kanzel, die Holländische Mütze, die als Naturdenkmal geltende, 65 m im Umfange fassende Bergkiefer und die Palwe, deren poesievollem Heidezauber, wenn sie traumverloren vom Abendrote rosig beglänzt daliegt, sich niemand verschließen kann.

Zu den interessantesten ostpreußischen Seebädern gehört **Schwarzort.** Schon die eigenartige Lage macht Schwarzort zu einer Sehenswürdigkeit. Der Badeort ist eine Oase in der heimischen Sahara. Der Strand ist durchweg gut, von größeren Steinen ganz frei und mit gleichmäßigem Seesande bedeckt. Der Wellenschlag ist bei den im Sommer vorherrschenden West- und Südwestwinden ein vortrefflicher. Der breite, wohlgepflegte Badeweg, der vom Dorfe nach der See führt, bietet schöne Blicke auf See und Haff und wird besonders zum Sonnenuntergange gern aufgesucht. Viel besucht wird auch der über 60 m hohe Blocksberg. Auf seinem Gipfel trägt er einen Aussichtsturm, dessen Plattform durch Glaswände gegen den oft lästigen Dünensand geschützt ist. Man bezeichnet den Blocksberg als eine der höchsten Erhebungen an der ganzen preußischen Küste. Der Rundblick von ihm ist großartig. Nach Süden schweift das Auge über den Schwarzorter Hochwald und über die seltsamen Linien des Dünenzuges bis zu den bei Nidden festgelegten Wanderdünen mit dem Leuchtturm und darüber hinaus bis nach Rossitten. Nördlich erblickt man die Türme der Stadt Memel. Nach Westen dehnt sich das unendliche Meer aus. Im Osten liegt das Haff zu unseren Füßen, bedeckt mit Segelbooten und Kähnen verschiedenster Art, und jenseits die Hafflandschaft mit den sich weit hinziehenden Forsten. Schwarzort ist nicht bloß ein Seebad, sondern auch ein klimatischer Kurort ersten Ranges. Durch seine eigenartige Lage ist Schwarzort gegen die Einwirkung der Nord- und Westwinde auf das wirksamste geschützt. Dazu kommt der prächtige alte Kiefernwald, der dicht bis an die Wohnhäuser herantritt und die Luft mit reichem Ozongehalte versieht. Selbst Schwerkranke mit vorgeschrittenem Lungenleiden haben hier in der heilkräftigen, milden und reinen Luft Linderung des Leidens und Genesung gefunden.

Aussichtsturm auf dem Blocksberg.

Ostpreußens größtes Seebad ist **Cranz,** am Südende der Kurischen Nehrung gelegen. Bis zum Jahre 1895 ist es ein königliches Bad gewesen. Jetzt befindet es sich im Besitze der Gemeinde Cranz. Zu Anfang des 19. Jahrhunderts war Cranz noch ein kleines Fischerdorf. Das Seebad wurde im Jahre 1816 von dem Medizinalrat Dr. Kessel eingerichtet. Besonders hat sich der Ort seit Eröffnung der Eisenbahn von Königsberg bis dorthin gehoben. Die freie, günstige Lage gegen Nordwesten und der dadurch bedingte kräftige Wellenschlag, das reine, von keinerlei Zuflüssen getrübte Seewasser, der schöne, flache Strand und die unmittelbare Nähe des mehrere tausend Hektar großen Waldes üben eine immer größere Anziehungskraft auf die Fremden aus, so daß die Zahl der Badegäste eine ständig zunehmende ist. Die Einrichtung der Badeplätze ist der Neuzeit angepaßt und durchaus mustergültig. Das Badegebiet ist in der See durch Pfähle und Taue abgegrenzt. Laufbrücken führen vom Strand ins Wasser hinein. Zur Sicherung der Badenden gegen die Gefahr des Ertrinkens sind die weitgehendsten Vorkehrungen

Cranz: Strandpromenade mit Seesteg.

getroffen. Rettungsgegenstände aller Art sind in großer Zahl vorhanden. Um die Zeitdauer des Bades genau bestimmen zu können, finden sich am Strande mehrere weithin sichtbare Uhren. Der Brennpunkt des Badelebens ist der Korso. An ihn schließt sich die 900 m lange Uferpromenade an. Sie ist ein mehrere Meter breiter brückenartiger Bau, der mit einem festen Unterbau mit massiven Wellenbrechern versehen ist und zahlreiche Ruheplätze für das Badepublikum bietet. Ihre Hauptaufgabe ist es, das Cranzer Ufergelände zu schützen. An ihr soll sich die Kraft der Wogen brechen. Die schönen Parkanlagen der „Plantage“ gewähren schattige Spaziergänge und prächtige Spielplätze für die kleine und große Jugend. Von den Aussichtspunkten der „Dumckes Höhe“ und des „Belvedere“ hat man schöne

Durchblicke über die Dünenschonung nach der See hin. Auf der Nehrung schon, und zwar am Haff, liegt 7 km von Cranz schön und idyllisch die Försterei Grenz. Ein herrlicher Waldweg führt dorthin. Von Cranzbeek, das etwa 2 km von Cranz entfernt ist, fährt täglich, Sonntags ausgenommen, ein Dampfer nach Memel. Er unterhält die Verbindung mit Rossitten, Nidden, Schwarzort und letztgenannter Stadt. Von Cranz nach Cranzbeek besteht seit 1895 Eisenbahnverkehr.

An der schönen samländischen Nordküste liegt in der Reihenfolge von Osten nach Westen zuerst **Neukuhren.** Früher war Neukuhren ein unbedeutendes Fischerdorf. Erst seit 1837 hat es sich zu einem angesehenen Badeort entwickelt. Am Bahnhof und am Birkenwäldchen besitzt Neukuhren eine ansehnliche Villenkolonie. Das neue Kurhaus ist vorzüglich ausgestattet und zweckmäßig eingerichtet. Es liegt in einem schattigen Park. In dem ehemaligen Empfangsgebäude der Cranzer Bahn hat der Verein Evangelische Frauenhilfe gemeinsam mit dem Evangelischen Kirchlichen Hilfsverein das Kaiserin Auguste Viktoria-Heim eingerichtet, das zur Aufnahme für genesende Frauen und besonders Kinder bestimmt ist. Erwähnenswert ist, daß Neukuhren unter allen ostpreußischen Seebädern zuerst ein Familienbad eingerichtet hat.

Der an Naturschönheiten reichste Badeort an dieser Küste ist **Rauschen.** Die seltene Verbindung von Wald und See, Berg und Tal, die hochromantische, gesunde und geschützte Lage verleihen Rauschen zunächst die Eigenschaften eines klimatischen Kurortes. Aber auch als Seebad nimmt Rauschen eine beachtenswerte Stellung ein. Die Bäder sind des starken Wellenschlages wegen sehr erquickend. Luft- und Sonnenbäder auf dem geröllfreien Strande, Spaziergänge und längere Ausflüge in die nahen ozonreichen Laub- und Nadelwälder des Warnicker Forstes, auf der Dünenheide und am Strande bieten dem Badegast eine unvergleichliche Fülle von Heilmitteln. In der Mitte von „Alt-Rauschen“ befindet sich ein mehrere Hektar großer Mühlenteich, in dessen tiefdunkler Wasserfläche sich die idyllische Umgebung freundlich widerspiegelt[1]). Unter den mächtigen alten Linden, die am Ostende dieses Teiches in der Nähe einer klappernden Mühle stehen und als prächtige Naturdenkmäler gelten können, befindet sich der Lindenkorso. Hier ist besonders in den Abendstunden beim Konzert ein reges Leben und Treiben der Badegäste. Oben auf der Düne in dem an Villen reichen „Neu-Rauschen“ zieht sich der Dünenkorso hin. Von ihm genießt man einen herrlichen Ausblick. Tief unten liegt das silberglänzende, schäumende Meer mit dem breiten weißen Sandstreifen davor, der von Badegästen, Touristen, Fischern manchmal

[1]) Der prächtige Fichtenwald auf dem Südufer des Teiches ist erst in den vierziger Jahren des vorigen Jahrhunderts, und zwar auf Veranlassung Friedrich Wilhelms IV. angelegt worden. Gelegentlich seiner Königsberger Huldigungsfahrt besuchte er auch den samländischen Strand.

geradezu wimmelt. Unmittelbar vor dem Beschauer sind aber die hohen, steilabfallenden, schluchtenreichen, zerklüfteten, oben grünbewaldeten Steilufer mit der unvergleichlichen Fernsicht auf die Strandpartien von Georgenswalde, Warnicken und Brüsterort. Schön und äußerst abwechselungsreich ist auch die Umgegend von Rauschen. Bei einem dreiwöchigen Aufenthalte kann an jedem Tag ein neuer lohnender Ausflug unternommen werden. In Rauschen haben gern Gelehrte, Künstler, Dichter geweilt, um sich in stiller Abgeschiedenheit zu erholen oder ungestört an ihren Werken zu schaffen. Erwähnt seien vor allem: Ferdinand Gregorovius, der ein begeisterter Lobredner dieses Badeortes ist, Ernst Wichert, Felix Dahn, Hermann Sudermann, Bildhauer Reusch, Maler Schmidt u. a. Gregorovius sagt von Rauschen:

Das Pestalozzistift in Rauschen.

„Berg und Tal geben diesem Ort einen überraschend fremden, fast schottischen Charakter. Ich sehe weder im schönen Thüringen, noch im Harz eine so schäferlich romantische Gegend. Zumal wenn der Abendduft um die Höhen flimmert und der Hirt die Herden von den Bergen treibt, oder wenn im Mondlichte die Nebel auf dem Teiche tanzen, gewährt Rauschen einen entzückenden Anblick. Überall sprudeln die Quellen aus dem Boden und springen geschwätzig ins Tal hinab. Murmelnd eilt der Mühlbach dahin, säuselnd durchzieht ein frischer Hauch die Wipfel der Bäume. Aus der Ferne tönt wie dumpfer Orgelklang das Brausen des Meeres herüber. Man begreift, wie dieser Ort zu seinem Namen gekommen ist.“

Neben dem neuen Warmbad erhebt sich ein 50 m hoher Wasser- und Aussichtsturm, der einen weiten Rundblick gewährt. In der Nähe der im Zauberwalde gelegenen Kirche befindet sich ein Erholungsheim für bedürftige Angehörige des Volksschullehrerstandes. Es ist 1909 vom ostpreußischen Pestalozziverein erbaut worden und wird deshalb auch Pestalozzistift genannt.

Zu den jüngsten Seebädern der ostpreußischen Küste gehört **Georgenswalde.** Die Landbank, Aktien-Gesellschaft zu Berlin, hat vor einigen Jahren das Gut Georgenswalde erworben und etwa 75 ha zur Anlage eines Seebadeortes nebst Villenkolonie bestimmt. Die Bäder liegen in der Nähe der Gausupschlucht. Der Abstieg zu ihnen erfolgt teils über die Hänge der Küste auf schattigen Wegen, teils auf bequem angelegten Treppen. Was in Georgenswalde das Auge des Naturfreundes besonders erfreut, das sind die wildromantischen Schluchten, die sich in unmittelbarer Nähe befinden. Der dicht dabeiliegende Warnicker Forst bietet ebenfalls herrliche Abwechselung und außerdem auch Gelegenheit zu weiten Spaziergängen. Das Seebad Georgenswalde kommt infolgedessen immer mehr in Aufschwung. Der 41 m hohe Turm des Zentral-Wasserwerkes kündet dem Fremden die Lage dieses Bades schon von weitem an.

Auf der Westküste des Samlandes liegt der Badeort **Neuhäuser.** Er verdankt seine Entstehung dem Bau der Pillauer Eisenbahn. Als Anfang der sechziger Jahre des vorigen Jahrhunderts die Strecke Königsberg—Pillau gebaut wurde, faßten wohlhabende Kaufleute der Stadt Königsberg den Plan, fern von dem Getriebe der Großstadt am Strand eine Villenkolonie zu gründen und dort auch See-Badegelegenheit zu schaffen. Jede Villa

Kurhaus Sandkrug.

wurde von Gartenanlagen umgeben. Und auch heute noch findet man jedes Haus gewissermaßen in einem kleinen Parke, der es gegen die Nachbarschaft abschließt und dem ganzen Badeort ein durchaus charakteristisches Gepräge verleiht. Wer Ruhe und Stille sucht, für den ist Neuhäuser wie geschaffen. Der Strand ist flach und gestattet ein weites Hineingehen in die See. Ausflugspunkte sind Tenkitten, Lochstädt, Fischhausen, Pillau. Herrliche Spaziergänge bietet das Pilzenwäldchen. Vom Pfannkuchenberg genießt man einen schönen Rundblick.

Natürlich ist damit noch nicht die Reihe der ostpreußischen Seebäder geschlossen. An der samländischen Küste sind noch beispielsweise zu nennen: Rosehnen, Warnicken, Gr. Hubnicken, Palmnicken, Sorgenau, Littausdorf, Pillau; in der Nähe von Memel auf der Nehrung Kurhaus Sandkrug. Manche von ihnen können schon eine ganz ansehnliche Zahl von Badegästen aufweisen. Vor allem gilt das von dem Nehrungsbade Nidden.

e) Vorkehrungen zum Schutze der Schiffahrt an der ostpreußischen Küste.

Wie schon erwähnt, ist die Ostsee ihrer flachen Küsten, der Untiefen und der dem Strande häufig vorgelagerten Sandbänke wegen der Schiffahrt recht gefährlich. Diese Gefahren vergrößern sich bei Stürmen und zur Nachtzeit, besonders aber bei nebligem Wetter. Manches Schiff ist hier schon gescheitert. Die schlimmsten Stellen sind durch Leuchtfeuer gekennzeichnet. Man unterscheidet Leuchttürme mit festem Licht und solche mit Blinkfeuer. Bei letzteren wird durch ein sorgfältig geregeltes Uhrwerk ein Schirm oder ein Linsensystem vor die Flamme geschoben, wodurch auf eine ganz bestimmte Zeit das Licht verdeckt wird. Aus dem Wechsel zwischen Helligkeit

Leuchtturm auf dem Urbokalns bei Nidden.

Der Leuchtturm von Brüsterort.

und Dunkelheit, der auf die Sekunde stimmen muß, kann der Schiffer den Leuchtturm erkennen, den er vor sich hat.

1. Der Leuchtturm von Bitte, etwa 15 Minuten von der Stadt Memel entfernt, ist 1796 errichtet und 1819 erhöht worden. Der obere Geländerrand erhebt sich 28,44 m über Normalnull. Man hat von ihm eine prächtige Aussicht. Sein Licht ist etwa 15 Seemeilen[1]) weit sichtbar. Der Turm ist auf der Außenseite nach dem Tief schachbrettartig rot und weiß gestrichen und gewährt dadurch einen eigenartigen Anblick. Von den beiden Molen, welche das Memeler Tief künstlich in die See hinein verlängern, trägt die nördlich gelegene noch einen kleineren Leuchtturm, der nur eine Höhe von 10 m erreicht. Er trägt ein rotes Festfeuer.

[1]) Eine Seemeile gleich 1852 m.

2. Der Niddener Leuchtturm ist in den Jahren 1873 und 1874 auf dem südlich von Nidden festgelegten Dünenhügel Urbokalns erbaut. Er hat einen gewaltigen Unterbau, zu dem die Steine weit hergeholt werden mußten, und ist 23 m hoch. Die Laterne ist aus Eisen gefertigt, mit mächtigen Spiegelscheiben versehen und trägt in ihrem Innern den eigentlichen Brennapparat, der von einem Fresnelschen Linsensystem umgeben ist. Sie liegt 68 m über dem Meeresspiegel, da auch die Höhe des Dünenhügels mitzurechnen ist. Das Blinkfeuer, das von 10 zu 10 Sekunden erscheint, ist 22 Seemeilen weit sichtbar. Dieser Leuchtturm ist für die Seefahrer von großer Bedeutung. Er will sie von der Flachküste, die sich bei Nidden hinzieht, fernhalten. Vor seiner Erbauung kam es häufiger vor, daß die Schiffe, die aus dem Sund kamen und auf den Memeler Hafen zusteuerten, durch widrige Umstände auf den Strand aufliefen, weil er hier unbeleuchtet war.

Auf dem Landvorsprunge bei Rossitten befindet sich eine Haffleuchte. Sie gilt den Haffschiffern als Wahrzeichen. Das Glasgehäuse der Leuchtvorrichtung befindet sich über der Wohnung des Leuchtturmwärters. Ebenfalls der Haffschiffahrt sollen die Leuchtfeuer bei Cranzbeek, Perwelk, auf der Windenburger Ecke, auf dem Berschtwinschen Haken, an der Atmath-, Nemonien- und Deimemündung bei Rinderort dienen. Sie brennen sogar im Winter, wenn eine feste Eisdecke auf dem Haff liegt, und bilden dann Merkzeichen für die zahlreichen Schlittenfuhrwerke dortselbst.

Haffleuchte bei Perwelk.

3. Der Leuchtturm von Brüsterort ist ein Ziegelrohbau von achteckiger Form. Er wurde im Dezember 1846 fertiggestellt. Sein Blinkfeuer liegt 59 m über dem Meeresspiegel, während sich der eigentliche Turm nur 30 m über dem Erdboden erhebt. Das Feuer ist daran erkenntlich, daß das feste Licht durch Verdunkelungen unterbrochen wird. In jeder Verdunkelung werden drei Blitze von je $\frac{2}{3}$ Sekunden Dauer sichtbar. Es ist 21 Seemeilen weit zu erkennen. Man nennt solch ein Licht Mischfeuer. Das Panorama, das sich von der Höhe dieses Leuchtturmes den Blicken darbietet, ist einzig in seiner Art, da es zu drei Vierteilen dem Meer angehört. Wahrhaft überwältigend wirkt diese Wassermasse bei bewegter See, wenn sich lange, überschlagende, mit Schaum gekrönte Wellenberge dem Festlande zuwälzen. Auch bei ruhiger See verlohnt sich hier ein Ausblick. Was dann das beobachtende Auge besonders erfreut, ist das oft ganz wunderbare Farbenspiel der Wasseroberfläche. Der Leuchtturm will den Seefahrer vor der bei Brüsterort gefährlichen Küste, den „Brüsterorter Steingründen“, schützen[1]).

4. Der Pillauer Leuchtturm ist in den Jahren 1805 bis 1813 an Stelle eines älteren, baufällig gewordenen Lotsenturmes, der auch ein Leuchtfeuer trug, erbaut worden. Seine Höhe beträgt etwas über 30 m. Des Nachts wird die Kuppel des

[1]) Die „Steingründe“ zwischen Gr. Dirschkeim und Brüsterort bilden eine schmale Bank, die an der flachsten Stelle nur 1,9 m unter dem Meeresspiegel liegt. Sie ist etwa 1200 m vom Strande entfernt. Nach der See fällt sie steil ab.

Leuchtturmes durch ein Feuer erleuchtet, das 14 Seemeilen weit sichtbar ist. Nach dem Haff zu wird die Sichtweite kleiner gehalten. Von seiner Galerie hat man einen schönen Rundblick über die Stadt, die See und das Haff. Besonders gestattet er eine genaue Betrachtung der Pillauer Hafenanlagen. Früher wurde durch eine Fahne, die am Turme herausgehängt wurde, am Tage den Schiffern die Stromrichtung im Tief angezeigt. Jetzt befindet sich diese Fahne an dem neu erbauten Lotsenturme.

Landmarke auf dem Schwalbenberge bei Pillau.

Von den massiven Einfassungen des Tiefs bei Pillau, die als Molen etwa 1 km weit in die See hineinragen, um der Versandung der Hafeneinfahrt vorzubeugen, trägt die nördliche, die Nordermole, ebenso wie beim Memeler Tief einen kleinen Leuchtturm. Er besteht aus Eisen und wurde 1880 erbaut. Sein festes rotes Licht befindet sich in einer Höhe von 13,7 m über Normalnull und ist 9 Seemeilen weit sichtbar. Die Beleuchtung, die Tag und Nacht brennt, geschieht mittels Fettgases, das unter 6 Atmosphären Druck aus den in einem Schuppen landseits befindlichen Behältern durch eine 1080 m lange Rohrleitung der Laterne zugeführt wird. Von diesem Schuppen aus kann man auch die Flamme regeln. Dies ist vor allem dann erforderlich, wenn ein starker Sturm wütet. Die Wellen schlagen dann nicht selten über die Mole hinweg, und es ist infolgedessen unmöglich, an den Leuchtturm zu gelangen.

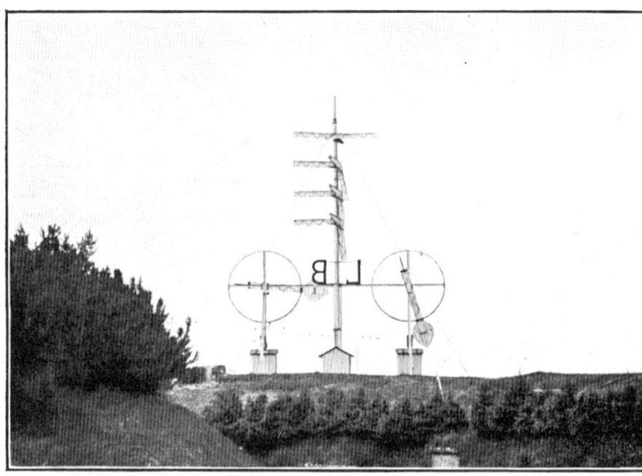

Windsemaphorstation Memel. (Von der Landseite.)

Als Merkzeichen für die Fischer des Frischen Haffes dient die **Landmarke**, die sich in der Nähe von Pillau auf dem ungefähr 30 m ansteigenden Schwalbenberge befindet. Sie ist 1812 erbaut worden und besteht aus drei in pyramidenförmigen Türmchen auslaufenden Pfeilern, die auf einem Granitunterbau ruhen und durch Spitzbogen, die eine Fensteröffnung einschließen, verbunden sind. An einer Seite fehlen diese Bogen. Man hat das ganze eigenartige Bauwerk nicht mit Unrecht mit einem geöffneten, aufgestellten Buche verglichen.

Aber nicht nur durch Leuchttürme und Molenfeuer will man den Schiffer vor dem Auffahren auf den Strand schützen, sondern man hat dazu noch andere Maßnahmen getroffen. Dazu gehören vor allem die Sturmwarnungssignale. Sie zeigen auf Grund der Angaben, die von der Deutschen Seewarte zu Hamburg eingehen, durch hochgehißte Zeichen, nachts durch rote Laternen einen nahenden Sturm und seine Richtung an. Derartige Signalstellen sind die Leuchtturmorte, ferner Palmnicken, Cranz, Försterei, Karkelbeck und Nimmersatt. Solche Zeichen werden auch den Haffschiffern gegeben, und zwar am Frischen Haff bei Wehrdamm am linken Ufer der Pregelmündung, Fischhausen, Pillau (Südwestseite des Russischen Dammes) und Neukrug, ferner bei Balga und an der Mündung der Passarge; am Kurischen Haff bei Schwarzort, Sarkau, Labagienen, Drawöhnen und Windenburg. Ferner kommen hier in Betracht die Windsemaphorstationen. Solche sind Pillau und Memel. Unter Semaphoren versteht man leiterartige Gerüste, an denen bewegliche Arme, ähnlich den Eisenbahn-Signalarmen, hängen. Sie zeigen je nach ihrer Stellung den vorüberfahrenden Schiffern Windrichtung und Windstärke an. Auch werden an dem Gerüste besondere Signalbälle hochgezogen. Der Molenleuchtturm bei Pillau ist mit einem Nebelsignalapparat ausgestattet. Er wird bei dichtem Nebel von einem an der Molenwurzel errichteten Maschinenhaus aus mittels Druckluft in Tätigkeit gesetzt. Der kräftige Ton dieses Apparates soll die Schiffer vor dem Auflaufen auf die Molenköpfe schützen.

Endlich sind auch zum Schutze der Seefahrer an unserer Ostseeküste von der Deutschen Gesellschaft zur Rettung Schiffbrüchiger Rettungsstationen errichtet worden. Die Gründung dieser Gesellschaft, um die sich besonders der Konsul H. H. Meier in Bremen verdient gemacht hat, erfolgte im Jahre 1865. Wir finden bei uns Rettungsstationen in Nimmersatt, Melneraggen, Memel, Schwarzort, Nidden, Rossitten, Sarkau, Cranz, Neukuhren, Kraxtepellen, Tenkitten, Pillau, Großbruch. Man unterscheidet Doppel-, Boots- und Raketenstationen. Alle Rettungsstationen der ostpreußischen Küste sind Doppelstationen. Memel hat außer der Doppelstation noch eine besondere Bootsstation. Die Doppelstationen sind mit einer Anzahl Rettungsboote, die aus gekehltem Stahlbleche gebaut, mit Luftkasten versehen und zum Rudern und Segeln eingerichtet sind, vor allem aber mit dem Raketenapparat ausgerüstet. Wenn mit den Rettungsbooten nicht mehr Hilfe gebracht werden kann, wird die Rettung der Schiffbrüchigen mit dem Raketenapparate versucht. Er wirft eine Rakete, an der eine Leine befestigt ist, über das Schiff hinweg. Im günstigen Falle legt sich die Leine auf das Deck. Nun ist eine Verbindung zwischen Schiff und Station hergestellt. Es werden stärkere Taue nach dem an den Strand geschleuderten Schiffswracke gezogen und mit ihnen sogenannte Hosenbojen hin und her befördert und schließlich die Schiffbrüchigen in ihnen an das Land gezogen. Jede Station ist außerdem noch mit Rettungsringen, Korkjacken, Verbandzeug usw. ausgestattet. Die Rettungsboote werden auf besonderen Wagen in die See hinabgelassen.

Rettungsstation am Seestrande bei Nidden.

B. Die Haffe.

a) Das Kurische Haff.

Größen- und Schiffahrtsverhältnisse. Dieses Haff, das in alter Zeit Mümmel, weil es den unteren Teil des einstigen Mündungstrichters der Memel darstellt, oder Rusna, weil die Ruß hier mündet, genannt wurde, ist das größte aller preußischen Binnengewässer. Es bildet die Form eines rechtwinkligen Dreiecks. Seine Spitze liegt bei Memel. Die Hypotenuse, die fast 100 km lang ist, stellt die Kurische Nehrung dar, während die beiden Katheten vom Festlande gebildet werden. Die kürzere, die sich von Westen nach Osten erstreckt, hat eine Länge von 45 km. Die längere, die sich nordwärts zieht und etwa in der Mitte eine Ausbuchtung hat, ist ungefähr doppelt so lang. Diese Ausbuchtung hat eine elliptische Form und wird im Norden durch die Windenburger Ecke, im Süden durch die Spitze von Löckerort begrenzt. Die Größe des Kurischen Haffes schätzt man auf etwa 1600 qkm. Seine Tiefe ist sehr ungleichmäßig, im südlichen Teile größer als im nördlichen. Dort beträgt sie durchschnittlich 5 m, hier noch weniger. Die flachste Stelle ist wohl der in der Nähe von Memel gelegene „Schweinerücken“, der eine Ruhestätte für Schwimmvögel aller Art bildet. Aus diesem Grunde ist das Kurische Haff für die Schiffahrt nicht sehr geeignet. Es mußte stellenweise eine Fahrrinne aufgesucht, besonders markiert und tief genug erhalten werden. Sie ist von dem Berschtwinschen Haken, südlich von dem durch Wanderdünen verschütteten Dorfe Neegeln, bis Memel verhältnismäßig schmal, nur etwa 100 m breit, und zieht sich fast unmittelbar am Fuße der Nehrung hin. Deshalb mußte sie auch gegen die Wanderdünen geschützt werden. Das Festlegen der Dünen nördlich von Schwarzort diente in der Hauptsache diesem Zwecke. Die Tiefe der Fahrrinne ist recht ungleich, außerdem hat sie noch manche Krümmungen.

Eine für die Schiffahrt gefährliche Stelle ist die Windenburger Ecke. Sie ist darum auch durch ein Leuchtfeuer gekennzeichnet. Von dieser Landspitze erstreckt sich nämlich eine große Steinlage weit in das Haff hinein und bildet eine bedenkliche Untiefe. In früherer Zeit ist hier manches Holzfloß vom Sturme zerschlagen worden. Besonders geschah das, wenn der Aulaukis, ein scharfer Südwestwind, wehte. Dann freuten sich die Windenburger. Denn das frei umherschwimmende Holz fischten sie auf und behielten es als gute Beute. Ja man erzählt, sie hätten sogar einen Opfergroschen auf den Altar ihrer Kirche ant Maldos (zur Gebetserhörung) niedergelegt, damit ihnen Gott westliche Winde sende. Höchstwahrscheinlich hat vor Jahrtausenden eine Verbindung zwischen der Windenburger Ecke und dem Vorsprunge der Nehrung bei Rossitten bestanden, so daß damals das Kurische Haff zwei Gewässer bildete.

Um die gefährliche Windenburger Ecke bei der Schiffahrt zu vermeiden, ist der Hauptschiffahrtsarm des Memelstromes, die Atmath, durch den Taggraben mit der Minge verbunden. Aus der Minge geht der König Wilhelm-Kanal, der 1873 fertiggestellt worden ist, bis in die Nähe von Schmelz bei Memel. Dieser Kanal ist besonders für den Flößereiverkehr wichtig.

Schiffahrt. Leider wird die Haffschiffahrt nicht allein durch die genannten Untiefen erschwert, sondern auch durch die dort häufigen Stürme und vor allem durch den kurzen Wellenschlag. Trotzdem ist der Verkehr auf dem Haff auch mit kleineren Fahrzeugen nicht unbedeutend. Bei der Schwierigkeit, in den tiefgelegenen Gebieten des Nemonien, der Gilge und der andern Wasseradern des Memeldeltas wasserfreie Landwege überhaupt herzustellen, sind die Bewohner dieser Gegend im wesentlichen auf die Verbindung zu Wasser angewiesen. Wenngleich diesem lokalen Verkehre nur die kleinere Schiffahrt dient, die die verschiedenen Fahrzeuge vom Keitelkahn des Haff-Fischers bis zum Zwiebelkahn des Moosbruchbewohners umfaßt, so bilden diese Fahrzeuge ihrer großen Anzahl wegen doch bedeutende Beförderungsmittel.

Außer den Dampfern zählen die Eingeborenen folgende Haffahrzeuge: Keitelkahn, der hauptsächlich der Fischerei dient, Timberkahn oder Spitzmast und Reisekahn. Mit dem Timberkahn bringt der Haffbewohner sein Gemüse, Zwiebeln, Kürbisse, Kohl, Bohnenkraut, Porree usw., in die benachbarten Städte. Wenn der heftige Sturm alle Fahrzeuge, selbst Dampfer, in die bergenden Häfen treibt, trotzt ihm mit stolzer Sicherheit noch immer der Keitelkahn. Er ist ein plumper Geselle, aus festem Eichenholz gefügt. Wohl hundert Mann sind erforderlich, um seinen ungefügigen Rumpf behufs Reparatur an Land zu „trecken". Seine Länge beträgt 11 m, die Breite $3\frac{1}{2}$ m und die Tiefe $1\frac{1}{5}$ m. Der gedrungene Mast, der sich nach oben nur wenig ver-

Keitelkähne auf dem Kurischen Haff.

jüngt, hat 10 m Höhe. Ihn schmückt die große, litauischen Geschmack verratende, aber recht malerisch wirksame Flagge. Die Anordnung auf dem Farbenfelde ist, wie schon auf Seite 44 mitgeteilt worden ist, behördlich vorgeschrieben, damit der kontrollierende Fischmeister weiß, in welchem Orte der Kahn heimatberechtigt ist. Natürlich fehlt es auch nicht an größeren Schiffen. Außer der Dampferstrecke Cranzbeek—Memel gibt es auch Dampferverbindungen zwischen Königsberg, Labiau und Tilsit, zwischen Tilsit und Memel u. a. Früher fand ein regelmäßiger Verkehr zwischen Memel und Königsberg durch die sogenannten Schaakener Böte statt. Sie fuhren zwischen Memel und Schaaksvitte und beförderten sogar Personen.

Das Memeler Tief. Das Haff steht durch das Tief oder Gatt bei Memel mit der Ostsee in Verbindung[1]). Es erstreckt sich in seiner Längenausdehnung von Südwesten nach Nordwesten und bildet den wesentlichsten Teil des Memeler Hafens. Seine Länge von dem Anfange des Holzhafens bei Schmelz bis zum Kopfe der Nordermole beträgt fast $7\frac{1}{2}$ km. Die Breite nimmt von $1\frac{1}{5}$ km bei Schmelz bis zu 400 m zwischen den Molen ab. Diese haben jede eine Länge von über 1100 m. Das Tief hat eine erhebliche Strömung. Deshalb ist seine Tiefe ziemlich beträchtlich. Bei Stürmen werden jedoch leicht größere Sandmassen den Molen vorgelagert, wodurch sich die Tiefe oft ganz erheblich verringert. Sie muß dann durch Baggern auf ihren alten Bestand gebracht werden.

Die Haffufer. Während sich an der Westseite des Haffes die Nehrung mit ihren hohen Dünen hinzieht, breitet sich am Ostufer das Tiefland des Memeldeltas aus. Dort auf der Nehrung wird unser Auge gefesselt von den seltsamen Dünenbergen, die teils noch in schneeweißer Pracht zu uns herüberleuchten, teils schon in grünem Gewande dastehen. Hier am Ostufer erblicken wir einen Kranz sich weit erstreckender Forsten, unabsehbare Wiesen- und Weideflächen, oftmals unterbrochen von dem eigenartigen Graugrün der Hochmoore. Eine Menge größerer und kleinerer Wasseradern fließt hier dem Haff zu. Das Südufer liegt im allgemeinen höher als das Ostufer. Sanft dacht es sich nach dem Haff hin ab. Östlich der Deime geht es in das „Große Moosbruch“ über. Von den Bächen, die sich auf der Südseite in das Haff ergießen, sind der Brastgraben, die Duhnasche und die Cranzbeeker Beek zu nennen.

Auf der Ostseite, nicht weit von der Mündungsstelle des Atmathstromes, befindet sich die Krakerorter oder Kraker Lank[2]). Dieses Wasserbecken, das eine Länge von etwa 5 km, eine Breite von 4 km und eine Tiefe von 2 bis 5 m hat, ist ein Tummelplatz unzähliger Sumpfvögel. Es ist überdies sehr fischreich. Durch den Perkasgraben steht es mit der Minge in Verbindung, durch die Dubel mit der Atmath.

b) Das Frische Haff.

Haff-Idyll.

Die Winde sind entschlafen,
Erschlafft das Segel ruht.
Ich schwebe fern vom Hafen
Auf nächtlich stiller Flut.

Die Sternlein schlummernd feiern,
Der Mond bezog die Wacht
Und schickt aus Wolkenschleiern
Sein mildes Licht der Nacht.

Er webt aus Silber Spitzen,
Die flattern bis zum Strand,
Und alle Wellen blitzen,
Besäumt von Diamant.

Ein Anblick zum Entzücken:
Des Haffes Spiegel brennt!
Es führen Lichtglanzbrücken
Vom Schiff zum Firmament!

1) Das Wort Gatt stammt aus dem Holländischen. Gatt, Gatze = enge Straße.
2) Lanka = Niederung.

Da muß im Traum versinken,
Was mir den Tag vergällt.
Ich höre Engel winken:
Vertrau dem Herrn der Welt!

Der jene Riesendünen
Zum Schutzwall aufgetürmt
Und vor der Flut, der kühnen,
Den Heimatstrand dir schirmt! —

Er stillt auch ab die Brandung,
Die dir im Herzen tobt,
Und hilft zu guter Landung —
Getrost, Gott sei gelobt!

Dr. Julius Pohl,
weil. Domherr in Frauenburg.

Allgemeines. Das Frische Haff erstreckt sich von Südwesten nach Nordosten und hat die Form eines langgezogenen Vierecks. In seinem nordöstlichen Teile mit dem nach Königsberg führenden Fahrwasser heißt es das Königsberger Haff, in seinem südwestlichen Teile mit dem nach Elbing führenden Fahrwasser das Elbinger Haff. Seine größte Länge beträgt 80 km, die größte Breite 30, die geringste 7,5 km und der Flächeninhalt 861 qkm. Es ist demnach um die Hälfte größer als der Bodensee, der 540 qkm Flächeninhalt hat. Zu unserer Provinz gehört nur der nördliche Teil dieses Haffes, der aber das auf Westpreußen entfallende Stück an Größe übertrifft. Die Nordostspitze springt weit nach Osten vor und soll sich früher bis an den Kneiphof in Königsberg erstreckt haben. Der vom Samland und der Pillauer Halbinsel eingeschlossene Teil führt den Namen Fischhausener Wiek. In dieses ergießen sich einige Bäche, nämlich das Forkensche Fließ, das Wischrodtsche und das Germausche Mühlenfließ. So wie das Kurische Haff ehemals höchstwahrscheinlich aus zwei Stücken bestanden hat, so auch dieses. Die Haken von Kamstigall und Kahlholz hingen entschieden früher zusammen. Eine Berechtigung zu dieser Annahme läßt sich aus der gleichen Bodenbeschaffenheit und aus der Richtung dieser Vorsprünge herleiten. Die Tiefe auch dieses Wasserbeckens ist eine geringe. Sie beträgt 3 bis 5 m. Die größten Tiefen von 5,1 m sind in dem Königsberger Haff zwischen den genannten beiden Haken. Besonders an der Ostküste finden sich viele Untiefen. Sie sind hauptsächlich dadurch entstanden, daß sich von den steilen Uferhöhen Erdmassen losgerissen haben und ins Haff gerollt sind. Der Boden des Haffes besteht an den Rändern aus Sand, in der Mitte aus Schlick- und Tongrund, vor den Weichsel- und Nogatmündungen stellenweise auch aus Lehm. An den Mündungen der Flüsse findet eine stetige Verflachung und allmähliche Verlandung der Haffränder statt, indem sich ausgedehnte Rohrkämpen bilden, die den Niederfall der Sinkstoffe befördern. Der Fischreichtum ist hier noch bedeutender als im Kurischen Haff. So sollen manchmal bei der Wintergarnfischerei in einem Zuge für 2000 bis 3000 Mark Fische gefangen worden sein. Den Fischen des Frischen Haffes wird denen des Kurischen Haffes gegenüber der Vorzug gegeben, weil sie schmackhafter sind. Der Grund dafür soll darin liegen, daß die ersteren von den fruchtbaren Höhen Natangens und Ermlands besseres Futter zugeführt erhalten.

Das Pillauer Tief. Es wurde früher im Gegensatze zu dem bei Alttief, Balga gegenüber, das Neue Tief genannt. Aus- und eingehender Strom wechseln hier außerordentlich, oft mehrmals an ein und demselben Tage. Der ausgehende Strom fließt am stärksten zur Zeit des Eisganges in den einmündenden Flüssen und bei Ostwinden. Manchmal soll er bis Brüsterort hinauf zu spüren sein, da sich das Haffwasser schon in der Farbe vom Seewasser abhebt und als Süßwasser sich sowieso schwer mit dem salzhaltigen Wasser des Meeres vereinigt. Bei starken West- und Südwestwinden jedoch wird das Seewasser mit großer Gewalt in das Haff getrieben. Es entsteht dann ein Rückstau, so daß der Pregel und die anderen Flüsse, die in das Haff münden, bedeutend ansteigen. Der starken Strömung wegen friert das Tief sehr selten zu.

Zum Schutze des Pillauer Hafens legte man 1760 auf der Nehrungsseite die erste größere Uferbefestigung an, und zwar in Gestalt eines sogenannten Steinkistendammes, der später zur Mole ausgebaut und entsprechend verlängert wurde. Um ein Versanden des Tiefes auf der gegenüberliegenden Seite zu verhüten, wurde Anfang der vierziger Jahre des vorigen Jahrhunderts die etwa 1000 m lange Nordermole gebaut. Beide Molen hatten aber bis zum Jahre 1855 nur eine geringe Bedeutung; sie waren zu niedrig und zu schwach gebaut. Im Frühjahr 1855 floß infolge eines Durchbruches der Deiche bei Gr. Montau das Hochwasser der Weichsel durch die Nogat in das Frische Haff und vertiefte durch die starke Strömung das Pillauer Tief bis auf $7\frac{1}{2}$ m. Es erschloß so den Pillauer Hafen auch den größten Seeschiffen. Diese Tiefe hob die Bedeutung der Stadt Pillau als Seehafen ganz beträchtlich, verlangte aber auch eine Verstärkung der Molen. Die Nordermole wurde auf 1040 m, die Südermole auf 1140 m Länge gebracht. Mit ihren Köpfen sind sie so genähert, daß eine Wasserstraße von 360 m Breite zwischen ihnen liegt. Am Hafen ist das Tief 100 m breiter.

Die Haffufer. Auf der westlichen Seite wird das Haff von der Frischen Nehrung begrenzt, die jetzt, wie schon darauf hingewiesen worden ist, fast ganz mit Grün bedeckt ist und nur wenige kahle Dünenhügel aufzuweisen hat. Die größtenteils steile Ostküste tritt manchmal ganz dicht an das Haff heran und bietet viele liebliche Partien. Von Elbing bis Frauenburg gibt es manche reizende Fernsicht über die Wasserfläche des Haffes hinweg bis zur Nehrung, die sich wie ein langes grünes Band hinzieht. Die schönste Aussicht genießt man wohl von der Anhöhe, auf der sich der Frauenburger Dom erhebt. Dies Gotteshaus ist auch vom Haff aus weit sichtbar und bietet dem Schiffer eine wichtige Landmarke. Die schönsten Stellen des Ostufers liegen allerdings in Westpreußen. Von Brandenburg ab nach der Pregelmündung zu verflacht es sich ganz. Und nun erstrecken sich an vielen Stellen Binsen, Rohr und Schilf weit in das Haff hinein. Das nördliche Ufer ist stellenweise auch hoch gelegen und fast durchweg bewaldet. Eine besondere Erscheinung sind die vielen sowohl vom Ostufer als auch von der Nehrung aus in das Haff hineinspringenden Haken. Man versteht darunter Untiefen, die fast bis an die Oberfläche des Wassers kommen. Außer den bereits genannten Haken bei Kahlholz und Kamstigall wären als die wichtigsten der Peyser, Brandenburger und Leysuhner Haken zu erwähnen.

Der Königsberger Seekanal. Die Fahrrinne im Haff von Pillau nach Königsberg konnte trotz der angestrengtesten Baggerarbeiten nicht tiefer als 4 m unter der mittleren Wasserhöhe gehalten werden. Deshalb war der Königsberger Hafen den größeren Seeschiffen nicht zugänglich. Eine auch für den Verkehr größerer Fahrzeuge geeignete Wasserverbindung zwischen der See und Königsberg wurde durch den Bau des Königsberger Seekanals in den Jahren 1890 bis 1901 geschaffen. Er hat von der Pregelmündung bis zum Pillauer Hafen eine Länge von 33 km und führt durch den nördlichsten Teil des Frischen Haffes. Die Tiefe des Kanals beträgt $6\frac{1}{2}$ m, seine Sohlenbreite 30 bis 40 m und seine obere Breite 80 m. Auf der Südseite ist er mit

Der Schutzdamm des Königsberger Seekanals.

einem starken Damme versehen, der ihn gegen das Verschlammen schützt. Gegenüber den am nördlichen Haffufer liegenden Dörfern sind in diesem Damme mehrere 30 m weite Durchlässe vorhanden. In dem Fischhausener Wiek ist auf eine 4 km lange Strecke der Kanal ohne jede Dammeinfassung. Auf der nördlichen Seite sind nur kurze an das Haff anschließende Flügeldämme gezogen, sonst fehlt hier der Damm. Die Durchlässe liegen vor den Ortschaften Kamstigall, Peyse, Zimmerbude, Widitten, Heydekrug, Caporn, Margen und Nautzwinkel. Die Dämme bestehen aus zwei geneigten Pfahlreihen mit dazwischenliegender Steinfüllung, die auf Faschinen ruht. Zu ihrer Verstärkung wurden in der Nähe von Pillau und auf der Strecke von

Peyse bis zur Steinbake bei Wehrdamm nach der Haffseite zu Aufschüttungen aufgeworfen, die mit Schilf, Rohr und Binsen, an den höher gelegenen Stellen sogar mit Bäumen bepflanzt sind. Diese Anpflanzungen bilden für den Schiffer bei einer Fahrt in der Dunkelheit ein vortreffliches Richtungsmittel. Da sich im Kanal zwei größere Schiffe nicht ausweichen können, wird von Pillau aus der Verkehr auf ihm genau geregelt. Im Winter wird der Seekanal, soweit es irgend möglich ist, durch Eisbrecher offengehalten. Am 15. November 1901 wurde der Kanal dem öffentlichen Verkehr übergeben. Seine Kosten werden über 12 Millionen Mark geschätzt. Die Länge der gesamten Wasserstrecke Ostsee—Pillauer Tief—Seekanal—Pregel—Königsberg beträgt 46 km.

Schiffahrt auf dem Frischen Haff. An den Schiffer stellt das Frische Haff trotz seiner bescheideneren Größe höhere Ansprüche als das Kurische Haff. Bedingt wird dieser Umstand durch die durchschnittlich geringere Tiefe, durch die vielen Sandbänke und vor allem durch den kürzeren, höheren und schärferen Seegang. Man sieht auf diesem Haff die eigentlichen Binnenfahrzeuge ziemlich selten. Weichsel- und Oderkähne passieren in der Regel das Haff nur auf einer eiligen Schleppfahrt. Die Haffahrzeuge müssen eine Bauart haben, die ihren Aufgaben genau entspricht. Sie müssen ein gewisses Maß von Seetüchtigkeit aufweisen, eine nicht zu große, aber feste und handliche Takelage besitzen und vor allem gedeckt sein. Reine Kielfahrzeuge sind ausgeschlossen, und zwar der Untiefen wegen. Das eigentliche Fahrzeug des Frischen Haffes ist die Tolkemitter Lomme. Das Verhältnis der Länge zur Breite ist in der Regel etwa $3\frac{1}{2}:1$. In ihren wichtigsten Teilen ist sie aus Eichenholz erbaut. Trotz ihrer plumpen Form ist sie ein tüchtiger Segler. Gewaltig große und schwere Seitenschwerter ermöglichen ihr ein gutes Kreuzen. Die Besegelung, Kuttertakelage mit Pfahlmast, sichert ihr eine ziemlich schnelle Fahrt. Sie befährt fast ausschließlich das Frische Haff. Im Weichseldelta trifft man sie bis Danzig, während sie den Pregel aufwärts kaum über Königsberg hinausgeht. Im Kurischen Haff sieht man sie fast gar nicht. Ihren Namen hat sie vom westpr. Städtchen Tolkemit, weil dort die meisten Lommen beheimatet sind. Dort findet sich auch ein nennenswerter Schiffsbauplatz. Die Gesamtzahl der Lommen, die das Frische Haff befahren, mag etwa 300 betragen. Ein anderes Haffahrzeug ist der Reisekahn. Er ist ebenfalls flachbordig, hat eine Länge von 22—47 m und eine Breite von $5\frac{1}{4}$—$9\frac{1}{2}$ m. Seine Tragfähigkeit beträgt 1600—6500 Ztr. Der Reisekahn findet sich auch auf dem Kurischen Haff. Das dem Frischen Haff eigentümliche Fischerfahrzeug ist der Angelkahn. Er hat 12—14 m Länge. Die Breite beträgt den vierten Teil davon. Er ist ein schneller Segler, da er aber ein Raasegel besitzt, ist er schwer zu wenden. In seiner Form findet man Anklänge an die

Linien des Ostseekutters (Lachskutters). Aber der Angelkahn ist älter als er. Man geht kaum fehl, wenn man ihn auf die alten Wikingerboote zurückführt.

C. Landseen und Kanäle.

a) Die masurischen Seen.

1. Allgemeines.

Wild flutet der See[1]).
Drauf schaukelt der Fischer im schwankenden Kahn.
Schaum wälzt er wie Schnee
Von grausiger Mitte zum Ufer hinan.
Wild fluten die Wellen auf Vaterlands Seen, wie schön!
O tragt mich auf Spiegeln zu Hügeln, Masovias Seen!
:,: O Heimatland, Masovias Strand,
Masovia lebe, mein Vaterland! :,:

Wild brauset der Hain.
Dort spähet der Schütze des Wildes Spur.
Kühn dringt er hinein,
Durchwandelt die Höhen, die Täler, die Flur.
Ihr schwebenden Wolken, gedenket doch mein am Hain!
O führt mich durch Wälder und Felder zur Heimat ein!
:,: Der Jugend Hain, der Seen Strand,
Masovia lebe, mein Vaterland! :,:

Tal, Hügel und Hain!
Dort wehen die Lüfte so frei und so kühn.
Möcht' immer dort sein,
Wo Söhne des Vaterlands kräftig erblühn.
Dort ziehen die Höhen durch Nebels Grau, o schau!
Hold lächelt auf Seen und Höhen des Himmels Blau.
:,: O Heimatland, Masovias Strand,
Masovia lebe, mein Vaterland! :,:

Das masurische Hügelland weist eine Menge von Seen auf, wie sie in ähnlicher Fülle nur noch Finnland besitzt[2]). Diese Wasserbecken sind es, die jener Landschaft eine besondere Schönheit verleihen und in dem mäßig gewellten, stellenweise plateauartigen Gelände eine erfreuliche Abwechselung hervorbringen. Vielfach haben sie bewaldete Ufer, die nicht selten steil ansteigen. Häufig bergen sie kleine, gleichfalls bewaldete Inseln, die mit ihrem dunklen, ernsten Nadelholz oder dem prächtigen Buchengrün einen Reiz entfalten, von dem man nur dann eine rechte Vorstellung haben kann, wenn man ihn auf sich selbst in einer besonderen Weihestunde hat einwirken

[1]) Der Dichter dieses Gedichtes, das als Masurenlied bezeichnet wird, ist der Gumbinner Professor Dewischeit.

[2]) Die Zahl sämtlicher auf dem ostpreußischen Landrücken gelegenen Seen wird auf 380 geschätzt.

lassen. Meistens spannt sich um diese kleinen Inseln, die fast alle den Namen „Werder“ führen und oft einem aus dem Wasser hervorragenden gewaltigen Blumenstrauße gleichen, der geheimnisvolle Schleier der Sage. Schön ist es, beim Untergange der Sonne von einer Bergeshöhe über eine längere Kette dieser eigenartigen Becken hinwegzublicken. Sie erscheinen dann wie mit flüssigem Golde gefüllt.

Was die äußere Gestalt der Seen anbetrifft, so wiegt die langgestreckte Form vor. Sie ziehen sich vorwiegend in der Richtung von Norden nach Süden hin und bilden nicht selten Seenketten, die eine Länge von 50 bis 70 km erreichen. Eine solche lange Seenkette befindet sich beispielsweise westlich vom Spirdingsee. Das Überwiegen der nordsüdlichen Richtung ist entschieden nichts Zufälliges. Ob es aber mit der Art der Entstehung dieser Becken zusammenhängt, ist noch ungewiß. Merkwürdig sind die Tiefenunterschiede oft bei ganz dicht nebeneinanderliegenden Seen. Selbst Unterschiede der Oberflächenhöhe finden sich in großer Nähe. Dieser Umstand spricht dagegen, solch eine Seenkette als eine lange Schmelzwasserrinne oder als ein unausgebildetes Flußtal anzusehen. Dann gibt es auch eine Menge von Seen, die eine runde, fast kreisförmige Gestalt aufweisen. Aus der Vogelperspektive erscheinen sie so, als ob sie von einer mächtigen Hand auf der weiten Hochfläche da und dort verschüttet worden wären. Endlich finden sich große Flächenseen von ganz unregelmäßiger eckiger Form. Dazu zählen der Mauer-, Löwentin- und Spirdingsee.

Wenngleich über die Art und Weise der Entstehung dieser Seen noch immer verschiedene Ansichten bestehen, so ist man sich im allgemeinen doch darüber klar, daß sie als ein Ergebnis der Gletschertätigkeit anzusehen sind. Einige Seebecken mögen dem Umstand ihren Ursprung zu danken haben, daß sich gewaltige Eisberge über den Diluvialboden hinwegschoben und dort durch ihren mächtigen Druck tiefe Mulden eindrückten, die sich dann später auf irgendeine Weise mit Wasser füllten. Andere sind vielleicht dadurch gebildet worden, daß die vorwärtsschreitenden Gletscher langgezogene Rinnen in dem Boden ausrissen. Durch die spätere Ablagerung des Grundmoränenschuttes wurden diese Rinnen in mehrere Seebecken zerlegt. Die Schuttablagerung bedingte gleichzeitig die Tiefenunterschiede der einzelnen Seen. Noch andere sind wahrscheinlich beim Schmelzprozesse, dem die Gletscher schließlich anheimfielen, in die zurückbleibende Grundmoräne hineingewaschen worden. Diese Annahme trifft wohl auf die runden, trichterförmigen Seen zu. Die Wassermassen, die sich auf der Oberfläche des Gletschers angesammelt hatten, stürzten nämlich durch irgendeinen Spalt in die Tiefe und wühlten dort in dem weichen Boden vermöge ihrer strudelförmigen Bewegung ein tiefes Loch aus, das sogleich das Gletscherwasser festhielt. Endlich mögen auch einige Seen durch Aufpressungen des unter dem Gletscher liegenden Bodens entstanden sein. Der gewaltige Druck des Gletschers trieb an seinen beiden

Seiten einen beträchtlichen Erdwall in die Höhe. Bei zwei gleichlaufenden Gletschern mußte sich so eine Rinne bilden, die schließlich durch den Moränenschutt an den Enden abgegrenzt, ja manchmal in einzelne Becken zerlegt wurde.

Die äußere Gestalt der Seen ist nicht mit einem Male geschaffen worden. Erst im Lauf ungezählter Jahre erhielten sie ihre heutige Form. Hauptsächlich wurden sie während der jüngsten Vergletscherung in ihre gegenwärtigen Umgrenzungen gebracht. Dabei spielten aber die Ablagerungen der Grundmoräne eine große Rolle, die nicht allein am Rande, sondern auch im Becken selbst stattfanden und dadurch die Uferlinie bedeutend verlegten. In geschichtlicher Zeit haben Anstauungen, Entwässerung, Vertorfung das Ihrige getan, um das äußere Gepräge der Seebecken einer steten Veränderung zu unterwerfen. Aus dem Vorstehenden ergibt sich aber, daß man für die Entstehung und Ausgestaltung dieser Seen nicht allgemein gültige Regeln aufstellen kann. Man muß gewissermaßen jeden See in dieser Hinsicht „individuell", also allein für sich behandeln.

Gegen Ende des 19. Jahrhunderts sind eine ganze Reihe der im südlichen Teile Masurens befindlichen Seen entwässert worden. In landwirtschaftlicher Hinsicht hat man dadurch viel gewonnen. Ein Zuviel scheint in dieser Beziehung aber verhängnisvoll zu sein, da dem benachbarten Ackerlande dadurch zuviel Feuchtigkeit entzogen wird. Derartige Mißstände haben sich bereits im Neidenburger Kreise gezeigt.

2. Die Wasserstraße von Angerburg bis Johannisburg.

Der Mauersee. Unter dem fast 100 qkm großen Mauersee versteht man gewöhnlich die ganze Wasserfläche zwischen Angerburg und Lötzen. Sie besteht jedoch aus mehreren zusammenhängenden Teilen, die von der anwohnenden Bevölkerung auch namentlich unterschieden werden. Die wichtigsten Teile sind: 1. Der Angerburger See. Er reicht im Süden bis zur Insel Wittfong und der Haarzener Halbinsel, im Osten bis zur Kehler Halbinsel und im Westen bis zu einer Linie, die sich von der Tiergartener Spitze ausgehend bis zum Steinorter Forste, von dort bis nach der Insel Upalten und schließlich bis zur Nordostspitze der Insel Wittfong erstreckt. 2. Der Kleine Mauersee, westlich dieser Linie gelegen. 3. Der Pristaniensee, der sich von der Tiergartener Spitze nach Nordwesten hinzieht. 4. Der Bodmasee, der nördlich von der Haarzener Halbinsel liegt. Eine schmale Straße führt aus ihm 5. in den Schwenzaitsee, der mit dem Gr. Strengelner See in Verbindung steht. 6. Der Kirsaitensee, der von den Inseln Wittfong und Kirsaiten eingeschlossen wird. 7. Der Dargainensee, der eine große Bucht bildet, die sich östlich bis Neu Haarzen hinzieht und im Süden von der Roggener Spitze begrenzt wird. 8. Der Angerburger Kissainsee, westlich vom Dargainensee gelegen. 9. Der Dobensche

See, der sich von der Faulhödener Spitze südwestlich bis nach Doben erstreckt. 10. Der Lötzener Kissainsee, der südlich von der Linie Faulhödener—Roggener Spitze zu finden ist. Er ist der inselreichste von allen Teilen des Mauersees.

Es wird vielfach behauptet, daß früher diese Teile nicht zusammenhingen, sondern einzelne Seen für sich gebildet haben. Ausreichende Beweise für diese Behauptung hat man bis jetzt nicht erbringen können. Auch die Uferverhältnisse lassen keinen Schluß auf eine merkliche Höhenverschiebung des Wasserspiegels zu. Würde man jedoch den Spiegel des Mauersees auch nur um 5 bis 6 m senken, so würden dessen einzelne Teile als selbständige See-

Seengebiet bei Lötzen.

becken scharf abgegrenzt hervortreten. Etwas niedriger wurde der Wasserspiegel des Mauersees, als der General von Katte, der Vater des unglücklichen Freundes Friedrichs des Großen, den Mühlenkanal anlegen ließ, vor allem aber durch den Bau des sogenannten Flößkanals bei Angerburg, der in den Jahren 1764 bis 1768 erfolgte. Allerdings übte das auf den Gesamtcharakter des Sees keinen Einfluß aus.

Der Boden des Mauersees[1]) zeigt eine reiche Abwechselung von Höhen

[1]) Der Mauersee soll gegen Ende des 14. Jahrhunderts um die Höhe einer Lanze (etwa 3 m) angestaut worden sein. Vielleicht ist das nach der Bereisung geschehen, die der Hochmeister Winrich von Kniprode 1379 auf den masurischen Seen unternommen hat. Neuerdings wird diese Erzählung in das Reich der Sage verwiesen. (Siehe S. 82!)

und Tiefen und bildet somit ein getreues Abbild von dem Relief des angrenzenden Landes. Die größte Tiefe dieses Gewässers liegt auf der Grenze zwischen Mauer- und Pristaniensee, sie beträgt 38 $\frac{1}{2}$ m. Auch zwischen der Tiergartener Spitze und der Insel Upalten sowie östlich dieser Insel sind Tiefen von 37 bis 38 m gefunden worden. Der südliche Teil des Mauersees ist flach, und dürfte die größte Tiefe daselbst kaum mehr als 20 m betragen. Am unebensten ist der Boden des Lötzener Kissainsees. Neben ganz flachen Stellen finden sich Kessel von 28 m Tiefe.

Zu den Schönheiten des fischreichen Mauersees gehören in erster Reihe die von ihm eingeschlossenen Inseln. Die schönste ist Upalten oder der Stobber Werder, auch das masurische Helgoland genannt. Dieses 77 ha große Eiland ist dicht mit Eichen, Ulmen, Linden und anderen Waldbäumen bestanden und bietet ein köstliches Bild friedlicher Ruhe und Einsamkeit. Verschiedene Fußpfade durchziehen es nach allen Richtungen. Man gelangt auf ihnen zum „Einsamen Grab“, der „Roseninsel“, dem „Reiherhorst“, dem „Ulmendom“ und anderen herrlichen Punkten, die die Insel in ihrer idyllischen Abgeschiedenheit aufweisen kann. Von den Uferrändern hat man überraschend schöne Ausblicke auf das Festland. Besonders schön ist die Aussicht über den See hinweg nach dem Steinorter Forste. Schon in früherer Zeit hat man die Waldeinsamkeit der Insel Upalten aufgesucht. Der Angerburger Naturforscher Pfarrer Helwing berichtet von einer prächtigen Villa, die dort am Anfange des 18. Jahrhunderts erbaut worden ist. Heute ist davon keine Spur mehr zu finden. Nur ein schlichtes Wirtshaus befindet sich dort und bietet den zahlreichen Besuchern der Insel Unterkunft. In den hohen Baumwipfeln nistet eine Menge von Fischreihern. An den großen Fischreichtum des Mauersees erinnern auch die vielen Taucher und Wildenten, die seinen Wasserspiegel beleben.

In dem Kirsaitensee, von wo aus der herrliche Steinorter Park bequem zu erreichen ist, liegen die Insel Wittfong und die Kirsaiteninsel. Im Dobenschen See erhebt sich hoch über die Wasserfläche die Insel Gilm. Die bedeutendste Insel des inselreichen Kissainsees heißt Kermussa oder der Große Werder. Sie allein ist dauernd bewohnt. Hier soll einstmals die Priesterin der Galinder gehaust haben. Sämtliche Inseln geben den zahlreichen Wasservögeln, die den See beleben, vortreffliche Nistgelegenheit.

Die Gegend um den Mauersee ist recht abwechselungsreich. An die nordöstliche Ausbuchtung schließen sich zwar fast bis Angerburg hin zu beiden Seiten der Angerapp weite, einförmige, versumpfte Wiesengelände hin. Am Nordufer liegt aber die Tiergartener Spitze, von der man eine prächtige Aussicht über den ganzen Spiegel des Mauersees mit seinen seltsamen Eilanden und vielfach bewaldeten Ufern hat. An der Westseite dehnt sich auf dem sanft ansteigenden Ufergelände der Steinorter Forst aus. Man kann von ihm über den See und über die Insel Upalten hinweg bis zur Kehler Halbinsel sehen. Der schönste Punkt am Ufer des Mauersees ist entschieden Steinort mit seinem herrlichen Parke. Die altehrwürdigen, majestätischen Eichen, wahre Riesen ihres Geschlechtes, haben längst entschwundene Zeiten gesehen. Eine ganze Allee von solchen mächtigen Bäumen zieht sich von der Hinterfront des Steinorter Schlosses bis zur Grenze des Parkes. Ein schmaler Kanal, gleichsam die Verlängerung der Allee, führt durch das sumpfige Vorland des Parkes bis zum See und endet in einem kleinen Hafen. Zu den höchsten Punkten in der Nähe des Mauersees zählen der Kanopkeberg, an den sich allerlei Sagen knüpfen, in denen der Teufel eine lustige Rolle spielt, und der Galgenberg (149 m hoch).

Der Löwentinsee. Durch den Lötzener Kanal, der im Jahre 1764 angelegt worden ist, gelangt man aus dem Mauersee in den Löwentinsee. Die Landenge, die von diesem Kanal durchschnitten wird, ist in militärischer Hinsicht von großer Wichtigkeit. Hier könnten sich bequem größere feindliche Truppenkörper in das Innere Ostpreußens hineinwerfen, während sonst die lange Seenkette einen vorzüglichen Schutz gegen feindliche Einfälle gewährt. Zur Sicherung dieser Stelle ist darum die Feste Boyen angelegt worden. Der 34 cm höher als der Mauersee gelegene Löwentinsee hat eine Größe von 25,36 qkm. In der Nähe der Stadt Lötzen, wo er am tiefsten ist, sind seine Ufer kahl. Bald aber zeigen sich im Westen prächtige Waldungen, die sich am See entlang ziehen. Er ist sehr fischreich. Auch sein Grund ist unregelmäßig. Von Osten nach Westen zieht sich quer durch den See eine Barre, die nur etwa 7 m unter dem Wasserspiegel liegt. Ein Emporsteigen des Bodens um 8 m würde den Löwentinsee in zwei selbständige Becken zerlegen. Er ist inselarm. Nur am Ostufer taucht ein einziges kleines Eiland, die Franzoseninsel, aus seinen Fluten auf. Zahlreiche mit Schilf bedeckte Stellen deuten das Vorhandensein von Untiefen an. Sie würden natürlich bei einer auch nur geringen Senkung des Wasserspiegels als Inseln emportauchen. Östlich vom Löwentinsee liegen der Graywersee und der Buwelnosee.

Vom Saitensee bis zum Talter Gewässer. In seinem südwestlichen Teile verengert sich der Löwentinsee plötzlich und geht in den Saitensee über, dessen westliches Ufer 2 km weit von dem langgestreckten Dorfe Bogatzewen begleitet wird. Er ist durch eine 1,5 m tief gelegene Barre in eine nördliche größere Mulde und einen südlichen kleineren Kessel geteilt. Hinter dem Dorfe Rydzewen führt der Kullakanal in den Jagodner See. Er ist ungefähr 8 km lang und nur 1 km breit. Seine Gesamtgröße beträgt mit Einschluß der unmittelbar anstoßenden Seen, des Großen Henselsees und des Gurkler Sees, etwa 10 qkm. Der Jagodner See weist Mulden bis zu 34 m Tiefe auf. Während von Lötzen bis Schimonken fast ununterbrochen, vom 10 km langen Kullakanal abgesehen, ein natürlicher Wasserweg besteht, mußte nun zur Fortsetzung des masurischen Wasserweges ein Kanal gegraben werden, der ein weites, tiefgelegenes Wiesengelände durchzieht. Allerdings liegen drei kleine Seen in der Richtung der Kanalstrecke, nämlich der Große Schimon-, der Große Kotteck- und der Taltowiskosee, so daß auf den eigentlichen Kanal nur rund $5\frac{1}{2}$ km Länge entfallen. Diese drei Seen sind Überreste eines größeren Seebeckens, das aber im Laufe der Jahre vertorft ist. Die diluvialen Höhen, die jetzt aus dem Wiesengelände hervorragen, waren einstmals Inseln in diesem Seebecken. Die einzelnen Teilstrecken des Kanals haben hier folgende Namen: Mniodunsker Kanal (zwischen Gr. Schimon- und Kottecksee), Grünwalder Kanal (zwischen Kotteck- und Taltowiskosee) und Talter Kanal (zwischen Taltowiskosee und Talter Gewässer). Nördlich vom Taltowiskosee liegen, mit dem Großen Schimonsee jetzt durch Kanäle verbunden, der 78 ha große Lawker See mit 17 m Tiefe und der nur 38 ha große Kleine Schimonsee mit 12 m Tiefe. Diese Kanäle haben den Wasserspiegel der beiden Seen gesenkt, wodurch etwa 3 qkm Moorwiesen nutzbar gemacht worden sind. Die Gegend ist hier wenig abwechselungsreich. Rechts und links sind meist Brücher und schilfbedeckte Sümpfe. Weit und breit ist kein Wald zu sehen. Nur das Städtchen Rhein mit seinem hochgelegenen Schloß und mit seinem Kirchturme fesselt im Norden den Blick.

Vom Talter Gewässer bis zum Beldahnsee. Das landschaftliche Bild ändert sich mit dem Talter Gewässer, das in seinem nördlichen Teile den Namen Rheinischer See trägt und im Norden mit dem Ollofsee und Orlener See in Verbindung steht. Der Rheinische See und das Talter Gewässer dehnen sich in einer Länge von 18 km aus. Ihre Breite schwankt zwischen 400 m und 2 km. Der Flächeninhalt umfaßt etwa 19 qkm. Rechts und links sind hohe, oft steile, kahle oder bewaldete Ufer. Dazwischen bemerkt man auch Strecken, die mit gelbem fliegenden Sande bedeckt sind. Am Südende des Talter Gewässers liegt die Stadt Nikolaiken. Hier ist ein wichtiger Punkt in der Richtungslinie der masurischen Wasserstraße. Die Verbindungsstelle zwischen dem Talter Gewässer und dem sich südwärts daranschließenden Spirdinggewässer, das nicht mit dem Spirdingsee zu verwechseln ist, verengert sich nämlich bis auf 100 m. Die Ufer konnten darum durch eine Brücke verbunden werden. Auf der 35 km langen Wasserstraße zwischen Rhein und Guszianka ist hier die einzige Stelle, wo ein bequemer Übergang ist. Deshalb vereinigen sich daselbst auch mehrere Verkehrsstraßen, und es konnte eine größere Siedelung entstehen. Bald hinter Nikolaiken stößt die Johannisburger Heide an den masurischen Seeweg. Wenig nördlich von der Fähre Wierzba geht es nach Osten aus dem Spirdinggewässer in den Spirdingsee, südwärts aber in den Beldahnsee.

Der Spirdingsee. Dieser See umfaßt mit seinen Zipfeln, den Sexter-, Kalzaraino- und Warnoldsee, rund 120 qkm. Er ist deshalb der größte aller ostpreußischen Seen, ja einer der größten Landseen des Deutschen Reiches überhaupt. Die Müritz in Mecklenburg ist 133 qkm groß. Nördlich vom Spirdingsee liegen in der Richtung von Westen nach Osten der Luknainer, Tuchlinner und Tirklosee. Alle hängen mit dem Spirding zusammen. Östlich von ihm finden sich der Biallolaffer- und der Kesselsee. Diese Seen und der sie verbindende Kesselfluß stellen eine natürliche Wasserstraße zwischen dem Spirding und dem Roschsee (Warschausee) her. Diese Straße wird jedoch nicht benutzt. Im Jahre 1844 wurde nämlich der Kesselfluß abgeschnitten, und man fährt nun vom Spirdingsee nach Johannisburg durch den Jeglinner Kanal, der Sexter und Roschsee verbindet. Allerdings hat man noch eine kurze Strecke den Pissek hinabzufahren. Der Jeglinner oder Neue Johannisburger Kanal ist in den Jahren 1845 bis 1849 erbaut und auf beiden Seiten mit Dämmen eingefaßt worden, die sich noch eine Strecke in den Spirdingsee als Molen hineinziehen. Auch mit dem nördlich gelegenen Arysse steht der Spirding in Verbindung, und zwar durch ein kanalisiertes Fließ.

Der eigentliche Spirdingsee, der bei 105,9 qkm Flächeninhalt 16 km lang und 7 bis 8 km breit ist, besitzt trotz seiner bedeutenden Größe eine verhältnismäßig geringe Tiefe. Seine tiefste Stelle geht 25 m hinab. Der Untergrund ist ziemlich eben. Die bei den übrigen Seen charakteristischen Vertiefungen (Kaulen) fehlen fast gänzlich. Er ist sehr fischreich. Seine Ufer sind im allgemeinen flach und stellenweise von einer Menge Steine bedeckt. Landschaftliche Reize fehlen. Nur am Westufer finden sich einige Gehänge, die mit Wald bedeckt sind. Inseln hat nur der südliche Teil des Sees aufzuweisen, von denen die beiden größeren, der Spirdings- und der um mehrere Meter ansteigende und weithin sichtbare Teufelswerder, bewohnt sind. Auf dem letzteren ließ Friedrich der Große 1784 eine kleine Festung, das Fort Lyck, anlegen. Aber schon unter seinem Nachfolger wurde es abgetragen. Doch stand bis zum Regierungsantritte Friedrich Wilhelms IV. eine kleine Garnison hier zur Bewachung verschiedener Magazine. Die Magazingebäude wurden abgebrochen und das Material zur Erbauung der Feste Boyen (1844 bis 1868) verwandt. Die Spuren der Anlagen sind auf dem Teufelswerder aber noch heute erkennbar. Bei den Bewohnern jener Gegend ist diese Insel als Tummelplatz von Gespenstern verschrien, und schauerliche Spukgeschichten knüpfen sich an sie. Auf dem Teufelswerder sind viele Urnen gefunden worden.

Vom Beldahnsee bis zum Niedersee. Der Beldahnsee von über $13\frac{1}{2}$ qkm Größe erstreckt sich in einer Länge von etwa 15 km von Norden nach Süden. Seine Ufer sind zu beiden Seiten mit dem herrlichsten Baumwuchse geschmückt, so daß er den Eindruck hervorruft, als wäre er mitten im Walde begraben. Eine Fahrt auf ihm gewährt die schönsten Naturgenüsse. Nicht nur das wunderbare Grün erfreut das staunende Auge, sondern auch die Färbung des äußerst klaren Wasserspiegels. Die kleinen Inseln, die aus ihm emporragen, die zahlreichen Ufereinschnürungen und Buchten zaubern in dem anmutigen Landschaftsbilde die schönsten Abwechselungen hervor. Auch der weitgereiste Naturfreund wird davon entzückt sein. Der Rheinische See, das Talter Gewässer und der Beldahnsee stehen miteinander in Verbindung und gleichen einem gewaltigen, bis 2 km breiten Strome, der sich 35 km weit hinzieht. Natürlich haben wir es nicht mit einem alten Flußbette hier zu tun. Gegen diese Annahme würde schon die große Unebenheit des Untergrundes sprechen. Bei der idyllisch gelegenen Oberförsterei Guszianka befindet sich eine Schiffsschleuse, die diesen See mit dem 2 m höher gelegenen Großen Guszinsee verbindet. Letzterer hängt durch den etwa 80 m langen Rudczannykanal mit dem Niedersee zusammen. Über den

Der Niedersee mit den kleinen belaubten Inseln.

Kanal führt eine Eisenbahnbrücke. Der Niedersee gilt als die Perle aller masurischen Seen. Seine oft steilen Ufer sind mit hochstämmigen Kiefern bedeckt, und die kleinen Inseln, die mit Busch und Baumwerk bestanden, sich aus seinen Fluten wie mächtige Blumensträuße erheben, geben der ganzen Landschaft einen eigenartigen Reiz. Der Niedersee besitzt Hufeisenform. Bei Gr. Kurwien hat er eine bedeutende Bucht, die man mit dem Namen Samordeysee bezeichnet. An dem östlichen Zipfel des Niedersees breitet sich der Große Wiartelsee aus. Östlich vom Niedersee befindet sich der Pagobiensee. Beide stehen im Zusammenhang. Eine erhebliche Strecke vom Niedersee entfernt dehnt sich nordwestlich vom Niedersee der

9 km lange Muckersee aus. Er steht durch den vielfach gewundenen Crutinnenfluß, der von Waldbäumen wie von grünen Wänden begrenzt ist und das Tal des Beldahnsees zwar in verkleinerter Gestalt, dafür aber in verschönter Pracht wiedergibt, mit dem im Nikolaiker Forst gelegenen anmutigen Gartensee und schließlich mit dem Beldahnsee in Verbindung. Der Crutinnenfluß und das Babantfließ wässern die große Anzahl von Seen ab, die um Sensburg herumliegen. Die hauptsächlichsten davon sind: der Gehland-, der Weiß-, der Große und Kleine Babantsee, der Pillacker und Rheinsweiner See.

Die bisher genannten Seen geben einesteils ihr Wasser nach dem Pregel, anderenteils nach dem Pissek und somit nach der Weichsel ab. Und zwar kommt auf das erste Stromgebiet etwa $\frac{1}{5}$, auf das andere etwa $\frac{4}{5}$ der gesamten Wassermenge. Die Wasserscheide des seit den sechziger Jahren des 18. Jahrhunderts zusammenhängenden Seesystems dürfte wohl im Löwentinsee zu suchen sein. Sie ist keine festliegende Linie, sondern verlegt sich entweder nach der herrschenden Windrichtung oder nach der Wasserzufuhr aus den Zubringern bald mehr nach Norden, bald mehr nach Süden.

3. Der Masurische Schiffahrtskanal.

Zur Geschichte der Masurischen Wasserstraße. Der Plan, die Masurische Seenplatte durch eine Wasserstraße zu erschließen und mit einem Seehafen zu verbinden, wurde bereits von dem Deutschen Ritterorden erwogen. Um die Ausführbarkeit dieses Planes zu untersuchen, fuhr der Hochmeister Winrich von Kniprode im Jahre 1379 auf einem Kahne von Angerburg aus über den Mauer- und Löwentinsee und von Rhein aus über den Spirdingsee und seine Nebengewässer bis Johannisburg und von hier durch Pissek, Narew, Bug und Weichsel nach Marienburg zurück. Es war also nicht eine Verbindung mit Königsberg, einem damals noch recht unbedeutenden Orte, sondern mit Danzig, der einzigen Seehandelsstadt des Ordensstaates, beabsichtigt, und es wurde daher der weite Umweg gewählt. Was infolge dieser Reise veranlaßt worden ist, das ist nicht sicher überliefert. Wir wissen nur bestimmt, daß die Fließe zwischen dem Spirding- und dem Roschsee bei Johannisburg vom Wiskakrug an durch den Kesselsee hindurch flößbar ausgebaut wurden. Der große Hochmeister hatte am Abende seines Lebens Wichtigeres zu tun, als eine Wasserstraße zu schaffen, die in erster Reihe für den Holztransport bestimmt war. Die Angabe, daß auf Veranlassung des Hochmeisters der Mauersee um die Länge einer Lanze, also um etwa 3 m Höhe, angestaut worden sei, ist in das Reich der Fabel zu verweisen. Eine genaue Untersuchung der Ufer des Mauersees in geologischer Hinsicht hat auch nicht die geringsten Zeichen für eine starke Veränderung in der Höhe des Seespiegels ergeben. Bis zum 16. Jahrhundert fehlen Nachrichten über die Schiffahrt auf den masurischen Gewässern gänzlich. Erst Hennenberger berichtet, daß Holz aus der Johannisburger Heide auf der Weichsel nach Danzig geflößt worden sei. Im Jahre 1681 ließ der Große Kurfürst einen einheitlichen Entwurf zur Verbindung des Mauer- und Spirdingsees aufstellen. Mit diesem Plane haben sich auch die Könige Friedrich I. und Friedrich Wilhelm I. beschäftigt, ohne daß jedoch etwas für seine Verwirklichung geschah. Friedrich I. beabsichtigte sogar, die Masurische Seenplatte durch einen Kanal vom Mauersee über Engelstein und Nordenburg nach der Alle mit Königsberg zu verbinden. Es ist beachtenswert und lehrreich, daß bereits im Jahre 1703 für diesen Kanal ungefähr die heute gewählte Linie vom Mauersee nach der Alle in Aussicht genommen wurde. Man hatte also schon vor 200 Jahren erkannt, daß die geradeste Verbindung mit dem nächsten Seehafen auch die beste für das Hinterland ist.

Erst nach Beendigung des Siebenjährigen Krieges kam es zu einer größeren Bauausführung, aber nicht um eine Verbindung der masurischen Seen mit Königsberg zu schaffen, sondern zu einem anderen Zweck, und daher auch nach einem anderen Plan. Als nach dem Frieden von Hubertusburg die von den Russen besetzt gewesene Provinz Ostpreußen wieder zurückgegeben wurde, mußte es die erste Sorge der preußischen Verwaltung sein, die zerstörten Ortschaften wieder aufzubauen. Es fehlte aber in den nördlichen Teilen der Provinz an Bauholz, weil die Russen hier auch die Wälder niedergebrannt hatten. Der Kammerpräsident v. Domhardt stellte beim Könige den Antrag, das Bauholz aus den verschont gebliebenen masurischen Forsten zu entnehmen und zu diesem Zwecke die dortigen Seen durch Kanäle untereinander zu verbinden sowie die Angerapp schiff- und flößbar zu machen. Friedrich der Große genehmigte den Bau unter der Bedingung, daß aus dem Erlöse des Holzes nicht nur der Bau und der Betrieb gedeckt, sondern daß auch jährlich noch ein Betrag von 18 000 Talern an die Staatskasse abgeführt würde. v. Domhardt hat diese Aufgabe gelöst. In den Jahren 1764 bis 1767 wurden die jetzt noch bestehenden Kanäle zwischen den masurischen Seen gegraben, Schiffsschleusen (bei Guszianka, Talten und Lötzen) angelegt und endlich auch Angerapp und oberer Pregel reguliert und ebenfalls mit einigen Schleusenanlagen (Angerburg, Darkehmen, Kieselkehmen, Gr. Bubainen) versehen. Das Werk v. Domhardts war allerdings nur von kurzer Dauer. Nachdem es seinen Hauptzweck, die Versorgung des Nordens mit Bauholz, erfüllt hatte, wurde die Flößerei auf der Angerapp unlohnend. Die vielen Flußkrümmungen verlängerten unnütz den Weg. Die reißende Strömung und die plötzlich eintretenden Hochwasser brachten viele Gefahren und Verluste mit sich. Am Schlusse des 18. Jahrhunderts wurde deshalb der Betrieb ganz eingestellt. Die Schleusenanlagen verfielen und wurden größtenteils beseitigt. Die Kanäle verflachten allmählich und waren nicht mehr befahrbar. Erst unter Friedrich Wilhelm IV. wurden sie in den Jahren 1844 bis 1848 wieder geräumt. In diese Zeit fällt auch der Neubau des Jeglinner Kanals zwischen Spirding- (Sexter-) und Roschsee. König Friedrich Wilhelm IV. hat Masuren selbst mehrfach besucht, zuletzt 1854. Er fuhr von Rhein aus auf dem neu erbauten Dampfer „Masovia" die Seenkette hinab und zeigte auf dieser Fahrt sein größtes Interesse für die Kanalanlagen.

Bald nach Einstellung der Flößerei auf der Angerapp tauchte der Plan wieder auf, die Masurische Seenplatte mit Königsberg zu verbinden, aber nicht durch die Angerapp, deren Nachteile als Schiffahrtsstraße noch zu sehr im Gedächtnis waren, sondern durch einen Kanal mit dem Pregel oder schon mit der Alle. Die Napoleonischen Kriege verhinderten seine Verwirklichung, obwohl der Staatsminister v. Schoen eifrig für den Bau eintrat. Auch in den darauffolgenden 50 Jahren geschah nichts dafür. Erst in den sechziger Jahren des vorigen Jahrhunderts fing man wieder an, sich mit dieser Sache zu beschäftigen. Die Verwirklichung des Kanalbaues vom Mauersee nach der Alle wurde immer greifbarer. Die Baupläne waren bis auf die kleinsten Einzelheiten fertiggestellt worden: so hatte man geplant, das Gesamtgefälle zwischen Mauersee und Alle im Betrage von 112,50 m durch sechs geneigte Ebenen, ähnlich denjenigen des Oberländischen Kanales, zu überwinden. Doch auch jetzt kam man nicht zur Ausführung des Baues. Die anliegenden Kreise und Gemeinden stellten nicht den Grund und Boden für den Kanal unentgeltlich zur Verfügung. Die bereits bewilligte Bausumme wurde mit Genehmigung des Landtages für die Hafenbauten in Memel, Pillau und Neufahrwasser verwendet. Die folgenden Jahre waren für eine Neuaufnahme der Angelegenheit außerordentlich ungünstig. Die Bedeutung der Kanäle wurde unterschätzt. Die allgemeine Stimmung drängte mehr auf den Ausbau des Eisenbahnnetzes, und so blieb auch der Bau des Masurischen Kanals eine weitere Reihe von Jahren ruhen.

Die andauernden Klagen der masurischen Landwirte über zu hohe Wasserstände in den Seen veranlaßten schließlich den Landwirtschaftlichen Zentralverein für Litauen und Masuren, den Bau des Kanals erneut anzuregen. Gleichzeitig sollte er zur Gewinnung von Wasserkräften ausgenutzt werden. Ein diesbezüglicher Bauentwurf wurde von dem Geheimen Baurat Mohr aufgestellt. Nach diesem Entwurfe sollte die sekundliche Wasserentnahme aus den Seen zur Erzeugung elektrischer Kraft 6,00 cbm betragen, so daß bei dem nutzbar bleibenden Gefälle von rund 100 m 6000 Pferdekräfte in der Sekunde zu gewinnen waren. Gegen die geplante Mehreinführung von Wasser in die Alle und den Pregel erhoben jedoch die Besitzer der Pregel- und Deimewiesen lebhaften Widerspruch. Sie behaupteten, daß ihre Wiesen ohnehin schon durch Hochwasser und Windstau von den Haffen her zu leiden hätten und deshalb weitere Überschwemmungsgefahren entschieden vermieden werden müßten. Es wurde daraufhin angeregt, die 6 cbm Wasser von der Einmündungsstelle des Kanals in die Alle in einem sogenannten Triebwerkskanal nach Königsberg zu leiten und dort erst in den Pregel zu führen. Dieser Gedanke scheiterte jedoch an den zu hohen Kosten. Es wurde deshalb weiter erwogen, den Pregel für die 6 cbm Wasser leistungsfähiger zu gestalten und die niedrigen Wiesen durch Sommerdeiche zu schützen. Aber auch durch diesen Plan konnte der Widerstand der Besitzer nicht beseitigt werden. Schließlich gab man die Absicht mit dem Triebwerkskanal ganz auf und behielt nur den Bau einer Schiffahrtsstraße im Auge.

Untersuchungen im Seengebiet über die Regelung seiner Wasserstände ergaben die Möglichkeit, durch Staubecken innerhalb des Gebietes die Höhe des Wasserstandes mehr als bisher den Bedürfnissen der Landeskultur anzupassen. Sie sollen in regenreichen Zeiten das Wasser zurückhalten, in trockenen Zeiten dagegen an die Seen abgeben. Dementsprechend wurde dem preußischen Landtag eine Vorlage gemacht, nach der die beiden Ziele: Herstellung einer Schiffahrtsstraße und Wasserstandsregelung in den Seen durch je einen besonderen Entwurf angestrebt werden sollen. Durch das Gesetz vom 14. Mai 1908 wurde die Staatsregierung ermächtigt, 1. für den Bau einer Schiffahrtsstraße vom Mauersee nach der Alle 14 700 000 Mark, 2. für die Anlage von Staubecken im masurischen Seengebiete 1 815 000 Mark zu verwenden, unter dem Vorbehalte, daß der Grund und Boden für den Kanal unentgeltlich zur Verfügung gestellt werde.

Die Staubecken im Seengebiet. An den masurischen Seen liegen 17 000 ha Wiesen, von denen bei zu hohem Wasserstande etwa 7500 ha durch Überschwemmung oder Versumpfung geschädigt werden können, die übrigen sind außerhalb des Bereiches der hohen Wasserstände. Für diese ist aber die Erhaltung ihrer Bodenfrische durch einen genügenden Grundwasserstand von besonderer Wichtigkeit. Das gleiche gilt von den höher gelegenen sandigen Ackerflächen und den wertvollen Forsten. Der allen Anforderungen der Land- und Forstwirtschaft genügende Wasserstand liegt in den meisten Seen zwischen + 115,95 und 116,15 NN, nur im Roschsee etwa 0,80 m tiefer. Das Seengebiet besitzt zwei Abflüsse: im Norden die Angerapp und im Süden den Pissek. Eine gewisse Regelung der Wasserhöhe in den Seenbecken ermöglichen das im Jahre 1909 erbaute Wehr im Jeglinner Kanal und die Freiarchen der im Jahre 1842 vom Staat angekauften und seit 1906 nicht mehr benutzten Mühle bei Angerburg, indem durch Öffnen und Schließen der Schützen in beiden Wehren der Abfluß aus den Seen vermehrt oder vermindert wird. Diese beiden Wehranlagen genügen jedoch nicht. Denn bei andauerndem Landregen oder bei schneller Schneeschmelze werden den Seen 100 cbm Wasser in der Sekunde zugeführt, während Angerapp und Pissek höchstens 62 cbm abführen können. Anderseits wird in trockenen Zeiten der Zufluß durch die Verdunstung auf den weiten Wasserflächen vollständig aufgezehrt, während eine gewisse Wassermenge stets zugunsten der Ländereien am Roschsee und am Pissek sowie der Mühlen an der Angerapp abzulassen ist. Durch die beiden Wehre kann also auch ein zu tiefes Absinken der Seen, das noch schädlicher ist als ein zu hoher Wasserstand, nicht verhindert werden. Die Fähigkeit des Pissek, eine größere Wassermenge als bisher abzuleiten, hätte sich zwar durch Geradelegung und Vertiefung seines Laufes ermöglichen lassen. Aber abgesehen davon, daß man hierdurch nur dem kleineren Übel, den zu hohen Wasserständen, hätte steuern können, würde man den Wasserstand im Pissek und im Roschsee in trockenen Zeiten zu tief für deren Uferländereien absenken. Ein sicheres Mittel für die Regelung der Wasserstände bot sich dadurch, daß die örtlichen Verhältnisse der Masurischen Seenplatte der Anlage von Staubecken günstig sind. In erster Linie konnte der Ausbau des Goldapgar, Mucker- und Sysdroysees zu Staubecken in Frage kommen, die vom Sapinen- bzw. Crutinnenfluß durchströmt werden. Es soll demnach zur Zurückhaltung des Hochwassers der Goldapgar See bis zu 2 m, der Muckersee bis zu 1 m und der Sysdroysee bis zu 5 m angestaut werden. Der hierdurch gewonnene Stauraum beträgt $60\frac{1}{2}$ Mill. cbm. Zum Ablassen des Wassers und zur Aufrechterhaltung der Flößerei und des Kahnverkehrs werden in die aufgeschütteten Staudämme Freiarchen und Floß- bzw. Kammerschleusen eingebaut. Der Mauer-, Löwentin- und Spirdingsee bedecken mit ihren Nebengewässern eine Fläche von 317 qkm. Ihr Wasserspiegel kann unbedenklich um 20 cm schwanken. Die Seen selbst bieten also noch einen weiteren Stauraum von $317\,000\,000 \cdot 0{,}20 = 63{,}4$ Mill. cbm dar. Es steht somit ein Gesamtstauraum von $60{,}5 + 63{,}4 =$ rund 124 Mill. cbm zur Verfügung, der bei Hochwasser gefüllt und dann wieder abgelassen werden kann. In Verbindung mit der Regelung des Abflusses an der Angerburger Mühle und am Jeglinner Wehr bieten die Staubecken eine gute Handhabe zur Erhaltung eines der Landeskultur günstigen Wasserstandes in den masurischen Seen.

Lauf des Kanals. Der Kanal zweigt sich an der Alle kurz unterhalb der Stadt Allenburg ab, kreuzt die Eisenbahnstrecke Wehlau—Friedland, ferner die Eisenbahnstrecke Insterburg—Thorn, durchquert den Astrawischker Forst, kreuzt die Eisenbahnstrecke Gerdauen—Angerburg, durchschneidet die Marschallheide, durchbricht den hohen Uferwall des Rehsauer Sees und tritt dann in diesen See ein. In nordsüdlicher Richtung wird dann dieser See als Schiffahrtsstraße benutzt. Beim Austritt aus dem See wird der breite Höhenrand des masurischen Höhengebietes erstiegen, auf dem der Kanal innerhalb des Steinorter Forstes und der Gemarkung Pristanien verbleibt.

Die Mündung des Kanals in den Mauersee erfolgt in der Nähe des Gutes Pristanien. Seine Gesamtlänge beträgt etwa 50 km. Davon liegen 3,5 km im Rehsauer See. Da der Kanal vorläufig nur Schiffahrtsstraße sein soll und nur das dem Schleusenbetrieb erforderliche Wasser der Alle zuführt, so ist sein Querschnitt auf das für die Schiffahrt genügende Maß beschränkt. Für die vom Damme begrenzte Strecke ist jedoch ein größerer Querschnitt gewählt worden, auch ist er hier tiefer. Seine Spiegelbreite beträgt 25 m, die Sohlenbreite 14 m und die Tiefe 2,5 m. Für das Stück seines Laufes, bei dem er in das Erdreich eingeschnitten ist, beträgt die Spiegelbreite 19,4 m, die Sohlenbreite 12,4 m und die Tiefe 2 m. Zur Überwindung des 112,5 m Höhenunterschiedes zwischen Alle und Mauersee sind folgende 10 Schiffsschleusen erforderlich: Allenburg (2), Gr. Allendorf, Wilhelmshof, Georgenfelde, Langenfeld, Kl. Bajohren, Sandhof und Fürstenau (2). Ihr Gefälle wechselt je nach der Höhengestaltung des Festlandes und erreicht bei Georgenfelde 15,5 m und bei den beiden Fürstenauer Schleusen je 17,2 m. Sie besitzen, um Schleusungswasser ersparen zu können, sogenannte Schachtschleusen. Um bei drohenden Dammbrüchen nicht die ganze Kanalhaltung zwischen zwei Schleusen ablassen zu müssen, sind in den längeren Haltungen mit hohen Dämmen Sicherheitstore vorgesehen, durch die die gefährdeten Kanalstrecken abgesperrt werden können. Die Eisenbahnen, Straßen und Wege sind mit festen Brücken übergeführt, deren lichte Höhe über dem Kanalspiegel mindestens 4 m beträgt. Wo die geschnittenen natürlichen Wasserläufe nicht in den Kanal aufgenommen werden, sind sie mit Durchlässen oder Dückern unterführt oder durch Verlegung umgeleitet. Die Dämme sind vorsorglich gedichtet. Sie sind aber doch noch von Gräben zur Aufnahme des Sickerwassers begleitet.

Die Fahrrinne in den masurischen Seen und in ihren Verbindungskanälen haben die Breite und Tiefe, daß die den Kanal befahrenden Kähne auch hier verkehren können.

Wirtschaftliche Bedeutung. Der Kanal will die in dem masurischen Seengebiete liegenden Wasserstraßen von etwa 200 km Länge durch Benutzung der Alle und des Pregels mit Königsberg verbinden. Er will ermöglichen, daß die solange brachgelegenen Bodenschätze Masurens zu angemessenen Preisen Verwendung finden und daß Verbrauchsgüter von dem Seehafen auf dem billigen Wasserweg als Stückfracht nach Masuren gehen. Durch den nur 50 km langen Kanal wird eine einheitliche Wasserstraße von 250 km Länge von Königsberg bis Johannisburg, also bis in den abgelegenen Süden der Provinz hinein, hergestellt. Dadurch wird er ein Kulturwerk ersten Ranges. Masuren, das hauptsächlich der Landwirtschaft diente, wird erschlossen. Die Erzeugnisse dieses Gebietes erhalten dadurch eine erhebliche Wertsteigerung. Auch ist zu erwarten, daß die Landwirtschaft infolge der Regelung des Wasserstandes in den Seebecken ausgiebiger betrieben werden und eine zahlreichere Bevölkerung als bisher ernähren kann. Der Kanal ist also ein Meliorationskanal, der sich seinen Verkehr erst selbst schaffen muß und dessen Verkehrswerte daher schwer zu schätzen sind. Neben landwirtschaftlichen Erzeugnissen, von denen ein Teil bei dem ausgedehnten Eisenbahnnetz allerdings die Bahnfracht vorziehen wird, kommt bei den wertvollen Waldbeständen Masurens zu Tal, also als Ausfuhr, vor allem Holz in Frage, sodann Steine, Kies, Kalk und Torf, deren Absatzmöglichkeit überhaupt erst durch den billigen Wasserweg geschaffen wird. Zu Berg ist mit Düngemitteln, für die der masurische Boden sehr dankbar ist, mit Kohlen und nach den Erfahrungen an anderen ostpreußischen Wasserstraßen, z. B. am Oberländischen Kanal, auch mit Stückgütern zu rechnen. Die Kaufmannschaft in Königsberg hat den Jahresverkehr des Kanals auf 300 000 t geschätzt.

Die Anwohner des Pregels oberhalb Wehlaus, in erster Linie die Stadt Insterburg, hatten gewünscht, daß der Masurische Kanal über Insterburg geführt und der obere Pregel zwischen Wehlau und Insterburg schiffbar gemacht werde. Der nächste Weg nach dem Seehafen ist aber für das Hinterland und seinen Verkehr der beste. Der Umweg über Insterburg hätte die günstigen Einwirkungen des Kanals sicher vermindert, wenn nicht ganz aufgehoben. Dem Wunsche der Stadt Insterburg konnte daher nicht entsprochen werden. Als Ausgleich kann der schiffbare Ausbau des oberen Pregels dienen.

4. Die Seen im östlichen Teile Masurens und ihre Abflüsse.

Im Pregelgebiete. Nur der verschwindend kleinere Teil dieser Seengruppe gehört zum Pregelgebiete. Die meisten geben ihre Gewässer dem Lyckfluß ab und sind zum Weichselgebiete zu rechnen. Die Wasserscheide bildet im großen und ganzen das Goldaper Hochland. Nördlich davon schickt der Wysztyter See seine Gewässer zur Pissa. Die kleinen Seen der Rominter Heide entwässert die Rominte ebenfalls nach der Pissa. Der Bittkower, Czarner und Goldaper See speisen den Goldapfluß, der zur Angerapp fließt und somit auch dem Flußgebiete des Pregels angehört.

Die Seen, die zum Lyckfluß abwässern. Der **Lyckfluß**, der zum Bobr geht, der sich in den Narew ergießt, entspringt unter dem Namen Haasznen am Seesker Berge. Zunächst empfängt er die Abflüsse der Seengruppe, die um das Dorf Haasznen liegt. Zu ihr gehören der Große und Kleine Schwalgsee, der Pillwung-, der Haasznen- und der Litigainosee. Er tritt aus letzterem heraus, fließt südwärts, entwässert den Schwentainer und Dworatzker See und geht in den Laszmiadensee. Als Lyckfluß verläßt er letzteren bei Stradaunen, durchfließt den Haleckſee und bildet bei Lyck den Lycker See. Mit diesem steht eine Reihe von Seen in Verbindung, die sich längs der Südbahn erstrecken. Dazu gehören der Große Sawinda-, der Woszeller- und der Sanowosee.

Die Seen im Gebiete der Nebenflüsse des Lyckflusses. Der **Legafluß**, der südöstlich von Kowahlen entspringt und zunächst den Oletzkoer See durchfließt, geht nach Austritt aus diesem See unter dem Namen Leegen in den Gr. Selmentsee. Mit der Bezeichnung Malkiehn verläßt er diesen und fließt zum Statzer See. Dieser ist reich gegliedert und führt deshalb auch den Namen Statzer-Przepiorker-Raygroder See, letzteren Namen der russischen Stadt Raygrod wegen. Darauf durchfließt der Fluß den Drenstwosee und ergießt sich als Jegrzna in den Lyckfluß.

Der Gablickfluß führt dem Lyckfluß unter anderem die Abflüsse des Kl. Lenkuker, des Gablick-, des Szonstag- und des Widminner Sees zu. Er mündet in die westliche Fortsetzung des Laszmiadensees, die den Namen Ulofffasee führt.

5. Die Seen im westlichen Teile Masurens und ihre Abflüsse.

1. **Im Gebiete des Pissek und des Rogog.** Der als Pissa bei Nowgorod in den Narew mündende Pissekfluß entwässert die meisten bei der Betrachtung der Wasserstraße Angerburg—Johannisburg erwähnten Seen. Der **Rogog** oder Schkwa, wie er in Rußland heißt, enthält Zuflüsse aus dem Schwentainer und Piassutter See, während das Nachbarflüßchen, die **Rosoga**, welche bei Kl. Jerutten entspringt, in seinem Gebiete keine Seen aufweist.

2. **Im Gebiete des Omulef, der Neide und der Drewenz.** Der **Omulef** kommt aus dem Napiwodenschen Forste von dem Rande des preußischen Hügellandes, und zwar aus dem Gimmensee, der nach Süden zu mit dem Omulefsee verbunden ist. Aus dem Dluszeksee nimmt er den Schwarzen Fluß auf. Bei Willenberg mündet in ihn der Sawitzfluß. Dieser entwässert unter anderen den Gr. Schobensee, den Seedanziger und den Braynicker See. Südlich von Willenberg ergießt sich in den Omulef die Waldpusch. Sie bringt Abflüsse des Lenks-, Marxöwer- und Waldpuschsees. Der Omulef (in Rußland Omulew) fließt unterhalb Ostrolenkas in den Narew. Der ihm benachbarte, auch zum Weichselgebiete gehörige **Orshyz** hat keine Seen zu entwässern. Dagegen gehören zum Flußgebiete der Neide einige Seen dieser Gruppe. Die **Neide** entspringt auf dem Neidenburger Bergland in der Nähe von Neidenburg und nimmt rechts die Skottau auf. Durch diese erhält sie die Gewässer des Konti- und Kownattensees. Bei Soldau bildet sie den Soldausee und führt nun bis zur Grenze den Namen Soldau, den sie in Rußland gegen die Bezeichnung Wkra eintauscht. Bei Modlin ergießt sie sich in den Bug.

Es wären hier auch noch einige Seen zu erwähnen, die zum Drewenzgebiete gehören. Die **Drewenz** hat ihre Quellen bei Drödnitz im Kreis Osterode am Ostabhange der Kernsdorfer Höhen. Sie durchfließt zunächst den Osterweiner See und dann den Drewenzsee, um nach Austritt aus diesem unsere Provinz zu verlassen. Auf der linken Seite erhält sie als Nebenfluß die Welle, deren Oberlauf bis zum Gr. Damerauer See Wickur heißt. Als Welle durchfließt sie noch den bei Gilgenburg liegenden Rumian- und Grondysee.

b) Die Seen des Alle- und Passargegebietes.

Im Gebiete der Alle. An der Quelle dieses Flusses liegen der Kreuz-, Brzesno- und der Kleine und Große Kernosee. Ferner sind hier der Mühlen-, Maransen-, Große Plautziger-, Lansker See und eine Menge kleinerer Gewässer zu finden. Nördlich von Passenheim sind der Kosno-, der Große Calben- und der Serventsee zu erwähnen. Zwischen Bischofsburg und Wartenburg liegen u. a. der Dadai-, der Pissa- und der Wadangsee. Die Gewässer dieser Seen führt hauptsächlich der Wadang zur Alle. Der Große Lauter- und Blankensee, die bei Seeburg liegen, stehen durch die Simser mit der Alle in Verbindung. Bei Sensburg findet sich auch eine Reihe von Seen, die zum Allegebiete gehören. Die bedeutendsten davon sind: der Zain-, Dainowa- und Widrinnersee. Sie werden durch die Guber zur Alle entwässert. Weitere Seen in diesem Flußgebiete sind der Moysee bei Rastenburg, der Rehsauer See nordöstlich von Drengfurt und der Nordenburger See.

Im Passargegebiete. Die Seen, die zum Passargegebiete zu zählen sind, nehmen an Flächeninhalt ungefähr den vierten Teil von denen des Allegebietes ein. In der Nähe der Passargequelle liegt der Sarongsee, östlich von ihm der bedeutend größere Wulpingsee, welcher der Passarge seine Gewässer durch den Gilbingfluß zuschickt. Ferner gehören zu ihrem Gebiete der Langguter und Eissingsee. Der nordwestlich davon gelegene Mahrungsee sendet seinen Abfluß ebenfalls zur Passarge. Durch die Liebe erhält sie Zufluß aus dem Narien-, Wuchsing- und Mildensee.

c) Die oberländischen Seen und ihre Kanalverbindung.

1. **Die oberländische Seengruppe.** Die meisten der hier zu nennenden Seen wässern nach der Drewenz ab und gehören somit zum Flußgebiete der Weichsel. Einige, wie der bereits erwähnte Eissing-, Mahrung- und Nariensee, sind zum Passargegebiete zu zählen. Die Seen des erstgenannten Flußgebietes gruppieren sich um Drewenz-, Geserich- und Schillingsee. Der Taberfluß verbindet den Gehl-, Taber- und Schillingsee durch den Pausensee mit dem Drewenzsee. Der Ewing-, Abiskar-, Jästendorfer und Dubensee stehen mit dem Geserich in Verbindung. Der inselreiche Geserichsee, ebenso der Labenzsee wässern durch den Eilenzfluß zur Drewenz ab. Die Drehle vereinigt Rötloff- und Bärtingsee. Andere Seen dieser Gruppe sind: der Zopf-, Krebs-, Eiling-, Samrodt- und Pinnausee. Durch den Oberländischen Kanal sind die

genannten Gewässer aus ihrem ursprünglichen Zusammenhange herausgerissen und dem Gebiete des Drausensees zugewiesen worden. Die meisten dieser Seen haben in landschaftlicher Hinsicht eine wundervolle Lage. Vor allem gilt das von dem flußartig geformten Rötloff- und Bärtingsee. Beides sind sogenannte Rinnenseen mit einer ansehnlichen Tiefe und schönen Ufergehängen. Auch der Eilingsee ist schön gelegen.

2. **Der Drausen.** Der zu einem bedeutenden Teile zu Ostpreußen gehörige Drausensee hat schon lange den Gegenstand eingehender Untersuchungen gebildet. Da er von Jahr zu Jahr immer mehr verschilft und vertorft, so hat man mit allem Ernste seine Trockenlegung in Anregung gebracht. Man hofft hierdurch nicht nur eine bedeutendere kulturfähige Ackerfläche zu gewinnen, sondern auch auf die ungünstigen gesundheitlichen Verhältnisse der Umgegend bessernd einzuwirken. Jedoch ist die Trockenlegung mit großen Schwierigkeiten verknüpft. Einmal bildet der Drausen das Sammelbecken verschiedener, nicht unerheblicher Zuflüsse, dann aber auch wird durch ihn die Schiffahrt nach dem Oberlande vermittelt. Da eine vollständige Entwässerung nicht angängig erscheint, so hat man vorgeschlagen, einen größeren, zugleich der Schiffahrt dienenden Ringkanal herzustellen und nur einzelne Teile des gegenwärtigen Sees zu entwässern. Früher reichte er wohl bis an die Höhe heran, auf der Pr. Holland liegt. Da er nur wenig höher ist als das Frische Haff, so staut er bei Nordwinden schnell an und tritt über. Sein Reichtum an Fischen und Wasservögeln ist groß. Auf der Westseite empfängt er die Höhesche Thiene und die Sorge. Erstere gehört zu Westpreußen. Letztere fließt zu einem großen Teil in Ostpreußen und bildet zudem kurz unterhalb Christburgs bis zur Mündung die Grenze zwischen beiden Provinzen. Bei Miswalde vereinigen sich ihre beiden Quellflüsse. Der südliche, die alte Sorge, kommt nördlich von Saalfeld über Pr. Mark, der nördliche von Eichhorst, südlich des Jassener Sees. Auf der Ostseite fließt zum Drausen die Weeske. Ihre Quelle ist der Weeskenitter See westlich von Liebstadt. An ihr liegt Pr. Holland. Seinen Abfluß hat der Drausen durch den Elbingfluß nach dem Frischen Haff. An seinem im Kreise Pr. Holland befindlichen Ufer hat man unlängst die jetzt bekannte kleinste Samenpflanze, Wolffia arrhiza, entdeckt.

Die Niveauunterschiede der oberländischen Seen. Schon im Jahre 1825 wurde der Plan in Anregung gebracht, die oberländischen Seen mit dem Drausensee und die Städte Osterode, Liebemühl, Dt. Eylau und Saalfeld mit Elbing durch einen Kanal zu verbinden. Doch man ließ ihn bald fallen. Die Schwierigkeiten, die sich den Ausführungen desselben entgegenstellten, waren zu groß. Der Drausensee liegt nämlich 104 m tiefer als die anderen Seen. Diesen Höhenunterschied auf die kurze Strecke von ein wenig über $7\frac{1}{2}$ km durch Schleusen zu überwinden, schien unmöglich, namentlich bei dem geringen Wasserreichtume, den die oberen Seenbecken aufzuweisen haben.

Dazu trat noch der Umstand, daß auch diese verschiedene Oberflächenhöhe hatten. Der Pinnau- und Samrodtsee lagen 104 m, der Rötloff-, Bärting-, Krebs-, Zopf-, Eilingsee und der Mühlenteich bei Liebemühl 101 m, der Geserich 99 m, der Abiskar 98 m und der Drewenzsee 95 m über dem Drausensee. Dem Baurat Steenke war es beschieden, alle diese Schwierigkeiten zu überwinden und eine eigenartige Wasserstraße herzustellen. Zunächst handelte es sich darum, für die höher liegenden Seen einen gleich hohen Wasserspiegel mit den tiefer liegenden zu schaffen. Sie wurden deshalb gesenkt. Die Senkung erfolgte dadurch, daß man die trennenden Landmassen durchstach, so eine Verbindung zwischen den einzelnen Seen herstellte und das überschüssige Wasser durch den kanalisierten Liebefluß in den Drewenzsee leitete, aus dem sie schließlich in den Drewenzfluß gelangten. Nach der Senkung hatten die gesamten Gewässer eine Höhe von rund 99 m über dem Spiegel des Drausensees. Nur der Abiskarsee blieb immer noch, trotzdem die gesamte Seenfläche etwa 5 qkm an Größe verloren hatte, über 1 m unter dem gesenkten Niveau. Es wurde darum durch diesen See ein ungeheurer Erddamm geschüttet, der eine obere Breite von 39 m und oft eine Tiefe von 20 m hat. In diesen Damm ist ein Kanal gegraben, der in einer Länge von 484 m den See durchschneidet. Angelegte Durchlässe sichern unter ihm dem Wasser des Sees den geregelten Abfluß.

Der Lauf des Oberländischen Kanals. Er ist folgender: Von Dt. Eylau am Südende des Geserichsees zieht der Schiffahrtsweg durch diesen See nordwärts bis zu der Stelle zwischen den Inseln Gerczak- und Heuwerder. Hier vereinigt sich mit ihm die Fahrstraße, die von Saalfeld durch den Ewingsee und den Weinsdorfer Kanal südwärts zwischen Linden- und Bukowitzwerder hindurchgeht. Der weitere Weg geht dann durch den kleinen nordöstlichen Zipfel des Geserichsees in den Dubensee, aus diesem durch eine Kanalstrecke in den schon erwähnten Aquädukt des Abiskarsees und weiter im Kanalbette nach Liebemühl. Hier vereinigt sich mit dieser Strecke der Kanal, der den Schilling-, Pausen- und Drewenzsee miteinander verbindet. Westlich der Grünorter Spitze verläßt dieser Kanal den Drewenzsee und zieht durch den Liebemühler Forst nach Liebemühl. Vom Mühlenteiche, dem Vereinigungspunkte daselbst, führt der Weg zum Eilingsee, durch den Zopf- und Krebssee in den langgestreckten Rötloff-, aus diesem bei Maldeuten in den Samrodt- und endlich in den Pinnausee, den letzten der verbundenen Seen. Liebemühl ist also der Knotenpunkt der ganzen Kanalanlage. Bei dem Gute Pinnau tritt der Kanal aus dem gleichnamigen See. Von hier führt er in nordwestlicher Richtung über 3 km durch üppige Wiesen und tritt dann in die Höhe der Wasserscheide zwischen der oberländischen Seengruppe und dem Drausensee ein. Diese Wasserscheide ist 16 m tief durchstochen und trägt oben einen prächtigen Buchenwald. Um die Abdachung der Seenplatte zu überwinden, ist hier die erste der später ausführlicher beschriebenen Geneigten Ebenen angebracht. Hier befindet sich auch ein 94 m langer, aus Feldsteinen gewölbter Tunnel, der zur Ableitung des Betriebs- oder Aufschlagwassers der Geneigten Ebene bestimmt ist. Mit Hilfe dieser Ebene bei Buchwald steigt man 20 m hinab. In einem Laufe von 375 m führt der Kanal zur Geneigten Ebene bei Canthen, woselbst 19 m von dem Plattenabfall überwunden werden. Nach einer Strecke von 2625 m erreicht der Kanal in manchen Krümmungen die Ebene bei Schönfeld. Hier steigt man 24 m hinab. Nun folgt der Kanal den Windungen des Kleppetales, zieht sich westlich vom Kleppeflusse hin und erreicht auf einem 10 m hohen Damme nach einer Länge von 1875 m die Ebene

Die Geneigte Ebene bei Canthen am Oberländischen Kanal.

von Hirschfeld. Hier steigt man 22 m hinab. Im ganzen sind jetzt von der Anhöhe 85 m überwunden. Die noch fehlenden 14 m wurden anfangs durch fünf Schleusen genommen. Jetzt sind diese durch die Geneigte Ebene bei Neu Kußfeld ersetzt worden. Der Kanal benutzt darauf den vertieften Kleppefluß und mündet in den Drausen.

Beschreibung einer Geneigten Ebene. Jede Geneigte Ebene — Rollberg, wie sie von den Schiffern genannt wird — ist eine trockene Unterbrechung des Kanals und besteht eigentlich aus zwei dachförmig zusammenstoßenden ungleichlangen schrägen Ebenen. Die kürzere von beiden zieht sich vom Gipfelpunkte noch ein Stück unter dem Wasserspiegel der höheren

Kanalstrecke hin. Sie trägt zwei Eisenbahngleise nebeneinander, auf denen riesige Gitterwagen zur Beförderung der Schiffe bergauf und bergab aneinander vorbeifahren. Die Gleise ziehen sich sowohl am tieferen als auch am oberen Ende des Kanals ein bestimmtes Stück unter Wasser hin. Die Schienen, welche den bei unseren Staatsbahnen üblichen Querschnitt aufweisen, liegen in einem Abstande von 3,14 m. Die Gitterwagen sind etwa 20 m lang und 3 m breit. Befinden sie sich nicht im Gebrauche, so steht der eine Wagen im oberen, der andere im unteren Teile des Kanals, und zwar im Wasser. Sie sind durch 35 mm starke Drahtseile, die über mächtige, sich drehende kreisrunde Scheiben gelegt sind und ein „Seil ohne Ende" darstellen, so miteinander in Verbindung gebracht, daß beide stets gleichzeitig in Bewegung gesetzt werden, allerdings in entgegengesetzter Richtung. Den Antrieb besorgt ein mächtiges oberschlächtiges Wasserrad, das mehr als 60 Pferdekräfte entwickelt und 8,47 m im Durchmesser hat. Bei der Ebene Neu Kußfeld wirkt als Motor eine Turbine. Das Wasser, welches das Wasserrad in Bewegung setzt, stammt aus dem oberen Teile des Kanals. Durch eine Röhrenleitung, die in der Sekunde 1,2 cbm Wasser abgibt, fällt es auf die Zellen des Rades bzw. der Turbine.

Soll ein Schiff die Ebene hinaufgezogen werden, so fährt es zunächst auf den im Wasser befindlichen Wagen, von dem nur das Gitter hervorragt. Hat es auf dem Wagen die erforderliche Lage, so wird es an dem Gitter mit Ketten und Tauen sorgsam befestigt. Der Schiffer bzw. der Wärter gibt darauf dem im Maschinenhause befindlichen Beamten ein Zeichen, und dieser läßt nun das Betriebswasser auf das Wasserrad fallen. Letzteres beginnt sich zu drehen und zieht über die Seilscheibe hinweg das starke Drahtseil, dessen Enden an einer großen Trommel im Maschinenhause befestigt sind. Die Trommel sitzt auf der Welle des Wasserrades und dreht sich gleichzeitig mit diesem. Dadurch rollt sich das eine Ende des Taues ab, das andere auf. Die in das Seil eingeschalteten Gitterwagen werden infolgedessen auf den Schienen bewegt. Der Wagen mit dem Schiffe fährt auf dem Gleise die Ebene hinauf, taucht aus dem Wasser hervor, überschreitet den Gipfelpunkt der Ebene und fährt nun in die höhere Kanalstrecke hinab, bis der Wagen wieder in das Wasser taucht. Hat das Schiff genügende Tiefe, so hält der Wagen. Es wird von ihm gelöst und kann jetzt seine Straße allein weiterfahren. Ebenso werden die Schiffe behandelt, die talwärts fahren. Für den Betrieb ist es am zweckmäßigsten, wenn gleichzeitig ein Schiff talwärts, ein anderes bergwärts fahren kann. Es wird dann die Schwere des ersteren dazu benutzt, das andere hinaufziehen zu helfen. Selbstverständlich kann auch ein Schiff allein befördert werden. Stets werden sich jedoch beide Wagen, auch wenn nur einer beladen sein sollte, in entgegengesetzter Richtung bewegen. Die Fahrt über eine Geneigte Ebene hinweg dauert etwa eine Viertelstunde. Sie macht auf den Zuschauer einen eigenartigen Eindruck.

Man sieht das riesige, seltsame Fahrzeug nach und nach aus dem Wasser steigen. Auf dem Scheitelpunkte der Ebene zeigt es sich ganz. Schließlich verschwindet es in der oberen Wasserrinne. Die Bedienung der Ebenen, die jede ein Maschinenhaus besitzt, ist eine sehr einfache. Das Betriebswasser für die Wasserräder wird bei allen Maschinenhäusern aus dem oberen Teile des Kanals entnommen. Nach der Arbeitsleistung wird es in seinen unteren Teil geleitet. Dies geschieht, von Buchwalde abgesehen, in einer mit Feldsteinen ausgemauerten Rinne.

Beschreibung und Bedeutung des Kanals. Im Oktober 1844 wurde das großartige Werk begonnen und 1858 vollendet. Am 28. Oktober 1860, dem Jahrestage des ersten Spatenstiches, übergab man den Kanal in seiner ganzen Ausdehnung dem öffentlichen Schiffahrtsverkehre. Seine Herstellung hat weit über 3 Millionen Mark gekostet. Die geringste Tiefe des Kanals beträgt $1\frac{1}{4}$ m. An den schmalsten Stellen ist er über 16 m breit. Seine Sohle hat eine Breite von über $7\frac{1}{2}$ m. Die ihn einschließenden Dämme haben in der Höhe des Wasserspiegels gemessen eine Stärke von 13 m, die Neigung der längeren Strecke der Ebene beträgt 1 : 12, sie flacht sich jedoch für den unter Wasser liegenden Teil auf 1 : 24 ab. Diese Neigung weist auch der Teil der Ebene auf, welcher der höher gelegenen Kanalstrecke zugekehrt ist. Der Scheitel der Ebene liegt 0,30 m über Oberwasser. Die gegrabene Kanalstrecke hat eine Länge von 45 km, die ganze Wasserstraße aber vom Drausensee bis Dt. Eylau 176,250 km. Die Kanalschiffe haben bestimmt vorgeschriebene Ausdehnungen. Bei einer Länge von rund 24 m sind sie unten 2,5 m, oben 3 m breit. Der Tiefgang beträgt 1 m und ihre Tragfähigkeit 60 t. Die Dampfer sind flach gebaut, haben zumeist ihr Triebrad hinten und besitzen einen Tiefgang von 0,90 m. Im Spätherbste wird das Kanalwasser abgelassen und dadurch der Kanal für den Winter trockengelegt. Das Wasser fließt nach dem Drausen ab. Im Frühlinge füllt man ihn wieder, und zwar vom Pinnausee aus. Es geschieht das in der Weise, daß man dem Wasser durch die Röhrenleitungen unter den Wasserrädern hinweg bei den einzelnen Ebenen freien Lauf läßt. In etwa zwei Tagen ist der Kanal wieder befahrbar.

Das erfindungsreiche Amerika hat in dem Morriskanal, der aus dem Legigh, einem Nebenflusse des Susquehannah, nach New York führt, ein ähnliches Kunstwerk geschaffen. Auch hier sind Bodenabstufungen durch geneigte Ebenen überwunden. Der Oberländische Kanal ist jedoch einfacher und praktischer. Beim Morriskanal wird die höher gelegene Kanalstrecke durch ein Schleusenwerk von der Ebene abgeschlossen, während bei dem Oberländischen Kanal dieses wegfällt und dafür auch eine geneigte, wenn auch kürzere Ebene vorhanden ist.

Der Kanal hat eine große Bedeutung für Handel und Schiffahrt in unserer Provinz. Er hat zu einer Zeit, da das Eisenbahnnetz Ostpreußens noch ein sehr weitmaschiges war, eine reiche Gegend dem Verkehr erschlossen. Für die Land- und Forstwirtschaft ist er von nicht genug zu schätzendem Werte. Bei Bergfahrten (nach dem Oberland) kommen namentlich Steinkohlen, Gips, Eisen, Baumaterialien zum Transport, während bei den Talfahrten (nach Elbing) hauptsächlich Holz, Getreide, Feldfrüchte, Spiritus sowie Stückgüter verfrachtet werden. Seit Eröffnung der Thorn-Insterburger und der Marienburg-Mlawkaer Bahn ist übrigens der Verkehr bedeutend gesunken.

Der geistvolle Schöpfer dieser Wasserstraße, Baurat Steenke, mochte sich nicht gern von seinem Werke trennen. An dem Nordende des Rötloffsees erbaute er sich zu Zölp eine Villa mit schönen Parkanlagen. Trotz glänzender anderweitiger Anerbietungen widmete er seine Dienste auch später dem Ausbau und der Erhaltung des Kanals und blieb somit der treue Hüter und Berater seines Werkes. Am 22. April 1884 ist er zu Elbing in hohem Alter verstorben.

2. Die fließenden Gewässer Ostpreußens.

A. Das Pregelgebiet.

a) Die Quellflüsse des Pregels.

1. Die Angerapp.

Der Name dieses Flusses stammt aus dem Altpreußischen und bedeutet Aalfluß[1]). Schon in alten Zeiten war die Angerapp ihres Aalreichtums wegen bekannt. Sie entströmt etwa $1\frac{1}{2}$ km oberhalb der Stadt Angerburg in einer Höhe von fast 117 m über dem Meeresspiegel dem Mauersee und bildet den nördlichen Abfluß der großen, durch Kanäle vereinigten masurischen Seenbecken. Bis zu dem Hafen der Stadt Angerburg ist sie kanalisiert. In einem weiten Bogen umfließt sie diese Stadt, um sich etwa $1\frac{1}{2}$ km unterhalb zum Mosdzehner See zu erweitern. Den Bogen hat man in den Jahren 1764 bis 1768 durch die Anlage des sogenannten Flößkanals abzuschneiden gesucht. Schon im Jahre 1724 hatte der General v. Katte von der Biegung der Angerapp bei Reußen bis zum Mosdzehner See den Mühlengraben herstellen lassen. Jetzt sind diese Wasserläufe mehr oder weniger vertorft. Vor etwa $1\frac{1}{2}$ Jahrzehnten wurden neue Ausgleiche und Vertiefungen des obersten Flußlaufes vorgenommen. Die Länge des Flusses beträgt 153 km. Auf diese Entfernung hat er ein Gefälle von 108 m, das sind 0,70 m auf 1 km Flußlauf. Dieses Gefälle verteilt sich aber auf die gesamte Flußlänge sehr ungleichmäßig. Besonders gilt das von der Strecke oberhalb der Stadt Darkehmen. An vielen Stellen befinden sich hier im Flußbett

[1]) Ungurýs = Aal, ap, upe = Fluß, Wasser.

ausgedehnte Steinriffe, die das Wasser anstauen und die Strömung daher zu einer ungleichen machen. Häufig hat die Angerapp scharfe Krümmungen bei sehr mäßiger Tiefe. Das Hochwasser findet hier nicht genügenden Raum, übertritt dann die Ufer und überschwemmt nicht nur die angrenzenden Wiesen, sondern oft auch Ackerflächen. Die Heuernte ist darum häufig gefährdet. Außerdem leiden dadurch nicht unbedeutende Wiesengelände an Versumpfung. Von Darkehmen abwärts ist das Gefälle gleichmäßiger. Das Flußbett ist meist tief eingeschnitten. Die Ufer treten dichter zusammen, so daß breitere Wiesenstreifen den Fluß nicht begleiten können. Die Angerapp hat stellenweise recht romantische Uferpartien. Ein Kleinod landschaftlicher Schönheit ist die Osznagorrer Schweiz bei Ramberg. Auch bei Darkehmen besitzt der Fluß ein tief eingeschnittenes Tal, dessen Gehänge auf der einen Seite steil abfallen, auf der anderen sanft ansteigen und von weiten, fruchtbaren Feldern bedeckt sind. Ein reizendes Landschaftsbild gewährt vor allem das Angerapptal bei Insterburg. Steil erhebt sich das linke Ufer, malerisch mit dunkeln Laubwaldungen bedeckt, stellenweise von tiefen Schluchten durchzogen. Auch das rechte Ufer ist nicht ohne Reize. Anfangs steigt es sanft an und läßt bis zum Fluß einen frischen, breiten Rasenteppich frei. Dann erhebt es sich steil und ist oft wild zerklüftet. Das nackte Erdreich wechselt mit bewaldeten Hängen und düsterem Buschwerk ab. Einige Kilometer oberhalb Insterburgs liegt auf dem rechten Ufer der Angerapp der sagenreiche Kamswikusberg[1]). Er besteht aus fast felsenhartem Erdreich, das von niedrigem Gestrüpp bedeckt ist. Hier zeigen sich Überbleibsel ehemaliger Befestigungsanlagen. Man hat Reste von Fundamenten, auch Urnengräber gefunden. Vor Ankunft des Ordens hat hier höchstwahrscheinlich die alte Nadrauer Burg Kameniswike gestanden. Sie wurde vom Orden zerstört. An ihre Stelle trat dann vielleicht das „Wildhaus" Tammovo, das 1376 von den Litauern unter Swerdeyke eingenommen und verbrannt worden ist. Im Jahre 1824 wurde auf dem Kamswikusberge zum Andenken an die Schlacht bei Waterloo ein 4,3 m hohes eisernes Kreuz auf einer 20 m hohen Säule errichtet. Ringsherum legte man Terrassen und Rasenbänke an. Schon nach wenigen Jahren war davon alles verschwunden.

Eine wichtige Veränderung wurde 1723 mit dem Flußbette der Angerapp vorgenommen. Beim Austritt aus ihrem engen Tale bei Insterburg wandte sie sich bis zu diesem Jahr — etwas unterhalb der heutigen massiven Brücke daselbst — scharf nach rechts, floß um den Berg, auf dem heute die Königliche Strafanstalt liegt, herum nach Georgenburg zu und verband sich dort mit der Inster zum Pregel, wie das noch gegenwärtig stellenweise erhaltene alte Flußbett zeigt. In dem genannten Jahre wurde nun behufs Herstellung einer kürzeren Verbindung ein 2 bis 3 m breiter Graben (der neue Kanal)

[1]) Kameniswike = Steinburg, Steinwohnung.

vom Kapellenberge bei Insterburg nach der Inster bei Georgenburgkehlen gezogen, den die Angerapp selbst begierig zu ihrem neuen Flußbette wählte und durch Hochwasser und Eisgang auf die jetzige Breite und Tiefe brachte. Dadurch aber verlegte sie ihre Vereinigung mit der Inster beinahe 2 km westlich.

Auf der rechten Seite nimmt sie im Angerburger Kreise die Goldap auf. Dieser Fluß kommt vom Seesker Berge her, fließt in weitem Bogen um die Goldaper Berge und ist die Abwässerung mehrerer im Kreise Goldap gelegener Seen, hauptsächlich des Goldaper, Bittkower- und Czarner Sees. Anfangs führt er den Namen Jarke und wird von schön bewaldeten Ufern eingeschlossen. Ebenso wie die obere Angerapp setzt auch die Goldap das angrenzende Land häufig durch Überschwemmungen unter Wasser. Sie ist sehr fischreich. Insbesondere werden die dort zahlreichen Brassen ihrer Schmackhaftigkeit wegen gerühmt. Der Broszeitsche Kanal führt kurz vor der Mündung der Goldap westwärts zur Angerapp. Er durchzieht große Rieselwiesen. Ein weiterer Nebenfluß der Angerapp auf der rechten Seite ist die Gawaite. Bei Tarpupönen[1]), 15 km oberhalb Insterburgs, vereinigt sich die Angerapp mit der Pissa.

2. Die Pissa.

Der Name Pissa ist aus Biß entstanden und bedeutet trüber, schwarzer Fluß. Sie kommt aus dem 18 qkm großen, 174 m hoch gelegenen Wysztyten-See. Dieser See gehört vollständig zu preußischem Gebiete. Die Einwohner des durch den umfangreichen Gänsehandel bekannten russischen Städtchens Wysztyten haben jedoch das Recht, in seinem nördlichen Teile zu fischen. Die Fischerei ist recht ertragreich. Sie liefert besonders Brassen. Der Zufluß des Sees heißt Jodappe. Die Pissa fließt zuerst nach Westen, biegt bei Melkehmen nach Norden, um von Milluhnen wieder nach Westen zu fließen, welche Richtung sie auch beibehält. Zwischen Danzkehmen und Szirgupönen durchfließt sie in vielen Krümmungen ein sumpfiges Gebiet. Friedrich Wilhelm I. gab ihr in den Jahren 1725 bis 1732 einen geraden Lauf und sorgte für die Anlage von Entwässerungskanälen. Dadurch schuf er das weite Wiesengelände für das Hauptgestüt Trakehnen. In westlicher Richtung durchfließt die Pissa die Stadt Gumbinnen, wo sie teilweise von Dämmen eingeschlossen ist. Unterhalb Gumbinnens hat sie häufiger steile Ufer. Unweit ihrer Vereinigung mit der Angerapp bei dem Lehrerseminar Karalene sind die Uferanhöhen von großer landschaftlicher Schönheit. Teils sind sie nackt, teils mit herrlichen Waldungen bestanden. Diese Ufergehänge hat sich der Fluß durch Auswaschungen selbst geschaffen. Auffällig sind die vielen Serpentinen in seinem Unterlauf.

[1]) Tarpupönen = zwischen den Flüssen gelegen.

Um deren Weiterbildung zu verhindern, hat man an einzelnen Stellen Uferschutzwerke aufführen müssen. Das Gefälle der Pissa ist noch größer als das der Angerapp. Es beträgt auf nur 125 km Flußlänge 150 m, so daß auf 1 km 1,2 m entfallen.

Kurz vor Gumbinnen fließt ihr links die 80 km lange Rominte zu. Sie entsteht bei dem kaiserlichen Jagdschlosse Rominten aus mehreren Flüßchen, die nahe an der russischen Grenze bei Przerosl entweder diesseits oder jenseits der Grenzlinie entspringen und die große Rominter Heide durchziehen. Der Hauptzufluß ist der Blinde Fluß. In ihrem Oberlaufe besitzt die in vielen litauischen Volksliedern besungene Rominte vielfach steil abfallende Ufer-

Steilufer der Pissa bei Karalene.

gehänge, von denen man herrliche Ausblicke in die Rominter Heide hat, vielleicht am schönsten von der Anhöhe, auf der sich das Jagdschloß des Kaisers, sein ostpreußisches Sanssouci, erhebt. In Rominten macht sie noch den Eindruck eines großen Teiches, da eine Strömung kaum bemerkbar ist. Der Wasserspiegel trägt im Sommer blühende Mummeln und ist von Binsen und Rohr begrenzt. Aber auch außerhalb hat sie, die eilig Dahinwandernde, wie ihr Name zu deuten ist, landschaftlich schöne Punkte. Solch ein Punkt ist beispielsweise Kiauten mit seinen Mühlenwerken. Malerisch gelegen sind ferner die Ortschaften Praßlacken und Walterkehmen. Kurz vor ihrer Mündung schauen die gebirgsartig aufsteigenden Plicker Berge, die seit einigen

Jahren einen Bismarckturm tragen, in ihr Tal. Bei Norutschatschen, einem Vororte Gumbinnens, vereinigt sie sich mit der Pissa.

Die Rominte ist reich an Edelfischen mancherlei Art. Vor allem finden sich dort Forellen und Lachse. In den steinigen Uferlöchern haben Krebse ihren Wohnsitz aufgeschlagen. Die Krebspest um die Mitte der neunziger Jahre des verflossenen Jahrhunderts hatte den alten Beständen großen Schaden zugefügt. Neuerdings hofft man durch neue Brutanlage die Krebsgewinnung auf die alte Ergiebigkeit zu bringen. Der kleine Fluß ist von großer wirtschaftlicher Bedeutung. Er treibt nicht nur eine Anzahl bedeutender Mühlenwerke, sondern trägt auf seinem Rücken eine Menge von Klobenholz, das aus der Rominter Heide stammt, talwärts. Der Hauptabnehmer dieses Holzes ist der ‚Gumbinner Flößverein'.

Auf der linken Seite empfängt die Pissa ferner, und zwar oberhalb der Mündungsstelle der Rominte, die Rudup, an der Trakehnen liegt, und die Schwentischke. Rechts fließt ihr die Dobup zu.

3. Die Inster.

Dieser Fluß, der bei Ankunft des Ordens Instrud genannt wurde, entspringt auf einer Wiese bei Girrehlischken nördlich von dem im Memelgebiete liegenden Willuhner See. Die Quellen der Inster liegen 50 m über dem Meeresspiegel. Nachdem sie einige kleinere Zuflüsse aufgenommen hat, durchfließt sie die große Plinis. Sie schlägt darauf auf eine Länge von etwa 40 km einen westlichen Lauf ein und fließt mit ziemlich starkem Gefälle parallel der Szeszuppe. Bei Skaticken erreicht sie das Urmemeltal, das im ganzen 44 km lang ist, vom Eintritte der Inster bis zur Stadt Insterburg aber nur 34 km Länge hat. Als die Memel noch nicht den Höhenzug, der sich von Obereisseln nach Wilkischken erstreckt, durchbrochen hatte, da war ihr Wasser vor diesem Höhenzuge zu einem großen See, dem Jurameer, angestaut. Der Abfluß aus dem Jurameer wälzte seine Fluten durch das jetzige Inster- und Pregeltal dem Frischen Haff zu. Noch heute kann man den Seeboden mit den auf der Oberfläche abgesetzten Sandschichten erkennen und verfolgen. Das Flußtal der Inster ist 1 bis 2 km breit. Es ist für die kleine, langsam dahinschleichende, viele Windungen machende Inster zu breit. Sie verliert sich fast darin. Schon ein oberflächlicher Blick muß den Beschauer belehren, daß Tal und Fluß in einem Mißverhältnis zueinander stehen. Bei einem Hochwasser jedoch erweitert sie sich zu einem breiten Strom, oder besser gesagt, zu einem langen See.

Auf ihrem etwa 100 km langen Lauf empfängt die Inster eine Reihe von Nebenflüssen, von denen fast alle auf dem linken Ufer münden. Zu nennen sind die Buduppe, Ackmenis, Eymenis, Große und Kleine Niebudis, der Pollack- und Striusfluß. Die meisten dieser Flüsse gehen durch die Keggau, einen großen Wald zwischen Inster und Pissa. Für gewöhnlich sind sie unbedeutend, im Hochsommer oft ausgetrocknet. Bei starkem oder anhaltendem Regen werden sie aber sehr wasserreich und tragen nicht selten dazu bei, daß die Inster über ihre Ufer tritt. Sie führen eine Menge Schlick mit und erhöhen dadurch die Fruchtbarkeit der Insterwiesen.

Die Strömung der Inster ist vom Eintritt in das Urstromtal der Memel ab kaum bemerkbar. Das Gesamtgefälle von hier bis Insterburg beträgt kaum 7 m. In dürren Sommern ist an vielen Stellen das Flußbett fast ausgetrocknet, nur die trichterähnlichen Vertiefungen sind mit Wasser gefüllt, das natürlich keine Strömung zeigt. Manchmal kann man sogar feststellen, daß die Inster stromaufwärts fließt. Es geschieht das, wenn Angerapp und Pregel einen hohen Wasserstand haben, der noch durch westliche Winde festgehalten wird. Dann wird das große, weite Instertal unter Wasser gesetzt, dann verdirbt das Gras der fruchtbaren Wiesen, die Heuernte wird weggeschwemmt, und selbst die Feldfrüchte auf den niedriggelegenen Ackerflächen werden vernichtet. Etwa 1½ km unterhalb Insterburgs, bei dem Dorfe Georgenburgkehlen, vereinigt sie sich mit dem vorher erwähnten Quellflusse.

b) Der Lauf des Pregels bis zur Aufnahme der Alle.

Von der Mündung der Inster ab erhält der Fluß den endgültigen Namen Pregel. Bis dahin ist diese Bezeichnung sehr schwankend. Sie wird vielfach schon gebraucht von der Stelle ab, wo Angerapp und Pissa zusammenfließen, obwohl der Name Angerapp noch vorwiegt. Fast allgemein ist der Name Pregel stromabwärts von der massiven Brücke, welche die von Georgenburg kommende Straße mit Insterburg verbindet, allein gebräuchlich aber erst von Georgenburgkehlen ab. In grauer Vorzeit hieß der Fluß Skara, zur Ordenszeit Lipza. Der Name Pregel ist höchstwahrscheinlich aus dem Worte priegora entstanden, d. h. Fluß am Berge (prie = bei, an; gora = Berg). Der schiffbare Pregel fließt ziemlich genau nach Westen. Sein fruchtbares Tal nimmt gleichmäßig an Breite zu. Im Durchschnitte beträgt sie 2½ km. Von den Uferanhöhen schauen freundliche Dörfer und Herrensitze in das Tal hinab. Besonders hoch gelegen sind Nettienen, Schwägerau und Norkitten. Etwa 11 km unterhalb Insterburgs bei Gr. Bubainen wurde früher der Flußlauf durch eine Schiffsschleuse sowie durch Mühlenwehre stark gehemmt. Die Mühlenwerke wurden 1723 von dem Herzoge Leopold von Anhalt-Dessau, dem alten Dessauer, angelegt. Im Jahre 1883 kaufte sie der Preußische Staat, und 1886 wurden Schiffsschleuse und Stauwerke beseitigt. Durch diese Maßnahme hoffte man eine bessere Entwässerung des Instertales herbeizuführen. Dieser Zweck wurde zwar erreicht, doch zeigte sich bald ein anderer großer Mißstand. Der obere Pregel fing nämlich an zu versanden und ist jetzt nur noch bei Hochwasser schiffbar.

Auf der rechten Seite empfängt der Pregel bei Hopfenau den Drojebach. Er entspringt in dem Padrojer Forst bei Warkau und hat seine Quellen etwa 60 m über dem Meeresspiegel. Bei dem Gut Auer in der Nähe der Königsberger Bezirksgrenze mündet in den Pregel die Auer. Von ihrer Quelle nordwärts zieht sich nach der Deime der Mauergraben hin. Der Ursprung beider Flüßchen ist bei dem Dorfe Aszlacken zu suchen. Trotz der fast unmittelbaren Nähe zeigt sich selbst bei Frühlingshochwasser keine zusammenhängende Wasserader. Eine Bifurkation zwischen Pregel und Deime ist demnach hier nicht vorhanden. In einem breiten Tal ergießt sich in den Pregel bei Taplacken, auch auf der rechten Seite, die Nehne, eine Abwässerung des sogenannten Labiauer Baumwaldes.

Bedeutender als diese Zuflüsse ist die Auxinne, ein Nebenfluß der linken Seite. Der Name Auxinne bedeutet die Goldene oder der Goldfluß (auksas = Gold). Diesen auffallenden Namen will man mit der Annahme erklären, daß sich an ihren Ufern bei Romanuppen der Wohnsitz des Griewe, des Oberpriesters der alten Preußen, befunden habe. Sie entspringt auf den Wiesen von Keimelswerder in der Nähe der Kallner Berge. Von den Kucklinsbergen gehen ihr links einige Nebenflüsse zu, so die Delinga und die Joduppe. Letztere hat sich aus der Skardup und der Jodkapis gebildet. Ihr rechter Zufluß ist die Dittowa. Unterhalb des Dorfes Matheningken bilden die Auxinneufer prächtige Landschaftsbilder. Die schönste Lage im Auxinnetal haben die Ortschaften Auxkallen und Ackmenischken. Eine schroff ansteigende Uferhöhe bei dem letztgenannten Dorfe wird Lurleifelsen genannt. Nicht weit von ihrer Mündung erhebt sich der Norkitter Schloßberg. Er bildete eine mächtige Feste der alten Litauer. Von dort wurden zu Kriegszeiten Feuerzeichen nach dem Nettiener Schloßberge gegeben. Das Losungsfeuer auf dieser Höhe leuchtete wieder hinüber nach dem Kamswikusberg. Bei Simohnen ergießt sich die Auxinne in den Pregel. Einige Kilometer weiter bei Piaten fließt noch auf derselben Seite die Menge in diesen Fluß.

c) Die Alle.

Die Alle ist der größte Nebenfluß des Pregels. Um 1290 herum hieß sie Alne. Hennenberger nennt sie Alla. Ihre Quellen liegen im Kreise Neidenburg in einer Höhe von 175 m. Bei dem schön gelegenen Kirchdorfe Lahna sammeln sie sich zu einem munteren Flüßchen, das durch herrliche Wälder und oft reizend umrahmte Seen hindurch seinen Weg nordwärts nimmt. Zunächst durchfließt sie den Maransensee, in den von Westen her durch das Maransenfließ die Seen um die Ortschaft Mühlen entwässern. Beim Austritt aus dem Maransensee erhält sie noch die Abflüsse des Großen Plautziger Sees. Nun geht sie in einem scharf nach Osten gekrümmten Laufe durch den Schwenty- und Großen Kernossee zur Südspitze des Lansker Sees. Diesen See, der von schönen Wäldern eingeschlossen ist, durchfließt sie in nördlicher Richtung. Nachdem sie noch durch den Ustrichsee gegangen ist, nimmt sie in einem romantischen, oft von steilen und zerklüfteten Ufern eingeschlossenen Tal ihren Lauf an Allenstein vorbei. Bemerkenswert ist das Vorkommen der Süßwasserschildkröte in den Allequellen. In den benachbarten Mooren finden sich als Naturdenkmäler früherer Zeit Samen von der jetzt in Mitteleuropa aussterbenden Wassernuß.

Bei Schmolainen unterhalb Guttstadt durchbricht die Alle den Nordrand des Preußischen Landrückens und fließt an seinem Fuß entlang nordöstlich nach Heilsberg und Bartenstein. Von hier bis Schippenbeil geht ihr Lauf in fast östlicher Richtung. Dann wendet sie sich nach Norden bis nach Friedland, woselbst sie schiffbar wird. Von Schippenbeil bis Allenburg fließt

Die Alle bei Heilsberg mit einem Teile der Stadt und dem Hohen Tor.

sie nach Nordwesten, wendet sich darauf nach Norden und ergießt sich bei Wehlau in den Pregel. Bei Schön Ruhr, zwischen den beiden letztgenannten Städten, hat sie herrliche Uferpartien. Hier erhebt sich der wundervoll bewaldete Silberberg, der als Aussichtspunkt eine gewisse Berühmtheit erlangt hat. Überhaupt gehört die Alle zu den schönsten Flußläufen unserer Provinz.

Für die Schiffahrt und den Flößereibetrieb ist die Alle nicht gut geeignet. Einmal ist ihr Gefälle oft sehr stark, es beträgt auf dem etwa 225 km langen Flußlauf 120 m. Stellenweise ist ihr Bett auch von Grand- und Kiesriffen durchzogen, die das Wasser anstauen, kleine Stromschnellen erzeugen und die Strömung sogar stark einengen, so daß das fließende Wasser sich mit einer ganz schmalen Rinne begnügen muß. Derartige Stellen nennt man Brasten. Erst unterhalb der Stadt Friedland werden die Stromverhältnisse günstiger.

Die Schiffbarmachung der Alle wurde schon 1796 von dem Mühlenbesitzer Döhnecke in Schippenbeil auf Staatskosten begonnen. Von Erfolg waren die Arbeiten aber nur von Wehlau bis Friedland hinauf. Der regulierte Fluß war im Kriegsjahre 1807 zur Beförderung von Ausstattungsstücken und Nahrungsmitteln für die im Allegebiete lagernden Truppen von großer Wichtigkeit. Heute dient er besonders dem Ziegeltransport. An seinen Ufern stehen viele Ziegeleien. Die meisten befinden sich in der Nähe von Allenburg. Bei der Irrenanstalt Allenberg ist quer durch den Fluß ein steinernes Wehr gezogen. Durch das Wehr wird ein großer Teil des Allewassers in einen Kanal abgelenkt, der sich in den Schiffahrtskanal und in den Mühlenkanal teilt. Letzterer führt den Pinnauer Mühlenwerken das Betriebswasser zu. Hinter den Mühlenwerken vereinigen sich beide Kanäle und führen ihr Wasser wieder der Alle zu. Der Schiffahrtskanal weist eine mächtige Schleuse auf, die vor einigen Jahren für die Bedürfnisse der Masurischen Schiffahrtsstraße erbaut worden ist. Eine kurze Strecke hinter der heutigen Wehlauer Eisenbahnbrücke zweigte sich vor Jahrhunderten ein Arm von der Alle ab, der in nordöstlicher Richtung um Wehlau herumfloß und sich kurz oberhalb dieser Stadt mit dem Pregel vereinigte. Noch jetzt ist das vollständig trockengelegte Bett dieses Armes stellenweise zu erkennen. Wehlau lag also früher in einem Flußdelta und war ursprünglich Inselstadt. Der erwähnte Allearm ist nachweisbar noch 1320 vorhanden gewesen.

Die Alle ist sehr fischreich. Besonders enthält sie viele Aale und Neunaugen. Die bei den Pinnauer Mühlenwerken gefangenen Neunaugen hatten einen guten Ruf in der ganzen Provinz. Leider ist in gegenwärtiger Zeit der Neunaugenfang sehr zurückgegangen.

Weil das Gelände westlich der Alle sich bald nach dem Frischen Haff zu abdacht, so empfängt sie ihre bedeutenderen Nebenflüsse von Osten auf der rechten Seite. Zu erwähnen sind folgende: 1. Der Wadang. Er führt der Alle die Abflüsse mehrerer größerer Seen zu, wie des Kosno-, Gr. Calben-, Gr. Kleeberger-, Servent-, Pissa- und Dadaisees. Diese Abflüsse vereinigen sich im Wadangsee, westlich von Wartenburg, und erst von hier fließt der Fluß unter dem Namen Wadang in südwestlicher Richtung der Alle zu, wo er 5 km unterhalb Allensteins mündet. 2. Die Simser. Sie führt der Alle die Abwässer des Gr. Lautern-, Blanken- und Simsersees zu. Früher hatte sie fast durchweg schön bewaldete Ufer. Doch auch jetzt ist das Simsertal nicht ohne Reize und hat wegen der hier entdeckten Braunkohlenlager auch geologisches Interesse gewonnen. 3. Die Guber. Sie entspringt etwa 3 km nördlich vom Städtchen Rhein im Gubersee, fließt in nordwestlicher Richtung an Rastenburg vorbei, wo sie ein schmales, tiefes Tal hat, und empfängt unterhalb dieser Stadt auf der linken Seite die Deine, die eine Anzahl von Seen bei Sensburg entwässert. Bei Leunenburg ergießt sich auf derselben Seite die Zaine, die mehrere Seen in der Rösseler Gegend abwässert. Auf der rechten Seite fließt ihr die Liebe zu. Durch dieses Flüßchen empfängt die Guber die Abwässer einiger westlich vom Mauersee gelegener kleinerer Seen. Bei

Schippenbeil treibt sie nicht unbedeutende Mühlenwerke. 4. Die Omet. Dieser Nebenfluß hat seine Quellzuflüsse, das Schwarze und Weiße Fließ, in der Nähe des Mauersees. Er fließt an Drengfurt und Gerdauen vorbei, empfängt kurz vor der Mündung den Abtfluß und ergießt sich oberhalb Allenburg in die Alle. 5. Die Swine. Sie wird vom Rehsauer, Engelsteiner und Nordenburger See gespeist, fließt an Nordenburg vorbei und nimmt rechts die Ilme auf. Sie mündet unterhalb Allenburg in die Alle.

Außer den Abflüssen einiger kleinerer Seen, beispielsweise des Okull- und Leimangelsees, empfängt die Alle links: 1. Die Elm. Sie kommt von Stablack, nimmt das Flüßchen Stein auf, das von Landsberg herkommt, und mündet einige Kilometer unterhalb Heilsbergs. 2. Die Schwöne, die bei Domnau entspringt und durch den aus dem Zehlaubruch herkommenden Pietzkergraben Zufluß erhält.

Im Gebiete der Alle finden sich die berühmten Schlachtfelder des Unglücklichen Krieges bei Heilsberg und Friedland. Zwischen Friedland und Allenburg, bei Gr. Wohnsdorf, bietet der Fluß eine bequeme Übergangsstelle. Schon die alten Preußen kannten höchstwahrscheinlich diese Stelle und sicherten sie durch die Burg Capostete. Auch in späterer Zeit hat die Übergangsstelle in Kriegsfällen eine wichtige Rolle gespielt.

d) Der Pregel von Wehlau bis zur Mündung.

Die Deime. Auf der Strecke vom Eintritt in den Kreis Wehlau bis zur Stadt Tapiau weist der Pregel bedeutende Krümmungen auf. Sein rechtes Ufer ist von Wehlau ab sanft ansteigend und mit Wald bestanden. Bei Tapiau sendet er einen Arm, die Deime, nordwärts in das Kurische Haff. Die Deime, früher Deme, auch Deune genannt, hat eine Länge von 37 km. Die Breite wechselt zwischen 40 und 80 m. Ihre Tiefe ist fast durchgängig bei mittlerem Wasserstande bis Labiau 2,10 m. Unterhalb dieser Stadt ist sie jedoch bedeutend größer. Bei Labiau selbst ist der Fluß fast 5 m tief. Die Deime fließt ohne Teilung in das Kurische Haff. Die bei Labiau befindliche und Schiffszwecken dienende etwa 1 km lange Stromteilung ist künstlich hergestellt. Da ihre Mündung nicht viel tiefer liegt als der Abzweigungspunkt bei Tapiau — nur 0,56 m —, so ist die Strömung bei gewöhnlichem Wasserstande sehr gering. Sie hört ganz auf, wenn Nordwinde den Wasserspiegel des Haffes heben. Der Rückstau macht sich dann bis Tapiau hinauf bemerkbar. Ähnlich ist es zur Zeit des Eisganges. Die Eisdecke des Haffes kommt nämlich im allgemeinen erst 2 bis 3 Wochen nach beendigtem Eisgang auf der Deime in Bewegung. Das Deimeeis muß diese Zeit hindurch vor der Mündungsstelle des Flusses liegen bleiben und staut dann nicht selten die Deime derart an, daß sie über die Ufer tritt und den Anwohnern Schaden bringt. Auf der linken Seite dehnt sich dicht an der Mündungsstelle das 7 qkm umfassende Grünwalder Moor aus. Es ist zum größten Teil entwässert und dient bereits der Landwirtschaft.

Unzweifelhaft hat die Deime, die durch ein 6 km breites mooriges Wiesengelände fließt, das Gepräge eines ausgesprochenen Flußarmes. Von verschiedener Seite ist jedoch behauptet worden, daß sie ursprünglich ein selbständiger Fluß gewesen sei, der seine Quellen im Labiauer Baumwalde gehabt habe. Aus diesem Flusse sei ungefähr von dem heutigen Vorwerke Schmerberg bis nach Tapiau in den Pregel hinein ein Kanal gegraben worden, wodurch dann die zusammenhängende Wasserstraße vom Pregel bis zum Kurischen Haff entstanden ist. Nach einer anderen Ansicht soll die Deime in ihrem ganzen Lauf ein künstlich hergestellter Kanal sein. Durch sorgfältige Untersuchungen ist aber festgestellt worden, daß in historischer Zeit stets eine Wasserverbindung zwischen Pregel und Haff im Deimetale bestanden und daß diese Verbindung nach jeder Beziehung als Pregelarm zu gelten habe. Die gegenwärtige Abzweigungsstelle bei Tapiau ist allerdings neueren Datums. Die Deime erhielt ihr jetziges Bett höchstwahrscheinlich kurz nach der Anlage der Burg Tapiau. Das alte Flußbett vertorfte allmählich. Seine Abzweigung lag etwas weiter stromabwärts als die jetzige. Neuerdings ist die Ansicht aufgetaucht, daß die Deime ursprünglich ein Nebenfluß der Urmemel gewesen sei.

Für den Orden hatte die Deime eine nicht zu unterschätzende strategische Bedeutung, insofern sie dem Samland einen Schutz gegen die Einfälle der östlich wohnenden heidnischen Litauer gewähren konnte. Diese Bedeutung wurde durch den Bau der Burgen Tapiau und Labiau noch erhöht. Schon in den ersten Zeiten der Ordensherrschaft ist die Deime befahren worden. So soll im Jahre 1313 der Hochmeister Karl Beffart von Trier zwölf Fahrzeuge mit Proviant den Pregel hinauf bis Tapiau und von hier die Deime hinab nach der bedrängten Memelburg geschickt haben. Leider wurde die kleine Flotte auf dem Kurischen Haff durch einen heftigen Sturm zerstört. Eine wesentliche Rolle hat die Deime ferner bei den „Litauerfahrten" des Ordens gespielt. Für den Handel ist dieser Fluß schon früh von Bedeutung gewesen. Man suchte ihn deshalb als Handelsstraße zweckmäßig auszubauen. Seit dem Jahre 1395 wurde sein Bett bedeutend vertieft, ebenso legte man vier Schleusen an. Die Schleusen sollten aber nicht dazu dienen, ein starkes Gefälle zu überwinden, ein solches hat die Deime niemals gehabt, sondern um das Wasser anzustauen, damit die für die Schiffahrt nötige Tiefe erreicht werde. Als man diesen Zweck durch Baggern erzielte, wurden die Schleusen überflüssig und gerieten in Verfall. Die Regulierungsarbeiten in der zweiten Hälfte des 19. Jahrhunderts gaben der Deime ihre jetzige Tiefe und haben den günstigen Erfolg gehabt, daß sie den Flußdampfern gegenwärtig eine bequemere Fahrstraße bietet als der Pregel selbst. Für den Handel zwischen Königsberg einerseits, Tilsit und Labiau anderseits hat sie als Handelsstraße eine nicht zu unterschätzende Bedeutung.

Der Pregellauf unterhalb der Stadt Tapiau. Hinter Tapiau nimmt der Pregel einige Bäche auf, die das Zehlaumoor entwässern helfen. Bei

Spitzkrug, 23,6 km von Tapiau entfernt, teilt er sich in zwei Arme, die in einem Abstande von etwa 1 km parallel laufen und sich bei Arnau im sogenannten Mägdeloch vereinigen, um sich gleich wieder zu trennen. Den rechts gelegenen Arm nennt man den Neuen oder Samländischen Pregel, den links gelegenen aber den Alten oder den Natangischen Pregel. Sie schließen die Obere oder Große Insel ein. Auf ihren Wiesenflächen erblicken wir keine Dörfer, sondern nur zerstreute Gehöfte, die zum Schutze gegen Überschwemmungen auf hohen Pfahlrosten erbaut sind. Es sind das die Holländereien. Die zweite Vereinigung der Pregelarme erfolgt an der Honigbrücke in Königsberg. Die Arme gehen darauf abermals auseinander und schließen den Kneiphof ein. Kurz unterhalb der Grünen Brücke vereinigen sie sich jedoch für immer. Der Kneiphof ist die alte Insel Voigtswerder. Vor seiner Bebauung hatte ihn nämlich der „Vogt" von Samland in Benutzung. Später hieß er Pregelwerder. Außer diesen Teilungen hatte der Pregel früher noch eine. Der Alte Pregel sandte nämlich kurz vor Königsberg einen Arm südwärts, der sich aber bald unterhalb der Stadt wieder mit dem Hauptstrome vereinigte.

Kurz vor der endgültigen Vereinigung fließt in den Samländischen Pregel der Löbebach (Katzbach). Durch dessen Aufstauung sind bereits zur Ordenszeit der Königsberger Ober- und Schloßteich gebildet worden. Aus diesen Teichen leiteten die Ritter Fließe zum Treiben von Mühlen und zur Bewässerung der Schloßgräben ab. Ferner wurden aus ihnen Röhrenleitungen geführt, um die Stadt Königsberg mit Trinkwasser zu versorgen. Der Oberteich, der von Jahr zu Jahr immer weiter durch Wasserpflanzen aller Art verwächst, wird vom Land- und Wirrgraben gespeist. Der Landgraben ist im Jahre 1384 entstanden. Er führt seinen Namen erst vom Kirchdorfe Wargen ab und hat von hier bis zu seiner Mündung eine Länge von 15 km und eine Breite von 2 bis 3 m. Das Wasser erhält er aus 11 verschiedenen Sammelteichen. Auch der Wirrgraben ist künstlich angelegt worden. Er hat nur 9 km Länge. Ihn speisen 9 verschiedene Wasserbecken, die östlich vom Ursprunge des Landgrabens liegen. Seinen Namen trägt er von Dammhof ab. Der Oberteich ist fast viermal so groß wie der Schloßteich. Er umfaßt 41,11 ha. Zwischen beiden Teichen liegt ein Damm mit einer Schleuse.

Westlich von Holstein, etwa $7\frac{1}{2}$ km unterhalb der Stadt Königsberg, ergießt sich der Pregel in einer Mündung ohne Teilung in das Frische Haff. Früher hatte er zwei Mündungen, doch ist die südliche kleinere bei dem Dorfe Haffstrom im Jahre 1741 eingedämmt worden, um die Hauptmündung für den Schiffahrtsverkehr mehr zu vertiefen. Den Zipfel des Haffes zwischen Pillau, Holstein und Balga nennt man öfters Pregelhaff. In der Nähe der Pregelmündung liegt das ehemalige Jagdschloß Friedrichshof. Jetzt heißt es Schloß Holstein.

Die Ufer des Pregels sind von Tapiau abwärts meistens flach und bieten wenig Abwechselung. Nur bei Arnau erhebt sich das nördliche Ufer terrassenförmig zu nicht unbedeutender Höhe. Die Flußränder sind häufig von Rohr und Schilf eingesäumt. Stellenweise bemerkt man in dem breiten Pregeltale tote Flußläufe, die vielleicht von dem Memel-Urstrom herrühren. Jetzt sind es seeähnliche Wasserbecken, die ihrer Vertorfung entgegengehen. Zu erwähnen sind der Woriener, Wusen- und Linkehner See. Im Linkehner See finden sich noch lebende Exemplare der Wassernuß (Trapa natans). Sie ist die seltenste Wasserbewohnerin unserer Provinz und gilt heute als ein Naturdenkmal, das bei uns gegenwärtig an einer anderen Stelle nicht mehr vorkommt. Früher soll sie recht häufig vorhanden gewesen sein. Die Gründe ihres Rückganges sind bis jetzt noch nicht aufgeklärt. (Siehe auch Seite 129!)

Allgemeines. Schiffahrtsverhältnisse. Die Länge des Pregels von der Instermündung bis zum Frischen Haff beträgt 125 km. Das Gefälle ist im ganzen genommen sehr gering. Besonders gilt das vom unteren Lauf. Auf die ganze Flußlänge gerechnet, beträgt es noch nicht 10 m. Der Wasserstand des Flusses ist wesentlich von der Windrichtung bedingt. Bei andauernden Westwinden steigt das Wasser hoch an, je näher der Mündung, desto mehr. Nicht nur daß die Strömung dadurch behindert wird, sondern es werden auch bedeutende Wassermengen aus Ostsee und Haff in den Pregel hineingetrieben. Der Rückstau macht sich oftmals bis oberhalb Wehlaus bemerkbar. Das weite Talgelände gleicht dann einem gewaltigen See. Umgekehrt können heftige Ostwinde den Wasserstand erheblich erniedrigen. Die Tiefe des Pregels ist verschieden. Oberhalb Wehlaus kann er nur bei Hochwasser von kleineren Dampfern befahren werden. Ein regelmäßiger Dampferverkehr findet erst von Wehlau ab statt. Bei Tapiau hat der Fluß etwa 2 m Tiefe. Kurz vor Königsberg ist die durchschnittliche Tiefe schon 7 m und darüber. Der südliche Arm ist tiefer als der nördliche. Die tiefste Stelle ist unterhalb der Grünen Brücke bei der Vereinigungsstelle der beiden Arme. Es sind dort 22 m gemessen worden. Von Königsberg bis zur Mündung beträgt die Tiefe bei einer Strombreite von 90 m etwas über 6 m, so daß auf dieser Strecke auch größere Seeschiffe verkehren können. Die Wassermengen, die der Pregel bei einem Hochwasserstande von 4,89 m am Tapiauer Pegel abführt, sind auf annähernd 1725 cbm in der Minute berechnet. Oberhalb der Instermündung bei 1,20 m Höhe des Insterburger Pegels beträgt die fortgeschaffte Wassermenge nur 35 cbm. Das Gesamt-Niederschlagsgebiet des Pregels schätzt man auf rund 19 000 qkm.

Der Pregel ist eine alte Schiffahrtsstraße, zu deren Verbesserung schon in früheren Zeiten umfangreiche Arbeiten ausgeführt worden sind. Vor allem gilt das von der Strecke unterhalb der Stadt Königsberg. Schon in den dreißiger Jahren des 18. Jahrhunderts wurden Baggerungen vorgenommen, aber bereits 1752 mußte das Flußbett aufs neue vertieft werden. Da gerade die Mündungsstelle häufig durch Versandungen gefährdet war, wurden hierselbst in den Jahren 1819 bis 1824 Molen gebaut. Die nördliche Mole trägt zur Kennzeichnung der Einfahrtsstelle einen unten schwarz angestrichenen Obelisken. In der Nacht wird sie durch Leuchtfeuer kenntlich gemacht. Der Treideldamm, der sich unterhalb Königsbergs auf dem rechten Ufer befindet, ist schon 1682 angelegt worden. Allerdings hat er in späterer Zeit bedeutende Verstärkungen erhalten. Er ist so breit, daß sich auf ihm zwei Fuhrwerke bequem ausweichen können. Da der ostpreußische Winter nicht selten recht strenge ist und lange andauert, so ist der Pregel in dieser Jahreszeit oftmals viele Wochen mit einer starken Eisdecke bedeckt. Zwei Eisbrecher suchen die Fahrrinne möglichst lange offenzuhalten und im Frühlinge den Eisgang zu erleichtern. Die in Königsberg über den Pregel führenden neuen Brücken sind Meisterwerke deutscher Ingenieurkunst. Es sind eiserne, hydraulisch betriebene Klappbrücken.

B. Die weiteren Flüsse Ostpreußens, die sich in das Frische Haff ergießen.

a) Der Frisching.

Er kommt vom Südwestrande des Zehlaumoores, dessen Abfluß er ist. Mit der Schwöne, einem linken Nebenflusse der Alle, steht er in natürlicher Verbindung. Sein Lauf, der beinahe eine westliche Richtung hat, beträgt ungefähr 65 km. In der Nähe von Tharau bilden seine Ufer ein schönes Landschaftsbild. Die ihm zugehörenden Nebenflüsse sind fast alle auf der linken Seite zu finden. Zunächst empfängt er die vom Signalberg herabströmende Beisleide. Ferner nimmt er die Pasmar auf. Dieser Nebenfluß entspringt südwestlich von Pr. Eylau und empfängt bei Kreuzburg die Kaister. Die Gegend, durch die Pasmar und Kaister fließen, macht den Eindruck einer Gebirgslandschaft. Beide Flüßchen haben steile, oft zerklüftete Ufergehänge. Zur Zeit der Schneeschmelze und bei starken Regengüssen gleichen sie wilden Gebirgsbächen. Kurz vor ihrer Mündung vereinigt sich die Pasmar mit dem Stradick. Er kommt von dem Schloßberge bei Orschen, unweit der Walschquelle. An ihm liegt Zinten. Sein Tal hat unfern der Mündung Stellen von überraschender Schönheit. Der Frisching ergießt sich bei Brandenburg in das Frische Haff, woselbst sich ein kleiner Hafen befindet. Bis 7 km von der Mündung aufwärts ist er für kleinere Fahrzeuge schiffbar. Durchweg ist er sehr fischreich. Die fruchtbare Gegend, die er durchfließt, nennt man die Huntau. Sie weist fette Niederungswiesen und fruchtbare Ackerfelder auf. Die Huntau wird zuerst in einem Friedensvertrage von 1249 erwähnt. Sie hieß damals Wuntenowa. Dieser Name ist wahrscheinlich von dem altpreußischen Worte wundan = Wasser abzuleiten. Wuntenowa bedeutet demnach soviel wie

Wasserland, und das ist ein bezeichnender Name für das üppige, zur Viehweide sehr geeignete Wiesengelände, das der mitten hindurchgehende Frisching öfter überschwemmt. Seiner Fruchtbarkeit wegen zog dieses Gebiet frühzeitig die Aufmerksamkeit deutscher Ansiedler auf sich.

b) Die Bahnau.

Sie entspringt nordwestlich von Mehlsack bei Hogendorf. Ihre Quelle liegt über 125 m über dem Meeresspiegel. Sie mündet nach einem Laufe von etwa 30 km bei Raade ins Haff. Ihre Nebenflüsse, die sich auf der rechten Seite befinden, sind Omaza und Jarft. An letztgenanntem Flüßchen liegt Heiligenbeil.

c) Die Passarge.

Die Passarge ist der Hauptfluß des Ermlandes. Ihre Quellen liegen zwischen den Alle- und Drewenzquellen bei dem Dorfe Grieslienen nahe am Großen Plautziger See, und zwar in einer Höhe von 188 m. In einem engen, meist von steilen Abhängen eingeschlossenen Tale fließt sie nach Nordwesten. Zuerst durchschneidet sie den Sarongsee, dann den Langguter und Eissingsee. Im Sarongsee vereinigt sich mit ihr der aus dem Mispelsee bei Hohenstein kommende Amelingfluß. Durch den Gilbingfluß erhält sie die Abwässer des inselgeschmückten Wulping- oder Thomsdorfer Sees[1]). Die an Liebstadt vorbeigehende Liebe führt ihr bei Sporthenen Wasser aus dem Narien-, Wuchsing- und Mildensee zu. Bald nachdem sie die Liebe aufgenommen hat, verläßt sie das Hügelland. Auch jetzt noch sind ihre Ufer ziemlich steilwandig. Stellenweise ist das Tal von großer landschaftlicher Schönheit. Zu nennen wäre besonders der Bullengrund in der Grafschaft Lauck und der Weiße Berg bei Schalmey. Bei Braunsberg wird sie für kleinere Fahrzeuge schiffbar. Etwa 7 km unterhalb dieser Stadt ergießt sie sich nach einem 171 km langen Laufe zwischen den Dörfern Alt und Neu Passarge in das Frische Haff. Bemerkenswert ist, daß hinsichtlich der Ausnutzung der Wasserkräfte die Passarge von allen ostpreußischen Flüssen die erste Stelle einnimmt. Dieser Umstand läßt sich dadurch erklären, daß die bedeutenden Seenflächen im Quellgebiet einen günstigen Einfluß auf die Regelung der Wasserabflußmengen ausüben.

An bedeutenderen Nebenflüssen kommen nur Drewenz und Walsch in Betracht. Beide liegen auf der rechten Seite. Die Drewenz entspringt bei Hanshagen südlich von Landsberg und fließt an Wormditt vorbei. Die an Naturschönheiten so reiche Walsch kommt aus dem Wildenhöfer Forst bei Landsberg, läutert sich in einem kleinen See, eilt zwischen dem

[1]) Besonders ist die Hartainsel ein vielbesuchter Ausflugsort geworden.

Schloßberg und dem Schwarzen Berg bei Wildenhof hindurch, am Hasenberg vorbei und hat dann eine Strecke fast südliche Richtung. Plötzlich biegt sie nach Westen um und durchfließt abermals einen See, den Walschsee, schlägt darauf wieder nördliche Richtung ein, um dann schließlich nach westlichem Laufe die Passarge zu erreichen. Groß ist das Gefälle der Walsch, das nach einem Laufe von etwa 37 km von 216 m Meereshöhe an der Quelle auf 26 m an der Mündung herabgeht. Kein Naturfreund, auch der nicht, der erhabenere und schönere Landschaftsbilder schaute, wird ohne Wohlgefallen in dem waldigen Walschtale dahinwandern. Reizende Laubhänge von frischem Haselstrauch und anderem Gehölze bieten sich hier dar. Erlen und Buchen, die dicht am Ufer stehen, gewähren durch ihren Schatten in heißer

Ufergehänge des romantischen Walschtales.

Sommerszeit erquickende Kühlung, während die dunkeln Nadelbäume von den sanft abfallenden Ufergehängen kräftigen Harzgeruch zusenden. Das Walschtal ist eine Perle Ostpreußens. In seiner Mitte befindet sich ein trefflich eingerichtetes und selbst für eine größere Anzahl von Personen ausreichendes Kurhaus. Auf den Mangel an Nebenflüssen und größeren Quertälern will man das auffallende Fehlen größerer Siedelungen im Passargetale zurückführen. Als städtische Ansiedelung ist nur Braunsberg zu nennen. Selbst größere Dörfer fehlen an diesem Flusse. Sie befinden sich erst in einiger Entfernung vom Talrande.

d) Die Baude.

Ihre Quelle liegt in der Gegend von Hermsdorf in 170 m Höhe. Nördlich von Mühlhausen erhält sie von Trunz her den Gardienebach. Die Gardiene nimmt ihrerseits die Donne auf, an der Mühlhausen liegt. Die Baude mündet etwa 2 km nördlich von Frauenburg ins Haff. Durch einen Kanal wird ihr Wasser nach Frauenburg geleitet und bildet hier einen Hafen. Die Anlage dieses Kanals, der auch Kopernikuskanal heißt, wird fälschlich dem Frauenburger Domherrn Nikolaus Kopernikus zugeschrieben. Allerdings soll ein bei der Mühle stehender Turm nach einer an ihm befindlichen Inschrift zum Betrieb einer Wasserleitung für den Domberg von Kopernikus angelegt worden sein.

C. Das Memelgebiet.

a) Die Memel bis zur preußischen Grenze.

Die Memel heißt in Rußland Njémen. Von den Letten wird sie Nemonas und den Litauern Niamunas genannt. Ihren Ursprung hat sie bei Horszow im russischen Gouvernement Minsk in 229 m Seehöhe. Die Quellen liegen in waldiger, ehemals sumpfiger Gegend. Bis Grodno hat sie vorwiegend westliche Richtung. Dann wendet sie sich nach Norden und behält diesen Lauf bis Kowno bei. Auf dieser Strecke hat sie viele Windungen und fließt in einem meist von steilen Höhen eingeschlossenen Tale dahin. Bei Kowno nimmt sie ihren größten Nebenfluß in Rußland, die Wilia, auf, die ihr auf der rechten Seite zuströmt. Dieser Nebenfluß hat einen Lauf von 453 km, die direkte Entfernung der Mündung von der Quelle beträgt jedoch nur 258 km. Kleinere Nebenflüsse auf derselben Seite sind die Kleine Berezina und die Mereczanka. Links nimmt sie die Szczara auf mit 270 km Länge, aber nur 90 km direkter Entfernung der Quelle von der Mündung. Aus der Szczara geht der Oginskische Kanal in die Jaßolda, einen linken Nebenfluß des Pripet, und dieser ist wiederum ein Nebenfluß des Dnjepr, der zum Schwarzen Meer fließt. So ist eine Verbindung zwischen letztgenanntem Gewässer und der Ostsee hergestellt.

Die Schiffbarkeit der Memel beginnt für kleinere Fahrzeuge bereits bei Bielica, für größere 195 km oberhalb Grodnos. Von hier bis zum Haff beträgt ihr Gefälle 121 m. Ihre ganze Länge umfaßt 704 km, das Stromgebiet 100 900 qkm, von denen nur 8245 zu Preußen, die übrigen zu Rußland gehören.

Einst bildete der Njémen die Grenze zwischen Polen und Litauen. Zu beiden Seiten dehnen sich im Russischen Reiche gewaltige Waldungen aus, die leider eine große Mißwirtschaft aufweisen. Oft sind ganze Strecken Waldes niedergebrannt, und die verkohlten Reste gewähren einen traurigen Anblick. Hunderte von Stämmen sieht man in diesen Wäldern vom Sturm niedergerissen am Boden verfaulen. Trotz alledem schwimmen auf der Memel noch große Mengen von Baumstämmen in Flößen talwärts, und für den Holzhandel mit Rußland wird dieser Fluß wohl für alle Zeiten die Hauptverkehrsader bilden.

Die Uferhöhen, welche den Njémen in Rußland begleiten, bieten einen reichen Wechsel dar. Bald sind sie kahl, bald bewaldet, bald ragen sie steil auf, bald steigen sie sanft an. Das anmutige Landschaftsbild, das sie gewähren, wird noch interessanter durch die Ortschaften, die sich entweder an den Uferhang schmiegen oder von der Höhe herniederschauen. Auf der rechten Uferseite finden sich auch einige Burgruinen, welche die Erinnerung an die heißen, blutigen Kämpfe zwischen dem Orden und den Litauern wecken. Leider wird auf russischem Gebiete der Lauf des Stromes nicht ausreichend reguliert. Keine Buhne, kein Strauchwerk findet sich an seinen Rändern, darum nimmt er ständig an Breite zu, verliert jedoch ebenso an der Tiefe. Für die Schiffahrt ist das sehr verhängnisvoll.

b) Die Memel innerhalb Ostpreußens.

„Seit Gumbinnen bin ich in wilden Gegenden herumgezogen, durch Orte, wo schon die Namen erschrecken. Allein zum Teil sind die Gegenden doch hübsch. Der Niemen hat ziemlich hohe Ufer, ist ein breiter Strom, hie und da mit Inseln, und hinter ihm schließen Hügel eine ziemlich weite Fläche von Wiesen ein."

Wilhelm von Humboldt.

(Aus einem am 2. Oktober 1809 in Tilsit an Karoline von Humboldt geschriebenen Briefe.)

Der Lauf bis zur Teilung. Bei Schmalleningken betritt der Njémen preußisches Gebiet. Der Fluß erhält nun den Namen Memel und durchfließt die Kreise Ragnit, Tilsit, Niederung und Heydekrug. Bei ihrem Eintritt in unsere Provinz erweitert sich das Tal der Memel bis auf $1\frac{1}{2}$ km, der Strom selbst wird jedoch bedeutend schmäler als jenseits der Grenze. Dank der planmäßigen Regulierung, die seit dem Jahre 1840 ständig durchgeführt wird, ist es gelungen, ihn auf eine Breite von 226 bzw. 241 m einzuengen. Neuerdings erstrebt man noch eine geringere Normalbreite. Man will bis zur Mündung der Szeszuppe auf 170 m und von hier bis zur Teilung auf 185 m zurückgehen. Kurz vor Ragnit durchbricht die Memel den Jurahöhenzug und hat malerische Ufer. Die romantischen Gegenden bei Obereisseln und Toussainen benennt man gar nicht so unzutreffend mit dem Namen „Litauische Schweiz". Es gab eine Zeit, wo dieser schmale, aber tiefe Einschnitt zwischen den Obereisselner und Schreitlaugkener Bergen, zwischen welchen heute die Memel ihren Lauf nach Tilsit und zum Kurischen Haff nimmt, nicht bestand. Damals ergoß sich das Wasser des Njémen etwa $7\frac{1}{2}$ km oberhalb der Grenze bei dem heutigen russischen Städtchen Jurborg oder Georgenburg in ein großes Becken, das sich bis Obereisseln hinzog und dem Frischen Haff ungefähr an Größe gleichkam, in das Jurameer. Aus diesem Becken fand es seinen Abfluß durch eine Senke des südlichen Uferrandes in südwestlicher Richtung und wusch das über 3 km breite Tal aus, in dem heute Inster und Pregel ihren Lauf nehmen. Heute liegen an der alten, zur Inster führenden Talrinne die Orte Lobellen, Netschunen, Gerskullen, Skaticken. Durch irgendeine kleine Spalte in dem obengenannten Höhenzuge suchte sich das Wasser des Jurameeres besonders bei Hochwasser einen Abfluß. Allmählich spülte es sich eine tiefere und breitere Rinne aus, bis es sich auf kürzerem Weg und mit stärkerem Gefäll im heutigen Memeltal in das Kurische Haff ergoß. Der alte Abfluß versandete nach und nach und versiegte endlich ganz. Heute noch sieht man an seiner Stelle ein etwa 2 km breites, tief eingeschnittenes und steilrandiges Tal. Kein Fluß, nicht einmal ein Bach durchrieselt das breite Bett jenes alten Stromes. Erst bei Skaticken tritt das Insterflüßchen aus einem Seitental in das beregte Flußtal, das nun den Namen Instertal führt und zur Zeit der Überschwemmung noch in jedem Frühjahr uns deutlich veranschaulicht, wie mächtig der alte „Jurastrom" gewesen sein muß[1]).

Nach dem Durchbruche durch die Jurahöhen erhält der Fluß eine ansehnliche Breite. Bei Tilsit beträgt sie etwa 250 m. Die Uferränder werden immer niedriger, und ein weites, kaum absehbares Wiesental dehnt sich zu beiden Seiten aus. Sein Boden wird durch die Überschwemmungen des Flusses befruchtet und trägt dann eine Unmenge des herrlichsten Futters. Die Zeit des Frühlingshochwassers stellt sich nicht immer wie bei den meisten anderen Flüssen während der Schneeschmelze ein, sondern auch oft während der Eisverstopfungen, die in den eingedeichten Armen der Memel, Ruß und Gilge leicht entstehen können. In den Jahren 1832, 1835, 1842, 1863, 1882 war der Wasserstand ein derartig niedriger, daß keine Überschwemmungen erfolgten.

Zur Zeit der Überschwemmung fanden früher bedeutende Verkehrsstörungen statt. Vor der Eröffnung der Ostbahn ging der Hauptverkehr aus Deutschland nach Petersburg über Tilsit. Hier war aber vor dem Bau der Eisenbahn nach Memel keine feste Brücke. Die Eisenbahnbrücke ist erst in den Jahren 1872 bis 1875 erbaut worden. Die Schiffbrücke wurde bei Annäherung des Hochwassers abgebrochen, und alsdann mußte der ganze Verkehr durch die Königliche Trajektanstalt besorgt werden. Daß besonders zur Zeit der Eisgänge die größten Schwierigkeiten zu überwältigen waren, und sehr oft ein Überschreiten des Memeltales unmöglich war, liegt klar auf der Hand. Frachtwagen und Reisende mußten oft wochenlang in Tilsit warten, bis sie über den Memelstrom kommen und weiterfahren konnten. Dieser Umstand hat aber wesentlich zum Wachstume der Stadt beigetragen. Und doch hatte auch die Schiffbrücke ihre große Bedeutung. Verband sie doch wenigstens zur schönen Jahreszeit den nördlichen Zipfel Litauens mit Tilsit und dem übrigen Ostpreußen. Sie war nach dem Hubertusburger Frieden auf Staatskosten erbaut worden und hatte die ansehnliche Länge von 377 m. Die Prähme ruhten während des Winters im Winterhafen an der Mündung der Tilse. Durch den Bau der Luisenbrücke wurde sie entbehrlich. Die Eisenbahn Tilsit—Memel hat im Memeltale, das über 4 km breit ist, drei Brücken. Auch die durch dieses Tal führende Chaussee besitzt deren drei, und zwar zunächst die am 18. Oktober 1907 eingeweihte eiserne Brücke, die zur Erinnerung

[1]) Siehe auch den Abschnitt Inster, Seite 126!

an den Aufenthalt der Königin Luise vor 100 Jahren den Namen Luisenbrücke führt, dann die beiden eisernen Brücken über die beiden toten Arme der Memel, Uszlenkis und Kurmerzeris. So sind jetzt die Verkehrsverhältnisse bei Tilsit ganz andere geworden.

Da das linke Ufer höher als das rechte liegt und außerdem bei Tilsit noch mit Bollwerken versehen ist, so stürzen sich Wasser und Eis nach rechts über die flachen Ufer, und in unaufhaltsamer Bewegung begriffen treiben die gewaltigen Schollen dem Haff zu. Im Sommer sieht man hier die üppigsten Wiesen. Gerade in der Umgebung Tilsits stehen Pferde- und Viehzucht in großer Blüte. Der Tilsiter Fettkäse ist weit und breit berühmt. Die Holzindustrie der Stadt Tilsit stellt als Spezialität aus den sogenannten Abfallbrettern in großen Mengen die „Rollen" her, die zur Verpackung dieses Käses dienen.

Memelarme. Bei dem Dorfe Kallwen, ungefähr 11 km unterhalb Tilsits, teilt sich der Memelstrom in zwei Arme, die eine weite, einförmige, aber sehr fruchtbare Niederung einschließen. Von dieser Trennung ab verliert der Fluß seinen Namen, indem der rechte Arm Ruß, der linke Gilge genannt wird. Die Ruß ist der Hauptarm. In nordwestlicher Richtung fließt sie in einer Breite von 225 m und einer Länge von 33 km etwa bis zum Dorfe Ruß, woselbst sie sich in mehrere Arme spaltet. Der rechte Arm heißt Atmath. Er allein ist für größere Fahrzeuge schiffbar. Gegen das Eindringen von Haffschlick ist sie an ihrer Mündung auf der Südseite durch eine Mole geschützt. Ihr Kopf trägt eine eiserne Bake. In der Nachtzeit wird die Mündungsstelle durch zwei Richtfeuer gekennzeichnet. Der linke Mündungsarm heißt Skirwieth, von dem sich rechts unmittelbar bei Ruß abermals ein Arm, die Pokallna, abzweigt. Auch die Pokallna sendet noch einen Arm ins Kurische Haff, nämlich die Warruß. Früher mündete die Ruß im ganzen in 13 Armen. Die meisten sind im Laufe der Zeit teils versandet, teils zugeschüttet. Das gilt vor allem von den Mündungen der Skirwieth. Der Fischfang in den Mündungsarmen der Ruß ist bedeutend. Das Dorf Skirwieth hat jedoch seine früher sehr nennenswerte Lachsfischerei aufgeben müssen. Bei Ruß werden viele Neunaugen gefangen. Einträglicher noch ist die seit 1881 aufgekommene Ukeleifischerei. Die silberglänzenden Schuppen dieses etwa fingerlangen, lachsähnlichen Fisches werden zu Schmuckgegenständen, falschen Perlen, verarbeitet. Die Gilge fließt in fast westlicher Richtung dem Haff zu. Sie hat eine Länge von 45 km, eine Breite von nur 45 m und führt etwa $\frac{1}{5}$ des gesamten Memelwassers zum Haff. Ihre beiden Mündungen heißen Tawell und Alte Gilge. Fast auf ihrem ganzen Lauf ist sie kanalisiert. Der gekrümmte alte Flußlauf ist infolgedessen größtenteils versandet, weist aber noch mehrere Sammelbecken auf. Der Kanal führt den Namen Neue Gilge. Er geht von Sköpen bis Seckenburg und wurde vom Grafen von Keyserlingk in den Jahren 1613 bis 1616 angelegt. Die Tawell zweigt sich bei dem Dorfe Tawellningken ab und mündet bei Tawe. Die Gilge geht bei dem gleichnamigen Kirchdorf ins Haff.

Vor dem Jahre 1636 schickte die Memel außer der Gilge nach links noch zwei Arme, die Schalteik und die Schnecke. Der erstere zweigte sich bei Jägerischken, zwischen Tilsit und Kallwen, ab, wurde aber bis 1650 zugeschüttet. Der letztere hatte seine Abzweigung etwas weiter stromabwärts. Er ist auch versandet. Die ehemaligen Flußbetten sind aber noch in mehreren Teichen erkennbar. Heute bilden Schalteik und Schnecke, die sich bei Alt Seckendorf vereinigen, den Nemonien.

Wasserläufe im Memeldelta. Ursprünglich hatte die Gilge im Deltagebiete folgende Mündungsarme: Smalupp, Ragging, Agnit, Prudim, Ackel und Alge. Im nördlichen Teile des Deltas fließt als selbständiger Wasserlauf die Ackminge. Alge und Ackel stehen heute nicht mehr mit der Alten Gilge in Verbindung. Sie sind an ihren früheren Abzweigungsstellen verschüttet und verwachsen. In ihrem Unterlaufe sind es aber größere Flüsse, „Ströme", wie die Anwohner sagen. Die Alge vereinigt sich bei Karkeln mit mehreren kurzen, aber wasserreichen Flußläufen und bildet den Karkelstrom, der bei Karkeln in das Haff geht. Die Ackel teilt sich in ihrem Unterlauf in Loye, die bei dem gleichnamigen Orte das Haff erreicht, und Pait. Prudim, Agnit und Ragging vereinigen sich und schaffen dadurch den breiten Griebefluß, der sich kurz vor der Mündung mit dem Paitstrom vereinigt und von da ab Inskefluß heißt. Er ergießt sich bei dem Kirchdorf Inse in das Haff. Die Mündungsstelle wurde 1884 auf beiden Seiten von Molen eingefaßt. Die Smalupp hat ihren Lauf in der Nähe der Gilge. Sie mündet jetzt in die Tawell unweit Tawe. Außer diesen Flußläufen finden sich in jener wasserreichen Gegend noch eine Menge kanalartiger, oft recht breiter und tiefer Gräben, die hauptsächlich der Entwässerung dienen. Die nennenswertesten sind der Maszrimmgraben, der Mühlengraben und die Baszkell. Durch den Damm, der das Memeldelta gegen den Haffrückstau schützt, haben die genannten Gewässer eine bedeutende Veränderung erhalten. Mit Ausnahme der Agnit sind die Mündungsarme der Alten Gilge durch die Schöpfwerke abgeschlossen, die von der Zentrale bei Tramischen in Bewegung gesetzt werden. Die Agnit hat Deiche erhalten. Unter ihrem Flußbette liegt quer eine weite eiserne Röhre, in der sich die Kabel für die elektrischen Stromleitungen nach den südlicher gelegenen Schöpfwerken befinden.

„Die Natur hat hier ein so verworrenes Stromgeäder gebildet, daß es Mühe macht, den Wirrwarr zu entwickeln. Bald begegnen dem Auge reißende Stromfälle, gegen welche die Fahrzeuge bisweilen kaum heraufgezogen werden können, bald Kanäle mit totem Wasser, bald Stromarme, die sich in Afterarme verwandeln, bald wieder Afterarme, die sich in wahre Stromarme umschaffen und dem Hauptstrome das nötige Wasser entziehen. Dann erblickt man wieder einen Strom, der quer durch die Fahrbahn hindurchstreicht, der aber nichts zur Erhebung oder Erniedrigung ihres Wasserstandes beiträgt, hier einen Zufluß, dort einen Abfluß, der sich aber durch Anschwellung des Kurischen Haffes zuweilen wieder in einen Zufluß verwandelt." (Notizen von Preußen 1795.)

Diese Bemerkungen treffen zum größten Teile noch heute zu. Selbst Eingeborenen fällt es schwer, sich in diesem Durcheinander der Wasserläufe zurechtzufinden. Geklagt wird in neuester Zeit, daß die Mündungen der sogenannten Ströme immer mehr verflachen. Sie geben manchmal dem Keitelkahn nicht mehr ausreichenden Tiefgang. Die Anwohner hoffen daher, daß der Staat die erforderlichen Baggerungen wird vornehmen lassen, um die Ströme zu vertiefen.

Nebenflüsse der Memel auf preußischem Gebiet. Auf der rechten Seite empfängt die Memel:

1. Die Schwente. Sie ist ein kleiner Grenzfluß, der sich bei Schmalleningken ergießt.

2. Die Wischwill. Sie kommt aus Rußland und hat einen Lauf von etwa 80 km, von denen ungefähr 10 auf Ostpreußen entfallen. Schon vor mehr als einem Jahrhunderte trieb sie bei dem Dorfe Wischwill für die damalige Zeit recht bedeutende Mühlenanlagen, darunter auch eine Papier- und Walkmühle. Auch jetzt noch werden ihre Wasserkräfte ausgenutzt. Die alten Werke sind allerdings verschwunden. Nur ein Eisenhammer stammt noch aus früherer Zeit.

3. Die Jura. Dieser Fluß entspringt ebenfalls in Rußland, woselbst er ein großes Stromgebiet besitzt. Er fließt an Tauroggen vorbei und mündet bei Schreitlaugken, nachdem er eine kurze Strecke Grenzfluß gewesen ist. Für die Flößerei von russischem Langholze hat er eine gewisse Bedeutung. Schiffbar ist er nur kürzere Strecken aufwärts von seiner Mündung.

4. Die Jäge. Sie mündet schon in den Rußstrom. Entschieden war sie früher ein Arm der Memel, der sich zwischen Ragnit und Tilsit abzweigte und bis zur Vereinigung mit der Ruß parallel zum Hauptstrome floß. Als Nebenfluß der Jäge wäre die aus Rußland kommende Wilke mit der Piktup zu nennen. Durch ihre häufigen Überschwemmungen richtet die Jäge auf den angrenzenden Wiesen großen Schaden an.

5. Stromabwärts der Jäge fließen in die Ruß noch Wersze, Leite und Sziesze. Der letztgenannte Fluß ist von Heydekrug ab, woselbst eine kleine Hafenanlage ist, für Haffkähne und kleinere Dampfer schiffbar und bildet so eine wichtige Wasserstraße.

Auf der linken Seite empfängt die Memel auf ostpreußischem Boden:

1. Die Szeszuppe. Sie entspringt bei Philippowo in der Nähe der Romintequellen und tritt bei Schirwindt in Ostpreußen ein. Von hier bis zum Dorfe Schillenöhlen bildet sie die Grenze zwischen Rußland und dem Deutschen Reiche. Bei Schirwindt empfängt sie den Schirwindtfluß,

der ebenfalls Grenzfluß ist und die westlich von Stallupönen herkommende Rauschwe aufnimmt. Dieses Flüßchen wird vom Packledimmer Moor gespeist. Nachdem die Szeszuppe die Grenzlinie verlassen hat, wendet sie sich in einem großen, nach Norden geöffneten Bogen nach Westen und erhält den Zufluß der Alexnuppe, die durch den landschaftlich schön gelegenen Willuhner See geht. Am Südufer der Szeszuppe zieht sich auf eine weite Strecke der Schoreller Forst hin. Stellenweise hat sie steile und malerische Ufer. Ein schönes Landschaftsbild bietet sie beispielsweise dem Beschauer bei dem Kirchdorfe Lasdehnen. Eine kurze Strecke oberhalb der Juramündung ergießt sich die Szeszuppe in den Memelstrom.

2. Die Tilse (lit. Tilszelle, tilszus = sumpfig). Dieses Flüßchen entspringt südlich von Moritzkehmen und fließt in einem größtenteils nach Nordwesten gerichteten Laufe bis Tilsit, woselbst es in die Memel mündet. In Tilsit ist die Tilse 1562 in einem ausgegrabenen Becken zu einem großen Mühlenteich angestaut worden. An ihrer Mündung befindet sich ein kleiner Hafen, der früher zur Winterszeit die Pontons der Tilsiter Schiffbrücke aufnahm.

D. Die weiteren Flüsse Ostpreußens, die sich in das Kurische Haff ergießen.

a) Die Dange.

Die Dange, in alten Urkunden Dangha und Danoa genannt[1]), kommt aus Rußland, aus dem Gouvernement Wilna, und tritt eine kurze Strecke unterhalb Russisch Krottingen, einem in dem ehemaligen Samogetien belegenen, von Memel nur 20 km entfernten Städtchen, in Preußen ein. Sie fließt in fast südlicher Richtung an Bajohren und Dt. Krottingen vorbei und mündet bei Memel in das Kurische Haff. Oberhalb des Ortes Tauerlauken ist sie schmal und flach und läßt sich infolgedessen nur von kleinen Kähnen befahren. Ihre Mündung jedoch ist ziemlich breit und tief. Sie bildet deshalb einen Teil des Memeler Hafens. Das Bett der Dange ist heute nicht mehr dasselbe wie vor Jahrhunderten, da sie ihren Lauf recht häufig verändert hat. Darauf beruht auch die Entstehung ihrer toten Arme, der sogenannten „faulen“ Dangen. Da, wo sie den Memeler Höhenzug durchschneidet, hat die Dange herrliche Uferpartien. Zu den schönsten Punkten zählt Tauerlauken. Dort hat die Königin Luise während ihres Aufenthaltes in Memel im Jahre 1807 häufig geweilt. Lieblich ist auch die Lage des Gutes Purmallen, in dessen Nähe geologisch wichtige Bohrungen vorgenommen worden sind.

---

[1]) In der altpreußischen Sprache bedeutete das Wort danga soviel wie Fluß.

b) Die Minge.

Dieser Fluß kommt ebenfalls aus Rußland. Bald nach seinem Eintritt in unsere Provinz sind die Ufer von bewaldeten Anhöhen eingeschlossen. Von Prökuls ab dehnen sich zu beiden Seiten weite, tiefgelegene Wiesenflächen aus, die selbst bei geringeren Wasseranschwellungen überschwemmt werden. In Ostpreußen nimmt die Minge die Aglone, die schöne Uferpartien hat, Wewirsze und Tenne auf. Sie mündet in der Nähe der Atmath, da, wo das Haff den Knaupbusen bildet. An der Mündungsstelle hat sie eine Breite von 30 m. Ursprünglich hatte sie folgende Arme: Upaitis, Jägertak, Pelketak, Moletak und Takgraben (Takas = Steig). Gegenwärtig kommen nur Upaitis und Takgraben in Betracht. Letzterer fließt in die Atmath und ist schiffbar.

Bis zum Jahre 1867 zu 1868 war die Minge ihrer Krümmungen wegen für die Schiffahrt wenig gegeignet, zumal auch die meisten Mündungsarme sehr verwachsen waren. Da wurde sie bis zum Orte Lankuppen reguliert und von diesem Punkt aus unter Benutzung des Drawöhne-Schmelteller Kanals der König Wilhelm-Kanal gebaut. Doch bezeichnet man heutzutage die ganze Wasserstraße von Schmelz bei Memel bis zur Atmath mit diesem Namen. Der Kanal erstreckt sich fast parallel zum Ostufer des Kurischen Haffes in einer Länge von etwa 25 km, durchschneidet den Drawöhnefluß, der etwa auf der Mitte zwischen der Windenburger Ecke und Schmelz das Haff erreicht, und erstreckt sich bis zu dem Küstenflüßchen Schmeltelle, um südlich von Schmelz in das Haff zu gehen. Bei Lankuppen befindet sich eine Schleuse zur Regulierung des Wassers. Der König Wilhelm-Kanal ist heute eine bedeutende Wasserstraße, denn auf ihm wird viel russisches Holz von dem Sammelplatze Ruß mittels Schleppdampfern nach Memel gebracht. Ferner befördert er das Holz, das aus Rußland auf der Minge bis Lankuppen geflößt worden ist, nach dieser Stadt. Der Holzhandel hat sich durch ihn in Memel bedeutend gehoben. Die erste Summe zu dem Bau dieses Kanals — 300 000 Mark — wurde bereits 1862 bewilligt. Im nächsten Jahre wurde der Bau selbst in Angriff genommen. Er dauerte 10 Jahre. Am 17. September 1873 wurde der Kanal eröffnet. Der Name König Wilhelm-Kanal wurde ihm durch Erlaß vom 17. November 1865 beigelegt. Die Gesamtkosten betrugen rund 3 Mill. Mark. Nach dem Jahre 1873 sind noch einige Krümmungen im Unterlaufe der Minge beseitigt worden. Da dieser Fluß aber eine starke Strömung hat, die dem Flößverkehre hinderlich ist, so wird die Verlängerung des König Wilhelm-Kanals über die Minge hinaus bis zum Rußstrom von den Memeler Kaufleuten angestrebt.

c) Der Nemonien.

Der Flußlauf. Da die Gilge von ihrem Anfange bis zur Mündung auf der linken Seite von einem starken Deiche begleitet wird, so kann sie hier unmöglich die Abwässer des anstoßenden Niederungsgebietes aufnehmen. Dieses Gelände ist deshalb auf einen anderen Abfluß angewiesen, nämlich auf den Nemonien. Er hat keine bedeutende Länge, ist jedoch unterhalb Wieps 180 bis 240 m breit und erreicht eine Tiefe bis zu 13 m. Man kann diesen Sammelfluß einem kurzen, dicken Baumstamme vergleichen, der ein weitverzweigtes Wurzelsystem besitzt. Die Wurzeln des Nemonien, seine Zuflüsse, sind in einem ausgedehnten Gebiete, nämlich in den Kreisen Labiau, Niederung, Tilsit, Ragnit und Insterburg, zu finden. Der eigentliche Flußlauf des Nemonien erstreckt sich von Petricken bis zum Dorfe Nemonien, woselbst seine Mündung ist.

Bei Petricken mündet auch der W a r s z e k a n a l, der mit seinen Verzweigungen das Wasser aus der Seckenburger und Lappiener Gegend zuführt. Unterhalb des Dorfes Petricken mündet links in den Nemonien ein teichartiger Fluß, W e l m t e i ch genannt, der 1 km lang ist und bis Jodgallen reicht, wo sich mit ihm die von Jägerischken kommende S ch a l t e i k, von szaltas = kalt, die von Linkuhnen kommende S ch n e c k e und die U s z l e i k vereinigen. Bei der anwohnenden Bevölkerung ist die Bezeichnung Nemonien durchaus nicht fest bestimmt. So wird die Schalteik schon so benannt. Auch der Welmteich führt diesen Namen. Danach hätte der Nemonien nur zwei Anfänge: bei Jodgallen und Petricken, und bildete erst nach der Vereinigung mit dem Welmteich einen einheitlichen Stromlauf. Die Schnecke ist bei dem Hebewerke Jodgallen abgeschnitten und dient nun dem dortigen Entwässerungsverband. Im Mittellauf ist auch die Welm durchschnitten. Der oberhalb des durchschneidenden Dammes gelegene Flußlauf ist eingedeicht. Sein Wasser hat Abfluß durch einen Kanal, den Marienwalder Kanal, nach der Medlauk, die ihren Weg zur Laukne nimmt. An der Mündungsstelle des Nemonien wurde in den Jahren 1864 und 1865 zum Schutze der Fahrrinne eine Mole errichtet. Der Molenkopf trägt einen Holzturm mit Leuchtfeuer (Haffleuchte).

Nebenflüsse und Arme. Bei dem Orte Timber mündet links in den Nemonien die L a u k n e, die aus der Vereinigung der Flüsse M e d l a u k, A r g e, O s s a und P a r w e entstanden ist. Die Laukne hat ebenso wie der Nemonien nur einen kurzen Lauf, ist jedoch an einzelnen Stellen bis 30 m tief. An ihren Ufern hat einst der Biber gehaust. Die Arge, die von Bartken bis Argelothen hohe und schöne Ufer hat, entspringt in dem Anstipper Torfbruche bei dem Kirchdorfe Szillen im Kreise Ragnit. Auf der linken Seite nimmt sie die Budupp mit der Schillupp auf. Ossa und Parwe sind unbedeutender als die Arge. Sie haben ihren Ursprung im Kirchspiele Grünheide, Kreis Insterburg. Kurz unterhalb der Mündung der Laukne fließt in den Nemonien die T i m b e r. Sie entspringt in einem Torfbruch in Neu Lasdehnen, Kreis Insterburg, nimmt die S ch w e n t o j e auf und durchschneidet das Große Moosbruch, woselbst sie auf eine Strecke von etwas über 20 km kanalisiert worden ist. Dadurch ist sie schiffbar geworden und ist deshalb für die Bewohner des Großen Moosbruches von nicht zu unterschätzender Bedeutung. Nicht nur, daß sie von Kartoffel- und Zwiebelkähnen befahren wird, sondern auch die große Ziegelei Wilhelmswerder bei Piplin benutzt diese Wasserstraße zum Absatz ihrer Erzeugnisse.

Zwischen Nemonien, Gilge und Kleinem Friedrichsgraben befindet sich ein ganzes Netz von Wasseradern. Es sind dies alte Arme des Nemonien. Von diesen Armen flossen Bönke und Szubbel bei Marienbruch in die Alte Gilge, während die Worgel in das Haff mündete. Bei der Regulierung der Gilge wurden diese Arme zugeschüttet. So entstanden tote Flüsse, obwohl sie recht breit und tief sind. Die Strömung wurde nun eine rückläufige und führte das Wasser wieder zum Nemonien zurück. Zur Entwässerung dieser Gegend, die auch den Namen Bönkebruch führt, wurden aus der Worgel zwei tiefe und breite Gräben geführt. Der Unterlauf der Worgel mündet auch heute noch in das Haff.

Die Landschaft im Nemoniengebiete. Von den Uferhöhen der Memel bei Tilsit zieht sich zwischen Arge und Schnecke eine mäßige sandige Hügelreihe bis zu dem kleineren Stücke des Großen Moosbruches hin, das zwischen der Laukne und dem Nemonien liegt. Hier befindet sich der Schneckener Forst. Durch diese Hügelreihe wird das Nemoniengebiet in zwei ganz verschiedene Teile getrennt. Der Teil, der von der Arge, Ossa, Parwe und Medlauk durchflossen wird, liegt im allgemeinen hoch. Nur im Unterlaufe dieser Gewässer und an der Laukne ist tiefer gelegenes Land mit recht niedrigen Wiesen, die in jedem Jahre zur Hochwasserzeit, da es an Schutzvorrichtungen fehlt, überschwemmt werden. Das Heu dieser Wiesen wird als Futtermittel nicht besonders geschätzt. Der Ackerbau herrscht hier vor. Das Gebiet der Schnecke, Schalteik und Warsze gehört zur Linkuhnen-Seckenburger Niederung (S. 46!) und erstreckt sich von der Memel bis zum Kleinen Friedrichsgraben. Bis zum Jahre 1860 war auch diese Gegend der jährlichen Überschwemmung ausgesetzt. Der Ackerbau war fast unmöglich. Die Bewohner waren lediglich auf Heugewinnung und Viehzucht angewiesen. Da wurde mit staatlicher Unterstützung der Linkuhnen-Seckenburger Entwässerungsverband gebildet. Die Schalteik ist vollständig eingedämmt, und auch an den anderen Flußläufen sind Schutzdämme errichtet, so daß der Rückstau aus dem Haff diese Gegend nicht mehr überfluten kann. Sodann sind mehrere Dampfhebewerke erbaut worden, die das Regen- und Schneewasser in die Abzugsflüsse hineinwerfen. Die größten Hebewerke stehen in Petricken an der Mündung des Warszekanals und bei Jodgallen an der Schnecke. Die Entwässerungsanlagen haben bedeutende Summen gekostet und sind heute nur mit vielen Geldopfern zu unterhalten, aber dafür sind auch die Kulturen gegen früher sehr viel besser geworden. Namentlich hat sich das östliche Gebiet dieses Teiles, der viel Lehmboden hat, sehr vorteilhaft verändert. Aber auch das westliche Stück, das mehr Moorboden aufweist, bietet gegenwärtig dem Besitzer weit mehr Erträge. Darum wird 1 ha Land, das vor 1860 mit 450 Mark und weniger berechnet wurde, heute mit 2000 Mark und mehr bezahlt.

E. Die Wasserstraße von Labiau bis Tilsit.

a) Der Große und Kleine Friedrichsgraben.

Da die Schiffahrt auf dem Haff besonders bei stürmischem Wetter viele Schwierigkeiten zu überwinden hat, die für Holzflöße, Wittinnen usw. recht verhängnisvoll sind, so ist im Laufe der Zeit von Labiau bis Tilsit eine künstliche Wasserstraße hergestellt worden, auf der man das Haff ganz umgehen kann. Diese Straße beginnt mit dem Großen Friedrichsgraben. Das ist ein Kanal, der aus der Deime bei Labiau nach dem Nemonienfluß führt, den er 3 km oberhalb dessen Mündung erreicht. Er wurde in den Jahren 1689 bis 1697 auf Veranlassung der Gräfin Katharina Truchseß zu Waldburg gegraben. Sie war die Gemahlin des Besitzers der Grafschaft Rautenburg. Die Pläne stammten von ihrem ersten Gatten, dem General-Quartiermeister Philipp von Chieze. Die Leitung der Arbeiten hatte der Mühlenbaumeister Johann Stawinsky in Händen. Nach Fertigstellung des Kanals erhielt die Unternehmerin vom Staate die Erlaubnis, für die Benutzung der Wasserstraße einen Zoll erheben zu dürfen. In den Jahren 1709 und 1710 ging der Kanal jedoch in den Besitz des Staates über. Der Große Friedrichsgraben stellt eine fast 19 km lange Wasserrinne dar. Er ist über 2 m tief und fast durchweg 40 m breit. Seine jetzige Breite hat er 1881 erhalten. Eine Wasserströmung findet in ihm nicht statt. Bei anhaltenden starken Nordwinden steigt er durch das hereingetriebene Haffwasser an, das bei ruhigem Wetter wieder abfließt. In seinem Zuge liegt zwischen Labiau und Grabenhof die sogenannte Adamsbrücke, eine Flutbrücke zur Abführung des Deimehochwassers.

Ursprünglich war seine Entfernung vom Südufer des Kurischen Haffes, dem er ziemlich parallel läuft, größer als gegenwärtig. Die Nordweststürme haben mit Macht die Wellen des Haffes gegen das Ufer geworfen. Dadurch sind bedeutende Erdmassen weggespült worden. Bei dem Dorfe Agilla-Juwendt ist der Abstand zwischen Kanal und Haff am geringsten. Da es sogar bei Sturmfluten vorgekommen ist, daß Haffwasser in den Kanal über den schmalen, trennenden Landstreifen hinübergeworfen wurde, so hat man einen auf Faschinen ruhenden Steindamm, den Haffwehrdamm, hart am Haff aufgeführt. Bereits im Jahre 1725 wurde mit der Anlage dieser Schutzvorrichtung begonnen. In späterer Zeit wurde der Damm erweitert und verstärkt, und erst in den zwanziger Jahren des vorigen Jahrhunderts erhielt er seine gegenwärtige Beschaffenheit, mußte jedoch in den Jahren 1900 bis 1904 wieder ausgebessert werden. Er hat eine Länge von 11 km. Der Kanal wird außerdem von einem breiten Treideldamm begleitet.

Die Gegend am Großen Friedrichsgraben macht einen angenehmen Eindruck. Es wechseln üppige Wiesen mit freundlich gelegenen Wäldern ab.

Zu beiden Seiten erblickt man saubere Dörfer, deren Bewohner Viehzucht und Gemüsebau treiben. Besonderen Fleiß verwenden sie auf den Anbau der Zwiebel. Nach einer reichlichen Ernte fahren sie wie die Niederungsbewohner mit dieser Frucht weit in die Provinz hinein, um sie zu verkaufen oder gegen Brotgetreide einzutauschen.

Zwischen Nemonien und Gilge wurde 1688 der 5 km lange Kleine Friedrichsgraben angelegt. Er beginnt bei Petricken und führt nordwärts bis Seckendorf. Gegenwärtig ist er bei Seckenburg abgedämmt. Früher hatte er ein starkes Gefälle, und die Litauer nannten ihn deshalb Greituschke, d. h. die Schnelle. Es war also bis zur Abdämmung des Kleinen Friedrichsgrabens die Wasserstraße zwischen Labiau und Tilsit folgende: Deime — Großer Friedrichsgraben — Nemonien—Kleiner Friedrichsgraben—Gilge—Memel.

b) Weitere Ausgestaltung dieser Wasserstraße.

Weil die Gilge den größten Teil ihres Wassers durch den Kleinen Friedrichsgraben nach dem Nemonien schickte, so versandete mit der Zeit ihr Unterlauf. Dieser Mißstand machte sich auch bei der Tawell bemerkbar. Die Folge davon war, daß die verflachten Flußläufe bei Hochwasserzeiten die Gegend unterhalb Seckenburgs nicht schnell genug entwässern konnten. Den unermüdlichen Bemühungen eines dortigen Landwirtes, namens Borm aus Oschke, gelang es, daß in den Jahren 1833 bis 1836 vom Staate der Kleine Friedrichsgraben abgeschnitten und in der Verlängerung der Neuen Gilge der Seckenburger Kanal gegraben wurde. Dieser Kanal erstreckt sich zwischen den Dörfern Tawellningken und Marienbruch, woselbst er in die Alte Gilge mündet. Damit die Schiffe jedoch nicht einen längeren Weg zurückzulegen haben, wurde der Kanal von dem letztgenannten Orte südwärts nach dem Nemonien und dem Großen Friedrichsgraben unter dem Namen Neuer Seckenburger Kanal weitergeführt. Er ist durch die scharfe Strömung zu einer breiten und tiefen Wasserstraße geworden. Auf der Ostseite ist er mit einem Deiche versehen. Die Wasserstraße Labiau—Tilsit ist also gegenwärtig folgende: Deime—Großer Friedrichsgraben—quer über den Nemonien hinweg—Neuer Seckenburger Kanal—Seckenburger Kanal—Neue Gilge—Gilge—Memelstrom. Es werden diese verschiedenen Namen bei den Schiffern und Anwohnern jedoch nicht auseinandergehalten. Sie unterscheiden nur Friedrichsgraben—Nemonien—Seckenburger Kanal (zwischen den Dörfern Nemonien und Marienbruch) — Gilge und Memelstrom. Eine Dampferfahrt bietet hier dem Reisenden viel Interessantes. Stellenweise finden sich zu beiden Seiten dichte, fast undurchdringliche Wälder, Überreste des vormaligen großen Urwaldes. Dann zeigen sich weite, fast unabsehbare Wiesenflächen, auf denen in der Sommer- und Herbstzeit unzählige Haufen Heu für den Winter aufgestapelt sind. Wenn die Flüsse eine genügend starke Eisdecke tragen, werden die Heuvorräte fortgeschafft. Von weit her kommen Fuhrwerke und holen sie hinweg bis tief in das Innere der Provinz. Mitten im Grün liegt Gehöft an Gehöft, von Weiden und Erlen umgeben, ein eigenartiges Landschaftsbild darstellend. Mancher Besitzer erfreut sich in dieser Gegend eines gewissen Wohlstandes. In erster Reihe verdankt er ihn dem „Langen Wasser". Vor Herstellung der zahlreichen Kanäle, besonders des Großen Friedrichsgrabens, war dort eine Wildnis, die nur mit den größten Anstrengungen zu bereisen war. Es ist durch die erwähnten Wasserstraßen ein Kulturwerk von weitreichender Bedeutung geschaffen worden.

F. Wasserscheiden.

a) Die Wasserscheide zwischen Pregel- und Memelgebiet.

Sie beginnt auf der Ostseite des Wysztyter Sees. Nachdem sie die preußische Grenze überschritten hat, geht sie an Stallupönen vorbei, wendet sich dann nordöstlich nach Pillkallen, umschreitet die Insterquelle, um dann ihren Weg durch die große Plinis und Kacksche Balis zu nehmen. Sie wirft sich dann nach Südwesten, durchschreitet das Große Moosbruch, die Muppiau, ferner den Druskener Forst und begibt sich schließlich in westlicher Richtung in das Samland hinein. Über den Großen Hausen hinweg zieht sie sich bis zur Küste, die sie bei Palmnicken errreicht.

b) Die Wasserscheide zwischen Pregel- und Weichselgebiet.

Von der Quelle der Jodappe zieht sich diese Wasserscheide in fast westlicher Richtung bis zum Mierunsker See, schreitet in einem großen Bogen um Kowahlen herum bis zum Seesker Berge. Von hier aus schlägt sie ganz westliche Richtung ein und erreicht die Oberförsterei Heydtwalde. Dann biegt sie nach Süden um, durchschreitet den Heydtwalder und Borkener Forst, erstreckt sich zwischen dem Soltmaner und Gablicksee, geht am Südostende des Widminner Sees vorbei und durchschneidet den Löwentinsee. Nach anderen Angaben soll bei der Hauptstrecke der masurischen Seen die Wasserscheide am Schimonker Kanal zu suchen sein. Von hier ab ist ihre Richtung eine häufig wechselnde. Zuerst geht die Scheidegrenze nach der Guberquelle, nördlich von Rhein, zieht sich von hier nach Sensburg hin, geht in weitem, nach Norden offenem Bogen um die bei dieser Stadt liegenden Seen herum, umschreitet nordwärts den Gehlandsee und geht nun westwärts bis Bischofsburg. Ihr weiterer Lauf wird ungefähr durch eine Verbindungslinie zwischen dieser Stadt und dem Kirchdorfe Lahna angedeutet. An Tannenberg vorbei zieht sie sich bis zur Drewenzquelle.

Von hier aus läuft sie auf dem linken Ufer der Passarge durch den Jablonker und Taberbrücker Forst, zieht sich zwischen Langguter und Schillingsee hin, ferner am Westufer des Mahrung- und Nariensees entlang, sucht sich ihren Weg in der Nähe von Liebstadt zwischen der Liebe und Weeske, wendet sich endlich nordwestlich nach den Trunzer Höhen und erreicht am Frischen Haff ihren Endpunkt.

Die eben angedeutete Wasserscheide trennt auch das Gebiet der Alle und die übrigen zu Ostpreußen gehörenden Flußgebiete, die ihre Wasser in das Frische Haff führen, von dem Gebiete der Weichsel. Die Wasserscheiden zwischen den zum Narew eilenden Flüssen unserer Provinz gehen meistens in gerader, und zwar in nordsüdlicher Richtung, dem Laufe genannter Gewässer entsprechend. Zwischen Lyckfluß und Pissek wird die Scheidegrenze ungefähr durch die ostpreußische Südbahn angedeutet. — Das seenreiche Gebiet des letztgenannten Flusses wird im Westen durch eine Linie begrenzt, die sich vom Großen Babantsee in südöstlicher Richtung östlich vom Schwentainer See und am Ostufer des Rosogaflüßchens entlang bis zum Narew hinzieht. — Das Omulefgebiet hat zur Ostgrenze eine Linie, die sich südöstlich vom Waldpuschsee am Westufer der Rosoga entlang hinzieht. Die Westgrenze bilden hauptsächlich die Gold- und Irrberge.

c) Die Wasserscheide zwischen Alle und Passarge.

Diese Wasserscheide wird vornehmlich vom „Stablack" gebildet. Sie zieht sich dann von dieser Erhebung beinahe in südlicher Richtung auf Heilsberg zu, geht um die Drewenz herum, schreitet zwischen beiden Flüssen bis an den Westzipfel des Okullsees und läuft um den Wulpingsee bis an das Nordende des Großen Plautziger Sees.

IV. Ostpreußens Waldungen.

1. Allgemeines.

Einst war unsere Provinz viel waldreicher als heute. An der Ost- und Südgrenze zog sich ein ungeheurer Waldgürtel entlang, der sich von Ragnit bis Ortelsburg hin erstreckte. Der Ritterorden ließ ihn absichtlich verwachsen und verwildern, um einen Schutzwall für sein kultiviertes Gebiet gegen die räuberischen Einfälle der heidnischen Litauer und der Polen zu haben. Leider siedelte sich hier aber auch allerlei Raubgesindel an und machte Wege und Stege unsicher. Am Saume der „Wildnis" waren kleine Schutzburgen erbaut, oder man hatte aus Baumstämmen, Gestrüpp, Erdwällen usw. Gehege und Verhaue errichtet, um feindliche Angriffe zu erschweren. Stellenweise hatte dieser Wald eine Breite von 60 bis 70 km. Heute sind nur noch Überreste dieses Riesenforstes vorhanden, so der Rominter, der Rotebuder Forst, die Johannisburger Heide und der Napiwodensche Forst, der sich an die Johannisburger Heide anschließt. Allerdings sind auch die ein nicht zu verachtender Schutz gegen anrückende feindliche Heerhaufen. In der

Johannisburger Heide sind außerdem südlich der Eisenbahnstrecke Ortelsburg —Johannisburg besondere strategische Befestigungsanlagen errichtet. Zu den Bewohnern der Wildnis gehörten auch das wilde Roß und der Auerochs. Die alten Preußen stellten dem ersteren des Fleisches wegen nach. Zur Ordenszeit unternahm man häufig Roßjagden um der Häute willen. Im Jahre 1543 mußte Herzog Albrecht den Befehl erlassen, für die Erhaltung der wilden Rosse etwas zu tun, damit sie nicht ganz ausgerottet würden. Der Auerochs, der „Riese der Wildnis“, ist jetzt aus Ostpreußen vollständig verschwunden. In der Wildnis hatten ferner Bären ihr Heim. Natürlich war auch an Wölfen und Luchsen kein Mangel. Reich war dieser große Wald an wilden Bienen. Der Honig vertrat die Stelle des Zuckers und diente zur Bereitung des Metes, des Lieblingsgetränkes der alten Preußen.

Wenn gegenwärtig Ostpreußen auch nicht mehr so reich an Waldbeständen wie früher ist, so kann doch mit vollem Rechte behauptet werden, daß bei uns das Verhältnis von Wald und den übrigen Bodenarten ein durchaus günstiges ist, obschon zugegeben werden muß, daß der durchschnittliche Prozentsatz der Wälder in der gesamten preußischen Monarchie ein größerer ist als in Ostpreußen. So entfallen im Preußischen Staate 23% der Gesamtfläche auf Wald, in Ostpreußen dagegen etwa 18%. Die Nachbarprovinz Westpreußen hat schon verhältnismäßig mehr Wald, nämlich 21%. Trotzdem kann nicht behauptet werden, daß sich bei uns eine gewisse Waldarmut bemerkbar machte. Es tritt nirgends der Mangel an Forsten im Landschaftsbilde der Provinz fühlbar auf. Gerade das Gegenteil ist der Fall. Wir haben Forsten von mächtigen Ausdehnungen und von geradezu vorzüglicher Beschaffenheit. Die meisten sind Staatsforsten und unterstehen einer zielbewußten Verwaltung, die die Förderung des heimischen Waldes unentwegt verfolgt. Die Gründe für die verhältnismäßig geringe Beforstung Ostpreußens sind in dem Seenreichtum, in der großen Anzahl der Moore, besonders der Hochmoore, und in den weiten, unfruchtbaren Sandflächen des südlichen Teiles unserer Provinz zu suchen, die jedoch der Aufforstung entgegengehen.

Die Erhebungen Ostpreußens sind an keiner Stelle so bedeutend, als daß sie das Gedeihen des Waldes ungünstig beeinflussen oder gar gänzlich in Frage stellen könnten. Es kann sogar behauptet werden, daß das Hügelland den größeren Teil unserer Waldungen, das Flachland den kleineren Teil trägt. Unser vorherrschender Wald ist der Fichten- und Kiefernwald. Ersterer trägt gewöhnlich den Namen Tannenwald. Die Kiefer wächst besonders in Masuren und hat hier fast durchweg einen vortrefflichen Wuchs. So haben beispielsweise die Kiefern der Johannisburger Heide einen weiten Ruf. Die Fichte ist vorwiegend im nördlichen Teile der Provinz zu finden. Sie liebt mehr lehmigen Boden. Mit Ausnahme der Provinz Schlesien ist dieser Baum nirgends so häufig wie bei uns zu finden. Große Fichtenwälder bilden die Forsten bei Labiau, Tapiau und Wehlau. Bedeutende Fichtenbestände finden sich in dem Padrojer und Papuschiener Forst, in den Beläufen von Eichwald, Tzulkinnen und in der Rominter Heide. An sonstigem Nadelholze kommt bei uns die Lärche vor, jedoch mehr vereinzelt als ganze Wälder bildend. Auf besonders dürftigem Boden gedeiht noch der Wacholder. Häufig findet er sich in den sogenannten Palwen. Die meisten Wacholderbüsche stehen im südlichen Teil Ostpreußens in der Nähe der russischen Grenze.

Was die Verteilung von Laub- und Nadelholz anlangt, so ergibt sich etwa folgendes Verhältnis: rund $\frac{3}{4}$ der Waldungen bestehen aus Nadel-, $\frac{1}{4}$ aus Laubholz. Der Laubwald weist besonders Erlen, Birken, Eichen, Spitzahorn, Esche, Linde, Rüster, Aspen, Salweiden auf. Die Buche kommt bei uns nicht zu häufig vor. Nur das Oberland hat schöne Buchenwälder. Oft sind Laubbäume, besonders Birken, in den Kiefernwäldern zu finden. Sie haben sich dann die feuchten, fruchtbaren Stellen ausgesucht. Wo der Boden recht tief gelegen, wohl gar sumpfig ist, gedeiht gut die Roterle. Größere von ihr gebildete Bestände finden sich im Ibenhorster und Nemoniener Forst. Auch läßt sich die Roterle mit befriedigendem Erfolg am Fuße der durch Sandgräserbau festgelegten Dünen anpflanzen. Die Eiche ist meistenteils eine mehr oder minder eingesprengte Holzart. In der Vermischung mit Buchen, Fichten und Kiefern liefert sie ein wertvolles, vielbegehrtes Nutzholz. Auf ihre Nachzucht von der Forstverwaltung wird gegenwärtig ein erhöhtes Gewicht gelegt. Es ist Tatsache, daß früher Litauen von mächtigen Eichenwäldern bedeckt war. Alte Eichen stehen bei Lauck, Schlobitten und Schlodien. Beim letztgenannten Orte befindet sich eine zweibeinige Eiche und eine mit fast 9 m Umfang. Die Linde kommt bei uns nur vereinzelt vor, während sie im benachbarten Polen größere zusammenhängende Waldungen bildet. Oft tritt uns die ostpreußische Linde aber als wahrhafte Riesin entgegen, so z. B. bei Minten, südlich von Bartenstein, ferner bei Senklerkrug im Kreise Wehlau. Auch die Rauschener Linden sind hier zu erwähnen, sowie die Linde in Hirschau. (Siehe S. 169!). Verhältnismäßig am häufigsten sieht man die Linde in den Wäldern,

Die Rauschener Linden.

Der Rauschener Mühlenteich.

die den Pregel begleiten, so bei Tapiau und Friedrichstein. Stattliche Stämme der Weiß- oder Hainbuche finden sich in den samländischen Waldungen und in den Forsten des Kreises Labiau, ebenso in der Rominter Heide und in den Forstrevieren Borken und Rotebude. Dort ist auch die Aspe vertreten, allerdings immer nur mit anderen Bäumen vermischt. Dasselbe gilt von der Salweide und der Grauerle. Letztere ist im Memelgebiete ziemlich häufig zu finden. Über die Rotbuche siehe S. 188! Gar oft schließen unsere Forsten kleinere und größere Seenbecken ein. Dann zeigen sich Landschaftsbilder von seltener Schönheit. Ein solches Kleinod Ostpreußens ist beispielsweise der von Fichtengrün umgebene Rauschener Mühlenteich.

Unsere Fichtenwälder haben in der Mitte der fünfziger Jahre des vorigen Jahrhunderts traurige Zeiten durchgemacht. Im August 1853 fanden sich in den ostpreußischen Waldungen Schwärme von Faltern der Nonnenraupe. Jedenfalls sind sie aus den russischen Grenzgebieten zu uns herübergekommen, denn dort hatte das Insekt in den Vorjahren größere Waldstriche vernichtet. Trotzdem alle Vorsichtsmaßregeln getroffen worden waren, nahm im Sommer 1854 die Vermehrung dieses Schmetterlinges derartig zu, daß menschliche Mittel dagegen nichts mehr ausrichten konnten. Die Falter legten ihre Eier bis in die höchsten Spitzen der Bäume. Später setzten sie die Eier auch auf dem Erdboden im Moos, an den Wurzeln und Steinen ab. Das Zerstörungswerk begann im Nordosten der Provinz und zog sich nach Südwesten hin. In manchen Nadelwäldern wurden die Bestände fast ganz vernichtet. Am bemerkbarsten war der Raupenfraß in den Sommern 1854 und 1855. Im darauffolgenden Sommer stellte sich ein Wandel zum Bessern ein, Mangel an Nahrung hinderte die völlige Ausbildung der Raupen. Außerdem wurden sie von epidemischen Krankheiten befallen und starben in ungeheuren Mengen. An manchen Stellen wurde der Boden hoch mit Raupenleichen bedeckt. Mit dem Jahre 1857 konnte man den Raupenfraß als beendigt ansehen. Der Schaden, der dadurch angerichtet worden war, erwies sich als ein ganz ungeheurer. Große Fichtenwaldungen waren gänzlich vernichtet, andere waren durch den Fraß in einen schlechten Zustand versetzt worden. Was die Nonne noch zurückgelassen hatte, fing an der Borkenkäfer zu verwüsten. Er verbreitete sich vom Jahre 1858 ab in großer Menge, bis auch bei ihm 1860 ein Stillstand eintrat und 1862 sein Zerstörungswerk beendigt war. Es gab für die Forstverwaltung während und nach jener bösen Zeit zweierlei zu tun, nämlich den getöteten Wald zweckmäßig zu verwerten und an seiner Stelle einen neuen zu erzielen. Von den eingeschlagenen Holzmassen ging viel in Gestalt von Eisenbahnschwellen, Dielen und Planken in das Ausland. Gegenwärtig sind die Spuren jenes Raupenfraßes durch die Anlage von Neukulturen größtenteils beseitigt. Nach ungefährem Überschlage sollen ihm 34 Millionen Festmeter Holz zum Opfer gefallen sein. 1866 und 1867 wurde in unseren Staatswaldungen ein weiteres Unheil durch die Kieferneule angerichtet. Das Jahr 1909 brachte für die ostpreußischen Forsten ein neues Verhängnis. Die Nonne kam wieder und richtete unendlichen Schaden an. Große Strecken prachtvoller Bestände mußten niedergeschlagen werden. Oberbayrische Holzschläger wurden zu diesem Zwecke hierhergerufen. Wo der Raupenfraß am größten gewesen war, wurden Schneidemühlen errichtet, um das gefällte Holz gleich zu zerkleinern. Der angerichtete Schaden läßt sich zurzeit noch nicht überschauen.

2. Die wirtschaftliche und gewerbliche Ausnutzung unserer Wälder.

Die Holzpreise in unserer Provinz zählen mit zu den niedrigsten im ganzen Preußischen Staate. Schuld daran ist vor allem die starke Einfuhr von russischem Holz auf der Memel. Dann aber beeinträchtigen den Preis auch unsere großen Torfvorräte und die sich immer mehr selbst fern von den Städten einbürgernden Steinkohlen. Es wird damit entschieden durch einen weiteren Ausbau des Eisenbahnnetzes und der Wasserstraßen besser werden. Ostpreußisches Holz wird noch immer von auswärtigen Händlern gern gekauft. Besonders werden Eichen, Eschen, Weißbuchen nach dem Westen verfrachtet.

Die Königsberger Zellstoffabrik. (Vergl. Seite 276.)

Unser Kiefernholz hat sogar Ruf auf dem Weltmarkte. Leider sind die Frachten auf der Eisenbahn aus unserem entlegenen Ostpreußen bis nach Berlin oder gar nach dem Rhein sehr hoch.

Eine Menge Rohmaterial wird von der heimischen Holzindustrie beansprucht. Zu den Sägemühlen aus früherer Zeit gesellen sich jetzt eine Holzschleiferei und mehrere Zellulosefabriken. In der Holzschleiferei werden Kloben, namentlich solche von Aspenholz, erst geschält, dann von Sägen zerkleinert und von gewaltigen Schleifsteinen zerrieben. Es entsteht ein Brei, der gesiebt und mit Hilfe von hydraulischen Pressen zu einer Art Pappe gepreßt wird. Sie befindet sich in Pinnau bei Wehlau. Der Holzschliff wird gleich zu Braunholzpapier verarbeitet. In 24 Stunden werden davon 60 dz erzeugt. Anders gewinnt man den Holzfaserstoff oder die Zellulose in den Holzzellstoffabriken. In der Hauptsache geschieht es auf folgende Weise: Die runden Holzscheite, wie sie von den staatlichen Forsten kommen, werden zunächst von der Rinde befreit, dann je nach der Dicke ein- oder zweimal in der Länge gespalten und in etwa 2 cm starke Scheiben schrägüber fein geschnitten, so daß sie nur noch lose zusammenhalten, und endlich in einem Schleuderwerke zu kleinen Stücken zerschlagen. Alle diese Vorarbeiten werden von Maschinen besorgt. Auf einem Schüttelsiebe werden darauf die Stücke sortiert. Das Auslesen des Astholzes geschieht mit der Hand. Das sortierte Holz gelangt nunmehr in die Kocher. Das sind hohe eiserne, innen mit Schamottesteinen ausgemauerte Kessel. Hier wird es mit Dampf erhitzt und durchfeuchtet. Dann läßt man Lauge von unterschwefligsaurem Kalk dazu. Dadurch wird das Holz vollständig aufgeweicht und schwammförmig, schließlich breiartig. Diese breiige Masse wird gehörig mit Wasser verdünnt, über ein endloses Drahtsieb geführt, das das Wasser durchläßt, den Zellstoff aber auf eine Walze führt, wo er sich zu langen pappartigen Streifen bildet, die über mit Dampf geheizten Zylindern getrocknet werden. Zellulosefabriken haben wir in Königsberg, Tilsit, Ragnit und Memel. (Siehe Seite 276!)

Aber das ostpreußische Holz findet noch anderweitige Verwendung. So wird aus Nadelholz Teer geschwelt. Derartige Anlagen sind in Luisenberg bei Alt Jablonken (Kreis Osterode), Schwalgendorf bei Saalfeld (Kreis Mohrungen), Puppen (Kreis Ortelsburg) und Rudczanny (Kreis Johannisburg). In Gertlauken (Kreis Labiau) werden noch in Meilern Holzkohlen gewonnen. Abnehmer dafür sind Schneider, Plätterinnen, Schlosser, Klempner.

Außer den Holzerträgen, die allerdings ihren Hauptnutzen ausmachen, gewähren die Waldungen auch noch andere Vorteile, die besonders der ärmeren Bevölkerung unserer Provinz zugute kommen. Es sind hier vor allem die Waldweide, Gras- und Streunutzung und das Raff- und Leseholz zu nennen. Auch bringt das Sammeln der Beeren und der Pilze, woran sich besonders die Frauen und Kinder beteiligen, einen ansehnlichen Gewinn. Aus Masuren werden alljährlich große Mengen von Blaubeeren (Heidelbeeren) mit der Bahn nach Westen geschafft. Auch die Preisel- und Himbeeren gewähren lohnenden Verdienst. Die Himbeeren gedeihen besonders gut in den litauischen Forsten. Sie sind für die Saftfabrikation von großer Bedeutung.

3. Die Jagd in Ostpreußens Waldungen.

Wenn die ostpreußischen Forsten auch nicht so viele reiche Wildbestände wie die Waldungen Mitteldeutschlands bieten, so werden sie doch immerhin den Jäger befriedigen und das Jagen lohnen. An Wild ist bei uns kein Mangel. Die Jagd in unserer Provinz ist eine vielseitige und oft interessante.

Eigentümlich ist der Provinz Ostpreußen das Elchwild. Durch die Kultur ist es auf das Bruchrevier der Niederungsforsten verdrängt. In anderen Gebieten zeigt es sich nur selten. So kommt es noch vereinzelt im Frisching vor. Der Bestand an diesem Wilde beträgt in den staatlichen Forsten jetzt rund 500 Stück. Davon entfällt die eine Hälfte auf die Oberförsterei Ibenhorst, die andere auf die Oberförsterei Tawellningken. Es wird sorgfältig gehegt und gepflegt. Der jährliche Abschuß beträgt etwa 7 Stück. (Siehe Seite 170!)

Flüchtiges männliches Elchwild (Elchbullen).

An Rot- und Damwild kann unsere Provinz nicht viel aufweisen. In den Revieren Borken und Rotebude sucht man es durch sorgsame Schonung und Pflege einzubürgern. Eine Heimstätte hat der Rothirsch in der Rominter Heide. Auch durch Jagdschutzvereine wird für die Hebung des Wildbestandes viel getan.

Das Reh ist bei uns sehr häufig zu finden. Es vermehrt sich bei einiger Schonung sehr leicht und erreicht hier eine besondere Größe und Schwere. Leider sind ihm unsere langandauernden und oft schneereichen Winter sehr gefährlich.

Das Schwarzwild findet sich nur strichweise in Ostpreußen. Es hält sich in größeren Waldgebieten auf. Seine Vermehrung ist im Interesse der Forst- und der Landwirtschaft nicht geboten.

Der Hase ist in unserer Heimatprovinz recht ungleich verteilt. Am häufigsten findet er sich in den fruchtbaren Gegenden Litauens. An einigen südlich gelegenen Stellen gehört er zu den Seltenheiten. In den Waldungen der Kurischen Nehrung um Rossitten herum haben sich mehrfach weiße Hasen und weiße Rehe gezeigt. Es sind dies jedenfalls ausschließlich Albinos. Ein häufig bei uns vorkommendes Wild ist der Dachs.

Was nun die größeren Raubtiere anbetrifft, so läßt sich in Ostpreußen manchmal der Wolf blicken. Doch geschieht das nur in besonders strengen, schneereichen Wintern. Die sich hier zeigenden Exemplare sind Überläufer aus polnischen Wäldern. Noch im Jahre 1893 wurde in der Oberförsterei Grondowken ein starker Wolf erlegt. Hin und wieder zeigt sich in den ostpreußischen Wäldern auch der Luchs. Im Februar 1862 wurde in der Oberförsterei Nassawen ein Luchs erlegt, der sich mehr als ein Jahr in den dazugehörigen Forsten aufgehalten hatte. 1879 wurde abermals ein Luchs geschossen, diesmal in der Oberförsterei Puppen, der letzte 1901 im Schoreller Forst. In dem Puppenschen Forst erlegte man 1804 den letzten Bären. Sehr häufig ist bei uns der Fuchs, der dem Wild erheblichen Abbruch tut. Leider gelingt seine Ausrottung schwer. Er hat seine Schlupfwinkel in kleineren Waldungen, oft weit weg von den größeren königlichen Forsten. Dort vermehrt er sich stark, um dann, wenn seine Nachkommenschaft selbständig geworden ist, hier seinen Aufenthalt zu nehmen. Zu den dem Wilde schädlichen Tieren gehören verwilderte Katzen, Baum- und Steinmarder, Iltisse und Wiesel. Den Mardern und Iltissen wird schon ihres kostbaren Pelzes wegen häufig nachgestellt.

An Flugwild kommen hier vor: Auerwild, wenngleich nur noch vereinzelt, Birkwild, das sich ganz besonders zahlreich findet und von Jahr zu Jahr zunimmt, Haselwild, bei dem auch eine erfreuliche Zunahme festgestellt werden kann, das Rebhuhn, und auf unseren zahlreichen Gewässern die verschiedenen Schnepfenarten. An den schilfigen Ufern nisten unzählige wilde Enten, und auf ihren Frühjahrszügen stellen sich nicht selten wilde Gänse auf unseren Feldern ein. Die Jagd auf Sumpf- und Wasservögel ist sehr vielseitig. Zu dem bei uns verschwundenen Flugwilde gehört das Schneehuhn, das sich früher häufig vorfand. Dasselbe gilt vom Steinadler. Nur im Winter zeigt er sich manchmal. Die früheren zahlreichen Horste sind aber verlassen.

4. Einige größere ostpreußische Forsten.

a) Die Rominter Heide.

Sie ist nicht die Heide, in der das Heidekraut gedeiht. Die rote Erika wird man dort so leicht nicht finden. Dagegen trifft man mächtige hundertjährige Kiefern und Fichten neben jungem Laubwalde, bestehend aus Eichen, Eschen und Birken. Zwischen großen grünen Farnwedeln schimmert die blaue Glockenblume hervor, umgaukelt von herrlichen Schmetterlingen. Waldbeeren gedeihen in üppigster Fülle. Die dichtbestandenen Reviere bergen einen großen Reichtum an Hochwild. Die Heideflüsse sind reich an wohlschmeckenden Fischen. Die würzige Harzluft kräftigt und weitet die Lungen. Reich ist auch die Heide an seltenen Naturdenkmälern. So finden wir in der Oberförsterei Rominten im Belaufe Szittkehmen größere Flächen mit 150- bis 250jährigen prachtvollen Kiefern von vorzüglichem Wuchs. Eine Kiefer im Belaufe Blindischken zeigt bei 30 bis 35 m Höhe einen Umfang von 3 m. Am Bolzweg fallen dem Wanderer eine Anzahl Kugelfichten ins Auge. Bei anderen Fichten in dem 250 ha großen Hühnerbruche stehen die Spitzentriebe meist nach unten, so daß die Bäume aufgespannten Regenschirmen gleichen. Als Ursache dieser merkwürdigen Bildung wird das Erfrieren der Markröhre angenommen. In den Beläufen Teerbude, Bludszen und Blindischken kommt der schöne Straußfarn häufiger vor. Von merkwürdigen Tieren wäre vor allem der Schneehase zu nennen. In dem schwer zugänglichen Hühnerbruch sind stets einige Exemplare vorhanden, und der Kaiser hatte vor einigen Jahren bei einer Pirsch im Schutzbezirk Szittkehmen die seltene Gelegenheit, ein Exemplar zu beobachten, das gerade den Übergang vom Sommerkleide zum Winterkleide zeigte. Der Igel ist oft, besonders auch im Teerbuder Park, zu finden. Der Kolkrabe ist mit einem und der schwarze Storch mit drei Horsten vertreten, während der Schreiadler ziemlich häufig vorkommt, der Tannenhäher keine große Seltenheit ist und Kraniche vereinzelt nisten. Auch Schwarzspecht und Mandelkrähe fehlen nicht, und der aufmerksame Beobachter kann an vielen Wasserläufen der Heide den wunderschön gezeichneten Eisvogel in seinem heimlichen Treiben belauschen. Erratische Blöcke sind durch die ganze Heide verstreut. Als hervorragend wäre ein Findling im Schutzbezirk Dagutschen zu erwähnen, der bei 4 m Länge und Breite eine Höhe von 1,60 m über dem Erdboden zeigt.

Die Rominter Heide gehört mit ihrem etwa 240 qkm umfassenden Gebiete zum größeren Teile dem Kreise Goldap, zum erheblich kleineren Teile dem Kreise Stallupönen an. Ihre Ausläufer gehen bis in die nächste Nähe der russischen Grenze, doch fehlt ein unmittelbarer Zusammenhang mit den russischen Forsten. Der Boden ist meist hügelig, in den ebenen Gegenden oft sandig. Die Ausdehnung der Heide von Norden nach Süden beträgt etwa 15 km, die von Westen nach Osten 30 km. Sie bildet 4 Forstreviere: Goldap-Rominten (im Südwesten), Warnen (im Nordwesten), Rominten (im Südosten) und Nassawen (im Nordosten). Vor etwa drei Jahrzehnten waren nur die Oberförstereien Warnen und Nassawen vorhanden. Die Oberförsterei Goldap befindet sich jetzt in Rominten, daher die Bezeichnung Goldap-Rominten. Früher hieß diese Oberförsterei Szittkehmen.

Bis zum Jahre 1852 glich dieser Forst einem Urwalde. Große Holzmassen waren in ihm aufgespeichert, unterbrochen von Mooren, Wiesen und Sümpfen. Nur wenige schlechte Wege durchkreuzten das weite Waldgebiet. Da brach plötzlich das Unglück über die ostpreußischen Wälder herein, das von der Nonne ausging, und der stolze alte Wald, der Jahrhunderten getrotzt, wurde eine Beute dieser Verwüsterin. Das Holz hatte fast allen Wert verloren und wurde zu jedem Preise verkauft. Tausende von Stämmen vermoderten aber trotzdem und riefen eine außerordentlich üppige Vegetation hervor. Diese Zustände mußten für die Wild- und Jagdverhältnisse von hervorragender Bedeutung werden. Besonders vermehrten sich Füchse und Marder stark. Der Rehbestand stieg infolge der guten Äsung auf den durch den Raupenfraß hervorgerufenen Blößen auf eine nie dagewesene Höhe. Auch der Rothirsch, der König unserer Wälder, konnte hier jetzt festen Fuß fassen. Es hat sich um seine Erhaltung und Verbreitung in der Rominter Heide besonders der Oberförster Reiff in Nassawen verdient gemacht. Er führte aus dem Wildbestande des Potsdamer Forstes 7 Stück Mutterwild ein. An Stärke und Geweihbildung sind die Hirsche der Rominter Heide nur dem amerikanischen Wapiti und dem Edelhirsch Ungarns nicht überlegen. Sie erreichen hier ein Körpergewicht (aufgebrochen) bis zu 300 kg, und die Geweihe finden sich in einer Schwere von 10 kg. Mitte September beginnt die Brunftzeit der Tiere. Dumpf und laut schallt dann namentlich in kühlen, mondhellen Nächten die Stimme des männlichen Hirsches an das Ohr des Lauschers. Die Tummelplätze der Rudel sind vor allem die Flußwiesen, auf denen der nächtliche Wanderer sie in ihrem Liebesleben wie in ihren Kämpfen mitunter beobachten kann. Während der Hirsch das ganze Jahr über in der Heide ruhelos umherschweift, wechselt er zur Brunftzeit — falls nicht regnerisches Wetter herrscht — längere Zeit am selben Ort und lagert bei Tage so lange immer in dem nämlichen Versteck, als er nicht durch den Menschen oder einen Nebenbuhler gestört wird. Hierauf beruht die Möglichkeit, den Standort starker Hirsche mit einiger Sicherheit festzustellen. Die strengen, meist langen und schneereichen Winter tun dem Wildbestande nur verhältnismäßig geringen Abbruch. Zur Verhütung von Wildschaden ist die Heide mit einem 2 bis 3 m hohen Drahtzaun umgeben. Die Bahnstrecke Goldap—Stallupönen führt in einiger Entfernung an dem Walde vorbei, um nicht das Wild zu stören. Durch den Forst ziehen sich sogenannte Pirschstege. Das sind etwa 50 cm breite, von der Grasnarbe und vom Unterholze befreite Fußwege, die in vielfachen Windungen um die tiefer gelegenen Wiesengelände hinführen, auf denen die Hirsche morgens und abends zur Äsung auszutreten pflegen. Bei der Anlage dieser Stege ist sorgfältig darauf geachtet, daß der sich hier bewegende Jäger stets in Deckung bleibt und von der Wiese aus nicht gesehen werden kann. In bestimmten Abständen von 200—250 m sind mit Grün verblendete Beobachtungsstellen eingerichtet, die freien Ausblick über das ganze Gelände gewähren und auch das Schießen ermöglichen. Außer diesen Beobachtungsstellen sind in Schutzbezirken, in denen sich die Hirsche mit Vorliebe aufhalten, Wildkanzeln errichtet, die dem Jäger das Heranpirschen an die einzeln oder in Rudeln stehenden Hirsche erleichtern.

Jagdhaus Rominten; links die Hubertuskapelle.

Die Rominter Heide ist seit alten Zeiten ein beliebtes Jagdrevier gewesen. Bereits vor Jahrhunderten pirschten hier die Ordensritter und die preußischen Herzöge. Georg Wilhelm, der Vater des Großen Kurfürsten, zog manchmal zur Jagd dorthin. Seit 1869 jagte der Prinz Friedrich Karl öfter in der genannten Heide. 1884 war er zum letzten Male dort. Seit dem Jahre 1890 hat unser kaiserlicher Herr dieser Perle der Jagdgefilde seine Aufmerksamkeit geschenkt. In dem genannten Jahre weilte er 10 Tage in jenem litauischen Forst in dem Wellerschen Logierhaus in Teerbude, das erst vor kurzem an die Stelle einer einfachen, strohgedeckten Heideschenke getreten war. Dem Monarchen gefiel der Aufenthalt auf diesem von seiner Residenz so weit abgelegenen Jagdgebiet, und infolgedessen hat er in jedem Jahre hier auf Hirsche gepirscht. Von dieser Zeit ab ist die Rominter Heide bekannter, ja man kann wohl sagen weltbekannt geworden. Im Sommer 1891 ließ sich der Kaiser in Teerbude ein Jagdschloß erbauen. Es ist ein eigentümliches, im norwegischen Stile gehaltenes Gebäude, das aus rotgebeizten Stämmen von norwegischen Handwerkern und Arbeitern gezimmert worden ist. Es führt den Namen Jagdhaus Rominten. Es liegt auf dem linken Ufer der Rominte auf einer Anhöhe und besteht aus dem einstöckigen Mittelbau und den beiden zweistöckigen Flügeln mit Balkons und Veranda. Die Bauart ist durchaus einfach und praktisch. Vom Speisesaale genießt man eine prächtige Aussicht auf das Dorf und seine stille waldbekränzte Umgebung. 1893 erstand dem Schlosse gegenüber ein ebenfalls in norwegischem Stile gehaltenes Kirchlein, die Hubertuskapelle, zu der die gewaltigsten Kiefernstämme der Heide das Bauholz lieferten. Die Hubertuskapelle hat den Umgang der norwegischen Stabholzkirchen. Sie birgt Platz für 120 Personen und ist äußerst einfach ausgestattet. Die Glocken sind in einem besonderen Glockenturm untergebracht. Seitdem hat Rominten, diesen Namen erhielt nunmehr Teerbude, mit jedem Jahr ein immer eigenartigeres Aussehen bekommen. Auf Veranlassung des Kaisers wurden Arbeiterhäuser und Wirtschaftsgebäude skandinavischer Art errichtet; die von Goldap nach Rominten verlegte Oberförsterei erhielt ebensolche Dienstgebäude, und die Brücken im Walde verzierte man mit den nordischen Drachenköpfen. Ferner wurde die Rominte oberhalb des Dorfes reguliert und eine Badeanstalt eingerichtet, die auch von der Schuljugend und den Touristen benutzt werden darf, und endlich ein hoher Aussichtsturm auf der „Königshöhe“, einem Hügel südlich in der Nähe von Rominten, erbaut, von dem man einen interessanten Ausblick über das ungeheure Waldmeer der Heide und die umliegenden Gebiete genießt. Allmählich brachte der Kaiser dann die Grundstücke des Dorfes durch Kauf an sich und schließlich auch das schon genannte Gasthaus, das vom Hofmarschallamt einen Pächter erhielt. Was also der Kaiser vom Balkon seines Jagdschlosses unten zu seinen Füßen erblickt, ist heute fast alles sein persönliches Eigentum.

Bisher hat der Kaiser alljährlich sein litauisches Jagdrevier besucht. Die Kaiserin begleitete ihren Gemahl zuerst dorthin im Jahre 1893, als die Hubertuskapelle eingeweiht wurde. Die Ankunft des Monarchen erfolgt gewöhnlich in der Zeit zwischen dem 20. und 22. September. Dann hat die Hirschbrunft ihren Höhepunkt erreicht. Bei seiner Ankunft im Jagdhause wird der hohe Gast, der bereits das grüne Weidmannsgewand trägt, von der gesamten Jägerei der Heide begrüßt. Das Leben und Treiben zur „Kaiserzeit“ ist im Dorfe sehr rege. Zahlreiche Besucher sind täglich anwesend, die den Monarchen zu sehen wünschen, und da die Regierungsgeschäfte selbstverständlich auch hier keine Unterbrechung erfahren dürfen, so kommen und gehen die Kuriere, wird der elektrische Draht fast den ganzen Tag über in Anspruch genommen. Überall bemerkt man die Uniformen der Forstbeamten, die da dienstlich zu tun haben, außerdem liegt im Dorf eine von den benachbarten Garnisonen gestellte Ehrenkompanie.

Der Kaiser ist unermüdlich in seinen Pirschfahrten und schon mit dem frühesten, wenn der Herbstmorgen noch lange nicht dämmert, nach einem der Beläufe unterwegs.

Die Förster sind bereits vor der Ankunft des Kaisers damit beschäftigt, den Standort starker Hirsche festzustellen, sie zu „verhören“, und dieser anstrengende Dienst wird während der Kaisertage fortgesetzt. Jeder betrachtet es natürlich als eine Ehre, den Kaiser mit Erfolg führen zu können. Der tägliche Rapport der Förster wird telephonisch an die vier um jene Zeit in Rominten anwesenden Oberförster der Heide übermittelt, die wiederum dem Kaiser berichten. Dieser entscheidet sich darauf für irgendeinen Belauf. Zur Jagdgesellschaft gehören außer dem Kaiser in der Regel der Oberhofjägermeister, mehrere Oberförster und Unterbeamte. Die Fahrt in die entfernteren Beläufe dauert oft bis zu zwei Stunden, dann beginnt der Pirschgang, der mitunter recht beschwerlich ist. Nach der Pirsch wird im Wald ein Feuer angezündet, und die Jagdgesellschaft stärkt sich hier bei einem mitgebrachten Imbiß. Am häufigsten jagt der Kaiser in den Beläufen Jagdbude, Fuchsweg, Schwentischken, Nassawen, Reif, Dagutschen, Szittkehmen und Teerbude.

Ist die Pirsch erfolgreich gewesen, so schmückt ein Tannenreis den Hut des hohen Jägers. Der Hirsch wird zu Wagen aufs Schloß geschafft und abends auf dem Hofe nach Weidmannsbrauch feierlich zur Strecke gebracht. Ein Jäger bläst auf dem Waldhorne das „Hirsch tot!“, dessen langgezogene Töne weithin über die Wälder schallen. Bei der Tafel sieht der Kaiser stets Gäste, so die Oberförster und diesen oder jenen Herrn aus der Regierungs- oder Provinzialhauptstadt. Oft ist auch Professor Friese, selber ein Sohn Litauens, anwesend, der in der Regel alljährlich um diese Zeit nach Rominten berufen wird, um von besonders starken Kapitalhirschen Ölskizzen für den Kaiser aufzunehmen.

Auf schwächere Hirsche als Zwölfer schießt der Kaiser gewöhnlich nicht. Er ist ein guter Schütze, und wenn der Jagdaufenthalt trotzdem mitunter wenig ergiebig ist, so liegt das an ungünstiger Witterung. Kühles, klares Wetter gilt als das vorteilhafteste. Wenn Regenwetter herrschte, ist es aber auch schon vorgekommen, daß der Kaiser die ganze Zeit über nur zwei oder drei Hirsche erlegt hat. Einzelne Jahre waren um so ergiebiger, so der Herbst 1896, wobei der Kaiser einmal auf einer einzigen Pirschfahrt drei kapitale Hirsche schoß. Das genannte Jahr brachte ihm auch als Jagdbeute den damals zweifellos stärksten Hirsch der Heide, einen Zweiundzwanzigender. Während seiner ersten Anwesenheit im Herbst 1890 war der Kaiser fast ununterbrochen auf der Jagd, von morgens früh bis abends spät. Seitdem unternimmt er gewöhnlich nur zwei Pirschfahrten, eine frühmorgens, von der er bereits um 8 oder 9 Uhr zurückkommt, und eine zweite etwa von 4 Uhr nachmittags ab, die sich oft bis 9 oder 10 Uhr ausdehnt. Der Kaiser schießt mit einer Hand, und zwar die Büchse aufgelegt auf den schräg gegen einen langen Stab gestemmten Arm seines Büchsenspanners. Ein glücklicher Schuß wird auf diesem Stocke durch ein Zeichen vermerkt.

Auf anderes jagdbares Wild hat der Kaiser in der Rominter Heide bisher nicht gepirscht. Der Versuch, Auerwild in der Heide heimisch zu machen, ist mißlungen. Im Winter 1894/95 wurde Schwarzwild, ein Geschenk des Russischen Zaren, in der Heide ausgesetzt, wo es seit Jahrzehnten bereits ausgestorben war. Die Tiere vermehrten sich sehr schnell, richteten aber auf den umliegenden Feldern und den Feldmarken der Heidedörfer, die gegen dieses Wild nicht geschützt waren, großen Schaden an, weshalb man sie wieder nach und nach abschoß. Jetzt dürften sie in der Heide nur noch vereinzelt vorkommen, da auch der Einschlag der Bestände und die Entfernung des Unterholzes aus Anlaß der Nonnenraupengefahr ihnen viele Verstecke geraubt haben. Das Reh kommt in der Heide dem Hirsche gegenüber kaum in Betracht. Im Winter tritt ab und zu ein Wolf aus den russischen Wäldern über. Er wird dann aber bald unschädlich gemacht. Ständiger Bewohner der Heide ist der Wolf schon seit langen Jahren nicht mehr.

In den ersten Oktobertagen verläßt der Kaiser die Heide, die rauhen Herbstwinde fegen über Wald und Flur, das Laub fällt, und bald kommt auch der erste Schnee. Die Heide sinkt zurück in tiefe Einsamkeit, die erst im Frühjahre wieder der Strom der Touristen und Sommerfrischler unterbricht, die nach wie vor das kaiserliche Jagdrevier aufsuchen und sich an seinen landschaftlichen Reizen erfreuen.

Die Rominter Heide ist wenig bevölkert. Außer einigen Förstergehöften und dem großen fiskalischen Gute Binnenwalde finden wir hier nur noch vier Ortschaften, nämlich: Klein-, Mittel Jodupp, Jagdbude und Rominten. Jagdbude war schon zur Zeit des Herzogs Albrecht vorhanden. Er ließ hier ein Jagdhaus, die Romitten-Jagdbude, wie sie auf alten Karten heißt, erbauen. Die Fundamente davon sind heute noch auf einer Feldmark zu erkennen. Rominten, das alte Teerbude, war ursprünglich eine Salzburger Ansiedelung, und zwar eine Teerschwelerkolonie. Jetzt entwickelt sich dieses Dorf immer mehr zu einem besuchten Ausflugs- und Luftkurorte. Vor dem Kaiserlichen Jagdschlosse steht seit 1911 ein dem Prinzen Friedrich Karl gewidmeter Gedenkstein. Er trägt in schwarzen Buchstaben folgende Inschrift: „Dem Andenken des Prinzen Friedrich Karl von Preußen. Hier stand die Försterei Teerbude, in welcher dieser edle Weidmann wohnte, wenn er zur Pirsch in Rominten weilte. 1869—1884.“

b) Die Johannisburger Heide.

Sie bildet mit ihren 964,45 qkm Bodenfläche und 10 Oberförstereien das größte zusammenhängende Waldgebiet der preußischen Monarchie. Sie bedeckt den dritten Teil des Kreises Johannisburg und zieht sich auch in die Kreise Sensburg und Ortelsburg hinein. Selbstverständlich bietet sie nichts Abgerundetes dar. Nach Westen hin ist die Heide stark zerrissen. Große Ackerfelder schieben sich in sie hinein, und bedeutende Lichtungen finden sich hier. Die größte ist im Sensburger Kreise. Hier liegt Alt Ukta. Aber auch andere ansehnliche Dörfer und Gutshöfe sind dort zu sehen. Sie sind von fruchtbaren Gefilden umgeben, die weit am Horizont von der Heide begrenzt sind. Durchflossen wird diese Lichtung vom Crutinnenfluß, dem Kleinode der Johannisburger Heide. An seinen Ufern finden sich Landschaftsbilder, die zu den schönsten der Provinz zählen. Er mündet in den idyllisch gelegenen Gartensee, von wo eine seeähnliche Wasserader nach dem Beldahnsee führt. (Siehe Seite 107!) Im südlichen Gebiete befindet sich in einer Lichtung das große Kirchdorf Friedrichshof. An diesen beiden Stellen haben wir auch den am meisten bevölkerten Teil der Heide. Was ihre Bevölkerungsdichtigkeit anbetrifft, so gehört sie zu den am dünnsten bewohnten Teilen unserer Monarchie. Schuld daran ist hauptsächlich der im Süden vorkommende unfruchtbare Sandboden. Oft fährt der Flugsand über die Felder und zerstört die Pflanzendecke. Sogar der Buchweizen, eine für Masuren eigenartige Pflanze, will hier nicht gedeihen.

Den weitaus größten Teil des Waldes nimmt das Nadelholz ein, und zwar gedeihen hier vorzüglich Kiefern. Die Fichte kommt nie in zusammenhängenden Beständen, sondern stets mit der Kiefer vermischt vor. Nicht selten finden sich Kiefern bis zu einer Höhe von 35 bis 40 m. Schon zur Ordenszeit wurden sie sehr geschätzt und waren ein begehrter Handelsartikel. Das Laubholz tritt zurück. Nur im südlichen Teil in einigen Brüchern finden sich größere Bestände mit Erlen und Birken bedeckt. Letztgenannter Baum wächst auf feuchtem Boden auch manchmal zwischen den Fichten. Die Eiche kommt vereinzelt vor. Stattliche Exemplare sind in der Nähe von Rudczanny zu sehen. Von anderen Laubhölzern finden sich Hainbuchen, Aspen, Spitzahorn und Ebereschen. Im Unterholze machen sich besonders Wacholder und Haselstrauch bemerkbar.

Der Reichtum an Wild ist in der Johannisburger Heide verhältnismäßig kein großer. Der Hirsch zeigt sich so gut wie gar nicht, auch Schwarzwild findet sich dort sehr selten, meistens nur als Wechselwild. Ziemlich häufig ist das Reh. In strengen Wintern ist der polnische Wolf ein nicht seltener Gast der Heide. An Füchsen und sonstigem Raubzeuge herrscht hier kein Mangel. Die zahlreichen Seen, der Schmuck der Heide, sind mit vielen Wasservögeln belebt und bergen viele Fische. Ihr Krebsreichtum ist durch die Pest vor mehreren Jahren erheblich zurückgegangen, fängt sich jedoch in neuester Zeit durch die Bemühungen des Ostpreußischen Fischereivereins wieder zu heben an. An Mineralien war früher in einzelnen Gegenden der Heide der Raseneisenstein in besonders reichlichen Mengen vertreten, ebenso der Bernstein. Reich ist die Johannisburger Heide an Beeren. Erdbeeren sind in großer Menge zu finden. Blau- und Preiselbeeren werden bis nach Königsberg und noch weiter verschickt. Hauptausfuhrplatz dafür ist Rudczanny. Auch Wacholderbeeren werden dort gesammelt und in den Handel gebracht.

Die Verkehrsverhältnisse sind im allgemeinen in der Johannisburger Heide befriedigende. Der Boden ist fast überall durchlässig. Nur an einigen Stellen ist der Sand so vorherrschend, daß er den Verkehr erschwert. Dieses ist hauptsächlich am mittleren Teile des Niedersees der Fall. Chausseen gibt es verhältnismäßig wenige. Der westliche Teil ist damit mehr bedacht als der östliche. Für die wirtschaftlichen Verhältnisse der Heide sind von großer Bedeutung die dortigen Eisenbahnen. Die Strecke Lyck—Allenstein ist in der ersten Hälfte der achtziger Jahre erbaut und durchschneidet seit 1885 die Heide in ihrer größten Ausdehnung von Osten nach Westen. Jünger ist die Bahnstrecke Rudczanny—Sensburg—Rothfließ, die eine nordsüdliche Richtung hat. Die Ausnutzung der Wälder ist durch diese Schienenwege bedeutend gestiegen. Besonders hat sich Rudczanny gehoben. Dieser Ort ist nicht nur der Ausgangspunkt eines großartigen Holzversandgeschäftes, sondern auch der Mittelpunkt der masurischen Holzindustrie, die sich von Jahr zu Jahr immer mehr hebt.

c) Die Kaporner Heide.

Von Fischhausen bis zu dem Dorfe Moditten zieht sich von Westen nach Osten am Frischen Haff entlang die Kaporner Heide. Sie führt jedoch nicht durchweg diesen Namen, sondern nur in ihrem östlichen Teile. Weiter heißt sie der Bludausche Forst und schließlich Fischhausener Stadtwald. Der Boden, der diese Waldungen trägt, ist zumeist tief gelegen und recht feucht, deshalb auch fast durchweg mit einem grünen Moospolster bedeckt. Der Hauptbaum ist die Kiefer, die gerade dort einen besonders würzigen Duft verbreitet. Reich ist die Heide an den verschiedensten Beerensträuchern und an Wacholdergebüsch. Vor etwa 70 Jahren beherbergte sie noch das Elentier. Im Jahre 1718 wurden auf einer Jagd nicht weniger als 51 Stück dieses seltenen Wildes erlegt. Jetzt ist es hier vollständig verschwunden. Im östlichen Teile der Heide bei Moditten finden sich die Rieselfelder der Königsberger Kanalisationswerke.

Die Vierbrüdersäule.
(Etwa 5 km westlich von Moditten.)

Mitten im Walde steht der Vierbrüderkrug, ein mit einigen Logierhäusern versehenes Gasthaus, das außer seiner waldigen Umgebung noch eine historische Merkwürdigkeit aufweisen kann. Dicht dabei steht nämlich ein eigenartiges Denkmal, die Vierbrüdersäule. Ursprünglich bestand es aus einem hohen, mastbaumartigen Pfahl mit vier sich in rechtem Winkel schneidenden Armen. Jeder Arm trug einen aus Holz geschnitzten bärtigen Kopf mit aufgesetztem Helme. Jetzt steht an derselben Stelle eine achteckige massive Säule, die am oberen Ende die Brustbilder von vier mit Harnisch und Helm versehenen Männern aufweist. Auf einer an der Säule befestigten Tafel liest man folgende Inschrift:

„Zwölfhundertfünfundneunzig — die Chronik nennt dies Jahr,
Zur Zeit als Ordensmeister Meinhard von Querfurt war,
Da ruhten hier im Haine vier Waffenbrüder aus,
Von Sudau'n siegreich kehrend zurück nach blut'gem Strauß.
Da war der wackre Dyvel, der rüst'ge Kobenzell
Und Stobemehl und Röder, ein mutiger Gesell.
Die Treue, die dem Orden sie hatten angelobt,
War schon in Gau'n voll Aufstands im Kampfe oft erprobt.
Sie saßen froh beim Mahle nah Conowedits Schloß,
Da stürzte aus dem Dickicht hervor der Feinde Troß.
Mit Schwert und Spieß und Keule streckt nieder er die Vier.
— Und zum Gedenk der Toten steht diese Säule hier."

Es ist darin kurz der Inhalt einer Sage angedeutet. Sie erzählt folgendes: Der Ordensritter Martin von Golin hatte auf dem Schloßberge bei Margen die Burg Conowedit. Von hier aus machte er sich mit vier Waffengesellen und hundert Fußgängern auf den Weg, um einen Aufstand, der 1295 im sogenannten Sudauischen Winkel ausgebrochen war, zu dämpfen. Sie fielen plötzlich in die Nordwestecke des Samlandes ein und fanden den Adel des Landes bei einem großen Festgelage. Sie warteten deshalb im Wald auf die Nacht. Als nun die Sudauer lagen und schliefen, machten sich die Waffengefährten auf und erschlugen 93 adlige Preußen. Mit reicher Beute kehrten sie zurück. Auf der Rückkehr wurden sie jedoch von einer großen Schar von Sudauern überfallen und mit Ausnahme Golins alle erschlagen. Der Landmeister Meinhard von Querfurt ließ ihnen zur Ehre an der Stelle, wo sie ihren Tod fanden, ein Denkmal setzen. Es ist jedoch nicht erwiesen, daß diese Sage mit der Entstehung dieser Säule zusammenhängt. Es bestehen in bezug hierauf die verschiedensten Mutmaßungen. So sollen an dieser Stelle vier Brüder, die große Verbrecher gewesen sind, gevierteilt worden sein. Nach einer anderen Deutung sind von diesem Punkte vier Brüder ausgezogen, um eine Reise um die Welt zu machen. Nach vielen Jahren hätten sie sich hier wieder eingefunden. Andere meinen, hier hätte eine gewaltige Eiche gestanden, die den Göttern der alten Preußen geheiligt gewesen sei. Schließlich wird noch folgendes über die Entstehung der Säule erzählt: Auf einer großen Jagd in der Kaporner Heide sind Herzog Albrecht, der König von Polen, Kurfürst Joachim II. und Markgraf Georg Friedrich hier zusammengekommen. Sie tranken an dieser Stelle Brüderschaft, und zur Erinnerung daran ist die Säule errichtet worden.

Das westliche Samland besitzt außer der Kaporner Heide bedeutende Waldungen in dem Fritzer und Warnicker Forst. Der letztere ist der Stolz und die Freude der Bewohner und Freunde des Samlandes. Bei der Försterei Hirschau steht die alte, merkwürdig gewachsene Linde, auf die schon Seite 155 verwiesen worden ist. Der Stamm hat an seiner dünnsten Stelle $5\frac{1}{2}$ m Umfang. Er ist voller Knorren. Eine Treppe führt in die gewaltige Krone des Baumes.

d) Der Ibenhorster Forst.

Er liegt im Memeldelta und hat seinen Namen wohl von der Eibe (Taxus) erhalten. Im Norden wird er von der Skirwieth begrenzt, im Nordosten von der Ruß. Der Boden ist meistenteils torfig. Im Frühlinge, während der Überschwemmungszeit, steht er unter Wasser. Zur trockenen Jahreszeit bildet er ein weiches Moospolster. Jüngeres Erlenholz wechselt mit feuchten Wiesen ab. Durch den Wald und die Wiesen ziehen sich lange, schnurgerade Gräben, die vom Humus gebräuntes Wasser enthalten. Sie haben eine Breite von 2 m und darüber. Hohe Brücken führen über sie hinweg. Nur ortskundige Leute können mit eigens dazu eingerichteten Kähnen diese Wasserstraße befahren. Die Roterle bildet den Hauptbestand des Waldes. Auf den höher gelegenen Stellen wachsen jedoch auch Fichten und Kiefern. Manchmal zeigen sich sogar mächtige Eichen. In der Nähe des Haffes tritt auch die Weide in ihren vielen Arten auf. Die Wiesen werden von der Forstverwaltung auf Zeit verpachtet. Das Heu, das sie liefern, ist schilfig und hart. Die Pacht ist deshalb nicht sehr hoch, zumal die Ernte sehr beschwerlich und der Ertrag der Überschwemmungsgefahr wegen auch ungewiß ist. An den eigentlichen Wald schließen sich ausgedehnte Hochmoore

Die große Linde bei Hirschau.
Nach: Beiträge zur Naturkunde Preußens. 8. Band.

an, die mit dürftigen Gräsern und vereinzelten kümmerlichen Sträuchern besetzt sind. Hier ist der Ort, wo Ostpreußens herrlichstes Wild, das Elentier oder der Elch, haust.

Der Elch ist ein eigenartiges Tier. Er sieht aus wie ein Gebilde aus einer anderen Welt. Noch im Anfange des vorigen Jahrhunderts war er in Ostpreußen sehr häufig zu finden. Im Jahre 1848 fiel der größte Teil des Elchbestandes Wilddieben zum Opfer Etwa 20 Stück sollen übriggeblieben sein. Es ist das Verdienst des Oberförsters Ulbrich, daß dieses seltene Tier nicht ganz ausgestorben ist. Auch heute noch wendet man ihm die größte Fürsorge zu. Vor allem sucht man ihm seine Lebensbedingungen zu sichern

Elchwild im Bruch.
(Nach einem Originalgemälde von Karl Wagner.)

und das Bruchland, auf dem es sich besonders wohlfühlt, zu erhalten. Für den Winter wird es reichlich mit Äsung versehen. Durch das Pachten von angrenzenden Jagdgebieten will man sein Fortkommen erleichtern. Sogenannte Wilddämme werden errichtet, auf denen es zur Zeit der Überschwemmung Schutz suchen kann. Wilddiebereien werden aufs strengste geahndet. Der Abschuß erfolgt nach ganz besonderen Vorschriften. Trotz alledem ist die Vermehrung des Elches eine sehr spärliche. Auch brachen Seuchen unter den Tieren aus. Eine solche herrschte im Jahre 1896. Bei Eisgang erleiden sie schwere Verletzungen und müssen dann abgetan werden. Bei strengem Froste werden sie von Wilddieben auf das Haff gescheucht, dort auf Schlittschuhen verfolgt, müde gejagt und endlich getötet. Im Sommer sind die Elche sehr selten zu sehen. Zum Schutze gegen Mücken und andere Plagegeister ziehen sie sich in feuchte, abgelegene Brücher zurück. Hier liegen sie dann bis zum Kopf im schlammigen Wasser. Im Winter und vor allem zur Zeit des Schaktarps verlassen sie ihre Schlupfwinkel und begeben sich auf die Wanderung. Sie sind dann so wenig scheu, daß sie sich den Wohnungen der Menschen nähern. Die Nahrung des Elchs besteht hauptsächlich aus Laub und jungen Zweigen. Der Schaden, den er dem Baumbestande zufügt, soll aber gar nicht so groß sein, wie allgemein angenommen wird. Er grast auch auf Wiesen und liebt hier besonders einige Schachtelhalmarten. Am meisten hat die Eiche unter dem Elchwilde zu leiden. Es schält häufig die jungen Stämme ab, die eine Dicke von 6 bis 20 cm haben, und verzehrt die Rinde, die ihm besonders zu schmecken scheint. Sonst bevorzugt es die Knospen und Triebe der Weide und Erle.

Der Elch ist bei seinem unbestreitbaren Ruhebedürfnis und seinem Hange zur Einsiedelei wenig scheu. Man kommt ihm in den meisten Fällen bis auf Schußweite nahe, und zwar unter Verhältnissen, unter denen Reh- und Rotwild sofort flüchtig werden würden. Niemals ist der Fall vorgekommen, daß ein angeschossener oder gesunder Elch den Menschen angegriffen hätte. Weil er so furchtlos ist, darum kann er leichter als anderes Wild erlegt werden, und das hat Veranlassung zu Wilddiebereien gegeben. In neuerer Zeit hat die Kurische Nehrung bei Rossitten einen Elchbestand von durchschnittlich 20 bis 30 Stück. Der Elch hat sich hierher zurückgezogen, nachdem die früher fast kahle Nehrung auf erhebliche Flächen in Schonung gelegt ist und bereits zusammenhängende größere Waldungen trägt. Häufig hat es sich dort gezeigt, daß das Elchwild große Neigung zum Wasser hat. Es watet in das Haff hinein und unternimmt gern Schwimmtouren, da es ausgezeichnet schwimmen kann. Bei seinen Wanderungen begibt sich der Elch in Gebiete, wo er sonst nicht heimisch ist. So haben sich vor einigen Jahren in der Lasdehner Gegend an der Szeszuppe Elche gezeigt. Das hängt damit zusammen, daß sie nach Orten suchen, die ihnen bessere Existenzbedingungen gewähren. Je weniger Kultur sie finden, desto besser ist es für sie. Ein Forstmann sagt sehr treffend: „Es ist so, als ob sie nach ihrem verlorenen Paradiese suchten und es nicht mehr finden könnten.“ Für die Erhaltung des Elchs sind der Ibenhorster und der benachbarte Tawellningker Forst entschieden das beste Gebiet, und nach den Erfahrungen, die hierin zu verzeichnen sind, zu schließen, dürfte auch für die Zukunft unserer Provinz dieser Repräsentant vergangener Zeiten erhalten bleiben. Um der Elchhirsche willen werden von hohen Jagdfreunden seit Jahrzehnten weite Reisen nach Forst Ibenhorst unternommen. Im Herbst 1884 traf unser jetziger Kaiser, damals noch Prinz Wilhelm, mit seinem Freunde, dem inzwischen verstorbenen

Kronprinzen Rudolf von Österreich, gemeinsam auf der Bahnstation Heydekrug ein, um von da die anstrengende Fahrt zu Wagen nach Ibenhorst fortzusetzen.

Außer dem Ibenhorster, dem Tawellningker Forst und der Kurischen Nehrung bei Rossitten finden sich Elche noch im Frisching (Zehlaumoor). Ein fester Bestand von etwa 40 Tieren befindet sich auf dem sogenannten Helenawerder, einer zwischen zwei Ausflüssen des Skirwiethstromes gelegenen Insel, wo sie durch einen 2,50 m hohen Schutzdeich gegen Hochwasserüberschwemmungen geschützt sind. Insgesamt schätzt man seine Zahl auf 500 Stück. Jährlich werden etwa 7 Stück abgeschossen. Der Hauptjäger dieses edlen Wildes ist unser Kaiser. In Pait, im Tawellningker Forst, und zwar in der Nähe von Inse, besitzt er ein Jagdschloß; das bewohnt er, wenn er im Spätherbst in jenen abgelegenen Niederungsgebieten zur Elchjagd weilt. Dies Jagdschloß ist nicht ein für sich bestehendes Gebäude, sondern es ist ein Erweiterungsbau des dortigen Forsthauses.

e) Der „Große Baumwald".

Man versteht darunter den Mittelpunkt des großen Waldgebietes, das aus dem Papuschiener, Druskener, Leipener und Poppelner Forste gebildet wird. Es erstreckt sich von dem Drojebach bei Alischken in nordwestlicher Richtung hinauf bis zum Kurischen Haff. Nördlich von dem Poppelner Forst liegt der Nemonier und noch weiter an der Ostküste des Haffes hinauf der Tawellningker Forst. Die Anwohner gebrauchen aber noch heute vielfach den Namen Großer Baumwald für das ganze Gebiet, ohne die einzelnen Teile zu unterscheiden. Einstmals führte nur eine einzige fahrbare Straße von Labiau nach Mehlauken durch diese Waldwildnis. Sie hieß der Bärenkastenweg. Bei dem Orte Gr. Baum wurde für die Benutzung der Straße ein Zoll erhoben. Nach diesem Orte wurde der benachbarte Wald Großer Baumwald genannt. Allmählich wurde dieser Name auf das ganze Waldgebiet angewandt. Der „Baumwald" ist besonders reich an prächtigen Fichten- und Eichenbeständen. Die Kiefer tritt hier in den Hintergrund. Nur auf Sandboden finden sich Kiefernbestände, die aber fast durchweg mit Fichten und Laubholz gemischt sind. Geschlossene Bestände bilden auch Birken und Aspen, die für die Holzschliffgewinnung besonders erwünscht sind. Ja selbst Linden bilden häufig geschlossene Horste. In den Forstrevieren Gertlauken und Pfeil findet man auch einige Eiben. Früher war dieser Baum in den heimischen Wäldern nicht so selten wie jetzt. Heute müßte jede Eibe als Naturdenkmal geschützt werden. Der ansehnlichste Eibenbestand Ostpreußens befindet sich im Kreise Oletzko auf dem Burgwall in der Gemarkung des Gutes Wensöwen. Die größte Eibe unserer Provinz steht im Garten des Gutes Gr. Mischen, Kreis Fischhausen. Ihre Krone hat einen Umfang von 36 m. Fast unermeßlich ist in dem nördlichen Teile dieser Waldungen der Reichtum an Himbeeren.

Sie werden gepreßt. Der daraus gewonnene Saft wird weit verschickt. Der Mittelpunkt dieses Handels ist Mehlauken. Auch an Wild sind diese Forsten sehr reich. Einstmals hausten hier Sauen, Elche und selbst Auerochsen und Bären. Der letzte Auerochs endete im Jahre 1789 durch die Kugel eines Wilddiebes.

V. Die bedeutenderen Moore Ostpreußens.

1. Tief- oder Grünlandmoore.

Zu den Tiefmooren gehören beispielsweise die Torfbrücher, die sich südlich von Schimonken rechts und links vom Kanal erstrecken, der sich vom Schimonsee zum Talter Gewässer hinzieht. Das tiefste Moor liegt bei Pentlack unweit Nordenburg. Es weist eine Torfschicht von mehr als 24 m Dicke auf, die allerdings im unteren Teil ein fast Wasser zu nennender Schlamm ist. Weitere Tiefmoore finden sich im Friedländer und Wehlauer Kreise. Das Moor bei Hohenfelde im Kreise Friedland hat eine Tiefe von über 17 m. In der Nähe der Auxinne im Kreise Insterburg liegt das Karkliener Grünlandmoor. Auch zu beiden Seiten der Deime und des Nemonien dehnen sich Tiefmoore aus. Große Tiefmoore finden sich im Oberland in der Nähe der dortigen Seen. Weite torfige Wiesen, die ehemalige Seebecken ausfüllen, begleiten die Drewenz nach ihrem Austritt aus dem Drewenzsee eine weite Strecke stromabwärts. Alle derartigen Moore haben vorläufig für die Land- und Forstwirtschaft einen geringen Wert. In Betracht kommen sie hauptsächlich nur für die Torfgewinnung. Meistens bilden sie Wiesengelände. Der Heuertrag ist jedoch nicht sehr erheblich und fast durchweg von geringer Beschaffenheit. Sie werden deshalb vielfach nicht abgeerntet, sondern als Weideland verwandt. Das gilt vor allem von den Tiefmooren im südlichen Grenzgebiete Masurens. Solche Torfwiesen ziehen sich beispielsweise zu beiden Seiten des Omulef hin. In der Nähe der Grenze nordöstlich vom Omulef ist der Latanabruch, der schon 1794 entwässert und in Ackerland verwandelt wurde. Die sogenannte Holländerei, die dazwischen liegt, ist ein Rest des ehemaligen Bruches. Weite Bruchlandflächen finden sich auch in der Nähe des Pissek. Westlich davon sind z. B. der Snopkenbruch, der Pagobier Bruch und das Kullicker Moorland. Östlich vom Pissek dehnen sich die Pissadowawiesen aus, die etwa 25 qkm umfassen und größtenteils Bruchland sind. Eine Anzahl von Genossenschaften bemüht sich, die Moorwiesen zu entwässern und sie dadurch fruchtbarer zu machen. Es ist das in manchen Fällen schon gelungen. Die besseren Wiesen haben eine bessere Viehhaltung und eine bessere Ackerbestellung ermöglicht, so daß ein merklicher Fortschritt auf dem Gebiete der Landwirtschaft in jenen weltentlegenen Gebieten eingetreten ist. Der unter den meisten Tiefmooren lagernde Wiesenmergel ist bei der Entwässerung und Fruchtbarmachung jener Gebiete von nicht zu unterschätzender Bedeutung.

2. Hochmoore.

a) Das Zehlaumoor.

Es ist von dem südlich vom Pregel und westlich von der Alle gelegenen Forste, der seit uralten Zeiten den Namen Frisching führt, von Norden, Westen und Osten umgeben. Nur der Südrand stößt an waldloses und im allgemeinen ebenes Gelände. Es befindet sich in den zusammenstoßenden Grenzgebieten der Kreise Wehlau, Friedland, Pr. Eylau und Königsberg Land, und zwar in der Oberförsterei Gauleden. Die Größe des Moores beträgt etwa 23 qkm. Wie eine emporgequollene Blase hebt es sich aus der Ebene bis zu einer Höhe von 8,6 m über dem Untergrund und 38,6 m über dem Meeresspiegel. Der tiefste Punkt des Moores liegt noch immer 34 m über dem Meere. Dieses Hochmoor ist gefahrlos nur bei starkem Froste zu begehen. Das Torfmoos, aus dem es hauptsächlich besteht, enthält 90% Wasser und trägt nur an wenigen Stellen die Last eines Menschen. Noch in mehreren Metern Tiefe ist es unzersetzt. In einer Tiefe von 4 m zeigt es häufig noch unbeschädigte Blättchen. Torf findet man nur auf dem Grunde des Moores und an seinem Rande. Der Boden, auf dem das Zehlaumoor nach und nach entstanden ist, besteht aus schwerem roten Lehm, unter dem Mergel liegt. An vielen Stellen ist letzterer schon in geringer Tiefe und in besonderer Güte zu finden.

Das tierische und pflanzliche Leben ist auf diesem Moor ein äußerst beschränktes. Von Hasen, Füchsen, Rehen, Wildschweinen findet man nur zu Winterszeiten Fährten. Früher war hier sehr häufig das Elentier zu erblicken. Heute kommt es nur ganz vereinzelt vor. Aus der Vogelwelt brüten der Kranich, der schwarze Storch und der Reiher auf der Zehlau. Auch den Ziegenmelker, den Schreiadler und den Uralkauz hat man hier angetroffen, desgleichen Birk- und Haselhühner. Als naturhistorische Seltenheit ist auf dem Zehlaubruch ein Schmetterling zu bezeichnen, Oenéis Jutta, der außer hier nirgends in Deutschland vorkommt. Er bewohnt sonst noch die Tundren am nördlichen Eismeere, zeigt sich hin und wieder aber auch in den russischen Ostseeprovinzen. Der Hauptvertreter der Pflanzenwelt ist das Torfmoos. Für Bäume gewährt das Moor nicht die genügenden Lebensbedingungen. Nur verkrüppelte, etwa mannshohe Kiefern, sogenannte Kusselfichten, gedeihen noch. Ihr Wachstum ist ein äußerst langsames.

Merkwürdig sind die Wasserflächen, Kolke, die sich auf dem Zehlaubruch finden. Man zählt deren 45. Sie liegen auf der Höhe des Bruches in zwei großen und einer kleinen Gruppe und haben zusammen eine Größe von etwa 8 ha. Eine Wasserfläche zeigt eine Insel mit 3 bis 5 m hohen Birken. Ihre Tiefe beträgt etwa 6 m, und ihre Oberfläche liegt etwa $\frac{1}{3}$ m unter der allgemeinen Höhenlage des Bruches. Der Rand dieser Gewässer, die nicht untereinander in Verbindung stehen, ist von Binsen umgeben. Da der Torf aus diesem Hochmoore wenig Heizkraft hat, auch die Abfuhr eine schwierige ist, so hat man Versuche gemacht, aus seinem Moospolster Pappe herzustellen. Diese Versuche sollen günstig ausgefallen sein. Die wirtschaftliche Ausnutzung darf aber nur da erfolgen, wo es sich im Privatbesitze befindet. Das staatliche Gebiet wird als „Naturdenkmal" geschützt und darf in seiner Eigenart nicht angetastet werden. Die benachbarten Ländereien haben unter dem an Humussäure reichen Sickerwasser des Zehlaubruches sehr zu leiden. Seine Abwässer gehen nach verschiedenen Richtungen: durch den Frisching zum Frischen Haff, durch das Kuhfließ und den Gilgengraben zum Pregel und durch den Pietzkergraben und die Schwöne zur Alle. (Siehe Seite 131 und 132!)

b) Das Große Moosbruch.

Dieses Moor, das im Labiauer Kreise liegt, ist das größte unserer Provinz. Es umfaßt rund 125 qkm, wird von dem Timberfluß durchschnitten und erhebt sich etwa 6 m über dessen Wasserspiegel. Zwischen ihm und dem vorgenannten Hochmoore besteht insofern ein Unterschied, als das erstere einen Untergrund hat, der manchmal in nicht unbedeutender Höhe über dem Spiegel des nächsten fließenden Wassers liegt. Derjenige dieses Moores reicht aber zu einem großen Teil unter den Spiegel des nächsten Flusses. Seine vollständige Entwässerung wäre daher nur durch Anlage von Wasserhebemaschinen möglich. Doch läßt es sich durch Kanäle durchschneiden, was sich bei dem Zehlaubruch schwer durchführen läßt. Der Timberfluß, der hier kanalisiert ist, schneidet nicht nur durch Torfschichten, sondern greift auch stellenweise in den festen Boden ein. Der Untergrund des Moosbruches liegt 6 bis 8 m tief. Das Torfmoos ist in einer Tiefe von 4 m noch nicht genügend zersetzt. Die Oberfläche des Bruches ist stark schwankend. Nur an den Flußrändern ist sie fest. Stellenweise finden sich auch hier die trichterartigen Wasserbecken der „Kolke". Von Pflanzen bemerken wir auf diesem Moore das spitzblättrige Torfmoos, das Heidekraut, die Moosbeere, die Preiselbeere, zerstreut wachsende Pflänzchen vom kleinen Ampfer, recht zahlreich die Brombeere, deren Gebüsch aber nur eine geringe Höhe hat, den kümmerlich vegetierenden Porst, den langblättrigen, sonst nicht sehr häufig vorkommenden Sonnentau und von Gräsern nur die Moorsimse. An Gräben, die sich durch das Moor ziehen, sind der Knöterich und das reich blühende, aber kleine Weidenröschen heimisch. Auf dem kultivierten Teile des Bruches zeigt sich eine reichere Pflanzendecke. Auch die Birke hat sich hier bereits angesiedelt, allerdings wächst sie nicht hoch. Dasselbe gilt von der dort vorkommenden Kiefer. Nicht selten lassen sich im Bruche Kraniche hören, die hier zahlreich nisten. Ihre Jungen werden öfters aus den Nestern ausgenommen und gegessen.

Stellenweise erhebt sich der feste Untergrund beinahe bis an die Oberfläche des Moores. Auf solchen Inseln sind die Dörfer Lauknen, Schöndorf, Mauschern und Sussemilken erbaut. Sie haben sogar Lehmboden und besitzen daher auch fruchtbare Getreidefelder. Von diesen Dörfern aus wird das mühsame Werk der Urbarmachung des Bruches unternommen. Der Staat verpachtet den Torfboden stückweise in der Größe eines Hektars, und zwar in der Regel auf die Dauer von 18 Jahren. Im Laufe der Zeit sind auf dem Moosbruch eine Reihe von Ansiedlungen entstanden, z. B. Friedrichsdorf, Franzrode, Karlsrode, Königgrätz, Sadowa, Langendorf u. a. Die Pächter pflanzen zunächst Kartoffeln. Anfangs ist der Ernteertrag ein sehr bescheidener, trotz der großen Mühe, die der Anbau macht. Später aber gedeihen sie prächtig, und die Kartoffel führt ihrer dünnen, glänzenden, fast durchsichtigen Schale wegen den Namen „blanke" Kartoffel. In früheren Zeiten wollten sich keine Käufer dafür finden. Die Bruchbewohner mußten sie mit nassem Lehme bekleben und sie unansehnlich machen, um sie los zu werden. Jetzt werden sie auch ohne diese sonderbare Tünche gern gekauft. Die blanke Kartoffel gehört zu den wohlschmeckendsten von allen Kartoffeln. Außer Kartoffeln und Speisezwiebeln gedeihen hier besonders gut Mohrrüben, Kohl, Bohnen usw. Mit diesen Bodenerzeugnissen begeben sich die Moorbewohner im Herbst auf Kähnen und auf Wagen in die Provinz, wo ihre vorzügliche Ware guten Absatz findet. In letzter Zeit sind auch Versuche gemacht worden, Roggen anzubauen. Der Boden wird zu diesem Zweck in Beete geteilt, die durch 60 cm tiefe Gräben begrenzt werden. Seine Bearbeitung verlangt noch größere Mühe als bei dem Kartoffelanbau. Einigermaßen günstige Erträgnisse lassen sich nur durch fleißige Anwendung von künstlichen Düngemitteln erzielen. Solche Versuchskolonien finden sich hauptsächlich bei dem Dorfe Lauknen. Sie sind vom Staat angelegt worden. Viehzucht kann auf dem Moosbruch nur in bescheidenem Maße getrieben werden, selbst die Schweinezucht ist nicht von Belang. Das gilt auch von der Geflügelzucht. Die Bestellung des Bodens geschieht fast ausschließlich durch Menschenhand. Die Wohnhäuser in jener Gegend sind manchmal fast in der Erde liegende Holzbaracken, halb Keller und halb Hütte, die mit Moostafeln bedeckt sind. Der Schornstein fehlt meistens, weil er in dem weichen Boden versinken oder zum mindesten sich senken würde. Den Herd bildet eine Lage Ziegel, über denen an einem langen Haken ein Kessel schwebt. Anfänglich war es für die Moosbruchbewohner im Frühling und im Herbste, wenn Tauwasser und lange Regenzeiten das Moor mit Wasser anfüllen, sehr traurig. Dann waren sie zeitweise von allem Verkehr abgeschnitten. Aber schon im Jahre 1867 wurde im Moosbruch eine

Chaussee gebaut, die die Dörfer Lauknen, Schenkendorf und Alt Heidlauken verbindet. Später sind noch andere Strecken dazugekommen. Durch den Timberkanal und durch tiefe und breite in das Bruch eindringende Kanäle sind weitere Verbindungen geschaffen worden, so daß die Moosbruchbewohner nicht mehr so ganz von der Außenwelt abgeschnitten sind. Auch der Schaktarp hat deshalb hier seine Schrecken verloren.

Als eine Fortsetzung des Großen Moosbruches kann man das östlich davon gelegene 4 qkm große Schneckener Moor ansehen. Es befindet sich in der Nähe des Großen Friedrichsgrabens.

c) Die Muppiau.

Dieses Hochmoor hat etwa eine Größe von 15 qkm. Es liegt in den Oberförstereien Papuschienen und Drusken auf der Grenze des Insterburger und Labiauer Kreises. In seinem Innern ist es mit Hochwaldflächen bestanden. Der Zugang zum Moor ist sehr schwer, da eine künstliche Entwässerung aus Vorflutmangel kaum möglich ist. Die natürliche Entwässerung erfolgt durch die Schwentoje zum Timberfluß und durch den Skirusgraben zur Auer. An den Rändern bemüht man sich, durch Abzugsgräben fruchtbares Erdreich zu gewinnen. Den gewonnenen Boden verwendet man jedoch mehr zur Aufforstung als für die Zwecke der Landwirtschaft.

d) Die Pakledim,

nördlich von Trakehnen gelegen, hat etwa die Größe der Muppiau. Sie ist heute zum größten Teile trockengelegt. Bei diesem Moor ist die Urbarmachung leichter gewesen als bei anderen Mooren, da die Rauschwe die Abwässer leicht zur Schirwindt führen konnte. Erle und Birke dringen immer weiter in das Innere des Moores vor. Am Rande wird bereits in erfolgreicher Weise Landwirtschaft und Viehzucht betrieben. Es sind hier die beiden Kolonien Krausen und Eysseln entstanden.

e) Die Kacksche Balis[1])

liegt im Kreise Pillkallen. Sie umfaßt etwa 20 qkm und erreicht also beinahe die Größe des Zehlaubruches. Ihre Höhe über dem Untergrunde beträgt fast 6 m. Sie scheint aber noch im Wachsen begriffen zu sein. Bei ihrem Wachstume hat sie eine Menge von Bäumen getötet und in die Tiefe gezogen. Man findet auf ihrem Untergrunde mächtige Fichten- und Kiefernstubben. Früher war sie leichter zu betreten als heute. Der Baumwuchs ist auf ihr recht spärlich. Nur ganz vereinzelt erhebt sich auf dem weiten, braunen Rücken eine verkrüppelte Kiefer. Den benachbarten Ländereien fügt das Hochmoor oft bedeutenden Schaden zu. Das mit Humussäure durchtränkte

---

[1]) Balis = sumpfige Ebene.

Sickerwasser ergießt sich auf die Ackerfelder und macht sie unfruchtbar. Seine wirtschaftliche Ausnutzung erstreckt sich lediglich auf die Torfgewinnung, die allerdings hier ganz erheblich ist.

f) Die Plinis[1]).

Man unterscheidet die Schoreller Plinis, die sich im Schoreller Forste befindet und sich zwischen Inster und Szeszuppe in einer Größe von etwa 13 qkm erstreckt, und die Große Plinis zwischen Schirwindt und Schillehnen, die nur eine Größe von etwa 10 qkm aufweist. Die erstere ist vollständig von Wald eingerahmt und macht auf den Beschauer in ihrer Einfachheit und Stille einen sonderbaren Eindruck. Sie ist schwer zugänglich. Die letztere wird von den Rändern aus mit Erfolg in Kultur genommen, was sich von Jahr zu Jahr immer mehr bemerkbar macht.

g) Das Rupkalwener Moor.

Es liegt am rechten Ufer der Atmath zwischen Leithe und Sziesze und wird von der Chaussee, die von Heydekrug nach Ruß führt, durchschnitten. Seine Größe beträgt etwas über 18 qkm, seine Höhe rund 7 m. Begrenzt wird das Moor von den Ortschaften Rupkalwen (Norden), Pagrienen und Willeiken (Osten), Sausgallen = trockenes Ende (Süden) und Jodekandt = Schwarzufer (Westen). An den Rändern finden sich oft dichte Bestände von Erlen und Birken. Hier wird auch ein guter Torf gewonnen. Er ist allerdings recht porös und sieht in getrocknetem Zustande fast weiß aus. In der Mitte besteht die Pflanzendecke aus Torfmoosen, Wollgräsern, Moosbeeren, Schwarzerlen und stellenweise auch aus verkrüppelten Weiden, die am Boden dahinkriechen. Schon im Jahre 1835 pachteten einige Bewohner der an der Atmath gelegenen Fischerdörfer von der Regierung für billiges Geld Stücke des am Rande gelegenen Moorgebietes, um darauf Kartoffeln zu bauen. Eine Besiedelung fand jedoch erst vom Jahre 1861 ab statt. Sie ging anfangs sehr langsam vor sich. Nach etwa 5 Jahren hatten sich dort kaum 29 Pächter niedergelassen. Der mangelhaften Wegeverhältnisse wegen waren die ersten Ansiedler von der Außenwelt so gut wie abgeschlossen. Die Kolonie entwickelte sich jedoch zusehends, als die bereits erwähnte Chaussee Heydekrug—Ruß gebaut worden war, die 1872 dem Verkehr übergeben wurde. Sie führt seit 1874 den Namen Kolonie Bismarck. Während bis dahin regellos gebaut wurde, müssen jetzt die Siedelungen planmäßig angelegt werden. Ende 1895 waren dort schon 1584 Einwohner. Jetzt sind es etwa 1800. Die Häuser zeigen die altlitauische Bauart und machen, soweit sie an den breiten, prächtigen Kiesstraßen liegen, die sich durch die Kolonie hinziehen, einen recht günstigen Eindruck. Sie sind aus Holz erbaut.

---

[1]) Plinis = moorige Ebene.

Nur die abwärts gelegenen, vor 1874 erbauten Wohnhäuser sind vielfach elende Hütten. Diese Straßen führen südlich von der Chaussee tief in das Innere des Moores hinein und werden von der Kaiser Wilhelm-Straße durchschnitten. Die belebteste ist die Puttkamerstraße. Die Zeitpacht dauert 18 Jahre. Jeder Kolonist bewirtschaftet gewöhnlich 2 ha. Für rohes Moorland wird in den ersten 3 Jahren überhaupt keine Pacht gezahlt, später 10 Mark pro Hektar. Für urbaren Boden beträgt die Pacht 24 bis 30 Mark jährlich. Für das Vieh der Kolonisten sind drei staatliche Weideplätze angelegt. Aber jeder Kolonist darf nur eine Milchkuh dorthin bringen. Das Weidegeld beträgt auf das Jahr für die Kuh 1,50 Mark und für das Jungvieh 1,20 Mark. Hauptsächlich bauen die Kolonisten Kartoffeln an. Doch trägt der Boden jetzt schon Roggen, Gerste und stellenweis auch etwas Hafer. Er verlangt aber eine reichliche Düngung. Die Bewohner sind etwa zu drei Viertel litauisch, zu ein Viertel deutsch. Früher standen sie bei den Umwohnern in schlechtem Rufe. Heute sind es alles ehrliche und strebsame Leute. Die Kolonie besitzt eine dreiklassige und eine zweiklassige Schule und soll demnächst auch eine Kirche erhalten. Leider ist sie häufig Überschwemmungen ausgesetzt und hat schwer unter dem Schaktarp zu leiden. Die Kolonie Bismarck wird als ein Gutsbezirk verwaltet. Stellvertretender Gutsvorsteher ist der Moorvogt. Die Moorvogtei liegt aber nicht in der Kolonie selbst, sondern in Rupkalwen. Früher wurde das Rupkalwener Moor von der Oberförsterei Dingken verwaltet. Am 1. April 1901 ging die Verwaltung auf die Generalkommission in Königsberg über. Die nächste Behörde ist die Spezialkommission in Heydekrug.

Straße in der Kolonie Bismarck.

h) Das Augstumalmoor

liegt westlich von der Eisenbahnstrecke, die von Heydekrug nach Memel führt. Es beginnt eine kurze Strecke nordöstlich von Heydekrug und erstreckt sich bis zur Minge und Tenne. Seine Größe beträgt etwa 30 qkm. Auf der Höhe des Moores befinden sich zwei mehrere Hektar große Wasserbecken, die von zahllosen Sumpfvögeln bewohnt werden. Schon in den zwanziger

Jahren des vorigen Jahrhunderts waren an diesem Moore die Kolonien Augstumal und Wabbeln begründet worden. Dann geschah aber lange nichts für seine Urbarmachung. 1882 wurde an seinem südlichen Rand eine große Torfstreufabrik errichtet[1]). Um das Rohmaterial für ihre Erzeugnisse zu erhalten, mußte sie Gräben in das Hochmoor hineinziehen. Auch die abgetorften Gebiete mußten mit Abzugsgräben versehen werden. Dadurch geschah viel für die Entwässerung jenes Moores. Seit 1888 nahm sich die Staatsregierung seiner Urbarmachung an. Sie legte wie in der Kolonie Bismarck schöne, breite Kiesstraßen an und schuf Versuchsfelder, um unter Anwendung künstlichen Düngers Proben zu machen, wie weit der Moorboden für den Anbau von Getreide und Klee geeignet ist. Aber das war noch nicht genug. Das ganze Hochmoor soll trockengelegt werden. Durch drei Kanäle, die sich durch die wüste Moorfläche hindurchziehen, soll ein Abfluß nach der Sziesze und Tenne hergestellt werden. Ein Querkanal wird ferner die drei Hauptkanäle verbinden. Jeder der drei großen Abflußkanäle erhält oben eine Breite von 12 m, unten eine solche von 4 m, sodaß darauf auch ein Verkehr mit kleinen Schiffsgefäßen ermöglicht wird. An jeder Seite dieser Kanäle werden größere und kleinere Parzellen für später sich dort ansiedelnde Kolonisten angelegt. Zur bequemeren Fortschaffung der Bodenerzeugnisse sind noch zwischen je zwei Parzellen Anschlußkanäle zum Hauptkanal angelegt. Eine breite Landstraße wird jeden der Hauptkanäle begleiten. Die Kanäle werden in der Weise hergestellt, daß man zuerst schmale Gräben zieht, etwa von 1 m Breite. Sowie sich rechts und links trockener Boden zeigt, werden sie verbreitert. Die ausgehobenen Torfmassen finden in der Torfstreufabrik als Rohmaterial Verwendung. 4 qkm hat sich die Fabrik für ihre Zwecke vorbehalten. Sowie sie abgebaut sind, werden auf dieser Fläche künstliche Wiesen angelegt werden. Seit April 1901 untersteht auch dieses Moor der Königlichen Generalkommission in Königsberg. Ihr nachgeordnet ist die Spezialkommission in Heydekrug. Die wichtigste Verkehrsverbesserung ist die neuerdings dem Verkehr übergebene Chausseestrecke, die von Heydekrug über Szieszgirren und Neurugeln nach Kinten führt. Sie ist nicht nur für die Moorkolonisten, sondern auch für den Kreisort und die Bewohner jenseits des Moores von unberechenbarem Nutzen. Von Neurugeln führen Kiesstraßen nach Augstumal und Wabbeln. Der erforderliche Kies wird aus den fiskalischen Gruben bei Werden und Gaidellen genommen. Die entwässerten Parzellen werden mit Hacken aufgerissen. Das gelöste Moos mit Gestrüpp wird bei trockener Witterung verbrannt. Dann erhält der Boden eine starke Düngung von Kainit und Thomasschlacke und wird zuerst meistens mit Kartoffeln bepflanzt. Die Kartoffel ist die Hauptfrucht des Moorbodens. Sie wird von

[1]) Ihr Name heißt: Ostpreußische Torfstreufabrik Akt.-Gesellschaft Heydekrug.

Händlern aufgekauft und weit versandt. Doch wird auch schon Getreide angebaut. Wichtiger als der Getreidebau ist für das Moor aber die Anlage von Kunstwiesen.

Damit die Besiedelung des Moores schneller vorwärts schreite, hat die Generalkommission eine Anzahl von „Kolonaten“ eingerichtet. Jeder Ansiedler erhält 3 ha zugerichteten Landes mit einem neuen schmucken Gebäude. Die jährliche Pacht dafür beträgt 165 Mark. Nach Ablauf von 66 Jahren wird das Kolonat Eigentum des Nutznießers. Leider mußte die Generalkommission mit dem Bauen von Gebäuden auf den Kolonaten aufhören, weil sich diese Methode als zu kostspielig erwies. Jetzt baut jeder Ansiedler selbst die erforderlichen Gebäude. Leider tritt nun eine gewisse Buntscheckigkeit ein. Die Durchführung der Gesamtbesiedelung dürfte den Zeitraum eines Jahrhunderts beanspruchen und zwei Millionen Mark Kosten verursachen. Die kommunale Verwaltung des Moorgebietes und der fiskalischen Kolonate besorgt ebenso wie in der Kolonie Bismarck ein Moorvogt.

3. Wirtschaftliche und industrielle Ausnutzung der Moore.

Hauptsächlich werden die Moore zur Herstellung des Torfes verwendet. Er wird als Stech-, Ziegel- und Maschinentorf hergestellt. Gestochen wird der Torf in allen den Mooren, die an der Oberfläche nicht stark durchwässert sind. Der Stechtorf enthält noch unzersetztes Torfmoos. Der Ziegeltorf wird aus der vollständig entwickelten Torferde gemacht. Sie wird mit Wasser durchgearbeitet und dann in Formen gebracht. Daher heißt dieser Torf auch Formtorf. Zur Herstellung des sogenannten Maschinentorfes benutzt man Pferde- und Dampfkraft. Doch ist eine große industrielle Ausnutzung unserer reichen Torflager nach dieser Hinsicht selten zu finden. Sie ist nicht lohnend genug, da Steinkohle und Brennholz dem Torfe zu große Konkurrenz machen. Die Torfgewinnung hat für unsere Provinz fast durchweg nur eine örtliche Bedeutung, und die Besitzer von Torfbrüchern fertigen Torf meistens nur für ihren eigenen Bedarf an. Der Verkauf des Torfes auf größere Entfernungen hin stellt sich verhältnismäßig zu teuer. Auch für größere maschinelle Anlagen hat der Torf nur dann einen Wert, wenn er gewissermaßen an Ort und Stelle Verwendung finden kann. So könnte das beispielsweise geschehen, wenn der lehmige Untergrund mancher Hochmoore zur Ziegelbereitung verwendet werden würde. In diesem Falle ließe sich dann der darüber lagernde Torf gut als Feuerungsmaterial in den Ziegelöfen gebrauchen. Auch Glasfabriken könnten eingerichtet werden. An passenden Stellen für diese Industrie mangelt es in unserer Provinz nicht. Man hat versucht, aus Torf Koks, Leuchtgas und Paraffin herzustellen Wenn auch die erzielten Ergebnisse befriedigen, so werden doch die Steinkohlenprodukte diesen Erzeugnissen aus dem Torf immer den Rang ablaufen. In neuester Zeit sucht nun die elektrotechnische Industrie die Moore auszubeuten. Man plant, in den Hochmooren Überlandzentralen anzulegen. Und zwar will man aus dem Rohmaterial des Torfes ein Gas gewinnen, das einen Motor antreibt, der zur Betätigung der Dynamomaschine dienen soll. Bei der Vergasung des Torfes erhält man als wichtiges Nebenprodukt Ammoniak. Inwieweit unsere ostpreußischen Moore der Elektrizität nutzbar gemacht werden können, läßt sich noch nicht absehen. Immerhin dürfte hier ein wesentliches Mittel zu finden sein, unsere industriearme Provinz zu heben. Hauptsächlich soll die gewonnene elektrische Kraft der Landwirtschaft dienen, aber in einem größeren Umkreis auch Städte und Dörfer mit Licht versehen.

Die Ostpreußische Torfstreufabrik Akt.-Ges. Heydekrug fertigt aus Torf hauptsächlich folgende Gegenstände an: Torfstreu, Torfmull, Ziegel zu leichten, aber sehr warm haltenden Wänden, Umhüllungen von leichten Röhren als Schutz gegen Kälte, Moostorfplatten für Insektensammlungen, Verbandmoos, Bierseideluntersetzer, Feueranzünder. Die Moostorfplatten dienen als Ersatz für die teuern Korkplatten. Abnehmer dafür sind besonders die großen naturgeschichtlichen Museen. Großen Beifall finden auch die Feueranzünder. Die Fabrik beschäftigt im Winter etwa 90, im Sommer manchmal 400 Arbeiter und Arbeiterinnen. Ihre Erzeugnisse haben vielen Beifall gefunden. An sonstigen Torfstreufabriken in Ostpreußen sind noch zu nennen das Torfstreuwerk Agilla bei Labiau und die Jorksdorfer Torfstreufabrik in Jorksdorf bei Schellecken.

Die Landwirtschaftskammer unserer Provinz hat einen Moorinstruktor angestellt, der bei der Urbarmachung der Moore den Beteiligten mit Rat und Tat zur Seite zu stehen hat. In Königsberg besteht seit dem 1. April 1896 eine Wiesenbauschule, die für die Entwässerung der Tieflandmoore und deren Umwandlung in fruchtbare Wiesengelände von Bedeutung ist.

VI. Das Klima der Provinz Ostpreußen.

1. Allgemeines.

Das Klima Ostpreußens ist im großen und ganzen als ein gemäßigtes zu bezeichnen, wenn es allerdings auch rauher als in den meisten anderen Gegenden des deutschen Vaterlandes ist. Die vier Jahreszeiten wechseln regelmäßig miteinander ab, und die Niederschläge sind veränderlich. Mit der ganzen Norddeutschen Tiefebene teilt Ostpreußen die Eigentümlichkeit, daß es sich durch strenge Winter und heiße Sommer, durch kurzen Frühlingsübergang und lange schöne Herbste auszeichnet. Auf die Höhe der Temperatur hat das Festland den überwiegendsten Einfluß. Eine Einwirkung der Ostsee macht sich nur in einer geringen Herabminderung der Frühjahrs- und Sommertemperatur und einer Abschwächung der Winterkälte geltend. Selbstverständlich ist diese Einwirkung an der Küste am stärksten zu spüren. Je weiter in das Innere der Provinz hinein, desto mehr macht sich das Landklima bemerkbar. Am deutlichsten zeigt sich das auf unserem masurischen Hügelland. Im Winter ist hier schon der Einfluß der Höhenlage zu merken, und im Frühling hält das Schmelzen der starken Eisdecke auf den zahlreichen Seen das Steigen der Temperatur auf. Am auffallendsten ist am ostpreußischen Klima die große Veränderlichkeit der Witterung. Besonders zeigt sich das im Winter. Aber auch unser Frühling ist sehr „wetterwendisch". Jedenfalls hängt dieser Umstand mit den Schwankungen des Luftdruckes zusammen, die sich hier um so mehr bemerkbar machen, als unsere Provinz in der Nähe der Hauptstraße der barometrischen Minima liegt.

2. Die Jahreszeiten.

Der Frühling tritt in der Regel erst im April ein und bringt uns recht spät die warmen Tage. Nach dem Fortgange des Eises und des Schnees nimmt die Temperatur schnell zu und erreicht bald die Höhe derjenigen anderer begünstigterer Teile unseres Vaterlandes. Der Unterschied zwischen den mittleren Monatsmaxima der Städte Königsberg und Mannheim, welch letztere Stadt im wärmsten Klimakreise Deutschlands liegt, beträgt im Januar 5,7°, im April 3,3° und im Juli 2,4°, für die Zeit von Mai bis Juli jedoch nur 1,6°. Für die Gegenden unseres Hügellandes würde für diese noch ein geringerer Unterschied zu verzeichnen sein. Im Durchschnitt beträgt die mittlere Temperatur der Monate März, April, Mai — 5,5°. Es ist selten, daß der Frühling sich schon im März oder gar im Februar einstellt. Preuß erwähnt in seiner „Preußischen Landes- und Volkskunde" einige Jahre, die sich durch einen besonders frühen Frühling auszeichneten. Im Jahre 1379 soll schon die Ernte um Johanni stattgefunden haben. 1407 hatte man bereits um die Neujahrszeit junge Petersilie im Freien. 1506 trug der Birnbaum zweimal Früchte. 1532 begann die Ackerbestellung in der zweiten Hälfte des Januar. 1724 kehrten in diesem Monate die Zugvögel zurück. Leider kommen häufig Spätfröste, die nicht selten die ganze Baumblüte vernichten und die Entwickelung der Vegetation hemmen. Bisweilen zeigen sie sich noch im Juni. Im Mittel ist der letzte Frost auf der Seenplatte am 6. Mai beobachtet worden, etwa fünf Tage später als in Königsberg. In den letzten 40 Jahren war der späteste Nachtfrost in Königsberg am 20. Mai und auf dem masurischen Hügelland am 6. Juni. Hier lagen zwischen dem letzten und ersten Froste nur 155 Tage. Die Ursache für das Eintreten dieser schädlichen Fröste ist höchstwahrscheinlich darin zu suchen, daß im nördlichen Teile der Ostsee das Eis erst in dieser Zeit schmilzt und dadurch eine kalte Luftströmung erzeugt. In anderen Meeren kann das kalte, herabsinkende Schmelzwasser in tiefgelegenen Strömungen nach Süden abziehen. Die Ostsee hat aber durch die verhältnismäßig schmalen Zugänge zum Kattegat die Natur eines abgeschlossenen Beckens, und ihre gesamte Winterkälte muß durch die Sommerwärme überwunden werden. Ihr Wasser steht deshalb im Frühjahr an der Südküste 1 bis 2° gegen den Durchschnitt der Luftwärme zurück und drückt diese herab. Am auffallendsten geschieht das in der Zeit der „gestrengen Herren“ (vom 11. bis 14. Mai). Dieser Einfluß wird bis im östlichen Schlesien empfunden. In Berlin macht er sich nicht mehr bemerkbar. Stellt sich endlich warme und beständige Witterung ein, so entwickelt sich der Pflanzenwuchs in fieberhafter Schnelligkeit. Unser Frühling ist reich an Sonnenschein. Für gewöhnlich ist er bei uns unbewölkter als im Innern Deutschlands.

Der Sommer holt durch größere Wärme bei uns das ein, was er an Länge verliert. Zum Beweise dafür dienen folgende Angaben: Es haben im Mittel Emden 30, Kiel 23, Königsberg 31 und Claußen bei Lyck 39 Sommertage über 18° Wärme. Die mittlere Temperatur beträgt etwa + 16,4°. Die größte Hitze haben Juli und August. Leider stellen sich oft nach recht warmen Tagen kühle Abende ein, deren empfindliche Kälte nicht selten Veranlassung zu Erkältungen gibt. Vorwiegend ist diese Jahreszeit trocken, besonders gilt das von der ersten Hälfte. Sehr heiße Sommer waren in den Jahren 1427, 1473, 1584 (in diesem Jahre soll das Wild an vielen Orten vor Hitze und Durst umgekommen sein), 1719, 1812, 1819, 1826, 1868. Im letztgenannten Sommer stieg die Temperatur 23mal über + 30°, im August allein 15mal. Zu den heißen Sommern gehören auch die der Jahre 1896 und 1911.

Im Herbste fällt die Temperatur ebenso schnell, wie sie im Frühlinge stieg. Der Oktober steht mit seiner Temperatur nicht mehr weit über dem für das Pflanzenwachstum erforderlichen Mindestmaße von + 6°. Der mittlere Wärmestand für die Monate September, Oktober und November beträgt in unserer Provinz etwas über + 7°. Der Verlauf des Herbstes ist ungefähr folgender: Er beginnt gewöhnlich mit mehreren recht heiteren und warmen Wochen und zeigt sich von einer freundlicheren Seite als sonstwo im nördlichen Deutschland. In der zweiten Hälfte des Oktober tritt jedoch nebelige, feuchtkalte Witterung ein. Sturm und Regen sind nichts Seltenes. Der November bringt anfangs trübes, feuchtes Wetter. Etwa um die Mitte dieses Monats stellt sich auch der Frost ein.

Der Winter zeichnet sich durch große Unbeständigkeit aus. Auf plötzlich eintretenden starken Frost folgt oft Regen und Tauwetter. In manchen Jahren haben wir Frost nach einem langen feuchten, unfreundlichen Herbst erst um die Neujahrszeit. Er verschwindet dann bald, um im Februar und März stärker aufzutreten. Vielfach sind bei uns die Winter so milde, daß sie keine gute Schlittenbahn bringen. Und im allgemeinen ist es Tatsache, daß flaue Winter häufiger als strenge sind. Erstere werden nicht gern gesehen, da sie den Verkehr auf dem Land erschweren, die Forsten und Moore beinahe unzugänglich machen und vor allem in den Niederungen die Verbindungen hemmen. Der früheste Frosttag wurde am 23. September beobachtet, der späteste, wie bereits erwähnt, am 6. Juni. Im Durchschnitte fällt der erste auf den 23. Oktober, der letzte auf den 30. April, so daß wir rund ein halbes

Jahr frostfreie Tage haben. Der kälteste Monat ist der Januar. Seine Durchschnittstemperatur beträgt in Königsberg — 4,82°, in Claußen — 5,1°. Die mittlere Temperatur für die Wintermonate Dezember, Januar, Februar liegt etwa 3° unter dem Gefrierpunkte.

3. Niederschläge. Bewölkung.

Die Regenmengen betragen in den Küstenstrecken unserer Provinz 600 mm, im Landseengebiete 637 mm pro Jahr. Die wenigsten Niederschläge sind in den Monaten Februar und April, die meisten im Juli und August. Die Anzahl der Regentage beläuft sich im Jahre durchschnittlich auf 177. Sie ist am kleinsten zur Zeit der geringsten Niederschläge. Mit ihrer Zunahme hält aber merkwürdigerweise die der Regentage nicht Schritt. Auffallend sind die geringen Niederschläge im Frühlinge. Diese Tatsache wird von den Landleuten in manchen Jahren besonders schwer empfunden. Oft stellt sich eine längere trockene Zeit ein, wenn gerade die Saat in die Erde gebracht ist. Es mangelt dann dem Boden die nötige Feuchtigkeit, um sie zum Keimen zu bringen. Für gewöhnlich fällt diese Dürre mit der Zeit zusammen, die uns die kalten Nordwinde und Nachtfröste bringt. Im Jahre 1895 beispielsweise sind in Königsberg im Mai 24 völlig regenlose Tage gezählt worden. Zu den regenärmsten Sommern vieler Jahrzehnte zählt der von 1911. Schneetage sind durchschnittlich 54. Der erste und letzte Schneetag fallen ziemlich mit dem ersten und letzten Frosttage zusammen. Als ein Ausnahmefall mag erwähnt werden, daß in Königsberg im Jahre 1871 noch am 1. Juni Schnee gefallen ist. Es hat den Anschein, als ob sich in letzter Zeit die Niederschläge gegen früher vermehren.

Was die Bewölkung anbetrifft, so gilt der Satz: Je weiter vom Ozean entfernt, desto größer ist die Zahl der sonnigen Tage und desto geringer die der bewölkten. Im Mittel hat in den Monaten Mai bis Juli Emden 43, Kiel 47 und Königsberg 66 Sonnentage. In den Monaten August und September hat Emden 30 Tage, Kiel 33 Tage und Königsberg 42 Tage Sonnenschein. Nicht so günstig wie für unsere Provinzialhauptstadt gestaltet sich das Verhältnis zwischen klarem und bewölktem Himmel in der Lycker Gegend.

4. Gewitter. Winde.

Gewitter haben wir an unserer Küste verhältnismäßig seltener als anderswo in Deutschland. Es wurden in Memel und Königsberg nur 13 bis 15 Gewittertage durchschnittlich im Jahre beobachtet. Auf dem Hügelland ist der Durchschnittssatz etwas größer. In der Ebene sind die Gewitter überhaupt weniger häufig als auf der Höhe. Daß an der Nordseeküste mehr Gewittertage als an der Ostseeküste sind, ist auf die warme Meeresströmung zurückzuführen, die die Gewitterbildung begünstigt. Hagelwetter hängen zumeist von dem Gange der Gewitter ab. In der Regel sind sie in Gebirgsgegenden weniger häufig und gefährlich als in der Ebene. An der Küste kommen sie selten vor, weil die schweren Gewitter auf das Meer hinausziehen und sich dort entladen. Namentlich im nördlichen Zipfel Ostpreußens zeigen sich wenig Hagelschäden. Man kann fast sagen, daß es dort keinen Hagel gibt.

Hinsichtlich der Winde läßt sich behaupten, daß unsere Provinz damit reichlich bedacht ist. Ein windfreier Tag ist in Ostpreußen eine Seltenheit. Die vorherrschenden Winde sind die westlichen und südwestlichen. Dann würden die nordwestlichen zu erwähnen sein. Die Ostwinde sind am seltensten. Der Nordwind bringt im Frühlinge trockene Zeit und Nachtfröste, im Winter jedoch als Seewind recht häufig mildes Wetter. In der Zeit von März bis September ist er häufiger als im Winterhalbjahre. Die Winde, die im Winter strengen Frost bringen, sind die Ost- und Südwinde. Im Sommer jedoch bringen sie Zeiten anhaltender Dürre. Große, verheerende Orkane haben wir bei uns selten, aber immerhin häufiger als in einigen anderen Provinzen der Monarchie. Am meisten müssen die größeren Bäume mit vollen Kronen darunter leiden. Daß wir verhältnismäßig wenig alte Bäume bei uns haben, liegt daran, daß ihre Mehrzahl vor der Zeit vom Sturm umgebrochen wird. Gewaltige Stürme, die vielen Schaden anrichteten, hatten wir im Februar 1894. Wohl der stärkste Orkan, der in unserer Provinz gewütet hat, war der im Jahre 1818. Er hat für mehr als 15 Mill. Mark Holz in den Wäldern umgeworfen. Die entblößten Waldflächen wurden parzellenweise den Invaliden der Befreiungskriege zugewiesen, und dadurch sind mehrere Kolonien gebildet worden, im Kreis Insterburg beispielsweise Reckeitschen und Neu Lasdehnen.

5. Der Einfluß des Klimas auf das Pflanzenwachstum.

Im allgemeinen kann von unserem Klima gesagt werden, daß es für den Ackerbau durchaus günstig ist. Zwar ist die Entwickelungszeit eine verhältnismäßig kurze. Doch findet das Getreide zum beschleunigten Wachstum infolge der vortrefflichen Verteilung der Regenmengen genügende Feuchtigkeit. Die Pflanzen erhalten ferner in ergiebiger Weise Wärme und Sonnenlicht, da gerade während der Zeit ihres Wachstums die Wärmegrade recht hohe sind, und der Himmel wenig bewölkt ist. Allerdings ist wegen der Kürze der Entwickelungszeit eine gründliche Bearbeitung des Feldes vor der Aussaat nicht immer möglich. Und es ist darum bei uns ein unbedingtes Erfordernis, zur Vertilgung des Unkrautes den Boden brachliegen zu lassen. Vornehmlich ist es da nötig, wo ein hoher Grundwasserstand vorhanden und wo der Boden graswüchsig ist. Aus gleichen Gründen kann in Ostpreußen der Stoppelfruchtbau nur in ganz geringem Maßstabe betrieben werden. Am meisten wird die zeitige Frühjahrsbestellung dadurch behindert, daß aus dem Boden die Winternässe zu spät weicht und die auf den Höhen befindlichen Seen ihre Eisdecke bis tief in den April behalten. Dadurch werden kalte Nebel und Luftströmungen bedingt, die sich für den Getreidebau sehr hinderlich erweisen.

Zur Erntezeit stellt sich meistens trockene Luft, klares Wetter und warmer Sonnenschein ein. Besonders gilt das von der Zeit der Roggenernte. Es ist sehr selten der Fall, daß sie verregnet. Unser Klima ist ebenso dem Getreidebau wie dem Wachstume der Hackfrüchte und dem Gedeihen des Obstes günstig. Dadurch, daß sich die Weideflächen reichlich mit saftigem Grüne bedecken können, ist bei uns neben dem Ackerbau die Viehzucht die Hauptbeschäftigung. Außerdem begünstigen die klimatischen Verhältnisse den Anbau der Futterpflanzen auf dem Felde. Besonders gedeiht der Klee gut. Er bringt zufriedenstellende Erträge, auch wenn Wiese und Weide weniger gut stehen, und befähigt den Landmann zur Stallfütterung seines Viehes, die sich mehr und mehr bei uns einbürgert. Wenn vielleicht im Anbau etwas durch unser Klima behindert wird, so ist das der Raps- und Ölfruchtbau, der selbst auf gut gepflegtem, fruchtbarem Boden nur mit großer Gefahr versucht werden kann und nicht selten wenig ausreichende Erträge bietet. Zuckerrüben befriedigen auch nicht. Sie haben meistens einen zu geringen Zuckergehalt.

Es ist oft die Behauptung aufgestellt worden, daß sich das Klima unserer Heimatprovinz gegen früher verschlechtert habe. Zum Beweise dafür führt man an, daß der Weinstock zur Zeit des Ritterordens in verschiedenen Gegenden Preußens vorzüglich gediehen sei und auch ein gutes Getränk geliefert habe. Heute läßt er sich nur mühsam an besonders geschützten Stellen ziehen und gelangt nicht immer zur Reife. Den Rückgang in den Wärmeverhältnissen will man durch das Abholzen der Wälder in der Nähe unserer Küste, besonders aber auf den Nehrungen erklären. Diese Beweisführung dürfte wohl kaum eine zutreffende sein. Jedenfalls hat sich der Weinbau Preußens in älterer Zeit nur auf die gewöhnlichsten Sorten erstreckt, und die Nachrichten über vorzügliche Weine sind deshalb mit aller Vorsicht aufzunehmen. Erwiesen ist, daß sich der Orden alle erdenkliche Mühe gegeben hat, in unserer Gegend den Weinbau zu pflegen. Von Winrich von Kniprode weiß man, daß er Weinbauer aus Italien und dem Deutschen Reiche kommen ließ. In Ostpreußen nennt man Rastenburg als den Ort, wo der Wein am besten gedieh. Doch war der hiesige Wein als Getränk zu sauer. Nur durch einen großen Zusatz von Honig und Gewürzen, besonders Ingwer, konnte er genießbar gemacht werden. In anderen Ländern unter unserer geographischen Breite herrscht auch kein Weinbau und ist auch früher nicht mit irgendwelchem Erfolge betrieben worden.

Interessant ist die Tatsache, daß Friedrich der Große bei uns den Seidenbau einführen wollte. Schon 1742 verordnete er, daß Maulbeerbäume gepflanzt werden sollten, und 1750 fanden sich in unserer Provinz bereits 15 956 Stämme. Besonders den Geistlichen und Lehrern wurde es zur Pflicht gemacht, Maulbeerzucht zu treiben und die Kirchhöfe mit Maulbeerbäumen zu umgeben. Die Regierung sollte auch nur solche Leute als Lehrer anstellen, die wenigstens einige Kunde von der Seidenraupenzucht besäßen. Trotz aller Fürsorge des großen Königs wollte es mit diesem Erwerbszweige nicht recht vorwärtsgehen. Die harten Winter töteten eine Menge Bäume, und die Eier kamen früher aus, ehe die Maulbeerbäume das nötige Laub zur Fütterung der Raupen hatten. Im Jahre 1796, als zum wiederholten Male und mehr als je der Frost dem Unternehmen geschadet und etwa 70 000 Bäumchen getötet hatte, da ließ man allmählich staatlicherseits die Angelegenheit fallen. Trotz alledem hat man sich auch noch im vergangenen Jahrhunderte mit der Angelegenheit des Seidenbaues befaßt und stellenweis den Verhältnissen entsprechende befriedigende Ergebnisse erzielt. Es ist jedoch nicht zu bestreiten, daß unser Klima dem Anbau der Maulbeerbäume nicht zuträglich ist.

Bezüglich der Forstkultur verdient hier die Tatsache Erwähnung, daß die Rotbuche, die eine Verkürzung ihrer Vegetationszeit unter 5 Monaten nicht verträgt, in Ostpreußen ihre Polargrenze findet, da unser Sommer durchschnittlich nur 155 Tage umfaßt. Diese Grenze geht vom südlichen Skandinavien aus, zieht sich zwischen Königsberg und Heiligenbeil nach Südosten mitten durch unsere Provinz bis zum Schwarzen Meer. Nördlich dieser Grenze kommt sie nur vereinzelt vor. Manche ostpreußischen Buchen sind aber wahre Baumriesen, so z. B. die bei Bestendorf, Maldeuten, Döhlau. Allerdings haben sie auch ein entsprechend hohes Alter. Wohl die älteste Rotbuche Ostpreußens steht in Reichertswalde, Kreis Mohrungen. Sie besitzt einen Umfang von 5,60 m, in 1 m Höhe über dem Boden gemessen. Der Wald, in dem sie sich befindet, gehört dem Grafen zu Dohna-Lauck. Der größte und schönste Rotbuchenwald Ostpreußens steht in der Oberförsterei Sadlowo bei Rothfließ. Er bildet ein prächtiges Naturdenkmal unserer Provinz.

Im Jahre 1847 trat das Königliche Meteorologische Institut zu Berlin ins Leben. Von seinen Beobachtungsstationen liegen auch einige in Ostpreußen. Die Stationen in Königsberg, Tilsit und Memel haben das Alter der Zentralstelle in Berlin. Verhältnismäßig jünger sind unter den Beobachtungsstationen Altstadt bei Gilgenburg (1883), Marggrabowa (1883), Osterode (1886), Heilsberg (1887).

VII. Das ostpreußische Gold.

Der Bernsteinring.

Den Ring von Bernstein schenk ich dir,
Der schönsten baltischen Nixe Zier,
Die spielend aus dem Flutenbad
Ihn einst geworfen ans Gestad!
Und schau ich näher auf den Stein,
Schau tiefer ihm ins Herz hinein,
Wie da, von ew'gem Glanz umblitzt,
Ein Mücklein eingemauert sitzt.
So laß mich ganz gefangen sein,
So in dein Leben schließ mich ein!
Und wenn ich einstens sterben mag,
So sei dein Herz mein Sarkophag!

Rudolf von Gottschall.

1. Entstehung des Bernsteins.

Die Zeit der Entstehung des Bernsteins reicht unendlich weit hinter unsere Tage zurück. Ursprünglich war er ein flüssiges Harz. Dies geht unzweifelhaft aus den Einschlüssen hervor, die er öfters in sich birgt. Es finden sich nämlich im Bernstein recht häufig Pflanzenteile und Insekten, die manchmal mit allen Einzelheiten ihrer Form erhalten sind. Ja selbst vorübergehende Stellungen der kleinen Tiere treten uns derart vor Augen, als wären sie durch einen Momentphotographen festgehalten worden. Die Tiere müssen von dem Harzflusse ganz plötzlich überrascht und eingehüllt worden sein. Und doch ist das, was wir im Bernstein als Einschlüsse bewundern, nur der hohle Abdruck der betreffenden Lebewesen. Der Leib ist trotz der schützenden Hülle dahingegangen. Nur wenige Reste des Chitinpanzers und der verkohlten Körperteile sind zu erblicken. Diese Einschlüsse geben aber dem ostpreußischen Gold einen besonderen Reiz. Obwohl keine der im Bernstein enthaltenen Insektenarten mit einer gegenwärtig lebenden Art vollständig übereinstimmt, so finden sich doch nahe Verwandte der jetzigen Insektenwelt darunter, und aus unserer Kenntnis der geographischen Verbreitung und der Lebensweise der letzteren können wir interessante Rückschlüsse auf die Verhältnisse jener längst entschwundenen Zeit tun. Vor allem ergibt sich mit Sicherheit, daß das Klima unserer Heimat damals erheblich anders als jetzt gewesen sein muß. Viele der im Bernstein beobachteten Insekten gehören Arten an, die jetzt nur in bedeutend wärmeren Gegenden vertreten sind. Dasselbe beweisen auch die im Bernstein abgedrückten Blätter von Palmen, Magnolien, lorbeerartigen Gewächsen und anderen Pflanzen der heutigen subtropischen Zone.

Der Baum, dessen Harz den Bernstein lieferte, war eine Konifere. Sie wird in der Gelehrtenwelt mit dem Namen Pinites succinifer bezeichnet.

Nach den im Bernstein eingeschlossenen Nadeln will man vier Arten dieses Baumes unterscheiden, von denen aber keine unserer heimischen Kiefer nahesteht. Die Bernsteinbäume führten reichlich Harz in allen Teilen, vornehmlich aber in der Rinde und im Holze. Die harzbildenden Organe sind entschieden nicht wesentlich anders gewesen als die unserer heutigen Nadelhölzer. Doch wird angenommen, daß Beschädigungen, die die Bäume erlitten haben, nicht allein den Harzfluß, sondern auch die Neuanlage von Harzbehältern begünstigten. Gelegenheit, derartige Beschädigungen zu erhalten, wird es aber in jenem Urwalde sehr häufig gegeben haben. Aus den Wunden, die der Baum erhielt, quoll zunächst dickflüssiges, trübes Harz, das zumeist die Form von Tropfen annahm und dann bald erhärtete. Durch die Sonnenwärme wurde es umgeschmolzen und geklärt. Nun umfloß es anklebende Insekten und Pflanzenteile und bereitete ihnen ein eigenartiges Grab. Auch bildete es neue Tropfen und Zapfen, floß auf ältere feste Harzmassen und schuf dadurch die blätterige Beschaffenheit mancher Bernsteinstücke. Da im Laufe der Jahrhunderte ungeheure Mengen von Bernstein gewonnen worden sind und der Vorrat in absehbarer Zeit noch lange nicht erschöpft ist, so ist es klar, daß die Bernsteinbäume ausgedehnte Waldungen gebildet haben müssen. Ferner müssen bei dem jetzt schwer zu erklärenden überaus reichlichen Harzfluß immerhin längere Zeiträume nötig gewesen sein, um derartige Vorräte aufzuspeichern. Jedenfalls hat auch dieser Koniferenwald viele Generationenwechsel durchgemacht. Die durch Orkane, Wassermassen, Alter und Krankheit zu Fall gebrachten Waldriesen fielen allmählich der Verwesung anheim, während ihr Harz nach und nach versteinerte und zu Bernstein wurde. Auf welche Weise die Versteinerung vor sich ging und wie der Bernstein in die Blaue Erde hineingekommen ist, das ist noch immer nicht genau festgestellt. Ebensowenig ist genau erwiesen, wo der Bernsteinwald gestanden hat. Das ist aber wohl zweifellos sicher, daß er nicht den Boden bedeckt hat, in dem wir heute den Bernstein finden. Vielleicht mag der Wald aber in seiner Nähe auf dem Boden der heutigen Ostsee gestanden haben.

2. Ältere Gewinnungsarten.

a) Das Schöpfen und Lesen.

Diese Art der Gewinnung ist jedenfalls die älteste. Wenn längere Zeit heftige Stürme landeinwärts wehen, so daß das Meer gehörig aufgewühlt wird, dann werden beträchtliche Mengen der verschiedenen Seetangarten vom Grunde losgerissen. Sie schwimmen nach oben und heben gleichzeitig den Bernstein vom Meeresboden. Sein spezifisches Gewicht ist wenig größer als das des Wassers, und so kann er leicht von dem sogenannten Kraute gehalten und an den Strand getragen werden. Besonders führen die Herbststürme große Tangmassen mit sich. Von weitem sieht es aus, als ob sich riesige Wiesen dem Ufer nähern. Wenn sich nun der „Strandsegen" in der Nähe der Küste befindet und in der Brandung hin und her wogt, dann gehen die Fischer, mit langen Wasserstiefeln versehen, in das Meer hinein und schöpfen das „Kraut“ mit langen Keschern. Oft bringt der Sturm durch den Bernstein reichen Gewinn. Es sind Fälle vorgekommen, daß in einer Nacht für 50 000 Mark Bernstein durch den Sturm im Tang an das Ufer geworfen wurde. Allerdings stellt diese Gewinnungsart große Ansprüche an die Ausdauer des Menschen. Manchmal gilt es, stundenlang bis an den Leib im Wasser zu stehen und das Treiben der Wellen scharf zu beobachten, damit sie nicht das wieder entreißen, was sie eben gebracht haben. Der dem Meer abgewonnene Tang wird ans Ufer gebracht und dort von Weibern und Kindern auf Bernstein untersucht. Auch die Nachlese in dem am Strande liegenbleibenden Kraut ist bisweilen recht ertragreich. Wie groß der „Strandsegen“ manchmal früher war, geht daraus hervor, daß in einer Sturmnacht des Jahres 1862 von dem aufgeregten Meer in der Nähe von Palmnicken nicht weniger als 2000 kg Bernstein ausgeworfen wurden. Da der Bernstein Regal ist, so müssen jetzt sämtliche am Strand aufgelesenen Stücke an die vom Staate bestimmten Abnahmestellen gegen eine festgesetzte Entschädigung abgeführt werden. Heute ist leider der Ertrag des Bernsteinlesens ein recht bescheidener. Er hat von Jahr zu Jahr abgenommen.

b) Das Stechen.

Auf diese Weise wird der Bernstein bei windstillem Wetter und ruhiger See gewonnen. Dann fährt man mit Kähnen ins Meer hinaus, um zunächst den Bernstein auf dem Grunde zu suchen. Gewöhnlich tut man das nach einem starken Nordweststurme, weil man dann dieses Mineral nicht zu weit vom Ufer entfernt findet. Man kann es an seiner rotbraunen, leuchtenden Farbe unschwer am Meeresboden erkennen. Oft liegt der Bernstein zwischen dem Geröll. Dieses wird dann mit Haken auseinandergeschoben. Größere Stücke ergreift man mit langen Stangen, an denen sich zurückgekrümmte Zinken befinden. Kleinere werden mit langgestielten Drahtkeschern aufgefangen und an die Oberfläche gehoben. Man hat durch das Stechen recht große und schöne Stücke zutage gefördert.

c) Das Tauchen.

Schon unter der Regierung Friedrich Wilhelms I. wurden bescheidene Versuche unternommen, den Bernstein durch Taucher vom Grunde des Meeres heben zu lassen. Der Erfolg war aber ein recht geringer, und deshalb nahm man von einer weiteren Verfolgung dieser Angelegenheit Abstand. Im Jahre 1869 nahm die Firma Stantien und Becker den Versuch auf, Bernstein im Betriebe durch Tauchen zu gewinnen. Sie hatte mit Recht angenommen, daß an dem unterseeischen Steinriffe bei Brüsterort eine Menge von Bernstein vorhanden sein müsse, und pachtete von der Regierung das Schöpf- und Stechrecht auf dem Brüsterorter und Rosengarter Gebiet, erlangte auch vom Staate das kontraktliche Recht, dort mit Taucherbooten gegen eine Entschädigung von 50 Mark pro Tag und Boot zu arbeiten. Nachdem sie sich von Frankreich 2 Taucher und die neuesten Apparate hatte kommen lassen, sah man erst, welch ein bisher ungehobener, von niemandem geahnter Schatz in der Meerestiefe lag. Die Firma gründete in Brüsterort eine Taucherschule, ließ durch die beiden französischen Taucher 200 litauische Männer das Tauchen lehren. Man schaffte 60 Taucherapparate an. Nach und nach arbeiteten 50 Taucherboote. Die Firma zahlte bis zu 2000 Mark täglich Pacht. Etwa 20 Jahre hindurch wurde hier, beziehungsweise vor dem Strande von Gr. Hubnicken, Kraxtepellen, Palmnicken und Sorgenau unter Beschäftigung von jährlich 300 Menschen der verborgene Schatz gehoben.

Als 1885 eine neue Verpachtung stattfand, kamen diejenigen Strandpächter, die nur das Recht auf Lesen und Schöpfen hatten, und klagten, daß sie durch die Firma Stantien und Becker in ihrem Erwerbe schwer geschädigt würden. Aber auch die Taucherei brachte jetzt nicht mehr den gleichen Erfolg wie früher. Schon 1874 war die Firma gezwungen gewesen, den Taucherbetrieb von Brüsterort nach Palmnicken zu verlegen. Sie legte deshalb kein so großes Gewicht auf seine Weiterführung. Im Jahre 1891 ist er ganz eingegangen. Jedenfalls wird sich später wieder die Mühe des Tauchens verlohnen, wenn das Meer aus seinen noch vorhandenen Vorräten für das Ausgebeutete Ersatz geschaffen hat. Die Taucherei stellte große Anforderungen an die organische Beschaffenheit der Lungen und Ohren. Mancher Taucher ist durch seinen Beruf schwerhörig oder gar taub geworden. Es wurde nicht allein nach den auf dem Boden liegenden Stücken gesucht, sondern die Taucher versuchten auch, in der unter dem Wasser liegenden bernsteinführenden Blauen Erde nach diesem Mineral zu graben. Doch war dieses sehr beschwerlich, da ihnen ihr Gummianzug nicht genügende Beweglichkeit gestattete. Auch trübte der durch das Graben aufgewühlte Boden derart das Wasser, daß die bloßgelegten Steine nicht zu sehen waren.

d) Das Baggern.

Wenngleich durch Baggerei gegenwärtig kein Bernstein gewonnen wird, so kann doch eine Betrachtung dieses Betriebes nicht umgangen werden. Bis zum 1. Dezember 1890 blühte in dem weltentlegenen Schwarzort dieser Industriezweig und erregte allgemeine Aufmerksamkeit. Seine Anfänge reichen vom letztgenannten Datum etwa 30 Jahre zurück. Im Juli 1861 machte die Firma Stantien und Becker der Regierung den Vorschlag, die im Kurischen Haff erforderliche Baggerung der Fahrrinne, die dem Staate jährlich etwa 4000 Mark Kosten verursachte, auf eigene Rechnung zu übernehmen, ja sogar noch für jeden Arbeitstag, an dem gebaggert würde, 30 Mark zu zahlen, wenn man ihr den in der ausgebaggerten Erde enthaltenen Bernstein überlasse. Es kam 1862 ein Vertrag mit dem Staate zustande. Anfangs arbeitete die Firma mit 6 Dampfern, später mit 12. Mit der Vergrößerung des Betriebes wuchs auch die Pachtsumme. Aus den 30 Mark wurden 45, später 75 und endlich 601,50 Mark täglich. Vom Jahre 1874 ab wurde die Pacht nicht mehr nach der Anzahl der Arbeitstage berechnet, sondern es wurden jährlich 213 600 Mark als solche gezahlt, die 1877, weil das Ausbeutungsgebiet erweitert wurde, auf 215 000 Mark erhöht wurden. Zur Zeit der größten Blüte der Bernsteinbaggerei beschäftigten Stantien und Becker 21 doppelschlittige große Dampfbagger, fünf Dampfboote und mehrere Prähme. Der Haffgrund wurde bis zu 10 m Tiefe ausgehoben, der Bernstein durch eigenartige Vorrichtungen ausgesiebt und die bloße Erde am Ufer aufgeschüttet. Dadurch sind über 30 ha Ackerland gewonnen. Mit dem Anwachsen der Industrie hob sich auch Schwarzort. Eine ganze Kolonie entstand hier. Gebäude für Arbeiter und Aufseher wurden erbaut, denn das kleine Fischerdorf konnte die 1000 Arbeiter, die ungefähr bei der Baggerei jährlich beschäftigt wurden, nicht unterbringen. Eine Maschinenfabrik, eine Schiffswerft, eine Kesselschmiede, ein Hafen wurden angelegt: kurz, es herrschte in dem einst so stillen Fischer- und Badeorte reges Leben. Heute ist wieder die alte Stille dort, und die zahlreichen Gebäude des ehemals so großartigen Unternehmens sind fast alle von dem Erdboden verschwunden. Die Bernsteinbaggerei mußte der hohen Betriebskosten wegen, und weil sich die Firma allein auf die bergmännische Gewinnung des Bernsteins legte, vielleicht auch, weil die Erträgnisse zu gering waren, eingestellt werden. Im Jahre 1883 betrugen sie allerdings noch 75 546 kg.

Wie ist aber der Bernstein in das Kurische Haff hineingekommen? Nach einer Ansicht findet sich dort das auslaufende Ende der bernsteinführenden blauen Erdschicht. Nach einer anderen ist der Bernstein mit Tangmassen wie der „Strandsegen" der Gegenwart in grauer Vorzeit über die noch stellenweise unterbrochene und vielfach mit „Tiefen" versehene Kurische Nehrung durch gewaltige Stürme hinweggeworfen worden. Die Tangmassen setzten sich an den weniger bewegten Teilen des Haffes ab, und während sie verwesten, ließen sie den Bernstein zurück.

3. Die gegenwärtige bergmännische Gewinnung.

Sie ist heute die vorherrschende. An Alter übertrifft sie beide letztgenannten Gewinnungsarten bei weitem. Man unterscheidet dabei den Tage- und den Tiefbau. Auf den ersteren wurde man dadurch gebracht, daß man schon seit alten Zeiten beim Bestellen des Bodens, beim Graben von Brunnen usw. häufig Stücke von Bernstein fand. Der erste Versuch, in größeren offenen Gruben Bernstein zu gewinnen, wurde bereits im Jahre 1585 bei Lochstädt unternommen. Im Anfange des 18. Jahrhunderts machte man ähnliche Versuche bei Gr. Hubnicken, Kraxtepellen, Warnicken, Rantau, Neukuhren,

Kgl. Bernsteinwerk: Grube Anna bei Kraxtepellen.

Loppöhnen usw. Zwar war der Ertrag des Bernsteingrabens ein zufriedenstellender, doch war damit eine große Verschwendung und Schädigung des Ackerbodens verbunden. Da beschloß man, ein regelrechtes Bergwerk mit Tage- und Tiefbau bei Gr. Hubnicken anzulegen. Der Staatsminister Freiherr von Steinitz machte sich darum ganz besonders verdient. 1781 ging man an die Einrichtung des Bergwerks. Die Ausführung übernahm der Oberbauinspektor Dietrich. Die Leitung war dem Major von Taubenheim übertragen. Das Unternehmen war jedoch wenig vom Glücke begünstigt. Ein Stollen stürzte ein, und man konnte überhaupt nicht weit genug vordringen. Der Eifer für die gute Sache fing an zu erkalten, und 1806 ging das Bergwerk ganz ein. In neuerer Zeit hat man die Zimmerungen der alten Stollen bloßgelegt. Der Eingang zu dem alten Bergwerk ist noch heute kenntlich. In den Jahren 1875 bis 1879 versuchte die Regierung bei Nortycken, in der Nähe von Rauschen, den Bernstein bergmännisch zu gewinnen. Sie legte dort Schächte an. Der Wasserzudrang war jedoch so groß, daß das Unternehmen aufgegeben werden mußte.

Kurz vorher hatte aber die Firma Stantien und Becker ein Bernsteinbergwerk angelegt. Im Jahre 1872 erstand sie das damals zum Gute Kallen gehörige Palmnicken und baute hier eine Grube. 1896 war sie bereits, nachdem sie bis dahin gute Erträge geliefert hatte, ausgebeutet. Es wurde deshalb im letztgenannten Jahre die neue Grube Anna bei Kraxtepellen angelegt, die noch heute im Betrieb ist. Sie hat die Aufgabe, die Blaue Erde ans Tageslicht zu bringen und den darin befindlichen Bernstein von ihr zu trennen. Von oben nach unten werden die Schichten der Blauen Erde in der Bergmannssprache in folgender Weise unterschieden: Blechstich, grüner Spalt, bunter Stich, Steinstich, harter Stich, wilde Erde. Schon beim Loshauen der Blauen Erde wird Bernstein gefunden. Es sind das die sogenannten Tiefbausteine. Die bergmännische Gewinnung des Bernsteins unterscheidet sich von dem Bergbetrieb auf andere schätzbare Güter des Erdinnern fast in keiner Weise. Es gibt auch hier Häuer und Förderleute. Die Häuer tragen auf der Brust einen leinenen Beutel, in dem die „Tiefbausteine“ eingesammelt werden. Im übrigen aber wird die Blaue Erde in niedrige Karren, die sogenannten Hunde, geworfen, die dann von Pferden, von denen es etwa 40 im Bergwerke gibt, nach dem Förderschachte gefahren und hier mittels Maschinenkraft emporgezogen werden. Aus der Blauen Erde gewinnt man dann durch den Prozeß des Schlämmens den übrigen Bernstein. Er wird im Gegensatze zum Tiefbaustein Dammstein genannt. Die Erde wird mit Hilfe großer Mengen von Wasser, das in starken Strahlen darauf gepumpt wird, zerspült. Das Wasser selbst kommt gleichfalls aus dem Innern des Bergwerks. Ist es doch nötig, hier ständig starke Pumpwerke

Kgl. Bernsteinwerk: Stollen mit Förderkorb.

zu unterhalten, um das „Ersaufen“ der Gruben zu verhüten. Die aus dem Wasser und der Erde gebildete schlammartige trübe Brühe läuft durch eine durchlöcherte Rinne. Die feinen Erdteilchen gehen durch die Löcher hindurch, während die größeren Bernsteinstücke auf der Rinne liegen bleiben und sich zum Schluß an ihrem unteren Ende ansammeln. Von hier werden sie herausgenommen und dann noch in sich drehenden Fässern, die mit Seesand und Wasser gefüllt sind, abgewaschen, so daß ihre Oberfläche vollkommen gesäubert und so weit abpoliert wird, daß man den Wert jedes einzelnen Stückes zu bestimmen imstande ist. Die braune, fest anhaftende Verwitterungsrinde wird durch Abkratzen beseitigt. Bei dieser Arbeit ist eine große Anzahl von Mädchen beschäftigt, die es im Akkord auf einen monatlichen Verdienst von 50 Mark bringen. Das Sortieren der Stücke nach der Größe geschieht dadurch, daß man sie siebt.

Kgl. Bernsteinwerk: Die Wäscherei.

Die schlecht gefärbten oder aus sonst irgendeinem Grunde wertlosen Stücke werden zu verschiedenen Produkten verarbeitet. Man schmilzt sie zu Kolophon zusammen, wobei Bernsteinsäure sowie Bernsteinöl gewonnen werden. Das Bernsteinkolophon selbst wird zu Lack verarbeitet. Es geschieht das in Palmnicken. Die Fabrikgebäude befinden sich in der Nähe des Bahnhofes. Die besseren Stücke kommen alle nach Königsberg, wo sie nochmals sortiert, in etwa 200 Sorten zerlegt, verpackt und dann in den Handel gebracht werden. Die Käufer sind Fabriken oder Bernsteindrechsler, die den Bernstein in Schmuckgegenstände usw. umarbeiten. Man fertigt aus Bernstein außer Schmucksachen Hals-, Uhr-, Lorgnettenketten, Broschen, Nadeln, Manschettenknöpfe. Auch stellt man daraus Salzfäßchen, Thermometer- und Uhrgehäuse, Brieföffner, Petschaftgriffe und ähnliche Gegenstände her, wobei durch Verwendung von mattem, kunstfarbenem und hellem Bernstein recht schöne Wirkungen erzielt werden. In letzter Zeit benutzt man ihn auch zur Einfassung von Silbersachen. Sehr viel Bernstein wird vor allem zur Herstellung von Zigarren- und Zigarettenspitzen verwendet. Die heimischen Bernsteindrechsler erhalten den Bernstein zum

Selbstkostenpreise, während die auswärtigen Fabriken einen viel höheren Preis zahlen müssen.

Eine sich besonders auf dem Bernstein aufbauende Industrie ist die Fabrikation von Preßbernstein, die darin besteht, daß man kleinere Bernsteinabfälle in Öl erwärmt und sie dann unter starkem Drucke zu größeren zusammenpreßt. Man hat dieses Verfahren jetzt so vervollkommnet, daß man die früher deutlich erkennbaren Stellen, in denen die einzelnen Stücke zusammenhingen, nicht mehr zu unterscheiden vermag. Die Industrie des Preßbernsteins blühte ursprünglich in Wien, hat sich aber inzwischen weiterhin verbreitet, so daß es gegenwärtig eine ganze Anzahl von Orten gibt, wo man solchen Preßbernstein herstellt. Aus ihm werden die billigeren Gegenstände hergestellt. Der natürliche Bernstein enthält oft kleine Luftblasen, die wie alle Luftbläschen rund sind. Beim Pressen werden sie flachgedrückt. Sie zeigen uns also durch ihre längliche Form, daß das betreffende Stück dem Drucke starker Pressen ausgesetzt war. Daran ist der Preßbernstein zu erkennen. Die staatlichen Fabrikanlagen dafür befinden sich jetzt in Königsberg.

Kgl. Bernsteinwerk: Arbeiterwohnungen.

Am 1. Juli 1899 ging die Firma Stantien und Becker durch Kauf an den Staat über. Wenngleich im großen und ganzen der frühere Betrieb aufrechterhalten wurde, so sind doch manche Änderungen zum Bessern getroffen worden. Vor allem ist seitdem viel zum Vorteile der Arbeiterschaft geschehen. Die Zahl der bei den Königsberger Bernsteinwerken Palmnicken beschäftigten Personen beträgt rund 700. Die Bergleute und Arbeiter wohnen zwar in einer weltentlegenen Gegend. Aber sie haben ein gutes, gesundes Heim in stattlichen, oft recht geschmackvoll aufgeführten Wohnhäusern, die an breiten, lindenbepflanzten Straßen liegen und mit hübschen Vorgärten versehen sind. Sie gleichen mehr herrschaftlichen Villen als Arbeiterhäusern. Besonders die neueren Häuser sind mit feinem Geschmack und vielem Verständnisse für das äußere Bild des Ortes und seinen Zusammenhang mit der Landschaft erbaut worden. Zu jeder Wohnung gehören mehrere Ar Kartoffelland. Die Knappschaft hat ein Vereinshaus mit großem Festsaale zur Verfügung. Im Walde veranstaltet das Bergmusikkorps an schönen Sonntagen Konzerte. Apotheke, Krankenhaus, Schule und Kirche sind vorhanden. Die nahe See bietet reichlich Gelegenheit zum Bade. Kurz, es fehlt dort nichts, um den Angestellten der Bernsteinwerke und ihren Angehörigen das Leben lebenswert und angenehm zu gestalten. Die Bergwerksanlage der Grube „Anna" in Palmnicken ist von schlagenden Wettern verschont, wohl aber ist die Luft dort warm, dumpf und stickig. Wetterschächte sind angebracht, um sie abzusaugen. Die Bergleute begeben sich auf Leitern zu den kilometerlangen Strecken, die sich etwa 30 m unter der Erdoberfläche befinden. In der Hand tragen sie eine offene Öllampe. Sicherheitslampen kennt man dort nicht. Sehr erschwert wird die Arbeit durch das ständig sich zeigende Grubenwasser. Etwa 300 Mann sind hier beschäftigt in Tag- und Nachtwechsel. Alle müssen solche Arbeitskleider tragen, daß sie gegen die Nässe geschützt sind. Vor allem gehören dazu hohe Wasserstiefel. Der Schichtwechsel erfolgt nach je achtstündiger Arbeitszeit.

Um die Bernsteinförderung nutzbringender zu gestalten, hat sich die Bergwerksleitung in Gemeinschaft mit den beteiligten staatlichen Behörden mit der Frage beschäftigt, ob es nicht zweckmäßiger sei, den Tiefbau eingehen zu lassen und wieder den Tagebau einzuführen. Die über der Blauen Erde lagernden Bodenmassen sollen dabei durch gewaltige Bagger entfernt werden. Die bei Palmnicken und Kraxtepellen gelegenen Ländereien gehören bereits in weitem Umfange der Bergwerksverwaltung, also dem Preußischen Staat. Es wird wohl nicht mehr lange dauern, dann ist der Tiefbau verschwunden. Große Trockenbagger werden die über der Blauen Erde lagernde Erdschicht in Höhe von 35 bis 40 m wegnehmen und sie dadurch bloßlegen. Das Baggergut wird in das Meer geschüttet. Ist die Blaue Erde zugänglich gemacht worden, so wird der Bernstein in dem entstandenen Kessel wie im Bergwerksgange losgehackt. Auf diese Weise hofft man nicht nur größere Beträge zu erzielen, sondern auch den Betrieb billiger zu gestalten. Allerdings werden die Umänderungskosten 2 bis 3 Millionen Mark betragen.

4. Geschichtliches.

Schon zur „Steinzeit" ist der Bernstein in unserer Provinz bearbeitet worden. Bei den Baggerungen auf dem Grunde des Kurischen Haffes hat man Schmuckgegenstände aus jener Zeit aus dem Haffschlamm ans Tageslicht gebracht. Viele haben ein höchst auffallendes Äußere. Am merkwürdigsten sind die menschlichen Figuren. Der rohe Bernstein ist zu diesem Zwecke zuerst mit Feuersteinmessern geschnitten, dann auf feinem Sandsteine geschliffen; vermittels Leder poliert und mit Löchern versehen worden, was ihn geeignet machte, ihn als Schmuck zu befestigen und zu tragen. Zum Bohren der Löcher hat man jedenfalls Feuersteinsplitter benutzt. Viele dieser eigentümlichen Schmuckgegenstände tragen tiefere Gruben oder feinere Punkte zur Verzierung. Andere sind mit eingekratzten Linien oder Kerben versehen.

Ähnliche Bernsteinstücke aus der Steinzeit hat man auch auf den alten Wohnstätten der Kurischen Nehrung und an anderen Orten der Provinz gefunden.

Bereits in früher Zeit ist mit dem Bernstein Handel getrieben worden. Es ist jedoch nicht richtig, daß schon die Phönizier bis in die Ostsee gekommen seien, um von unseren Küsten dieses Mineral zu holen. Das Bernsteinland der Alten war entschieden die Nordseeküste, vor allem die Westküste der jütischen Halbinsel. Jedenfalls ist der Bernstein ebensowenig wie auch das Zinn auf dem weiten und gefährlichen Seewege den Mittelmeervölkern zugeführt worden, sondern auf den Handelsstraßen, die sich in nordsüdlicher Richtung durch unseren Erdteil zogen. Als erwiesen gilt die Tatsache, daß ein römischer Ritter zur Zeit des Kaisers Nero nach unserer Küste gezogen sei, um von dort Bernstein zu holen. Erst von diesem Zeitpunkt ab wird Ostpreußen das wirkliche Bernsteinland der Alten, und seitdem gewinnt man auch von dem Preußenlande genauere Kunde. (Siehe Seite 206!)

Die Bernsteinbearbeitung lag lange in den Händen privilegierter „Bernsteindreherzünfte“. Solche bestanden bereits im 14. Jahrhundert zu Brügge und Lübeck. Neue entstanden zu Stolp, Kolberg, Danzig (um 1470), Elbing (1539) und Königsberg (1641). Vor dem Jahre 1864 befaßte man sich hauptsächlich in den Städten Königsberg, Danzig und Stolp mit der Bernsteindrechslerei. Gegenwärtig steht wohl Wien in dieser Hinsicht an der Spitze. Vor 1864 gab es dort nur acht derartige Drechslereien. Jetzt ist ihre Zahl um mehr als das Doppelte gestiegen. Auch Ruhla hat eine ansehnliche Bernsteinindustrie.

Von dem Umfang und der wirtschaftlichen Bedeutung der heutigen Bernsteingewinnung und -verwertung mögen folgende Zahlen Zeugnis ablegen. Die Gewinnungskosten für Rohbernstein, Preßbernstein und geschmolzene Ware betrugen im Wirtschaftsjahre 1909 rund 2 950 000 Mark. Der Absatz belief sich auf 50 000 kg Rohbernstein, 23 680 kg Preßbernstein, 147 000 kg geschmolzenen Bernstein (Kolophon), 500 kg Bernsteinsäure und 13 560 kg Bernsteinöl, im Gesamtbetrage von rund 3 490 000 Mark. Im Jahre 1910 hat sich der Absatz erheblich gesteigert. Es war sogar nicht möglich, der Nachfrage zu entsprechen. Im letztgenannten Jahre wurden beschäftigt: 1. in Palmnicken und Kraxtepellen in dem Bernsteinbergwerke, der Bernsteinschmelzerei, Werkstätten und Sortierräumen als Beamte, Steiger, Aufseher, Bergleute, Handwerker, Arbeiter und Arbeiterinnen zusammen 844 Personen; 2. in Königsberg in den Sortiersälen und in der Preßfabrik mit Sortieren und Bearbeiten des Bernsteins 236 Personen, zusammen 1080 Personen, welche etwa 2200 Angehörige ernährten. Außerdem wurden als Heimarbeiterinnen beschäftigt in Palmnicken 37, in Königsberg 428 Personen.

5. Bernsteinrecht.

Es ist noch nicht ermittelt worden, wie es in Ostpreußen und besonders im Samland vor der Herrschaft der Ordensritter mit den rechtlichen Verhältnissen des Bernsteins bestellt gewesen ist. Im heutigen Westpreußen und in Pommern hatten die Herzöge dortselbst eine Art Bernsteinregal und verliehen kraft dessen an ihre Untertanen das Recht des Bernsteinsammelns, behielten sich aber das des Kaufens der gefundenen Stücke vor. Der Orden schlug zunächst im Samland denselben Weg ein, stellte das Recht des Regals auf, gab einzelnen seiner Untertanen die Berechtigung, zu sammeln und verlangte das Vorkaufsrecht für den gewonnenen Bernstein. Die Strandbewohner waren verpflichtet, den Bernstein zu lesen, zu schöpfen, zu stechen und ihn dann an die Ordensbeamten abzuliefern. Letztere hießen die Bernsteinherren und residierten hauptsächlich in Lochstädt, Balga und Fischhausen und standen einem Bernsteinamte vor. Das Regal wurde durch furchtbar harte Strafen geschützt. Wen man bei unbefugtem Bernsteinsammeln ertappte, hing man an den nächsten besten Baum. Trotzdem waren derartige Überschreitungen nicht selten. Im Handel verfolgte der Orden die Absicht, die Preise stetig zu steigern. Der Ertrag des Regals war ungefähr 4400 Mark damaligen Geldes. Herzog Albrecht suchte ihn durch Verminderung der Gewinnungskosten zu erhöhen. Er bezahlte die Bernsteinleser nicht mit Geld, sondern mit Salz, weil die Regierung das Salzmonopol hatte. Schließlich wurde das Recht der Bernsteingewinnung verpachtet. Hauptpächter wurde die Danziger Familie Koehn v. Jaski. Der Kontrakt mit ihr wurde jedoch vom Großen Kurfürsten gelöst. Dieser Fürst setzte auch ein Bernsteingericht zu Fischhausen ein. Von Strandreitern wurde der Bernstein von den zum Sammeln verpflichteten Strandbauern abgenommen, nach Palmnicken gebracht, dort dreimal jährlich sortiert und nach Königsberg geschickt. Da die Bernsteindiebstähle nicht abnahmen, wurde der Strandeid eingeführt. Jeder Strandbewohner mußte schwören, daß er selbst keinen Bernstein entwenden wolle, auch mußte er sich eidlich verpflichten, jeden seiner Angehörigen zur Bestrafung anzuzeigen, sobald eine Unterschlagung kund würde. 1811 wurde das Bernsteinregal abermals verpachtet, und zwar an eine Gesellschaft, deren wesentliche Mitglieder Graf Keller und Karl Douglas waren. Die Strandbewohner mußten jetzt nicht mehr sammeln, durften es aber, und der Strandeid, der eine sehr gewagte Maßnahme gewesen war, wurde aufgehoben. Von 1837 ab schloß die Regierung abwechselnd mit Einzelpächtern und Pachtgesellschaften Verträge, deren Hauptbedingung Solidarhaft der Pächter mit ihrem gesamten Vermögen unter Sicherheitslegung war. Die Pachtzeiten dauerten 12 Jahre. Durch das Gesetz vom 22. Februar 1867 wurde neben der Neuordnung von Strafen für die unbefugte Aneignung von Bernstein ausdrücklich die Ausdehnung des Strandeigentums an ihm nicht nur dann festgestellt, wenn er sich in der See oder als Auswurf von der See am Strande vorfand, sondern auch auf den im Binnenlande vorkommenden Funden betont. Die Kommunen, beziehungsweise einzelne Bauern hatten sich nämlich nicht nur auf das Schöpfen und Stechen des Bernsteins in der See beschränkt, sondern sie errichteten auch offenen Tagebau am Ufer und holten ihn etwa 15 m unter dem Meeresspiegel heraus. Der so gewonnene Bernstein sollte unter die Besitzer je nach der Größe ihres Landes verteilt werden. In demselben Verhältnisse hatten sie auch ihre Arbeiter zur Gewinnung zu stellen. Am 19. Januar 1870 erstand die Firma Stantien und Becker das Nutzungsrecht des Regals bei einer Versteigerung als Meistbietende. Seitens der Regierung wurde ihr zum 1. Januar 1897 gekündigt, doch wurde der Vertrag noch bis zum 1. Januar 1898 verlängert. Seit diesem Zeitpunkte liegt das Bernsteinrecht in jeder Hinsicht in den Händen des Staates.

Der Bernstein fällt nicht unter das Berggesetz, nach dem „Kohlen, Salze und Erze in Ostpreußen und den vormals ostpreußischen Teilen Westpreußens gemutet werden können". Wer Bernstein auf eigenem oder fremdem Boden findet, hat alle Rechte und Pflichten eines Finders.

Durch den Bernstein ist der Königsberger Professor und Konsistorialrat Dr. Johann Gottfried Hasse auf den Gedanken gebracht worden, Preußen „als das älteste und in der alten Geschichte berühmteste Land der Erde" zu bezeichnen. Er zeigt in seiner 1799 erschienenen Schrift, „Preußens Ansprüche, als Bernsteinland das Paradies der Alten und Urland der Menschen gewesen zu sein", daß das auf vier Seiten von Wasser umgebene Samland das Paradies der Bibel ist, daß es ehemals eine „paradiesische" Wärme gehabt habe, und daß der Lebensbaum nichts anderes als die Bernsteinfichte sei.

Bernsteinmuseum. Solange sich das Bernsteinwerk im Besitze der Firma Stantien und Becker befand, bestand in Königsberg in der Bahnhofstraße ein großes Bernsteinmuseum. Es war in dem der Firma gehörigen Monumentalbau, der jetzt im Staatsbesitz ist, untergebracht. Beim Übergange des Bernsteinwerkes an den Staat kaufte das Kultusministerium das Bernsteinmuseum und richtete davon zwei Abteilungen ein, die beide in Königsberg sind: eine wissenschaftliche, die zur Universität gehört und öffentlich ist, und eine handelstechnische, die sich unter der Leitung der Königlichen Bernsteinwerke befindet und nicht jedermann zugänglich ist. Das Bernsteinmuseum der Universität, das nunmehr ein Bestandteil des Geologischen Instituts ist, birgt ein reiches Anschauungsmaterial, das die Bildungsweise und die verschiedenen Farbenabstufungen des Bernsteins erläutert. Außerdem sind Proben der bernsteinführenden Schichten und deren Fossilien sowie die dem Bernstein verwandten Arten Harze verschiedenster Herkunft ausgestellt. In den Schaukästen liegen rund 2000 tierische und pflanzliche Einschlüsse aus. Die Wände sind mit von geologischen Gesichtspunkten aufgenommenen Bildern des Bernsteinstrandes geschmückt.

Zweiter Teil.

Die Leute.

I. Die frühere Bevölkerung Ostpreußens und die Einwanderer.

1. Die Ureinwohner.

a) Die Steinzeit.

Die ältere Steinzeit, die bis in die Eiszeit zurückreicht, ist in Ostpreußen durch keinerlei Funde nachweisbar. Man nimmt deshalb an, daß diese Provinz damals noch nicht von Menschen bewohnt gewesen sei. Mit ihrer ersten Besiedelung, die nur von Süden her erfolgt sein kann, weil im Norden noch Gletscher lagen, beginnt gleich die jüngere Steinzeit. Die Menschen, die hier einzogen, verstanden sich bereits auf das Bohren, Schleifen und Polieren ihrer Steinwaffen. Die Bewohner der älteren Steinzeit kannten das noch nicht. Die Tier- und Pflanzenwelt muß, als der erste Mensch seinen Fuß auf die heimatliche Scholle setzte, im großen und ganzen die heutige Beschaffenheit gehabt haben. Der Boden, der bereits von der Eiche geschmückt wurde, ernährte Hirsche, Rehe, Pferde, Rinder. Es fanden sich auch schon Füchse, Biber, Schweine. Verschiedene Funde haben ihr Vorhandensein in jener Zeit nachgewiesen. Von heute bei uns nicht mehr lebenden Tieren kommt vor allem das Renntier in Betracht. Der Steinzeitmensch hat seine Spuren zurückgelassen in Gestalt von Wohnplätzen, Pfahlbauten, Gräbern und Einzelfunden. Wohnplätze hat man bei Nidden und am Grabschter Haken, zwischen Pillkoppen und Nidden, gefunden. Überreste von Pfahlbauten sind zu Angerapp (Kr. Darkehmen), Bonslack (Kr. Wehlau), Arklitten (Kr. Gerdauen), vor allem aber im Kownatkensee, zwischen Neidenburg und Hohenstein, entdeckt worden. Der letzterwähnte Pfahlbau gehört sicherlich der Steinzeit an, was man jedoch nicht von allen ostpreußischen Pfahlbauten sagen kann. Er war in Torferde eingelagert. Beim Ausgraben der Holzteile brachte man auch eine Menge von Scherben, die auf ein früheres Vorhandensein von mehreren größeren irdenen Gefäßen schließen lassen, an das Licht. Die Scherben weisen das Schnurornament auf. Ferner machte man Funde von Knochen und Geweihen. Sodann entdeckte man Schleudersteine, einen geschickt geformten Steinkeil, Spaltstücke von Feuerstein usw. Von Metallen war keine Spur zu sehen. Die zum Bau verwandten Hölzer wiesen weder Hieb- noch Schnittflächen auf.

Die Leichen der Steinzeitmenschen wurden unverbrannt bestattet. Verbrennungen mögen wohl auch vorgekommen sein, doch ist das ganz vereinzelt geschehen. Die Begräbnisstätte wurde durch Steinkreise gekennzeichnet. An Einzelfunden sind vor allem Beile zu erwähnen, die teils durchlocht, teils undurchlocht sind. Das Durchlochen geschah entweder mit Hilfe eines festen Holzstabes oder mit einem zylinderförmigen Knochen. Unter Anwendung von Sand und Wasser konnte bei schnellen Umdrehungen selbst das härteste Gestein durchbohrt werden. Oft benutzte man auch dazu ein in einem Stabe befestigtes zugespitztes Hirschhornstück, das mit Hilfe einer an einem Bogen angebrachten, sich um den Stab auf- und abwickelnden Schnur schnell um sich selbst gewirbelt wurde. Die Löcher in den Steinwaffen benutzte man dazu, um den Stiel befestigen zu können. Allerdings gehören nicht alle Steinbeile der Steinzeit an. Entschieden sind auch einige in späteren Zeiten angefertigt worden. Ferner sind aus der Steinzeit herstammend Bernsteinanhänger, Bernsteinfiguren und Bernsteinschmuck, ebenso Gegenstände aus Feuerstein, z. B. Schaber, Messer, Pfeil- und Speerspitzen, gefunden worden. Erwähnenswert sind endlich die vielen Scherben aus der heimischen Steinzeit, die bereits Verzierungen mannigfachster Art aufweisen. Die Verzierungen wurden in noch weichem Zustande durch Umlegen einer Schnur, durch Einritzen von Strichen mittels des Fingernagels oder eines spitzen Holzstäbchens gemacht. Die Töpferscheibe kannte man noch nicht. Die Gefäße wurden mit der Hand geformt und an einem offenen Schmauchfeuer getrocknet. Die Scherbenfunde der Kurischen Nehrung zeigen schon Henkelansätze und selbst vollständige Henkel. Die Hauptbeschäftigung der Steinzeitmenschen waren Jagd und Fischfang. Ihre Wohnsitze hatten sie auf geschützten Anhöhen am Meer, an Seen und Flüssen. Vielleicht haben sie sogar auf Pfahlbauten in Seen gewohnt, obwohl behauptet wird, daß die Pfahlbauten keine Wohnstätten, sondern nur Zufluchtsstätten gewesen sind. Aus den auf der Kurischen Nehrung gemachten Funden darf man den Schluß ziehen, daß hier die Steinzeitkultur besonders ausgeprägt gewesen sein muß. Älter als die Nehrungsfunde mögen jedoch die sein, die im ostpreußischen Oberlande gemacht worden sind. Den Beginn der neueren Steinzeit legt man kurz vor den Anfang des letzten Jahrtausends vor der Geburt Christi. Damals fand sich im Morgenlande schon eine hochentwickelte Kultur.

b) Die Bronzezeit.

Dieser Zeitabschnitt begann, als die Urbewohner Ostpreußens mit südlich wohnenden Völkern in Tauschverkehr traten. Gegen den Bernstein und andere Erzeugnisse, z. B. Felle, tauschten sie Waffen, Geräte und Schmuckgegenstände aus Bronze, einer Legierung von Kupfer und Zinn, ein. Man spricht von der älteren, mittleren und jüngsten Bronzezeit. Die erstere ist bis dahin nur in Einzelfunden nachgewiesen worden. Die mittlere zeigt sich hauptsächlich in den Hügelgräbern bei Rantau-Alknicken. Letztere lassen auf Skelettbeisetzung schließen. Aber auch in sogenannten Massen- oder Depotfunden ist dieser Zeitabschnitt zum Ausdrucke gelangt. Aus der jüngsten Bronzezeit sind eine Menge von Hügeln mit größeren und kleineren Steinkisten auf unsere Zeit gekommen, ebenso verschiedene Massenfunde. Neuerdings will man diese Dreiteilung beseitigen und spricht nur von einer älteren und einer jüngeren Bronzezeit. Den Beginn des ersteren Abschnittes legt man für Ostpreußen auf das Jahr 800, den des letzteren etwa auf das Jahr 600 vor Christi Geburt. Die bronzenen meißel- oder keilartigen Gegenstände werden Kelte oder Äxte genannt. Man unterscheidet Schaft- und Hohläxte. Außer diesen hat man auch Schwerter und Lanzenspitzen gefunden. Die Schmucksachen, wie Hals- und Armringe, Nadeln usw., waren in der älteren Bronzezeit viel einfacher als in der jüngeren. So sind beispielsweise die Nadeln oder Fibeln, die aus der letzteren Zeit stammen und den heutigen Sicherheitsnadeln und Broschen gleichen, wohl auch denselben Zwecken dienten, recht kunstvoll gearbeitet. Dasselbe gilt von den sogenannten Schleifringen. Man versteht darunter Armspiralen, die in einer eigenartigen Schleife endigten, ebenso kleinere, mehrfach umgebogene Ringe, die an den Umbiegestellen Schleifen bildeten. Beide Entwickelungsstufen unterscheiden sich auch hinsichtlich der Gräberfunde. In der älteren Bronzezeit wurden die Leichen meistens bestattet, in der jüngeren wurden sie jedoch verbrannt und die Asche in Urnen beigesetzt. Die Gräber wurden über der Erde aus Steinplatten kistenförmig aufgebaut. In diese eigenartige Kiste kam die Urne hinein. Waffen wurden vielfach mitgegeben. Darauf wurde die Kiste mit Steinplatten zugedeckt. Schließlich wurden über ihr Feldsteine zu einem Hügel zusammengeworfen und das Ganze mit Erde bedeckt. Solche Gräber nennt man Hügelgräber. Manche bergen sogar zwei Kisten. Die in den Kistengräbern gefundenen Urnen sind von verschiedener Gestalt. Es gibt gehenkelte und ungehenkelte Urnen, solche mit und solche ohne Deckel. Viele sind mit eigenartigen Zeichnungen versehen usw. Unter Stein- und Erdhügeln hat man aus jener Zeit auch Waffenfunde gemacht. Sie enthalten absichtlich hingelegte, nicht aber vergessene oder verlorene Gegenstände. Jedenfalls sind es Weihegeschenke für die Verstorbenen oder Opfer für die Götter. Man bezeichnet sie deshalb allgemein als Opfer- oder Votivfunde. Spuren des Menschen der älteren Bronzezeit lassen sich an der Nordküste Samlands, an einigen Stellen des Kreises Memel, in der Gegend von der Alle bis Rastenburg und im südöstlichen Masuren nachweisen. Die Funde aus der jüngeren Bronzezeit stammen besonders aus dem Gebiete zwischen Frisching und Passarge, aus den Kreisen Pr. Eylau, Heilsberg und Rössel und aus dem südwestlichen Teile der Provinz. Manches Stück dieser Funde läßt darauf schließen, daß es heimischen Ursprungs sei. Man hat bei uns Halsringe ausgegraben, die noch den Gußzapfen tragen. Während des Überganges von der Bronze-

zur nachfolgenden Eisenzeit hat Ostpreußen entschieden eine eigene Bronzeindustrie gehabt. In Mitteleuropa besaß man zu dieser Zeit bereits eiserne Geräte und Waffen. Den Höhepunkt der Bronzezeit bezeichnet man mit dem Namen Hallstätter Zeit[1]). Dieser Entwickelungsabschnitt, den man auch jüngste Bronzezeit nennen könnte, falls man von einer Dreiteilung der Bronzezeit sprechen wollte, kommt in Ostpreußen nicht so bestimmt zum Ausdrucke wie in westlichen Gebieten.

c) Die Eisenzeit.

Man unterscheidet im allgemeinen in diesem großen Zeitabschnitte der Kulturentwickelung eine Vorzeit, eine Blütezeit und eine Nachzeit. Für Ostpreußen kann man sich aber auch hier mit der Zweiteilung begnügen. Den ersten Abschnitt nennt man die erste, den zweiten Abschnitt die weitere Eisenzeit. Die erste Eisenzeit heißt für gewöhnlich La Tène Zeit. Sie trägt diesen Namen deshalb, weil ihre bemerkenswertesten Funde an einer Stelle des Neuenburger Sees im Kanton Neuchâtel, die den Namen La Tène, d. h. Untiefe, trägt, gemacht worden sind. In diesem Zeitabschnitte wurden Waffen und Werkzeuge aus Eisen hergestellt. Selbst eiserne Schmucksachen, wie Schnallen, Fibeln, Schildbuckel, sind im Gebrauche. Daneben finden sich noch bronzene Schmucksachen, z. B. Armringe und Gürtelhaken. Eiserne Scheren in Form unserer Schafscheren, Feilen, Raspeln, Gravierstichel zeigen, daß damals die Werkzeuge bereits eine gewisse Vollkommenheit erlangt hatten. Die Leichen wurden noch verbrannt. Aber die Asche wurde, von dem Gebiete nördlich vom Pregel, wo der bisherige Brauch beibehalten wurde, abgesehen, ohne Steinkisten lose in kesselförmigen Gruben der Erde übergeben. Man hat, mit einigen Ausnahmen, nicht mehr Hügelgräber, sondern Flachgräber. In manchen Fällen wurde die Asche sogar ohne Urne in Gruben geschüttet (Brandgruben) und dann samt den Beigaben (kleinere Tongefäße, Waffen, Werkzeuge) mit Erde glatt zugedeckt. Der neue Brauch ist entschieden von Süden her, vom Warthe- und Netzegebiet aus, in unsere Provinz eingezogen.

Aus der weiteren Eisenzeit sind in Ostpreußen viele Funde gemacht worden. Diese Provinz gehört hinsichtlich der Erforschung der Eisenzeit „zu den am besten untersuchten und beleuchteten" Gebieten Deutschlands. Das Hügelgrab ist bei der vollständigen Ausgestaltung der Eisenzeit ganz verschwunden. Das Flachgräberfeld tritt jetzt ausschließlich an seine Stelle. Durchweg herrscht Brandbestattung. Die Aschenurnen stehen stellenweise nicht mehr frei in der Erde, sondern sind durch Steinpackungen geschützt. Besonders viele Gräberfelder weist das Samland auf. In den Gräbern

[1]) Diesen Namen trägt sie nach Hallstatt am Hallstätter See in Oberösterreich woselbst reiche und charakteristische Funde aus jener Zeit gemacht worden sind.

wurden zunächst die verschiedenartigsten Fibeln gefunden, manche von höchst kunstvoller Beschaffenheit, ferner Gürtelschnallen, Spiralarmbänder, Halsringe, Messer mit Griff, Schildbuckel, Sporen usw. Weniger häufig sind Waffenfunde. Dagegen sind vielfach Perlen von Bronze, Glas, Email, Ton und Bernstein ausgegraben worden. Auch eine Menge von römischen Bronzemünzen sind unter den Funden vertreten. Es sind teils Massen- oder Schatzfunde, teils Grabfunde. Das römische Geld ist höchstwahrscheinlich auf dem Wege des Bernsteinhandels zu uns gekommen. Als Wertmesser und Kaufpreis hat es unserer Urbevölkerung wohl nicht gedient. Man nimmt an, daß die großen Massenfunde für den Schmelztiegel bestimmt gewesen sind, um daraus Schmucksachen zu fertigen. Das Vorkommen dieser Münzen hat dem ganzen Zeitabschnitte den Namen römische Zeit verliehen. Man spricht von einem vorrömischen, römischen und nachrömischen Abschnitte. Diese Bezeichnungen decken sich mit den drei eingangs erwähnten Namen.

Die nachrömische Zeit wird der arabischen Münzen wegen, die bei uns gefunden worden sind, auch die nordisch-arabische Zeit genannt. Ihr Anfang fällt ungefähr in den Schluß der Völkerwanderung. Die arabischen Münzen heißen auch kufische Münzen (nach der Stadt Kufa) oder Dirhems. Nach dem Jahre 1000 n. Chr. sind derartige Münzen bei uns nicht mehr gefunden worden. Besonders merkwürdig sind aus jener Zeit die Hacksilberfunde, das sind kurz und klein gehackte Münzen. Über die Ursache der Maßnahme des Münzenzerhackens ist man sich noch nicht im klaren. Manche Forscher nehmen an, daß man auf diese Weise Scheidemünzen hergestellt habe, andere behaupten, daß die zerhackten Geldstücke als Schmuck verwendet worden sind. Tatsächlich hat man derartige Geldstücke an einem Halsschmuck aus Silberfiligran entdeckt. Das arabische Geld ist höchstwahrscheinlich über Rußland zu uns gekommen. So häufig wie römisches Geld ist es in dem heimischen Boden nicht gefunden worden. Auch Ordensgeld wurde bei uns auf Gräberfeldern ausgegraben. Allerdings gehört es nicht mehr der vorgeschichtlichen, sondern schon der geschichtlichen Zeit an.

d) Vorgeschichtliche Niederlassungen usw.

Reste von menschlichen Wohnstätten sind bis jetzt aus vorgeschichtlicher Zeit nicht gefunden worden, dürften auch kaum gefunden werden, da in den Eroberungskämpfen des Deutschen Ritterordens und in späterer Zeit alles, was darauf schließen ließ, bewußt oder unbewußt vernichtet worden ist. Was davon übriggeblieben ist, sind lediglich einige Scherbenplätze in der Nähe von Gewässern. Sie weisen noch heute erkennbare Feuerstellen auf. Wahrscheinlich handelt es sich hier um Fischerniederlassungen. Häufiger sind die Burgberge oder Ringwälle vorhanden. Im Volksmunde heißen sie gewöhnlich Schwedenschanzen, obwohl sie mit der Anwesenheit der Schweden in unserer Provinz, beispielsweise in den Schwedisch-polnischen Kriegen, auch nicht das geringste zu tun haben, Heidenschanzen, Schloßberge. Auch die Bezeichnungen Hünenberg und Pillberg kommen vor. Namentlich finden sich die Ringwälle an den Ufern der Flüsse, von der Passarge bis hinauf zur Dange. Sie stammen aus der vorgeschichtlichen Zeit unserer Provinz, etwa aus dem 6. und 7. Jahrhundert, sind vielleicht noch älter, sind aber verschiedentlich noch im 13. und 14. Jahrhundert in Gebrauch gewesen. Ihren Zweck hat man noch nicht genau bestimmen können. Einige Forscher halten sie für Kultstätten, andere für Begräbnisplätze, und noch andere für Zufluchts- und Verteidigungswerke in bedrängten Zeiten. Man hat auf ihrem Gipfel, und zwar in geringer Tiefe unter der Oberfläche, Überreste von Haustieren, Wild und Fischen, auch Tongefäße und Geräte, aber auch Steinkisten und römische Münzen gefunden. Um die meisten Schloßberge hat die Sage ihre Schleier gewoben. Sie erzählt von dort hausenden „verwunschenen" Jungfrauen, die ihres Erlösers harren, von großen, ungehobenen Schätzen, die im Schoße des Berges liegen, usw. Ein großer Teil der Ringwälle ist entschieden bei der Unterwerfung des Preußenlandes noch vorhanden gewesen und dann in die Hände der Ritter gefallen. Die Ritter bauten sie aus und schufen daraus **Wallburgen**. Diese Befestigungswerke waren hauptsächlich aus Holz errichtet und dienten der Landbevölkerung als Zufluchtsstätte. Später trat an die Stelle mancher Wallburg ein trotzigkühnes Ritterschloß. Der vorgeschichtlichen Zeit gehören ferner die **Schiffsfunde** an. Zwei größere Schiffe hat man bei Frauenburg ausgegraben. Sogenannte Einbäume hat man häufiger gehoben, einen sogar in der Litauischen Niederung beim Bau der Zentrale Tramischen. Höchstwahrscheinlich stammen auch die eigenartigen **Steinfiguren** bei Bartenstein und Barten aus vorgeschichtlicher Zeit. Sie mögen vielleicht einstmals Grenzsteine gewesen sein. Zu erwähnen sind endlich noch die beiden vorgeschichtlichen **Moorbrücken**, die man in Ostpreußen entdeckt hat. Die eine wurde im Sorgetal auf der Grenze zwischen Ost- und Westpreußen, die andere bei Duneyken, Kr. Oletzko, gefunden.

2. Die geschichtliche Zeit.

a) Beginn dieser Zeit.

Die ersten verbürgten Nachrichten über unser Heimatland stehen in Beziehung zum Bernstein. So erfahren wir von Plinius dem Älteren in dessen Naturgeschichte, daß der Bernstein schon zu seiner Zeit ein sehr beliebter Handelsartikel gewesen sei. Etwa 60 n. Chr. kommt ein römischer Ritter an unsere Ostseeküste und bringt von dem Bernsteinlande genauere Kunde nach Rom, woselbst der seltsame Stein als Schmuckgegenstand eine große Rolle spielte. Seit der Zeit des Kaisers Nero beginnt ein reger Bernsteinhandel zwischen der ewigen Stadt und dem Preußenlande. Der römische Geschichtschreiber Tacitus berichtet um das Jahr 98 n. Chr. in seiner Germania, daß die Bewohner der Ostseeküste vom Werte des kostbaren Bernsteins keine rechte Ahnung besitzen, und daß sie sich häufig über den hohen Preis, den sie für diesen Handelsartikel erzielten, gewundert haben. Er bezeichnet die Bewohner des Bernsteinlandes mit dem Namen Aestier. Derselbe Name tritt auch um das Jahr 550 n. Chr. auf, und zwar bei Jordanes, der eine Geschichte der Goten verfaßt hat. Allerdings wählt er die Form Aesten. Diese Bezeichnung steht auch in einem Briefe, den Theoderich der Große (493 bis 526) an die damaligen Bewohner Preußens richtete. Er bedankt sich darin für die Geschenke, die ihm die Aesten gemacht hatten. Einhard, dem wir eine Lebensbeschreibung Karls des Großen verdanken, nennt sie Aisten.

Mit Beginn der christlichen Zeitrechnung, sicher aber in der Eisenzeit, wohnten im Weichseltale germanische Völkerstämme, und zwar Goten. Nordöstlich von ihrem Gebiete hatten baltische Stämme, zu denen auch die Aestier gehörten, ihren Wohnsitz. Sie waren es, die die großartigen Handelsbeziehungen mit dem Römischen Reich unterhielten. Um das Jahr 1000 tritt für sie die Bezeichnung Pruzzi auf. Die Bewohner des Samlandes, die Sembi, mögen einen besonderen Zweig dieses Volksstammes gebildet haben. Sie trieben ziemlich lebhaften Handel mit den dänischen und skandinavischen Ländern. Unweit Cranz, bei Wiskiauten, ist ein Wikingerfriedhof aufgedeckt worden. Nördlich der Memel findet sich in der Bevölkerung ein stark slawischer Einschlag. Dasselbe kann man auch von dem äußersten Südwestzipfel der Provinz behaupten.

b) Die alten Preußen.

Die alten Preußen oder Pruzzi gehören, wie das schon angedeutet worden ist, dem baltischen Zweige des indogermanischen Sprachstammes an und sind somit Stammverwandte der Litauer, Letten und Kuren. Ihr Land war in elf Gaue eingeteilt, von denen Culm, Pomesanien und ein Teil von Pogesanien auf das heutige Westpreußen entfallen. Einen gemeinsamen Herrscher oder einen Mittelpunkt der Regierung haben die alten Preußen nicht gekannt. Zur Friedenszeit stand selbst an der Spitze der einzelnen Gaue kein Oberhaupt. Anders war es jedoch in Kriegszeiten. Jeder Gau wählte sich dann einen Hauptmann, dem unbedingt Folge geleistet wurde. Die Bevölkerung gliederte sich in Adelige, Freie und Unfreie. Die ersteren leiteten in Friedenszeiten die verhältnismäßig recht wenigen allgemeinen Angelegenheiten des Gaues. Als Ackerbauer und Viehzüchter wohnten die Pruzzi teils in Dörfern, teils auf einzelnen Höfen. Städte gab es nicht. Die Dörfer waren meistens umfriedet und mit besonderen Rechten ausgestattet. Die Frau wurde gekauft und spielte eine untergeordnete Rolle, zumal vielfach Vielweiberei zu finden war. Trotzdem bestanden sinnige Hochzeitsgebräuche. Der Hausherr hatte eine unbeschränkte Macht in seiner Familie. Er durfte seine Kinder, soweit es ihm passend erschien, nicht nur verstoßen, sondern sie auch töten. Die Kleidung der alten Preußen war recht einfach. Sie war aus Leinen oder Wolle auf eigenen Webstühlen gewirkt. Bessere Kleidungsstoffe wurden ebenso wie Waffen vielfach gegen Bernsteinstücke und Felle erlegter Pelztiere eingetauscht. Ein weiches Lager kannten sie nicht. Die Nahrung war ebenfalls höchst einfach. Als Getränk genossen die Armen Met, ein berauschendes Getränk, das aus Honig und Wasser hergestellt wurde, die Reichen gegorene Stutenmilch. Das Brauen des Bieres lernten sie erst in späterer Zeit von deutschen Einwanderern kennen. Das Kerbholz diente ihnen als Kalender. Sie übten Gastfreundschaft in höchstem Maß und sollen an ihrer Küste nie das Strandrecht geltend gemacht haben. Im Kriege sind sie allerdings grausam, räuberisch und blutgierig gewesen. Ihr Götzendienst war reiner Naturdienst. Sie verehrten Sonne, Mond, Sterne, Donner und Blitz, Vögel und vierfüßige Tiere, selbst Kröten. Doch suchten sie die Naturkräfte auch zu personifizieren und unter bestimmten Bildern anzubeten. Diese Bilder befanden sich im heiligen Haine Romowe. Ob es nur ein Romowe oder mehrere dieser Haine gegeben hat, ist noch unentschieden. Die religiöse Herrschaft über das Volk übten Priester und Priesterinnen aus, an deren Spitze der Oberpriester oder Kriwe stand. Die Unterpriester hießen Waidelotten. Den Göttern opferte man weiße Pferde, beim Erntefest einen Bock, zu Kriegszeiten sogar Gefangene. Besondere Feste waren die Frühlingseinsegnung mit der Bitte um Fruchtbarkeit der Felder und das Fest des Ernteanfanges. Ebenso sinnig wie die Hochzeitsgebräuche waren die Bestattungsfeierlichkeiten der Toten. Die alten Preußen glaubten an ein Fortleben nach dem Tod. Aus diesem Grunde wurden den Verstorbenen, ganz gleich ob sie unverbrannt oder verbrannt bestattet wurden, Gegenstände mit ins Grab gegeben, die sie nach Ansicht der Überlebenden dort gebrauchen konnten, also Waffen, Schmucksachen, Geräte usw. Bei der Bestattung reicher Leute wurden sogar Hunde, Pferde und Sklaven verbrannt. Der Aberglaube scheint bei diesem Volke sehr groß gewesen zu sein. Seherinnen spielten dort eine wichtige Rolle. Bei jedem bedeutenderen Vornehmen wurden die Götter durch das Los um Rat gefragt.

Im 10. und 11. Jahrhundert begannen die christlichen Bekehrungsversuche. Der erste Glaubensbote, der den heidnischen Preußen das Evangelium brachte, war Adalbert, Bischof von Prag. Er war Tscheche von Geburt und hieß mit seinem nationalen Namen Woitech, d. h. Heerestrost. Seine Bemühungen für die Sache des Evangeliums waren erfolglos. Er wurde erschlagen. Wo dies geschehen ist, weiß man nicht genau. Allgemein wird jedoch der Ort Tenkitten im Samland als sein Todesort angesehen. Den Todestag verlegt man auf den 23. April des Jahres 997. Ein ähnliches

Geschick hatte Bruno von Merseburg, der aus dem Hause der Grafen von Querfurt stammte. Seine Bekehrungsversuche unternahm er auf den Wunsch des Polenherzogs Boleslaw. Ort und Tag des Todes kann man bei ihm nicht angeben. Die Ermordung dieser Missionare gab den Polen Anlaß zu kriegerischen Einfällen in das Preußenland. Sie, die erst vor kurzem, nämlich 966, das Christentum angenommen hatten, wollten es hier mit dem Schwert einführen. Allerdings sprach dabei die Eroberungssucht wesentlich mit. Die Preußen rächten sich an den Polen durch häufige Belästigungen ihres Gebietes. Um das Jahr 1000 versuchte es der Mönch Christian aus dem Zisterzienserkloster Oliva bei Danzig, den heidnischen Preußen das Evangelium zu bringen. Der Herzog Konrad von Masovien unterstützte sein Bestreben. Es war auch wirklich von Erfolg begleitet. Der Papst ernannte Christian zum Bischof der jungen Pruzzengemeinde. Der schnelle Fortgang des Bekehrungswerkes löste aber bei den noch heidnisch gebliebenen Preußen die Furcht aus, daß sie ihre Selbständigkeit verlieren könnten. Sie brachten daher durch kriegerische Unternehmungen nicht nur ihre christlichen Landsleute zum Abfalle vom Glauben, sondern brachen auch in das Culmerland ein und verheerten sogar Masovien und Kujavien. Diese Einfälle begannen 1216 und wiederholten sich fast alljährlich in immer zunehmendem Maß. In dieser Zeit der Not lenkte Christian von Oliva die Aufmerksamkeit des Herzogs Konrad von Masovien auf den Deutschen Ritterorden. Er wurde ins Preußenland gerufen und hat in heißen Kämpfen von 1230 bis 1283 die Pruzzen unterworfen und in ihr Land das Christentum dauernd eingeführt. Dieser Volksstamm ist leider jetzt nicht mehr. Seine Sprache ist ausgestorben. Nur wenige Proben davon sind auf unsere Zeit gekommen, nämlich einige Wörterverzeichnisse und zwei Übersetzungen des Lutherschen Katechismus aus den Jahren 1545 und 1561. Letztere sind auf Veranlassung des Herzogs Albrecht von dem Pfarrer Abel Will in Pobethen besorgt worden.

3. Einwanderer.

a) Zur Ordenszeit.

Die ersten Deutschen, die zu jener Zeit nach unserem Heimatlande kamen, waren die Ordensbrüder und die Reisigen, die der Landmeister Hermann Balk im Frühlinge des Jahres 1231 über die Weichsel führte. Dem kleinen Häuflein folgten bald größere Kreuzfahrerscharen, die zum größten Teil aus Mitteldeutschland kamen. Viele von ihnen, besonders diejenigen, die zu Hause nicht Grund und Boden hatten, ließen sich hier nieder und zogen aus ihrem Vaterlande junge Edelleute und unternehmende Ackerbauer nach sich. So führte im Sommer 1232 der Burggraf Burchard von Magdeburg 5000 waffenfähige Pilgerbrüder herbei und in ihrem Gefolge eine größere Schar deutscher Einwanderer. Hermann Balk wies ihnen die Gegend um die

Burgen Thorn und Nessau als Wohnsitz an. Ein weiterer Zuzug aus der Magdeburger Gegend nahm seinen Aufenthalt bei den Mauern der Burg Culm und gründete schon 1232 die gleichnamige Stadt. Als die Verhältnisse im Culmerlande einigermaßen geregelt waren, erschienen Heere von Kreuzfahrern aus Schlesien, Masovien, Kujavien und Pommern. Mit Hilfe dieser neuen Streitkräfte konnten die Pomesanier (Schlacht an der Sorge) besiegt und das Culmerland dadurch mehr geschützt werden. Durch fortwährend zuziehende neue Ansiedler blühte dieses bald empor. Die Culmische Handfeste von 1233 ordnete die inneren Verhältnisse der bis jetzt gegründeten Städte Culm und Thorn. Sie ruht auf dem sogenannten Magdeburger Recht. Später wurde die Culmische Handfeste auch zum Grundgesetze fast aller anderen preußischen Städte, ja sie regelte sogar die ländlichen Verhältnisse.

Im Jahre 1236 führte der Markgraf Heinrich von Meißen eine große Zahl von Edeln, geharnischten Rittern und sonstigem Volke nach Preußen, die sich besonders im Gau Pomesanien niederließen. Als der Landmeister Pogesanien erobert hatte, ließen sich viele Lübecker in der Gegend am Drausensee nieder. Ihr Hauptort war wahrscheinlich der alte Ort Truso. Aus ihm entstand die Stadt Elbing, die 1237 von der Mutterstadt Lübeck das lübische Recht als Grundlage der städtischen Verfassung erhielt. Diese Rechtsform erhielten später auch die Bischofsstädte Braunsberg und Frauenburg. — Leider wurden bald diese ersten Ansiedelungen durch eine pestartige Seuche arg verheert. In das fast entvölkerte Gebiet rief dann der Landmeister Polen und Pommern.

1239 erhielt der Orden eine wesentliche Unterstützung durch den Herzog Otto von Braunschweig. Er half ihm Warmien, Natangen und das Bartener Land unterwerfen. In diesem Gebiete wurde eine größere Zahl von Burgen erbaut. Als der Herzog 1240 wieder in seine Heimat zurückzog, ließ er im Lande von seinem Gefolge zurück, wer sich nur ansiedeln wollte. Eine größere Anzahl von Deutschen blieb da. Alle erhielten reichliches Besitztum. Die Ritter bekamen für billiges Geld große Güter. Den deutschen Freien wurden nicht selten zwei, drei oder mehr verlassene preußische Dörfer zugewiesen, sobald sie nur die Verpflichtung übernahmen, die entvölkerten Ortschaften mit neuen Bewohnern zu besetzen und dem Orden in seinen Kriegen beizustehen.

Der zehnjährige Waffensturm der alten Preußen unter der Anführung Swantopolks gegen den Orden, der 1249 sein Ende fand, und die Wirrnisse des allgemeinen Aufstandes von 1261 bis 1273 haben natürlich der gesunden Entwickelung der deutschen Kolonien sehr geschadet. Zu voller Blüte konnten sie in unserer Provinz erst gelangen, als der 53jährige Eroberungskampf beendigt war. Da kamen dann noch neue Ansiedler aus dem Westen. 1290 wurde Pr. Holland angelegt, und zwar von Flüchtlingen aus Holland, die bei uns eine neue Heimat suchten. Sie hatten eine bedeutende Fertigkeit in Fabrik- und Manufakturarbeiten und trugen damit wesentlich zur Vermehrung und Erweiterung der Kultur unserer Provinz bei. Sachsen, Thüringer, Harzbewohner siedelten sich bei Osterode im Oberland an. Schon die Namen Osterode, Saalfeld, Mühlhausen, Hohenstein weisen darauf hin. Das heutige Ermland ist vorzugsweise von Schlesiern und Sachsen besiedelt worden. Der Hauptstrom der schlesischen Einwanderung ergoß sich höchstwahrscheinlich hierher zur Zeit des Bischofs Eberhard von Neiße, der selbst Schlesier war. Sachsen kamen besonders unter dem Bischofe Johannes Belger, der aus Meißen stammte, ins Ermland. Unter den Dorfnamen dieses Gebietes sind schlesische, ober- und niedersächsische Namen noch jetzt vielfach vertreten. Selbst der dort gesprochene Dialekt weist auf die alte Heimat hin. Westlich von der Passarge heißt er oberländischer, östlich Breslauer Dialekt. Den ersteren sprechen die Nachkommen der obersächsischen, den letzteren die der schlesischen Einwanderer.

Im 14. Jahrhundert ließen die Einwanderungen nach. Auch die Kreuzheere erschienen immer seltener. Noch weniger fanden Deutsche Neigung, nach unserer Provinz zu ziehen, als nach dem zweiten Thorner Frieden Westpreußen an Polen gefallen war, und Ostpreußen unter der drückenden Abhängigkeit von diesem Reiche stand. Als Preußen schon ein Herzogtum war und sich unter der vormundschaftlichen Regierung des Markgrafen Georg Friedrich von Ansbach befand, wurden verbannte Niederländer in unser Land aufgenommen. Im 16. und 17. Jahrhundert ließen sich schottische Kaufleute in einzelnen Städten unserer Provinz nieder, so in Memel, Bartenstein, Schippenbeil, Insterburg, Angerburg usw. Leider wurde ihnen das fast durchweg sehr erschwert, am meisten wohl in Rastenburg. Die Namen Anderson, Wilson, Hamilton, Fothringham u. a. erinnern noch heute an jene Einwanderer, die sich durch Redlichkeit, Klugheit und Fleiß auszeichneten und den heimischen Handel sehr gehoben haben.

b) Spätere Einwanderungen.

1. **Französische Einwanderer** siedelten sich in unserer Provinz zur Regierungszeit des Großen Kurfürsten Friedrich Wilhelm an. Im Jahre 1685 wurde das Edikt von Nantes von Ludwig XIV. aufgehoben. Infolge der öffentlichen Aufforderung und Einladung des genannten Kurfürsten vom 29. Oktober 1685 kam eine große Schar von Hugenotten nach der Mark Brandenburg und nach Ostpreußen. Hier ließen sie sich besonders in Königsberg nieder. Doch suchten einige auch Wohnsitze in anderen Städten, beispielsweise in Insterburg. Eine kleinere Anzahl siedelte sich sogar auf dem Land an. Für die Entwickelung der Industrie in unserer Provinz waren diese Ansiedler von großem Vorteile. Besonders hob sie sich in der Provinzialhauptstadt. Der erste Seidenfabrikant in Preußen, Jean de Nun, war ein

Franzose und ebenso Couvian, der erste Hutfabrikant. — Man kann behaupten, daß gegenwärtig die eingewanderten Franzosen sich vollständig mit den Deutschen vermischt haben. Auch in Königsberg ist das der Fall. Dort wurde in der französischen Kirche, die in der Königsstraße gelegen ist, bis zum Jahre 1817 jeden Sonntag französisch gepredigt. Nur jeden vierten Sonntag fand auch ein deutscher Gottesdienst statt. 1831 war das Verhältnis schon umgekehrt, und so ist es heute noch. Die Gottesdienste, die alle vier bis sechs Wochen in französischer Sprache stattfinden, haben nur noch ein historisches Interesse.

2. **Einwanderungen zur Regierungszeit Friedrich Wilhelms I.** Dieser König, der für Ostpreußen so unendlich viel getan hat, rief auch eine größere Anzahl von Kolonisten hierher. Es lag ihm daran, die durch die Pest von 1709 bis 1711 entvölkerten Landstriche Ostpreußens wieder zu bevölkern, und dieses Vornehmen ist ihm auch gelungen. So rief er 1716 Schweizer nach Ostpreußen. Diese waren aus dem französisch sprechenden Teile des Kantons Bern ausgewandert und fanden bei uns unter sehr günstigen Bedingungen Aufnahme. Die Zahl der Einwanderer betrug 1743 Seelen. Die meisten ließen sich im Amt Insterburg und Ragnit nieder. Einige siedelten sich in Tilsit an. Im Kreise Gumbinnen bevölkerten sie die Dörfer Brakupönen, Skroblinen, Kl. Gaudischkehmen und Guddatschen. Diese Kolonisten sprachen nur französisch, waren reformiert und konnten sich nicht recht in die hiesigen Verhältnisse einleben. Viele zogen darum wieder zurück. Einige jedoch blieben hier, und ihre Nachkommen findet man noch heute bei uns.

Auf Grund des Königlichen Patents vom 4. Dezember 1721 wurden Mennoniten in die Provinz gerufen. Ein Teil der Mennoniten lebte in der Schweiz, ein anderer in Holland. Als die Berner darauf bestanden, daß sie Kriegsdienste leisteten, wanderten sie aus. Viele siedelten sich in Litauen, in der Tilsiter Gegend an, nachdem ihnen Wahrung ihrer Glaubenssatzungen zugesichert war. Anfangs wurden sie auch ungestört gelassen. Doch die Werber des Königs, die überall nach großen Soldaten suchten, störten den Frieden. Sie überfielen 1723 einige Familien, raubten mehrere große Leute und führten diese unter derben Scherzen hinweg. Die Mennoniten beschwerten sich darüber beim König und beriefen sich auf ihre Rechte. Alle erklärten, wenn sie nicht vom Kriegsdienste befreit blieben, so müßten sie um Aufhebung ihrer Verträge und freien Abzug bitten. Die Untersuchung wurde eingeleitet. Trotz alledem blieben sechs junge Leute bei der „Riesengarde" in Potsdam. Da brachen sie 1724 auf und zogen in die Weichselniederungen, wo sie noch heute den wohlhabendsten und strebsamsten Teil der Bevölkerung bilden. — Als unter Friedrich dem Großen Westpreußen an Preußen fiel, da begaben sich einige Mennoniten wieder in die Tilsiter Niederung zurück, wo ihre Nachkommen heute noch wohnen. Das

Gotteshaus der Mennoniten stand anfangs in Plauschwarren bei Tilsit. Im Jahre 1831 bauten sie sich eine Kirche in Adl. Pokraken am Schalteikfluß. Mennoniten finden sich bei diesem Orte, ferner bei Heinrichswalde und Neukirch, aber auch bei Tilsit, Plaschken, Kaukehmen und weiter hinaus. Die hauptsächlichsten Familiennamen sind Janz, Jansen, Ewert und Rosenfeld. Das Korporationsrecht wurde den Mennoniten erst 1890 verliehen.

Besonders muß auf die Aufnahme der Salzburger hingewiesen werden. Der Erzbischof von Salzburg Leopold von Firmian verfügte am 31. Oktober 1731, daß die Protestanten seines Sprengels binnen acht Tagen ihre Heimat zu verlassen haben. Es wanderten etwa 30 000 Personen aus, darunter auch ein Teil Bergleute aus dem Dürrenberge bei Hallein und 100 Einwohner der Stadt Salzburg. Ein Teil wandte sich nach Amerika und gründete in Georgien die Stadt Eben-Ezer. Der größere Rest, etwa 20 000, folgte dem Rufe des Königs Friedrich Wilhelm I., sich in seinem Lande niederzulassen. Unter dem 2. Februar 1732 hatte er die schon früher mündlich gegebene Zusage schriftlich wiederholt, wie er aus christlich-königlichem Erbarmen ihnen die Hand reichen und sie in sein Land aufnehmen wolle. In Regensburg wurden sie von einem hohen Beamten des Königs empfangen. Er sorgte für Wegzehrung und gab ihnen sicheres Geleite. Die Wanderung durch die evangelischen Gebiete Bayerns, Frankens und Thüringens war ein wahrer Triumphzug. In Potsdam trafen die ersten Auswanderer am 29. April 1732 ein. Der Monarch ließ sie sogleich in den Schloßgarten führen und begrüßte sie dort gemeinschaftlich mit der Königin. Die Fremdlinge gefielen ihm sehr gut, und beim Weggehen sagte er zu ihnen: „Ihr sollt es gut haben, Kinder, ihr sollt es bei uns gut haben!“ Sodann ließ er sie reichlich beschenken und bewirten. In ähnlicher Weise wurden auch die späteren Züge von ihm empfangen. Von Berlin aus begab sich ein Teil über Stettin zu Schiff nach Königsberg. Diejenigen, die ein eigenes Fuhrwerk hatten, zogen dorthin unter Deckung preußischer Reiter über Küstrin, Stargard, Riesenburg, Pr. Holland, Heiligenbeil. Nach und nach versammelten sich in Königsberg etwa 15000 Salzburger. Von hier aus wurden sie nach allen Teilen Litauens verschickt. Besonders erhielten sie in der Gegend von Insterburg, Gumbinnen, Tilsit und Memel Wohnsitze. Doch auch anderwärts siedelten sich einige Salzburger an. Jeder blieb in der neuen Heimat, was er in der alten gewesen. Knechte und Mägde traten wieder in den Dienst, womöglich bei ihrer alten Herrschaft. Ungefähr 3000 Bauern waren imstande, sich selbst anzukaufen. Die anderen erhielten an Grundbesitz ungefähr so viel, wie sie in ihrer Heimat besessen hatten. Man gab ihnen unentgeltlich Acker samt Wohnhaus und Wirtschaftsgebäuden. Zugleich erhielten sie das nötige Vieh und die erforderlichen Ackergeräte. Das erste notwendige Brot- und Saatkorn ward ihnen ebenfalls geschenkt und für die ersten drei Jahre Abgabenfreiheit bewilligt. Instleute und Tagelöhner erhielten freie Wohnung,

Gärten und Gemüsestücke. Die ausgewanderten Handwerker wurden meist in Städten untergebracht. Der sonst so sparsame König hat für die Salzburger in Litauen beinahe sechs Millionen Taler ausgegeben. Es war aber auch ein herrliches Kolonisationswerk zustande gebracht worden. 60 000 fast entvölkerte Hufen Landes waren durch fleißige Einwanderer wieder besetzt, und 12 Städte, 332 Dörfer, 49 Domänengüter neu angebaut worden. Die Salzburger zeichneten sich durch Redlichkeit, Treue, Biederkeit im Handel und Wandel aus. Weise Sparsamkeit, Bedachtsamkeit und bestimmtes Auftreten unterschieden sie vorteilhaft von den bereits ansässigen Nachbarn, vor allem zeigten sie sich als tüchtige Landwirte und vorzügliche Pferdezüchter. Ihre Nachkommen sind unvermischt wohl nur noch selten zu finden. Namen von salzburgischen Familien sind: Brandtner, Burgschweiger, Capeller, Creutzahler, Dörfner, Embacher, Forstreuter, Haagen, Hirsch, Hochleitner, Hundrieser, Käsewurm, Kendelbacher, Lottermoser, Marold, Nasner, Neßlinger, Oberüber, Reinbacher, Reiner, Schattauer, Schwaiger, Steiner, Viehofer, Vogelreuter, Zenthöfer usw. In Gumbinnen besitzen die Salzburger ein Hospital, gestiftet am 17. November 1739, nebst drei dazugehörigen Häusern. Seit dem 15. Oktober 1840 gehört ihnen in derselben Stadt auch eine Kirche. Anfangs hatten sie ihren Gottesdienst in einem Saal. Am 25. und 26. Juli 1832 feierten sie in Gumbinnen das hundertjährige Jubelfest ihrer Ansässigkeit in Ostpreußen. Ein großes Salzburger Fest fand ebenfalls in Gumbinnen 1910 statt. Die anwesenden Salzburger beschlossen auf diesem Feste, noch mehr als bisher die Stammeszusammengehörigkeit zu betonen.

3. **Die Philipponen** wohnen in der Johannisburger Heide in folgenden Ortschaften: Eckertsdorf, Schönfeld, Feodorwalde, Peterhain, Schlößchen, Iwanowo, Nikolaihorst, Galkowo, Onufrigowo und Piasken. Diese Dörfer gehören zum Kreise Sensburg und liegen größtenteils zwischen Mucker- und Beldahnsee. Nur zwei (Onufrigowo und Piasken) befinden sich östlich vom Beldahnsee. Die Zahl der Philipponen beträgt etwa 850 bis 900. Sie bilden eine Sekte der griechisch-katholischen Kirche und gehören zu der Partei der Starowiercy oder Altgläubigen. Sie nennen sich darum so, weil sie sich die ihrer Meinung nach unverfälschte Bibelübersetzung, die von alters her in Gebrauch stehenden Gebet- und Gesangbücher und vor allem die bis dahin in den Kirchen Rußlands übliche Liturgie, die durch den Moskauer Patriarchen Nicon um die Mitte des 17. Jahrhunderts verbessert und umgeändert worden war, nicht nehmen lassen wollten. Die starr am Alten hängenden Bauern setzten der neuen Liturgie einen derartigen Widerstand entgegen, daß sie sich von der orthodoxen Kirche trennten. Ihren Namen führen sie von ihrem ersten Parteioberhaupte Philipp Pustoswjat. Die Folge der Kirchenspaltung war, daß die Philipponen in Rußland vielfachen Verfolgungen ausgesetzt waren. Um sich diesen zu entziehen, ergriffen viele die

Flucht. Tatsache ist, daß schon im 18. Jahrhundert Philipponen als Waldarbeiter in der Johannisburger Heide anzutreffen gewesen sind. Es scheint ihnen in Preußen gefallen zu haben. Auch die sichere Aussicht, hier für billiges Geld Pachtungen zu erhalten, bestimmte eine Anzahl philipponische Familien zur Auswanderung nach unserer Provinz. Der erste Ansiedler hierselbst war Onufri Jacublew. Endgültige Erlaubnis, sich in Preußen ansiedeln zu dürfen, erhielten sie durch die Kabinettsorder vom 25. Dezember 1825, und zwar unter der Bedingung, daß sie zur Besiedelung nur unkultivierten Boden anzukaufen haben. Ihre Ansiedelung in der Johannisburger Heide leitete der Forstmeister Eckert. 1829 war bereits die erste Kolonie mit

Philipponenniederlassung in Masuren.

274 Seelen am Cruttinnenfluß angelegt. Den Kolonisten wurden sechs Freijahre, Befreiung vom Militärdienste für die erste Generation und freie Religionsübung gewährt. Letzteres jedoch nur unter der Bedingung, daß sie ihre Geistlichen und Lehrer selbst besolden. 1842 betrug die Zahl der Philipponen bereits 1277.

Die Philipponen haben keine Geistlichen im Sinne der russischen Kirche, weil sie die Priesterweihe verwerfen. Den Gottesdienst versieht bei ihnen ein selbstgewählter Ältester, Staryk. Er hat das Evangelium vorzulesen, zu beten, Psalmen zu singen, Kranke zu besuchen. Auch tauft er die Kinder, hört die Beichte und legt Bußübungen auf. Einsegnung, Abendmahl,

Trauung finden bei ihnen nicht statt. Ihre Sakramente sind Taufe und Beichte. Mit den Mennoniten haben sie die Eidverweigerung gemein. Bei dem Eingehen der Ehe nimmt die Frau des Mannes Vornamen an. Kein Philippone darf vor Vollendung des zwanzigsten Lebensjahres seinen Hausstand gründen. Er stiehlt scherzweise die Braut aus dem Haus ihrer Eltern. Die Hochzeit findet stets im Hause des Bräutigams statt. Die Stellung der Frau ist keine besonders angenehme. Sie muß sich in allen Stücken dem Mann unterordnen. Ihm steht sogar das Züchtigungsrecht über die Frau zu. Leicht wie die Eheschließung ist nach Ansicht der Philipponen auch die Scheidung. Die Mädchen haben kein Erbrecht. Sie erhalten nur eine Ausstattung.

Anfangs zeigten sich die Philipponen in unserer Provinz als tätige, beharrliche und nüchterne Leute. Ihrer Aufgabe, die ihnen zugewiesenen Gebiete baldmöglichst urbar zu machen, kamen sie gewissenhaft nach. Bald aber fingen sie an, sich den Anordnungen der Regierung zu widersetzen. So wollten sie nicht Familiennamen annehmen und mußten durch Strafandrohung dazu gezwungen werden. Noch schwieriger war es, die Töchter dem Schulzwang einzuverleiben. Und als 1843 die erste Aushebung zum Kriegsdienste stattfand, drohten sie mit Auswanderung. Viele verließen auch die neue Heimat, die meisten wurden aber ihre Grundstücke nicht los und blieben. Sie wurden gefügiger, als man ihnen gestattete, beim Militär ihre Bärte zu behalten. Ihr Ruf war lange Zeit nicht gut. Sie waren vielfach dem Trunk ergeben, oft händelsüchtig und zeigten eine wahre Leidenschaft für Holz- und Fischdiebstahl, zu dem sie sich um so mehr hingezogen fühlten, als ihre Lässigkeit in der Bewirtschaftung ihres Eigentums sie auf keinen grünen Zweig kommen ließ. Deshalb waren sie weder bei ihren masurischen Nachbarn beliebt, noch bei den Forst- und Fischereibeamten gern gesehen. Jetzt ist es besser geworden. Auch die früher öfters hervortretende Neigung, zur orthodoxen Kirche und nach Rußland zurückzukehren, zeigt sich selten. Im großen und ganzen fühlen sie sich im Preußischen Staate recht wohl. Unsere Verwaltungsbehörden und vor allem die deutsche Schule haben aus den Philipponen tüchtige Staatsangehörige geschaffen, die sich kaum von den übrigen Bewohnern Masurens unterscheiden.

Wie an ihrem Glauben, so halten die Philipponen auch an ihren heimatlichen Gebräuchen mit ungeschwächter Kraft fest. So sind sie beispielsweise große Verehrer des russischen Dampfbades, und diese Wohltat läßt sich auch der ärmste Bauer nicht entgehen. In ihren Wohnstuben fällt uns zunächst ein riesiger Ofen auf. Soll gebadet werden, so wird er bis zur Gluthitze erwärmt. Dann versammeln sich Männlein und Weiblein in dem stickendheißen Raum und entledigen sich ihrer Kleider. Nun wird ein Eimer kalten Wassers auf den glühenden Ofen gegossen. Wolken von heißem Dampfe füllen das Zimmer und treiben den Badenden bald starken Schweiß aus. Zum Schlusse wird der Körper mit groben Lappen scharf abgerieben, um die Tätigkeit der Haut anzuregen. Im Winter kommt es nicht selten vor, daß sich die Männer schnurstracks aus dem Bad ins Freie begeben, sich im Schnee rollen oder sich kopfüber ins kalte Wasser stürzen. Auch Flußbäder werden häufiger genommen. Die Philipponen haben, bevor sie zum Gottesdienste gehen, zu baden. Am Crutinnenflusse zwischen Eckertsdorf und Schlößchen sieht man darum eine ganze Anzahl von Badebuden. Ihre Wohnhäuser waren ursprünglich aus rohen, geschälten Stämmen gezimmert, deren Enden rechtwinklig ineinander gezwickt sind. Was die Kleidung anbetrifft, so tragen die Männer das grobe, weißleinene Hemde über dem Beinkleid

Philipponenkloster am Dußsee.

als Oberkleid, mit einem Riemen umschnallt. Für gewöhnlich haben sie lange Stiefel an und tragen auf dem Kopf entweder eine viereckige Mütze oder einen hohen Filzhut mit schmaler Krempe. Sie sind hohe, breitschulterige Gestalten und gewähren mit ihrem dunkelen Haar und ihrer gebräunten Gesichtsfarbe einen eigentümlichen Anblick. Hier bezieht der Militärfiskus treffliche Gardisten. Die Mädchen sind blond und schlank. Auf ihren bleichen Gesichtern liegt ein eigenartiger schwermütiger Zug. Sie tragen das Haar in herunterhängenden Flechten, während die Frauen eine Art Turban als Kopfbedeckung haben. Der Rock ist gewöhnlich von blauer

Farbe. Das Hemde besitzt lange Ärmel und ist hoch oben am Halse zugebunden. Über dem Hemde wird ein eigenartiges Mieder getragen. Wie allenthalben, so nimmt auch bei den Philipponen die Nationaltracht immer mehr ab. Dasselbe gilt von der Eigenart ihrer Wohnungen. So zeigt beispielsweise Eckertsdorf ein durchaus zeitgemäßes Gepräge. Die Badebuden sieht man aber noch fast bei jedem Gehöfte.

In Eckertsdorf, Schönfeld und Onufrigowen haben sie ihre Gotteshäuser, dazu kommt das Bethaus im Kloster am Dußsee bei Eckertsdorf. Das Gotteshaus zu Onufrigowen ist vielleicht das armseligste Kirchlein im ganzen deutschen Vaterlande. Das Kloster am Dußsee besteht seit dem Jahre 1839. Der Glockenturm ist mit einer Zwiebelkuppe versehen und birgt ein vierstimmiges melodisches Glockengeläute. Der Turm trägt ein Kreuz mit drei Querbalken, von denen die beiden obersten wagerecht, der untere schräg steht. Derartige Kreuze finden sich auch auf den Friedhöfen.

II. Die gegenwärtigen Bewohner.

1. Allgemeine Betrachtung.

„Ein gewisser Stolz der Männlichkeit und Geradheit, eine eigentümliche Freisinnigkeit in Antlitz und Rede und in Schritt und Tritt ausgeprägt, tritt einem hier fest entgegen. Ja, die Deutschheit hat in diesen sumpfreichen und waldreichen Nordrevieren zwischen Weichsel und Niemen recht feste, tiefe Wurzeln getrieben.“ E. M. Arndt.

„Ich kann mich nicht enthalten, gegen jeden, der aus Preußen kommt, unverhohlen zu äußern, daß allerdings die hiesige Natur große Reize hat, und ich freilich nicht gesonnen bin, nach dem Norden Königsbergs zurückzukehren, daß mir aber die Menschen dort mehr zugesagt haben.“
Prof. Hüllmann-Bonn.

„Die Ostpreußen sind im allgemeinen kritisch veranlagt, und ihre Kritik leidet selten an einem Übermaße von Wohlwollen. Als ihren Wahlspruch könnte man den Vers des Epicharmus bezeichnen: ‚Nüchtern sei und niemals trausam, das ist wahrer Weisheit Kern.‘ Selbst gegen ihre eigenen Empfindungen, die sie wider Willen fortreißen könnten, sind sie stets auf der Hut. Vor allem sind sie darauf bedacht, sich nicht bevormunden, nicht blenden und sich nicht imponieren zu lassen. An ihren Ansichten, auf deren Selbständigkeit sie so großen Wert legen, halten die Ostpreußen nicht selten mit Eigensinn fest. Sie neigen zur Unbedingtheit des Urteils und sind Kompromissen und Vermittelungen abhold. Ihr Hang zum Zergliedern und Analysieren schließt aber die Produktivität nicht aus. Gleichsam als notwendiges Komplement des Kritizismus macht immer von neuem sich ein Trieb zur Phantastik, Mystik und Schwärmerei energisch geltend. Neben Kant steht Hamann, neben dem Verfasser der ‚Religion innerhalb der Grenzen der bloßen Vernunft‘ der Magus des Nordens, für den die höchste Potenz der Vernunft der Glaube war.“ Prof. L. Friedländer.

„Der Ostpreuße ist nie der Mann, der sich wohlfeil zur Rede stellen läßt und dem leicht zu imponieren ist und am allerwenigsten durch Stilisation.

Redekünste verfangen bei ihm nicht. Deklamation und Ostentation ekeln den Menschen in allen Klassen und auf allen Bildungsstufen an. Gegen diese Regel kommen die Ausnahmen nicht auf, während bereits am Rhein das umgekehrte Verhältnis zur Geltung kommt, weil dort Sinnlichkeit und Einbildungskraft viel leichter den Verstand gefangennehmen als bei uns. Es gibt nicht viele Volksstämme, die intelligenter, geradsinniger, wahrhaftiger, kritischer und humoristischer, aber auch wenige, die schroffer, schärfer, rücksichtsloser und ungraziöser sind als der preußische Stamm.“ Bogumil Goltz.

Ein neuerer Schriftsteller hat folgendermaßen über den ostpreußischen Menschenschlag geurteilt:

„Der Ostpreuße ist wirklich ‚der beste Kerl von der Welt‘, noch stark Naturbursche, oft von wenig geglättetem Äußern und mäßigen Umgangsformen, aber freundlich und zutraulich, auch gegen den Fremden (‚man geht mit Tränen hin und mit Tränen wieder fort‘, sagen die nach Ostpreußen verschlagenen Westdeutschen), in höchster Potenz gastfrei und hilfsbereit, nicht ganz so ernst und stetig wie der Märker, der Pommer, der Niedersachse, aber gemütvoll und teilnehmend — bis zur Neugier, sehr für materielle Genüsse eingenommen, wobei die Quantität im ganzen eine größere Rolle spielt als die Qualität, und anderseits geistig regsamer als die meisten übrigen Ostelbier.“

Trotzdem die Bevölkerung Ostpreußens aus den verschiedensten Stämmen des deutschen Volkes hervorgegangen ist, so ist doch im Laufe der Jahrhunderte bei aller ursprünglichen Verschiedenheit ein einheitlicher Menschenschlag entstanden. Einmal ist das geschehen durch die Vermischung der Eingewanderten mit der preußischen Urbevölkerung, mit Litauern, Masuren, und durch die Vermischung der deutschen Volksstämme untereinander, dann aber auch durch den gemeinsamen Kampf ums Dasein, durch gemeinsames Ertragen schwerer Zeiten und endlich auch durch das gemeinsame Streben, das Wohl der Heimatprovinz nach allen Kräften zu fördern. Die verschiedenen Dialekte, die noch in einzelnen Teilen der Provinz zu finden sind, hat der gebildete Ostpreuße abgelegt. Doch wird er in den westlichen Teilen des deutschen Vaterlandes in den meisten Fällen an seiner Aussprache als Ostpreuße erkannt werden. In seiner Aussprache fällt nämlich in der Regel der breite, nach dem A-Laute hinüberklingende E-Laut auf, ferner das scharfe Hervortreten des R-Lautes, und endlich bedient sich der Ostpreuße auch gern, manchmal sogar unwillkürlich, der nur seiner Heimat eigenen Provinzialismen.

Was nun die innere Eigentümlichkeit des Ostpreußen betrifft, so ist er nicht von großer Beweglichkeit des Geistes und Gemütes. Was andere Volksstämme bereits aufregt, läßt ihn noch vollständig ruhig. Meistens folgt er nicht der Eingabe des Augenblicks, sondern sein Handeln ist das Ergebnis einer oft langen Überlegung und einer kühlen Prüfung der Verhältnisse. Was er aber ergriffen hat, daran sucht er auch mit Zähigkeit festzuhalten. Fremden gegenüber ist er meist verschlossen, zugeknöpft, wenn auch nicht unhöflich. Er schließt nicht schnell Freundschaftsbündnisse, löst sie aber auch nicht leicht. Seinen Freunden steht er auch in Zeiten der Not treu zur Seite.

In seinem Heim und in seiner Familie fühlt er sich am wohlsten. Eine große Reiselust zeichnet ihn nicht aus. Den häuslichen und Familienverkehr pflegt er meistens mit Innigkeit. Die Kinder haben fast alle eine treue Anhänglichkeit an das Elternhaus. Die übertünchte Höflichkeit ist ihm ein Greuel. Der wahre Ostpreuße haßt alles, was Verstellung und Heuchelei ist. Manchmal wird er gegen den sogenannten „feinen Ton" verstoßen und dadurch auffallen. Doch wird er trotzdem in der Fremde seiner Biederkeit und seiner natürlichen, ungeschminkten Herzlichkeit wegen gern gesehen. Tönende Worte, blütenreiche Phrasen sind nichts für ihn. Besonders haßt er affektierte Gefühlsäußerungen. Das etwas phlegmatische, kritische und langsame Wesen des Ostpreußen bewirkt es, daß er zähe, oft zu zähe am Alten hängt und sich dem Neuen gegenüber zu sehr verschließt. Auch in wirtschaftlicher Beziehung hat sich das gezeigt, und nicht selten zum Schaden für ihn. Großer Unternehmungsgeist zeichnet den Ostpreußen nicht aus. Gar häufig hört man die Redensart: „Was für meinen Vater gut genug war, ist für mich lange gut genug!" Bei dem vielen Prüfen und Abwägen läßt er sich von anderen Stammesangehörigen überholen, obwohl es ihm keineswegs an Kraft fehlt, ebenfalls das Ziel zu erreichen. In seiner Berufstätigkeit zeigt er sich fast durchweg äußerst gewissenhaft und zuverlässig. Staat und König können auf ihn unbedingt rechnen. Ein hohes Selbstgefühl zeichnet ihn aus. Dazu tritt noch ein starkes Nationalbewußtsein. Mit hoher Begeisterung fühlt er sich trotz aller besonderen Verehrung, die er seiner Heimatprovinz angedeihen läßt, als ein Sohn des gesamten deutschen Vaterlandes. Wohl nirgends ist dessen Erstehen aus vieljähriger Schmach so begrüßt worden wie hier in der deutschen Nordostmark. Treu ist der Ostpreuße dem Herrscherhaus ergeben. Nie wird er vergessen, was die Hohenzollern seiner Heimatprovinz Gutes erwiesen haben.

2. Die Litauer.

a) Das Gebiet der Litauer.

Das Gebiet der litauisch sprechenden ostpreußischen Bevölkerung umfaßt etwas über 9022 qkm. Es gehören dazu seit 1818 folgende 10 Kreise: Memel, Heydekrug, Niederung, Tilsit, Ragnit, Pillkallen, Insterburg, Gumbinnen, Stallupönen, Darkehmen. Die Südgrenze bildet ungefähr der Goldapfluß, die Westgrenze etwa der Mauergraben. Noch zu Anfang des 19. Jahrhunderts wurde jedoch nicht nur in diesen 10 Kreisen litauisch gesprochen, sondern außerdem im Kreise Labiau östlich der Deime, im nördlichen Teile des Kreises Goldap, im östlichen Teile des Wehlauer Kreises, ja sogar in einem kleinen Gebiete des Kreises Angerburg. Im Jahre 1831 zählte die litauisch-ostpreußische Bevölkerung noch 125 440 Seelen. Jetzt rechnet man etwas über 90 000 Seelen. Im Darkehmer und Gumbinner Kreis ist die litauische Sprache bereits erloschen. In den Kreisen Goldap, Stallupönen, Insterburg finden sich nur spärliche Überreste. Am meisten hat sich das Litauertum in den Kreisen Memel, Heydekrug, Tilsit, Ragnit und Labiau erhalten. Die zahlreichsten Litauer wohnen jenseits der russischen Grenze. Ihre Gesamtzahl, also die Litauer in Ostpreußen und im Auslande (Rußland, England, Amerika), wird auf etwa $2\frac{1}{2}$ Millionen geschätzt. Der größte Feind des litauischen Nationalgeistes auf russischem Boden ist das Polentum. So ist ein Teil des Wilnaer Gouvernements so polnisch geworden, daß es schwer fällt, in Wilna die litauische Sprache zu hören. Im russischen Litauen dehnen sich ungeheure Waldungen aus, die noch häufig Urwäldern gleichen. Zwar finden sich dort auch volkreiche Städte und gut bewirtschaftete Güter. Im großen und ganzen stehen aber Land und Volk auf einer niedrigeren Kulturstufe als bei uns. Unser blühendes, wohlhabendes Litauen legt das herrlichste Zeugnis von der hingebenden Fürsorge des Herrscherhauses für sein Volk ab.

Entschieden ist im nordöstlichen Zipfel Ostpreußens schon vor Ankunft des Deutschen Ritterordens litauisch gesprochen worden. Von einem Litauer Volke kann jedoch im Ordensland erst seit dem 14. Jahrhunderte die Rede sein. Während der sogenannten Litauerfahrten, die der Deutsche Ritterorden über seine Landesgrenzen hinaus nach Osten unternahm, wurden viele Litauer als Kriegsgefangene auf preußisches Gebiet gebracht. Anfangs mußten sie Frondienste leisten. Später wandten sie sich dem Ackerbau zu und erreichten eine gewisse wirtschaftliche Selbständigkeit. Im Laufe der Zeit siedelten sich im litauischen Gebiete nicht nur weitere Litauer, sondern auch Deutsche an. Man kann behaupten, daß die endgültige Besiedelung jenes Landes erst zur Zeit der Hohenzollern erfolgt ist. Die Ansiedler nahmen allmählich auch den Gebrauch der litauischen Sprache an. Vor allem gilt das von den Salzburgern. Amtlich wurde die Bezeichnung Litauen durch die Einteilung und Verwaltungsordnung vom 1. Februar 1818.

b) Allgemeiner Volkscharakter.

Die Litauer bilden im allgemeinen einen elastischen, kräftigen, gut gewachsenen und recht temperamentvollen Menschenschlag. Mut, Tapferkeit, Vaterlandsliebe zeichnen sie aus. Ihre Hand ist geschickt. Der richtige Litauer ist sein eigener Stellmacher, Tischler, Zimmermann, Maurer. Seine Haus- und Wirtschaftsgeräte fertigt er fast alle selbst an. Er ist ein geborener Kavallerist. Als Soldat wird er gern im Heere gesehen. Bei der Arbeit ist er treu und gewissenhaft. Die kunstfertige Hand der litauischen Frauen versteht es, Bänder aus Wolle, Zwirn und Seide zu wirken und auf dem Webstuhle Zeuge zu Kleidern anzufertigen. Man sieht überhaupt selten in Litauen Frauen und Mädchen müßig gehen. Dem Fremden gegenüber zeichnen sich die Litauer durch Gutmütigkeit, Biederkeit und große Gastfreiheit aus.

Durchweg sind sie streng kirchlich. Neben dem eifrigen Kirchenbesuche halten sie noch unter sich besondere Gebetversammlungen ab. Sie denken gern über religiöse Fragen nach, besprechen sie auch wohl mit ihrem Geistlichen. Dieser steht bei ihnen in hohem Ansehen, besonders wenn er ihrer Sprache mächtig ist und eine „gute Predigt machen" kann. Die Pfarrstellen sind fast durchweg in Litauen gut besoldet. Leider können sie nicht immer mit Nationallitauern besetzt werden. Während des Gottesdienstes ist der Litauer äußerst andächtig. Man sieht ihn nicht leicht zerstreut oder unaufmerksam. Schon zeitig stellt er sich in der Kirche ein und wird sie nicht früher verlassen, bis der gesamte Gottesdienst ein Ende gefunden hat. Gar oft wohnt die ganze versammelte Gemeinde der Abendmahlsfeier bei, während es doch sonst Sitte ist, daß nur die Abendmahlsgäste allein nach Schluß des Hauptgottesdienstes in der Kirche zu dieser Feier zurückbleiben. Die Litauer sind fast durchweg evangelisch. Nur im nördlichen Teile, besonders längs des Memelstromes, finden sich Katholiken in größerer Zahl. Katholische Kirchengemeinden gibt es in Litauen äußerst wenige. Das Vorherrschen des evangelischen Bekenntnisses ist darauf zurückzuführen, daß die eigentliche Kultivierung und Besiedelung jenes Gebietes erst nach der Reformation unter evangelischem Regiment erfolgt ist. Einwanderer aus den Gegenden des Zwinglischen und Calvinschen Bekenntnisses haben die wenigen reformierten Gemeinden gebildet, die sich noch in Litauen vorfinden. Im allgemeinen sind die Unterschiede zwischen den Lutheranern und Reformierten gerade hier sehr verblaßt.

Ein Schriftsteller äußert sich über den Charakter der Litauer folgendermaßen: „Etwas halb Zaghaftes wie in der Jungfrau, etwas halb Vertrauendes wie in dem Kinde liegt in dem Charakter der Litauer. Sie haben diese Eigenschaften während jahrhundertelang dauernder Tyrannei der Polen und harter Herrschaft der Deutschen in ungestörter Innigkeit und Frische bewahrt. Ihr Tun und ihre Tracht, ihr Schmuck und ihre Sprache offenbaren eine Zartheit und Sinnigkeit, wie sie nicht leicht in solcher Liebenswürdigkeit bei einem anderen Volksstamme sich finden dürfte." Leider ist das Volk der Litauer auch nicht ohne große Schwächen. Bei der ärmlichen Bevölkerung fehlt fast ganz der Sinn für Ordnung, Reinlichkeit, Sauberkeit. Groß ist auch die Neigung zum Trunke. Sie findet sich nicht nur bei Männern, sondern leider auch bei Frauen. Holzdiebstahl und Wilddieberei hält der einfache Litauer für kein Vergehen. Wald und Wild hat nach seiner Meinung „der liebe Gott für alle erschaffen". Recht häufig zeigt sich bei ihm die Neigung zu betrügen, am deutlichsten beim Pferdehandel. Ja selbst vor dem Pferdediebstahle scheut er nicht zurück. Im übrigen vergreift er sich nicht an des Nächsten Habe. Die litauischen Bauern verschließen zur Nacht weder das Wohnhaus noch die Wirtschaftsgebäude. Ihr Besitztum ist ja auch so sicher. Die Litauer prozessieren gern, oft wegen Kleinigkeiten. Nicht selten stehen

Eltern und Kinder im Prozeß gegeneinander. Wenn der Sohn oder die Tochter das Anwesen der Eltern übernimmt, so bedingen sich letztere regelmäßig einen Altensitz auf Lebenszeit aus, bestehend aus einer besonderen Stube nebst Kammer und Bodenraum darüber, ferner ein Gärtchen, Kartoffelland, Kuhnutzung, Getreide, Fleisch und Gänselieferung, dazu freie Fahrt zur Kirche, Mühle, zum Markte, zum Arzt und noch manches andere. In der Regel gehen die Eltern recht frühe auf Altenteil oder ins „Ausgedinge“. Wenn alles richtig und gut geliefert werden soll, so kann der neue Besitzer unmöglich bestehen, besonders wenn er noch Verpflichtungen gegen die Geschwister hat. Alles zwingt zu einem friedlichen Zusammenleben, wozu sich aber der eigenartige Charakter des Litauers schwer eignet. Meistens folgen also Prozesse zwischen Besitzer und „Ausgedinger“, und das Los gestaltet sich für beide Teile sehr schlimm. Dem Untersuchungsrichter gegenüber hält der richtige Litauer Winkelzüge, Unwahrheit, ja selbst den Meineid für entschuldbar. Der Schmuggel, zu dem die russische Grenzsperre Anlaß gibt, gilt bei vielen als ein durchaus ehrenwertes Geschäft. Tapfere, geschickte Schmuggleranführer werden von ihnen gefeiert, und ihre Abenteuer werden als Heldentaten gepriesen. Im allgemeinen mangelt es ihnen an innerer Selbständigkeit, trotz oft gezeigter Hartnäckigkeit und Halsstarrigkeit. Dieses liegt aber besonders an dem Umstande, daß der nationale Untergang dieses Volkes schon seit mehreren Jahrhunderten besiegelt, und daß der Nationalgeist der Litauer lange Zeit hindurch von den Unterdrückern in starren Fesseln gehalten worden ist.

c) Aberglaube in Litauen.

Unternimmt der Litauer eine Reise oder auch nur einen kurzen Geschäftsgang am Morgen, so darf die Wohnstube so lange nicht gereinigt werden, bis er das Haus verlassen hat. Andernfalls glaubt er auf seinem Wege kein Glück zu haben. Verläßt er den Hof im Wagen, so wird aus demselben Grunde zuerst mit der Peitsche ein Kreuz vor den Pferden geschlagen, ehe es zum Tore hinausgeht. Nun kommt es aber noch darauf an, wem man zuerst begegnet. Ist es ein Mann, so bringt die Reise Glück, eine Frau dagegen gilt als Unglücksbotin. Auch das Herüberlaufen eines vierfüßigen Tieres, etwa einer Katze oder eines Hasen, über den Weg wird als Warnungszeichen vor dem Unglücke betrachtet. Ein anderer wieder glaubt, daß ihm ein Unglück dann bevorsteht, wenn er sich auf einem Gange befindet und wegen einer vergessenen Sache umkehren muß. Die Tiere spielen im litauischen Abergauben eine nicht unbedeutende Rolle. Das Erscheinen eines Vogels am Fenster wird als Vorzeichen einer zu erwartenden Nachricht gedeutet. Durch sein klagendes Weinen meldet das Käuzchen einen bald eintretenden Todesfall, durch heiteres Lachen ein vor der Türe stehendes frohes Familienereignis. Frohe und traurige Ereignisse prophezeien auch die Falter im Frühlinge. Wer zuerst einen Zitronenfalter sieht, wird baldigst zur Taufe geladen werden. Trauer während des ganzen Jahres soll der haben, der im Frühlinge den ersten Frosch im Wasser sieht. Deshalb vermeiden schon die Kinder ängstlich das Hineinschauen in Gräben und Teiche, aus Furcht, einen Frosch darin erblicken und dann womöglich Vater oder Mutter durch den Tod verlieren zu können.

Auch das Liebesleben bringt manche abergläubische Gebräuche mit sich. Wer um sich herum fegen läßt, bekommt überhaupt keine Braut oder keinen Bräutigam, und wer die Butter anschneidet, wird in sieben Jahren keine Ehe schließen können. Manche Mädchen gehen in der Silvesternacht hinaus und glauben, ihr zukünftiger Geliebter weile in der Gegend, wo das erste Hundegebell zu hören ist. Andere werfen zwei Kohlen in eine Schüssel mit Wasser und geben ihnen eine drehende Bewegung. Kommen die Kohlen bei diesem Spiele nicht zusammen, so glaubt das Mädchen bestimmt, daß der Geliebte sie verlassen werde.

Auch der Glaube an Hexen ist allgemein verbreitet. Mit Vorliebe treiben diese ihr Wesen an Kreuzwegen und Brücken. Am gefährlichsten sind die Hexen in der Epiphanias- und St. Johannisnacht. Dann dringen sie auch in die Wohnungen und Ställe ein. Während die Hexen in der Johannisnacht durch Feuerzeichen und Schüsse vertrieben werden, hält sie der litauische Bauer in der Epiphaniasnacht ganz in der Stille von seinem Gehöfte fern. Sobald die Sonne untergeht, zeichnet er nämlich mit Kreide oder Kohle an sämtliche Türen seiner Wirtschaft drei Kreuze, und zwar in der Mitte ein großes und unter den beiden Seitenarmen je ein kleines. An den auf solche Weise geschützten Türen gehen die Hexen ohne weiteres vorüber.

Beim Pflanzen von Gemüse beobachtet die litauische Frau bestimmte Zeiten. Möhren werden nur dann lang, wenn sie am Sonnabend gesät werden. Gurken werden meist nach Sonnenuntergang gesetzt, doch darf der Same nicht vom Mondlichte betroffen werden. Meistens steht bei ihr noch eine andere, die an einer Schnur so lange knüpft, bis der Same eingesät ist, worauf die Schnur dann im Gurkenbeete verscharrt wird. Dadurch wird eine reichliche Ernte gesichert. Wruken werden nie am Tage des Brotbackens gepflanzt, weil sie dann von der sogenannten Krebskrankheit befallen werden. Nicht selten werden auch auf die Kohlbeete Steine gelegt, damit die Kohlköpfe recht groß und hart wachsen sollen. Um eine reichliche Kirschenernte zu erzielen, wird folgendes Verfahren angewandt: Am Christabend werden Erbsen gekocht. Sie werden dann auf Stroh geschüttet, damit das Wasser ablaufe. Das Stroh aber wird um die Stämme der Kirschbäume gebunden.

Auf allerlei abergläubische Weise sucht man Krankheiten zu verhüten. Allgemein ist der Glaube verbreitet, daß die Krankheiten nach Sonnenuntergang umherwandeln und überall eindringen, wo sie offene Türen oder Fenster finden. Daher werden des Abends Türen und Fenster mit Sorgfalt geschlossen. Auch darf aus diesem Grunde nach Sonnenuntergang kein Wasser hinausgegossen werden. Abgeschnittene Haupthaare verbrennt man sorgfältig, damit die Vögel sie nicht in ihre Nester tragen, was zur Folge hat, daß die betreffende Person Kopfschmerzen bekommt. Über ein kleines Kind darf man niemals schreiten, sonst wächst es nicht mehr. Unheilbare Geschwüre am Finger finden sich bei dem, der nach Sonnenuntergang auf den Fenstertau schreibt, und wer Leber mit dem Messer schneidet, bekommt Stiche. Stellt sich trotz aller Vorsicht eine Krankheit ein, so tritt sofort das Gesundräuchern, Gesundbeten und Besprechen ein. Der geeignetste Tag dazu ist jeder Donnerstag im letzten Mondviertel. Das gesundeste Räucherwerk ist das Johanniskraut, doch werden auch Schlangenhäute, Splitter eines vom Blitze getroffenen Baumes, Haare, Lappen, womit Leichen gewaschen worden sind, u. a. benutzt. Bei Zahnschmerz benutzt man auf dem Kirchhofe gefundene Leichenzähne als Zahnstocher. Ein glückbringender Talisman von besonderer Kraft ist auch der Strick eines Erhängten. Auch gilt der sogenannte Donnerkeil dem glücklichen Besitzer als Heiligtum, ein nach dem Glauben der Litauer vom Himmel gefallener Stein. An Donnerstagabenden und in der Zeit der „Zwölften", vom Christabende bis zum Epiphaniasfest, darf keine Arbeit verrichtet werden, mit der eine drehende Bewegung verbunden ist, vor allem darf nicht gesponnen werden. Es wird nämlich befürchtet, daß dann die Schafe die Drehkrankheit bekommen.

Ohne Ausnahme wird in allen litauischen Familien beim Begräbnis eines Angehörigen ein Trauermahl gegeben. Nachdem der Sarg hinausgetragen ist, wird auf der Stelle, wo er gestanden hat, ein Kreuz mit Wasser gegossen, damit der Segen des Verstorbenen im Hause bleibe. Auch achtet man beim Auslöschen der Sargkerzen auf ihren Rauch. Bewegt er sich nach der Türe zu, so ist das ein Zeichen, daß in dem Hause bald ein neuer Todesfall eintreten werde. Das Trauermahl wird meist bis Sonnenuntergang ausgedehnt, weil nach dem Glauben der Litauer die Seele des Verstorbenen mit unzähligen Geistern zurückgekehrt ist, um ungesehen am Mahle teilzunehmen, und erst mit Sonnenaufgang das Haus wieder verläßt.

Aus den angeführten Beispielen ist ersichtlich, wie vielseitig der Aberglaube in Litauen verbreitet ist. Es ist durch ihn manchmal viel Unheil angerichtet worden, und es wäre zu wünschen, daß er mit der rasch fortschreitenden Kultur bald ganz verschwinden möchte.

d) Des Nationallitauers Anwesen.

Das Gehöft besteht aus Wohnhaus, Stall, Scheune und Klete. Das Wohnhaus, vor dem in der Regel ein wohlbestelltes Blumengärtchen liegt, denn die Litauerin ist eine große Blumenfreundin, ist aus Baumstämmen im Blockverband oder aus Lehm erbaut, mit Stroh oder Rohr gedeckt und hat vom Hof aus den Eingang. Die Giebelenden des Daches weisen einen eigenartigen Schmuck auf, in der Regel geschnitzte Pferdeköpfe. Tritt man durch die Haustür in das Innere, so gelangt man zunächst in einen Flur, der entweder mit Steinen oder Ziegeln gepflastert oder nur mit Lehm ausgestampft ist. Geradeaus gelangt man in die Küche, auf der einen Seite in die Wohnung, auf der anderen in den Stall. An Stelle des letzteren befindet sich in vielen Fällen entweder eine Wohn- bzw. Fremdenstube oder aber ein Vorrats- bzw. Aufbewahrungsraum. In diesem Raume steht die Handmühle, auch Quirl genannt, da sind die Geräte für die Flachsgewinnung, wie Breche, Schwingblock mit Schwingmesser und Hechel, ferner Webstuhl, Scherrahmen, Spulwocken, Spinnrad, Haspel usw. Die eigentliche Wohnung besteht aus einem größeren Vorderzimmer, einem kleinen Hinterstübchen und einer Kammer. Die Stuben sind für gewöhnlich so niedrig, daß man sich bücken muß, um nicht an die hervortretenden Balken anzustoßen. In der Nähe desselben ist der Kamin, in dem

Dachgiebelverzierung eines litauischen Bauernhauses.

besonders zur Winterszeit die Speisen gekocht werden. Weiter auffallend ist in diesem Raume das große „Himmelbett“ und der mächtige Eßtisch, der in einer Ecke des Zimmers steht. Am Ofen und an zwei Seiten des Tisches befinden sich Bänke. Die Ofenbank ist im Winter ein gern aufgesuchter Ort. Weitere Ausstattungsstücke der Vorderstube sind noch ein Schrank oder ein Kasten, einige Stühle und die erforderlichen Bettgestelle. Das Hinterstübchen, das mit der Vorderstube einen gemeinsamen Ofen hat und darum auch der Raum hinter dem Ofen genannt wird, ist für

Litauische Bauernstube mit Himmelbett, Ofenbank und selbstgewebten Läuferstoffen.

gewöhnlich die Wohnung des Altsitzers. Die Kammer dient zur Aufbewahrung von Lebensmitteln und Kleidern. Die Küche ist weiter nichts als der untere Teil des gewaltigen Schornsteines. Vom Herd aus kann man den Himmel sehen. Regen und Schnee finden für gewöhnlich hier ungehinderten Zugang. In der Mitte des Schornsteinrumpfes erblickt man zwei Stangen, die zur Aufnahme des zu räuchernden Fleisches dienen. Zum Pferdestalle führt auch noch vom Hof aus eine Tür. Dort bemerkt man einen mächtigen Futterkasten und, an der Decke hängend, das Bett des Knechtes, die sogenannte Hoße. Während bei der Scheune, die früher allerdings nicht immer vorhanden war, da das Getreide sich draußen in hohen Haufen befand, und beim Stalle nichts Besonderes auffällt, erscheint um so eigenartiger die Klete. Sie liegt vom Wohnhaus etwa 10 bis 15 Schritt ab und ist ein etwa

8 m langes und 6 m breites Gebäude. Für gewöhnlich ist sie auf einem hohen Fundament erbaut, so daß man nur mit Hilfe einer kleinen Treppe ins Innere gelangen kann. Den ganzen unteren Raum nimmt ein Gemach ein, das das Prunkzimmer der Litauer ist. Es hat einen gedielten Fußboden, während der des Wohnzimmers häufig nur mit Lehm ausgestampft ist, die Wände sind gehobelt, und die Decke besteht aus gespundeten Brettern. An den Wänden ringsherum stehen Kisten und Kasten mit Vorräten. Kommt Besuch, so dient dieser Raum als Fremdenzimmer. Da er keinen Ofen hat, so muß alt und jung darin zur Winterszeit im kalten schlafen. Der Bodenraum, zu welchem von außen eine Treppe führt, dient als Getreidespeicher. Oft haben die Kleten einen Vorraum wie eine Dorfschmiede. Hier sind verschiedene Wirtschaftsgeräte untergebracht, um sie gegen die Einflüsse der Witterung zu schützen.

Litauische Klete.

Wie schon vieles von dre Eigenart der Litauer geschwunden ist, so gilt dieses auch in Hinsicht auf ihre Wohnung. Die Kleten finden sich nur noch sehr selten. Entweder sind sie abgebrochen worden oder haben einem Speicher Platz machen müssen. Dasselbe Geschick, das die Klete betroffen hat, hat sich auch der Pirthe bemächtigt. Darunter verstand man die gemeinsame Dorfbadestube, die im Herbst auch zum Trocknen des Flachses diente. In der Pirthe befand sich ein mächtiger, aus Feldsteinen erbauter Ofen. Sollte ein Bad genommen werden, so wurde er glühend heiß gemacht und dann mit Wasser begossen. In dem sich nun entwickelnden Dampfe hielten sich die Badenden so lange auf, bis der Schweiß aus allen Poren drang. Darauf kam über den Körper ein Guß kalten Wassers. Ebenso findet man sehr selten noch den gemeinsamen Backofen. Jeder Besitzer hat jetzt seinen eigenen Backofen in der geräumigen Küche.

e) Die Nationaltracht.

Der Hauptbestandteil der litauischen Frauentracht ist die Marginne (von margas = bunt), ein bunter, meist karierter, weiter, faltiger Rock, der bei ernsten Gelegenheiten von dunkler und bei freudigen von heller, ja greller Farbe ist. Er wird fast ganz von einer großen, weiten Schürze bedeckt, die oft ein wahres Meisterwerk feiner Stickerei ist, einer Kunst, in der die Litauerinnen eine bei dem fast ganz fehlenden Unterricht in den feinen Handarbeiten geradezu unbegreifliche Fertigkeit besitzen. Den Oberkörper schützt ein die gestickten Achselstücke des Hemdes freilassendes Mieder, das sich hauptsächlich in zwei Formen findet. Die eine Form hat zwei wie auf den Uniformen unserer Ulanen auseinandergehende Reihen von Knöpfen, während die andere nach Art der süddeutschen und schweizerischen Mieder zugeschnürt getragen wird. Ganz besonders merkwürdig ist in der Tracht der Litauerinnen der gemusterte Gürtel (Jostas), der oft gestickt, meistens aber mit erstaunlicher Kunst gewebt ist. Er enthält nicht nur kunstvolle Muster, sondern oft auch Bibelsprüche und Gesangbuchverse, die in kunstvoll verzierten Buchstaben darauf eingewirkt sind. Außer diesen Kleidungsstücken, die im wesentlichen nur dem Putze dienen, tragen die Litauerinnen noch eine warme Jacke mit weiten, bauschigen Ärmeln (Poverkitis). Darüber wird bei großer Kälte die Pamuschtine getragen, ein langer, bis auf die Füße reichender, mit Iltis- oder Hasenfell verbrämter Mantel mit steifer Halsöffnung. Ein leichter jackettartiger Überwurf ist die Katenka. Sehr mannigfaltig ist bei den Litauerinnen der Kopfschmuck. Da ist zunächst der Raisztis der jungen Mädchen, ein weißer Aufsatz von Spitzen und Blumen. Daneben tragen sie mit Vorliebe ein Kränzlein, am liebsten aus Rauten. Viele ziehen auch ihren natürlichen Kopfschmuck, die vielbesungenen blonden Flechten, jedem anderen Schmucke vor. Die Frauen, besonders die älteren, tragen eine weiße Haube, um die ein seidenes Tuch turbanartig gelegt ist. An der Kopfbedeckung läßt sich erkennen, ob eine weibliche Person ledig oder verheiratet ist. Bei den Männern ist von einer Nationaltracht im ostpreußischen Litauen kaum mehr die Rede. Sie tragen lange Röcke aus grauem oder braunem Wollenzeug, die sogenannten Wandröcke. Ursprünglich hatten diese keine Knöpfe, sondern wurden auf der Brust mit Haken und Ösen zugehalten. Die Kopfbedeckung ist eine Art Kapuze, die hinten bis auf die Schulter hinabreicht und vorn eine Art Visier hat, das entweder aufgeschlagen oder bei schlechtem Wetter herabgelassen werden kann. Die Fußbekleidung bestand früher aus Schuhen, die aus Lindenbast geflochten waren, und die sich jeder Litauer selbst anfertigen konnte (Parezken). Jetzt sieht man sie nur höchst selten. An Sonn- und Feiertagen und auf Reisen werden Stiefel getragen, bei der Arbeit auf Feld und Hof jedoch Holzschuhe, sogenannte Klumpen oder Gänserümpfe. Die Bereitung des groben Tuches, des „Wandes", aus dem Röcke und Mäntel gefertigt werden, spielt noch heute eine große Rolle im Leben der litauischen Hausfrau. Alles ist hier „Hausmacherarbeit". Nachdem der Wand vom Webstuhle kommt, wird er gewalkt. Zu dieser Arbeit wird eine Anzahl von Nachbarn gebeten. In einem ausgehöhlten Baumstamm oder Troge, der mit heißem Wasser gefüllt ist, wird der Wand mit einer leiterartigen Vorrichtung so lange bearbeitet, bis sich die Wollfasern verfilzen und das Gewebe ein tuchähnliches Aussehen gewinnt. An die Walkarbeit schließt sich ein gemeinsames Essen (Pabeiktuwis). In den letzten Jahren hat man sich bemüht, den litauischen Webereierzeugnissen eine erhöhte Beachtung zu schenken und sie bekannter zu machen. Mit Erfolg arbeitet auf diesem Gebiete die Königsberger Firma Berding & Kühn.

Alte Litauerin im Sonntagsstaat.

f) Nationalgerichte.

Aus Hafermehl wird eine dicke, gesäuerte, gallertartige Speise gekocht, die mit süßer Milch genossen wird. Sie führt den Namen Kisseel. Die Zubereitung ist eine recht umständliche. Der Brei muß mehrere Male gewässert werden. Am Fastnachtabende kommt ein breiartiges Gericht, das aus weißen Erbsen, Kartoffeln und Fleischbrühe gekocht ist, auf den Tisch. Es heißt Szuppinis. Zu diesem Gerichte wird mit Vorliebe gekochter Schweinekopf gegessen. Von Fischen lieben die Litauer besonders Hecht mit Sauerkohl. Aus roten, gehackten und gesäuerten Beeten (Mangold) wird eine eigentümliche Suppe, der Beetenbartsch, bereitet. Der Schweineschinken wird gewöhnlich in eine dicke Hülle von Brotteig geschlagen und dann im heißen Ofen im eigenen Fette gebacken. Auf diese Weise wird er recht saftig und schmackhaft. Unter den Wurstsorten halten die Litauer vor allem den Skelandis hoch. Er wird dadurch hergestellt, daß grob gehackte Speck- und Fleischwürfel in den Magen des Schweines gestopft, einige Tage beschwert und dann scharf geräuchert werden. Ein sehr geschätztes und wichtiges Nahrungsmittel der Litauer sind die Pilze. Sie waren früher, als mehr Gebüsch und Wald vorhanden war, in Ostpreußen häufiger. Aus getrockneten Pilzen wird im Winter Pilzenbartsch gekocht. Von Gemüsearten finden hauptsächlich Wruken und Kohl, letzterer in der Form von Sauerkohl, Verwendung. Aus Gerste haben die Litauer früher eine Art von Bier gebraut, Alaus genannt. Es war von blaßgelber Farbe und hatte einen süßlichen Geschmack. Zu festlichen Gelegenheiten wurde dieses Getränk besonders stark zubereitet. Früher fand man in jeder größeren Wirtschaft die dazu nötigen Einrichtungen.

g) Besondere Sitten und Gebräuche.

Obgleich der Litauer mit inniger Liebe an seiner heimischen Sitte hängt, so ist doch schon vieles davon geschwunden, und deutsches Wesen bricht sich immer mehr Bahn. Wohl am besten haben sich noch die Hochzeitsgebräuche erhalten. Wenn sie auch schon vielfache Abänderungen erlitten haben, so sind sie doch im großen und ganzen folgendermaßen beschaffen: Einige Zeit nach der Verlobung, die ehedem regelmäßig vor dem Altar zu geschehen pflegte, muß die neuverlobte Braut ihre künftige Schwiegermutter besuchen und sie mit einem weißen Tuche zum Kopfschmucke, mit einem bunten wollenen Kittel und einem Hemde beschenken. Kurz vor der Hochzeit ladet sie selbst in Begleitung der Brautjungfer ihre Verwandten zur Hochzeit ein. Ein gleiches tun der Bräutigam und sein „Platzmeister", die beide auf geschmückten Pferden reiten. Oft begeben sie sich zu Pferd in die Häuser, ja selbst in die Zimmer der Einzuladenden und bringen ihre Bitte in Versen vor. Am Hochzeitstage sucht jeder Wagenlenker bei der Einfahrt ins Dorf sich hervorzutun und zeigt seiner Pferde Schnelligkeit, Mut und Kraft. Auch der Weg zur Kirche wird schnell zurückgelegt. Oft wird unter lautem Gejauchze der Wageninsassen um die Wette gefahren. Vor dem Gang ins Gotteshaus muß die Braut die Hochzeitsgäste im Dorfkruge bewirten. Nach vollzogener Trauung geht es in die Wohnung der Eltern der Braut, wo nun die Hochzeit durch Schmauserei, Musik und Tanz gefeiert wird. Dabei wollen die Nachfeiern gar kein Ende nehmen, und eine gute Bauernhochzeit dauert etwa acht Tage. Eine Hauptrolle bei den Festlichkeiten spielt der schon erwähnte Platzmeister. Er ist gewissermaßen der Vergnügungsvorsteher. Als Zeichen seiner Würde trägt er einen mit Raute umwundenen Stab. Diese Pflanze vertritt bei den Litauern die Stelle der bräutlichen Myrte. Nach Beendigung der Feier führt die Mutter ihre vermählte Tochter dreimal um den Herd, nimmt sie dann auf den Schoß, überhäuft sie mit Liebkosungen und geleitet sie darauf zum Brautwagen, in den sie mit einer Brautjungfer einsteigt. Vor ihm reiten der Ehemann und der Platzmeister mit einigen Freunden. Hinter ihm folgt der Wagen mit der Brautausstattung. Im neuen Heime wird sie von einer Gesellschaft junger Leute empfangen, und es beginnen wieder festliche Tage mit gastlicher Aufnahme der Glückwünschenden.

Auch bei **Kindtaufen** und **Begräbnissen** hatten die Litauer ihre besonderen Gebräuche, die aber immer mehr in Vergessenheit geraten. Auffallend ist es, daß sie nicht selten nach dem Begräbnis einen langen Schmaus veranstalten, auf dem es trotz des Trauerfalles ziemlich lustig zugeht. Letzterer Umstand ist einmal dadurch zu erklären, daß die Leidtragenden tüchtig den geistigen Getränken zusprechen, dann aber auch, daß bei den Begräbnissen Freunde und Verwandte zusammenkommen, die sich oft viele Jahre nicht gesehen haben, und so im Verkehre mit den Lebenden der Verstorbene vergessen wird. Bei aller sonstigen Genügsamkeit liebt es der Litauer, sich hin und wieder im Vereine mit guten Bekannten bei Speise und Trank vergnügt zu halten. Die litauischen Begräbnisfeierlichkeiten haben noch viele Eigentümlichkeiten aus alter Zeit bewahrt. Die Vorbereitungen dazu erfolgen mitunter schon vor dem Abscheiden kranker Personen. Es wird ein Stück Rindvieh schnellstens geschlachtet, ebenso die nötigen Schweine und

Litauische Hochzeitsgesellschaft.

je nach der Jahreszeit auch Enten und Gänse. Zentnerweise wird Weizen zur Mühle gebracht, in echt litauischen Bezirken wird der Alaus recht stark bereitet, und Sand zum Auflegen der Leiche, sowie Tannenzweige werden fast überall noch vor erfolgtem Tode herbeigeschafft. Wo dies nicht geschehen und der Besitzer sozusagen von einem Todesfall unvorbereitet überrumpelt worden, da wird ihm die Nachlässigkeit nachher von mancher Seite nicht wenig verdacht. Selbstverständlich sind die Schmausereien bei litauischen Begräbnisfeierlichkeiten recht gründlich, und die vertilgten Rinder-, Schweine- und sonstigen Braten, die geleerten Bier-, Alaus- und Branntweingefäße geben Zeugnis von der Leistungsfähigkeit der Litauer auf diesem Gebiete. Wer nicht weiß, um was es sich handelt, könnte aus den derben Späßen, den lustigen Witzen und dem Frohsinn der Jungen und Alten auf alles andere eher als auf eine Begräbnisfeierlichkeit raten. Nur vor und nach der Mahlzeit erinnern Ansprachen, Gebete und

Gesänge daran, daß man sich bei einer ernsten Feier befindet. Für die Pflege der Gräber wird nicht besonders viel getan. Doch muß jedes Grab eine blühende Blume oder ein Bäumchen tragen. Eigenartig sind die alten hölzernen Grabzeichen, die aber immer mehr von eisernen Kreuzen verdrängt werden. Ähnliche Feiern waren früher regelmäßig bei der Roggenernte. Die Nachbarn halfen sich dabei gegenseitig. Und war das Getreide geschnitten und zum Trocknen in „Hocken" aufgestellt, so ging es zum Talkas, d. h. zu einer Schmauserei. Nicht selten vergnügte sich dabei die Jugend auch am Tanze. Vor Beginn des Festes suchten die Schnitterinnen ihre Vorschnitter unverhofft mit kaltem Wasser zu begießen. Dieser letztere Gebrauch findet sich auch heute noch in dem nördlichen Teile Ostpreußens nach Beendigung der Roggenernte häufig. Ein weiterer Talkas wurde beim Flachsbrechen veranstaltet. Da der Anbau des Flachses von Jahr zu Jahr abnimmt, so schwindet naturgemäß auch diese Festlichkeit.

Die langen Winterabende wissen sich die Litauer auf die einfachste und schönste Art zu verkürzen, nämlich durch fleißige Arbeit. Die Männer setzen sich in der großen Wohnstube zurecht, schnitzen allerlei Holzwerk oder bringen ihre Wirtschaftsgeräte in Ordnung. Frauen und Mädchen spinnen fleißig. Während gegenwärtig allenthalben die Petroleumlampe zu finden ist, brannte früher der Kienspan, der in der Nähe des Kamins befestigt wurde, oder eine selbstgezogene Talgkerze. Nicht selten kamen auch Spinnerinnen aus der Nachbarschaft dazu. Da herrschte dann große Fröhlichkeit. Erzähler fanden sich ein, und während die Spinnräder bis tief in die Nacht hinein schnurrten, wurden Märchen, Kriegsgeschichten, Witze erzählt und manche Erinnerung an alte Zeiten aufgefrischt. Die Märchenerzähler waren am meisten beliebt. — Die schönste Zeit des Winters bildeten die sogenannten Zwölften, die von Weihnachten bis zum Epiphaniasfeste dauerten. In diesen Tagen wurde zwar nicht gesponnen, da jede Arbeit, mit der eine drehende Tätigkeit verbunden war, vermieden werden mußte, sondern es wurden Federn gerissen, oder es wurde Flachs geschwungen. Abends versammelten sich die jungen Leute abwechselnd bei den Besitzern, um sich fröhlichen Spielen hinzugeben. Zuerst wurde Nachbarjagen gespielt, dann Katze und Maus, Schäferspiel, Blindekuh usw. Die Alten sahen zu und ergötzten sich an den munteren Spielen der Jugend. Nicht mit Unrecht hat man die Zwölften als die Faschingszeit der Litauer bezeichnet, zumal dann auch Verkleidungen stattgefunden haben.

h) Sprache und Dichtkunst.

Die litauische Sprache, die nicht zu den slawischen Sprachen gehört, sondern mit der ausgestorbenen altpreußischen und kurischen und der noch bestehenden lettischen Sprache die sogenannte baltische Sprachfamilie der indogermanischen Sprachen bildet, hat in neuerer Zeit eingehende wissenschaftliche Berücksichtigung durch Schleicher, Leskien, Bezzenberger u. a. erfahren. Keine von den lebenden indogermanischen Sprachen weist so viel Altertümliches auf als gerade diese. Das Altpreußische hat ihr ziemlich nahe gestanden, nur ist es noch ursprünglicher als sie gewesen. Das Lettische dagegen sieht man als eine jüngere Schwester des Litauischen an. Das Litauische hat keinen großen Wortschatz, aber es ist sehr reich an Formen. Auch hat diese Sprache einen gewissen Bilderreichtum aufzuweisen. Für Dichtkunst und Gesang ist sie deshalb ganz besonders geeignet. Sie enthält viele Höflichkeitswendungen und Zärtlichkeitsbezeichnungen. Hinsichtlich des Formenreichtums besitzt sie Ähnlichkeit mit dem Griechischen. Deklination und Konjugation haben sowohl den Dual als auch den doppelten Ablativ. Mannigfach sind ferner die Partizipialkonstruktionen.

Die Litauer sind Freunde des Gesanges und selbst von hoher poetischer Begabung. Auf diesen Umstand hat zunächst Herder in seinen „Stimmen der Völker in Liedern“ aufmerksam gemacht. Später wiesen darauf die Gebrüder Grimm und Chamisso hin. Sie besitzen eine Menge eigentümlicher Volkslieder, die sie im Gegensatze zu dem geistlichen oder Kirchenliede Dainos (Einzahl = Daina) nennen. Bei feierlichen Zusammenkünften, bei gemeinsamen Arbeiten, Spinnen, Flachsbrechen, Erntearbeiten, Fischfang, wird gesungen und wieder gesungen, und zwar nicht nur alte Lieder, sondern auch soeben gedichtete. Gesang erschallt bei Beginn der Arbeit, gesungen wird in der Feierabendstunde. Die Magd singt bei ihren häuslichen Arbeiten, der Knecht und der Hirt draußen auf dem Feld. Oft hört man im Mündungsgebiete der Memel, wenn Jünglinge und Jungfrauen auf ihren Kähnen in der Morgenfrühe zur Kirche fahren, den Ruderschlag mit Gesang von Dainos begleiten. Während heute häufig Ziehharmonika und Geige den Gesang begleiten, benutzte man früher dazu die Kanklys, eine Art Zither oder Lyra, und die Truba, eine selbstgefertigte Pfeife, die Ähnlichkeit mit der Klarinette hatte. Viele Dainos sind aus dem Stegreife gedichtet und im Wechselgesange mit einer im Augenblick erfundenen Melodie versehen worden, ohne daß man bei denen, die soeben an die Reihe kamen, irgendeine Verlegenheit wahrnehmen konnte. In den Dainos ist der Geist sittlicher Reinheit und Unschuld zu spüren, der sich mit einer gewissen Zartheit der Empfindung vereinigt. Fast in allen paart sich eine reizende Einfalt mit gesundem, natürlichem Witz. Ein wehmütiger Zug, eine anheimelnde Harmlosigkeit bilden den Grundton dieser Lieder. Fast durchweg sind es Liebeslieder. Aber auch die Erscheinungen des Naturlebens, die häuslichen und Familienverhältnisse finden in ihnen Berücksichtigung. Die äußere Form der Dainos ist recht einfach. Die einzelnen Strophen zählen meistens nur vier Verse. Dainos sind zu wiederholten Malen gesammelt und herausgegeben worden. Die im Jahre 1825 erschienene Sammlung von Rhesa hat sogar den Beifall Goethes gefunden. Sein Singspiel „Die Fischerin“ läßt Goethe mit einem Daina beginnen. Nesselmann gab seine Sammlung 1853 heraus. Eine leicht zugängliche Sammlung von Dainos ist bei Philipp Reclam jun. in Leipzig erschienen von F. und H. Tetzner. Zu den eifrigsten Dainaforschern ist Eduard Gisevius (geb. 1798 zu Lyck, gest. 1880 zu Tilsit) zu zählen.

Zwei Dainos in der Übersetzung von Adalbert v. Chamisso:

Die Waise.

Sie haben mich geheißen
Nach Heidelbeeren gehn.
Ich habe nach den Beeren
Im Walde nicht gesehn.

Ich bin hinausgegangen
Zu meiner Mutter Grab,
Worauf ich mich gesetzet
Und viel geweinet hab.

„Wer sitzt auf meinem Hügel,
Von der die Tränen sind?"
„Ich bin's, o liebe Mutter,
Ich, dein verwaistes Kind.

Wer wird hinfort mich kleiden
Und flechten mir das Haar?
Mit Liebesworten schmeicheln,
Wie's deine Weise war?" —

„Geh hin, o liebe Tochter,
Und finde dich darein!
Es wird dir eine Zweite,
Statt meiner, Mutter sein.

Sie wird das Haar dir flechten
Und kleiden dich hinfort. —
Ein Jüngling wird dir schmeicheln
Mit zartem Liebeswort."

Treue Liebe.

Es schallten muntre Lieder
Hell durch den Fichtenwald.
Es kam ein muntrer Reiter
Zum Försterhause bald.

„Frau Muhme, guten Morgen!
Wo bleibt die Liebste mein?" —
„Sie lieget, krank zum Sterben,
Im obern Kämmerlein."

Er stieg in bittern Tränen
Die Treppe wohl hinauf.
Er hemmte vor der Türe
Der Liebsten seinen Lauf.

„Herein, herein, Geliebter,
Zu schmerzlichem Besuch!
Die heim du holen wolltest,
Deckt bald das Leichentuch.

Sie schläft im engen Sarge,
Drauf liegt der Myrtenkranz.
Du wirst nicht heim sie führen,
Nicht bei Gesang und Tanz.

Sie werden fort mich tragen
Und tief mich scharren ein.
Du wirst mir Tränen weinen
Und eine andre frein!" —

„Die du mich nie betrübet,
Du meine Zier und Lust,
Wie hast du jetzt geschnitten
Mir scharf in meine Brust."

Drauf sahen zueinander
Die beiden ernst und mild,
Verschlungen ihre Hände,
Ein schönes, bleiches Bild.

Da schied sie sanft hinüber.
Er aber zog zur Stund
Das Ringlein sich vom Finger
Und steckt's in ihren Mund.

Ob er geweinet habe,
Als solches ist geschehn? —
Ich selber floß in Tränen,
Ich hab' es nicht gesehn.

Es gräbt der Totengräber
Ein Grab und noch ein Grab.
Er kommt an ihre Seite,
Der ihr das Ringlein gab.

Folgende drei Dainos sind in der Nesselmannschen Übersetzung gebracht worden:

1.

Ich armes Mädchen,
Ich arme Waise,
Gewohnt zu dulden
Bei Nacht, bei Tage.

O hätt' ich, hätt' ich
Nur eine Mutter!
Die Mutter würde
Doch für mich sprechen.

Sie liegt schon lange
Auf hohem Hügel.
Auf ihrem Grabe
Da wachsen Rauten.

Auf ihrem Grabe
Der Tau der Rauten
Er glänzt so lieblich
Wie reines Silber.

2.

In jenem Walde,
Dort unter Linden,
Da liegt mein lieber Knabe.

Gar schöne Blumen
Auf seinem Grabe
Und auch ein schönes Grabmal.

Und auf dem Grabmal
Da hängt ein Kränzchen
Von Amaranten.

Auf jener Linde
Bei seinem Grabe
Die Nachtigall flötet.

Und auf den Stein dort
Zur Seite der Linde
Setz' ich mich jeden Abend.

Da will ich weinen,
Da will ich klagen
Um meinen lieben Knaben.

3.

O Nachtigallchen,
Du munterer Vogel,
Warum nicht singest
Den ganzen Tag du?

Wie sollte singen
Den ganzen Tag ich?
Die Hirten haben
Zerstört mein Nestchen.

Die Pflüger haben
Mich selbst gefahndet.
Sie sagten, daß ich
Gepickt den Weizen.

Daß ich zertreten
Das Gras der Wiese,
Daß ich gescheucht
Die braunen Rosse.

Nicht wahr ist's, Knaben,
Was ihr gesprochen;
Mit solchen Worten
Ihr mich bezichtigt.

Nicht bin ich dorten
Umhergeflogen,
Gepickt nicht hab ich
Den Weizenacker.

Hab nicht zertreten
Das Gras der Wiese,
Auch nicht gescheuchet
Die braunen Rosse.

Auf brachem Acker
Schlief und erwachte ich.
Im Weidenbusche
Baut' ich mein Nestchen.

Zu Gott wohl fleht' ich
Die ganze Nacht durch,
Daß sich nicht möchte
Ein Sturm erheben.

Daß er zerstören
Nicht möcht' mein Nestchen,
Mir nicht zerzausen
Die bunten Federn.

Auch der Kirchengesang der Litauer muß auf den Fremden, der ihn zum ersten Male hört, einen eigentümlichen Eindruck machen. Schon vor Beginn des Gottesdienstes stimmt die frühzeitig versammelte Gemeinde ein Lied an. Einer beginnt es. Zwei, drei folgen nach, und bald singt die ganze Versammlung. Der Gesang ist etwas schleppend. Längere Noten werden nicht ausgehalten, sondern hinübergezogen. Lieder schwärmerischen Inhaltes finden eine gewisse Bevorzugung. Wie alle Naturvölker, so haben auch die Litauer einen reichen Märchenschatz. Ihre Märchen gleichen vielfach den deutschen Volksmärchen, wie sie aus der Grimmschen Sammlung bekannt sind. Nur zieht sich durch sie häufig ein starker Materialismus, der manchmal die Dinge des Lebens zu derb und unverblümt bezeichnet. Litauische Märchen sind herausgegeben von Schleicher (1857) und Leskien und Brugmann (1882, Straßburg bei K. J. Trübner).

Obgleich die Litauer keine Nationalliteratur aufzuweisen haben, so besitzen sie doch einen Dichter, dessen Werke einen Platz in der Weltliteratur besitzen. Es ist Christian Donaleitis, oder Donalitius, wie er sich selbst mit latinisiertem Namen nannte und schrieb. Er wurde 1714 zu Lasdinehlen bei Gumbinnen geboren und starb 1880 als Pfarrer zu Tollmingkehmen. Bereits vor dem Dichter J. H. Voß gebrauchte er in seinen Dichtungen das Versmaß des Hexameters. Sein Hauptgedicht führt den Namen Das Jahr. Es ist reich an schönen Naturschilderungen, lebendig und wahr in der Darstellung der Charaktere und der Lebensweise der litauischen Landbevölkerung. Das Gedicht hat vier Hauptteile, den vier Jahreszeiten entsprechend. Untereinander stehen diese Hauptteile nicht im Zusammenhange, wie überhaupt dem ganzen Werk ein einheitlicher Plan fehlt. Übersetzungen des „Jahres" haben wir von Rhesa, Schleicher, Nesselmann, Passarge.

Im nachstehenden mag eine Probe daraus gebracht werden. Die Übersetzung ist von Passarge. Der Dichter schildert den Frost des Winters also:

„Sehet, des Winters Zorn, wild drohend, kehret uns wieder,
Und mit gesträubtem Haar herfleucht, uns zu schrecken, der Nordwind.
Seht, wie überall schon auf den Teichen sich Fensterlein bilden,
Wie wenn sonsten des Glasers Hand einsetzet die Rauten.
Auch der Fische Revier, wo die Frösche den Sommer gefeiert,
Deckt sich mit einem Panzer, zum Schutz vor dem Zorne des Winters;
Bannt er doch jegliches Leben zum tiefen Schlaf in das Dunkel.
Über die Felder fährt mit greulichem Schrecken der Nordwind,
Also daß rasch zusammen sich ziehn die Sümpfe und Pfützen,
Und die Löcher im Weg aufhören zu spritzen und schlürfen.
Rollt auf dem Wege der schütternde Wagen mit tanzenden Rädern,
Dröhnt der gefrorene Boden wie eine gespannte Trommel,
So daß lautes Getön noch weithin im Kopfe uns nachhallt. —
Also heißet die Welt den Winter von neuem willkommen."

3. Die Masuren.

a) Das Gebiet des masurischen Volksstammes.

Das Gebiet, in dem in Ostpreußen Masuren ansässig sind, umfaßt die Kreise Oletzko, Lyck, Johannisburg, Angerburg (zum großen Teile), Lötzen, Sensburg, Ortelsburg, Neidenburg, ferner Stücke von den Kreisen Goldap und Osterode. Es zieht sich südlich vom Goldapfluß in einem Streifen von etwa 40 km Breite an der Südgrenze der Provinz entlang, und zwar bis zur Provinz Westpreußen. Die Größe dieses Gebietes wird verschieden angegeben. Im allgemeinen betrachtet man es als das Land, in dem der masurische Dialekt der polnischen Sprache von einer evangelischen Bevölkerung gesprochen wird. Es enthielt 1818 etwas über 12 195 qkm. Die Zahl der Bevölkerung rechnet man gegenwärtig auf 295 000 Seelen, von denen aber höchstens 260 000 masurisch sprechen. Das Sprachgebiet der Masuren wird wie das der Litauer von Jahr zu Jahr kleiner. Der Rückgang macht sich besonders seit der Mitte des vorigen Jahrhunderts bemerkbar. In den Städten hört man noch sehr selten polnisch sprechen. Auch auf dem Lande geht das Polentum trotz aller großpolnischen Gegenströmung erheblich zurück. Die Dichtigkeit der Bevölkerung ist verhältnismäßig eine recht geringe. Im Kreise Johannisburg kommen auf den Quadratkilometer durchschnittlich nur 30 Einwohner, während die Durchschnittszahl im gesamten Deutschen Reich für den Quadratkilometer 111 beträgt.

Der Name Masur wird als ein Wort polnischen Ursprunges angesehen. Man erklärt die Entstehung dieses Wortes so, daß die Endsilbe ur an die Stammsilbe maz des Wortes mazowsze = Masovien gehängt worden sei. Es will also einen Masovier bezeichnen, und zwar einen aus Masovien Ausgewanderten. Es gibt jedoch noch eine andere Deutung. Danach soll es dem Litauischen entstammen. Mit dem Worte mazuras bezeichneten die Litauer einen von Natur kleinen, untersetzten, stämmigen Menschen. Sie gebrauchten es ursprünglich für die Bewohner des Herzogtums Masovien. Zur preußischen Herzogszeit wurde dieser Name aber hauptsächlich für die Bewohner des südlichen Teiles unserer Provinz gebraucht. Es ist demnach nicht richtig, die Bezeichnung Masure nur auf einen Teil der ostpreußischen Bevölkerung anzuwenden. Sie trifft auch auf die Bewohner des südlich der russischen Grenze gelegenen alten Masoviens zu und wird tatsächlich auch in diesem Sinn angewandt.

b) Allgemeiner Volkscharakter.

Die Masuren sind meistens von kleiner Gestalt, die selten über Mittelgröße hinausgeht. Anstrengende Arbeiten können sie nicht zu lange ertragen. Sie ermüden nämlich sehr schnell. Doch sind sie in allem, was sie vornehmen, recht geschickt und anstellig. In ihren Bewegungen sind sie leicht und behende. Sie sind fast durchweg tüchtige Soldaten. Man findet bei ihnen häufig blaue Augen und blondes Haar. Die Gesichtsfarbe ist eine frische und gesunde. Das Wachstum des Körpers ist ein verhältnismäßig langsames. Im zwanzigsten Lebensjahre wird sehr selten ein Masure zum Militärdienst ausgehoben. Sie sind gesellige Leute und leben daher fast durchweg in geschlossenen Siedelungen. Findet man bei einem Dorf Ausbauten, so kann man gewiß sein, daß diese von Deutschen angelegt worden sind. Mit der Liebe zur Geselligkeit, die sich auch darin zeigt, daß die Mädchen an den Winterabenden mit ihrem Spinnrad und die Männer zum Netzestricken zusammenkommen, verbindet sich die Liebe zum Gesange. Der Masure faßt leicht Melodien auf und singt ebenso wie der Litauer sehr gern. Er singt bei der Arbeit, in der Feierabendstunde, bei heiteren und bei ernsten Anlässen. An den geselligen Abenden wird aber nicht nur gesungen, sondern auch viel erzählt. Oft geht die Phantasie mit dem Erzähler durch, und reine Münchhausen-Geschichten kommen zum Vorschein. Auch in der Gastfreundschaft gleicht er dem Litauer.

Er bringt jedoch nicht selten dem Fremden Mißtrauen entgegen. Gutmütigkeit, Bescheidenheit, Zuvorkommenheit, die sich selbst im Umgange mit seinesgleichen zeigt, sind hervorstechende Züge in seinem Charakter. Bei aller Bescheidenheit hat er jedoch Selbstbewußtsein. Man tut ihm daher unrecht, wenn man seine freundliche Zuvorkommenheit für sklavische Unterwürfigkeit auslegt. Leider haften die Masuren ebenso wie die Litauer am Althergebrachten. Daher stehen sie in manchen Beziehungen hinter den benachbarten Deutschen zurück und können darum bei dem Ackerbau, der nicht selten in ihrem Gebiete große Anstrengungen erfordert, nicht das erreichen, was sie bei ihrem Fleiß erreichen müßten. Die Jagdleidenschaft, die fast jedem Masuren eigen ist, verführt ihn nicht selten zur Wilddieberei. Trotz der großen Fügsamkeit, die die Masuren sonst den Staatsgesetzen gegenüber zeigen, stehen sie in diesem Falle ganz auf der Seite des Gesetzübertreters. Ähnlich stellen sie sich zur Schmuggelei. Die früher häufig hervortretende Neigung zum Schnaps oder Wodki, d. h. Wässerchen, ist zum Segen für das Volk im Schwinden begriffen. Geklagt wird aber noch immer über die große Unsauberkeit, die der einfache Masure an seinem Körper, an seiner Kleidung und im ganzen Hauswesen zeigt. Auch fehlt ihm sowohl in seiner Häuslichkeit als auch im Erwerbsleben der rechte Sinn für geordnete Verhältnisse. An die Zukunft denkt er nicht viel. Er ist sehr leichtlebig und wenig sparsam. Meist lebt er aus der Hand in den Mund. Aber auch in dieser Hinsicht wird es von Jahr zu Jahr besser. Die allgemeine Volksbildung nimmt ständig zu. Die Zahl der Analphabeten, die früher Masuren bei Rekrutenaushebungen aufwies, wird allmählich kleiner. Dazu kommt noch, daß die neuzeitlichen Verkehrsverhältnisse manchen Wandel zum Bessern veranlaßt haben.

Die Masuren sind im allgemeinen treue Anhänger der evangelischen Kirche und eifrige Kirchenbesucher. In Bibel und Gesangbuch sind sie wohlbewandert. Der Geistliche steht bei ihnen in hohem Ansehen. Im Gotteshause zeigen sie große Andacht. Doch ist ihre Frömmigkeit nicht immer frei von Äußerlichkeiten und Scheinwesen. Sehr vieles findet sich in ihren Kirchen, was an die Gebräuche des katholischen Gottesdienstes erinnert. Allerdings hat die Einführung der neuen Agende manche Mißstände beseitigt. Trotz der schroffen Stellung, die sonst die evangelischen Masuren ihren katholischen Landsleuten gegenüber einnehmen, feiern sie gern die katholischen Feiertage, unternehmen auch manchmal gemeinsam mit ihnen Wallfahrten, beispielsweise nach der Heiligenlinde oder nach Maria-Lonk. Allerdings tun sie das nicht aus Neigung zum Katholizismus, sondern aus der abergläubischen Überzeugung, irgendwelche Vorteile dadurch zu erlangen, oder etwa bestimmte Unglücksfälle von sich abzuwenden. Der religiöse Aberglaube spielt bei dem schlichten Mann in Masuren überhaupt eine große Rolle. Ihm macht er sogar kirchliche Geräte und Gebräuche dienstbar. Man hat beispielsweise beobachtet, wie kurz nach der Taufhandlung das Gesicht des kleinen Kindes mit dem Taufwasser bestrichen wurde, um es dadurch gegen Ausschlag am Kopfe zu schützen. Gelbsüchtige blicken in den Abendmahlskelch, weil sie dadurch ihre Krankheit zu verlieren hoffen. Eine große Verbreitung hat in Masuren das Stundistenwesen gefunden. Die Stundisten sind Pietisten mit stark methodistischer Färbung. Sie ziehen von Dorf zu Dorf und halten religiöse Versammlungen (Gromadki) ab. Gern geraten sie mit der Geistlichkeit in Streit, und zwar hauptsächlich in Angelegenheit der Wiedergeburt durch den Glauben. Nicht selten predigen sie gegen den angestellten Geistlichen, suchen ihn zu verleumden und säen dadurch Zwietracht in die Gemeinde. In ihrem grenzenlosen Dünkel stellen sie sich über ihn, geben sich wohl gar für gottgesandte Apostel aus. Daß sie manchen verkommenen Säufer gebessert haben, läßt sich zwar nicht bestreiten. Trotz alledem haben sie mehr Schaden als Nutzen gestiftet. Ihre Gebetstunden machen oft einen widerlichen Eindruck. Am häufigsten ist die stundistische Bewegung in der Neidenburger und Willenberger Gegend aufgetreten.

c) Aberglaube der Masuren.

Außer dem bereits im vorigen Abschnitte Erwähnten läßt sich noch manches andere drüber sagen. Wohl nirgends ist der Glaube an verborgene, dunkle Mächte, die dem Menschen Schaden zufügen wollen, so verbreitet wie in Masuren. Der Masure ist darum auf Schritt und Tritt bedacht, sich dagegen zu schützen. Wird das Vieh zum erstenmal auf die Weide getrieben, so legt er auf die Schwelle des Stalles eine Axt. Den Pferden gibt er eine alte Sense in die Krippe, um sie dadurch gegen Feinde aller Art zu sichern. Gegen Krankheit und Unglücksfälle, die ihn und seine Angehörigen treffen könnten, gebraucht er als Zaubermittel die verschiedensten Kräuter, hauptsächlich solche, die er sich in der Johannisnacht unter besonderen Umständen gesammelt hat. Überhaupt spielt die Johannisnacht bei ihm eine große Rolle. Bei Krankheiten wird selten ein Arzt zu Rate gezogen. Wirksamer als ärztliche Kunst gilt dem Masuren das Versegnen und Besprechen. Die Taufe der Neugeborenen wird so schnell wie möglich vollzogen. Sie stellt nach seiner Meinung den Täufling gegen feindliche Angriffe in den Schutz Gottes. Bei Begräbnissen wurde früher die Leiche von Reitern begleitet, die, um den Teufel zu verscheuchen, Messer in der Luft schwangen. Beim Totenmahle gossen sie ihm Getränke unter den Tisch, stellten ihm dorthin auch Speisen, um ihn von dem Verstorbenen fernzuhalten. Eine große Bedeutung wird den Erdmännlein (Koltti) zugeschrieben. Sie können viel Gutes stiften, sind aber manchmal über alle Maßen schädlich. Vor allem stellen sie den kleinen Kindern nach. Auch die Mahre, das Alpdrücken (Marra), steht im Glauben des Masuren als ein feindliches Wesen da. Unter den Mitteln, sich vor diesem

Feinde zu schützen, hält er besonders das Aspenholz hoch. Erfreulicherweise hat die fortschreitende Volksbildung schon sehr viel dazu beigetragen, daß das Dunkel des Aberglaubens immer mehr im Rückgange begriffen ist.

d) Das Anwesen des Masuren.

Das Wohnhaus des Masuren bildet in seiner Ursprünglichkeit mit dem Stall ein einziges Gebäude. Gegenüber liegt die Scheune. Es ist in jener waldreichen Gegend aus Holz erbaut, doch finden sich auch Wohnhäuser aus Lehm errichtet. In den meisten Fällen ist es mit Stroh gedeckt. Es ist

Masurisches Bauernhaus.

dem Hause des Nationallitauers nicht unähnlich, hat aber nicht den gebogenen, sondern den steilen Giebel. Auf der einen Seite des verhältnismäßig großen Flures wohnen die Menschen, auf der anderen ist das Vieh untergebracht. Die Wohnung selbst besteht nur aus zwei Stuben, einer größeren und einer kleineren, die durch einen mächtigen Ofen getrennt sind, der aber beide Zimmer zu heizen hat. Von der kleineren Stube, die gegebenenfalls dem Altsitzer zusteht, ist noch eine Kammer abgetrennt. Vom Flur führt eine ziemlich steile Treppe auf den Bodenraum. Die eine Hälfte des Bodens dient als Getreidespeicher, die andere zur Aufbewahrung von Wirtschaftsgeräten. In dem Raum über dem Stalle wird Heu und Klee zur Winterfütterung für das Vieh untergebracht. Die Fenster des Wohnhauses sind recht klein. Das Fensterglas ist in den alten Häusern meistens blind und schimmert in allen Farben. Draußen sind die Fenster mit bunt gestrichenen Läden versehen. Die Fenster bleiben Winter und Sommer fest geschlossen. Das Lüften der Wohnräume kennt der echte Masure nicht. Blumengärten finden sich in der Nähe der menschlichen Wohnungen höchst selten. Was der Masure Garten nennt, ist meistens nur der Platz, auf dem einige Bäumchen der Sauerkirsche stehen. Der ganz arme Masure begnügt sich mit einer Hütte, deren Wände aus Lehm, Erde und Dünger zusammengefügt sind. Sie führt im Gegensatze zu dem eben beschriebenen besseren Gebäude, dem dom, die Bezeichnung chalupa, d. h. elendes Haus. Macht die Chalupa schon äußerlich einen erbärmlichen Eindruck, so erst recht im Innern. Der Wohnraum ist kaum so hoch, daß ein erwachsener Mensch darin aufrecht gehen kann. Für gewöhnlich ist er ungedielt und von einer unbeschreiblichen Unsauberkeit. Im Winter dient er sogar dem Geflügel und Kleinvieh zum Aufenthalt. Die neueste Zeit hat hinsichtlich der Wohnungen einen Wandel zum Bessern gebracht. Man findet auf einer Reise durch Masuren viele freundliche Wohnhäuser aus Ziegeln erbaut und mit fester Bedachung versehen. Die Zimmer sind groß und anheimelnd und haben in reichlichem Maße Licht und Luft.

e) Kleidung. Nahrungsmittel.

Von einer Nationaltracht kann man bei den Masuren nicht mehr reden. Sie hat wohl niemals ein besonders auffälliges Gepräge gezeigt. Der einfache Bauersmann trägt sogenannte Hausmacherkleider, unter denen der „Wandrock“ eine bevorzugte Stellung einnimmt. Aber auch der Pelz wird nicht verachtet. Meistens wird er unbezogen getragen. Er ist dann anfangs zart weiß. Allmählich trübt sich jedoch seine Farbe. Schließlich sieht er schmutziggrau aus. Stiefel werden nur bei besonderen festlichen Anlässen angezogen. Für gewöhnlich geht der Masure in Holzschuhen, im Sommer ganz barfuß. Selbst eine eigenartige Kopfbedeckung ist bei den Masuren jetzt kaum zu finden. Früher jedoch trugen sie weißwollene Mützen oder hohe steife Hüte. An Kleidungsstücken älterer Zeit ist die rote Weste zu erwähnen. Sie wurde über dem weißen Hemde getragen und war mit vielen blanken Knöpfen geschmückt. Sogar die masurischen Frauen haben gegenwärtig keine Nationaltracht. Nur macht sich noch bei ihnen eine starke Betonung

Masure.

greller Farben bemerkbar. An Stelle des Hutes wird vielfach ein Kopftuch getragen, das in den meisten Fällen recht warm hält. Die Kinder der Masuren laufen im Sommer am liebsten im Hemde umher. Man bemerkt dort nicht nur auf den Höfen, sondern auch auf der Straße spielende Kinder, die nur mit dieser notwendigsten Körperbedeckung versehen sind, sogar solche im schulpflichtigen Alter.

Die Masuren verstehen es ebenso wie die Litauer, aus roten Rüben einen Bartsch zu bereiten. Sie nennen ihn Schnittka. Sehr beliebt sind bei ihnen die aus rohen geriebenen Kartoffeln gebackenen Flinzen. Dasselbe gilt von der Buchweizengrütze. Der Buchweizen gedeiht selbst auf unfruchtbarem Boden. Aus dieser Grütze, aus Eiern und Butter wird ein wohlschmeckender Kuchen gebacken. Er führt den Namen Gryczan. Aus Wacholderbeeren, die in Wasser zerstampft und dann gekocht werden, braut der Masure das Kaddigbier, das zwar wenig nach Bier schmeckt, aber seiner medizinischen Eigenschaften wegen mindestens ebenso bekömmlich wie das aus Malz hergestellte Bier ist. Trotz der in Masuren häufigen fischreichen Seen kommen dort selten Fische auf den Tisch. Die Erträgnisse des Fischfanges gehen nach den großen Städten Deutschlands, vor allem nach Berlin. In der Fastenzeit werden viele Fische nach Polen abgesetzt. Für die Eingeborenen bleiben für gewöhnlich nur die minderwertigen Weißfische und Stinte zurück. Das Brot wird fast ausschließlich aus Roggenmehl gebacken. Weizenbrot essen nur die wohlhabenderen Masuren, aber in der Regel auch nur an Feiertagen. Der ärmere Mann sieht das Weizenbrot schon als Kuchen an und nennt es Kolacz. Neben dem Roggenbrote spielen Kartoffeln, Gemüse, Milch und Heringe als Volksnahrungsmittel die größte Rolle. Auf dem Tische des armen Mannes gelten Fleisch, Speck und Wurst als Leckerbissen. In früheren Zeiten wurde die Speise mit hölzernen Löffeln eingenommen. Messer und Gabel kamen nicht auf den Tisch. Zum Zerkleinern des Fleisches diente lediglich das Taschenmesser. Selbstverständlich läßt sich heute auch in dieser Hinsicht ein großer Fortschritt der Kultur gegen einige zurückliegende Jahrzehnte feststellen.

f) Die Sprache des Masuren.

Der Grundstock der masurischen Sprache ist das Polnische, da die Vorfahren der Masuren Angehörige des Königreichs Polen und des Herzogtums Masovien, dessen Bewohner auch die polnische Sprache hatten, gewesen sind. Durch die Nähe der litauischen und deutschen Sprache ist die masurische jedoch mit fremden Bestandteilen stark durchsetzt. Im nordöstlichsten Teile Masurens trifft man auf ein Sprachgemenge von Litauisch und Polnisch, und nach der deutschen Grenze hin hat der Masure viele deutsche Worte in seinen Sprachschatz aufgenommen. Das reinste Polnisch ist in unserer Provinz in der Soldauer Gegend zu finden. Im Innern Masurens gibt es verschiedene Dialekte. Fast jeder Kreis hat seine besondere Mundart. Am wenigsten geschätzt wird diejenige, die in der Angerburger und Lötzener Gegend gesprochen wird. Im allgemeinen dürfte es genügen, zwischen dem kirchlichen Polnisch und der gewöhnlichen Umgangssprache zu unterscheiden. — Die masurische Bevölkerung zeigt eine hohe poetische Beanlagung. Ihre Lieder zeugen bald von zarter, lebhafter Empfindung, bald von einem drolligen Humor, und die Märchen, die zwar vielfach Anklänge an deutsche und polnische verraten, sind reich an lebendiger Phantasie.

Zur Kennzeichnung der masurischen Volkslieder mögen einige Proben in der metrischen Übersetzung von H. Frischbier gebracht werden:

1. Untreue.

Es weinte das Mägdelein:
Wo mag mein Johann sein?

Sie stand in dem Garten,
Johann zu erwarten.

Sie sah Johann wandern;
Er zog mit 'ner andern.

Das Mägdlein weinte;
Das Herz ihr versteinte.

Sie litt, bangt' in Tränen
Und starb voller Sehnen.

Wo die Birke sich wieget,
Das Mägdelein lieget.

Die Vöglein dort singen,
Nur Klagen erklingen.

2. Trost.

Es steht ein grünes Lindchen
Dort drüben an dem Teich,
Drauf sitzen muntre Vöglein,
Die singen all zugleich.

Das waren keine Vöglein.
Es waren Brüder drei,
Die warben um ein Mädchen,
Schön wie die Blum' im Mai.

„Mein ist sie!“ ruft der erste,
Der andre: „Wie Gott es gibt!“
Der dritte aber jauchzte:
„Mich, mich allein sie liebt!“

Der dritte machte Hochzeit;
Der erste grämte sich tot;
Des zweiten Trost blieb einzig:
An Mädchen ist keine Not.

Nicht zu vergessen sind die Gesangesweisen der Masuren. Sie tragen das Gepräge echter Einfalt und eines unverdorbenen Gefühls an sich, so daß sie sich wirklich als Ergüsse einer reinen Begeisterung kundgeben. Gewiß verdient manche der masurischen Volksmelodien den Schöpfungen bedeutender Tonkünstler an die Seite gestellt zu werden. Die Instrumente, mit denen die Masuren ihren weltlichen Gesang begleiten, sind Geige, Klarinette und Baß oder Cello. Groß ist die Zahl der masurischen Sagen und Märchen. Sie handeln von versunkenen Schlössern, von verborgenen Schätzen, von Mahren und Erdmännlein und geben Zeugnis von der reichen Phantasie und dichterischen Gestaltungsgabe, deren sich die Masuren erfreuen.

4. Die Ermländer.

Der Umstand, daß das Ermland infolge seiner früheren politischen Verhältnisse gewissermaßen einen für sich abgeschlossenen Staat gebildet hat, bedingte es, daß die Bewohner dieses Gebietes noch heute volkstümliche Eigenarten haben, die sonst in Ostpreußen nicht vorkommen. Man hat deshalb die Ermländer das konservativste Völklein der Welt genannt. Ermland ist rein katholisch, d. h. mehr als 90% der Bevölkerung bekennen sich zu diesem Glauben. An den Wegen sieht man zahlreiche Kruzifixe, und an den Eingängen zu den Ortschaften stehen Heiligensäulen, pfeilerartige Bauten von 3 bis 4 m Höhe, die oben in einer Nische ein Heiligenbild tragen. Die Landbevölkerung hat sich fast durchweg Jahrhunderte hindurch unvermischt erhalten. Der Menschenschlag ist ein gesunder und durchschnittlich von mittlerer Größe. Dem Fremden gegenüber zeigen sie eine gewisse Freundlichkeit, die sich hauptsächlich in der Bereitwilligkeit, jede gewünschte Auskunft zu geben, äußert, aber auch in einer erfreulichen Gastfreundschaft. Zu den hervorstechendsten Eigenschaften der Ermländer kann man wohl die Zähigkeit rechnen, mit der sie ein einmal beschlossenes Vorhaben durchführen. Man kann diese Zähigkeit in den meisten Fällen schon als Eigensinn bezeichnen. Im übrigen zeigen sie aber eine gewisse Langsamkeit und Bedächtigkeit. Diese Eigenschaften sind nicht selten mit einem guten Teile Schlauheit gemischt. Der Ermländer hängt mit allen Fasern seines Herzens an den religiösen Gebräuchen seiner Kirche. Die Gotteshäuser sind an den Sonn- und Feiertagen stets gefüllt. Aber nicht minder tief als die religiöse Gesinnung ist die Vaterlandsliebe und die Anhänglichkeit an das preußische Herrscherhaus. Der Sozialdemokratie wird es in den dortigen Dörfern und kleineren Städten kaum jemals gelingen, festen Fuß zu fassen. Das Familienleben ist im großen und ganzen ein gesundes. An schönen Sommertagen kann man in den Dörfern die Familien vor der Tür oder im Garten sitzen sehen. Die Nachbarn pflegen einen freundlichen Verkehr untereinander und stehen sich hilfsbereit zur Seite.

Von einer ausgesprochenen ermländischen Nationaltracht ist nicht mehr viel zu sehen. Bei den Männern fielen früher der selbstgewebte blaue Pelerinenmantel und Schnürstiefel auf. Die Frauen bevorzugten eigentümlich gefaltete Röcke von grellen, meist roten Farben. Ihre Hauben besaßen einen großen Boden und wurden mit langen, breiten Seidenbändern umwunden. Die Enden dieser Bänder hingen auf den Rücken hinab. Derartige Trachten sieht man noch bei den Wallfahrern nach Heiligenlinde, Glottau, Dietrichswalde und anderen Wallfahrtskirchen, aber auch nur bei alten Leuten.

Von alten Volkssitten haben sich vor allem die Hochzeitsgebräuche erhalten. Die Einladung dazu, die „Bitt", besorgen die Platzmeister, junge, gewandte Männer aus dem Bekanntenkreise. Sie sind mit bunten Bändern geschmückt und haben eine lange Peitsche in der Hand, durch deren Knallen sie ihre Ankunft ankünden. Meistens sind sie beritten. Die Brautjungfern haben die Braut zu schmücken und beim Hochzeitsmahle zu bedienen. Die Zahl der Platzmeister und Brautjungfern ist gleich. Beim Mahle, dem Kesting, geht es hoch her. Meistens dauert es mehrere Tage. Früher brachten dazu die Gäste ihre Messer und Gabeln selbst mit. Jetzt kommt dieser Brauch nur ganz vereinzelt vor. Hin und wieder zeigen sich auch manche abergläubischen Gebräuche und Anschauungen. Die Braut tut ein Geldstück in den Schuh, um später als Ehefrau immer Geld zu haben. Lockert sich auf der Fahrt zur Kirche etwas am Anzuge der Braut, so ist das eine schlimme Vorbedeutung für die Ehe. Gelingt es nach der Trauung dem jungen Ehemanne, die Frau vom Altar nach seiner Seite hinüberzuziehen, so hat er später das Regiment im Haus, im anderen Fall aber die Frau.

Die Tauffeierlichkeit, auf dem Land öfters Klaatsch genannt, weist ebenfalls manche Eigenart auf. Musik, Tanz, Schmauserei spielen auch hierbei eine wesentliche Rolle. Schon im Kruge des Kirchdorfes wird den Getränken fleißig zugesprochen. Dem Täufling werden von den Paten in das Wickelzeug Geld, Brot, Getreidekörner gelegt, um ihm dadurch eine glückliche Zukunft und eine gewisse Wohlhabenheit zu gewährleisten. Bei Mädchen stehen junge Männer, bei Knaben junge Mädchen Pate.

Der Leichenschmaus heißt bei den Ermländern Zärm. Ebenso wie in Litauen erreicht er auch hier nicht selten einen gewissen Grad von Fröhlichkeit. Er wird je nach dem Wohlstande der Hinterbliebenen ausgerichtet. Die zum Leichenbegängnis erschienenen Nachbarn werden alle mit einer Erfrischung bedacht. Die Angehörigen jedoch bleiben lange beisammen und huldigen den Freuden, die eine reichbesetzte Tafel mit ihren Speisen und Getränken bietet. Selbstverständlich ist dann bald der Verstorbene vergessen. Trotzdem hat er einen „schönen Zärm“ gehabt. Der Aberglaube spielt bei den Begräbnisfeierlichkeiten auch eine gewisse Rolle. So wird noch hin und wieder dem Verstorbenen bald nach seinem Hinscheiden entweder auf seinen früheren Tischplatz oder auch an das Leichenbett das Lieblingsessen hingestellt. Nicht selten findet man in hohlen Weiden kleine Strohbündel. Auf diesen soll sich der Geist des Heimgegangenen ausruhen, bis er vom Sensenmann abgeholt wird.

Aus dem Aberglauben der Ermländer möge noch folgendes erwähnt werden: Heult in der Silvesternacht ein Hund vor einem Hause, so muß dort im neuen Jahre jemand sterben. Kinder, die ungetauft sterben, verwandeln sich in Irrlichter. Gräbt sich der Maulwurf bis unter das Fundament eines Hauses, so wird aus diesem Hause sehr bald ein Toter hinausgetragen werden. Weidenkätzchen, sogenannte Palmen, die am Palmsonntag geweiht worden sind, schützen gegen Blitzschlag. Geweihte Palmen, an der Stalltür angebracht, schützen das Vieh vor Krankheit. Fliegt eine schreiende Krähe über einen Menschen hinweg, so steht diesem Unglück bevor. Der Storch bringt Glück.

Er wird deshalb im Ermländischen gern gesehen. Ameisen in einem Wohnzimmer sind ebenfalls Glückbringer. Manche Bräuche gegen Verrufen und Behexen sind noch in jener Gegend zu finden.

Im Ermland gibt es viele geschlossene Dörfer, die von der Straße durchschnitten werden. Vornehmlich liegen sie in nächster Nähe von fließenden oder stehenden Gewässern. Die älteren Häuser sind meist in Fachwerk oder ganz aus Holz aufgeführt. Man spricht deshalb vom Fachwerk- und vom Blockhausbau. Manche Fachwerkhäuser sind jedoch im unteren Stockwerke ganz massiv und weisen das Fachwerk nur im oberen Stock auf. Die alten Häuser stehen fast durchweg mit dem Giebel nach der Straße, wäh-

Ermländisches Bauernhaus.

rend die neuen Häuser ihre Längsseite an der Straße haben. Das Dach der ersteren ist mit Stroh gedeckt, ragt hoch hinauf und trägt hin und wieder noch Pferdeköpfe, die das Unheil vom Hause fernhalten sollen. Der Eingang auf der Hofseite besitzt oft einen Vorbau. Die Haustür ist nicht selten in der Mitte von rechts nach links geteilt. Der Hausflur ist meistens mit großen Steinfliesen ausgelegt. Der Haustür gegenüber geht es in die Küche, über die sich ein großer Schornstein wölbt. Während es auf einer Seite zu den Wohnräumen führt, gelangt man auf der anderen Seite in den Pferdestall. So ist es bei den kleineren Besitzern ziemlich durchweg. Das Vieh ist jetzt fast ausschließlich in besonderen Stallungen untergebracht. Die alten Bauernhäuser schwinden auch hier immer mehr. Am häufigsten sieht man sie wohl noch im Dorfe Kleefeld. Hin und wieder erblickt man auf einer Wanderung durch das Ermland noch alte, im Viereck erbaute und in sich geschlossene Bauerngehöfte. Alle Gebäude stoßen zusammen und haben die gleiche Dachhöhe. Sie bilden gewissermaßen eine kleine Burg.

5. Sonstige Bewohner.

a) Jüdische Bevölkerung.

Seit wann die jüdische Bevölkerung Ostpreußens hier ansässig ist, läßt sich nicht genügend sicher feststellen. Im Jahre 1786 wurden in dieser Provinz nur etwa 400 Juden gezählt. Wie allenthalben, so hatten sie auch hier manche Bedrückungen zu erleiden. So wurden sie anfangs nur in wenigen bestimmten Städten geduldet. Erst durch den Erlaß vom 11. März 1812 ist ihnen der Genuß der meisten bürgerlichen Rechte im ganzen Staate zugesichert worden. Dafür haben sie sich der Regierung gegenüber dankbar bewiesen und zur Zeit der Befreiungskriege große Opfer gebracht. Seit dem Jahre 1817 sind sie der Militärpflicht unterworfen. Wie schon der Norddeutsche Bund, so erhob auch das 1871 neubegründete Deutsche Reich die unbedingte Gleichstellung aller Staatsbürger zum Grundsatz. Und mit Annahme der Zivilehe ist der letzte Rest einer Ausnahmestellung der Juden in Wegfall gekommen. Die Zahl der jüdischen Bevölkerung Ostpreußens beträgt rund 13 500. Davon entfallen, wie das auch anderwärts Tatsache ist, die meisten auf die größeren Städte. Aber auch auf dem Lande hat sich im Laufe der Jahre eine nicht unerhebliche Anzahl von Juden niedergelassen. Allerdings nähren sich wenige vom Ackerbau, sondern treiben vorzugsweise Handel. Das gilt sogar von der jüdischen Kolonie Kackschen im Kreise Pillkallen. Verhältnismäßig am geringsten in der ganzen Provinz sind die Juden im Ermland vertreten. Vorübergehend kommen oft des Handels wegen polnische Juden zu uns. Am häufigsten sind sie in Königsberg zu sehen. Sie fallen in ihren langen schwarzen, talarähnlichen Oberröcken und in ihren hohen schwarzseidenen Mützen und langen Stiefeln bald auf. Die älteren tragen lange Bärte. Alle zeigen hagere, scharf ausgeprägte Gesichtszüge.

b) Zigeuner.

Hin und wieder finden sich auch in Ostpreußen ansässige Zigeuner. Ihre Zahl ist gering. Die Untersuchungen über ihre Abstammung sind wohl noch nicht zum endgültigen Abschlusse gelangt. Jedenfalls stammen sie aus Hindostan. Ihre Ursprache ist ein neuindischer, vom Sanskrit abstammender Volksdialekt. In Europa sind sie seit dem Konstanzer Konzil bekannt. Trotzdem harte Verordnungen gegen sie erlassen worden sind, haben sie sich doch auch bei uns heimisch gemacht. Nach einem Erlasse von 1725 sollte jeder über 18 Jahre alte Zigeuner, der sich in preußischen Landen zeigt, ohne

Gnade gehängt werden. Die Verordnung von 1748 ist etwas milder, aber noch immer streng genug. Alle Zigeuner sollten danach aufgegriffen und auf die nächste Festung gebracht werden. Noch im Jahre 1784 wurden vierzig Zigeuner in die Gefängnisse Königsbergs eingesperrt, ohne daß man ihnen ein anderes Verbrechen als das ihrer Abstammung nachweisen konnte. Sie sind hochbegabt, aber arbeitsscheu, träge, leichtsinnig und lügenhaft, betrügen, stehlen, wo sie können. Doch beweisen sie anderseits häufig Dankbarkeit und Anhänglichkeit gegen die, welche sich ihrer angenommen haben. Religiöse Bedürfnisse kennen sie nur in geringem Maße. Für Musik zeigen sie ganz außerordentliche Fähigkeiten, und auch für Poesie haben sie nicht geringe Anlagen. Noch heute sind die in der Provinz vorhandenen Zigeuner schwer zu bewegen, feste Wohnplätze zu suchen oder ein bestimmtes Gewerbe zu treiben. Die Zahl der fest ansässigen ist gegenüber derjenigen der umherziehenden Zigeuner sehr gering. Zigeunerniederlassungen finden sich bei Labiau in Paringen und Lubagienen, im Kreise Wehlau bei Schirrau, im Insterburger Kreise in Recketschen usw. Im Sommer ziehen sie vielfach hordenweis aus einem Kreis in den anderen. Besonders besuchen sie Pferdemärkte. Zu dem großen Wehlauer Sommermarkte stellen sie sich aus allen Teilen der Provinz ein. Sind sie nicht auf dem Markte, so fahren sie von Dorf zu Dorf und betteln. Dabei sind sie häufig aufdringlich und lästig. Die Zahl der in Ostpreußen wohnenden Zigeuner läßt sich nicht angeben, da das Königliche Statistische Bureau diesbezügliche Zählungen nicht veranstalten läßt.

III. Erwerbsverhältnisse.

1. Der Ackerbau.

Die ostpreußische Bevölkerung treibt vorwiegend Ackerbau. Deutsche Einwanderer haben zu uns schon zur Zeit des Ritterordens den Pflug gebracht. Er fand recht bald eine weite Verbreitung. Daneben wurden jedoch noch zwei andere Ackergeräte sehr lange benutzt, nämlich die altpreußische Zoche und die litauische Stagutt. Beide gehören einer in den Ostseeprovinzen, in Polen und Rußland bis nach Sibirien und China hin allgemein verbreiteten Familie von Werkzeugen an. Sie zeigen eine gabelförmige Schar, die in der Regel in einem sehr leichten Gestell eingespannt und mit einem kleinen, als Streichbrett wirkenden schaufelförmigen Holzstücke verbunden ist. Die Stagutt hat ihre Grundform lange beibehalten. Ihre beiden Gabelschare stehen in derselben Ebene und sind zugespitzt. Die Zoche nähert sich durch die fast senkrechte Stellung, die die Gabelzinken und damit auch die Pflugschare zueinander haben, sowie durch die zwei festen, schmalen, etwas schraubenförmig gedrehten Streichbretter dem Pflug und ist diesem auch in der Wirkung sehr ähnlich. Sie ist eine vorzügliche Bodenbearbeiterin und hat über manche modernen Pflüge sowohl wegen der vorzüglichen Lockerung des Bodens als auch wegen erheblicher Schonung der Zugtiere den Sieg davongetragen. Noch heute findet sie sich hin und wieder im Gebrauche, wenn sie auch im allgemeinen dem eisernen Pfluge hat Platz machen müssen. Sonstige Ackergeräte, die gerade unserer Provinz eigen sind, lassen sich weiter nicht nennen. Die meisten waren aber früher von Holz gefertigt. Die durchgreifendere Bearbeitung des Bodens erfordert jedoch festere Werkzeuge. Gegenwärtig sind die Ackergeräte, die für Zugtiere bestimmt sind, fast ausschließlich aus Eisen. Ihre Herstellung macht den größten Teil der heimischen Eisenindustrie aus. Selbst manche Dorfschmiede sind bei uns in der Lage, zufriedenstellende eiserne Ackergeräte anzufertigen.

Ostpreußische Zoche mit Bespannung.

Infolge der haltbareren Werkzeuge kann der Boden gegen früher sehr viel besser bestellt werden. Die Pflugarbeit ist tiefer und gleichmäßiger. Ständig wächst der Bedarf an künstlichem Dünger. Besonders beliebt sind bei den bäuerlichen Besitzern Superphosphat und Knochenmehl. Aber auch Kainit und Thomasschlacke bürgern sich immer mehr ein. Daneben werden die verschiedenartigsten Bodenverbesserungen, wie Mergeln, Kompostieren und Dränieren, ausgeführt. Tiefgelegene Flächen mit schlechtem Abflusse werden durch besondere Entwässerungsanlagen fruchtbar gemacht oder in Rieselwiesen umgewandelt usw. Jedoch auch der Landwirt selbst ist jetzt ein ganz anderer, als er früher war. Er bringt heute seinem Beruf ein größeres Verständnis entgegen. Auch weiß er die Erzeugnisse des Bodens besser zu verwerten. Für die Entwickelung der ostpreußischen Landwirtschaft waren und sind noch jetzt von größter Bedeutung die Landwirtschaftlichen Zentralvereine. Seit dem Jahre 1906 haben wir deren drei, nämlich in jedem Regierungsbezirk einen. Zum Zentralverein Königsberg gehört noch aus dem Gumbinner Regierungsbezirk der Kreis Heydekrug. Sonst deckt sich der Geschäftskreis mit der Größe des betreffenden Regierungsbezirkes. Die drei Zentralvereine sind in dem letztgenannten Jahr aus dem Landwirtschaftlichen Zentralverein für Litauen und Masuren (gegr. 1821) und dem Ostpreußischen Landwirtschaftlichen Zentralverein (gegr. 1845) gebildet worden. Sie führen die Bezeichnungen: Landwirtschaftlicher Zentralverein Königsberg, Landwirtschaftlicher Zentralverein Insterburg und Landwirtschaftlicher Zentralverein Allenstein. Ihre Hauptaufgabe ist es, die heimische Landwirtschaft zu heben. Zu diesem Zwecke werden unter anderem auch landwirtschaftliche Wanderlehrer ausgesandt, die durch geeignete Vorträge und andere Belehrungen Aufklärung über die verschiedenen Zweige der Landwirtschaft zu geben haben. Dasselbe Ziel verfolgt die von behördlicher Seite im Jahre 1896 eingerichtete Landwirtschaftskammer, die ihren Sitz in Königsberg hat. Ihr sind die drei landwirtschaftlichen Zentralvereine organisch angegliedert. Von großer Bedeutung sind ferner die landwirtschaftlichen Winterschulen. Zwei Landwirtschaftsschulen wollen den Söhnen größerer Besitzer eine wissenschaftliche und gleichzeitig berufliche Ausbildung geben, die die Berechtigung zum einjährig-freiwilligen Dienste gewährt. Das Landwirtschaftliche Institut der Universität Königsberg sorgt für die akademische Durchbildung unserer Landwirte und will vor allem tüchtige Landwirtschaftslehrer heranziehen. Zu praktischen Versuchen benutzt es gegenwärtig das Gut Waldgarten bei Juditten[1]).

An Wintergetreide kommt bei uns hauptsächlich Roggen in Betracht. Er steht vor allen Getreidearten an erster Stelle und bringt durchschnittlich gute Erträge. Im Gegensatze dazu ist der Weizen zu erwähnen, der nur in besonders günstigen Jahren die Mühen des Landmannes in zufriedenstellender Weise lohnt. Man kann behaupten, daß hinsichtlich der Weizenernte Ostpreußen unter allen preußischen Provinzen den letzten Platz einnimmt. Sonst werden an Halmfrüchten bei uns angebaut Sommerweizen, Sommerroggen, Gerste und Hafer. Während die Haferernte fast durchweg eine befriedigende ist, versagt bei uns häufiger die Gerste und gleicht hierin dem Weizen. Trotzdem wird verhältnismäßig viel Gerste angebaut. Es ist dies dadurch zu erklären, daß diese Getreideart eine späte Einsaat gestattet,

[1]) Im Jahre 1858 wurde im Schlosse zu Waldau eine landwirtschaftliche Akademie eingerichtet, die aber bereits 1867 aufgelöst wurde. 1869 wurde an der Königsberger Universität ein Lehrstuhl für Landwirtschaft begründet. Von 1872 ab wurden auch Vorträge über Tierkunde gehalten. Im Jahre 1876 wurde das Kgl. Landwirtschaftliche Institut der Universität Königsberg eröffnet.

was für die gesamte Frühlingsbestellung bei den sich hier eigentümlich gestaltenden klimatischen Verhältnissen ein nicht zu unterschätzender Vorteil ist. Sommerweizen und Sommerroggen nehmen im Verhältnisse zum Wintergetreide einen kleinen Raum ein. Ihr Anbau dient gewissermaßen als Notbehelf, wenn dieses schlecht durch den Winter gekommen ist und auf keine oder doch nur geringe Ernte hoffen läßt. Hafer wird bei uns recht viel gewonnen, und zwar aus Rücksicht auf die blühende heimische Pferdezucht. An Hülsenfrüchten kommen Bohnen, Wicken (meistens aber nur im Menggetreide), weiße und graue Erbsen in Betracht. Letztere, das ostpreußische Manna genannt, gedeihen besonders gut in der Gegend von Bartenstein und Schippenbeil. Sie geben ein bekanntes und beliebtes ostpreußisches Nationalgericht. An Hackfrüchten kommen bei uns hauptsächlich Kartoffeln, Futterrüben, Kohlrüben oder Wruken und Mohrrüben in Frage. Die Kartoffel gibt im allgemeinen gute Erträge. Sie liefert das Material für die heimische Spirituserzeugung, wird auch vielfach verschickt. Der Anbau der Zuckerrübe ist bei uns ein äußerst bescheidener. Sowohl die Boden- als auch die klimatischen Verhältnisse sind bei uns nicht derart, daß sie eine reiche Ernte versprechen könnte. Außerdem verlangt der Anbau der Futterpflanzen ständig größere Bodenflächen. Es ist das ein Zeichen dafür, daß auch unsere Viehhaltungen größer werden. Die angebauten Futterpflanzen sind in erster Reihe die verschiedenen Kleearten, dann Timotheusgras. Mit Luzerne und Esparsette sind bei uns Versuche gemacht worden, die wenig Erfolg hatten. Dagegen hat der Anbau der Lupinen lohnende Erträge gezeitigt. Von Handelsgewächsen wird bei uns in erster Linie Rübsen gebaut. Leider sind die Erträgnisse nicht in jedem Jahre zufriedenstellend. Der Flachsbau hat gegen früher bedeutend nachgelassen. Nur selten sieht man noch in einzelnen Gegenden Litauens und des Ermlandes die prächtigen blaublühenden Leinfelder. Die Folge davon ist, daß Spinnrad und Webstuhl jetzt höchst vereinzelt vorkommen. In vielen Gegenden sind sie leider ganz beseitigt. Den größten Flachsbau hat gegenwärtig der Kreis Braunsberg. In der Stadt Braunsberg herrschte früher ein blühender Flachs- und Garnhandel. Alles ist jetzt im Rückgange begriffen. Bei Tilsit und Ragnit findet man größere Tabakanpflanzungen. Im allgemeinen ist aber bei uns der Tabakbau ein mäßiger. In der Nähe der Stadt Allenstein hat man auf der Domäne Posorten eine nennenswerte ertragreiche Hopfenplantage. Weitere derartige Anlagen sind bei Soldau zu suchen, woselbst sie sich auf den sogenannten Königlichen Wiesen befinden. Diese Wiesen waren einst der Untergrund des jetzt abgelassenen Stadtteiches. Sie enthalten unter einer dünnen Moorschicht viel Mergel und sind deshalb für den Hopfenanbau ganz besonders geeignet. Im übrigen ist der Hopfenanbau für unsere Provinz keine Neuheit. Noch vor etwa 50 Jahren baute fast jeder litauische Besitzer in der Nähe seiner Wohnung den für seinen Hausbedarf nötigen

Hopfen an. Fürst Leopold von Anhalt-Dessau suchte auf seinen bei Norkitten gelegenen ostpreußischen Begüterungen den Hopfenanbau im großen zu betreiben. Da es am Absatzgebiete fehlte, ist es aber beim Versuche geblieben.

Die Aussaat des Wintergetreides beginnt in Ostpreußen meistens Anfang September und ist, wenn nicht starkes Regenwetter die Bestellung des Bodens hindert, in der zweiten Hälfte dieses Monats beendigt. Die Ernte nimmt ihren Anfang um den 20. Juli herum. Mit der Frühjahrsbestellung hat es der ostpreußische Landwirt sehr eilig. Er geht auf den Acker, sobald kein Frost mehr im Boden ist. Diese Eile ist erforderlich, weil bei uns die Wachstumszeit eine verhältnismäßig recht kurze ist. Die Ernte des Sommergetreides lehnt sich in der Regel unmittelbar an die des Wintergetreides. Wohl in keiner preußischen Provinz häufen sich so die Erntearbeiten wie bei uns. Nur der Landwirt kann sie nach Wunsch erledigen, der es gut versteht, die ihm dafür bemessene knappe Zeit zweckmäßig einzuteilen. Bei dem Mähen des Wintergetreides hat man fast durchweg in ganz Ostpreußen die Eigenart, das Getreide anzuhauen, so daß die abgeschnittenen Halme sich an die noch stehenden lehnen. Zu diesem Zwecke wird die Sense mit einem dazu erforderlichen Holzbügel versehen, der die geschnittenen Halme an das stehende Getreide heranschiebt. Jedem Mäher folgt eine Binderin, die das lose Getreide aufrafft und zu Garben bindet. Mit der Sichel wird bei uns nur noch sehr selten das Getreide geschnitten. In Masuren war sie in der Mitte des vorigen Jahrhunderts fast ausschließlich in Gebrauch.

Die heimische Pferdezucht verlangt nicht nur eine starke Betonung des Hafer-, sondern auch des Futteranbaues. Ostpreußen hat Kleefelder von sehr großen Ausdehnungen. Auf Litauen entfällt davon der umfangreicheren Pferdezucht wegen ein größerer Anteil als auf Masuren. Der Futteranbau in bedeutenderem Maßstabe war aber erst möglich, als man die alte Dreifelderwirtschaft verlassen hatte. Er gestattete eine Vergrößerung des Viehstandes und verbesserte zudem die Bodenverhältnisse, da jetzt eine ausgiebigere Düngung erfolgen konnte. Auch dem Wiesenbau wird gegenwärtig eine erhöhte Aufmerksamkeit zuteil. Man sucht den Grundwasserstand der Wiesen zu regeln, lockert ihre Grasnarbe und beseitigt dadurch das Moospolster, düngt sie, sät bessere Grassamenarten, übererdet sie stellenweis usw. Durch die im Jahre 1896 zu Königsberg begründete Wiesenbauschule ist schon auf diesem Gebiete viel Segen gestiftet worden.

Die Tätigkeit des ostpreußischen Landwirtes wird leider durch die trostlosen Leuteverhältnisse sehr erschwert. Landwirtschaftliche freie Arbeiter sind auch bei hohen Löhnen kaum zu haben. Selbst auf größeren Bauerngrundstücken ist manchmal weder Knecht noch Magd zu sehen. Auch auf den Gütern liegen die Verhältnisse häufig recht ungünstig. Und doch sind die Gutsarbeiter in den meisten Fällen gut aufgehoben. Sie haben, wenn man von den nicht immer ausreichenden Wohnungsverhältnissen absieht, ein reichliches Auskommen. Da für ihr Alter gesorgt ist, können sie sogar Ersparnisse machen und ihren Kindern eine gute Erziehung angedeihen lassen. Trotzdem behagt den meisten ihre Stellung nicht. Nicht nur, daß die Herrschaft häufiger gewechselt wird, sondern sie geben ihren Dienst ganz auf, werden freie Arbeiter, folgen dem Zuge nach dem Westen oder wandern nach Amerika aus.

2. Die Tierzucht.

a) Die Pferdezucht.

1. **Allgemeines.** Hinsichtlich der Pferdezucht steht unsere Provinz an der Spitze der gesamten Monarchie, und zwar hat die ostpreußische Zucht ihren

Pferdekoppel bei Trakehnen.

Schwerpunkt im Regierungsbezirk Gumbinnen. Sie kann bereits ein ansehnliches Alter aufweisen. Schon der Orden besaß im Preußenlande seine Stutereien. Sie befanden sich in Pr. Holland, Balga, Brandenburg, Königsberg, Grünhof, Tapiau, Ragnit und Georgenburg. Leider gerieten sie bald nach Untergang des Ordens in Verfall. Schuld daran waren die schweren Zeitläufte des Dreißigjährigen Krieges, die Feldzüge des Großen Kurfürsten, die große ostpreußische Pest, der Nordische Krieg usw. Es ist das Verdienst des Königs Friedrich Wilhelm I., die ostpreußische Pferdezucht neubelebt zu haben. Er tat dies durch die Begründung des Kgl. Hauptgestütes zu Trakehnen. Gezüchtet wird bei uns hauptsächlich das edle Reitpferd. Für die Armee ist Ostpreußen die Hauptremontierungsquelle, indem diese Provinz allein weit über die Hälfte des Bedarfs an Remonten liefert. Der in Trakehnen gezüchtete Schlag ist aus dem eingeborenen Pferd unter Benutzung englischen und arabischen Blutes herangezogen. Das englische Blut überwiegt. In Zahlen ausgedrückt, hat er davon reichlich die Hälfte. Auf das arabische Blut kommt nur ein Viertel, während das letzte Viertel auf das Blut des litauischen Landpferdes entfällt. Diese Blutmischung scheint nach den Erfahrungen, die man mit den ostpreußischen Kavalleriepferden gemacht hat, die richtige zu sein. Eine weitere Zufuhr von englischem Blute würde die Leistungsfähigkeit unseres Pferdeschlages erheblich zurücksetzen. Er kennzeichnet sich durch einen wohlgeformten Kopf, schön angesetzten Hals, geradrückigen Körper, länglichrunde Kruppe, mittelbreite Brust, kräftig gebaute Gliedmaßen. Es sind das alles Merkmale, die auf Ausdauer, Schnelligkeit und Bedürfnislosigkeit schließen lassen und unsere Trakehner Pferde nicht allein zu vorzüglichen Soldatenpferden stempeln, sondern sie auch befähigen, als Wagenpferde Hervorragendes zu leisten. Hinsichtlich der seelischen Eigenarten ist das ostpreußische Edelpferd gelehrig, folgsam und geduldig. 1911 fand in London eine Luxuspferde-Ausstellung statt. In diesem Wettkampfe trug Ostpreußen den Sieg davon. Der Kaiser brachte über diesen Erfolg den ostpreußischen Edelpferdezüchtern in einem an den Oberpräsidenten gerichteten Telegramm seine Glückwünsche dar. Hoffentlich wird die Edelzucht weitere Erfolge erzielen. Denn wenn sie sich auch vorläufig noch bezahlt macht, weil die Armee das Halbblutpferd gebraucht, so drängt doch jetzt alles auf die Entwickelung der Kaltblutzucht hin. Die großen Güter mit ihrem überwiegenden Körner- und Hackfruchtbau erfordern starke Arbeitspferde. Auch die gegenwärtigen Leuteverhältnisse erschweren sehr die Edelzucht. Durch eine 1909 eingeführte Körordnung hat man sie jedoch bei uns gesichert.

Am meisten blüht die Pferdezucht Ostpreußens in den Kreisen Insterburg, Gumbinnen, Stallupönen, Darkehmen, Pillkallen und Ragnit. Sie hat also bis auf den heutigen Tag ihren Schwerpunkt in dem Gebiete, das durch die vertriebenen Salzburger neubesiedelt wurde. Hier haben die Wiesen ihrer hohen Lage wegen meist süße Gräser. Kleebau wird in bedeutendem Umfange getrieben und Haferfutter nicht geschont. Es sind das alles Umstände, die der Pferdezucht von ungeheurem Vorteile sind. In den Niederungen des Memelstromes wird ein schwererer Schlag als in den genannten Kreisen gezüchtet. Ein ähnlicher findet sich im Ermland. Man führt letzteren auf normännische oder spanische Hengste zurück, die zur Zeit Napoleons I. in Wormditt zurückgeblieben sein sollen. Das kleine einheimische Pferd, das im nördlichen Teile der Provinz den Namen „Litauer" führt, findet sich außer im Küstengebiete des Kurischen Haffes noch in Masuren. Hier heißt es „Kunter". Es hat einen kurzen Hals und einen breiten, starken Kopf. Im großen und ganzen sind seine Formen gerade nicht unschön.

Die ostpreußischen Pferde haben einen derartigen Ruf, daß viel edles Zuchtmaterial nach dem Auslande, namentlich nach Nord- und Südamerika, ausgeführt wird. Die sehr umfangreiche bäuerliche ostpreußische Zucht findet ihren Hauptabsatz in dem Verkaufe von Füllen. Der Handel findet in der Regel auf den Höfen der einzelnen Züchter oder auf den Gestüten statt, woselbst sich die Käufer einfinden. Schon im Alter von einigen Monaten werden die Füllen abgesetzt. Ältere Tiere von dreiviertel bis zu einem Jahr und darüber kommen auf die Füllenauktionen, die alljährlich an bestimmten Plätzen stattfinden, oder auf die Füllenmärkte zu Insterburg, Gumbinnen, Darkehmen. In den letzten Jahren haben diese Märkte sehr an Bedeutung

„Schloß" Trakehnen.

abgenommen, da dort nicht mehr erstklassiges Material gehandelt wird. Der größte Pferdemarkt Ostpreußens ist in Wehlau. Er genießt Weltruf. Die Privilegien zu diesem Markte stammen aus der Zeit des Großen Kurfürsten.

2. **Trakehnen.** Der Begründer des Kgl. Hauptgestütes zu Trakehnen ist, wie schon gesagt, der König Friedrich Wilhelm I. Im Jahre 1725 faßte dieser Fürst, dem Ostpreußen nicht genug dankbar sein kann, den Plan, sämtliche im litauischen Gebiet Ostpreußens zerstreut liegende Gestüte in einem Hauptgestüte zu vereinigen. Zur Anlage des neuen Hauptgestütes nahm er nicht etwa kultivierte Äcker, Wiesen und Weiden und bereits vorhandene Prachtgebäude,

sondern er wählte dazu ein zwischen Gumbinnen und Stallupönen belegenes Sumpfland, das von der Pissa und Rudup durchflossen wurde. Vor der großen Pest war hier fruchtbares Ackerland gewesen, das aber durch die Entvölkerung des Landes mehr und mehr in Verwahrlosung geraten war. Zuerst ließ der König den Boden entwässern. Die Pissa wurde durch einen Kanal um das tiefgelegene Gebiet herumgeführt. Bald war es trockengelegt. Nun konnte man Binnengräben ziehen, Strauchwerk ausroden und den Boden ebnen. Alle Entwässerungsarbeiten, die durch Soldaten ausgeführt wurden, da es an sonstigen Arbeitern fehlte, geschahen unter der Leitung des Ingenieurs v. Suchodolez. Sie nahmen sechs Jahre in Anspruch. Diese Kulturarbeit war so vorzüglich, daß sie noch heute jedem Besucher ungeteilte Bewunderung abnötigt. Besonders machen die herrlichen Alleen, die die einzelnen Vorwerke Trakehnens untereinander verbinden, einen prächtigen Eindruck. Gleichzeitig wurden die zum Gestüt erforderlichen Bauten, bei denen „die höchste Einfachheit und Wirtlichkeit" vorwalten sollte, gefördert. Sämtliche Vorarbeiten wurden von 1726 bis 1732 getroffen.

Im Jahre 1732 wurde das „Königliche Stutamt", so hieß das neue Gestüt, mit rund 1200 Pferden, 70 bis 80 Stück Eseln und Maultieren und etwa 60 Stück Rindvieh eröffnet. Friedrich Wilhelm I. hat mehrere Male seine Schöpfung besucht und dort nach dem Rechten gesehen. Er konnte das um so mehr, da er ein großer Pferdekenner war. Leider wollte es in der ersten Zeit mit dem Gestüte nicht recht vorwärtsgehen. Seuchenähnliche Krankheiten brachen im Pferdebestand aus, auch genügten die baulichen Einrichtungen nicht. Dazu trat noch der hindernde Umstand, daß man die Entwickelung des jungen Unternehmens nicht ruhig abwartete. Man verlangte nämlich, daß es gleich viel Geld abwerfe. Zu diesem Zwecke verkaufte man die besten Tiere und behielt die schlechteren zurück. Auch mancher andere Fehler wurde gemacht, der sich bitter rächte. Trotz alledem gab das Gestüt die besten Anregungen für die Verbesserung der litauischen Pferdezucht. Besonders geschah das, als Friedrich der Große es unter die Aufsicht des nachmaligen Oberpräsidenten v. Domhardt stellte. Dieser weitblickende Beamte hat sich um das Trakehner Gestüt große Verdienste erworben. Er richtete auf einer Reihe von Domänen mit Trakehner Pferden Privatgestüte ein, von denen sich Georgenburg und Szirgupönen eines besonderen Rufes erfreuten. Zur Zeit des Siebenjährigen Krieges rettete er das Hauptgestüt vor den feindlichen Russen. Endlich machte er den Versuch, durch Kreuzungen edler Gestütshengste mit dem litauischen Bauernpferd einen besseren Pferdeschlag überhaupt zu erzielen und dadurch die Pferdezucht von ganz Litauen zu heben. Was v. Domhardt angebahnt hatte, führte der im Jahre 1786 zum Oberlandstallmeister ernannte Graf Lindenau aus. Diesen Mann können wir mit Recht als den Schöpfer der ostpreußischen

Pferdezucht bezeichnen. Sein Hauptverdienst ist darin zu suchen, daß er zum Decken der Bauernstuten bestimmte Stationen einrichtete, die mit Hengsten aus den Kgl. Gestüten belegt worden waren. Leider hemmte der Unglückliche Krieg die gesunde Weiterentwickelung des Gestütes. Zwar wurden die wertvollen Pferde sowohl 1806 als auch 1812 durch Flucht nach Rußland und Schlesien vor den Franzosen gerettet, doch war der Schaden, den die eigentliche Zucht trotzdem erleiden mußte, ein unberechenbarer. Die Verhältnisse wurden jedoch wieder besser, als der Oberlandstallmeister v. Burgsdorf die Angelegenheiten des Gestütes leitete. Er stand an dessen Spitze bis zum Jahre 1843. Unter seinen Nachfolgern ist vor allem v. Schwichow zu erwähnen. Dessen Verdienst besteht darin, der ostpreußischen Zucht in vorwiegendem Maße das englische Blut zugeführt zu haben. Dadurch wurden unsere Pferde besonders für Reitzwecke geeignet.

Das Hauptgestüt Trakehnen besteht aus den Vorwerken Trakehnen, Bajohrgallen, Gurdszen, Taukenischken, Danzkehmen, Burgsdorfshof, Birkenwalde, Kalapkin, Gudin, Jonastal, Lodszlauken, Mattischkehmen mit 2109,35 ha Acker, 1027,81 ha Wiesen, 708,75 ha Weiden. Außer dem Hauptgestüte hat Ostpreußen noch das Zuchtgestüt Zwion-Georgenburg und die vier Landgestüte: 1. Georgenburg, gegr. 1787 zu Insterburg, Ende der neunziger Jahre des vorigen Jahrhunderts von hier nach Georgenburg verlegt, 2. Gudwallen, das hierhin 1824 von Marggrabowa verlegt wurde, 3. Rastenburg, das am 1. Juni 1877 bezogen wurde, und 4. Braunsberg, das seit 1889 besteht. Seit 1877 sind die Landgestüte, die früher unter dem Landstallmeister in Trakehnen standen, selbständig geworden. Die von den staatlichen Landbeschälern gefallenen Füllen erhalten ein Brandzeichen, das die Form einer Krone hat. Im Jahre 1909 wurden in Ostpreußen rund 15000 Pferde der Remontekommission vorgeführt. Die preußische Armee kaufte allein 8500 Remonten. Dann deckten Bayern und Sachsen ihren Bedarf. In der Reihenfolge der Leistungsfähigkeit für Remontezwecke folgten in weiterem Abstande von Ostpreußen Hannover mit etwa 1500, Schleswig-Holstein mit etwa 1000, Posen mit etwa 900 und Westpreußen mit etwa 500 Pferden. Die gekauften Remonten, die durchschnittlich ein Alter von drei Jahren haben, werden noch ein Jahr lang, bis sie den Regimentern zugewiesen werden, in Remontedepots eingestellt. In unserer Provinz haben wir deren folgende: Sperling (gegr. 1822), Neuhof-Ragnit (gegr. 1823), Kattenau (gegr. 1826), Jurgaitschen (gegr. 1828), Brakupönen (gegr. 1836), Pr. Mark (gegr. 1869), Liesken (gegr. 1876) und Weeskenhof (gegr. 1891). Von Privatgestüten sind besonders zu nennen Weedern mit Szirgupönen, um 1800 begründet, Puspern, Kleschowen, Buylien, Schreitlaugken, Ballupönen, Meschken, Althof-Insterburg, Julienfelde, Tarputschen, Doristal usw.

b) Die Rindviehzucht.

Das ursprüngliche ostpreußische Rind ist von kleiner Gestalt, hat eine rötliche oder weißgefleckte Farbe und gibt verhältnismäßig wenig, aber gute Milch. Es besteht auch bei kargem Futter, eignet sich aber sehr schlecht zur Mast. Man findet es noch heute bei manchem kleineren Besitzer Masurens. Die Veredlung dieser Rasse ist von den staatlichen Gestüten ausgegangen. Es wurde nämlich dort nicht nur auf die Pferdezucht Gewicht gelegt, sondern man suchte auch die Rindviehzucht zu heben, obwohl man es allerdings dabei zunächst nur auf große und kräftige Zugochsen zur Beackerung der Felder abgesehen hatte. Allmählich brach sich jedoch die Ansicht Bahn, daß die Milcherträgnisse bei der Viehzucht von größerer Wichtigkeit sind als der Nutzen der Pflugochsen. Einzelne Großgrundbesitzer führten Holländer Vieh ein und versuchten Kreuzungen des Landviehes mit Zuchtstieren holländischen Blutes. Auch Oldenburger Vieh wurde eingeführt. Es ist auf einzelnen Gütern bis heute rein erhalten worden. Neben der holländischen Kreuzung herrscht bei uns die Breitenburger und Wilstermarschrasse am meisten vor. Besonders gilt das vom Regierungsbezirk Gumbinnen. Seltener ist das Angler Vieh. Ganz vereinzelt sind Herden des Algäuer und Schweizer Höhenviehes. Ausgeprägte Rassen finden sich jedoch nur auf den größeren Gütern. Das Bauernvieh hat von der Zufuhr edleren Blutes aus Mangel an Pflege und guter Ernährung nicht so große Vorteile gehabt wie das Gutsvieh. Zur Verbesserung des in Ostpreußen gezüchteten Holländer Viehes hat vor allem die zu diesem Zwecke gegründete Herdbuchgesellschaft beigetragen. So haben wir bereits zahlreiche Herden, die sich durch ein vorzügliches Ebenmaß des Körpers und reiche Milcherträge auszeichnen. Nur wenige Wirtschaften ergänzen ihre Viehherde durch Ankauf. Die meisten treiben eigene Aufzucht. Herbst- und Winterkalbung ist die Regel. Die jungen Kälber werden anfangs getränkt, gehen aber bereits im Laufe des Sommers auf die Weide. Weidegang auf Klee- oder Dauerweiden bildet in Ostpreußen auch für das Milchvieh die Regel. Durchgehende Stallfütterung findet man nur in Ausnahmefällen, meistens in der Nähe größerer Städte und in einigen Dörfern am Kurischen Haff, Loye, Inse, Tawe usw. Für das in Ostpreußen gezogene rote Vieh der Breitenburger und Wilstermarschrasse besteht auch eine Herdbuchgesellschaft. Jene hat ihren Sitz in Königsberg, diese in Insterburg.

Auf die fabrikmäßige Ausnutzung der Milch zu Butter und Käse in Meiereien ist man in Ostpreußen verhältnismäßig spät verfallen. Die Milch wurde in der Hauswirtschaft aufgebraucht. Aus der Sahne, hier Schmand genannt, bereitete man im Handbutterfasse Butter, die in der nächstgelegenen Stadt auf dem Wochenmarkte verkauft wurde. Eine industrielle Verwendung der Milch wollte man nicht gelten lassen. Heute ist es anders. Wir haben eine große Anzahl von Meiereien und Käsereien in unserer Provinz. Die älteste ist die im Jahre 1842 in Heydekrug begründete Käserei. Ostpreußen ist die Heimat des weltberühmten Tilsiter Käses. An der westpreußischen Grenze fertigt man den sogenannten Elbinger- und Schweizerkäse an. Die Meiereien sind größtenteils Guts- und Genossenschaftsmeiereien. Die durch das Schleudern der Vollmilch gewonnene Magermilch wird hauptsächlich zur Schweinemast verwendet. Die gewonnene Butter geht meistens nach Berlin.

Von großem Einfluß auf die gesamte Viehzucht sowie auf das ganze Milchwirtschaftswesen unserer Provinz ist die Versuchsstation und Lehranstalt für das Molkereiwesen. Sie wurde als Versuchsmolkerei am 1. Mai 1887 in Kleinhof-Tapiau eröffnet und am 1. Januar 1893 zur Versuchsstation und Lehranstalt erweitert. Von Bedeutung sind auch die Molkereischulen. Wir besitzen solche Anstalten sowohl für männliches als auch für weibliches Personal. Ferner hat die Landwirtschaftskammer folgende Fachlehrer angestellt: Je einen Tierzuchtinstruktor für die Bezirke der Landwirtschaftlichen Zentralvereine in Insterburg, Königsberg und Allenstein, einen Tierzuchtinstruktor bei der Landwirtschaftskammer zur Beantwortung der laufenden Fragen in der Tierzucht und einen Molkereiinstruktor für die ganze Provinz.

Die Zucht von Mastochsen verschwindet gegenüber der Milchwirtschaft. Doch wird sie in unserer Provinz nicht ganz vernachlässigt. Ostpreußen liefert eine bedeutende Stückzahl Fettvieh nach dem Berliner Zentralviehhof.

c) Sonstige Zweige der Viehzucht.

Die Schafzucht hat in Ostpreußen besonders im Anfange des 19. Jahrhunderts große Förderung erfahren. Man versuchte das heimische Landschaf, die Skudde, das eine grobe Wolle hat, durch Kreuzung mit edlen Wollschafen zu verbessern. Da diese Versuche aber ziemlich erfolglos waren, entschied man sich für die Einführung reiner Rasseherden. Außer Merinos kamen vor allem Nigrettiherden aus Pommern und Mecklenburg in Betracht. Besonders auf der Domäne Jurgaitschen wurden Nigrettis gezüchtet. Auch aus Schlesien, Sachsen, England und Frankreich wurden Schafe zur Zucht eingeführt. Leider ist unser Klima für das Gedeihen edler Rassen doch nicht recht geeignet. Dazu kam die große Wollerzeugnis außereuropäischer Länder, Australiens und Argentiniens, die unsere Schafzucht, indem sie die Wollpreise ungeheuer drückte, kaum noch lohnend machte. Die ostpreußischen Großgrundbesitzer gaben deshalb diesen Erwerbszweig mehr oder weniger auf. Nur auf kleineren Besitzungen werden noch Schafe gehalten. Es sind meistens Kreuzungen von etwas Frankenschaf und holsteinischem Marschschaf mit dem gewöhnlichen Landschafe. Sie sind in Wartung und Pflege recht anspruchslos. Die Wolle wird in der Regel im Hause versponnen und verwebt, vor allem zu Strümpfen verarbeitet. Das Fleisch wird ebenfalls hauptsächlich im eigenen Haushalte verbraucht. Der Verkauf von Schlachtschafen an den Fleischer findet nicht sehr häufig statt. Hammelfleisch ist darum in Ostpreußen ein ziemlich seltener Kaufsgegenstand.

In nennenswertem Aufschwung ist die Ziegenzucht begriffen. Besonders ist das in Masuren und im Ermland zu merken. Auch behördlicherseits wird neuerdings der Züchtung der Ziegen großes Interesse entgegengebracht. Man sucht die Saanenziege hier heimisch zu machen. Die Ziege gilt in Ostpreußen als „die Kuh des armen Mannes“. Sie wird von Arbeitern und Tagelöhnern lediglich der Milch wegen gehalten. Bei ihrer großen Anspruchslosigkeit ist sie nicht schwer zu unterhalten. In Litauen sieht man fast gar keine Ziegen. Ziegenmilch wird dort mit größtem Widerstreben, meistens nur als vermeintliche Medizin, getrunken.

Groß steht Ostpreußen da in der Schweinezucht. Namentlich haben die Molkereien darauf günstig eingewirkt. Das einheimische Landschwein ist von kleiner Gestalt, hat lange, grobe Borsten und bei der kargen Kost, mit der es sich begnügt, mageres und zähes, wenngleich wohlschmeckendes Fleisch. Der Landstallmeister v. Burgsdorf dürfte der erste gewesen sein, der Versuche anstellte, englische Zuchtschweine einzuführen und die heimische Rasse zu veredeln. Als diese Versuche gelangen, unternahm man später auch Kreuzungen mit holländischen und ostfriesischen Schweinen. Dadurch erzielte man große und schwere Schlachttiere, die sich schnell und leicht heranmästen lassen. Von den Molkereien abgesehen, liegt der Schwerpunkt der Schweinezucht hauptsächlich in den Händen der kleineren Besitzer. Das Hauptgewicht legen sie auf die Zucht der sogenannten Absatzferkel. Diese werden im Alter von 5 bis 6 Wochen von Handwerkern, Arbeitern, Tagelöhnern für teures Geld gekauft, mit Abfällen großgezogen und dann an Händler oder Fleischer verkauft.

Die Geflügelzucht erstreckt sich hauptsächlich auf das Großziehen von Hühnern, Enten, Gänsen und Puten. Perlhühner, Pfauen und Schwäne kommen nur als Ziervögel in Betracht. Hühner werden hauptsächlich nur für den eigenen Bedarf gehalten. Der Eierversand ist aus Ostpreußen kein beträchtlicher. Was auf den Markt kommt, dient kaum zur Befriedigung der Bedürfnisse der nächsten Stadtbewohner. Dasselbe gilt von den jungen Hühnern, den Küken. Enten werden meistens nur von größeren Besitzern für den eigenen Bedarf gehalten. Puten sieht man eigentlich nur auf Gutshöfen. Die Gänsezucht, die vor einigen Jahrzehnten im allgemeinen in recht umfangreicher Weise betrieben wurde, hat heute fast ganz aufgehört. Die jetzige Art der Ackerwirtschaft läßt für die Gänsezucht wenig Platz und Raum. Mühe, Umstände und Kosten, die dabei aufgewendet werden müssen, stehen zum Ertrag in keinem rechten Verhältnis. Auch haben die bedeutenden Zufuhren russischer Gänse die Nachfrage nach diesem Geflügel bis jetzt stets befriedigt. Die russischen Gänse werden von unseren Besitzern am Anfange des Herbstes gekauft und dann gleich auf die Stoppeln geschickt. Allerdings haben sie nicht die Größe und Schwere der bodenständigen ostpreußischen Gans. Auf dem Gebiete der Geflügelzucht ist in Ostpreußen noch manches im argen. Es ist das Bestreben der großen landwirtschaftlichen Vereinigungen, hier Wandel zum Bessern zu schaffen. In Waldgarten bei Juditten unterhält die Landwirtschaftskammer eine Geflügelzucht-Lehranstalt. Hier werden auch Kurse in der Geflügelzucht veranstaltet.

d) Die Bienenzucht.

Dieser Erwerbszweig ist in Ostpreußen sehr alt. Schon die alten Preußen verstanden sich gut auf die Bienenzucht. Sie wußten aus dem Honig den Met zu bereiten. Der Orden unterhielt einen lebhaften Honig- und Wachshandel nach den Niederlanden. Die Bienenzüchter hießen Beutner oder Zeidler. Man hatte schon damals am Hause sogenannte Bienengärten, in denen regelrecht Imkerei betrieben wurde. Ertragreicher war jedoch die Ausbeute wilder Bienenvölker in den hohlen Baumstämmen der Wälder. Eine große Rolle spielte die Beutnerei im Ermlande. Wachs mußte als Kirchenabgabe entrichtet werden. Es gab dort ebenso wie in Masuren, woselbst noch heute ein Ort Beutnersdorf heißt, mehrere Beutnerdörfer. Aber auch in Litauen wußte man den Honig zu schätzen. Nicht minder war das im Oberland der Fall. Das Dorf Bienau bei Liebemühl verdankt seinen Namen der Imkerei. Die Beutner, Zeidler oder Biener waren Waldleute, die die Honiggewinnung als Gewerbe betrieben. Gegen eine gewisse Abgabe erhielten sie das Recht, in geeignet erscheinenden Kiefern Beuten, d. h. künstliche Bienenwohnungen, anzulegen und im Herbste den dort befindlichen Honig und Wachs zu ernten. Hin und wieder findet man noch eine alte Beutkiefer als ein Denkmal ehemaliger Bienenwirtschaft. Die meisten sind an der schweren Wunde, die der Beutner ihnen bereitet hatte, eingegangen. Bei Kalkstein am Passargeufer steht noch ein von Bienen bewohnter Honigbaum. Auf dem im Parke zu Döhingen befindlichen Burgwalle steht eine leblose Beutkiefer. In den Finckensteinschen Waldungen, die sich auf der westpreußischen Grenze befinden, stehen noch mehrere derartige Bäume. Ein gewaltiger Rückschlag trat ein, als infolge der verbesserten Forstwirtschaft die Beutner aus den Wäldern verwiesen wurden. Einen größeren Eindruck machte jedoch die allgemeine Verwendung des Rübenzuckers. Der Honig wurde als Versüßungsmittel entbehrlich. Der Bedarf an Wachs konnte aus dem Auslande gedeckt werden. So war die ehemals blühende Bienenzucht für unsere Heimatprovinz abgetan. Erst in neuerer Zeit fängt sie sich wieder zu heben an. Sie bringt dem Landwirte, dem Lehrer, dem Beamten einen nicht unerheblichen Nebenerwerb, dem Naturfreund aber eine angenehme, herzerfrischende Beschäftigung. Für die Regierungsbezirke Königsberg, Gumbinnen und Allenstein besteht je ein Zentralverein für Bienenzucht.

3. Garten- und Obstbau.

Der Blumengarten dient dem Gehöfte zum Schmuck, ist ein Erholungsort der Familie und ein Tummel- und Spielplatz der Kleinen. Schon die alten Litauer haben ihm eine gewisse Aufmerksamkeit geschenkt. Vor den Fenstern ihres Wohnhauses war ein Blumengarten zu finden. Und so ist es in litauischen Gegenden heute noch. Aber auch in anderen Gegenden Ostpreußens zeigt sich die Tatsache, daß Blumen gern gepflegt werden. Selbst in Bauerngärten findet man jetzt häufiger edle Rosenstämme. Eine Erwerbsquelle ist allerdings der ostpreußische Blumengarten in höchst seltenen Fällen. Nur in größeren Städten sieht man gelegentlich an Markttagen Sträuße und Kränze, die vom Lande zum Verkauf auf den Markt gebracht worden sind. Die Hauptpflege der Blumenzucht liegt in den Händen der Stadtgärtner. Der heimische Gemüsegarten dient in erster Reihe zum Anbau der Kohl-, Rüben- und Wruken-Pflänzlinge, die bei genügender Stärke verzogen und auf das Gemüsefeld verpflanzt werden. In bescheidenem Maße werden Radieschen, Spinat und Rettiche gebaut. Mehr Berücksichtigung finden schon Schnittlauch, Zwiebeln, Salat, Weißkohl, Gurken und Kürbisse. Besitzer, die in der Nähe von Städten wohnen, bringen ihr Gemüse auch zum Verkauf. In den meisten Fällen dient es aber dem eigenen Bedarf. Anders dagegen sieht es auf den großen Gütern aus. Dort finden sich nicht nur ansehnliche Parkanlagen, sondern auch umfangreiche Gemüsegärten, die mit zweckmäßigen Treib- und Gewächshäusern ausgestattet sind. Sie haben natürlich eine nicht zu unterschätzende wirtschaftliche Bedeutung. Wichtig ist der Gemüsebau in den Dörfern, die unmittelbar am Kurischen Haff gelegen sind. Getreide baut man nämlich dort gar nicht an, sondern nur Gemüse. Der moorige Boden wird im Frühjahre von Frauen, die sich mit langen Stiefeln versehen haben, umgegraben. Die Furchen sind etwa $\frac{3}{4}$ m tief. Auf ein Beet sät man breitwürfig Rüben- und Möhrensamen und steckt dann noch Zwiebeln darauf. An den Rand der Beete pflanzt man außerdem Wruken und Kürbisse. So muß ein Gemüsebeet eine vierfache Frucht bringen. Nur Kartoffeln und Kohl pflanzt man allein.

Hinsichtlich des Obstbaues ist in den letzten Jahrzehnten vieles gegen früher besser geworden. In Tapiau befindet sich eine Gärtnerlehranstalt, die nicht ohne Bedeutung für die Pflege des Obstbaues unserer Provinz geblieben ist. Sie wurde 1893 auf Beschluß des Provinziallandtages ins Leben gerufen und steht in Eigentum und unter Verwaltung der

Provinz. Ihr hauptsächlichster Zweck ist, junge Leute zu Gärtnern auszubilden. Sie soll aber auch durch Abhaltung besonderer Lehrkurse älteren Personen Gelegenheit geben, Kenntnisse und Fertigkeiten im Obstbau zu erhalten. Endlich beabsichtigt sie einen besseren Absatz und eine bessere Verwertung des Obstes. Sie beschäftigt sich außerdem mit Gemüsebau und Bienenzucht. Aber noch ein anderer Umstand hat wesentlich zur Förderung des heimatlichen Obstbaues beigetragen. Von der Landwirtschaftskammer sind in jedem der drei Regierungsbezirke Obstbauwanderlehrer mit den Wohnsitzen in Königsberg, Insterburg und Allenstein angestellt worden, die die Aufgabe haben, auf vorherige Aufforderung die Besitzer von Obstanlagen bei Neupflanzungen und Umgestaltungsarbeiten mit sachgemäßem Rate zu unterstützen und alle zur Förderung des Obstbaues dienenden Bestrebungen zu fördern, insonderheit den Absatz des frischen Obstes zu regeln. Zu ihren Amtsobliegenheiten gehört es auch, in landwirtschaftlichen Vereinen zweckmäßige Vorträge über den Obstbau zu halten, in landwirtschaftlichen Winterschulen Unterricht über Obstbau zu erteilen und an Obstausstellungen mitzuwirken. Zur praktischen Unterstützung der Obstgartenbesitzer dienen ferner die von einzelnen Kreisen angestellten sogenannten Kreisgärtner, obwohl deren Hauptaufgabe die Anlage und Überwachung der Kreisanpflanzungen ist. Für den Absatz des Obstes sind von Wichtigkeit die Obstverwertungsgenossenschaften und die Obstausstellungen. Die ersteren wurden hauptsächlich zu dem Zwecke gegründet, das früher in Ostpreußen in großen Mengen angebaute Sommer- und Frühherbstobst, das sich nur kurze Zeit aufbewahren ließ, in etwas Haltbares nutzbringend umzuwandeln. Leider wurden die dazu erforderlichen Anstalten in zu großem Maßstab angelegt und mußten nach und nach wegen Mangels an Rohobst ihren Betrieb einschränken. Gegenwärtig bestehen derartige Genossenschaften noch in Pr. Eylau und Heiligenbeil. Sie haben ihre Tätigkeit aber hauptsächlich auf einen lohnenden Verkauf des frischen Obstes beschränkt. Obstverwertungsanstalten im Privatbesitze bestehen noch in Pr. Holland und in Tapiau. Letztere ist mit der Gärtnerlehranstalt verbunden. Selbst hier ist der Betrieb, besonders die Obstweingewinnung, von Jahr zu Jahr eingeschränkt worden, nicht zuletzt aus dem Grunde, weil das Angebot von frischem Obst immer mehr nachläßt. Die früher angebauten minderwertigen Sorten verschwinden zusehends, und die Neuanpflanzungen edler Tafelobstsorten geben ein derartig gutes Obst, das auch im rohen Zustande reißenden Absatz findet. Eingebürgert hat sich aber im Laufe der Zeit die Benutzung der in der Gärtnerlehranstalt gebotenen Gelegenheit zur Herstellung von Apfelwein aus eigenem Obste. Zahlreiche Obstgartenbesitzer senden alljährlich ihr Obst nach dieser Anstalt und erhalten im Juli des nächsten Jahres für den Zentner Obst 25 l Wein, nachdem sie 3 Mark Kelterkosten gezahlt haben. Die Obstausstellungen bieten dem Obstzüchter zunächst die Gelegenheit, neue Handelsbeziehungen anzuknüpfen und den ausgestellten Obstvorrat zu verkaufen. Infolgedessen haben in den letzten Jahren die in den meisten größeren Städten der Provinz veranstalteten Obstmärkte eine größer werdende Bedeutung erlangt. Aber auch die Obstausstellungen in einem kleineren Orte sowie in einem örtlich engbegrenzten Kreise, wie sie beispielsweise der Obstbauverein Mehlsack, Heilsberg und der Gartenbauverein Tilsit veranstalten, sind von nicht zu unterschätzender Wichtigkeit für den Absatz und die Schulung der Züchter. Ausstellungen, die in größeren Abständen etwa von zehn zu zehn Jahren stattfinden und für das Gesamtgebiet der Provinz in Betracht kommen, geben dann ein klares Bild über den allgemeinen Fortschritt auf diesem Gebiete. Dieser ist ein recht erfreulicher.

Das Klima in Ostpreußen zeigt, worauf schon früher hingewiesen worden ist, als eine hervorstechende Eigentümlichkeit plötzlich eintretende Witterungsumschläge. Diese sind besonders im Vorfrühlinge, wenn auf strengen Frost plötzlich mildes, sonniges Wetter folgt, nicht ohne Einfluß auf die Obstbäume. Die meisten älteren Bäume weisen auf der Südseite Entblößungen von der Rinde auf, die lediglich auf diesen Umstand zurückzuführen sind. Auch die fast ununterbrochen herrschenden starken Winde beeinflussen die Obstkultur, einmal durch Windschäden aller Art, und stören ferner die zur Schädlingsbekämpfung erforderlichen Spritzarbeiten. Besondere Güte und ein feines Aroma haben in Ostpreußen die Tafeläpfel, so daß gerade dieser Zweig des Obstbaues, in einem den Verhältnissen angepaßten Rahmen betrieben, eine große Zukunft für Ostpreußen hat. Schon der erste ostpreußische Obstmarkt, der am 1. und 2. Oktober 1887 in Insterburg stattfand, zeigte, daß unsere Provinz in hervorragendem Maße dazu geeignet ist, Obst in einer Güte und Schönheit zu zeitigen, wie es selbst günstiger gelegene Gebiete der Monarchie nicht besser vermögen. Auf der Ausstellung des Deutschen Pomologen-Vereins im Jahre 1889 in Stuttgart waren die ausgestellten ostpreußischen Äpfel die schönsten der ganzen Ausstellung. Unsere Hochstammfrüchte übertreffen selbst alle mit großer Sorgfalt gezogenen Spalier- und Formbaumfrüchte Mittel- und Süddeutschlands. Ganz besonders hervorragend wird der Gravensteiner Apfel, der schon jetzt zu den ostpreußischen Haupthandelssorten gehört. Andere gut gedeihende Apfelsorten sind Goldparmäne, Landsberger, Baumanns Renette, Schöner aus Boskoop und Ribston Pepping. Von Birnen gedeihen am besten Sommer- und Herbstbirnen. Die Winterbirne bleibt meist holzig und rübenartig. Der Anbau von kleinen Formen auf Quitte hat sich nur an äußerst geschützten Stellen bewährt, da in den meisten Fällen diese empfindliche Unterlage erfriert. Von hoher wirtschaftlicher Bedeutung war in Ostpreußen noch vor etwa 50 Jahren der Anbau der Sauerkirsche, auch Bierkirsche genannt. Tausende von Zentnern dieser Kirsche wurden zu Saft, zu Kreide oder zu Destillationszwecken verarbeitet. Heute steht es damit anders. Die alte Lokalsorte ist zurückgegangen, auch mangelt es an Arbeitskräften, die Kirschen zu pflücken. Nur kleinere Besitzer haben in ihrem Obstgarten noch die Sauerkirsche stehen. Meistens machen aber die Bäume einen ungepflegten, traurigen Eindruck. Ihre Früchte sind klein und unansehnlich und werden im eigenen Haushalt aufgebraucht. Nicht selten bleiben sie auf den Bäumen und vertrocknen dort ganz. Wenn gar die Reife der Kirschen in die Zeit der Roggenernte fällt, fehlt es gänzlich an Zeit, sie zu verwerten. Die mit dem Pflaumenanbau gemachten Erfahrungen sind sehr verschieden. An einzelnen Orten entwickeln sie sich gut, besonders da, wo der Boden reich an Kalkgehalt ist, an anderen Stellen versagt die Pflaume dagegen ganz. Der Anbau von Pfirsichen, Weinreben, Aprikosen kommt nur bei warmen Wandflächen, mithin in ganz beschränktem Maß, in Betracht. Von hoher Bedeutung ist dort, wo geeignete Absatzgebiete in der Nähe sind, der Anbau von Beerenobst (Johannis-, Stachel- und Himbeeren). Auch Erdbeeren werden mit gutem Erfolg angebaut.

Außer den bereits erwähnten Maßnahmen zur Förderung der Obstbaumzucht verdienen noch andere Beachtung. Von einzelnen Körperschaften, wie z. B. der Generalkommission und den Landwirtschaftlichen Zentralvereinen, werden alljährlich in größeren Mengen Obstbäume zu billigen Preisen an die beteiligten Gartenbesitzer abgegeben. Auch Geldbeihilfen werden ihnen bewilligt, wenn sie sich verpflichten, die Gärten mustergültig einzurichten und später sachgemäß zu unterhalten. An den Chausseen und Straßen werden in immer größerem Umfang Obstbäume geeigneter Sorten gepflanzt. Auch die Eisenbahnverwaltung macht Versuche mit der Nutzbarmachung der Böschungen und sonst nicht verwendbarer Bahnländereien durch Anlage von Obstbaumanpflanzungen. Die königlichen Domänen sind in der überwiegenden Mehrzahl mit gut eingerichteten Gärten versehen. Auch bei den zur Ausnutzung der großen Moorflächen gemachten Versuchen hat die Obstbaumzucht eine nicht untergeordnete Rolle gespielt. An einzelnen Orten, besonders im klimatisch begünstigten Ermland, haben sich Obstbauvereine gebildet, deren Arbeit gute Erfolge aufzuweisen hat. Selbst Hausfrauenvereine tragen zur Hebung des Obstbaues und zur Regelung des Obstabsatzes wie zur zweckmäßigen häuslichen Obstverwertung außerordentlich viel bei. Auf diesen Umstand ist bei der Erziehung unserer Mädchen, sei es nach wissenschaftlicher oder nach wirtschaftlicher Hinsicht, noch mehr als bisher Gewicht zu legen. Weibliche obstbautreibende Personen finden in dem Obstgarten Wittenberg bei Tharau, einem seit 1908 bestehenden Privatunternehmen, sachgemäße Ausbildung in periodischen Kursen. Die Landwirtschaftlichen Zentralvereine haben durch Einrichtung von Obstverkaufs-Vermittelungsstellen und Obstmärkten den Absatz geregelt. Der Zentralverein Insterburg besitzt einen unter der Aufsicht des Obstbauwanderlehrers stehenden Obstmustergarten. Da die Neuanpflanzungen sowie auch die Obsternten sehr unter der Roheit der ländlichen Arbeiterbevölkerung zu leiden haben, da diesen bei fast vollständigem Fehlen von eigenen Obstbäumen jedes Verständnis für den Obstbau abgeht, so sind von vielen Großgrundbesitzern in den letzten Jahren Obstanpflanzungen in Leutegärten vorgenommen worden. Dieses Bestreben ist sehr anerkennenswert und wird entschieden wesentlich zur Erweckung des Verständnisses für den Obstbau beitragen. Hoffentlich werden die verwahrlosten Obstgärten und Obstbäume aus unserer Provinz bald ganz verschwunden sein.

4. Fischerei.

a) Hochseefischerei.

Die Hochseefischerei findet besonders auf den Fangplätzen nördlich vom Samland statt. Allerdings fahren die ostpreußischen Hochseefischer auch weiter ins Meer hinaus. Zum Schutze gegen die stürmische See ist als Zufluchtsstätte der Fischereihafen bei Neukuhren angelegt worden. Leider befindet sich an der ganzen Kurischen Nehrung kein Hafen für Fischereifahrzeuge. Gefangen werden vor allem Lachse, Dorsche, Flundern und Breitlinge. Dem Ostseelachs wird teils mit weitmaschigen Treibnetzen nachgestellt, teils aber auch mit eigenartig eingerichteten großen Angeln, die auf 50 m Tiefe und mehr ausgelegt werden. Die Erträge sind recht verschieden. Sehr häufig sind die Breitlinge, kleine Verwandte des Herings, auch Sprotte genannt. Sie erscheinen manchmal in solchen Mengen, daß zu ihrem Fang selbst kleine Seedampfer ausgerüstet werden. Großen Abbruch tun den Fischern die Seehunde, die, obwohl sie ihre Hauptwohnplätze in den nördlichen Teilen der Ostsee haben, auf ihren Streifzügen zumeist dem Lachse folgen und namentlich im Winter während der Lachsfischerei oft einen großen Teil der erbeuteten Fische anfressen oder ganz fortschleppen, auch die Netze zerreißen. Die Hochseefischerei wird mit gedeckten Kuttern, einmastigen Fahrzeugen mit Kajüte und überdeckten Räumen für Netze und Fischbeute, ausgeübt. Sie sind in der Regel nur 8 bis 10 m lang und haben 1 m Tiefgang. Ihre Seetüchtigkeit ist aber so groß, daß die Fischer damit die Ostsee weithin befahren und ihre Beutezüge bis Gotland und Bornholm ausdehnen können. Doch brauchen sie meistens nicht so weit zu gehen. Die Danziger und Cranzer Bucht gehören nämlich zu den ergiebigsten Fanggründen der Ostsee. Hauptsächlich geht die Hochseefischerei von Memel und Pillau aus. Der Staat fördert sie, indem er den Fischern zinsfreie Darlehne zur Beschaffung der Kutter und Gezeuge unter günstigen Rückzahlungsbedingungen (in zehn Jahresraten) gewährt. Zur Hebung der Hochseefischerei ist ferner 1897 in Memel auf Betreiben des dortigen Gewerbevereins eine Fischereischule eingerichtet worden.

b) Küstenfischerei.

Bei der Küstenfischerei, die in Sicht des Landes in offenen Böten, die zum Rudern und Segeln eingerichtet sind, betrieben wird, werden im Frühjahre große Zuggarne, die sogenannten Strandgarne, benutzt. Mit ihnen werden die kleineren, im flachen Küstenwasser sich aufhaltenden Lachse, Melnitze genannt, gefangen. Im Sommer gibt die Flunderfischerei den Hauptertrag. Dazu benutzt man teils die sogenannten Zeisen, Fischsäcke an langen Leinen mit Strohscheuchen, die im Kreis über den Grund gezogen werden, teils Stellnetze mit großen Maschen aus sehr feinem Garn, teils auch Angelschnüre mit Hunderten von Angeln, die mit Krabben (Granelen) beködert worden sind. Im Herbste werden an der Küste Aalwehre aufgestellt, das sind lange Netzsäcke mit trichterförmigen Eingängen (Kehlen), von denen man mehrere miteinander durch Netzwände (Streichtücher) verbindet. Die Aalwehre stehen im rechten Winkel zur Küste, und ihre Fangöffnungen sind so gerichtet, daß der von Osten nach Westen wandernde Aal, der nach den Laichplätzen in der Nordsee strebt, in sie hineingerät. In den Wintermonaten ist es mit der Küstenfischerei schlecht bestellt. Man versucht dann, unter der Eisdecke Aale mit langgestielten Speeren zu erbeuten oder auch mit Garnen unter Eis zu fischen. Vielfach bleibt es aber bei dem Versuche. Die Erträgnisse sind manchmal kaum zu nennen.

c) Haffischerei.

Das Frische Haff besitzt nur in einem kleinen Teile schwach salziges Wasser. Es ist daher durchweg vornehmlich von Süßwasserfischen bewohnt, unter denen namentlich der Aal, demnächst Zander und Brassen den wertvollsten Teil der Nutzung ergeben. Die Fischer gebrauchen zum Fange der sehr dünn durch das Haff zerstreuten Fische lange Netzwände und zahlreiche Fangsäcke, auch häufig Zugnetze. Auf dem Kurischen Haff benutzt man hauptsächlich das Keitelnetz. Es besteht aus einem kegelförmigen, an beiden Enden offenen Netzsacke von etwa 8 m Breite und 10 m Länge. Die größere Öffnung wird durch den 7 m langen Keitelbaum aufgesperrt gehalten. Dieser hat an beiden Enden ein senkrechtes Querholz, so daß der Rand des Netzes nicht abgleiten kann. An dem anderen Ende des Netzrumpfes befindet sich ein mit gesetzlich vorgeschriebener Maschengröße versehener Netzbeutel, der je nach dem beabsichtigten Fang ausgewechselt werden kann. Vom Kahne geht ein doppelter, später sich vereinigender Strick zum Netze. Der vom Winde getriebene Kahn zieht das Netz nach sich. Der Fang wird vielfach schon auf dem Wasser verkauft. Die Fischhändler verfolgen nicht selten die Fischerkähne und nehmen den Fang gleich an sich. Nicht selten fährt der Fischer sofort mit seiner Beute nach einem größeren Absatzplatze, so daß er oft acht bis zehn Tage unterwegs ist. Als Fahrzeuge dienen zumeist die schon vielfach erwähnten Keitelkähne,

Boote von uralter Bauart und einer Besegelung, wie man sie sonst nur noch in weltentlegenen Gegenden antrifft. Im Kurischen Haff werden Zander, Hechte, Brassen, Schnäpel, Plötzen, Kaulbarsche, Zärten, Stinte, also auch Süßwasserfische, gefangen. Besonders ist aber der Aal- und Neunaugenfang zu erwähnen. Letzterer ist am bedeutendsten an der Niederungsküste und an dem Schweinsrücken im nördlichen Teile des Haffes. Man benutzt dazu eigenartige Reusen. Es sind schlanke, aus Weidenruten geflochtene kegelartige Gebilde, die wie ein gewaltiger Zuckerhut aussehen. Oft werden über 1000 solcher Reusen ausgelegt. Sie sind in der Regel von Mitte August bis Mitte November im Wasser. Gefischt wird hauptsächlich in der Nachtzeit, bei Tage nur dann, wenn recht starker Wind weht. Im Winter wird unter Eis mit Hilfe des Wintergarnes gefischt. Diese Art des Fischfanges ist sehr interessant. Sie wird aber auch auf dem Frischen Haff und den masurischen Seen zur Anwendung gebracht. Auf der erwählten Fangstelle wird mit Eisäxten ein ziemlich großes quadratisches Loch, Wune, gehauen, dessen Seiten 1—3 m lang sind. Rechts und links davon schlägt man nun im Bogen kleinere Löcher von dreieckiger Form. Sie werden Zeßlöcher genannt und sind nur so weit voneinander entfernt, daß man von einem zum anderen mit einer mäßig langen Stange reichen kann. Bei einer zweiten größeren Öffnung, die der ersten gegenüberliegt, treffen sie sich. Der Fischfang geht nun so vor sich, daß man durch die erste große Wune das Netz ins Wasser läßt. Dann schiebt man es mittels der „Zeßhaken" und „Jagforken" durch die an den Flügeln befestigten Stangen längs der Bogenlinie der Zeßlöcher unter dem Eise hin und zieht es zugleich durch Taue fort bis an die zweite große Wune, durch die man es schließlich mit dem Fange herauszieht, wozu in der Regel besondere Winden notwendig sind. Im Winter kommt auf dem Haff gelegentlich auch die eigenartige Klapperfischerei zur Anwendung. An irgendeiner Stelle wird ein Loch in das Eis geschlagen, das etwa $\frac{1}{2}$ m im Geviert mißt. Mit einer biegsamen Stange wird das Netz ins Wasser gebracht. Nun wird das sogenannte Klapperbrett in die Wune gesteckt, und zwar so, daß noch etwa 1 m davon über das Eis hervorragt. Auf dieses Ende wird mit Holzhämmern kräftig losgeschlagen. Durch die Erschütterungen des Wassers werden die Fische von allen Seiten herbeigelockt und gefangen. Seit dem Jahre 1880 wird auf dem Kurischen Haff auch der Ukelei gefischt. Dieser etwa fingerlange Fisch hat silberglänzende Schuppen. Man benutzt diese zur Herstellung von allerlei Schmuckgegenständen. Gegenwärtig ist der Ertrag der Ukeleifischerei sehr bescheiden. Überhaupt ist der Fischfang auf dem Kurischen Haff erheblich zurückgegangen.

Die Aufsicht über die See- und Haffischerei wird von Staats wegen durch die Oberfischmeisterämter ausgeübt, und zwar über das Kurische Haff und über die Ostsee von der russischen Grenze bis Cranz durch das

Oberfischmeisteramt Labiau und über das Frische Haff und die Ostsee von Cranz bis zur westpreußischen Grenze durch das Oberfischmeisteramt Pillau. Die Beamten, die mit der Aufsicht betraut sind, sind entweder Fischmeister oder Fischerei-Hilfsaufseher. Letztere tun ihren Dienst im Nebenamte. Sie werden nur während der Schonzeit der Fische beschäftigt. Die Fischmeister sind teils mit Motorfahrzeugen, teils mit Segelbooten ausgerüstet.

d) Binnenfischerei.

In der Binnenfischerei unterscheidet man 1. die Flußfischerei, 2. die Seefischerei und 3. die Teichwirtschaft.

1. Die Flußfischerei, die bei uns überall in die See- und in die Haff-fischerei übergeht, hat zum Gegenstande namentlich den Fang der Wanderfische, Lachs und Meerforelle, Perpel, Aal, Stör und Neunauge. Lachse und Meerforellen steigen zum größten Teil im Spätherbste die Flüsse hinauf, um bei einem oft mehrere Monate dauernden Wanderzuge ihre in den oberen Flußgebieten gelegenen Laichplätze aufzusuchen. Großartig war früher der Lachsfang in der Skirwieth. Leider hat er jetzt fast völlig aufgehört, da die Lachse diesen Fluß seiner sehr seichten, versandeten Mündung wegen nicht mehr während der Laichzeit aufsuchen. Die Lachswehre im Pregel, die einst ebenfalls recht ertragreich waren, sind schon sehr lange verschwunden. In der Passarge soll der letzte Lachs 1827 gefangen worden sein. Der Aalfang ist im Oberlaufe der Angerapp und des Pissek so bedeutend, daß er kaum in Deutschland noch seinesgleichen findet. Berühmt ist der Aalfang bei Angerburg, den schon Hennenberger im Jahre 1595 schildert. Von sogenannten Standfischen leben bei uns in den Flüssen Hechte, Brassen, Barben, Barsche, Quappen, Döbel, Karauschen u. a. Stellenweise kommen auch zwei sonst seltene Edelfische vor, nämlich die Bachforelle und die Äsche oder Strommaräne. Den Flußfischen wird mit Fangsäcken und Zuggarnen, z. B. mit Kreuzhamen (Netztücher, die über zwei gekreuzte Stangen gespannt sind), nachgestellt. Leider wird in den kleineren Flüssen meist arge Raubfischerei betrieben, so daß weder von Schonung und Hege, noch einer dem großen Werte dieser Fische entsprechenden Nutzung die Rede sein kann. Und doch hat ein großer Teil unserer Flüsse fast die Beschaffenheit von Gebirgsbächen: reines, kühles Wasser, starkes Gefälle, reiche Wassermenge, kiesigen Grund und schattige Ufer, so daß sie dem verständigen Fischer und Angler ein wahres Paradies sein könnten.

2. Die Seefischerei. Die Fischerei auf den Binnenseen ist für uns wohl von größter Bedeutung. Am besten sind dafür die flacheren Seen geeignet. Sie weisen auch die schmackhaftesten Fische auf. Außer Barschen und Plötzen finden sich dort namentlich Brassen, Schleien, Hechte, Aale. Hier und da kommen auch Zander vor. Stinte finden sich im Spirding. In heißen Sommern begeben sich letztere nach dem sogenannten Stintloch bei Talten.

Im Spirding und Löwentin sind manchmal auch Welse gefangen worden. Den tieferen Seen ist die kleine Maräne eigen, die bei guter Behandlung ihres Aufenthaltsortes nicht selten $\frac{1}{4}$ kg und darüber schwer wird. So kommt die Maräne in größeren Mengen im Narien- und Dadeysee vor. Besonders findet sie sich aber im Talter Gewässer bei Nikolaiken und heißt deshalb auch die Nikolaiker Maräne. Im frischgeräucherten Zustande bildet sie einen Leckerbissen und wird weit verschickt. Auch einige Seen des Lycker Kreises beherbergen die kleine Maräne. Ehemals hat höchstwahrscheinlich auch die große oder Maduemaräne die masurischen Seen bewohnt. Sie erreicht die Größe eines Lachses. In den achtziger Jahren des vorigen Jahrhunderts hat man es versucht, sie wieder bei uns heimisch zu machen. Dieser Versuch ist von einigem Erfolge begleitet gewesen. Der Krebs, der früher fast alle unsere Seen bewohnte und viel größer und kräftiger war, als er heute ist, wurde vor etwa 25 Jahren durch die Krebspest fast ganz ausgerottet. Im Walschgebiete war er beispielsweise in schier unerschöpflichen Mengen vorhanden. Seit 1898 hat der Ostpreußische Fischereiverein es sich angelegen sein lassen, die masurischen Seen wieder mit Krebsen zu bevölkern. Allerdings ist noch immer große Schonung geboten. Es sind deshalb auch besondere diesbezügliche Vorschriften erlassen worden. Die Hauptfangzeit der Binnenseefische sind Herbst und Winter. Außer dem großen Wintergarne wird auch vielfach die Kleppe benutzt, das ist ein Netzsack ohne Flügel, der an den Zugleinen lange dünne Holzbrettchen oder Strohwische trägt, die die Fische in das Netz hineinscheuchen. Früher waren die masurischen Hauptfischgründe fast ausschließlich an polnische Juden verpachtet. Jetzt sind sie größtenteils in den Händen einheimischer Pächter. Die Aufsicht von Staats wegen über die heimische Binnenfischerei wird durch die Oberfischmeisterämter in Ruß, Labiau und Lötzen ausgeübt.

3. Die Teichwirtschaft ist jetzt bei uns von ganz geringer Bedeutung, obwohl sie bei zweckmäßigem Betriebe gute Erträge abwerfen würde. Nur wenige größere Güter besitzen Karpfenteiche. Vor der Zeit der Reformation, die die Fastenspeise mehr oder weniger beseitigte, gab es in Ostpreußen viele große Fischteiche. Jetzt sind sie abgelassen und in Wiesen oder Ackerland verwandelt worden.

Wie in allen Kulturländern, so wird auch bei uns über den Rückgang der Fischerei geklagt. Bei vielen Fischarten hat man sogar eine Verminderung ihrer durchschnittlichen Größe festgestellt. So sind beispielsweise große Flundern an unserer Küste zur Seltenheit geworden. Ebenso haben sich die Dorsche bedeutend vermindert und verkleinert. Auch der Stör kommt bei uns nur noch in geringer Anzahl vor. Zahl und Durchschnittsgröße der Zander und Brassen sind namentlich in den Haffen erheblich zurückgegangen. In manchen Gewässern wird mit Recht eine Abnahme der Kaulbarsche, Barsche, Plötzen und Maränen beklagt. Schuld an diesen Verhältnissen hat hauptsächlich die vorschreitende Landeskultur. Sie verlangt oft, daß Seen entwässert, Flüsse reguliert, Fabriken, die durch ihre Abwässer dem Fischbestande der benachbarten Seen gefährlich sind, angelegt werden. Auch die Dampfschiffahrt ist der Fischzucht nicht günstig. Die dem Dampfer folgende Flutwelle wirft namentlich in schmalen Gewässern eine Menge Fischlaich und Fischbrut an das Ufer. Die in unseren fließenden Gewässern zahlreichen Mühlenwehre und Turbinenanlagen vernichten eine Unmenge von Wanderfischen. Alles das führt darauf hin, für die Erhaltung und Vermehrung der Fische in den ostpreußischen Gewässern zu sorgen. Dazu würden bestimmte Fischereigenossenschaften, eine zweckmäßige Verpachtung, ein energisches Vorgehen gegen die Raubfischerei, das Verbot schädlich erkannter Fischereigezeuge und bei Mühlenwehren und Turbinenanlagen geeignete Vorkehrungen zum Schutze der Wanderfische (Fischpässe, Lachsleiter) beitragen. Neuerdings sucht man die heimische Fischzucht durch künstliche Brutanstalten (Fischbruthäuser) zu heben. Schon in den dreißiger Jahren des vorigen Jahrhunderts fing man an, damit Versuche zu machen, und heute haben wir eine ganze Anzahl solcher Einrichtungen. Daß vieles gegen früher besser geworden ist, ist hauptsächlich das Verdienst des Ostpreußischen Fischereivereins. Er ist 1876 gegründet worden. Sein Bestreben geht dahin, die Ausnutzung unserer heimischen Gewässer durch Fischfang und Fischzucht zu heben. Er gibt eine Vierteljahrsschrift heraus, die den Vereinsmitgliedern unentgeltlich zugestellt wird. Vom Verein ist ein Fischmeister angestellt, dem eine ähnliche Aufgabe übertragen worden ist wie beispielsweise den Wanderlehrern für Obstbau. Vor allem soll er den Vereinsmitgliedern bei der Anlage von Fischteichen und bei der Verbesserung bestehender Teiche hilfreich zur Seite stehen.

Der Staat sorgt durch die fischereitechnischen Beamten (Oberfischmeister), daß mit der Fischerei wirtschaftlich umgegangen werde. Er schafft praktische Laichschonreviere, beschafft Ersatz, wenn eine Fischart fehlt, und trachtet danach, den Fischern gute Absatzgebiete zu eröffnen. In Memel wurde, wie schon erwähnt, 1897 eine Fischereischule eingerichtet, die ständig gut besucht ist. Fischereikurse werden in Cranz und Pillau abgehalten. Gelegentlich finden auch Samariterkurse für Fischer statt.

5. Gewerbe und Industrie.

a) Das ostpreußische Handwerk.

Wie überall, so muß man auch in Ostpreußen zwei Gruppen unter den Handwerkern bilden, nämlich solche, die ihre Tätigkeit lediglich auf die Ausführung von Bestellungen beschränken, und solche, die die Erzeugnisse ihres Gewerbes außerdem noch in den Handel bringen. Die zuerst erwähnten haben vielfach kein genügendes Feld der Beschäftigung. Sie sind darum auf Nebenerwerb angewiesen, der ihnen im Vereine mit der Ausübung ihres eigentlichen Berufes oft nur den notdürftigsten Unterhalt bietet. Ihre Leistungen sind in den meisten Fällen mangelhafte, und nur zu häufig sinken sie zu Handwerkspfuschern herab. In vielen kleinen Städten Ostpreußens mit einer Einwohnerzahl von 2000 bis 3000 Seelen finden sich nicht selten 20 bis 30 selbständige Schuhmacher-, Schneider-, Tischlermeister, die ihren Wirkungskreis nicht über das Gebiet der Stadt und deren nächste Umgebung auszudehnen vermögen und oft in der kärglichsten Weise ihr Leben fristen. Sie bilden ein im steten Wachstume begriffenes Handwerkerproletariat. Die verhältnismäßig große Zahl der Handwerksmeister in unseren Kleinstädten läßt sich aber nur aus der Anhänglichkeit an die Heimat, aus verwandtschaftlichen Beziehungen und vielleicht auch aus dem Umstand erklären, daß die sich niederlassenden jungen Meister dereinst hoffen, gerade in dieser Stadt auf einen grünen Zweig zu kommen und eine gewisse Rolle zu spielen. Geht diese Hoffnung nicht in Erfüllung, so greift bald eine Gleichgültigkeit Platz, die sich vor allem in schlechter Ausführung der Bestellungen und in verspäteter Ablieferung der Arbeiten äußert. Allmählich ziehen sich dann auch die treuesten Kunden zurück, und in vielen Fällen wird aus dem ehemaligen Meister ein Tagelöhner. Das Handwerk, das für den Handel arbeitet, steht auf einer höheren Stufe der Entwickelung. Schon in früheren Zeiten zog eine erhebliche Anzahl von Handwerkern mit ihren Erzeugnissen auf die Jahrmärkte und bot sie dort feil. Das geschieht auch heute noch. Mit einzelnen besonders in Ansehen stehenden Artikeln werden sogar weit abgelegene Marktplätze beschickt (Tilsiter Schuhmacherwaren, Tischlerarbeiten von Schwägerau und Norkitten usw.). Allerdings wird in gegenwärtiger Zeit das Marktgeschäft immer mehr eingeschränkt. Es ist sehr anstrengend, vom Wetter abhängend und auch nicht mehr recht lohnend, da die Jahrmärkte ständig an Bedeutung verlieren. Die Käufer halten die Jahrmarktware in den meisten Fällen für gleichbedeutend mit schlechter Ware und kaufen darum die Gegenstände, die sie gebrauchen, in Ladengeschäften. Klempner, Schuhmacher, Schneider, Handschuhmacher usw. haben nämlich selbst in kleineren Städten offene Läden, in denen sie nicht nur selbstgefertigte Erzeugnisse ihres Gewerbes feilhalten, sondern auch mit solchen Gegenständen handeln, die fabrikmäßig hergestellt worden sind. Man kann sogar behaupten, daß eine ganze Anzahl dieser Handwerker neue Gegenstände überhaupt nicht mehr anfertigt. Sie verkaufen die von irgendeiner Fabrik gelieferten Gegenstände und besorgen höchstens noch Reparaturen. So sind beispielsweise die Schuhmacher meistens nur noch Schuhwarenhändler oder Schuhflicker. Einzelne Gewerbe haben in letzter Zeit in Ostpreußen fast ganz aufgehört. Dazu gehört besonders die Leinwandweberei Masurens. Noch um die Mitte des vorigen Jahrhunderts bildete sie einen blühenden Erwerbszweig. Die russische Grenzsperre, die erhöhte Fabriktätigkeit, die stetig zunehmende Bevorzugung der Baumwollstoffe haben ihr den Todesstoß versetzt. Ebenso zurückgegangen sind die Seilereien, Färbereien und Gerbereien[1]). Heute bestehen sie kaum dem Namen nach. Dasselbe gilt auch von der Tuchmacherei, die früher besonders im Ermland in großer Blüte stand. Im Jahre 1772 zählte beispielsweise Wormditt 36 Tuchmacher.

An der wenig befriedigenden Lage unseres Handwerkerstandes sind nicht zum mindesten die Käufer schuld. Die meisten beziehen die benötigten Waren nicht an ihrem Wohnorte, sondern am liebsten aus Berlin oder einer anderen Großstadt. Der heimische Handwerker findet infolgedessen keine genügende Beschäftigung, keine Anregung und auch keinen Verdienst. Es würde um ihn besser stehen, wenn jeder Käufer nach der Mahnung handeln wollte: Kaufe, was du bekommen kannst, an deinem Wohnorte!

b) Landwirtschaftliche Industrie.

Fast sämtliche Brennereien unserer Provinz tragen den Charakter des landwirtschaftlichen Nebengewerbes an sich. Deshalb gehen sie selten über die Verarbeitung des von dem Unternehmer selbst gebauten oder in der nächsten Umgegend käuflichen Rohmaterials hinaus. Verhältnismäßig viel Brennereien weist Masuren auf. Das Absatzgebiet bildet teils die Provinz, teils geht der Spiritus über Königsberg und Stettin in den europäischen Handel. Die Brennereien liefern vorwiegend nur rohen Spiritus. Die Rektifikation und Destillation wird anderen, eigens dazu eingerichteten Fabriken überlassen. Derartige Fabriken befinden sich besonders in Königsberg, Tilsit und Insterburg. Zahl und Größe der ostpreußischen Brennereien bewegen sich nur in bescheidenen Grenzen. Auch ist ihr Nutzen ein bescheidener. Vielfach werden sie nur deshalb im Betrieb erhalten, weil die Abgänge mit Nutzen bei der Viehmast Verwendung finden können.

Die Bierbrauerei war ursprünglich Hausgewerbe. Natürlich konnte es sich dabei nur um die Gewinnung obergäriger Biere, unter denen das Braunbier in besonderem Ansehen stand, handeln. Als aber Ende des 18. und Anfang des 19. Jahrhunderts das an einzelne städtische Grundstücke und Dorfkrüge geknüpfte Braurecht beseitigt worden war, da ging die Hausbrauerei ein, und die Biergewinnung trat mehr oder weniger in den Dienst des landwirtschaftlichen Nebengewerbes. In kleineren Brauereien wurde aus heimischer Gerste und heimischem Hopfen sowohl auf dem Land als auch in den Städten Braun- und Weißbier hergestellt. Die Verhältnisse änderten sich jedoch abermals, als um die Mitte des vorigen Jahrhunderts das sogenannte bayrische Bier allgemein Anklang fand. Jetzt ging die Bierbrauerei nach und nach in den Dienst der Großindustrie über. Heute steht die Angelegenheit so, daß die großen Brauereien der bedeutenderen Provinzial-

[1]) Ansehnliche Gerbereien befinden sich noch in Tilsit.

städte mit ihren Erzeugnissen selbst in abgelegensten Dörfern zu finden sind, während die bescheidenen Brauereien der Kleinstädte schwer um ihre Daseinsberechtigung ringen müssen. Ihr Absatzgebiet ist ein recht bescheidenes. Die weiteste Verbreitung dürfte wohl außer dem Königsberger Biere das Bier der Brauerei Bergschlößchen in Braunsberg und der großen Insterburger Brauereien gefunden haben.

Die **Müllerei** hat in ihrem Betriebe noch eine ganze Anzahl von Windmühlen. Allerdings arbeiten diese nur für einen äußerst beschränkten Kreis, schroten fast nur Futtermehl für das Vieh oder Roggenmehl als Backmehl für Schwarzbrot. Dagegen sind die früher recht zahlreich vorhanden gewesenen kleinen Wassermühlen größtenteils verschwunden. An ihre Stelle sind zumeist Dampfmühlen oder großartig eingerichtete Wassermühlen mit Turbinenbetrieb getreten, die der Mühlenindustrie Ostpreußens nicht

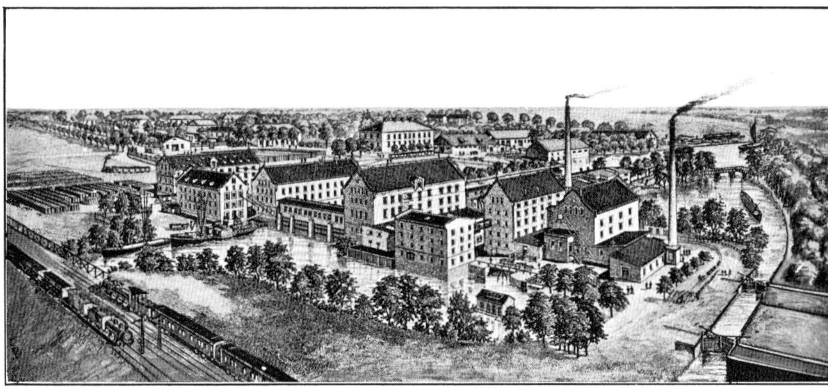

Gesamtansicht der Pinnauer Mühlenwerke.

nur ein anderes Aussehen gegeben, sondern ihre Bedeutung auch wesentlich gefördert haben. Man kann behaupten, daß die Mühlenindustrie zu den blühendsten Zweigen der heimischen Industrie zählt, vielleicht an ihrer Spitze steht. Zu den größten Anlagen dieser Art zählen die **Pinnauer Mühlenwerke** bei Wehlau. Das Privileg zu ihrer Begründung wurde dem Königsberger „Negotianten" Joh. Kaspar Dietrich im Jahre 1766 erteilt, und zwar mit der Bedingung, eine Ölmühle nach Holländer Art zu erbauen und die bereits vorhandene Mahlmühle zweckentsprechend umzugestalten. Im Jahre 1870 wurde Eigentümerin der Pinnauer Werke eine Aktiengesellschaft, nachdem sie bis dahin die Besitzer vielfach gewechselt hatten. Sie bestanden damals aus einer Ölmühle, einer Roggen- und Weizenmühle und einer Sägemühle. In der Mitte der neunziger Jahre des vorigen Jahrhunderts ließ die Aktiengesellschaft die Ölmühle eingehen und erbaute eine

Holzschleiferei und 1904 auch noch eine Braunholzpapierfabrik. Die Mahlmühlen verarbeiten täglich 30 t Roggen und 30 t Weizen zu Mehl. Das Mehl bleibt zu einem großen Teil in der Provinz. Was davon zur Versendung gelangt, geht nach Dänemark, Skandinavien, Finnland und nach dem deutschen Rheingebiete. Das vermahlene Rohgetreide stammt aus Ostpreußen und Rußland. Die Triebkraft für die Pinnauer Mühlen liefert die Alle, doch steht ihnen auch Dampfkraft zur Verfügung. Noch größer als diese Mühlenanlage ist die 1890 in Betrieb genommene Walzmühle bei Königsberg. Sie ist eine Dampfmühle und vollständig selbsttätig eingerichtet. Sowohl die Einlieferung des Getreides in die Mühle als auch das

Die Walzmühle bei Königsberg.

Verladen des Mehles erfolgt vermittels selbsttätiger Beförderungsanlagen. Die tägliche Vermahlung beträgt durchschnittlich 250 t. Im Jahre 1910 ist von der Walzmühle noch eine Erbsenschälmühle eingerichtet worden, die eine tägliche Leistung von 50 t aufweisen kann. Neben diesen großen Mühlen kommen die anderen nicht recht auf, obgleich sie auch Gutes leisten. Zu erwähnen sind die Mühlen in Gumbinnen, Tilsit, Frauenburg, Bartenstein, Neumühl bei Rastenburg, Seeburg. Masuren ist an größeren Mühlen arm. Die Königsberger Schälmühle stellt aus Erbsen, Gerste und Hafer im Werte von mehreren Millionen Mark Erzeugnisse her, die fast nach allen Ländern Europas gehen. Die früher in Ostpreußen, vor allem in Litauen blühende Ölmüllerei ist beinahe ganz eingegangen. Es waren fast durchweg Roßmühlen, die dabei in Betracht kamen. Mit der Einbürgerung des Petroleums als Beleuchtungsmaterial und dem abnehmenden Flachsbau hörte die heimische Ölgewinnung ziemlich auf.

Die Rübenzuckergewinnung ist in unserer Provinz von recht geringer Bedeutung. Schon in den vierziger Jahren des vorigen Jahrhunderts hat man bei uns Zuckerfabriken angelegt, die aber so mangelnde Erfolge aufwiesen, daß sie sämtlich eingehen mußten. Allerdings steckte damals die Zuckererzeugung noch in den Kinderschuhen. Um die Wende des vorigen Jahrhunderts waren in Ostpreußen drei Zuckerfabriken, nämlich in Tapiau, Rastenburg und Hirschfeld, die sämtlich den neuesten Anforderungen an ein derartiges Unternehmen entsprachen. Leider besteht jetzt nur noch die Fabrik zu Rastenburg. Die anderen haben wegen mangelnder Rübenzufuhr den Betrieb eingestellt.

Reich ist Ostpreußen an Ziegeleien. Das Rohmaterial, das sie verarbeiten, findet sich in vorzüglicher Beschaffenheit und in genügender Menge. Die Ziegelgewinnung wird namentlich von größeren Grundbesitzern betrieben, und die dazu erforderlichen maschinellen Einrichtungen weisen die neuesten Erfindungen auf. In der Nähe der größeren Städte sind jedoch die Ziegeleien größtenteils von dem landwirtschaftlichen Betriebe gelöst und bilden selbständige industrielle Unternehmungen. Große Ziegeleien liegen in der Nähe von Frauenburg am Ufer des Frischen Haffes, ferner an der unteren Alle. Sie haben recht günstige Versandbedingungen. In den sandigen Gegenden Masurens, aber auch im nördlichen Teil Ostpreußens erblickt man hin und wieder Kalksandsteinfabriken. Die Kalkbrennerei ist gegen früher erheblich zurückgegangen und genügt nicht einmal dem örtlichen Bedarfe.

c) Gewerbliche Industrie.

Am 1. Januar 1863 wurde in Insterburg der Betrieb einer Flachsgarnspinnerei eröffnet. Sie bezog anfangs das Rohmaterial hauptsächlich aus Ostpreußen und nur einen sehr geringen Teil aus dem Auslande. Jetzt ist es umgekehrt. Jährlich kauft sie über 20000 Zentner Flachs aus Rußland. Die Erträgnisse des Unternehmens sind verhältnismäßig bescheiden. Sie leiden unter der geringen Zufuhr des Rohmaterials, an den hohen Kohlenpreisen und an den teuren Frachten des Garnes nach den Absatzgebieten. Die nächsten Großabnehmer sind mitteldeutsche Webereien und Zwirnfabriken. Mit dem abnehmenden Flachsbau ist auch die alte ostpreußische Hausindustrie des Spinnens und Webens zu Grabe getragen worden. Ebenso wie von der Tuchweberei, so ist von der Leinwandindustrie kaum ein bescheidener Rest übriggeblieben. Nur in einigen weltentlegenen litauischen Dörfern, wo die Eigenart der Nationaltracht es erfordert, leisten die Frauen im Weben, Stricken und Sticken ganz Vorzügliches. Erfreulicherweise geht von der Provinzialhauptstadt das Bestreben aus, die alte Leinwandindustrie nicht bloß zu erhalten, sondern sie neu zu beleben. (Siehe Seite 228!)

Der große Leutemangel macht bei den landwirtschaftlichen Betrieben den Gebrauch von Maschinen immer mehr erforderlich. Infolgedessen hebt sich die landwirtschaftliche Maschinenindustrie von Jahr zu Jahr zusehends. Selbst kleinere Städte haben Maschinenfabriken von beträchtlichem Umfang. Eine der größten Unternehmungen dieser Art befindet sich in Heiligenbeil. Diese Industrie würde noch blühender dastehen, wenn die russische Grenze nicht gesperrt wäre. Die Landwirtschaft bedingt ferner die Erzeugung künstlicher Düngemittel. Auf diesem Gebiete nimmt Memel den ersten Platz ein. Die Provinzialhauptstadt steht an der Spitze der gesamten Eisenindustrie Ostpreußens. Zu erwähnen ist vor allem die 1828 gegründete Union, die auch Lokomotiven anfertigt. Ein großartiges Unternehmen ist weiter die Steinfurtsche Waggonfabrik, ebenfalls in Königsberg. Auch in Allenstein befindet sich seit mehreren Jahren eine ansehnliche Maschinenfabrik. Die Nordostdeutsche Gewerbeausstellung in Königsberg 1895, die Gewerbeausstellung in Allenstein 1910 und die Ostdeutsche Ausstellung in Posen 1911 haben Gelegenheit zur Feststellung geboten, daß Ostpreußen auch in industrieller Hinsicht einen achtunggebietenden Platz einnimmt.

Wichtiger als die Eisenindustrie dürfte wohl die heimische Holzindustrie sein. So ist beispielsweise die Schneidemühlenindustrie Königsbergs Hauptindustriezweig. Aber auch Tilsit, Ruß, Memel und andere Plätze haben bedeutende Schneidemühlen. In Masuren kommen in dieser Hinsicht vor allem Rudczanny, Ortelsburg und Peitschendorf in Frage. Neuerdings sind zu den Sägewerken noch einige Zellstoffabriken getreten. Sie finden sich in Königsberg, Memel und Tilsit und haben einen Umsatz von vielen Millionen. Gegenwärtig bestehen bei uns folgende derartige Anlagen: 1. Königsberger Zellstoffabrik, Aktiengesellschaft, in Königsberg, gegr. 1895, 2. Zellstoffabrik Waldhof-Tilsit in Tilsit, gegr. 1898, 3. Aktiengesellschaft für Maschinenpapierfabrikation in Aschaffenburg, Zweigniederlassung Zellulosefabrik Memel in Memel, gegr. 1899, 4. Norddeutsche Zellulosefabrik, Aktiengesellschaft, in Königsberg, gegr. 1905[1]). Das arbeitende Kapital dieser Fabriken betrug im Jahre 1910 $20\frac{1}{4}$ Mill. Mark Der in den Jahren 1906—1910 gewonnene Zellstoff hatte einen Wert von mehr als $109\frac{1}{2}$ Mill. Mark. Königsberg hat ferner eine Parkett- sowie eine sehr bedeutende Holzbearbeitungsfabrik. Sie arbeitet hauptsächlich für die Ausfuhr und fertigt Türen, Fenster, Treppen, Leisten usw. an. Ebenso bedeutend wie Königsberg ist auf dem Gebiete der Holzindustrie Ostpreußens zweitgrößte Stadt, Tilsit. Im Jahre 1908 befanden sich in dieser Stadt und ihren Vororten 15 größere Sägewerke. Es wurden im gesamten ostpreußischen Memelgebiet

[1]) Vor kurzem hat auch Ragnit eine Zellulosefabrik erhalten.

etwa 600 000 fm Hölzer im Werte von rund 12 Millionen Mark verarbeitet. Im Memel- und Pregelgebiete sind in der Holzindustrie und dem damit zusammenhängenden Holzhandel durchschnittlich 7000 Arbeiter beschäftigt. (Siehe Seite 278!)

Von anderen industriellen Unternehmungen, die der Holzreichtum Ostpreußens gestattet, ist die Zündhölzchenfabrikation zu erwähnen. Derartige Fabriken befinden sich in Königsberg und in Allenstein. Ortelsburg hat eine Bilderleistenfabrik. Die früher an den Flüssen reichlich wachsenden Weiden haben den Betrieb der Korbflechterei hervorgerufen, die in erster Reihe für die Zwecke der Landwirtschaft arbeitet. In Königsberg und Tilsit bestehen sogar heute noch Korbmacherinnungen. Es wird jetzt jedoch über mangelndes und außerdem schlechtes Rohmaterial geklagt. In Alt Gehland bei Sensburg befindet sich eine Korbflechtschule, die in der Nähe von Sorquitten am Gehlandsee ihre eigenen Weidenkulturen hat. Der Schiffbau ist trotz des Holzreichtums in Ostpreußen nicht recht in Blüte gekommen. Nur in Memel und Königsberg werden kleinere Seefahrzeuge gebaut. Im übrigen handelt es sich bei uns nur um den Bau von Haff- und Flußkähnen.

Die Zigarren- und Tabakfabrikation ist nennenswert nur in Königsberg und Braunsberg vertreten, und zwar an letzterem Ort in Abhängigkeit von einer großen Elbinger Firma (Löser und Wolff). Einige kleinere Tabakfabriken sind im Ermland vorhanden. Zu erwähnen ist besonders die in Wartenburg. Das Rohmaterial wird fast ausschließlich von auswärts bezogen.

Zwar reicht die heimische Industrie bei weitem nicht an die der westlichen Provinzen heran. Es fehlen bei uns die Leben gebenden Bedingungen, als da sind günstige Verkehrsverhältnisse, in jeder Hinsicht nach Menge und Güte ausreichende Rohstoffe, genügende natürliche Kraftquellen, bequeme Absatzgebiete. Auch lassen Betriebsamkeit, Geschick und Unternehmungslust der Bewohner viel zu wünschen übrig. Die ostpreußische Arbeiterschaft ist an den landwirtschaftlichen Betrieb gewöhnt und ist infolgedessen für industrielle Betriebe nicht so geschickt und anstellig wie die anderer Gebiete. Ist aber aus dem zur Verfügung stehenden Arbeitermaterial etwas Brauchbares geschaffen, so droht die Gefahr, daß diese tüchtigen Leute nach dem Westen abwandern, wo sie nicht nur höhere Löhne, sondern auch eine mannigfachere Betätigung zu erwarten hoffen. Trotz alledem geht es mit der heimischen Industrie aufwärts. Zum Vorteile gereicht ihr vor allem die echt ostpreußische Zähigkeit.

6. Der Handel.

Handelsplätze. Die Hauptstätte des ostpreußischen Handels ist Königsberg. Nebst Hamburg, Bremen, Stettin und Danzig zählt diese Stadt zu den ersten Handelsplätzen des deutschen Vaterlandes. Königsbergs Vorhafen ist das 40 km entfernte und befestigte Pillau. Der Innenhafen wird durch den

Pregel gebildet. Der Ausbau des Innenhafens wurde 1902 begonnen und 1906 beendigt. Seit der Fertigstellung des Königsberger Seekanals können selbst größere Seedampfer, ohne vorher in Pillau zu leichtern, nach Königsberg gelangen. Im Jahre 1909 betrug die Zahl der seewärts aus- und einfahrenden Schiffe 4442. Der Hauptteil des Königsberger Handels entfällt auf Getreide und Mühlenfabrikate. Es gelangt dies schon in dem mächtigen Silospeicher, einem der größten in Europa, zum Ausdrucke, der bei Cosse am Pregel gelegen ist und der Königsberger Lagerhaus-Aktiengesellschaft gehört. Er faßt 36 000 t Getreide und dient zur Verladung und Reinigung des in den Handel gehenden Getreides. Neben Königsberg kommen für den

Der Silospeicher bei Cosse am Pregel.

Getreidehandel besonders Memel, Tilsit und Braunsberg in Betracht. Memel hat einen vorzüglichen Hafen. Leider ist das Hinterland für einen ersprießlichen Handelsbetrieb zu klein. In Masuren hat sich ein nennenswerter Getreidehandel nur in den Städten an der Südbahn entwickelt. Das Oberland neigt in dieser Beziehung nach Westpreußen hinüber. Die zunehmende zweckmäßige Bodenbestellung hat dort in den letzten Jahrzehnten einen umfangreichen Handel mit Saatgetreide und Sämereien gezeitigt, ebenso mit künstlichen Düngemitteln, wie Superphosphat, Thomasmehl und Abraumsalz.

Holzhandel. Neben dem Getreidehandel ist in Ostpreußen besonders der Holzhandel zu erwähnen. Schon im 18. Jahrhundert hat Memel einen lebhaften Holzhandel mit England betrieben. In besonderer Blüte stand er zur Zeit der englischen Kriege mit Frankreich (1755 bis 1763) und mit der Union (1775 bis 1783). Aber auch heute noch ist für Memel der Holzhandel ein Handelszweig größeren Maßstabes. Dasselbe gilt von Tilsit. Bedeutender ist allerdings der Holzhandel Königsbergs. Das Rohmaterial, mit dem sich der Holzhandel dieser Städte befaßt, entstammt vor allem russischen Wäldern. Die ausgeführten Rundhölzer dienen in erster Reihe zu Grubenzwecken und finden außerdem Verwendung in Zündhölzchen- und Zellstoffabriken. Die beschlagenen Hölzer, die zur Ausfuhr gelangen, werden vielfach zu Eisenbahnschwellen verwendet. Die geschnittenen Hölzer kommen als Bretter, Bohlen, Balken, Spundwände, Parkettböden usw. zum Versande. Das Absatzgebiet des Holzhandels besteht hauptsächlich im deutschen Inlande. Nur ein kleinerer Teil des ausgeführten Holzes geht in das Ausland, nämlich nach England, Frankreich, Holland und Belgien. Für gesägte Holzwaren war bis vor wenig Jahren England ein Hauptabsatzgebiet. Es ist leider jetzt fast ganz an Rußland und Schweden verloren gegangen. Wichtig ist der Holzhandel Masurens. Die Bahn, die von Johannisburg nach Allenstein führt, ist für ihn die Lebensader geworden.

Die Hauptzufuhrader des russischen Holzes ist für unsere Provinz der Memelstrom. Das Holz wird oft in riesigen Flößen zu uns gebracht. Die Flöße waren früher gleichzeitig Transportmittel. Auf ihren Rücken wurden noch bis in die siebziger Jahre des vorigen Jahrhunderts große Mengen von Getreide hinabgeführt, desgleichen auch die zahlreichen Nebenerzeugnisse des Waldes, wie Pottasche, Holzteer und Honig, der früher fast ausschließlich aus den natürlichen Stöcken wilder Bienen, später auch in den ihnen künstlich zugerichteten sogenannten „Beuten" der Waldbäume gewonnen wurde. Diese Verwendung der Flöße hat aufgehört. Sie sind heute nur noch Selbstzweck, nur aus verkäuflichem Holze zusammengesetzt. Ursprünglich wurden die Flöße in der Quere durch junge, biegsame Baumstämmchen, in der Länge durch elastische Baststricke verbunden. Schwere schmiedeeiserne Nägel dienten der weiteren Befestigung. Heute werden überwiegend Fabrikdrahtnägel und für den Längsverband Eisendrahttaue verwendet. Jedes Floß oder jede Traft besteht aus einzelnen Tafeln, die hintereinander befestigt werden. Die Länge der Traft (Trift) kann bis auf 300 m gebracht werden (s. Bild S. 302). Die Breite wechselt je nach der Breite des Gewässers. Durch die Kanäle kommen nur Flöße mit 3 bis 5 m Breite. Auf den wasserreichen Hauptströmen werden oftmals zwei, auch drei Traften seitwärts zusammengekoppelt, so daß sie insgesamt 25 bis 30 m Breite erhalten. Auf den Traften befinden sich zerstreut die Strohhütten der Flößer oder Flissaken mit ihren einfachen, durch Windschirme geschützten Feuerstellen. In der Mitte jedoch steht ein sauber gearbeitetes Holzhäuschen. Hier hat der verantwortliche Führer der Traft seine Wohnung, hier befinden sich auch die

Nahrungsmittel für die Flissaken. In wasserreichen Jahren kann eine Traft von Kiew in ganz wenigen Monaten Memel erreichen. Es kommt aber nicht selten vor, daß widrige Wasserverhältnisse auf den vollständig ungeregelten russischen Flüssen die Reise hemmen und ein Winterlager mitten auf der Talfahrt nötig machen. Solche Traften erreichen ihren Bestimmungsort dann erst nach 15 bis 16 Monaten. Der Regel nach schwimmen die Traften für Rechnung des Verkäufers. Auch wenn die Hölzer bereits vor Abfahrt des Floßes verkauft sind, geht stets die Gefahr zu Lasten des Absenders. Der Käufer wird erst dann Eigentümer, wenn sie am Bestimmungsort abgeliefert worden sind. Das Verflößen auf eigene Rechnung ist für den deutschen Holzhändler nicht ohne große Gefahr. Die russischen Arbeiter sind ebensowenig zuverlässig wie die russischen Wasserläufe. Sobald die Traften bei Schmalleningken die deutsche Grenze erreicht haben, unterliegen sie zunächst der Kontrolle der deutschen Zollverwaltung. Der Traftenführer muß seine Maßlisten vorlegen, auf Grund derer die zollamtliche Prüfung erfolgt. Holz, das sofort verbraucht werden soll, kann gleich verzollt werden, oder aber der Zoll wird durch Begleitschein II einem anderen Zollamte nach Wunsch des Empfängers überwiesen. Diejenigen Traften, die für Memel bestimmt sind, gehen unter zollamtlichem Verschlusse mit Begleitschein I weiter. Traften, die nicht in Rußland vermessenes Holz enthalten, müssen in Tilsit anhalten. Dort findet eine amtliche Vermessung der Rundhölzer durch ein Meßamt statt, das den Vorsteherämtern der Königsberger, Tilsiter und Memeler Kaufmannschaft untersteht. Das Holzmeßamt wurde im Jahre 1865 eingerichtet. Von Tilsit geht nun alles Holz, das nicht hier bleibt, entweder nach Königsberg oder Ruß, dem Vorplatze für Memel. Bis Ruß besorgen den Transport noch russische Flößer. Dann treten deutsche Arbeiter an ihre Stelle. Zuerst werden die Traften auf die für die Fahrt durch den König Wilhelms-Kanal vorgeschriebene Breite von 9,4 m gebracht und nun nach Memel geflößt. Hier kommen sie zunächst in die im Haff gelegenen „Wassergärten“, das sind die Lagerplätze der Holzhändler. Diese Plätze sind zum Schutze gegen Wasserstau, Wellengang usw. durch Pfahlumsäumungen geschützt. An den Wassergärten liegen die Sägemühlen. Mit dem Eintreffen der Traft an ihrem Bestimmungsort und nach der Feststellung der Richtigkeit der Lieferung hört die Verantwortlichkeit des Traftenführers auf, und die Flößer werden abgelohnt. In früheren Zeiten boten die Flissaken, auch Dschimken genannt, mit ihrem eigentümlichen Treiben, mit ihrer sonderbaren Tracht, mit ihrer Freude an Musik und Tanz ein malerisches Bild, und zwar nicht nur auf dem Floße, sondern auch an dem Bestimmungsort, an dem sie das Holz abzuliefern hatten. Es ist noch nicht lange her, da sah man sie selbst in den Straßen Königsbergs in ihren Schafpelzen, Bastschuhen und sonderbar geformten Filzhüten mit einem Laib Brot oder einer Geige unter dem Arme. Heute sorgen die Organe der öffentlichen Gesundheitspflege dafür, die

Flissaken sobald als möglich loszuwerden. In Zeiten der Cholerагefahr werden sie in geschlossenen Trupps außerhalb der Städte auf die Eisenbahn gebracht. Es geht dann mit ihren zuweilen recht bedeutenden Ersparnissen in schneller Fahrt der langentbehrten Heimat zu. Früher wurde der Heimweg meistens zu Fuß angetreten, und es waren viele Monate erforderlich, bis sie zu den Ihrigen kamen. (Abbildung von Traften auf Seite 302.)

Viehhandel. Außer dem Ackerbau und der Forstwirtschaft ist auch die Viehzucht auf den heimischen Handel von Einfluß gewesen. Groß ist der Handel mit Schlachtvieh, und zwar werden nicht allein Rinder ausgeführt, sondern auch Schweine. Schlachtschweine gehen von uns bis nach München. Recht ansehnlich ist ferner das Fell- und Häutegeschäft. Leider wird über schlechte Beschaffenheit der auf den Markt gebrachten Ware geklagt. Die Landfleischer bringen nur zu häufig zerschnittene Häute in den Handel. Außerdem sind diese zu wenig sauber gehalten und verlieren dadurch an Wert. Besser steht es um die von Schlachthöfen gelieferte Ware. Die ostpreußische Viehzucht hat außerdem noch ein ansehnliches Futtermittelgeschäft großgezogen. Maßgebend dafür war, daß die Landwirte immer mehr zur Überzeugung gelangen, daß zur Erzielung hoher Milcherträge größere Mengen Kraftfutter den gewöhnlichen Futtermitteln beigegeben werden müssen. Besonders haben sich bei uns außer Ölkuchen Sonnenblumen- und Sesamkuchen eingeführt.

Sonstiges. Der Handel in unseren Kleinstädten hat vor allem die Kolonialwaren zum Gegenstande. Kaffee, Tee, Zucker, die notwendigsten Gewürze, dazu Heringe, Seife, Schmalz, neuerdings auch Kunstbutter und Backfett spielen dabei die Hauptrolle. Manche Geschäfte führen daneben noch Drogen, Zigarren, Eisen-, Kurz- und Schnittwaren. Sie gleichen infolgedessen Warenhäusern, haben aber von jedem Zweige nur eine ganz geringe Auswahl. Leider sind fast durchweg die Umsätze sehr bescheiden. Einmal sind verhältnismäßig zuviel von diesen Geschäften vorhanden, dann aber leiden auch manche Inhaber an zu geringem Betrebskapital, endlich finden sie nicht immer genügende Unterstützung von den kapitalkräftigen Ortseingesessenen. Viele von diesen lassen sich ihren Bedarf nach Verzeichnissen und Mustern von außerhalb kommen. Manches Geschäft kann sich nur dadurch halten, daß es gleichzeitig den Ausschank von Spirituosen hat.

Hinsichtlich des Teehandels hat die Provinzialhauptstadt immer eine bedeutende Rolle gespielt. Vor allem gilt dies von der Zeit vor Eröffnung des Suezkanals. Aber auch später noch war Königsberg der erste Teehandelsplatz Deutschlands. Die ehemalige „Königsberger Teekompanie" bekam den Tee auf dem Wasserwege hierher, sie ließ ihn auf dem Packhofe neu packen und verschickte ihn dann. Sie unterhielt große Handelsbeziehungen mit China und London. Ihr hauptsächlichstes Absatzgebiet war Rußland. Jetzt ist sie eingegangen. Verschiedene Einzelfirmen sind an ihre Stelle getreten. Infolge der russischen Zoll- und Verkehrsverhältnisse, die den Absatz über Königsberg nach Rußland weniger vorteilhaft erscheinen lassen als die Versorgung des russischen Gebietes geradezu von China aus oder durch Moskauer Unternehmungen, hat der Königsberger Teehandel gegenwärtig ein ganz anderes Gepräge erhalten, als er es früher besaß. Immerhin gilt er auch noch heute als recht bedeutend.

Auch der Petroleumhandel der Provinz steht in einem Abhängigkeitsverhältnisse von Königsberg. Die „Königsberger Handelskompanie" versorgt nicht nur Ostpreußen, sondern auch fast ganz Westpreußen mit Petroleum. Sie hat infolge ihrer engen Beziehungen zu den Rockefellerschen Unternehmungen und der bekannten Verhältnisse im Handel mit amerikanischem Petroleum ein gewisses tatsächliches Monopol in diesen Provinzen. Die eigenartig gestrichenen Petroleumwagen der Handelskompanie fahren bis in die entlegensten Dörfer und verkaufen ihre Ware in der Regel ohne Zwischenhändler direkt an den Verbraucher. Bis zum Jahre 1891 führte sie gereinigtes amerikanisches Petroleum nur in Fässern vermittels Segelschiffen ein, ging aber 1892 zum Tankbetrieb über. Das Petroleum wird in besonderen Fahrzeugen, den sogenannten Tankschiffen, die es ohne Fässer aufnehmen können, hergeschafft und aus diesen durch Rohrleitungen in mächtige Zementbehälter geführt. Aus diesen Behältern, die Tanks heißen, kann es auf Kesselwagen oder auf Maßgefäße gefüllt und den Zwischenhändlern bzw. den Verbrauchern zugestellt werden. Die Haupteinrichtungen für den Tankbetrieb befinden sich in Danzig, da die Tankschiffe solch einen Tiefgang haben, daß sie nicht einmal in Pillau einlaufen, geschweige denn nach Königsberg kommen können. In Danzig wird das Petroleum auf kleinere Schiffe gleicher Einrichtung geleitet und dann nach Königsberg gebracht.

Dritter Teil.

Die Siedelungen.

I. Allgemeines.

1. Die Ortsnamen in Ostpreußen.

Wie schon früher erwähnt worden ist, haben die Ureinwohner unserer Provinz nicht zerstreut, sondern in geschlossenen Dörfern gewohnt. Zur Befestigung des Landes besaßen sie an verschiedenen Stellen Burgen. Viele dieser Orte sind im Laufe der Zeit sowohl durch den verheerenden Eroberungskampf des Ordens, als auch durch die von ihm befolgte Maßregel, ganze Länderstrecken zu verwüsten, um das Eindringen der Feinde zu verhindern, spurlos verschwunden. An ihre Stelle traten nach und nach neue Ansiedelungen, die oft ganz deutsche Namen erhielten.

Eine große Zahl ostpreußischer Ortschaften erinnert jedoch heute noch an die altpreußische Bezeichnung, wenngleich auch in diese Namen vieles vom Deutschen, Litauischen oder Masurischen hineingedrungen ist. Dahin dürften die Ortsnamen mit folgenden Endungen gehören: 1. keim (urspr. kaym): Nopkeim, Ripkeim, Rockelkeim, Landkeim, 2. kehmen: Walterkehmen, Plautzkehmen, Kaukehmen, 3. ehnen: Cumehnen, Norgehnen, Rogehnen, 4. au (urspr. ove): Wehlau, Waldau, Medenau, Tharau, Jesau, 5. lack: Korklack, Bäslack, 6. itten: Sanditten, Auglitten, 7. unden: Powunden.

Die rein deutschen Ortsnamen endigen auf fels, stein, burg, berg, stadt, städt, dorf, hausen, leben, born, bronn, beck, bach, weiler, rode, reut.

Die litauischen Ortsnamen richten sich oft nach der Lage der Ansiedelung. Dafür mögen folgende Beispiele dienen: Witgirren = mitten im Walde, Uszkampen = Hinteracker, Alexen = Ellernbruch, Schillgallen = Ende der Heide, Eszerningken = Teichdorf, Popelken = am Bruch. An den Wildreichtum Litauens erinnern folgende Ortsnamen: Maschkinnen = Bärendorf, Abschruten = Dachsdorf, Luschningken = Luchsdorf, Stumbragirren = Auerochsendorf, Lappienen = Fuchsdorf, Wanniglauken = Habichtsdorf. Auf die Beschäftigung der Bewohner mit dem Ackerbau weisen folgende Ortsnamen hin: Schaudienen = Strohdorf, Marglauken = Ährenfeld, Schwirgslauken = Buschfeld, Ackmenischken = Steinfeld, Jodlauken

= Schwarzfeld. An Personennamen klingen folgende Ortsnamen an: Geduhnlauken = Feld des Geduhn, Bescharwen = Wohnort der Familie Scharwies. Historischen Ursprungs wären folgende Namen: Bielauken = Streitfeld und Schaltischledimmen = Waldwiese des Schulzen. Aus den litauischen Ortsnamen spricht die Liebe dieses Volksstammes zum Großartigen in der Natur. Es wirkte mehr auf ihn ein als das Schöne und Liebliche, das der Natur ebenfalls eigen ist.

Die masurischen Ortsnamen beziehen sich oft auf den Begründer der Ortschaft. Beispiele dafür wären folgende: Olschöwen von Olschewski, Krzywinsken von Krzywinski, Mitschkowen von Mitzkowski, Lyssen von Lyssa. Auch sind sie wie im Litauischen von der Beschaffenheit des Landes abhängig; so kommt beispielsweise Jesziorowsken, Jesziorken von jezioro = Landsee, Ostrowen, Ostrowken von ostrow = Insel und Baganowen von bagno = Sumpf her. Nach der Färbung des Wassers, je nachdem der See von dunkeln Kiefern umstanden ist, ein dunkleres Wasser hat oder ein helleres in baumfreier Umgebung, sind folgende Ortsnamen gebildet: Czarnen, Czarnowen von czarny = schwarz, Bialla, Biallojahnen, Bialutten von bialy = weiß, Zielonygrond von zielony = grün usw. Auf Lage, Richtung, Höhe, Tiefe der Ortschaft nehmen folgende Namen Rücksicht: Dlugikont, Dluggen, Dlugigrund von długi kąt = lange Ecke, Garbassen von garbaty = buckelig, schief, Miechowen von miechowy = sackartig, Wysokigrond von wysoki = hoch usw. An Tiernamen klingen an: Niedwendzen, Niedzwedzirog, Niedzwetzken an niedźwiedź = Bär, Wilkowen, Wilken, Wilkendorf an wilk = Wolf, Rakowen, Rakowken, Rakownitzen an rak = Krebs usw.

2. Bauart der ostpreußischen Städte und Dörfer.

Die älteren Städte unserer Provinz sind im Durchschnitte nach dem Muster der übrigen norddeutschen Städte erbaut. Das gilt auch von den älteren Stadtteilen unserer Provinzialhauptstadt. Die Straßen sind meist eng und krumm, die Häuser hoch und stehen größtenteils mit den Giebeln nach der Straße. Bei manchen recht alten Häusern findet sich noch die Bauart, daß sie auf der Straßenseite mit einem bedeckten Gange versehen sind, der längs der ganzen Strecke an allen Häusern zusammenhängend fortlaufend den Fußgängern einen passenden Schutz gegen unfreundliche Witterung gewährt. Solche Vorsprünge nennt man „Lauben". Überreste von ihnen finden wir in Heilsberg, Wormditt, Friedland usw. Auch sind hin und wieder noch „Beischläge", massive Treppenveranden, zu sehen. Lauben sowie Beischläge mußten fast alle schwinden, weil der anwachsende Verkehr eine Verbreiterung der Straßen durchaus nötig machte. Die noch vorhandenen liegen meist so, daß sie den Verkehr nicht hemmen. Nicht selten findet man in einigen Städten noch Fachwerkhäuser, mit einer manchmal recht schönen Anordnung des

Holzwerkes. Sehr viele Städte zeigen ferner Überreste ehemaliger Befestigungen, als Wälle, Mauern, Warttürme, Tore usw. Diese Beengung ist aber mit der Zeit beinahe geschwunden. Die Folge davon ist, daß die früher abgetrennten Vorstädte mit den Städten selbst vereinigt sind und durch ihre freiere Lage und modernere Bauart der Häuser der ursprünglichen Stadt ein freundlicheres Aussehen verleihen. In einigen Städten Ostpreußens finden sich noch beredte Zeugen aus der Ordenszeit, und zwar in Gestalt von Kirchen und Burgen. Letztere sind nur selten ganz erhalten zu finden. Oft sieht man nur Teile von ihnen, oft sind sie ganz umgemodelt, oft findet man auch nur winzige Überreste. Die Städte neueren Ursprunges sind weit regelmäßiger, freier und freundlicher erbaut. Das gilt auch von den neueren Stadtteilen. Die modernen Wohnhäuser stehen fast alle mit der Längsseite nach der Straße. Die Front ist geschmackvoll architektonisch verziert. Auch die innere Einrichtung weist gegen die älteren Gebäude manchen Unterschied auf. Vor allen Dingen haben sie den Vorteil heller Treppenaufgänge und Flure.

Die geschlossenen Dörfer schwinden wie in manchen anderen Gegenden, so auch in unserer Provinz immer mehr. Dagegen nehmen die Ausbauten von Jahr zu Jahr zu. Der letztere Umstand läßt sich dadurch erklären, daß einmal so die Bewirtschaftung des Ackers eine leichtere ist, dann aber auch, daß die Feuersgefahr auf dem Ausbau eine nicht so große ist wie im geschlossenen Dorfe. Meistens haben hier die Häuser, die Wohnhäuser nicht ausgenommen, Holz- beziehungsweise Lehm- oder Steinmauern und ein Stroh- oder Rohrdach. Oft findet man bei uns die Wirtschaftsgebäude auch mit Schindeln gedeckt. Von den in neuerer Zeit erbauten Häusern tragen viele massive Dächer. Das ostpreußische Bauernhaus wird in der Regel von dem Besitzer und seiner Familie nebst dem ihm gehörigen unverheirateten Gesinde allein bewohnt. Mitunter pflegt er seine oder seiner Frau Eltern bei sich zu haben, die als Altsitzer ihr Altenteil auf ihrem ehemaligen Grundstücke verzehren. Mancher Bauer besitzt außer seinem eigenen Wohnhause noch ein oder mehrere sogenannte Insthäuser. Die darin vorhandenen Wohnungen werden an Arbeiter, Handwerker oder kleinere Beamte vermietet. Fast alle Häuser sind einstöckig. Nur in Kirchdörfern sieht man vereinzelt zweistöckige, oder solche, in denen auf der Längsseite ein Giebel in dem oberen Stocke zu Wohnungen ausgebaut ist. Die Wohnungen, aus denen man durch eine Tür direkt in den Stall gelangen kann, werden an der Zahl immer geringer. So ist auch hierin in unserer Provinz ein Fortschritt zu verzeichnen. Leider findet man bei uns noch nicht so allgemein wie in Mitteldeutschland sauber abgeputzte Häuser, ordentlich umzäunte Gehöfte und Gärten, auf den Höfen die erforderliche Reinlichkeit. Die Zimmerhöhe läßt bei allen älteren einfachen Häusern viel zu wünschen übrig, ferner sind die Lichtverhältnisse nicht ausreichend. Die Fensteröffnungen sind nämlich viel zu klein.

Eigenartig für das alte ostpreußische Bauernhaus ist der gewaltige Schornstein, der die Mitte des Gebäudes einnimmt und in seinem unteren Teile die Küche beherbergt. Für gewöhnlich erhält diese ihr Licht nur durch die Öffnung des Schornsteinkopfes.

Die neueren Wirtschaftsgebäude sind durchaus praktisch eingerichtet. Die Ställe sind geräumig, hell, sauber und auch mit der genügenden Lüftungsvorrichtung versehen. Der Raum über den Stallungen dient zum Unterbringen des Futters. Fast in allen Fällen bildet ein größeres Bauerngehöft ein Rechteck. Dem Wohnhause gegenüber befinden sich die Scheunen, links und rechts liegen die beiden Ställe, einer davon ist für das Rindvieh und die Pferde bestimmt, der andere und kleinere für Schafe, Schweine, Geflügel. Als Speicher dient in den meisten Fällen der Bodenraum des Wohnhauses, die sogenannte Lucht.

Gegen Feuersgefahr versichert der ostpreußische Besitzer seine Gebäude entweder bei der Ostpreußischen landschaftlichen oder bei der Ländlichen Feuersozietät. Erfreulicherweise nimmt auch die Versicherung des toten und lebenden Besitztums, sowie des Einschnittes zu. Nur die Hausgeräte werden noch selten in die Versicherung mit eingeschlossen. Als Feuerversicherungsanstalten für diese Zwecke dienen verschiedene sichere Privatversicherungsgesellschaften.

3. Allgemeiner Charakter der Ordensbauten.

Nicht gleich von vornherein erbaute der Ritterorden im unterjochten Preußenlande massive Burgen. Nach dem Muster der alten Preußenburgen waren die älteren Ordensburgen von Holz. Der Platz, auf dem die eingenommene und verbrannte Burg des Pruzzivolkes gestanden hatte, wurde eingeebnet und erweitert. Auf die Mitte kam ein hölzerner Turm oder ein Blockhaus hin, ringsherum zog man Gräben und errichtete Holzpalisaden. Diese Burgen waren aber gar nicht klein. Sie konnten einer Besatzung von 200 bis 400 Mann Raum geben. Meistens hatten sie eine, manchmal jedoch mehrere Vorburgen. Diese nahmen zur Zeit eines Krieges auch die umwohnende bedrängte Landbevölkerung in ihren Schutz. Massive Bauten wurden allgemein erst um das Jahr 1260 aufgeführt. Nur ganz vereinzelt zeigen sich schon vorher Steinbauten, wie beispielsweise die Burg Balga, die zwischen 1240 und 1250 in Stein errichtet worden ist. Der Burgenbau ist in Ostpreußen vom Frischen Haff ausgegangen. Je weiter östlich oder südlich eine Burg von diesem Haff liegt, desto jünger ist sie. Eine Ausnahme machen die Burgen des Ermlandes, deren Entstehung erst in die zweite Hälfte des 14. Jahrhunderts fällt.

Jede Ordensburg in ihrer vollendeten Form bildete ein mächtiges Viereck, nicht selten in quadratischer Form von 40 bis 60 m äußerer Seitenlänge.

An den vier Ecken erhoben sich hohe, feste Türme. Der höchste und stärkste entsprach dem Bergfried der Burgen des westlichen Deutschlands. Zu ebener Erde führte nur ein einziges Tor in das Innere der Burg. In bedeutender Höhe zeigten sich die schönen gotischen Fensterbogen. Dicht unter dem Dache zog sich ein Wehrgang hin, der mit Schießscharten versehen war. Durch das Tor gelangte man in den ebenfalls viereckigen Burghof, der infolge der hochanstrebenden vier Burgflügel meistens im Schatten lag. In seiner Mitte befand sich ein tiefer Brunnen, auf dessen Anlage große Sorgfalt verwendet worden war. In der Regel war der Hof von einem zweistöckigen Kreuzgange umgeben. Hier befanden sich die Verbindungstreppen zwischen dem Erdgeschoß und dem oberen Stockwerke. Zu ebener Erde waren in der Ordensburg keine Wohnräume. Hier befanden sich die Pförtner- und Wachtstube, dann eine große Küche mit den nötigen Vorratskammern, und endlich einige Werkstätten. Eine Treppe höher lagen die Räume für die Ordensbrüder. Jede Burg war ja weiter nichts anderes als ein befestigtes Kloster. Über dem Haupteingange war die Kirche. Daran stieß in der Regel der Kapitelsaal. Dann folgten der Erholungsraum für die Ritter, die Konventsstube, das Refektorium oder der Speisesaal, das Dormitorium oder der Schlafsaal und die Räume für die Gebietiger und Gäste. Im Winter wurden diese Gemächer durch eine Zentralheizungsanlage, die sich im Erdgeschosse befand, erwärmt. Das dritte Geschoß diente als Speicherraum, als Waffensöller und der Verteidigung der Burg. Es enthielt zwei Wehrgänge, einen auf der Außenseite, den anderen auf der Hofseite. Den Zugang zu diesem Geschosse hatte man in der Regel vom Bergfried oder einem Eckturm aus. Rings um die Burg lief zuerst ein freier Platz, der die Bezeichnung Parcham führte. Er war von einer starken, oft mit Ecktürmen und Schießscharten versehenen Mauer begrenzt. Vor dem Parcham waren ausgemauerte breite und tiefe Gräben, die durch Stauwerke mit Wasser gefüllt werden konnten. Der Zugang zur eigentlichen Burg, dem sogenannten Hochschloß, erfolgte also stets über eine Brücke, die als Zugbrücke eingerichtet worden war.

Außerhalb des Burggrabens lag die Vorburg. Größere Burgen besaßen mehrere Vorburgen. Jede Vorburg war ebenfalls von Mauer und Graben umgeben. Sie diente also zur Sicherung des Hochschlosses. Hier befanden sich die Pferdeställe für die Ritter und die Briefschweiken. Der Orden unterhielt nämlich geregelte Postverbindungen zwischen seinen einzelnen Burgen. Ferner waren hier die Wohnräume für das Gesinde, Unterkunftsräume für Kreuzfahrer und Söldner, Scheunen und Speicher, Back- und Brauhäuser. Neben der Vorburg lag meistens noch ein Karwan, das war die Rüst- und Schirrkammer der Ritter. Hier verwahrte man die Kanonen, Wagen und Reitzeuge. Zur Vorburg gehörte ferner die Firmarie. Daselbst fanden Kranke und Pilger Aufnahme und Verpflegung. Nicht zu vergessen ist die Ordensmühle, die ebenfalls zur Vorburg gehörte oder sich doch in deren Nähe befand. Schon bei der Anlage der Burg wurde darauf Rücksicht genommen, daß fließendes Wasser möglichst nahe sei. War es aber nicht zum Treiben einer Mühle geeignet, so wurde das nötige Triebwasser oft von recht weit hergeholt. Die Ordens-Baumeister haben sich dabei als hervorragende Künstler auf dem Gebiete des Wasserbaues gezeigt. Noch heute kann man sich von der Vortrefflichkeit ihrer Mühlenanlagen überzeugen. Nicht jede Ordensburg hatte eine Vorburg. Die sogenannten Wildhäuser waren ohne eine solche angelegt.

Außer den Burgen erbaute der Orden auch Kirchen. Diese lagen in einiger Entfernung von dem „Hause", wie die Burg auch genannt wurde. Sie dienten meistens nicht allein dem Gottesdienste, sondern auch der Verteidigung und waren die Fliehburgen für die Landbevölkerung. An den Kirchen der Ordenszeit fällt die Größe und ihr architektonischer Schmuck auf. Die Größe war dadurch bedingt, daß in der Regel mehrere Ortschaften einer Kirche zugeteilt wurden. Ihre Form ist ziemlich übereinstimmend. Sie haben ein größeres rechteckiges Langhaus, daran schließt sich nach Osten ein kleinerer, ebenfalls viereckiger Chor. An der Westseite befindet sich in der Regel ein Turm. Die Decke ist fast durchgehends ein Sterngewölbe. Es ruht in den größeren Stadtkirchen auf einfachen achteckigen Pfeilern, in den kleineren Landkirchen setzt es auf Konsolen aus. Dieses Gewölbe verleiht den Gotteshäusern ein eigenartig erhabenes Gepräge. Altaraufsätze, Kanzel und Chorgestühle tragen häufig reiche Holzschnitzerei und Malerei. Von dem oft kostbaren Altargerät aus der Ordenszeit ist heute wenig mehr vorhanden. In den Zeiten des Unterganges des Ordens wurde es eingeschmolzen oder verkauft. Nicht selten tragen die Wände Wandmalereien, die sich manchmal unter mehreren Schichten der Tünche und im Laufe der Jahrhunderte in bewundernswerter Frische erhalten haben.

II. Das Memelgebiet.

Es umfaßt die Kreise Memel (842,47 qkm), Heydekrug (805,08 qkm), Niederung (893,55 qkm), Tilsit Stadtkreis (33,71 qkm), Tilsit Landkreis (783,08 qkm), Ragnit (1219,53 qkm), Pillkallen (1061 qkm).

1. Der Kreis Memel.

a) Die Stadt.

Geschichtliches. Schon vor Ankunft des Deutschen Ritterordens im Preußenlande soll an der Dangemündung eine Burg gestanden haben, die den Namen Klaipeda, d. h. flache Gegend, führte. Litauer und Szameiten nennen heute noch die Stadt Memel so. Als diese Burg zerstört worden war, erbauten die Ritter auf derselben Stelle 1253 ein festes Schloß, das

Mümmelburgk hieß. Es hatte die Aufgabe, die Vereinigung der kriegerischen Szameiten mit den Samländern zu verhindern und die Zufuhr von Waffen, Salz und Lebensmitteln, die seither auf Schiffen zu den Heiden gelangt waren, abzuschneiden. Die Burg war vierflügelig und hatte an den Ecken je einen starken Turm. Im Jahre 1312 wurde sie noch bedeutend verstärkt. Jetzt ist sie vollständig verschwunden. Der Platz, auf dem sie gestanden hat, wird von der Zitadelle umgeben, die gegenwärtig ohne Bedeutung für die Befestigung der Stadt ist. Schon im Jahre 1253 entstand in der Nähe der Burg ein deutsches Gemeinwesen, das den Namen Memel führte. Memel ist also als die älteste deutsche Ansiedelung in Ostpreußen zu bezeichnen. 1257 erhielt sie das lübische Stadtrecht. Da die Stadt Memel teilweise dem Bischof von Kurland, teilweise den livländischen Schwertbrüdern gehörte, so kam es öfters zu Unzuträglichkeiten. Besser wurde es erst, als beide in den Jahren 1326 und 1328 auf ihr Anrecht zugunsten des Deutschen Ritterordens verzichteten. Dieser ließ die Stadt bedeutend vergrößern. Während der Kämpfe des Ordens mit den Litauern hatte Memel viel auszuhalten. Im Jahre 1457 wurde die Stadt aus Neid von den Danzigern zur See überfallen und verwüstet. Auch später haben die Danziger ihr großen Schaden zugefügt. So haben sie beispielsweise 1520 den Ausfluß der Dange verschüttet und ihn auf längere Zeit unfahrbar gemacht. Im Anfange des 17. Jahrhunderts befand sich Memel eine Zeitlang in den Händen der Schweden. 1640 wurde diese Stadt durch eine furchtbare Feuersbrunst bis auf wenige Häuser in Asche gelegt. Von Brandunglück ist übrigens Memel zu wiederholten Malen heimgesucht worden. Zuletzt geschah es am 4. und 5. Oktober 1854. Die Kirchen sowie 200 Wohnungen in der Stadt und 99 in der Vitte wurden ein Raub der Flammen. Sie hat deshalb heute das Gepräge einer neuen Stadt. Während des Siebenjährigen Krieges war Memel von den Russen besetzt. Am 9. Juni 1802 trafen König Friedrich Wilhelm III. und die Königin Luise zum erstenmal in Memel ein. Am folgenden Tage war eine Zusammenkunft mit dem Kaiser Alexander I. von Rußland. Zur Erinnerung an dieses Ereignis sind die herrlichen Gartenanlagen im Königswäldchen geschaffen worden. In der Unglückszeit nach der Doppelschlacht bei Jena und Auerstädt wurde Memel die letzte Zufluchtsstätte der preußischen Königsfamilie. Sie weilte dort vom 8. Januar 1807 bis 15. Juni 1808. Dem Andenken daran ist der grüne Rasenplatz in Tauerlauken mit der Luiseneiche geweiht. In Memel trat Kaiser Wilhelm I. 1807 als Prinz in die Front ein. Zu den Staatslasten trug Memel in den Jahren 1806 bis 1813 über 390 000 Taler bei, gewiß für damals eine recht beträchtliche Summe. In verschiedenen Kabinettsordern hat Friedrich Wilhelm III. die Treue und Opferfreudigkeit der Memeler Bürgerschaft anerkannt. Am 28. Januar 1807 fand in Memel der Vertrag zwischen England und Preußen statt, in dem letzteres auf Hannover verzichtete. Gleichzeitig wurden die Handelsbeziehungen zwischen beiden Mächten geregelt. Die ungünstige Lage der Stadt im nordöstlichsten Zipfel unserer Monarchie, die nahe und noch dazu völlig gesperrte russische Grenze haben trotz des guten Hafens ihr Emporblühen nicht gestattet. Die Einwohnerzahl geht nicht in die Höhe. Nur der Tatkraft ihrer Bürger ist es zu danken, daß sie nicht in ihrer Größe zurückgeht.

Die Stadt selbst. Memel ist landschaftlich schön gelegen. Am besten zeigt sich die Stadt dem Beschauer von der auf der Nehrung gelegenen Höhe des Sandkruges. Durch die Dange wird sie in zwei Teile geschieden. In dem nördlichen Teile, der Neustadt, befindet sich die Alexanderstraße. Dort stand das Haus — es gehörte damals dem Kaufmann Argelander —, in dem während des Unglücklichen Krieges die königlichen Kinder wohnten. Die Königin Luise hat in dessen Mansardenstockwerk häufig dem Unterricht ihrer beiden ältesten Söhne beigewohnt. Jetzt erhebt sich an der Stelle dieses Hauses das Kaiserliche Postamt, dessen Schalterhalle mit zwei, Kaiser Wilhelms Jugend und Alter darstellenden Bildern geschmückt ist. Das Herrscherpaar wohnte während seines Memeler Aufenthaltes an der Dange bei dem Kaufmann Consentius. Gegenwärtig dient das Haus als Rathaus. Sowohl seine äußere Gestalt als auch die innere Einrichtung der Räume, die dem Königspaare zur Wohnung dienten, sind so erhalten, wie sie damals beschaffen waren. Im Sitzungssaale der Stadtverordneten hängen die Bilder der Königin Luise, ihres Gemahls und dazwischen das ihres Sohnes, des Kaisers Wilhelm I. Die erstgenannten beiden Bilder sind von Gerhard von Kügelgen gemalt worden und wurden dem Kaufmanne Consentius vom Königspaare verehrt. Bei seinem Besuch in Memel am 25. August 1890 hat Kaiser Wilhelm II. dem Bilde seiner Urgroßmutter eine ganz besondere Beachtung geschenkt. Nördlich von der Neustadt liegt die Vorstadt Vitte. In nordwestlicher Richtung gelangt man an dem Lotsenturme vorbei durch die Plantage zum Leuchtturme. Wie die Oberhofmeisterin Gräfin Voß in ihren Denkwürdigkeiten öfters erwähnt, hat die Königin Luise mehrere Male vom Leuchtturm aus die ein- und auslaufenden Schiffe beobachtet und den großartigen Anblick des sturmbewegten Meeres genossen. Südlich von der Dange liegt die Alt- und Friedrichstadt. Die daselbst befindlichen Markt- und Friedrichstraße haben eine ununterbrochene Reihe stattlicher Häuser aufzuweisen. Auf der Haffseite finden sich mächtige Holzplätze und großartige Schneidemühlen. Von der mittelalterlichen Befestigung ist jetzt nur noch sehr wenig vorhanden. Memel hatte drei Tore, das Brücken-, Stein- und Mühlentor. Sämtliche evangelischen Kirchen der Stadt wurden bei dem großen Brande 1854 zerstört. Sie mußten daher neu gebaut werden. Es geschah das unter Benutzung der stehengebliebenen Teile, und zwar nach Stülerschen Entwürfen. Die schönen Giebel an dem schlanken Turme der Johanniskirche sollen sogar nach einer Zeichnung Friedrich

Wilhelms IV. gebaut worden sein. Das Altarbild dieser Kirche, Christus am Ölberg, von A. Bouterwek, ist ein Geschenk dieses Königs. Kaiser Wilhelm I. hat ihr die beiden Holzstatuen Moses und Christus von Alberti gestiftet. Seit dem Jahre 1896 besitzt Memel ein Kaiser Wilhelm-Denkmal. Es steht auf einem 3 m hohen polierten Granitsockel. Das Standbild selbst ist 2,70 m hoch. Die Reliefs am Sockel stellen Ereignisse aus dem Leben Wilhelms I. während seines Memeler Aufenthaltes dar. Das Denkmal ist von dem Bildhauer R. Bärwald modelliert worden. Es befindet sich in der schönsten Straße der Stadt, der Alexanderstraße, und ist ein Geschenk des Kommerzienrates Wilhelm Pietsch an die Stadt Memel. Gegenüber dem Rathaus erhebt

Memel: Denkmalsplatz mit Börse und Rathaus.

sich das Nationaldenkmal. Es wurde am 23. September 1907 in Gegenwart des Kaiserpaares enthüllt und stellt die Borussia dar, die in neuerwachter Kraft ihre Fesseln sprengt. Auf dem haarumwallten Haupte trägt sie den Adlerhelm. In der rechten Hand hält sie das schlachtbereite Schwert, in der linken Schild und Feldzeichen mit der Inschrift Borussia. Das Feldzeichen stützt sie auf eine zerhauene Schandsäule, auf deren Ketten ihr Fuß tritt. Die Figur hat eine Höhe von 4,20 m und steht auf einer kannelierten Säule aus schlesischem Granit. An der Säule befinden sich vier Bronzemedaillons, die mit Festons verbunden sind. Vorn zeigt sich das Doppelbildnis von Friedrich Wilhelm III. und der Königin Luise, während die anderen Medaillons Inschriften tragen. Um das Denkmal befinden sich neben Ruhebänken auf

Hermensäulen die Bronzebüsten der Männer, die 1807 dem Königspaare treu zur Seite standen, nämlich Stein, Hardenberg, Schön, Schröter, Scharnhorst, Gneisenau, York und Dohna. Der Schöpfer des Denkmals ist der Professor Peter Breuer. In der Aula des Gymnasiums in der Töpferstraße hängt ein schönes Bild der Königin Luise. Es stellt sie dar als Braut in der Tracht der damaligen Zeit und ist der Anstalt durch Kaiser Wilhelm II. geschenkt worden. Das Siegel der Stadt zeigt zwei Seebaken, in deren Mitte sich ein Turm erhebt. Darunter erblickt man ein Boot mit der Umschrift in alten Mönchslettern: Sigillium Burgensium de Memela.

Die Borussia des Nationaldenkmals in Memel.

Berühmte Memeler. 1. Simon Dach wurde am 29. Juli 1605 zu Memel geboren. Wenn er in seinen dichterischen Leistungen auch oft überschätzt worden ist, so sind doch alle Literarhistoriker darin einig, daß er eine seltene Schöpfergabe besessen, und daß von seinen Zeitgenossen weder Opitz noch Fleming Lieder geschaffen haben, die sich seinen besten an die Seite stellen lassen. In seinen geistlichen Liedern steht er so hoch, daß ihn selbst Gervinus dicht nach Paul Gerhard rangiert. Zwar ist die Zahl seiner besseren Gedichte nur klein. Sie reicht aber immerhin aus, um ihm für alle Zeiten einen Namen zu machen. Unvergessen wird sein Volkslied bleiben: „Anke von Tharau ös, de my gefôllt.“ Was die Dachschen Gedichte so vorteilhaft vor denen seiner viel berühmteren Zeitgenossen Opitz und Fleming auszeichnet, ist das melodiöse Wesen, das in ihnen schlummert. Die traurigen Verhältnisse, unter denen Dach lebte, vor allem seine geringe Besoldung (die von ihm bekleidete Professur brachte nur ein Jahreseinkommen von 100 Talern, nebst etwas Holz und Korn), ließen keine volle Entfaltung seines Talentes zu. Gar oft mußte er durch Gelegenheitsgedichte sein Brot verdienen. Doch auch die auf diese Weise entstandenen poetischen Erzeugnisse tragen das Gepräge ernsten Strebens an sich.

Simon Dach.

Nach jahrelangem Krankenlager starb Dach am 15. April 1659. Dem Dichter zum Gedächtnisse hat die Stadt Memel einen Simon Dach-Brunnen errichten lassen. Sein Schöpfer ist der Bildhauer Künne in Berlin. Außerdem befindet sich ein aus Ton gebranntes Bildnis Dachs an der äußeren Westseite des Turmes der Johanniskirche.

2. Friedr. Wilh. Aug. Argelander wurde am 22. März 1799 ebenfalls zu Memel geboren. Er war Astronom und als solcher zuerst Bessels Gehilfe an der Königsberger Sternwarte. Im Jahre 1832 siedelte er nach Helsingfors über, wo er den Bau der neuen Sternwarte leitete. Darauf folgte er 1837 einem Rufe nach Bonn, wo ihm abermals die Aufgabe zuteil wurde, eine Sternwarte einzurichten. Am 17. Februar 1875 ist er zu Bonn gestorben. Als sein größtes wissenschaftliches Werk gilt die vollständige Ortsbestimmung aller Sterne bis zur neunten Größe nördlich vom Äquator, dazu gab er auch Sternkarten heraus.

Das Lepraheim. In der Plantage liegt das Kgl. Lepraheim. Es wurde im Jahre 1899 erbaut und besteht aus einer Abteilung für männliche und einer für weibliche Kranke. Beide sind mit dem in der Mitte stehenden Wirtschaftsgebäude durch gedeckte heizbare Gänge verbunden. Die Anstalt gestattet die Aufnahme von 20 Leprakranken und 2 Lepraverdächtigen. Im Jahre 1910 befanden sich dortselbst 17 mit dem Aussatze behaftete unglückliche Menschen. Die Kranken stammen aus allen Teilen des Deutschen Reiches. Das Lepraheim wird geleitet von einem Kuratorium, bestehend aus dem Landrat und dem Kreisarzt. In der Nähe der Baulichkeiten befinden sich gärtnerische Anlagen mit geschmackvollen Blumen- und Rasenbeeten, mit wohlgeordneten Gängen und schönen Baumgruppen. Durch liebevollen und gütigen Zuspruch der Anstaltsleitung, der Schwestern und der zuständigen Geistlichen ist es gelungen, die infolge ihres jammervollen, unheilbaren Leidens oft recht unwilligen und schwer zu behandelnden Kranken zu beruhigen und diesen Ärmsten der Armen ihr trauriges Schicksal zu erleichtern. Es herrscht der Geist des Friedens in der Anstalt. Man kann wohl sagen, daß sich die Hoffnungen, die bei der Errichtung auf sie gesetzt wurden, im allgemeinen erfüllt haben.

b) Sonstige Ortschaften.

Nördlich grenzt an die Stadt Memel der Vorort Bommelsvitte, der größtenteils von Fischern bewohnt wird. Durch die Plantage führt ein schattiger Fußweg nach dem Seebade Försterei. Man kann jedoch dieses Bad auch mit der Eisenbahn erreichen. Etwas nördlich vom Leuchtturme zieht sich etwa 4 km am Seestrande das Fischerdorf Mellneraggen hin. Eine Allee verbindet die Stadt über das Königswäldchen mit Tauerlauken. Dort hat die Königin Luise unter dem Schatten einer mächtigen Eiche, der jetzigen „Luiseneiche“, oft mit ihrem Gemahl und ihren Kindern den Tee eingenommen und ihrem Gatten am 3. August 1807, an seinem Geburtstag, ein schönes Fest veranstaltet. Heute erhebt sich unter der Eiche zur Erinnerung an diesen Geburtstag ein eigenartiges Denkmal. Es besteht aus Findlingsblöcken. Der oberste Stein ist etwa 1 m hoch und trägt das Reliefbild der Königin mit der Inschrift: Dem Andenken des 3. August 1807. Die Mitglieder unseres Königshauses haben es bei ihrem gelegentlichen Aufenthalt in Memel nie verabsäumt, Tauerlauken zu besuchen. Kaiser Wilhelm II. weilte dort am 25. August 1890. Südlich der Stadt zieht sich langgestreckt am Haff, an der Schmelz (Schmeltelle) und am König Wilhelm-Kanal der Vorort Schmelz hin. Er besitzt eine größere Anzahl Schneidemühlen und Fabrikanlagen. Südöstlich lehnt sich der Vorort Janischken an die Stadt an. Auf der gegenüberliegenden Nehrungsspitze, die mittels eines Fährdampfers zu erreichen ist, befindet sich der Sandkrug. Als in früheren Zeiten die Poststraße von Königsberg nach Memel und darüber hinaus nach Libau noch über die Kurische Nehrung führte, da mußten sich hier die Reisenden übersetzen lassen. Bei Sturm und Eisgang war das oft recht schwierig, manchmal für einige Tage unmöglich. Sie mußten dann solange unfreiwilligen Aufenthalt im

Sandkrug nehmen. Bei einer solchen Gelegenheit dichtete Kotzebue das Lied: „Es kann ja nicht immer so bleiben". Früher befand sich auf der Nehrungsspitze auch ein Fort, das aber 1897 aufgegeben worden ist. An der Bahn von Memel nach Bajohren liegt anmutig am Dangetale das nördlichste Kirchdorf Ostpreußens, Dt. Crottingen, und ungefähr 7 km nordwestlich davon das nördlichste Dorf unserer Provinz, Nimmersatt. Es hat eine gewisse Bedeutung seines Schmuggelhandels wegen. Seine n. Br. beträgt 55° 54′. 22 km südlich von Memel liegt der Marktflecken Prökuls. Hier überschreitet die alte Straße, die von Tilsit nach Memel führt, die Minge, hier wird auch dieser Fluß schiffbar. Der Ort dehnt sich auf einer Anhöhe neben dem Mingetal aus. Er hat einen lebhaften Verkehr. An dem dortigen Gerichte hat der Dichter Ernst Wichert längere Zeit als Richter gewirkt. In Prökuls hat er den Stoff zu seinen „Litauischen Geschichten" gesammelt, als deren beste Ansas und Grita gilt. Die Litauischen Geschichten gehören zu dem Schönsten, was wir dem Dichter Wichert zu verdanken haben. Selten hat jemand mit kurzen Worten die Litauer in ihrer Eigenart so treffend geschildert, als es Wichert in dem Vorworte zu diesen Geschichten getan hat. Nordöstlich von Prökuls nahe an der Minge finden wir das Kirchdorf Dawillen. Die aus Feldsteinen erbaute Kirche wurde 1862 eingeweiht. Eigentümlich erscheinen im Kreise Memel die Ortschaften, die zwei Namen, darunter einen männlichen Vornamen, tragen, z. B. Hoppen-Michel, Szilgallen-Bartel, Gibbischen-Martin, Stallis-Hans, Darguszen-Görge usw. Allerdings kommen diese Namen auch noch weiter südwärts vor.

2. Der Kreis Heydekrug.

Der Marktflecken Heydekrug ist Kreisort des gleichbenannten Kreises und liegt an der Sziesze, die von hier ab schiffbar wird. Er hat schon im 15. und 16. Jahrhundert eine lebhafte Handelstätigkeit entwickelt. Heydekrug besitzt regelmäßigen Dampferverkehr mit Königsberg und Tilsit und hat außerdem auch gute Eisenbahnverbindungen. Infolgedessen kann dieser Ort erfolgreiche Handelsbeziehungen zwischen dem Höhenland und der benachbarten Niederung unterhalten. Die Ortschaften Szibben und Werden liegen in geringer Entfernung von Heydekrug. An Einwohnerzahl überragt Szibben die beiden Nachbarorte. Hinsichtlich des Handels spielt jedoch Heydekrug die erste Rolle. Besonders bedeutend ist der Vieh- und Schweinehandel. Heydekrug hat große Wochenmärkte. Auf diesen hört man fast ausschließlich litauisch sprechen. Die evangelische Kirche befindet sich in Werden. Sie ist im Stile der Basilika erbaut. Szibben hat eine katholische Kirche. Das Landratsamt mit den meisten Kreisbehörden hat seinen Sitz in Heydekrug.

In Matziken bei Heydekrug wurde am 30. September 1857 der Schriftsteller und Dichter Hermann Sudermann als Sohn eines Brauereibesitzers geboren. In Elbing und Tilsit hat er die Schule besucht. Kurze Zeit lernte er als Apotheker. An den Universitäten Königsberg und Berlin hat er studiert. Darauf war er längere Zeit in Berlin als Schriftsteller tätig, zog aber 1894 nach Dresden. Jetzt wohnt er abwechselnd in Dresden und in Berlin. Seine Romane und Novellen, aber auch Dramen, spielen vielfach auf ostpreußischem Boden und enthalten gerade in dieser Beschränkung Meisterwerke der Schilderung und Seelenmalerei. Seine Berühmtheit erwarb er sich mit dem Drama Die Ehre und dem Roman Frau Sorge. Von seinen weiteren Dramen sind besonders zu nennen: Sodoms Ende, Die Heimat, Morituri, Sturmgeselle Sokrates, Johannisfeuer und Strandkinder, dessen Schauplatz Hela ist.

Ruß ist der größte Ort des Kreises Heydekrug. Er liegt auf einer Anhöhe zwischen Atmath und Pokallna, dehnt sich aber noch mehrere Kilometer weit am linken Ufer der Atmath aus. Ruß treibt regen Holzhandel. Das Holz kommt hauptsächlich aus Rußland hierher. Allerdings ist dieser Handel nicht mehr so lebhaft wie früher. In dem Orte findet sich eine ganze Anzahl von Schneidemühlen. Er erhielt Bedeutung, als um das Jahr 1770 der Memeler Holzhandel aufzublühen begann. Die Memeler Holzhändler gestalteten Ruß gewissermaßen zu ihrem Vorhafen und machten dort Spediteure für den Holzhandel ansässig. Wenn die Holztraften auf das Haff hinaus mußten, so war es erforderlich, daß sie vorher in Ruß fester gekoppelt wurden. Oft mußten sie auch hier überwintern. Es wurden in Ruß in manchen Jahren durch die Spediteure Hölzer für 4 bis 6 Millionen Mark erstanden. Die von Rußland kommenden, mit Getreide beladenen Wittinnen konnten sich auch nicht auf das Haff hinauswagen. Das Getreide mußte für die Fahrt nach Memel auf Kähne umgeladen werden. Auch das kam Ruß zustatten. Anders wurde es nach Fertigstellung des König Wilhelm-Kanals. Ruß hatte von dem Kanal manche Nachteile, während er Memel große Vorteile brachte. Einigen Ersatz erhielt Ruß durch den Bau der Staatschaussee, die nach Heydekrug führt und 1872 dem Verkehr übergeben wurde. Der Ort konnte sich dadurch einigermaßen auf seiner Höhe halten. Wie schon früher, so ist er auch heute noch für den Fischhandel von großer Bedeutung. Er bildet in gewissem Sinne den Mittelpunkt der benachbarten Fischerdörfer Sziesze, Skirwieth, Ackminge, Warruß, Jodekrandt, Tatamischken usw. Besonders werden im Herbste viele Quappen, Ukelei, Zander und Neunaugen gefangen. Ruß besitzt eine bedeutende Neunaugenrösterei. Leider hat der Lachsfang in der seichten, versandeten Skirwiethmündung völlig aufgehört. (Siehe Seite 141 und 268!) Vielfach hat Ruß unter Überschwemmungen zu leiden gehabt, am schlimmsten im Jahre 1888. In dem unteren Teile des Dorfes wurden damals entsetzliche Verwüstungen durch das Wasser angerichtet. Um den Ort in Zukunft gegen Wassersnot zu schützen, wurde bald danach unterhalb der Atmathfähre ein 5 km langer Damm gebaut. Auch suchen jetzt Eisbrecher eine offene Rinne herzustellen, damit Eisverstopfungen verhindert werden. Ein mächtiger Steindamm an der Abzweigung der Skirwieth soll bezwecken, daß die Hauptwassermenge der Atmath zugeführt werde. Dadurch erhält diese eine stärkere Strömung und somit auch eine größere Tiefe. Bis jetzt haben sich nämlich in der unteren Atmath bei dem schwachen Gefälle viele Sinkstoffe abgelagert. Dadurch wurde sie von Jahr zu Jahr flacher, und die erforderliche Schiffahrtstiefe konnte nur durch kostspielige Baggerarbeiten erreicht werden. Ruß unterhält einen lebhaften Dampferverkehr mit Memel, Tilsit, Königsberg, Heydekrug, Karkeln, Minge, Michelsakuten (a. d. Minge), Schwarzort. Außerdem besteht eine rege Postverbindung, auch für den Personenverkehr, mit Heydekrug. Die Überfahrt über die Atmath wird durch Fährbetrieb aufrechterhalten. Manchmal besorgen sogar drei Fähren die Verbindung von Ufer zu Ufer. Zur Zeit der Heuernte genügen selbst diese nicht dem Andrange. Der Bau einer festen Brücke steht deshalb in sichere Aussicht.

Zu beiden Seiten der Pokallna zieht sich eng an Ruß anschließend die Ortschaft Pokallna hin. Zu ihr gehören größere Wiesen. Die Bewohner dieses Dorfes nehmen Vieh aus anderen Dörfern auf die Weide und haben dadurch einen guten Verdienst. Sonst beschäftigen sie sich mit Gemüsebau und Fischerei. Dasselbe gilt von den Bewohnern des Dorfes Warruß, das am Warrußarme gelegen ist. An der Atmathmündung befindet sich das Gut Kuwertshof. Hier ist ein großes Pumpwerk zur Entwässerung der in der Nähe gelegenen Dumbelwiesen. Zwischen Ruß und

Das Pumpwerk Kuwertshof.

Heydekrug dehnt sich die Kolonie Bismarck aus. (Siehe Seite 178!) Von Ruß aus läßt sich ohne große Mühe das ostpreußische Elchrevier erreichen. Südlich von dem Dorfe Skirwieth dehnt sich der Ibenhorster Forst aus. An der Mündung des Karkelstromes, und zwar zu beiden Seiten des Flusses, liegt das Kirchdorf Karkeln. Zur Zeit des Hochwassers bildet nicht nur die ganze Ortschaft, sondern fast jedes Haus eine Insel. Man nennt Karkeln daher nicht mit Unrecht das kurische Venedig. Die schon von weitem auffallenden roten Ziegeldächer bekunden hier eine größere Wohlhabenheit als in den meisten anderen Haffdörfern. Bedingt ist sie durch den lebhaften Verkehr, der in Karkeln herrscht. Es sind dort sehr gut besuchte Wochenmärkte. Karkeln ist durch eine Chaussee mit den höher gelegenen Niederungsdörfern Kallningken, Schakuhnen, Kaukehmen verbunden. In der nächsten Zeit soll die Kleinbahnstrecke Britannien—Kaukehmen bis nach Karkeln verlängert werden. Rings um

Karkeln dehnen sich gewaltige Wiesenflächen aus, die vor einigen Jahren eingedeicht worden sind und nun teilweise auch dem Ackerbau dienen.

Auf der Windenburger Ecke liegt Windenburg. Hier stand eine Ordensburg, die 1360 erbaut wurde. Sie sollte zur Sicherung der Haffküste und der Rußmündung gegen die Einfälle der Litauer dienen. Die Burg ist, ebenso die Kirche, von den Wogen des Haffes verschlungen worden. Wann das geschehen ist, läßt sich nicht mit Sicherheit feststellen. Windenburg hat ein Haffleuchtfeuer. Das Licht befindet sich in einem dunkelbraunen, achteckigen massiven Turme. Das heutige Windenburg liegt nicht auf der äußersten Spitze des Vorsprunges, die durch Steinpflasterung gegen die Brandung geschützt ist, sondern etwa 2 km nordwärts. Früher reichte die Windenburger Ecke weiter in das Haff hinein. Nördlich von Windenburg gelangen wir zu dem Kirchdorfe Kinten. Man nimmt an, daß die dortige Kirche seit dem Jahre 1709 besteht. Kurze Zeit nachdem die Windenburger Kirche untergegangen war, begab sich ihr Pfarrer Wittich nach Kinten und begründete hier ein neues Kirchspiel. Sein Bildnis hängt noch heute in der Kintener Kirche. An der Chaussee von Kinten nach Heydekrug liegen die Ortschaften Szieszgirren und Neurugeln. Es sind das Kolonien im Augstumalmoor. Neurugeln wurde 1878 angelegt und hat gegenwärtig bereits über 400 Einwohner. Die günstige Lage an der Krakerorter Lank hat diese Kolonie zum Mittelpunkte des gesamten dortigen Moorgebietes gemacht. Weiter befinden sich in diesem Moore die Dörfer Augstumal und Wabbeln, die schon in den zwanziger Jahren des vorigen Jahrhunderts angelegt worden sind. Im Südwestzipfel des Kreises liegt das Kirchdorf Kallningken. Das erste Gotteshaus dortselbst wurde 1677 auf Befehl des Großen Kurfürsten erbaut.

3. Der Kreis Niederung.

Der Marktflecken **Heinrichswalde** ist der Hauptort des Kreises Niederung, der ebenso wie der Kreis Heydekrug keine Stadt enthält. Seit 1818 ist Heinrichswalde der Sitz eines Landrates. Rings um den Ort befindet sich der fruchtbarste Boden der Linkuhnen-Seckendorfer Niederung. Heinrichswalde hat einen lebhaften Verkehr. Bedingt wird er durch die Anzahl von Chausseen, die hier zusammentreffen, ferner durch die Eisenbahn, die von Tilsit nach Königsberg führt. Die Niederungserzeugnisse können deshalb diesem Orte leicht zugeführt, aber von ihm aus auch bequem verschickt werden. Er zeigt ein durchaus städtisches Gepräge. Die Kirche ist von 1867 bis 1869 in gotischem Stil erbaut worden und gehört zu den schönsten Gotteshäusern der Provinz.

In nordwestlicher Richtung von Heinrichswalde liegt das Kirchdorf Neukirch, das früher aus Neukirch-An Ziegelberg und Neukirch-Joneikischken bestand. Die Kirche ist aus Feldsteinen erbaut. In Sköpen befindet sich, und zwar erst seit 1885, die einzige feste Brücke über die Gilge. Sie führt die Chaussee Heinrichswalde—Neukirch—Kaukehmen—Ruß über den Strom. Geht man von Sköpen an der Gilge stromabwärts, so gelangt man nach Lappienen = Fuchsdorf. Die dortige Kirche ist achteckig. Sie wurde 1701 erbaut und soll eine Nachbildung der Berliner Hedwigskirche sein. In ihrem Gewölbe steht nebst vielen anderen Särgen auch der des Wolf Christoph Freiherrn von Truchseß-Waldburg, des zweiten Gemahls der Erbauerin des Großen Friedrichsgrabens. Auch sie ist hier beigesetzt. In der Nähe von Lappienen liegt Rautenburg. Das Schloß Rautenburg ist im Jahre 1673 von Katharina von Waldburg, der eben genannten Schöpferin des Großen Friedrichsgrabens, erbaut worden. Weiter unterhalb von Schloß

Rautenburg finden sich mehrere Ortschaften, die sich um den Marktflecken Seckenburg gruppieren. Er bildet gewissermaßen die Grenze zwischen der eingedeichten und der tiefen Niederung. Die Wochenmärkte sind dortselbst sehr besucht. Die Ortschaften, die in der Nähe von Seckenburg liegen, sind Kl. und Gr. Kryszahnen, Kl. Friedrichsgraben und Elbings-Kolonie. Bis zur Kreisgrenze, also bis Marienburg, erstrecken sich weitläufig erbaut die Dörfer Tawellningken und Schaugsten. In der Nähe der Schnecker Forst liegt Gr. Friedrichsdorf mit einer freundlichen Kirche. Bereits im Großen Moosbruch finden wir das Kirchdorf Lauknen, auf einem schmalen, kieshaltigen Landrücken gelegen. Nördlich von der Gilge, und zwar in der Nähe der Ruß, findet sich eins der größten Niederungsdörfer, nämlich Kaukehmen. Es hat stadtähnliches Gepräge. Die Umgegend von Kaukehmen ist sehr fruchtbar. An dem östlichen Ende Kaukehmens liegt die königliche Domäne Kuckerneese. In dem bekannten Winterfeldzuge hat der Große Kurfürst die Schweden nach der Schlacht bei Splitter aus der Niederung vertrieben und in Kuckerneese sein Quartier gehabt. Im Unglücklichen Kriege mußte Kaukehmen durch die Franzosen schwer leiden. In dem benachbarten Klooken ist in der Ruß ein Winterhafen errichtet. Am Haff liegen die Dörfer Gilge, Tawe, Kl. und Alt Inse und Loye. Dort sieht man häufig am Sonntage die in zwei Reihen aufgefahrenen Keitelkähne mit ihren schlanken Masten und eigenartigen Flaggen. Inse besitzt eine achteckige Holzkirche, die nach dem Muster der Lappiener Kirche erbaut ist. Eine seltsame Welt offenbart sich in jenen Dörfern dem Fremden. Dort stehen noch Hallenhäuser von altlitauischer Art, mit ebenso alten Ausstattungsstücken. Die Wohnhäuser sind vielfach ohne Schornstein. In der Küche hängt noch der Kessel an einer verschiebbaren eisernen Stange. Die Bewohner nähren sich meistens von Fischfang, Gemüsebau und Heugewinnung. Die Wirtschaftsgebäude bestehen nur aus Stallungen und Heuschobern. Scheunen hat man dort nicht. Die Dörfer tragen alle das Gepräge einer gewissen Wohlhabenheit an sich. Wohl nirgends in unserer Provinz sind aber die Menschen so von den Stätten der Kultur abgeschnitten wie hier. Nicht ganz mit Unrecht hat man diese Gegend das ostpreußische Sibirien genannt. In dem südlichen, höher gelegenen Teile der Niederung ist vor allem der Marktflecken Skaisgirren zu nennen. Er hat einen sehr lebhaften Verkehr. 1807 wohnte hier Napoleon in der Pfarrwiddim. Die Kirche wurde als Pferdestall und als Wagenremise benutzt. In der Umgegend finden sich viele reiche Bauerndörfer. Der Name Skaisgirren wird mit Lichtenhain übersetzt. Seit 1901 hat Skaisgirren ein würdiges Kriegerdenkmal. Auf einem 1 m hohen Fundament aus Feldsteinen erhebt sich eine 5 m hohe Pyramide aus hellem Granit. Auf der Vorderseite befindet sich ein Eisernes Kreuz, umgeben von einem Lorbeerkranze, beides aus echter Bronze gefertigt. Darunter steht auf dunkelpolierten Feldern folgende Inschrift: „Den ruhmvollen Kämpfern für Deutschlands Einheit."

Kirche in Lappienen.

4. Stadt- und Landkreis Tilsit.

a) Die Stadt.

Geschichtliches. Im Jahre 1408 erbaute der Orden an der Mündungsstelle der Tilse in den Memelstrom ein Schloß, in dessen Schutz bald eine Siedelung entstand, die sich rasch zum Marktflecken entwickelte. Herzog Albrecht erhob 1552 den Flecken zur Stadt, die anfangs auch Tilse hieß[1]). Im Jahre 1537 hatte er das inzwischen zerstörte Schloß wieder aufbauen lassen. Später wurde es von Bastionen umgeben. 1805 gingen die noch vorhandenen Teile in Privatbesitz über. Der nördliche Schloßflügel diente als Vergnügungsraum. Später zog das Land- und Stadtgericht dort ein. Im Jahre 1873 wurde eine Papiermühle daselbst eingerichtet, die jedoch 1876 abbrannte. Jetzt sind von dem ehemaligen Ordenshause nur bescheidene

Das Luisenhaus in Tilsit. Rechts der Turm der deutsch-evangelischen Kirche.

Überreste vorhanden. Die glückliche Lage an der „Wurzel des Memeldeltas" bedingte das schnelle Wachstum der Stadt. Schon 1728 bezeichnete man sie nach Königsberg als die wichtigste Handelsstadt Preußens. Ihre Bedeutung nahm erst recht zu, als seit 1833 die russische Poststraße nicht mehr über die Kurische Nehrung, sondern von Königsberg über Tilsit und Tauroggen nach Petersburg geführt wurde. Eine große Berühmtheit hat Tilsit durch den Friedensschluß erreicht, der dem Unglücklichen Kriege von 1806/07 ein Ende machte. Während der Friedensverhandlungen vom 28. Juni bis 9. Juli 1807 diente das Haus Schloßmühlenstraße 11, das jetzige Luisenhaus, dem Könige Friedrich Wilhelm III. als Absteigequartier. Es gehörte damals einem Müller namens Hubert. Hierher kam am 6. Juli, nachmittags 5 Uhr,

[1]) Der Name Tilsit ist aus Tilžyte = Tilschen, dem litauischen Diminutiv für Tilse, entstanden.

von Piktupönen auch die Königin Luise und hatte daselbst ihre berühmte Unterredung mit Napoleon, in der sie für Preußen um günstigere Friedensbedingungen bat. Auch am 7. Juli war sie noch dort, da sie an diesem Tag einer Einladung Napoleons zu einem Essen folgen mußte. Napoleon kam schon am 19. Juni nach Tilsit. Anfangs wohnte er auf der damaligen Domäne An Ballgarden[1]). Nachdem aber der Waffenstillstand zu Piktupönen abgeschlossen worden war, zog er in die Stadt und wohnte in der Deutschen Straße Nr. 24. Am 7. und 9. Juli wurde auf dem Memelstrom auf einem großen, aus Balken erbauten Floß, auf dem sich ein Zelt erhob, von dem Könige Friedrich Wilhelm III., den Kaisern Alexander von Rußland und

Das Schenkendorf=Denkmal in Tilsit.

Napoleon der in der Geschichte Preußens ewig denkwürdige Tilsiter Frieden unterzeichnet, und zwar am 7. Juli zwischen Napoleon und Alexander und am 9. Juli zwischen Napoleon und Friedrich Wilhelm III. An den Rückzug der Franzosen aus Rußland 1812 erinnert der Brückenkopf auf der rechten Seite des Flusses. Sie errichteten dortselbst Schanzen, um die Russen aufzuhalten und die fliehende Armee zu decken. Diese Sicherheitsvorkehrungen nützten jedoch nichts, da ihnen die Russen zu schnell auf den Fersen waren. Noch heute sind die Wallgräben zu sehen. Zwischen ihnen steht jetzt ein gut besuchtes Gasthaus.

Die Stadt selbst. Nicht mit Unrecht hat man den Lageplan der Stadt Tilsit mit der Form eines Fächers verglichen, dessen Hauptstäbe, die Hohe

[1]) Jetzt Schützenheim, am Teiche gelegen.

und die Deutsche Straße, in der Nähe der festen Brücke und des alten Schlosses zusammenlaufen. Sie befinden sich in der Rechtstadt. Andere, aber später entstandene Stadtteile sind die Meerwisch, der Anger, Westend, Hospitalwerder und die Freiheit. Am Meerwischpark erhebt sich seit 1911 eine neue stattliche Kirche mit Glasmalereien und einem schönen Geläute. Tilsit ist eine sehr lebhafte Stadt und hat in mancher Hinsicht ein großstädtisches Gepräge. In der Nähe des Bahnhofes liegt der mächtige Bau der Dragonerkaserne. Am Anger erhebt sich das stattliche Theater. Ein sehenswertes Gebäude ist auch das mit einem Turme gekrönte Rathaus. An Schulgebäuden, die dem Fremden durch ihre Größe und Ausstattung auffallen, sind besonders das Gymnasium, die Knaben-Mittelschule, die 1906/07 erbaute Provinzial-Taubstummenanstalt und die Neustädtische Volksschule zu nennen. Unter den Kirchen ist vor allem die 1610 fertiggestellte deutsch-evangelische Kirche zu erwähnen. Ihr Turm ist von beachtenswerter Schönheit. Er hat Napoleon so sehr gefallen, daß er seinen Kuppelaufsatz nach Paris hat mitnehmen wollen. Ein eigenartiges Bauwerk ist die von 1757 bis 1760 errichtete litauische Kirche. Sie hat eine länglichrunde Form. Der Turm erhebt sich aus der Mitte des Daches heraus. Sowohl der russische Gouverneur Baron von Korff als auch die russische Kaiserin Elisabeth Petrowna haben zu diesem Bau Geld beigesteuert. Vor dem von 1752 bis 1755 erbauten Rathause liegt der Schenkendorfplatz. Er verbindet die Hohe und die Deutsche Straße. Auf ihm steht seit 1890 das Schenkendorf-Denkmal. Auf einem Stufenbau, der ein eisernes Gitter trägt, erhebt sich in einer Höhe von $3\frac{1}{2}$ m der aus rotem Granit hergestellte, polierte Sockel. Darauf steht das 2,80 m hohe Bronzestandbild des „Kaiserherolds“. Die Rechte hat er zum Schwur erhoben. Mit der Linken drückt er seine Lieder ans Herz. Das Ganze ist „ein prächtiges Bild jugendlicher Manneskraft, hochstrebenden Sinnes und entschlossenen Wollens“. Auf der einen Seite des Sockels befindet sich die Inschrift: Max v. Schenkendorf, geb. in Tilsit am 11. Dez. 1783, gest. in Coblenz am 11. Dez. 1817. Die gegenüberliegende Seite trägt des Dichters Schwur an den Turnvater Jahn:

Ich will mein Wort nicht brechen,
Will predigen und sprechen
Vom Kaiser und vom Reich.

Das Denkmal ist eine Schöpfung des Breslauer Bildhauers Martin Engelke, der von Geburt Tilsiter ist. Unweit der Stelle, wo auf der Memel 1807 der Friede des Unglücklichen Krieges geschlossen wurde, spannt sich seit 1907 die 416 m lange Königin Luisen-Brücke über den Strom. Der eiserne Überbau ruht auf sieben Pfeilern. Die Fahrbahn ist 7,20 m breit und mit Granitsteinen gepflastert. Die beiden außenliegenden Fußwegbahnen haben je eine Breite von 1,75 m. Die Brücke mit ihrem herrlichen Portal gereicht

Ansicht von Tilsit. Auf der Memel zahlreiche Holztraften.

der Stadt zur großen Zierde. Die ehemalige Schiffbrücke ist durch sie überflüssig geworden. Jetzt kann zu jeder Zeit die Landbevölkerung des rechten Memelufers die Stadt Tilsit erreichen. Am Ende der Lindenstraße liegt das Kleinod Tilsits, der Park Jakobsruh. Einst war hier ein Bruch und eine Sandsteppe. In den zwanziger Jahren des vorigen Jahrhunderts wurde der Park angelegt. Jetzt finden sich in ihm schöne Baumgruppen, schattige Wege und herrliche Rasenplätze. In seinem dunkeln Fichtengrün erhebt sich das im Jahre 1900 enthüllte Denkmal der Königin Luise. Die etwas über 3 m hohe, aus karrarischem Marmor hergestellte Bildsäule steht auf einem fast 5 m hohen runden Sockel. Die Königin trägt ein Empiregewand. Ihr Haupt ist mit einem Diadem geschmückt. In der Rechten hält sie einen Strauß von Kornblumen und Ähren. Mit der Linken faßt sie den herabfallenden Mantel. Das Denkmal ist aus der Künstlerhand des Bildhauers Gustav Eberlein hervorgegangen. In Jakobsruh hat die Litauische literarische Gesellschaft ein litauisches Haus errichten und es zu einem litauischen Museum herstellen lassen. Es ist aus Holz in der Form des alten Hallenhauses erbaut und mit Stroh gedeckt. Auf den Dachgiebeln trägt es die in Litauen eigenartigen Pferdekopfverzierungen. Die Haustür ist quer in der Mitte geteilt. Fenster und Fensterläden sind blau gestrichen. Der große Flur halbiert das Innere. In jeder Hälfte befinden sich zwei Zimmer. Im Flur liegt die Küche, in der an einer verstellbaren eisernen Stange der Kessel hängt. Das Haus ist ohne Schornstein. Der Rauch steigt durch eine viereckige Öffnung der Decke in den Bodenraum, von wo er durch Giebellöcher ins Freie entweicht. Es birgt eine Menge von Gegenständen, die den Nationallitauern eigen sind. Da steht im Flur der Quirl, eine Handmühle zum Mahlen der Grütze, ferner ein Kämmel zur Bearbeitung der Wolle vor dem Spinnen, dann sind dort die erforderlichen Geräte für die Flachsgewinnung vorhanden usw. In den Zimmern erblickt man Schränke, Truhen, Halbschränke, Geschirregale, Tische, Lehnstühle und Lehnbänke, ein Himmelbett, eine Gängelwiege, einen Besemer (Schnellwage), ein Walkbrett, eine Wandwalke u. a. m. Das Museum enthält auch Kleidungsstücke, so Wandröcke für die Männer, Marginnen für die Frauen, zahlreiche gestickte Bänder, Pelze, Klumpen und Schlorren sowie Bastschuhe, Parezken genannt. Eine besondere Merkwürdigkeit ist der Schulzenstab oder die Krewule. Um das Haus ist ein Blumengarten in der Weise angelegt, wie ihn noch heute die Litauer haben. Die sonderbar geformten Beete sind meistens von Tausendschönchen eingefaßt. Auch die Raute, die litauische Myrte, wächst dortselbst. In diesem litauischen Hallenhause haben wir ein schönes, mit viel Liebe angelegtes Nationalmuseum, das trotz seiner Kleinheit geeignet ist, ein treffendes Bild von dem Leben der altlitauischen Bevölkerung zu geben.

Schenkendorf. Ferdinand Maximilian Gottfried Schenk von Schenkendorf wurde am 11. Dezember 1783 zu Tilsit, Hohe Straße 39, geboren. Sein Vater, der früher

Offizier gewesen war und nachmals Steuerbeamter wurde, kaufte das Gut Neu Lenkonischken bei Tilsit, woselbst Max seine Knabenjahre verlebte. Die Eltern waren beide reich an Sonderlichkeiten. Weder untereinander noch zwischen ihnen und dem Sohne bestand ein glückliches Einvernehmen. Nach des Vaters Bestimmung sollte letzterer Landwirt, nach der Mutter Wunsch Geistlicher werden. Nachdem Max von Schenkendorf die Schule zu Tilsit besucht hatte, bezog er, 15 Jahre alt, die Universität zu Königsberg. Seine Mutter vertraute ihn der Obhut eines Verwandten, des Kriegsrats Wannovius, an. Da er bei dem sehr geringen Taschengeld als flotter Student Schulden machte, so nahm ihn seine Mutter von Königsberg fort und gab ihn nach Schmauch zu dem Pfarrer Hennig. Leider hatte sie bei der Auswahl dieses Lehrers keinen guten Griff getan. — Er und sein Schüler konnten sich gegenseitig nicht verstehen. Was dieser hier vermißte, fand er in dem benachbarten Pfarrhause zu Hermsdorf. Der dortige Erzpriester Wedeke regte Schenkendorf zum Studium der Ordenszeit und der alten deutschen Reichsverfassung an. Auf weiten Fußreisen lernte Schenkendorf seine preußische Heimat genauer kennen. Er besuchte die Marienburg, strich an den lauschigen Waldufern der Passarge entlang, bereiste das katholische Ermland und hielt sich einige Zeit in der Heiligenlinde auf. Vielleicht hat er hier den katholischen Zug gewonnen, der sich in manchem seiner Gedichte ausspricht. Im Jahre 1804 kehrte er nach Königsberg zurück. Seine Eltern waren sehr dagegen. Der Vater sagte sich von ihm los, und die Mutter ließ durch Wannovius in die Zeitung setzen, man möge ihm nichts borgen. Er wurde Schüler des Juristen Kraus und bereitete sich auf das Referendarexamen vor. Da es dazu erforderlich war, ein Jahr lang als praktischer Landwirt tätig gewesen zu sein, so ging er nach Waldau in das Haus des Amtsrats Werner. Dort lernte er eine Frau Barclay kennen, zu der er tiefe Zuneigung faßte. Nach Königsberg zurückgekehrt, mußte er bald das Schicksal des Unglücklichen Krieges erleben. In dieser Zeit gründete Schenkendorf ein literarisches Kränzchen „Blumenkranz des baltischen Meeres“ genannt. In ihm traten neben dem Jüngling der Greis, neben dem Studierenden der Professor, neben dem Naturforscher August Hagen der Geschichtschreiber von Baczko und der Kriegsrat Scheffner, neben dem Offizier der Schauspieler in dichterischen Gedankenaustausch. Da wurden Minnelieder übersetzt, gedichtet, komponiert, Goethe und Schiller gelesen. Eine ganze Anzahl von Gedichten, hauptsächlich diejenigen, die auf das Minnesängertum des Mittelalters Bezug haben, sind unter der Einwirkung jenes Kreises entstanden. Der zweite Zirkel, in dem Schenkendorf Anregung fand, war ein Kreis schöngeistiger Frauen, die sich leider zu sehr dem Pietismus und Mystizismus ergeben hatten. Schenkendorf dichtete für diesen Kreis geistliche Lieder. Drei davon: Brich an, du schönes Morgenlicht, Ein Gärtner geht im Garten, In die Ferne möcht' ich ziehen, sind in unser Kirchengesangbuch aufgenommen worden. Noch in einem dritten Kreise finden wir Schenkendorf, nämlich in der Familie des Landhofmeisters Hans von Auerswald. Dort kam Schenkendorf auch mit den Mitgliedern des königlichen Hauses in Berührung. Damals vollzog sich die Wiedergeburt des Vaterlandes. Aber bald darauf schloß die Königin Luise ihre Augen für immer. Alles dieses regte den jungen Dichter zu frischem Schaffen an. Nicht ohne Einfluß darauf war auch der Verkehr mit Männern wie Graf von der Gröben, Ernst von Kanitz, Karl von Münchow, Freiherr Ferdinand von Schrötter u. a. Es entstanden damals die Gedichte: O Liebe, du Morgentraum, O heilig, heilig Land, Unserer Königin, Die Rosenknospe an ihre Königin, Sing Heldenlieder, Preußenvolk, Freiheit, die ich meine u. a. Das Nichtbestehen seines Examens brachte ihn seinen Gönnern gegenüber in eine schiefe Stellung. Dazu kam noch, daß er in ein Duell verwickelt wurde. Auf einer Schlittenfahrt stieß er einen alten General an, der ihn mit einer Flut von Schimpfreden überschüttete, was eben zu dem Duell führte. Die Kugel des Generals traf des Dichters rechte Hand. Ein Jahr lang kämpfte er in Schlodien, wo ihm sorgsame Pflege zuteil ward, mit dem Tode, gesundete wieder und lernte mit der Linken schreiben und fechten. Im Jahre 1812 lichteten sich die Kreise, die Schenkendorf so fest an Königsberg hielten. Frau Barclay zog nach Baden. Dorthin folgte ihr der Dichter. Unterwegs besuchte er den Altmeister Goethe. Am 15. Dezember 1812 verheiratete er sich in Karlsruhe mit seiner Auserwählten, die an Jahren ihm weit überlegen war.

Bald kamen die großen Ereignisse von 1813. Den Dichter litt es nicht im stillen Heime. Weib und Kind verlassend, gürtete er sein Schwert, um für Deutschlands Ehre zu kämpfen. Er ging nach Schlesien, wo das preußische Hauptlager war, und fand zu Schweidnitz neben Wilhelm von Humboldt, Niebuhr, von Schön alte und neue Freunde um sich. Damals entstanden seine herrlichsten Vaterlandslieder. Sie erweckten und entflammten den Freiheitssinn des Preußenvolkes. Dadurch hat Schenkendorf dem Vaterland unsterbliche Dienste geleistet. Was seine Lieder besonders auszeichnet, ist ihre leichte Singbarkeit. Seine bedeutendsten Freiheitsgesänge sind: In dem wilden Kriegestanze, Erhebt euch von der Erde, Wie lieblich klang das Heergebot, Langer Knechtschaft Joch und Schande, So zündet nun die Feuer, Auf, auf zum munteren Jagen usw. Zuletzt besingt der Dichter als Kaiserherold ein auf der Liebe des Volkes aufgebautes deutsches Kaisertum. Von Leipzig aus, woselbst er in der großen Völkerschlacht mitkämpfte, ging er nach Frankfurt a. M. Der Wunsch nach einer festen Anstellung wurde in ihm immer reger. Im Jahre 1815, in demselben Jahr, in dem seine bis dahin zerstreuten Lieder in einem anspruchslosen Band erschienen, erhielt er einen Ruf als Regierungsrat nach Koblenz. Kaum hatte er sich hier eingelebt, als er 1817 den Ruf an die Regierung nach Magdeburg erhielt. Es war ihm schwer, vom Rheine zu scheiden. Während er noch seine Angelegenheiten ordnete, ereilte ihn der Tod an seinem Geburtstage 1817 im Alter von 34 Jahren.

Unser Preußenland verdankt diesem Sänger außer den Freiheitsliedern noch die Anregung zur Wiederherstellung der Marienburg.

Bei dieser Gelegenheit sei noch eines Dichters gedacht, der in Tilsit das Licht der Welt erblickt hat. Es ist K. T. Tielo, der mit seinem bürgerlichen Namen Kurt Mickoleit hieß. Er wurde am 11. August 1874 geboren. Seit 1900 wechselte sein Aufenthalt zwischen Tilsit und Berlin. Im Jahre 1907 erschienen von ihm die „Klänge aus Litauen", die von ergreifender Schönheit sind. Es sei nur verwiesen auf die Gedichte: Mein Memelstrom, Heimkehrende Fischer, der Schaktarp. 1911 veröffentlichte er die Gedichtsammlung „Aus der Jugendzeit". In beiden Sammlungen zeigt er sich als einer der ersten Lyriker der Gegenwart. Er starb am 23. August 1911 zu Berlin.

b) Sonstige Ortschaften.

Mit Tilsit hängt das Dorf Tilsit-Preußen zusammen. Es zieht sich an der Ragniter Straße hin. Östlich davon befindet sich ein Schloßberg. Wahrscheinlich lag hier die 1365 zuerst erwähnte Burg Caustritten. An der nach Heinrichswalde führenden Chaussee liegen Stolbeck und Splitter. Bei letztgenanntem Orte schlug der Große Kurfürst 1679 die Schweden, die unter Horn, 16 000 Mann stark, von Livland her in Preußen eingefallen waren. An der nach Skaisgirren führenden Straße liegt ebenfalls dicht an der Stadt der Vorort Kallkappen, der sich immer mehr zu einem Villenviertel ausbaut. Die Straße, die Tilsit mit der russischen Nachbarstadt Tauroggen verbindet, durchschneidet das Kirchdorf Piktupönen. Zur Zeit des Tilsiter Friedensschlusses wohnte hier Friedrich Wilhelm III. im Präzentorate, die Königin Luise in dem Pfarrhaus. Auch Alexander I. von Rußland wohnte hier kurze Zeit. Im Juni 1863 besuchte der Kronprinz Friedrich Wilhelm Piktupönen, verweilte einige Stunden im alten, baufälligen Pfarrhaus und befahl dessen Umbau, der auch 1865 erfolgte. Am 21. Juni 1807 wurde hierselbst der Waffenstillstand abgeschlossen, der dem Tilsiter Frieden vorausging. Am 26. Dezember 1812 war bei Piktupönen ein Gefecht zwischen einer Abteilung des Yorkschen Korps und den Russen. Dicht an der russischen Grenze erstreckt sich zu beiden Seiten derselben Straße das Kirchdorf Laugszargen. Nahebei, aber schon auf russischem Gebiete, fand am 30. Dezember 1812 in der jetzt abgebrochenen Poscherunschen Mühle die Kapitulation Yorks statt. Für den Grenzhandel und den Schmuggel hat Laugszargen eine gewisse Bedeutung. Das gilt auch von dem an der Sziesze gelegenen Kirchdorfe Koadjuten. Nicht weit davon ist Ackmonischken mit altpreußischen Befestigungsanlagen. An sonstigen größeren Ortschaften des Landkreises Tilsit wären noch zu nennen Rucken, Plaschken und Willkischken. Die letztgenannte liegt in schöner, überaus fruchtbarer Gegend am Nordende des Willkischker Höhenzuges.

5. Der Kreis Ragnit.

a) Die Stadt.

Die Ableitung des Namens Ragnit von raganita = Hexlein, liebe kleine Hexe, die früher als die richtige galt, ist jetzt keineswegs unangefochten. Heute nimmt man an, daß er von ragas = Ecke, Horn, Spitze herkommt. Im Litauischen heißt die Stadt Ragnit Ragaine. Vielleicht ist das Wort Ragnit nur die Verkleinerungsform von Ragaine. In der Nähe der jetzigen Stadt Ragnit standen ursprünglich zwei Burgen: die eine, Landshut genannt, auf dem Schloßberge, die andere, Schalauer Burg geheißen, auf einer Insel oder Halbinsel in der Memel, da, wo jetzt der Hafen ist. Allem Anscheine nach waren diese Burgen aus Holz erbaut. 1355 wurde Landshut, die eine Zwingburg war, von den erbitterten Einwohnern niedergebrannt. Notdürftig wieder aufgebaut, erlitt sie im Frühlinge des nächsten Jahres dasselbe Schicksal. Nun verlegten die Ritter die Burg ins Tal an die Stätte des heutigen Schloßplatzes. Neun Jahre später zerstörten die Litauer auch diese Burg. Jetzt entschloß sich der Orden, nachdem auch die Schalauer Burg vernichtet worden war, eine Burg aus festem Gesteine zu errichten. Es geschah das in den Jahren 1397 bis 1403. Bei dem Bau wurden hauptsächlich Strafgefangene beschäftigt. Der Ausdruck: einen Ragniter machen, der bis in die neueste Zeit gebräuchlich war, bedeutet darum, einen Verbrecher zu einer Zwangsarbeit verurteilen. Die Ansiedelung, die sich um die Burg gebildet hatte, war anfangs ein Dorf, wurde aber 1722 von Friedrich Wilhelm I. zur Stadt erhoben. Die „Königslaube" in dem hinter dem Schlosse gelegenen Amtsgarten erinnert noch heute an jenen Monarchen. Die Burg Ragnit hat in den Litauer Kriegen eine große Bedeutung gehabt. Im Jahre 1829 wurde sie durch einen großen Brand sehr verwüstet. Einige Zeit vorher war sie als Besserungsanstalt benutzt worden. Nach dem Brande baute man sie zum Gericht und Gefängnis aus. Wenngleich sich das Äußere ziemlich erhalten hat, so ist sie doch im Innern ganz verändert worden. Statt der ursprünglichen Sterngewölbe sind jetzt Holzbalkendecken. Auch die ehemaligen Räumlichkeiten lassen sich nicht mehr erkennen, da sie durch eingeschobene Zwischenwände geteilt worden sind. Die Burg ist im Quadrat erbaut. Den Nordflügel bewohnte seinerzeit der Komtur. Der Schloßhof hat eine Größe von etwa 1000 qm. Von der Vorburg ist nur noch der zierliche und schlanke Turm vorhanden. 1863 brannte er innen vollständig aus. Treppen und Zwischendecken sind neu, ebenso das Dach. Die Burg Ragnit gehört zu den sehenswertesten Bauten des Deutschen Ritterordens. Sie und die Marienburg waren die stärksten Ordensburgen. Eine mittelalterliche Befestigung hat Ragnit nicht gehabt. 1757 wurde die Stadt nebst Kirche von den Russen verbrannt. Im Ragniter Pfarrhause hat der Dichter Wilhelm Jordan seine Kinderjahre verlebt. 1719 wurde zu Ragnit der Kunstkenner Joh. Friedr. Reiffenstein geboren. Er war mit Winckelmann befreundet und starb 1793 zu Rom. Ragnit gehört zu den schönstgelegenen Städten der Provinz. Eine besonders schöne Aussicht über den belebten Memelstrom und seine weiten Wiesenflächen genießt man vom Schloßberg. In wirtschaftlicher Beziehung leidet diese Stadt sehr unter der Nähe von Tilsit. Auch die Bahnlinie Tilsit—Stallupönen hat Ragnit nicht wesentlich gehoben.

b) Sonstige Ortschaften.

Die Umgebung Ragnits hat manche vorgeschichtliche Altertümer aufzuweisen, so bei Bittehnen (heidnische Gräber), Kurschen (Schloßberg), Paskallwen (alte Schalauer Burg). Beim Eintritte der Memel in Ostpreußen liegt der Grenzort Schmalleningken. Hier befindet sich ein Winterhafen, in dem etwa 60 Schiffsfahrzeuge vor dem Einfrieren im Eis Unterkunft suchen können. Dieser Hafen ist von besonderer Wichtigkeit, weil nicht selten in seiner Nähe Eisverstopfungen vorkommen, denen die Schiffe entgehen, wenn sie hier Zuflucht gefunden haben. Er wurde im Jahre 1837 fertiggestellt. Schmalleningken besteht aus drei Ortschaften: Schmalleningken-Augstogallen (Hauptort), Schmalleningken-Wittkehmen und Schmalleningken-Endruszen. Die dortige, 1878 eingeweihte Kirche ist ein stattliches Bauwerk. Die Turmfront weist die weithin sichtbare Statue des segnenden Christus von Thorwaldsen auf. Schmalleningken ist wegen seines großen Durchgangsverkehrs ein lebhafter Ort. Am Wischwillbache, und zwar in der Nähe der Memel, treffen wir das ansehnliche Dorf Wischwill, das seine Bedeutung hauptsächlich seiner Mühlenindustrie wegen hat. Den Platz für das dortige Gotteshaus soll Herzog Albrecht selbst ausgesucht haben. Wischwill gegenüber auf der linken Seite des Memelflusses findet sich das Dorf Trappönen, das ein wichtiger Ladeplatz ist. Unweit des Einflusses der Jura in die Memel liegt Schreitlaugken mit bedeutender Pferdezucht. In Schreitlaugken wurde am 20. Januar 1773 der berühmte Staatsmann Theodor von Schön geboren. Er besuchte die Universität Königsberg und wurde ein Schüler des berühmten Kant. Nach Beendigung seiner Studien machte er eine Reise nach England und bereitete sich praktisch auf den Verwaltungsdienst bei der Regierung in Königsberg vor, worauf er als Kriegs- und Domänenrat an die Regierung zu Bialystock im damaligen Neuostpreußen geschickt wurde. Nach dem Unglücklichen Kriege war es ihm vergönnt, gemeinsam mit Stein an der Wiedergeburt des Vaterlandes zu arbeiten. Von Schön allein ist der Gedanke der Aufhebung der Erbuntertänigkeit ausgegangen. An der Einführung der Städteordnung gebührt ihm ein sehr großer Anteil. Dem Preußischen Staate diente er in dieser Zeit als Regierungspräsident in Gumbinnen. Schön war ein eifriges Mitglied des Königsberger Tugendbundes. Groß sind seine Verdienste um die Wehrbarmachung des ostpreußischen Volkes im Jahre 1813. Am Freiheitskriege beteiligte er sich auch und wurde nach der Besetzung Sachsens Gouverneur von Dresden. Nach Gumbinnen zurückgekehrt, übernahm er wieder seine früheren Amtsgeschäfte, bis er 1816 zum Oberpräsidenten von Westpreußen und 1823 nach erfolgter Vereinigung Ost- und Westpreußens

Oberpräsident der gesamten Provinz Preußen wurde. Als solcher hat er Großes geleistet. Durch die Schrift Woher und Wohin? setzte er sich mit Friedrich Wilhelm IV. in Widerspruch und nahm 1842 seine Entlassung. Am 22. Juli 1856 starb er auf seinem Gute Arnau bei Königsberg. Unter einem Granitblocke ruht er mit seiner Gattin und Tochter. In Königsberg und in Marienburg hat man ihm ein Denkmal errichtet. Das Marienburger steht auf dem Schloßhofe. Den Mittelpunkt der Salzburger Niederlassungen im Ragniter Kreise dürfte man im Kirchdorfe Szillen zu suchen haben. Über der Tür der Vorhalle der dortigen Kirche befindet sich die Inschrift:

„Preußens König Friedrich I. hat dieses Gotteshaus gebauet.
Dieses ist sein erstes Haus, als man ihn den Ersten schauet."

Sie erinnert daran, daß sich hier die erste Kirche vorfindet, die Friedrich I. als König hat erbauen lassen (1701). Östlich von Szillen liegt die Salzburger Kolonie Lengwethen. Die dortige Kirche ist von Salzburgern erbaut worden. Noch weiter östlich findet sich Budwethen. Der erste Pfarrer der dortigen Kirche war Theodor Lepner. Er verfaßte um 1690 eine Schrift, die zum Gegenstande die preußischen Litauer hat. Im Instertal finden wir in freundlicher Umgebung das Kirchdorf Kraupischken. Auch hier haben sich einstmals viele Salzburger niedergelassen. Der Schloßberg dortselbst hat bis in die neuere Zeit hinein den Litauern als heiliger Berg gegolten. Der erste Geistliche, den Kraupischken gehabt hat, Augustin Jamund, übersetzte das Neue Testament ins Litauische. Bei dem Gute Breitenstein liegt ein mächtiger Wanderblock. Auf ihm soll Herzog Albrecht auf seinen Bärenjagden große Jagdmähler veranstaltet haben. Heute gehört der Kreis Ragnit zu den waldarmen Kreisen der Provinz.

6. Der Kreis Pillkallen.

Die Stadt **Pillkallen,** von pilis = Schloß und kálnas = Berg, hat ihren Namen deshalb, weil sich auf einer in ihrer unmittelbaren Nähe gelegenen Anhöhe, von der man eine weite Aussicht genießt, eine altpreußische Befestigung befunden hat. Die Stadtgerechtigkeit erhielt Pillkallen im Jahre 1724 durch Friedrich Wilhelm I. Diese Stadt hat erst in neuester Zeit Bahnverbindung erhalten. Leider sind Handel und Verkehr dadurch nicht wesentlich gefördert worden. Nach den Pestjahren 1709 bis 1711 siedelten sich Kolonisten aus Nassau in und um Pillkallen an. Für sie wurde hier eine reformierte Kirche erbaut. 1819 ging die reformierte Gemeinde ein. Die evangelische Pfarrkirche wurde 1758 eingeweiht. Sie ist aus Feldsteinen erbaut. Der Turm stammt aus allerjüngster Zeit. Da, wo der Schirwindtfluß in die Szeszuppe mündet, liegt **Schirwindt,** die östlichste Stadt des Deutschen Reiches und gleichzeitig die kleinste Stadt Ostpreußens. Einige Bedeutung hat sie für den Grenzhandel und Schmuggelverkehr. Die Kirche ist in gotischem Stil erbaut und hat einen Doppelturm. Ihren Bauplan hat Stüler entworfen. 1856 wurde sie im Beisein Friedrich Wilhelms IV. als „Emanuelkirche" eingeweiht. Die erste Kirche erhielt Schirwindt im Jahre 1549. Friedrich Wilhelm I. erhob 1725 das Kirchdorf zur Stadt, indem er 20 Häuser auf königliche Kosten erbauen ließ.

Die östlichste Landgemeinde Preußens ist das in der Nähe von Schirwindt gelegene Dwarischken. An der Chaussee, die Schirwindt mit Pillkallen verbindet, treffen wir das Kirchdorf Willuhnen. Die auf einer Anhöhe befindliche Kirche hat romanische Formen. Friedrich Wilhelm IV. hat am 8. Juni 1845, von Schirwindt kommend, die Willuhner Kirche besucht, auch am Gottesdienste teilgenommen und ihr ein zinnernes Kruzifix und zwei ebensolche Altarleuchter geschenkt. Von Willuhnen führt eine Chaussee über Skroblienen nach Schillehnen. Hier sind im Frühjahr und im Herbste große Gesindemärkte. An der Szeszuppe liegt in schöner Gegend der stadtähnliche Marktflecken Lasdehnen. Die Kirche dortselbst ist ebenfalls nach Stülerschen Plänen erbaut worden. Sie befindet sich mit dem Pfarrhaus auf dem rechten Ufer des Flusses, der Ort dagegen auf der linken Seite. Bei Gallbrasten war zur Ordenszeit eine Wassermühle, auch befand sich daselbst eine Brücke über der Szeszuppe. Die Mühle ging 1578 ein. Sie erhielt ein Hauptmagazin für die Ordensheere in den Litauer Kriegen. Südwestlich von Lasdehnen finden wir das Dorf Gr. Wersmeningken. Hier hat die Volksdichterin Johanna Ambrosius ihren Wohnsitz. Sie wurde am 3. August 1854 zu Lengwethen, Kr. Ragnit, als Kind eines armen Handwerkers geboren. Als sie 20 Jahre alt war, vermählte sie sich mit einem Bauer namens Voigt. Ihr Leben ist Mühe und viel Arbeit gewesen. 1894 erschien die erste Ausgabe ihrer Gedichte. Sie war von Prof. Karl Weiß-Schrattenthal in Preßburg veranstaltet worden. Fast östlich von Pillkallen liegt das Kirchdorf Kussen. Die dortige Kirche aus Feldsteinen mit hölzernem Turme hat Friedrich der Große 1743 erbauen lassen. In der Nähe der Kirche steht ein mächtiger Ahornbaum, den man den schönsten seiner Art in Ostpreußen nennen kann. Die ausgebreitete, regelmäßige Krone des Baumes hat einen Durchmesser von 28 Meter, der Stammumfang beträgt 4 Meter. Nicht weit davon steht eine alte Esche, deren Stamm einen Umfang von 3,50 Meter hat. Im Gutsgarten und im Pfarreipark finden wir hundertjährige, mächtige Lindenbäume, von denen der stärkste 4,80 Meter Umfang hat. Das Kirchspiel wurde schon unter dem Herzog Albrecht begründet. An der Eymenis liegt das Kirchdorf Mallwischken. Die Kirche ließ Friedrich Wilhelm I. erbauen. Im Jahre 1730 wurde sie eingeweiht. Sie bildet ein massives Achteck. Auf dem steilen Dache steht ein hölzerner, von einer Galerie umgebener Turm.

III. Das Pregelgebiet.

Dazu gehören folgende Kreise: Stallupönen (703,29 qkm), Goldap (994,23 qkm), Angerburg (925,45 qkm), Darkehmen (759,15 qkm), Gumbinnen (729,13 qkm), Insterburg Stadtkreis (43,68 qkm), Insterburg Landkreis (1158,63 qkm), Wehlau (1062,89 qkm), Labiau (1066,29 qkm), Stadtkreis Königsberg (44,35 qkm), Landkreis Königsberg (1022,24 qkm), Fischhausen (1065,19 qkm).

1. Der Kreis Stallupönen.

Stallupönen hat als großes Dorf schon zur Zeit der heidnischen Preußen bestanden. Durch die Pest in den Jahren 1709 bis 1711 waren Ort und Umgegend fast ganz entvölkert. In das verödete Gebiet schickte Friedrich Wilhelm I. Nassauer, Franken und Schweizer. 1722 wurde Stallupönen zur Stadt erhoben. Besonderen Zuwachs erhielt die Bevölkerung der Stallupöner Gegend durch die 1732 erfolgte Ansiedelung der Salzburger, deren Nachkommen sich noch heute hier zahlreich vorfinden. In heidnischer Zeit hat sich in der jetzigen Stadt Stallupönen ein Götzenbildnis und ein steinerner Opfertisch befunden. Es ist erwiesen, daß bis 1730 alljährlich am Himmelfahrtstage nach jener Stelle Tausende von Litauern wallfahrteten. Die Stadt besteht aus der Altstadt (Goldaper, Polnische Straße und Alter Markt) und der

Neustadt. Am 3. August 1757 wurden in der Kirche, nachdem am Tage vorher der General Apraxin in Stallupönen eingerückt war, die Bürger als russische Untertanen vereidigt. Als Napoleon 1812 auf seinem Zuge nach Rußland Stallupönen als die letzte deutsche Stadt verließ, mußten ihm zu Ehren die Kirchenglocken geläutet werden. Das Gotteshaus wurde zum Lazarett eingerichtet. In der Nähe der Kirche steht ein schönes Kriegerdenkmal.

Der nächstgrößere Ort des Kreises Stallupönen ist Eydtkuhnen. Er verdankt sein Entstehen der Ostbahn, deren letzte Strecke, Stallupönen—Eydtkuhnen, am 15. August 1860 dem Verkehr übergeben wurde. In diesem Jahre standen dort außer dem neuerbauten Bahnhofe mit seinen Nebengebäuden nur zwei elende Häuser. 1868 hatte Eydtkuhnen aber bereits 2000 Einwohner. Blühend ist dort der Speditions- und Grenzhandel. Aber auch der Schmuggelhandel bedingt viel Leben und Treiben. Von industriellen Unternehmungen ist vor allem die bedeutende Eisenbahnwerkstätte zu erwähnen. Interessant ist der großartige Bahnhofsverkehr. Der russische Nachbarbahnhof heißt Wirballen. Eydtkuhnen zieht sich zu beiden Seiten einer einzigen Straße etwa 3 km lang hin. Der Ort trägt ein stadtähnliches Gepräge, obwohl ihm noch die Stadtgerechtigkeit fehlt. Die Kirche hat zwei weithin sichtbare Türme. Sie ist in Kreuzform nach den Entwürfen von Fr. Adler erbaut und weist den romanischen Stil auf. Eingeweiht wurde sie am 10. November 1889. Nordöstlich von Eydtkuhnen liegt Bilderweitschen mit einer evangelischen und einer katholischen Kirche. Erstere ist aus Feldsteinen erbaut. Dieses Kirchdorf weist noch eine litauische Klete auf. Der größte Teil der zu diesem Kirchspiele gehörigen Einwohner sind Salzburger. In nordwestlicher Richtung von Stallupönen finden wir das Kirchdorf Kattenau, dicht dabei das Gut und Remontedepot gleichen Namens. In der Nähe der Kirche ist ein offenbar künstlich aufgeschütteter Hügel, auf dem die 1274 zerstörte Heidenburg Otholichien gelegen haben soll. Auf der Mitte zwischen Stallupönen und Gumbinnen befindet sich der Bahnhof Trakehnen und 5 km südlich davon das Hauptgestüt Trakehnen. Es besteht aus einer Anzahl zusammenliegender Höfe, die von Wirtschaftsgebäuden, Stallungen und Wohnhäusern umgeben sind. In den altersgrauen niedrigen Gebäuden befinden sich die Wohnungen der Oberbeamten. Das Wohnhaus des Landstallmeisters ist mit einem hölzernen Türmchen verziert und trägt den Namen „Schloß“ Trakehnen. Vor dem Haupteingange zum Parke des Landstallmeisters steht das in halber Lebensgröße von Künstlerhand ausgeführte Denkmal des Hauptbeschälers Morgenstrahl. Der Stall, in dem die edelsten Deckhengste untergebracht sind, erinnert mit seinen Spitzbogenfenstern und seinem ganzen Stil an eine Dorfkirche ohne Turm. An den Stall schließt sich eine weite Reitbahn. Im Sommer befindet sich ein Teil der Hengste in den sogenannten Paddocks, das sind kleine villenähnliche Bauten, die den Tieren Stallaufenthalt oder Weidegang nach ihrem Belieben gestatten. An der von Stallupönen nach Szittkehmen führenden Chaussee liegen die Kirchdörfer Göritten und Pillupönen. Das erstere besteht aus einer Domäne und mehreren Bauernhöfen. Die Domäne hat einen herrlichen Park und kann in jeder Beziehung als eine ostpreußische Musterwirtschaft angesehen werden. Friedrich Wilhelm I. hat 1724 die Gegend um Göritten mit Kolonisten aus Nassau, der Pfalz und Württemberg besiedeln lassen. Die Glocken der Göritter Kirche sind ein Geschenk dieses Königs. Pillupönen hat eine malerische Lage im Tale der Pillup, die hier in die Dobup hineinfließt. Das Pfarrhaus findet sich hinter alten mächtigen Linden versteckt. Südwestlich von Stallupönen führt eine Chaussee nach dem Kirchort Enzuhnen. Im südöstlichen Zipfel des Kreises liegt in schöner Gegend an der Pissa das Kirchdorf Mehlkehmen. Das in der Nähe befindliche Dorf Nassawen erinnert schon mit seinem Namen an die Nassauer, die sich in jener Gegend niedergelassen haben.

2. Der Kreis Goldap.

a) Die Stadt.

„Es ist vielleicht der sauberste und anmutigste Ort, der mir je auf den Wanderungen bekannt geworden. Die Kirche auf ihrer hohen Terrasse mit den schattigen Laubgängen und der weiten Umschau nach Norden, der große viereckige Marktplatz, an dem die Häuser alle hell und reinlich dastehen wie geputzte Sonntagsmenschen, in der Mitte die neue gotische Kirche, das Rathaus und das Gebäude des Gerichtes. Dazu ein gutes Steinpflaster, Bäume vor den Häusern, gute Gasthäuser und freundliche Menschen — das sind Elemente dieses ansprechenden Städtchens.“ L. Passarge.

Die Stadt **Goldap** liegt an dem Goldapfluß in der Nähe des Goldaper Sees. Früher scheint dieser Fluß wasserreicher als jetzt gewesen zu sein. Hennenberger erzählt, daß er zur Zeit des Hochwassers zum Flößen von Holz, Brettern und Dielen benutzt worden sei. Ihre Handfeste erhielt sie 1570 vom Herzog Albrecht Friedrich, nachdem sich bereits drei Jahre früher mehrere dort befindliche Ortschaften zum Zwecke einer Stadtgründung vereinigt hatten. Im Jahre 1657 wurde sie von den Tataren geplündert und eingeäschert. Der Bürgermeister Dullo wurde von der rohen Horde lebendig auf dem Markt am Spieße gebraten. Durch Feuer hatte Goldap besonders 1694 zu leiden. Fast die ganze Stadt brannte damals nieder. 1732 siedelten sich dort 117 Salzburger an. Nach der Beendigung des zweiten Schlesischen Krieges wurde Goldap Garnison der schwarzen Husaren. Ein eigenartiger Bestandteil dieses Regiments waren die Bosniaken. Sie waren treffliche Reiter, stammten aber nicht aus Bosnien, sondern waren ursprünglich Tataren und Kosaken. Nach dem Tilsiter Friedensschlusse wurde das Regiment in ein Ulanenregiment umgestaltet. Noch im ersten Drittel des vorigen Jahrhunderts besaß Goldap eine Wasserleitung, die die Brunnen der Stadt mit Wasser versorgte. Jetzt sind davon nur noch bescheidene Überreste vorhanden. Ganz verschwunden sind die ehemaligen Laubenhäuser der Stadt. Am 16. Oktober 1834 wütete wieder ein großer Brand in Goldap. Fast die ganze Stadt mußte neu angelegt werden. Die Straßen gruppieren sich um den etwa 3 ha großen Marktplatz. Auf dessen Mitte stehen das Rathaus, das Amtsgericht, die im Jahre 1860 eingeweihte neue evangelische Kirche, die Post und das Kriegerdenkmal, das die Gestalt eines einfachen Obelisken aufweist. Von den neuesten Bauwerken sind vor allem die 1894 erbaute katholische Kirche und das noch jüngere Realgymnasialgebäude zu erwähnen. In dem alten, eingegangenen Friedhofe des Kirchberges und dem 1878 angelegten Parke der Schützengilde besitzt Goldap schöne Anlagen. Goldap hat schon in früherer Zeit eine reiche Gewerbstätigkeit gezeigt. Vor allem blühte das Tuchmacher-, Hutmacher-, Strumpfwirker-, Gerber- und Bäckergewerbe. Besonders beliebt waren die Goldaper Kringel und Brezel. 1756 wurden einige Tonnen davon nach Batavia geschickt. Auch der Goldaper

Met wurde gerühmt. Heute spielen die Mühlenindustrie, das Holzbearbeitungsgewerbe und die Maschinenfabrikation eine nicht unbedeutende Rolle. Daneben erfreut sich der Handel mit landwirtschaftlichen Erzeugnissen eines gewissen Ansehens.

b) Sonstige Ortschaften.

In der Nähe von Goldap liegt das Dorf Schuiken. Hier wurde im Försterhaus am 20. August 1858 der Dichter Fritz Skowronnek geboren. Die Schilderungen aus seiner ostpreußischen Heimat, seine Jagderzählungen und Naturbeobachtungen haben ihm in der Schriftstellerwelt einen geachteten Namen gesichert. Sein Bruder Richard Skowronnek wurde am 12. März 1862 ebenfalls in Schuiken geboren. Mit seinem interessanten dramatischen Charakterbild Im Forsthause hat er sich vorteilhaft in die deutsche Literatur eingeführt. Von ihm stammt auch das Lustspiel Halali. Seine Dorfgeschichten, die Masuren zum Schauplatze haben, sind betitelt Polska Maria. Kiauten an den schönen Ufern der Rominte hat bedeutende Mühlenanlagen. In der Nähe erhebt sich ein prächtiger Burgwall. In Kl. Kummetschen, nahe am Goldaper See, hat man um die Mitte des vorigen Jahrhunderts versucht, zwangsweise Zigeuner anzusiedeln. Im nördlichen Zipfel des Kreises finden wir das Kirchdorf Tollmingkehmen. Dortselbst hat von 1743 bis 1780 der Dichter Donalitius als Pfarrer gewirkt. (Siehe Seite 235!) In Meldienen, der Nähe von Tollmingkehmen, finden wir das von dem sogenannten Maldeningker-Erbauungsverein 1872 gegründete Rettungshaus Bethanien. Ursprünglich ein Waisenhaus, hat es später auch Zwangs- und Fürsorgezöglinge aufgenommen. Für schulentlassene Fürsorgezöglinge wurde 1898 eine Zweiganstalt erbaut. Sie führt den Namen Erziehungsanstalt Emmaus. Zu den Erziehungsanstalten gehört eine Landwirtschaft mit Gemüse- und Obstgarten. Die Leitung des Ganzen liegt in den Händen eines Hausvaters, dem drei bis vier Erziehungsgehilfen und ein Landwirt zur Seite stehen. An einem Quellflusse der Rominte, und zwar in der Nähe der russischen Grenze, liegt das Kirchdorf Szittkehmen. Der Name dieser Ortschaft wird mit Judendorf übersetzt. Sie hat einen lebhaften Verkehr. Von dem in der Nähe befindlichen Pellkawer Schloßberg hat man einen weiten Blick über die Rominter Heide. Die „Kaiserfichte“ bei Pellkawen hat einen Umfang von mehr als 3 m. In Dubeningken, am Südrande der Rominter Heide, befindet man sich nahe an der Grenze zwischen Litauen und Masuren. Außer deutsch wird hier in der Kirche hin und wieder auch litauisch und polnisch gepredigt. Südöstlich von Goldap an der Jarke liegt das Kirchdorf Gurnen mit einer aus Feldsteinen erbauten, aber schönen romanischen Kirche. Südwestlich von Goldap finden wir das Kirchdorf Grabowen, das sich malerisch über Tal und Hügel ausbreitet. Die Kirche liegt am nördlichen Abhange des Pfarrberges, der bis 245 m ansteigt.

3. Der Kreis Angerburg.

a) Die Stadt.

Das Gründungsjahr der Angerburg ist wahrscheinlich 1335. Doch stand die damals erbaute Burg jedenfalls nicht auf der Stelle, auf der sich das heutige Angerburger Schloß erhebt. Als sie von Kynstut 1365 zerstört worden war, erbaute der Orden 1398 das noch heute stehende Schloß. Allerdings hatte es damals ein ganz anderes Aussehen als jetzt. Es war dreistöckig und besaß stolze Türme und Zinnen. Der letzte altertümliche Giebel wurde 1845 abgebrochen. Das Angerburger Schloß hat mehrfach Landesfürsten als Gäste in seinen Mauern beherbergt. So weilten dort längere Zeit Markgraf Georg Friedrich, Johann Sigismund, Kurfürst Georg Wilhelm, Friedrich Wilhelm I., Friedrich II., und zwar zu verschiedenen Malen, und endlich auch Friedrich Wilhelm IV., als er von hier aus Masuren bereiste. Die deutsche Siedelung in der Nähe der Burg hieß anfangs Neuendorf oder Gerothwol (Gerate wohl). Erst als sie 1571 durch den Herzog Albrecht Friedrich zur Stadt erhoben wurde, erhielt sie den Namen Angerburg. Im 17. Jahrhundert siedelten sich mehrere Schotten in Angerburg an. Die Schicksalsschläge, die Masuren trafen, haben auch Angerburg nicht unverschont gelassen. Namentlich haben die Tatareneinfälle furchtbare Spuren hinterlassen. Die Pest von 1709 ließ nur 150 Einwohner am Leben. Ende des

Schloß Angerburg mit Wasserkunst und Aalfang.

18. Jahrhunderts gehörte aber trotzdem Angerburg gemeinsam mit Goldap zu den bedeutendsten Städten Masurens und übertraf Lötzen und Lyck. Großes Verdienst um das äußere Wachstum und den inneren Ausbau der Stadt hat sich besonders der General von Katte, der Vater des unglücklichen Freundes Friedrichs des Großen, erworben, der hier mit seinem Kürassierregiment von 1718 bis 1740 in Garnison stand. Er sorgte dafür, daß die Straßen gepflastert und beleuchtet wurden, ließ Stroh- und Schindeldächer durch Ziegeldächer ersetzen, ordnete an, daß die Scheunen aus den Straßen verschwanden und außerhalb aufgebaut wurden und ließ 1740 auch die Wasserkunst erbauen, die bis vor kurzem die städtischen Brunnen speiste. Dicht dabei wurde der berühmte Aalfang angelegt. Allerdings

hat Katte auch die Angerburger die ganze Härte der damaligen Militärwirtschaft fühlen lassen. Nach Fertigstellung der masurischen Seenverbindung Ende der sechziger Jahre des 18. Jahrhunderts erhielt Angerburg einen großen Holzgarten. Handel und Wandel hoben sich nach und nach zu großer Blüte. Recht bedeutend waren die dortigen Getreide- und Leinwandmärkte. Angerburger Tuche und Biere genossen einen weiten Ruf. Leider blieb es nicht immer so. Durch die Ostpreußische Südbahn und die Thorn-Insterburger Bahn wurde der Handel in andere Wege gelenkt, und die Weiterentwickelung der Stadt hörte auf. Jetzt, wo sie auch Eisenbahnverbindung erhalten hat, hebt sie sich wieder, besonders in gewerblicher Beziehung. Da Angerburg ein Ausgangspunkt für die Bereisung der masurischen Seen ist, so ist hier im Sommer manchmal ein recht reger Fremdenverkehr. Seit Herbst 1897 besteht in Angerburg ein Krüppelheim, das verkrüppelte Kinder aus allen Teilen des Deutschen Reiches, oft gegen ein ganz geringes Entgelt, aufnimmt und für sie nach jeder Hinsicht sorgt. Der dortige Superintendent Braun schuf es im Anschluß an die Angerburger Siechenhäuser. Jetzt wohnen in acht Anstaltshäusern 350 Krüppelkinder, die von 32 Schwestern verpflegt und in sechs Klassen unterrichtet werden. Außerdem ist für 30 konfirmierte Krüppelknaben ein großes Handwerkerhaus gebaut worden, in dem sie in sieben verschiedenen Handwerken (Buchdruckerei, Buchbinderei, Korbflechterei, Schneiderei, Schusterei, Schlosserei, Korbflechterei) von entsprechenden Fachmeistern unterwiesen werden. Diejenigen Krüppel, die in der Landwirtschaft helfen können, werden bei dem jetzigen Leutemangel nach der Konfirmation gern nach Hause genommen. Diejenigen jedoch, die ihr ganzes Leben hindurch gelähmt und siech bleiben, finden in den Siechenhäusern der Anstalt Verpflegung. Wir haben hier ein großes Werk der allerbarmenden Nächstenliebe und des unerschütterlichen Gottvertrauens. Die jetzige Kirche wurde unter den Amtshauptleuten Friedrich von Dohna und Andreas von Kreutzen erbaut und 1611 vollendet. Das Wappen dieser beiden Männer befindet sich über der Kirchturmstür. Das Gotteshaus ist in Kreuzform erbaut. Das Hauptschiff ist von einem schönen Gewölbe überdeckt. Unter der Kirche befinden sich zwei Grabgewölbe. Sie besitzt ein schönes Altarbild, nämlich den segnenden Christus von Pfannschmidt.

Auf dem Kirchenberge steht eine Anzahl gewaltiger alter Bäume. Sie sind während der Pestzeit von dem berühmten Naturforscher Georg Andreas Helwing gepflanzt worden. Dieser Mann wurde 1666 als Pfarrerssohn in Angerburg geboren. Seit 1684 studierte Helwing in Königsberg, Wittenberg, Leipzig und Jena. Darauf machte er Reisen nach Leyden und Italien, wurde 1691 Adjunkt seines Vaters, schließlich Propst und Erzpriester über die Kirchen in den Hauptämtern Angerburg und Lötzen. Er starb 1748. Sein Wahlspruch war: Mea glorificatio animi humiliatio (ungefähr: Mein äußerer Ruhm ist meine innere Demütigung). Helwing war einer der bedeutendsten Gelehrten seiner Zeit, besonders ein tüchtiger Botaniker und Herbariensammler. Im „Erleuterten Preußen“ wird er der deutsche Plinius genannt, und in den „Hamburger Berichten von gelehrten Sachen“ wird seiner rühmend gedacht.

b) Sonstige Ortschaften.

Auf einer Insel, die sich von Westen her in den Mauersee erstreckt, liegt das Schloß Steinort. Es wurde im Jahre 1600 erbaut, von 1680 bis 1690 umgebaut und erweitert. Wenn es auch äußerlich keinen hervorragenden Eindruck macht, so weist es doch schöne Innenräume und prächtige Ausstattungsstücke auf. Besitzerin des Schlosses ist die gräfliche Familie von Lehndorff, die dort seit 1422 ansässig ist. Ein hervorragendes Mitglied dieser Familie war Ahasverus von Lehndorff. Seine dritte Gemahlin Marie Eleonore, geb. Reichsgräfin von Dönhoff, hat sich durch ihre Mildtätigkeit in der dortigen Gegend ein dauerndes Denkmal gesetzt. Vor allem hat sie den Bürgern der Stadt Angerburg in den Jahren der Pest 1709 bis 1711 tatkräftig geholfen. Eine Urenkelin dieses Grafen, die Herzogin Friederike von Holstein, war die Großmutter des Königs Christian IX. von Dänemark. Die gewaltigen Eichen des Steinorter Parkes sollen schon bei der Erbauung des Schlosses gepflanzt worden sein. Steinort hatte längere Zeit ein Vollblutgestüt, das aber 1896 aufgelöst wurde. Auf dem Landstreifen zwischen Schwenzait- und Mauersee findet sich das Dorf Kehlen. Auf dem benachbarten Friedhofe steht 2 m breit und dick und fast 4 m hoch die Kehlsche Mauer, die durch eine sich daran knüpfende Teufelssage eine gewisse Berühmtheit erlangt hat. Über ihren Zweck ist man sich trotz aller Untersuchungen nicht ganz klar. Neuerdings nimmt man an, daß sie ein Grabdenkmal sei. Nicht weit von Kehlen, auf der Landenge zwischen Schwenzait- und Gr. Strengler See dehnt sich in malerischer Lage das Dorf Ogonken aus. Südöstlich davon liegt das große Kirchdorf Possessern. Kutten ist schon 1553 Kirchdorf geworden. Hier wurde 1588 der Professor Cölestin Myslenta geboren, der eine Schrift über die Religion der heidnischen Preußen verfaßt hat. Ein noch älteres Kirchdorf ist das zwischen Goldapgar- und Kruglinnensee gelegene Kruglanken. Es ist bereits 1545 begründet worden. Östlich von Angerburg liegen die Kirchdörfer Buddern und Benkheim. Beides sind Stationen der Eisenbahn, die von Angerburg nach Goldap führt. Benkheim, das gleichzeitig Marktflecken ist, erinnert an den Abenteurer Paul Skalich, der unter dem altersschwachen Herzog Albrecht von 1561 bis 1566 sein freveles Spiel trieb. Benkheim wurde nämlich 1566 am Rande eines Waldes begründet, der diesem Manne geschenkt worden war und noch heute nach ihm Skalischer Forst benannt wird. In westlicher Richtung kommt man von Angerburg über Tiergarten nach dem Kirchdorfe Engelstein, das in einem Tale gelegen ist. Den Eingang zu diesem Tale hatten die alten Preußen durch Schanzen geschützt, die noch heute teilweise erhalten sind. Der Ort wurde schon 1406 begründet.

Eichenallee im Steinorter Park.

Rosengarten hat eine schöne, achteckig geformte Kirche, deren Dach in der Mitte ein ebenfalls achteckiges Türmchen trägt. Der Plan zu diesem Türmchen ist 1827 von dem nachmaligen Könige Friedrich Wilhelm IV. entworfen worden.

4. Der Kreis Darkehmen.

Darkehmen wird als Dorf zuerst 1615 erwähnt. Friedrich Wilhelm I. erhob es 1726 zur Stadt. Kurz bevor das geschah, hatte sich dort eine beträchtliche Anzahl Franzosen angesiedelt. Sie brachten eine lebhafte Industrietätigkeit nach Darkehmen. Später kamen auch Salzburger dorthin. Die Wasserkräfte der schnell dahinfließenden Angerapp wurden dazu benutzt, Tuchwebereien und Wollspinnereien in Betrieb zu setzen. Ferner befand

Schloß Beynuhnen; (Südseite).

sich eine große Gerberei an diesem Flusse. Noch jetzt sind Überreste der Fabrikanlagen zu sehen. Alle späteren Bemühungen, die alte Industrie hier zu beleben, blieben erfolglos. Gegenwärtig treibt die Angerapp in Darkehmen große Mühlenwerke. Diese versahen auch die Stadt längere Zeit mit elektrischem Lichte. Darkehmen hat seit 1886 elektrische Straßenbeleuchtung und steht in dieser Hinsicht an der Spitze der deutschen Städte. Die Lage Darkehmens im tiefen Angerapptal ist eine sehr schöne. Die Stadt selbst bietet jedoch nichts Bemerkenswertes. Auf der Mitte des verhältnismäßig großen Marktplatzes steht das einfache, mit einem Dachreiter versehene Rathaus. Die hochgelegene Kirche hat einen schlanken, schöngeformten Turm. Sie wurde 1842 erbaut.

In der Umgegend finden wir östlich von Darkehmen das Kirchdorf Wilhelmsberg. Südöstlich davon liegt Kleschowen. In der Nähe sind Funde von römischen Münzen gemacht worden. Südlich von Darkehmen ist das Kirchdorf Szabienen zu erwähnen. Hier errichtete der Pfarrer Koch in den zwanziger Jahren des vorigen Jahrhunderts ein Lehrerseminar, das 1825 nach Lötzen und 1828 von hier nach Angerburg verlegt wurde. Etwa 2 km von Szabienen entfernt steht an einem Wäldchen die eigenartige Kapelle des Kriegsrats von Farenheid, der als erster die Erbuntertänigkeit aufhob und verschiedene Schulen gründete. Sein Sohn gründete in dem nahen Angerapp das erste litauische Privatgestüt von Bedeutung. Patron der Kirche Szabienen ist der Majoratsbesitzer v. Farenheid Beynuhnen, dessen Schloß im Renaissancestil erbaut ist und in seinem Innern eine reiche Sammlung von Abgüssen antiker Bildwerke sowie Nachbildungen in Marmor birgt, die von der Meisterhand A. Wolfs herrühren. Außer der Antikensammlung enthält es eine Menge ausgezeichneter Kupferstiche und vortrefflicher Gemälde aus den berühmtesten Schulen. Das Schloß ist in höchst dankenswerter Weise an bestimmten Tagen für den Besucher geöffnet. Es wird von einem ausgesucht schönen Park umgeben. Darin befinden sich eine dorische Säulenhalle, ein kleiner Tempel mit der Laokoongruppe, mehrere Göttergestalten in lichtem Marmorglanz und neben dem Grabe des Majors v. Salpius die Thorwaldsensche Hoffnung. Der Schöpfer und Begründer dieses Musensitzes ist ein Nachkomme des erwähnten Kriegsrats von Farenheid, nämlich der 1888 verstorbene Fritz von Farenheid, der seine letzte Ruhestätte neben seinem Freunde Salpius, also inmitten seiner Schöpfung, gefunden hat. In Dombrowken soll ein Schloß gestanden haben, dessen Ruinen am Anfange des vorigen Jahrhunderts abgetragen worden sind. Das benachbarte Gut Launingken hat einen herrlichen Park. Bei Osznagorren findet sich ein Burgwall. Westlich von Darkehmen liegt das Landgestüt Gudwallen und nördlich Kirchdorf und Marktflecken Trempen. Die Trempener Kirche ist auf einem heidnischen Totenacker, worin man eine Anzahl von Urnen gefunden hat, erbaut worden. An dieser Kirche war von 1630 bis 1641 Johann Portatius, der Gemahl des „Ännchen von Tharau", Geistlicher. Von 1752 bis 1800 wirkte dort der 1716 zu Marienburg geborene Pfarrer Ostermeyer, der Verfasser der „Gedanken von den alten Bewohnern des Landes Preußen". Von ihm stammen ferner der „Kritische Beitrag zur altpr. Religionsgeschichte" und ein litauisches Gesangbuch, das er gemeinsam mit dem Pfarrer Walter aus Ballethen herausgab. Nordöstlich von Trempen befindet sich das Kirchdorf Ballethen mit einer aus Feldsteinen erbauten Kirche. Etwa 9 km östlich von Darkehmen kommen wir zum Kirchdorfe Wilhelmsberg. Es hat seinen jetzigen Namen von Friedrich Wilhelm I. erhalten. Früher (vor 1725) hieß es Klikutzen. Das dortige Gotteshaus wurde von 1725 bis 1832 sowohl von Lutherischen als auch von Reformierten benutzt, deshalb auch die beiden Sakristeien.

5. Der Kreis Gumbinnen.

Gumbinnen ist aus dem Dorfe Pisserkehmen = Dorf an der Pissa hervorgegangen. Dieser Ort erhielt 1545 auf Befehl des Herzogs Albrecht eine Kirche. Im Jahre 1642 bestand er nur aus einigen durch Weidehecken verbundenen Gehöften litauischer Bauart, die zu beiden Seiten der Pissa lagen und von ihr des öfteren überschwemmt wurden. Wie und wann die Umwandelung des Namens aus Pisserkehmen in Gumbinnen erfolgt ist, läßt sich nicht mit Sicherheit angeben. Durch die Tatareneinfälle hatte Gumbinnen schrecklich zu leiden, noch mehr aber durch die Pest. 1722 erhob

Friedrich Wilhelm I. das Kirchdorf Gumbinnen zur Stadt. Das Gründungsprivileg und den Magistrat erhielt die neue Stadt jedoch erst 1724. Auch ließ der König den sehr regelmäßigen Stadtplan entwerfen und die Richtung und Ecken der zu bauenden Straßen durch 56 Wohnhäuser markieren, die dann den Kolonisten verkauft wurden. Im Juni 1732 vermehrte sich die Bevölkerungsziffer der neuen Stadt erheblich durch den Zuzug von Salzburgern. Für die gebrechlichen und alten Salzburger wurde 1735 ein Hospital begründet, das vor allem durch die von dem Salzburger Erzbischof Sigismund an die Vertriebenen 1754 gezahlte Entschädigungssumme bedeutend erweitert wurde. Im Jahre 1736 errichtete Friedrich Wilhelm I. in Gumbinnen die Litauische Kriegs- und Domänenkammer. Dieser Umstand trug erheblich zum Wachstume der Stadt bei. Während des Siebenjährigen Krieges wurde sie von 1758 bis 1762 durch die Russen besetzt gehalten. Nach der dritten Teilung Polens haben die neuen Untertanen des Bialystocker Departements in Gumbinnen 1796 vor dem Abgesandten Friedrich Wilhelms II., Staatsminister von Schrötter, ihre Huldigung dargebracht. Während des Unglücklichen Krieges hatte die Stadt eine schwere Kriegskontribution zu erschwingen, und als Napoleon 1812 nach Rußland zog, lagerte um sie der Hauptteil der französischen Armee. Napoleon selbst weilte in Gumbinnen und wohnte vom 18. bis 21. Juni in dem Gebäude, wo sich heute die Freimaurerloge befindet. Im Juli 1832 fand hier das hundertjährige Jubelfest der Salzburger statt, das sehr feierlich begangen wurde. Gumbinnen hat eine niedrige Lage. Um die Stadt gegen die Überschwemmungen der Pissa zu schützen, ist das Bett dieses Flusses erheblich verbreitert und eingedämmt worden. Der Damm bietet jetzt einen angenehmen und schönen Spazierweg. Das Kriegerdenkmal am Eingange der Promenade wurde am 2. September 1876 enthüllt. Die Straßen der Stadt laufen fast alle auf das stattliche, anfangs der dreißiger Jahre des vorigen Jahrhunderts erbaute Regierungsgebäude aus. Vor ihm steht das Denkmal Friedrich Wilhelms I., dessen Schöpfer der Bildhauer Christian Rauch ist. Die

Denkmal Friedrich Wilhelms I.

Enthüllung erfolgte am 3. August 1835, dem Geburtstage des damaligen Königs Friedrich Wilhelm III. Der aus poliertem Granit bestehende Sockel hat eine Höhe von über 3 m. Die Gestalt ist 2,35 m hoch. Die Inschrift des Sockels lautet: „Friedrich Wilhelm I., Litauens Wiederhersteller, Gumbinnens Gründer, zur hundertjährigen Feier verheißen 1824, errichtet 1835 von Friedrich Wilhelm III." Unter der hundertjährigen Feier ist das Jubiläum des hundertjährigen Bestehens der Stadt Gumbinnen gemeint. Im übrigen ist diese Stadt an schönen Bauwerken arm. Zu erwähnen wäre vielleicht das 1890 in niederländischem Renaissancestil errichtete Rathaus und das Gymnasialgebäude, dessen Aula mit schönen Gemälden geschmückt ist. Im Jahre 1911 ist ein Erweiterungsbau des Regierungsgebäudes geweiht und seiner Bestimmung übergeben worden. Gumbinnen ist vorwiegend Beamtenstadt. Seit einigen Jahren ist hier eine ziemlich starke Garnison. Gewerbe und Industrie sind nicht von erheblichem Umfange. Dagegen ist der Getreidehandel nicht unbedeutend. Auch die Füllen- und Pferdemärkte haben noch einen gewissen Ruf.

Am 15. Dezember 1854 wurde zu Gumbinnen der Tiermaler Richard Friese geboren. Von ihm haben wir u. a. die Bilder: Ende eines Elchhirsches (1886) und Elche zur Äsung gehend (1888). Er hat des öfteren Kaiser Wilhelm II. auf seinen Jagdfahrten begleitet und dabei vorzügliche Jagdstücke geschaffen. (Siehe Seite 164!)

In unmittelbarer Nähe von Gumbinnen befindet sich der Vorort Norutschatschen. Hier vereinigt sich die Rominte mit der Pissa. An der Rominte liegt das Kirchdorf Walterkehmen. An der dortigen Kirche war von 1650 bis 1663 der Pfarrer Ernst Ditzel angestellt, der ein tüchtiger Litauer war und mehrere Lieder (Gott des Himmels und der Erden, Nun laßt uns Gott dem Herrn u. a.) in das Litauische übertragen hat. Nemmersdorf, an der Angerapp, hat schon 1569 eine Kirche erhalten. Sie ist aus Feldsteinen erbaut. Westlich von Gumbinnen finden wir die Kirchdörfer Ischdaggen und Judtschen. Im letztgenannten Orte war Kant bei dem Pfarrer Andersch Hauslehrer. Die Umgegend wurde nach der großen Pest hauptsächlich mit Schweizern besiedelt, für die auch zunächst die Kirche bestimmt war. Sie war anfangs reformiert, jetzt uniert. Etwa 9 km nördlich von Gumbinnen finden wir an der Niebudis das Kirchdorf Niebudszen. Hier wirkte von 1664 bis 1684 der 1631 in Memel geborene Pfarrer Matthias Prätorius, der Verfasser der „Preußischen Schaubühne". Er hat darin den Litauern seiner Zeit ein wenig günstiges Zeugnis ausgestellt. Später trat Prätorius zur katholischen Kirche über und wurde polnischer Historiograph. In nordwestlicher Richtung von Gumbinnen liegt an der Pissa das Kirchdorf Gerwischkehmen. Östlich von Gumbinnen, und zwar ebenfalls an der Pissa, finden wir das Kirchdorf Szirgupönen. Das dortige Gotteshaus wurde 1725 auf direkte Anordnung Friedrich Wilhelms I. erbaut. In Stannaitschen wurde am 9. Sept. 1866 der Orientalist Dr. Julius Lippert geboren. Seine wissenschaftlichen Arbeiten gehören vornehmlich den Gebieten der arabischen Literaturgeschichte und der Geschichte des westlichen Sudans an. Er starb am 24. Juni 1911 zu Berlin, woselbst er Professor am Orientalischen Seminar war.

6. Stadt- und Landkreis Insterburg.

a) Die Stadt.

Das Jahr, in dem die „Instirburg" erbaut worden ist, kann nicht mit Sicherheit angegeben werden. Man nimmt aber für gewöhnlich 1336 als das Gründungsjahr an. Früher soll hier die 1256 zerstörte Heidenburg Unsatrapis gestanden haben. Der Platz, auf dem sie sich erhebt, wird von den beiden Armen der Tschernuppe, von denen jetzt der östliche abgedämmt ist, und von der Angerapp eingeschlossen. Anfangs war die Ordensburg aus Holz erbaut. Wann sie in eine Burg von Stein umgewandelt worden ist, läßt sich nicht ermitteln. Über Manneshöhe besteht ihr Mauerwerk aus Feldsteinen, darüber hinaus ist es aus Ziegeln in gotischem Verband aufgeführt. Während anfangs ein Komtur mit einem Konvent an der Spitze der Burg stand, erscheinen später, und zwar seit 1347, nur „Pfleger" in Insterburg. Hier sammelte sich der Orden zu seinen „Litauerfahrten". 1376 wurde die Burg von den Litauern, 1457 von den Polen verbrannt, doch bald darauf wiederhergestellt. In der Ordenszeit stand nur die jetzige Kaserne. Sie bildete das „Haus" Insterburg. An den vier Ecken der Umfassungsmauer standen feste Türme. Nur einer, der nordwestliche, ist noch heute erhalten. 1377 war Herzog Albrecht III. von Österreich auf einer Reise nach dem Ordenslande Gast der Burg. 1390 weilte dort Graf Heinrich Derby, der spätere König Heinrich IV. von England, gelegentlich einer Kriegsreise nach Litauen. 1500 fand eine Erweiterung der Burg statt. Bei der Säkularisation im Jahre 1525 wurde das „Pflegeramt" Insterburg in ein „Hauptamt" umgewandelt, und gelegentlich des zweiten Thorner Friedensschlusses wurde die in der Nähe befindliche Siedelung schon als Stadt bezeichnet, obwohl sie damals die städtische Gerechtsame noch nicht hatte. 1642 suchte die Königin Maria Eleonore von Schweden im Insterburger Schlosse Zuflucht und wohnte dort bis 1648. Sie war die Gemahlin Gustav Adolfs und die Schwester des Großen Kurfürsten. Am 6. September 1723 wurden die Hauptämter

Schloß Insterburg.

aufgehoben und an ihrer Stelle Hofgerichte ins Leben gerufen und bald darauf im Schlosse die Wohnung des Hofgerichtspräsidenten eingerichtet, 1808 nahm es das Oberlandesgericht auf. Seit 1879 beherbergt das Schloß das Landgericht. Es befindet sich in der ehemaligen Vorburg. Das eigentliche Haus Insterburg wurde dagegen 1881 zu einer Kaserne umgebaut. Es sind dort noch heute Ulanen untergebracht.

In der Nähe der Burg entstand schon frühzeitig eine Ansiedelung, nämlich das Dorf Sparge. 1541 wurde der „Stadtfleck Inster" begründet, der 1583 vom Markgrafen Georg Friedrich zur „Stadt Insterburg" erhoben wurde. Eine mittelalterliche Befestigung hat Insterburg nicht gehabt. Während der Schwedenkriege, die der Große Kurfürst führte, sind russische, polnische und schwedische Truppen unbequeme Gäste der Insterburger gewesen. 1655 zogen Russen in Insterburg ein und zwangen die Bewohner zur Flucht. Die Tataren, die bis nach Georgenburg vorgedrungen waren, ließen aber die Stadt Insterburg in Ruhe. 1690 verwüstete ein Brand den größten Teil dieses aufblühenden Ortes. 1702 gründete sich dort eine reformierte Gemeinde. Sie bestand hauptsächlich aus Franzosen und Schweizern, die von dem Landesherrn nach Ostpreußen gerufen worden waren. Die große Pest von 1709 hat Insterburg aufs schrecklichste mitgenommen. Während des Siebenjährigen Krieges kam die Stadt in russischen Besitz. Der Durchzug der Franzosen im Jahre 1812 hat ihr schwere Lasten auferlegt, wie auch schon der kurz voraufgegangene Unglückliche Krieg. Am 17. Juni 1812 traf Napoleon in Insterburg ein und nahm im Hause Generalstraße Nr. 3 Wohnung, während sein Adjutant Davoust im Georgenburger Schloß Unterkunft fand.

Von den alten Stadttoren ist jetzt nichts mehr vorhanden, obwohl man noch von dem Pregel-, Vorstädtischen- und Ziegeltore spricht. Von altertümlichen, interessanten Bauwerken sind die drei Giebelhäuser auf der Nordseite des Alten Marktes in der Nähe der Kirche, die „Grüne Katze" in der Schloßstraße und der Pangerwitz-Krug auf der anderen Seite der Angerapp zu erwähnen. In diesem Kruge haben die Reisigen, die im Schlosse keine Unterkunft fanden, Quartier erhalten. Der Alte Markt und die Goldaper Straße bilden urkundlich die ältesten Straßenzüge der Stadt. Die Kirche am Markte gehört nicht der Ordenszeit an, sondern soll in den Jahren 1610 bis 1612 erbaut worden sein. Ihr Turm hat eine Höhe von 62 m. Das Äußere der Kirche macht einen wenig erfreulichen Eindruck. Um so mehr überrascht aber ihre innere Ausstattung. Besonders weisen Altar und Kanzel reiche und geschmackvolle Verzierungen auf. Zwei Reihen Holzpfeiler tragen eine reich bemalte Felderdecke. Die Sakristei war früher Taufkapelle. Sie enthält aus Holz geschnitzte Apostelstatuen von 1638. Hinter der Kirche befindet sich ein Altertums-Museum, das im Anfange der achtziger Jahre des vorigen Jahrhunderts angelegt worden ist und eine große

Reichhaltigkeit aufzuweisen hat. Vor allem birgt es viele litauische Altertümer. Der ältere, nach der Angerapp gelegene Stadtteil Insterburgs gruppiert sich um den Gawehnschen Teich, den Schloßteich und den Alten Markt. In ihm liegt auch das Ordensschloß. Die Teiche sind von Uferpromenaden umgeben und bringen in das Stadtbild eine angenehme Abwechselung hinein. Die Grenze zwischen dem älteren und dem neueren, höher gelegenen Stadtteile bildet ungefähr die Reitbahnstraße. In dieser Straße liegt das Gymnasium, dessen Aulabilder wohl zu den bedeutendsten Sehenswürdigkeiten der Stadt gehören. Es sind Wandgemälde, die von Künstlern der Königs-

Der Alte Markt in Insterburg.

berger Akademie stammen und Szenen aus der Odyssee darstellen. Am Neuen Markte liegt das schön und zweckmäßig eingerichtete Gesellschaftshaus mit prächtigen Gartenanlagen. An diesen Garten schließt sich der Stadtpark mit den romantischen Uferhöhen des Tschernuppetales. Auf einer besonders günstigen Stelle erhebt sich das Kriegerdenkmal. Es trägt die Gestalt der Germania und wurde 1885 enthüllt. Die Germania ist von Zitzmann modelliert. Im Stadtparke befindet sich auch die Büste des früheren Oberbürgermeisters Korn, der sich um die Entwickelung der Stadt und um die Schöpfung dieses Parkes große Verdienste erworben hat. Die schönste Straße im neuen Stadtteil ist die Wilhelmstraße. In ihr befindet sich das stattliche Gebäude des Vorschußvereins. Im Vorgarten steht das Denkmal von Eduard Guttmann, der der Begründer dieses blühenden Vereins ist. An der Ecke der Reitbahn- und Wilhelmstraße wurde im Juni 1911 ein Denkmal für den Begründer der Erwerbs- und Wirtschaftsgenossenschaften, Schulze-Delitzsch, enthüllt. Der Schöpfer dieses Denkmals ist der Bildhauer Hans Arnoldt, von dem auch das Berliner Schulze-Delitzsch-Denkmal herrührt. Das schönste Denkmal, das Schulze-Delitzsch gesetzt worden ist, ist aber der Insterburger Vorschuß-Verein, der größte und bedeutendste Vorschuß-Verein des deutschen Ostens. Auf dem in der Mitte des neuen Stadtteiles gelegenen Markgrafenplatze, der bei der Jubelfeier des 300jährigen Bestehens der Stadt angelegt wurde, befindet sich die 1890 eingeweihte reformierte Kirche. Sie ist im neuromanischen Stile nach Adlerschen Plänen erbaut und beherrscht mit ihrem 60 m hohen Turme das ganze Weichbild der Stadt. Nicht minder weit sichtbar ist der schlanke Turm der katholischen Kirche und der massige Turm des Wasserwerkes, der auch zur Zierde der Stadt gereicht. Nicht weit von dem letztgenannten Turme beginnen die sogenannten Langkeningker Schluchten, die sich stromaufwärts an der Angerapp entlangziehen und wunderschöne Spaziergänge bieten. Auf der gegenüberliegenden Seite der Angerapp erhebt sich der Anstaltsberg mit der 1853 erbauten Strafanstalt und der 1863 in Betrieb genommenen Spinnerei. Ein schönes Gotteshaus befindet sich seit 1911 in der Ziegelstraße. Der eigenartige Turm gleicht den Türmen, die sich vielfach im Kanton Bern (Meiringen, Spiez usw.) finden.

Vom Wachstume der Stadt Insterburg legen folgende Zahlen Zeugnis ab: 1819: 5097, 1833: 7338, 1846: 7446, 1864: 11 659, 1875: 16 321, 1880: 18 840, 1895: 23 544, 1910: 31 677 Einwohner. Dieses verhältnismäßig schnelle Anwachsen der Stadt ist dadurch bedingt worden, daß Insterburg der Mittelpunkt eines fruchtbaren Kreises ist und eine günstige natürliche Lage besitzt. Dann bildet diese Stadt den Knotenpunkt von fünf Linien der Staatsbahn und mehreren Kleinbahnlinien. Ferner vereinigt sich hier eine ganze Anzahl wichtiger Chausseen. Endlich hat auch die große Garnison nicht unerheblich zum Wachstume der Stadt beigetragen. Handel und Industrie sind in Insterburg recht lebhaft. Von industriellen Unternehmungen sind besonders die Brauereien, die landwirtschaftliche Maschinenfabrikation und die in der nächsten Umgegend befindlichen Ziegeleien zu erwähnen.

Bedeutende Insterburger. 1. Wilhelm Jordan, geb. am 8. Februar 1819, Pregelstraße 18/19, hat sich hauptsächlich durch seine „Nibelunge" in der deutschen Literatur einen Namen gemacht. Der erste Teil der Nibelunge, die Siegfriedsage, erschien 1867/68, der zweite Teil, Hildebrands Heimkehr, 1874. Diese Dichtung ist in Stabreimen abgefaßt. Jordan hat sie selber als wandernder Rhapsode vorgetragen und große Erfolge damit erzielt. Auch als Übersetzer ist Jordan bedeutend. Wir besitzen von ihm Übertragungen der Edda, der Ilias und Odyssee u. a. Ferner schrieb er die

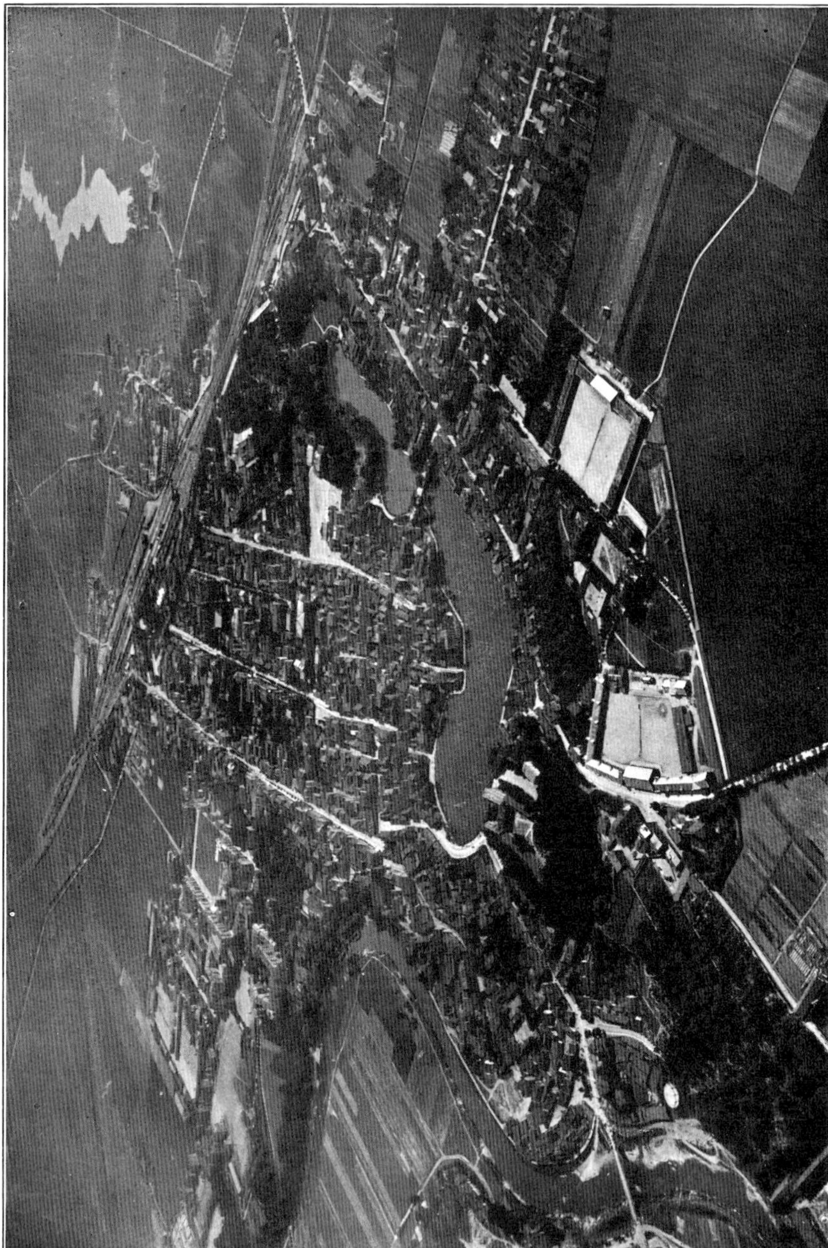

Insterburg, vom Ballon aus gesehen.

Romane Die Sebalds (1885) und Zwei Wiegen (1887). Von seinen Theaterstücken haben sich die Lustspiele Durchs Ohr, Tausch enttäuscht und Sein Zwillingsbruder am erfolgreichsten erwiesen. Seine Lebensauffassung spiegelt sich am besten in dem dramatischen Werke Demiurgos wider. Jordan hat sich auch politisch betätigt. So wurde er für Freienwalde zum Abgeordneten in das Frankfurter Parlament gewählt. Hier gehörte er anfangs zur Linken, schloß sich aber der Gagernschen Erbkaiserpartei an und wurde als Ministerialrat in die Marineabteilung des Reichsministeriums für Handel berufen. Nach dem Scheitern der achtundvierziger Bewegung blieb er in Frankfurt a. M. und ist hier in hohem Alter am 25. Juni 1904 gestorben.

2. Ernst Wichert, geb. am 11. März 1831, Obermühlenstraße 1, gehörte dem Richterstand an. Zuletzt war er Kammergerichtsrat in Berlin, woselbst er auch am 21. Januar 1902 gestorben ist. Von seinen zahlreichen Lustspielen haben sich Ein Narr des Glücks, Als Verlobte empfehlen sich, Ein Schritt vom Wege noch heute auf der Bühne erhalten. Bedeutender ist er jedoch als Romanschriftsteller und Novellendichter. Seine historischen Romane, die auf heimatlichem Boden spielen, sind Heinrich von Plauen, Der Große Kurfürst in Preußen und Tilemann vom Wege. Am besten verrät sich aber sein Erzählertalent in den Litauischen Geschichten. Seine Selbstbiographie schrieb er 1899 unter dem Titel Richter und Dichter. Mit Recht hat man ihn den altpreußischen Walter Scott genannt.

3. Paul Schlenther wurde am 20. August 1854 als Sohn eines Apothekenbesitzers geboren. Nach vollendetem Universitätsstudium wurde er Redakteur. Als Theaterkritiker der Vossischen Zeitung war er ein begeisterter Kämpfer für die neueren Dichter und trat besonders für Ibsen und Gerhart Hauptmann ein. 1898 wurde er zum Direktor des Wiener Burgtheaters ernannt. Diese Stellung bekleidete er bis zum Jahre 1910. Als Theaterschriftsteller und Herausgeber der Ibsenschen Werke hat sich Schlenther, der jetzt wieder in Berlin wohnt, hervorragende Verdienste erworben.

b) Sonstige Ortschaften.

In der Nähe Insterburgs auf dem Nordufer der Inster, nicht weit von deren Vereinigung mit der Angerapp, liegt das Gestüt Georgenburg. Die dort vorhandene Burg ist wahrscheinlich gegen 1350 erbaut worden. Bis zum Jahre 1525 war sie Eigentum der samländischen Bischöfe. Dann mußte sie ein herzogliches Kammeramt aufnehmen. Im Laufe der Zeit hat sie viele Veränderungen erfahren, die letzte erfolgte bei Verlegung des Insterburger Landgestüts nach Georgenburg. Jetzt enthält sie hauptsächlich Dienstwohnungen der Gestütsbeamten. Erhalten ist ein gutes Stück des ehemaligen Haupthauses, ebenso der Turm in der nordöstlichen Ecke. Das Dach des Turmes ist allerdings neueren Datums. Auch von der Vorburg finden sich heute noch wesentliche Bestandteile. Etwa 5 km nordöstlich von Georgenburg finden wir das Gut Szieleitschen. Hier starb am 28. Mai 1818 auf einer Durchreise plötzlich der russische Generalfeldmarschall Barclay de Tolly. Friedrich Wilhelm III. ließ ihm ein gußeisernes Denkmal setzen, das auf einem umfassenden Stufenbau steht und von wohlgepflegten schattigen Anlagen umgeben wird. Die Widmung Friedrich Wilhelms III. lautet: „Dem edlen Feldherrn, der den Weg der Ehre durch Mut und Tapferkeit in vielen Schlachten sich bahnte und der im Kriege zur Befreiung der Völker in den Jahren 1813, 1814 und 1815 als Anführer verbündeter Heere in glorreichen Kämpfen siegte, errichtete dieses Denkmal Friedrich Wilhelm III." An der Inster liegen die Kirchdörfer Pelleningken und Neunischken. Das Neunischker Gotteshaus ist von schweizerischen und nassauischen Kolonisten reformierten Bekenntnisses erbaut worden. Nördlich von Georgenburg finden wir das Kirchdorf Aulowöhnen, das in katholischer Zeit dem Domkapitel von Samland gehörte. Von hier führt eine Chaussee nach Grünheide mit einer in romanischen Formen erbauten Kirche. Verfolgen wir die Chaussee, die von Georgenburg in westlicher Richtung läuft, so gelangen wir über die Gestüts-Vorwerke Nettienen und Zwion zum Dorfe Schunkern und zum Kirchdorfe Berschkallen, das auf einer Anhöhe an der Droje gelegen ist. Stromabwärts kommen wir von Georgenburg in das Gebiet der herzoglich Dessauischen Güter, deren Mittelpunkt Norkitten kurz vor dem Einflusse der Auxinne in den Pregel ist. Herzog Leopold von Dessau kaufte Norkitten nebst Schloßberg und Mangarben für 42 000 Gulden, nachdem er kurz zuvor Bubainen aus einem Konkurs für 4723 Gulden 52 Gr. erworben hatte. Doch mußte er noch den Magistrat zu Königsberg wegen seines Obereigentums durch eine Zahlung von 10 000 Gulden abfinden. In Bubainen hatte der Alte Dessauer 1734 bis 1737 ein Schloß erbauen lassen, das seiner schönen Lage und seiner architektonischen Schönheit wegen eine Zierde der ganzen dortigen Gegend war. Der Herzog hat dort mehrere Male seinen Sommeraufenthalt genommen. Es soll 130 Zimmer enthalten haben. Der Bau war noch nicht in seiner ganzen Ausdehnung fertig, als 1757 zu 1758 die Russen das Schloß einäscherten. Seitdem ist es nicht wieder aufgebaut worden. Norkitten hatte ein Schloß, das aus der Ordenszeit stammte und 1381 erbaut sein soll. Auf seiner Stelle wurde von 1818 bis 1821 das jetzige Herrenhaus errichtet, das eine herrliche Lage auf dem hohen linksseitigen Ufer der Auxinne hat. Südwestlich von Norkitten, bei Gr. Jägersdorf, war am 30. August 1757 die unglückliche Schlacht gegen die Russen. Den Oberbefehl über die preußischen Truppen hatte der Feldmarschall von Lehwaldt. Die Russen wurden von dem Feldmarschall Apraxin angeführt. Nach der Schlacht haben die Russen in der Umgegend von Gr. Jägersdorf aufs grausamste geplündert. Glücklicherweise dauerte die Schreckenszeit nur kurze Zeit.

Die Georgenburg.

Westlich von Norkitten liegt das Kirchdorf Puschdorf. Schon vor 1525 hat hier eine katholische Kirche bestanden, von der noch die beiden Glocken und zwei Weihwassersteine übriggeblieben sind. Die Umgegend von Norkitten ist reich an vorgeschichtlichen und geschichtlichen Altertümern. Bei dem Vorwerke Schloßberg befindet sich eine Heidenschanze. Zu Schloßberg wurde am 12. September 1808 der preußische General Graf August von Werder geboren. Er hatte im Deutsch-Französischen Kriege das Kommando über das Straßburger Belagerungskorps und zwang die Festung am 27. September 1870 zur Übergabe. Später warf er die französische Ostarmee gegen Besançon und schlug vom 15. bis 17. Januar 1871 die Verteidigungsschlacht an der Lisaine. General Werder starb am 12. September 1887 auf seinem Gute Grüssow in Pommern. Bei Schwägerau befand sich zur Ordenszeit ein „Wildhaus". Norkitten gegenüber nördlich vom Pregel liegt das ehemalige, 1376 zuerst erwähnte Ordenshaus Saalau. Es muß eine große und starke Burg gewesen sein. Ihre Überreste machen noch heute einen mächtigen Eindruck. Ziemlich erhalten ist noch das Haupthaus. Allerdings ist es im Innern stark verbaut. Zur Zeit des Siebenjährigen Krieges wurden Kirche und Pfarrhaus in Saalau von den Russen zu Lazarettzwecken benutzt und nach ihrem Abzuge verbraynt. Südlich von Insterburg finden wir die Kirchdörfer Didlacken und Jodlauken. Didlacken wird nach dem Dittowaflüßchen benannt. Hinter der Sakristei liegt das Mausoleum des ehemaligen Gouverneurs der Festung Pillau, Pierre de la Cave, in dem dessen wohlerhaltene Mumie zu sehen ist. Jodlauken hat eine hohe Lage an der Joduppe. Der hölzerne Kirchturm ist weithin sichtbar. Östlich von Insterburg an der Pissa finden wir das Lehrerseminar Karalene (lit. Karaline = Königin). Es trägt seinen Namen zu Ehren der Königin Luise. Die Anstalt wurde 1811 gegründet, und zwar zunächst als Erziehungsanstalt für litauische Knaben. Sie bestand als solche nur bis zum Jahre 1817 und wurde dann in ein Lehrerseminar umgewandelt, das namentlich für Schulen der litauisch sprechenden Gegenden Lehrer vorbilden sollte. Sowohl in der Erziehungsanstalt als auch im Seminar wurde im Unterricht in den ersten Jahrzehnten streng nach Pestalozzischen Grundsätzen verfahren. Der Hauptvertreter dieser Richtung war vor allem der Direktor A. E. Preuß, der 1835 bei Gebr. Bornträger in Königsberg „Die Preußische Landes- und Volkskunde" hat erscheinen lassen. Ferner gab er eine Biblische Geschichte heraus und im Vereine mit Vetter ein Lesebuch, den berühmten Kinderfreund. Preuß hat die Pestalozzische Methode in Ifferten kennen gelernt. Die 1859 gegründete Karalener Seminarkirche erhielt die Kirchengeräte aus dem Königlichen Waisenhaus in Königsberg überwiesen.

7. Der Kreis Wehlau.

a) Die Städte.

1. **Wehlau.** Die Burg Wehlau, von der gegenwärtig nur noch ein Keller unter einer Brauerei erhalten ist, wurde 1255 von den heidnischen Nadrauern der entstehenden Burg Königsberg zum Trotz angelegt. Nach wenigen Jahren wurde sie jedoch von dem Befehlshaber, der sich inzwischen zum Christentume bekehrt hatte, dem Orden übergeben. Die Burg bestand nicht lange. 1281 wurde sie von den heidnischen Sudauern zerstört und an ihrer Stelle ein Franziskaner Minoritenkloster erbaut. Die Stadt Wehlau entstand im Jahre 1336. Ihr Begründer ist ein gewisser Gottfried Hundertmark. Er erhielt den Gründungsbrief von dem damaligen Ordenskomtur zu Königsberg, Heinrich Dusmer, und zwar mit Erlaubnis des Hochmeisters Dietrich von Altenburg. 1347 wurde die Stadt von den Litauern unter Kynstut vollständig verwüstet. Ihre Bewohner erbauten sie jedoch bald wieder, und der Hochmeister Winrich von Kniprode befestigte sie. Von diesen Befestigungsanlagen rührt noch das Steintor her. Wehlau trat 1454 dem Preußischen Städtebunde bei und wurde deswegen vom Orden belagert. Ludwig von Erlichshausen ließ zu diesem Zwecke 1460 im Osten und Süden der Stadt Wälle aufwerfen, die sich noch heute unter dem Namen „Schanzen" erhalten haben. Die Stadt mußte sich aus Hungersnot wieder dem Orden ergeben. Im Schwedisch-Polnischen Kriege wurde sie von den Schweden belagert und genommen. Wichtig ist Wehlau durch den Vertrag (Pacta Welawiensia) vom 19. September 1657 zwischen dem Großen Kurfürsten und Polen, der später in Bromberg beschworen wurde. In diesem

Vertrag entsagte der König von Polen der Oberlehnshoheit über Preußen und übergab das Land der Alleinherrschaft des Großen Kurfürsten. Im Jahre 1907, bei der 250. Wiederkehr dieses Tages, wurde am Rathaus eine auf diesen Vertrag bezügliche Gedächtnistafel enthüllt. Ihre Inschrift lautet: Dem Andenken des Großen Kurfürsten gewidmet von der Stadt Wehlau. 19. September 1657, 19. September 1907. Der niedrigen Lage wegen hat Wehlau häufig unter Überschwemmungen zu leiden gehabt und war deshalb früher zu Hochwasserzeiten von außerhalb schwer zu erreichen. Erst durch den Bau der eisernen, auf massiven Pfeilern ruhenden Pregelbrücke, der 1880 beendigt war, wurde es besser. Vorher galt das Sprüchlein: „Wer nicht wagt, kommt nicht nach Wehlau.“ Die Fortsetzung: „Wer zuviel wagt, kommt nach

Wehlau, Große Vorstadt mit Steintor.

Tapiau“, bezieht sich auf die dortige Besserungsanstalt. Einen väterlichen Freund hatte Wehlau in dem Herzog Albrecht. Zu wiederholten Malen hat er diese Stadt seine liebe Rose genannt. Auch soll er sich mit dem Gedanken getragen haben, die Universität nicht in Königsberg, sondern in Wehlau zu errichten. Während der großen Pest starben in Wehlau 1850 Menschen. Am 6. Dezember 1806 weilten Friedrich Wilhelm III. und Luise in Wehlau. Sie wohnten in dem Hause des damaligen Stadtkämmerers Fichtner, das später sehr lange als Kreishaus diente. Napoleon hat in Wehlau in der Nacht vom 16. zum 17. Juni 1807 Absteigequartier genommen. Er wohnte bei dem Kaufmanne Hufnagel in einem Eckhause der Kirchenstraße in der Nähe des Marktes. Am 1. Juni 1812, als er sich auf dem Zuge nach Rußland befand, weilte er nochmals in Wehlau. Die Wehlauer Kirche ist eine der ältesten und schönsten der Provinz. Sie stammt höchstwahrscheinlich aus der Zeit Winrichs von Kniprode. Im Jahre 1896 wurde sie gründlich ausgebessert und neu geweiht. Berühmt ist Wehlau durch seinen großen Sommermarkt, der Anfang Juli jedes Jahres stattfindet und mit Recht zu den größten Märkten Deutschlands zu zählen ist. Durchschnittlich werden zu jedem Markte 9000 Pferde und 3000 Rinder aufgetrieben. (Siehe Seite 254!)

In der Nähe von Wehlau liegen die Fürsorgeerziehungsanstalten Altwalde. Im November 1902 beschlossen die Wehlauer kirchlichen Körperschaften in gemeinsamer Sitzung den Ankauf des städtischen Kämmereigrundstückes Altwalde II und den Bau einer Fürsorgeerziehungsanstalt für schulentlassene Knaben auf diesem Gelände. Die Anstalt wurde 1903 fertiggestellt und bezogen. Im Jahre 1905 wurden noch die Kämmereigüter Senklerkrug und Altwalde I dazugekauft und auf jedem eine weitere Anstalt errichtet. Insgesamt gehören den drei Anstalten 167,07 ha Land. Altwalde II ist eine geschlossene Anstalt, in die alle der dortigen Fürsorgeerziehung überwiesenen Burschen zunächst kommen. Senklerkrug und Altwalde I sind Freihöfe. Dortselbst werden die Zöglinge hingeschickt, die sich bereits das Vertrauen der Anstaltsleitung erworben haben. Altwalde I ist für 14, Senklerkrug für 16 Zöglinge berechnet. Hauptsächlich werden sie dort mit Landwirtschaft beschäftigt. Auch erlernen einige ein Handwerk. Eigentümerin der Anstalten ist die Kirchengemeinde Wehlau. Ihr Leiter ist der dritte Pfarrer von Wehlau. Verantwortlich für jede einzelne Anstalt ist der betreffende Hausvater, ein Diakon der Brüderanstalt Carlshof. Aufsichtsbehörde ist der Landeshauptmann der Provinz Ostpreußen.

2. **Tapiau.** Die Burg Tapiau wurde in dem Winkel zwischen Deime und Pregel, und zwar auf dem rechten Deimeufer, 1280 bis 1290 erbaut. Schon vorher, 1265, hatte der Orden auf der linken Seite der Deime, da wo die alte Preußenburg Suzurbi gestanden hatte, ein Schloß errichten lassen, das aber bald nach der Fertigstellung abgebrochen wurde. Die Burg Tapiau hatte eine große Aufgabe. Sie mußte das Samland gegen die vorläufig uneroberten Gebiete Nadrauens und Schalauens, vor allem aber gegen die streitlustigen Litauer schützen. Deshalb war sie auch von besonderer Größe und Festigkeit. Sie zeigt deutlich das Gepräge der größeren Ordensburgen. Ihre Anlage verrät eine gewisse Ähnlichkeit mit dem Bauplane der Marienburg. Zur Landmeisterzeit war sie Sitz eines Komturs. Später beherbergte sie ein Pflegeramt. 1385 wurde hier Kynstuts Sohn Witold feierlich getauft. Nach der Verlegung des Hochmeistersitzes von Marienburg nach Königsberg mußte die Burg Tapiau die „Ordensliberei", die Büchersammlung und das Staatsarchiv, aufnehmen. Herzog Albrecht hatte dort zeitweise seine Residenz und fand auch in Tapiau am 20. März 1568 seinen Tod. Zur herzoglichen Zeit war Tapiau ein Hauptamt. Die Burg bildete bis 1792 die Wohnung des jeweiligen Pächters der Domäne Kleinhof. Als gegen Ende des

Jahres 1787 König Friedrich Wilhelm II. die Errichtung von eigenen Provinzialanstalten zur Unterkunft und Versorgung der zahlreichen Invaliden und umherstreichenden Bettler und Vagabunden angeordnet hatte, nahm man für diesen Zweck die Burg Tapiau in Aussicht. Die Errichtung eines Invalidenhauses gab man auf und schuf nur, es geschah das 1794, ein Landarmenhaus nebst Besserungsanstalt für arbeitsscheue Umherstreicher und arbeitsunfähige Bettler. Das von Friedrich Wilhelm II. unter dem Datum des 3. Oktober 1793 erlassene, 207 Paragraphen umfassende Reglement der Landarmen- und Besserungsanstalt zu Tapiau für die Provinzen Ostpreußen, Ermland, Litauen und die Kreise Marienwerder und Riesenburg, gedruckt in der Hartungschen Hof- und Universitätsbuchdruckerei zu Königsberg, wird als eine Urkunde von historischer Bedeutung im Provinzialarchiv aufbewahrt. Die Stadt Tapiau war vordem eine „Lischke", d. h. eine neben einer Ordensburg liegende größere Ortschaft mit mehreren Krügen, aber ohne Stadtrecht. Sie erhielt es 1722, zusammen mit Stallupönen, Ragnit, Bialla, Nikolaiken. Die evangelische Pfarrkirche in Tapiau erhielt 1910 ein schönes Altargemälde, Golgatha, gemalt von dem Berliner Maler Lovis Corinth. Corinth wurde am 21. Juli 1858 zu Tapiau geboren.

Die Tapiauer Provinzialanstalten. Die heutigen Tapiauer Provinzialanstalten bestehen aus zwei Abteilungen: aus der Besserungsanstalt und der Landespflegeanstalt. Sie bilden einen Stadtteil für sich, der sich an das alte Schloß anlehnt. Als man dieses 1879 umbaute, wurden zwei Stockwerke aufgesetzt. Das oberste enthält die Anstaltskirche. Im übrigen blieben die alten Teile bis auf die Treppe unverändert.

Die Ostpreußische Provinzial-Besserungsanstalt zu Tapiau ist bestimmt zur Vollstreckung der Nachhaft an den im Bezirk des Ostpreußischen Provinzialverbandes festgenommenen, auf Grund der Bestimmungen des § 361, Nr. 3 bis 8 des Strafgesetzbuches für das Deutsche Reich vom 15. Mai 1871, bzw. des Gesetzes vom 26. Februar 1876 verurteilten und nach verbüßter Strafe der Landespolizeibehörde überwiesenen Personen (Korrigenden). In den verschiedenen Werkstätten der Anstalt werden von den Korrigenden hergestellt sämtliche Bekleidungsgegenstände für die Insassen der Besserungsanstalt unter teilweiser Verwendung der in der Anstaltsweberei verfertigten Zeuge, ferner die Dienstbekleidung für das männliche Pflegepersonal der Landespflegeanstalt, sodann, soweit geeignete Handwerker vorhanden sind, die für Anstaltszwecke erforderlichen Schmiede-, Schlosser-, Klempner-, Böttcher-, Korbmacher-, Maurer- und Tischlerarbeiten. In der Anstalt ist außerdem eine Fliesen- und eine Tütenfabrik, auch eine Druckerei vorhanden. Im Jahre 1896 wurde eine Dampfmahlmühle in Betrieb genommen, ebenso eine Brotfabrik für den gesamten Anstaltsbedarf. Eine Anzahl von Korrigenden wird mit landwirtschaftlichen Arbeiten auf den Gütern in der Umgebung Tapiaus beschäftigt. Am

Anfange des Jahres 1911 waren in der Anstalt 176 männliche und 38 weibliche Personen.

Im Jahre 1890 wurde mit der Neubesetzung der 1881 au gelösten Pfleglingsabteilung für land- und ortsarme Personen wieder begonnen. Seit dem 1. April 1893 nahm die Pfleglingsabteilung auch orts- oder landarme männliche und weibliche Blinde und Taubstumme in nicht mehr bildungsfähigem Alter sowie ruhige Idioten und Epileptische auf, die zwar noch einer Anstaltspflege, aber nicht mehr der Behandlung in einer besonderen Heilanstalt (Carlshof bei Rastenburg) bedurften. Am 1. April 1908 ist aber diese Pfleglingsabteilung eingegangen. Als infolge der Überfüllung der Irrenanstalten

Burg Tapiau (jetzt Ostpreußische Provinzial-Besserungsanstalt), von SO aus gesehen.

Allenberg und Kortau die Provinz sich vor die Notwendigkeit gestellt sah, entweder eine neue Irrenanstalt zu bauen oder durch Erweiterung einer der bestehenden Anstalten neue Plätze für Geisteskranke zu schaffen beschloß der Provinziallandtag 1901, im Anschluß an die Pfleglingsabteilung in Tapiau Abteilungen für unheilbare ruhige Geisteskranke, die nicht mehr der Behandlung in einer Irrenanstalt bedürftig sind, einzurichten. In Ausführung dieses Beschlusses wurden nun mehrere Krankenhäuser für geisteskranke Männer und Frauen erbaut und 1902 mit Kranken aus Allenberg und Kortau belegt. Damit wurde aus der bisherigen Pfleglingsabteilung die „Landespflegeanstalt der Provinz Ostpreußen zu Tapiau“ geschaffen. Sie hat zurzeit Platz für 532 männliche und 783 weibliche Insassen.

Auf dem Mittelhofe der Besserungsanstalt befindet sich ein sehr fest erbautes Gebäude, das von einem massiven Eisengitterzaun umgeben ist. Es dient zur Unterbringung von 68 ganz besonders gefährlichen Geisteskranken, deren Vorleben entweder verbrecherisch ist, oder die infolge ihrer Geisteskrankheit zu schweren Verbrechen neigen. Dieses Gebäude, das die Bezeichnung „Festes Haus" trägt, wurde 1898 belegt.

3. **Allenburg** liegt an der Alle, in die nahebei Omet und Swine münden. Die Stadt, die 1400 ihre städtische Gerechtsame erhielt, hat ihren Namen von einem Wildhause, das der Orden um 1384 gründete. Von der mittelalterlichen Befestigung sind noch geringe Überreste vorhanden. Bald nach ihrer Privilegierung wurde Allenburg Lehnstadt. Zunächst wurde die Stadt an einen Grafen Kanitz, im Jahre 1540 aber an Hans von Polenz, einen Bruder des Bischofs von Samland, verliehen. Um der von der großen Verkehrsstraße abgelegenen Stadt etwas aufzuhelfen, gewährte ihr Herzog Albrecht 1527 das Recht, Märkte abzuhalten. Im Jahre 1667 wurde der größte Teil der Stadt durch eine Feuersbrunst zerstört. 1683 begründete der Kammerherr Albert Friedrich von Rauschke auf Eiserwagen das Rauschkesche Stift, das noch heute besteht. Vor dem Altare der Allenburger Kirche befindet sich ein sargähnlicher Leichenstein. Die große Pest sollen in Allenburg nur elf Menschen überlebt haben. Schwere Schicksalsschläge mußte Allenburg auch während des Unglücklichen Krieges erdulden.

b) Sonstige Ortschaften.

In der Nähe der Stadt Wehlau finden wir die großen Pinnauer Mühlenwerke. Das Privileg zur Anlage dieser Werke und einer Schiffsschleuse wurde, wie schon Seite 273 erwähnt worden ist, im Jahre 1766 dem Königsberger „Negotianten" Joh. Casp. Dietrich, einem geborenen Holsteiner, erteilt. Sie bilden für unsere Provinz ein großartiges Fabrikunternehmen, besitzen seit kurzem auch ein Anschlußgleis an das Netz der Staatsbahn. Der Pinnau gegenüber auf der anderen Seite der Alle findet sich die Provinzial-Irrenanstalt Allenberg. An der Chaussee von Wehlau nach Allenburg liegt das große Kirchdorf Paterswalde. Verfolgen wir die Alle stromaufwärts, so kommen wir nach Klein und Schön Nuhr. Beide Ortschaften haben eine wunderschöne Lage. Dicht bei Klein Nuhr erhebt sich der Silberberg, wahrscheinlich eine heidnische Befestigung. Von hier zieht sich eine ganze Anzahl größerer Ziegeleien die Alle stromaufwärts bis in die Nähe von Allenburg. Etwa 4 km nordöstlich von Wehlau ist das alte Kirchdorf Petersdorf, woselbst schon 1368 die Kirche begründet wurde. Zum gleichnamigen Kirchspiele gehört die Domäne Taplacken mit Resten einer ehemaligen Ordensburg. Sie hatte für Kriegszwecke eine sehr günstige Lage, denn sie war auf drei Seiten von Morast umgeben. Die Burg schloß früher einen regelmäßigen Hof ein, der auf drei Seiten von Gebäuden, auf der vierten durch einen gedeckten Wehrgang eingeschlossen war. Dem Tor gegenüber lag das Haupthaus, kenntlich an dem Vorbau und den ehemals gewölbten Räumen. In dem 1 km östlich gelegenen Schloßberg hatte die Burg Taplacken einen Sicherheitsplatz gegen die Einfälle der Litauer. Trotzdem wurde sie 1376 vom Litauer Großfürsten Kynstut verheert. Bei Taplacken sollen früher Salzquellen vorhanden gewesen sein. Pisanski erzählt, daß sie bis 1536 ausgebeutet worden seien. In diesem

Jahre verschrieb man sogar Halloren, Salzsieder aus Halle, die die Anlagen zur Salzgewinnung verbessern sollten. 13 km östlich von Wehlau, am Pregel gelegen, finden wir das Kirchdorf Plibischken. In dem benachbarten Ponnau sind heute noch Salzquellen, aus denen aber ebensowenig wie aus den Taplacker Salz gewonnen wird. In dem Kirchspiele Petersdorf liegt die große Begüterung Sanditten. Bei Oppen soll eine „gewaltige" hohle Eiche gestanden haben. Sie war innen so weit, daß ein Reiter „mit dem Gaule sich herumwerfen und tummeln konnte". Man nimmt an, daß sich bei Oppen das Romowe der Pruzzi befunden habe. In Kleinhof Tapiau wurde im Jahre 1887 auf Anregung des Prof. Dr. Fleischmann, der damals Direktor des Landwirtschaftlichen Instituts der Universität Königsberg war, die Versuchsstation und Lehranstalt für Molkereiwesen errichtet. Damals gab es in Preußen nur noch die Molkereischulen zu Proskau und Kiel und im übrigen Deutschen Reiche allein die in Weihenstephan in Bayern. 1910 wurde die Tapiauer Anstalt nach Königsberg verlegt, und zwar wegen Unzulänglichkeit der Räume in der Versuchsstation. Grünhain soll schon 1454 eine Kirche gehabt haben. Das alte Kirchensilber haben die Franzosen 1807 geraubt. Im gleichnamigen Kirchspiele fand man bei Friedrichstal ein Gräberfeld mit Überresten bestatteter Pferde. Unterhalb Tapiaus fallen am Pregel die roten Gebäude der Ziegelei Zimmau auf. Es wird behauptet, daß schon der Orden hier eine Ziegelei für seine großartigen Bauten gehabt habe. Cremitten, auf den Gehängen des rechten Pregelufers gelegen, hatte eine Ordensburg, von der heute noch bescheidene Ruinen vorhanden sind. Die Kirche ist eine der ältesten der Provinz. Sie stammt höchstwahrscheinlich aus dem Anfange des 14. Jahrhunderts. Langendorf, ebenfalls auf dem rechten Pregelufer, ist Sitz der Adelsfamilie von Perbandt, einer von den wenigen Familien, deren Stammbaum in die Zeit des heidnischen Preußentums zurückgeht. In Starkenberg war schon lange vor der Reformationszeit eine Kirche vorhanden. Nordwestlich von Allenburg liegt Gr. Engelau. Die dortige Kirche stammt aus dem Jahre 1484.

8. Der Kreis Labiau.

a) Die Stadt.

Die Burg Labiau wurde bald nach der Eroberung des Samlandes entweder 1258 oder 1259 angelegt. Sie hatte die Aufgabe, die Stadt Königsberg und das Samland vor Feinden, die sich auf dem Wasserwege vom Kurischen Haff her nähern konnten, zu schützen. Ferner sollte sie die Schiffahrt von Königsberg nach Memel sowie nach Tilsit und Ragnit sichern. Anfangs war sie aus Holz erbaut. 1277 wurde sie von den Schalauern verbrannt, aber bald darauf in Stein neu aufgeführt und als Komturei eingerichtet. Nach der Erbauung Ragnits wurde die Komturei dorthin verlegt. Als „Wasserburg" war die Burg Labiau in damaliger Zeit kaum einnehmbar. Sie ist von der Deime und dem Schloßgraben, einem Arme dieses Flusses, vollständig eingeschlossen. Ihr Äußeres ist bis auf den heutigen Tag ziemlich gut erhalten, trotzdem manche Kriegsstürme über sie dahingebraust sind. Das Innere ist jedoch bis zur Unkenntlichkeit verändert. 1526 verschrieb Herzog Albrecht Schloß und Amt Labiau seiner zukünftigen Gemahlin Dorothea von Dänemark als Leibgedinge. Nach 1550 wohnte dort die zweite Gemahlin des Herzogs Albrecht, Anna Maria. Sie war eine Tochter des Herzogs von Braunschweig und Lüneburg. Ihr zu Ehren wurde der Remter mit Wandmalereien, Versen, Wappen und Bildern versehen, die sich auf die Geschichte ihres Hauses bezogen. Heute ist das Labiauer Schloß Sitz eines Landratsamtes und eines Amtsgerichtes. Auch befindet sich daselbst das Gerichtsgefängnis und die Wohnung des Landrats. Die Stadt, die auf dem linken Deimeufer angelegt wurde, war anfangs eine Lischke. Die Stadtgerechtigkeit erhielt sie durch den Großen Kurfürsten im Jahre 1642. Labiau ist ein historisch bekannter Ort. 1347 schlug hier der Hochmeister Heinrich Dusemer und 1352 der Komtur Henning Schindekopf die Litauer. Am 20. November 1656 kam in Labiau der Vertrag des Großen Kurfürsten mit den Schweden zustande, wonach ihm Ostpreußen als souveränes Eigentum zufallen sollte. Auf dem vor dem Schlosse stehenden Kriegerdenkmal erinnert ein Porträtrelief des Großen Kurfürsten mit der darüberstehenden Zahl 1656 an diesen Vertrag. Von Labiau aus wurde die berühmte kriegerische Schlittenfahrt dieses Kurfürsten über das Kurische Haff unternommen. Die Fahrt ging bis Kuckerneese, wo er die Nachricht von dem Siege seines Heeres bei Splitter (1679) erhielt. Die Herstellung des Großen Friedrichsgrabens und der sonstigen Wasserstraßen auf der Strecke Labiau—Tilsit hat Labiau sehr gehoben. Im 18. Jahrhundert galt diese Stadt nächst Tilsit als die wichtigste Landstadt Preußens. 1758 wurde Labiau von den Russen geplündert. Auch im Jahre 1813 mußte diese Stadt von den Russen viel Ungemach erdulden. Die dreischiffige Kirche, die erheblich in den moorigen Boden eingesunken sein soll, hat sehr schöne Gewölbe. An der Kanzel befinden sich zwei Figuren, die Petrus und Johannes darstellen. Sie sind nach dem Modell des Peter Vischer in der St. Sebalduskirche in Nürnberg angefertigt worden.

b) Sonstige Ortschaften.

Zu Bielkenfeld bei Labiau wurde am 12. August 1843 der preußische Generalfeldmarschall und Militärschriftsteller Colmar Freiherr von der Goltz geboren. Er ist der Neugestalter der türkischen Armee. 1902 wurde er kommandierender General des 1. Armeekorps, und 1903 ernannte ihn die Königsberger Universität zu ihrem Ehrendoktor. Etwa 9 km südöstlich von Labiau liegt das Kirchdorf Laukischken. Daselbst befand sich eine kleine Burg zum Schutze des Landes gegen die Schalauer. Als Ragnit am Ende des 13. Jahrhunderts eins der festesten Ordenshäuser wurde, verlor die Burg Laukischken ihre Bedeutung und wurde der Sitz eines zu Labiau gehörigen Kammeramtes. Nachdem Preußen ein weltliches Herzogtum geworden war, wurde sie ein herzogliches Jagdschloß. 1581 hat Georg Wilhelm „die Jagdbude anders gebaut und ein lustiges Schlößlein daraus gemacht". Heute ist nur noch der breite Wasserschutzgraben, mit dem die gesamte Burg ursprünglich umgeben war, zum geringen Teile vorhanden. In östlicher Richtung von Labiau finden wir den Marktflecken Mehlauken, der mit dem sich westlich anschließenden Dorf Alexen eine zusammenhängende Häuserreihe bildet. Mehlauken ist ein lebhafter Ort und eine wichtige Bahnstation. Die Märkte sind immer gut besucht. Hier tauschen Niederung und Höhe ihre Erzeugnisse aus. Die Kirche in Mehlauken ist im Stile der

Friedenskirche zu Potsdam durch die Huld des Königs Friedrich Wilhelm IV. erbaut. Eingeweiht wurde sie im Jahre 1846. Fahren wir von Mehlauken mit der Kleinbahn nach Insterburg, so gelangen wir kurz vor der Insterburger Kreisgrenze nach dem Kirchdorfe Popelken, das an Größe Mehlauken gleichkommt und seit einigen Jahrzehnten ebenfalls Marktgerechtigkeit besitzt. Der dortige Pfarrer Schimmelpfennig (1726 bis 1763) übersetzte gemeinsam mit anderen Geistlichen Litauens die Bibel ins Litauische. Auch Kirchenlieder hat er in diese Sprache übertragen. Am Großen Moosbruch liegt das Kirchdorf Laukneu. Es hat eine hölzerne, in Rundform erbaute Kirche, die von einem Türmchen gekrönt ist. Lauknen hat ebenso wie Mehlauken und Popelken ansehnliche Märkte. Am Südende des Kleinen Friedrichsgrabens auf der Niederunger Kreisgrenze finden wir Petricken mit den großen Wasserhebewerken. In der Nähe des Haffes am Gilgestrom liegt das große Kirchdorf Gilge. Den Großen Friedrichsgraben begleiten folgende Ortschaften: Juwendt, Gr. Friedrichsgraben II, Alt Heidendorf, Agilla, Gr. Friedrichsgraben I. Es liegt fast Gehöft an Gehöft, so daß die Ufer des Kanals ziemlich durchweg von Siedelungen bedeckt sind. Die Einwohner dieser Ortschaften, von denen Gr. Friedrichsgraben I die bedeutendste ist, ernähren sich hauptsächlich von Viehzucht, Fischerei und Gemüsebau. Der Ackerbau ist ziemlich unbedeutend. Über das Kirchdorf Legitten führt die Chaussee von Labiau nach dem Kirchorte Kaymen. Beide Dörfer spielen im Samländischen Bauernaufstand eine gewisse Rolle. Auf dem Schlosse zu Kaymen saß um jene Zeit der Amtmann Andreas von Rippe, dem wahre Grausamkeiten, die er gegen die Bauern verübt haben sollte, zur Last gelegt wurden. Unter anderem wurde ihm nachgesagt, daß er einen Bauern wegen einer kleinen Ursache hätte töten lassen. Nun wohnte auf der Mühle zu Kaymen ein Müller namens Kaspar. Er nahm sich das Elend der Bauern sehr zu Herzen und sann ständig auf Hilfe. Am 2. September 1525 berief er die vertrautesten Dorfbewohner zu sich und sandte sie in die nächsten Dörfer, um die dortigen Bauern zur nächtlichen Stunde bei einem Kreuz in Kaymen zu versammeln. Es hieß, daß den Versammelten ein Befehl des Herzogs kundgegeben werden sollte. Die Ausbleibenden wurden mit schweren Strafen bedroht. Gegen 4000 Mann fanden sich ein. Der Müller hielt eine Ansprache an sie und forderte sie auf, gegen den Adel vorzugehen, da dieses mit dem Willen des Herzogs durchaus übereinstimme. Er wolle ihr Führer sein. Nicht alle waren bereit, dem Müller Folge zu leisten. Die meisten jedoch schlossen sich ihm an, und diese führte er auf das Schloß Kaymen, woselbst sie den Amtmann in seinem Schlafgemach überfielen und ihn zum Gefangenen machten. Darauf zogen die Bauern in das Labiausche Gebiet, um den hier ansässigen Adel gefangenzunehmen. Die meisten adligen Gutsbesitzer waren jedoch geflohen, so daß nur wenige in die Hände der Aufständischen fielen. Nur die Fürbitte des Kaymer Pfarrers Sommer schützte sie vor argen Mißhandlungen. Zuletzt begaben sich die Bauern nach dem Schlosse Labiau, wohin sich viele Edelleute gerettet hatten. Ein Angriff auf das Schloß wurde jedoch unterlassen. Der Pfarrer Sommer, ebenso der Pfarrer Valentin aus Legitten waren von den Bauern gezwungen worden, sich dem Aufstand anzuschließen. Sommer entfloh bald. Valentin wurde aber von den Bauern in Haft gehalten und erst bei Beendigung des Aufstandes entlassen. Herzog Albrecht hat den Bauernaufstand bald unterdrückt. Bei Lauth ergaben sich die Aufständischen ihm freiwillig. Das Gericht, das gegen sie abgehalten wurde, war verhältnismäßig milde. Selbst der Herzog konnte sich nicht der Überzeugung verschließen, daß den Bauern durch die Adligen lange Zeit Unrecht geschehen sei. Die Kirche in Kaymen birgt manches Altertümliche, so einen Beichtstuhl mit den Wappen der Familien von Thüngen und von Kanitz, Epitaphien der Familien von Rappe, Oeynhausen, Manteuffel, Luthers und Melanchthons Bilder vom Jahre 1564 u. v. a. Das Kaymer Schloß soll an Stelle einer früheren samländischen Burg erbaut worden sein. Unter dem Orden beherbergte es ein Kammeramt, 1525 erhielt es ein Herzogliches Amt. Heute ist Kaymen königliche Domäne und das Schloß bildet die Wohnung des Domänenpächters. Die ehemalige Gestalt des Schlosses ist noch kenntlich. Auch ein Innenraum ist in der alten Beschaffenheit erhalten. Es bildet ein unregelmäßiges Viereck. Über dem Eingangstore sehen wir einen stattlichen Turm mit umlaufendem Wehrgange.

9. Die Provinzialhauptstadt.

Königsberger Studentenlied.

Es ragt fern im Osten
In trutzigem Kleid —
In Treuen ein Recke
Altpreußischer Zeit —
Ein Zollernschloß, blickend
Aufs Häusergezwerg.
Es grüßt dich der Preuße:
Heil, Königsberg!

Und stolz, wie die Feste
Nie breche ein Feind,
So hältst du die Geister
Der Edeln vereint.
Dein Licht, Albertina,
Durchleuchtet die Nacht,
Du Schirmburg der Ostmark
In geistiger Macht.

Und als unser Preußen
Einst stand in Gefahr,
Ihr beide entsandtet
Zum Kampf eine Schar.
Von Rittern des Geistes
Von Rittern der Tat,
Manch Ehrenreis siegreich
Erworben sie hat.

Drum preiset euch beide
Stets Preußens Student,
Wenn stolz in der Ferne
Die Namen er nennt.
In glühender Liebe,
Wo immer er weil',
Er ruft: Albertina!
Heil! Königsberg! Heil!

Ernst R. Schultz-Filehne.
(Das Lied ist aus einem Preisausschreiben der Palästra Albertina hervorgegangen.)

a) Geschichtliches.

Als es galt, den Gau Samland zu erobern, erhielt der Orden Unterstützung durch den Böhmenkönig Ottokar. 1254 brach dieser nach Preußen auf. Unterwegs stießen andere bewaffnete Scharen, darunter die des Markgrafen Otto von Brandenburg, zu ihm. Der Gau wurde in kurzer Zeit unterworfen. Bevor Ottokar Preußen verließ, wurde von den Ordensrittern am unteren Pregel an einer besonders günstigen Stelle auf den Trümmern einer zerstörten Preußenfeste eine Burg angelegt, die unter dem frischen Eindrucke der dem Orden von ihm gewordenen Hilfe den Namen Königsberg erhielt. Sie stand da, wo sich heute die Kürassierkaserne befindet. Höchstwahrscheinlich war sie nur ein ganz einfaches Bauwerk. Schon im Jahre 1257 wurde auf dem Platze, den noch heute das Königsberger Schloß einnimmt, eine Burg aus festem Mauerwerk errichtet. Sie wurde der Sitz eines Komturs. Kurz nachdem der Hochmeister seine Residenz von Venedig nach Marienburg verlegt hatte, bekam sie der Ordensmarschall als Wirkungsstätte überwiesen. Unter dem Schutze der Burg entstand bald eine Siedelung. Sie lag auf dem heutigen Steindamm. Ihre Kirche, die dem heiligen Nikolaus geweiht war, stand höchstwahrscheinlich da, wo sich die heutige Steindammer Kirche erhebt. Die neue Siedelung bestand nicht lange. Bereits im Jahre 1263 wurde sie von den Samländern niedergebrannt. Nach Beendigung des Eroberungskampfes wurde sie am Abhange südlich der Burg neu aufgebaut und erhielt 1286 ihre Gründungsurkunde. Sie bildete die Altstadt Königsbergs. Der Strom deutscher Einwanderer wurde immer größer. Und schon 1309 konnte neben der Altstadt, und zwar östlich davon, der Grund zu einer neuen Stadt, dem Löbenicht, gelegt werden. Der Komtur Berthold Brühaven verlieh ihr schon im Gründungsjahre die Stadtrechte. Nach einigen weiteren Jahren bildete sich auf einer Pregelinsel, dem Vogtswerder, der Kneiphof, der 1327 zur Stadt erhoben wurde. Jede Stadt hatte ihre eigene Befestigung. Der alte Turm am Gesekusplatz ist ein Überrest dieser Anlagen, ebenso das Dombrückentor in der Badergasse und der Blaue Turm an der Honigbrücke. Da bald alle drei Städte über ihre Grenzen hinauswuchsen, so bildeten sich Vorstädte mit städtischen Berechtigungen und eigenen Gerichten. Die älteste Vorstadt ist der Sackheim. Der Einfall des Schwedenkönigs Gustav Adolf in Preußen 1626 gab den Königsbergern Anlaß, ihre Vororte und Dörfer mit Wällen und Schanzen zu umgeben. Allerdings waren dies recht bescheidene Anlagen. Zur Zeit Winrichs von Kniprode wurde Königsberg, denn diesen Namen führten urkundlich die drei Städte, Mitglied des Hansabundes. Allerdings ist die Altstadt schon früher, nämlich 1340, diesem Bunde beigetreten. Das Stapelrecht, das Königsberg besaß, machte diese Stadt zum Mittelpunkte des Handels für Rußland, Polen und Litauen. In der ersten Hälfte des Jahres 1454 kündigte sie, da sie dem Preußischen Bund angehörte, dem Orden den Gehorsam auf. Die Burg fiel in die Hände der Aufständischen. Nur die Altstadt blieb dem Orden treu. Am 13. Juli 1454 kamen jedoch wieder alle drei Städte in den Besitz des Ordens. 1457 verlegte der Hochmeister Ludwig von Erlichshausen seinen Sitz von Marienburg nach Königsberg. Bereits 1523 wurde hier durch den samländischen Bischof Georg von Polenz die Reformation eingeführt. Am 10. April 1525 legte der letzte Hochmeister Albrecht von Brandenburg das Ordenskleid ab. Der nicht mehr lebensfähige Ordensstaat wurde ein weltliches Herzogtum und Königsberg die Residenzstadt des Herzogs. Unter der Regierung des Herzogs Albrecht hob sich die neue Residenz ganz bedeutend. Das Wachstum der Stadt wäre aber noch augenfälliger geworden, wenn in ihr nicht furchtbare pestartige Krankheiten gewütet hätten. Besonders schlimm war es in den Jahren 1529 und 1549. Auch in späterer Zeit ist Königsberg nicht von Seuchen verschont geblieben. Erwähnt seien vor allem die Jahre 1602, 1620 und 1709. Im Jahre 1544 erhielt Königsberg eine Universität, die Albertina, die 1560 vom Oberlehnsherrn, dem Könige Sigismund II. von Polen, bestätigt wurde. Ihr erster Rektor war Georg Sabinus. Seine Frau Anna war eine Tochter Philipp Melanchthons. Zuerst war Sabinus Professor der Beredsamkeit an der Universität

Der Kaiser Wilhelms-Platz in Königsberg. Südwestseite mit den Denkmälern Kaiser Wilhelms I. und Bismarcks.

Frankfurt a. O. Da Luther ihn empfohlen hatte, berief ihn Herzog Albrecht nach Königsberg. Sabinus legte aber schon im Jahre 1547 die Rektoratswürde nieder und verließ 1555 Königsberg, um wieder nach Frankfurt zu gehen. Seine Frau, mit der er keine glückliche Ehe geführt hat, starb in unserer Provinzialhauptstadt. Seines herrischen, anmaßenden Wesens wegen hat Sabinus in Königsberg in keinem guten Rufe gestanden. Das alte „Collegium Albertinum" befindet sich am Großen Domplatze. Die dazugehörigen Gebäude erstrecken sich bis zum Bischofshof. Auch dieser wurde mittlerweile zum größten Teile für akademische Zwecke benutzt. Erst 1862 erhielt die Universität ihr jetziges Heim. Das alte Universitätsgebäude zeigt aber noch heute an einer Außenwand das Standbild des Gründers mit geschultertem Schwert. Als im Jahre 1618 Preußen an Brandenburg fiel, hörte Königsberg auf, dauernde Residenz der Landesherren zu sein. Böse Tage sah diese Stadt unter dem Kurfürsten Georg Wilhelm, der 1640 in Königsberg starb und im Dome daselbst beigesetzt wurde. Der Große Kurfürst brach hier die Macht der ostpreußischen Stände (Schöppenmeister Hieronymus Rohde). Um den Handel zu heben, begründete er eine große Handelsgesellschaft und stattete sie mit manchen Vorrechten aus. Zum Schutze des Handels erbaute er außerdem das Fort Friedrichsburg. Allerdings wird behauptet, dieser Bau sei mehr gegen den Widerstand der Königsberger als zu ihrem Schutz errichtet worden. Zur Zeit des Großen Kurfürsten lebte in Königsberg der Dichter Simon Dach. Rauschende Festtage sah unsere Provinzialhauptstadt während der Königskrönung Friedrichs I. Damals wurde das Königliche Waisenhaus gestiftet und die Unterrichtsanstalt des Holzkämmerers Gehr bestätigt, aus der später das Friedrichskollegium hervorgegangen ist. Während der Regierungszeit des sparsamen Königs Friedrich Wilhelm I. wurde im Jahre 1724 die städtische Verwaltung durch die Zusammenziehung der drei Räte und Gerichte zu einer Behörde vereinfacht. Königsberg wurde eine einzige Stadtgemeinde. In demselben Jahr erblickte Königsbergs größter Sohn, Immanuel Kant, das Licht der Welt. Schwere Zeiten hatte die Stadt während des Siebenjährigen Krieges zu erdulden. Sie war völlig wehrlos und ging am 22. Januar 1758 ohne Widerstand in den Besitz der Russen über. Der russische Generalissimus, Feldmarschall Fermor, nahm im Schlosse sein Quartier. Erst am 5. Juli 1762 wurde sie wieder den preußischen Behörden übergeben. 1764, 1769 und 1775 wurde Königsberg von schweren Bränden heimgesucht. Die furchtbare Feuersbrunst von 1764 vernichtete fünf alte Kirchen und viele Bauwerke früherer Zeit. Aus diesem Grunde ist Königsberg an alten, sehenswerten Baudenkmälern arm. Nur in manchen Seitenstraßen, vor allem aber am Pregel, sind noch altertümliche Giebelhäuser vorhanden. Während des Unglücklichen Krieges fiel das ungenügend befestigte Königsberg sehr bald in die Hände der Franzosen. Marschall Soult nahm am 16. Juni 1807 die Kapitulation entgegen. Die Stadt hatte unter den Erpressungen furchtbar auszuhalten. Viele Jahre mußte sie unter der Kriegsschuld jener Zeit leiden. Am 1. April 1895 betrug sie noch 1 024 970,83 Mark. Erst im Jahre 1901 waren die Schulden getilgt, die im Unglücklichen Kriege zur Zahlung der Kriegskontribution an Napoleon gemacht worden waren. Bald nach diesem Kriege bildete Königsberg das Zentrum des politischen Lebens und den Ausgangspunkt der Reformbewegung in unserem Staat. In den ersten Tagen des Jahres 1808 verlegte Friedrich Wilhelm III. seine Residenz von Memel nach Königsberg und wohnte daselbst mit seiner Familie bis Ende des Jahres 1809. Am 19. November 1808 erließ er von hier aus die preußische Städteordnung. Das schwerste Jahr, das Königsberg gesehen hat, dürfte wohl das Jahr 1812 sein. Am 12. Juni 1812 traf Napoleon in dieser Stadt ein und nahm im Schlosse Wohnung. In Königsberg wurde der „Tugendbund“ begründet. Hier erfolgte auch die Schöpfung der Landwehr. Dabei zeichneten sich besonders aus Alexander Graf zu Dohna und der Oberbürgermeister Heidemann. Ein schlichtes Denkmal vor dem Königstor kennzeichnet des letzteren Grabstätte. Hans David Ludwig von York forderte in Königsberg die Vertreter der Stände zur Verteidigung des Vaterlandes auf. Zur Erinnerung an den denkwürdigen ostpreußischen Landtag des 5. Februar 1813 trägt das Haus Landhofmeisterstraße Nr. 16—18 ein eisernes Kreuz mit dem Worte: Februar 1813. Um die Mitte des vorigen Jahrhunderts nahm die Provinzialhauptstadt einen ganz besonderen Aufschwung. 1843 erhielt sie die großartige Befestigungsanlage und wurde eine der stärksten Festungen des gesamten Staates. Seit 1871 hat Königsberg auch noch bedeutende Außenwerke erhalten. Die Innenwerke werden aber nach den im Jahre 1910 mit dem Staate geschlossenen Verträgen fallen. Wo jetzt Wälle und Gräben sind, werden nach einigen Jahren schöne Straßen und Plätze zu finden sein. Der einengende Gürtel der Stadt ist zerrissen. Sie wird jetzt mehr Luft und Licht erhalten. Kaiser Wilhelm II. sprach am 25. August 1910 die Hoffnung aus, daß sich Königsberg durch die Abtragung der Wälle zu einer der schönsten Städte der Monarchie entwickeln werde. Am 18. Oktober 1861 setzte sich Wilhelm I. in der Königsberger Schloßkirche die preußische Königskrone aufs Haupt. Einige Jahre vorher (1853) war Königsberg durch die Ostbahn mit dem Herzen und dem Westen des Staates verbunden worden. Zu den wichtigsten Ereignissen der jüngsten Jahre sind besonders die Eingemeindungen verschiedener Vororte zu zählen. Dadurch stieg die Einwohnerzahl um mehr als 20 000. Vor den Toren wurden Parkanlagen erworben und vorhandene erweitert. Auf den Hufen entstand ein Tiergarten. Für den Handel wurden der Seekanal und der Ausbau des Hafens von großer Wichtigkeit. Über den Pregel spannte man neue Brücken. Die Stadt erhielt Wasserleitung, Kanalisation, elektrische Straßenbahnen, eine neue Gasanstalt, ein großartiges Schlachthaus, kurz alles, was eine moderne Großstadt in wirtschaftlicher und gesundheitlicher Beziehung braucht. Nicht zu vergessen ist die große Garnison. Königsberg hat etwa 8000 Soldaten. Die Grenadierregimenter I und III gehören zu den ältesten Regimentern der gesamten deutschen Armee.

Das Wappen Königsbergs, wie es im Jahre 1909 der Vergessenheit entrissen worden ist, besteht aus den Wappen der ehemaligen drei Städte, aus denen sich die jetzige Stadt 1724 gebildet hat. Über diesem Wappenbilde hat ein gekrönter Adler seine Schwingen ausgebreitet.

Königsberg ist (1910) mit seinen fast zweihundertfünfzigtausend Einwohnern (genau 245 853) unter den deutschen Großstädten jetzt an die siebzehnte Stelle gerückt, während es 1905 an achtzehnter Stelle stand. Mehr Einwohner als Königsberg haben zurzeit: Berlin (2 070 695), Hamburg (932 166), München (595 053), Leipzig (587 635), Dresden (546 882), Cöln (516 167), Breslau (511 891), Frankfurt a. M. (414 598), Düsseldorf (357 702), Nürnberg (332 651), Charlottenburg (305 181), Hannover (302 384), Essen (294 629), Chemnitz (287 340), Stuttgart (285 589) und Magdeburg (279 685). Im ganzen gibt es jetzt in Deutschland 47 „Großstädte", d. h. Städte über hunderttausend Einwohner, nämlich außer den schon genannten noch Bremen, Rixdorf, Stettin, Duisburg, Dortmund, Kiel, Mannheim, Halle, Straßburg i. E., Schöneberg, Altona, Danzig, Elberfeld, Gelsenkirchen, Barmen, Posen, Aachen, Cassel, Braunschweig, Bochum, Karlsruhe, Crefeld, Augsburg, Plauen, Mülheim a. Ruhr, Erfurt, Mainz, Wiesbaden, Wilmersdorf und Saarbrücken.

In jedem Jahre zur Weihnachtszeit wird der Name Königsberg nicht nur weit und breit in deutschen Landen, sondern auch im Auslande genannt. Königsberger Marzipan geht dann in alle Himmelsgegenden hinaus und erregt allenthalben hellen Jubel, vor allem bei der Kinderwelt.

b) Wichtige Baulichkeiten.

1. **Das Schloß.** Der älteste Teil ist der Nordflügel. Das westliche Stück dieses Flügels hat noch Spitzbogen und Sterngewölbe. Vor dem um 1800 errichteten Bau des Oberlandesgerichtes, der sich auf der Nordseite der gesamten Schloßanlage befindet, erhebt sich der achteckige Haberturm. Er ist ein Überrest der ehemaligen Vorburg. Der Ostflügel stammt in seiner heutigen Gestalt aus dem Jahre 1532. Bemerkenswert ist in diesem Flügel der stattliche Torbau mit seinen beiden vorspringenden Erkern. Den südlichen Teil des Ostflügels ließ Friedrich I. von 1705 bis 1712 durch Schultheiß von Unfried nach den Entwürfen Schlüters errichten. Das dritte und vierte Stockwerk dortselbst setzten 1758 bis 1762 die Russen auf. Der Südflügel wurde 1551 erbaut. Die Westseite mit der Kirche und dem 83 m langen und 18 m breiten Moskowitersaal, einem der größten Säle Deutschlands, wurde von 1584 bis 1594 unter dem Markgrafen Georg Friedrich auf den alten Grundmauern errichtet. Mit den Moskowitern hat dieser Saal nichts zu tun. Er

dient bei Anwesenheit des Königs zur Veranstaltung großer Hoffestlichkeiten. Der gotische Aufsatz des Schloßturmes mit seiner spitzen Pyramide wurde 1864 bis 1866 durch Schloßbauinspektor Hecker nach Plänen Stülers erbaut. Der Turm hat eine Höhe von 82 m. Die Schloßkirche, die unter dem Moskowitersaal gelegen ist, erinnert in ihrer Ausstattung vielfach an die dort stattgehabten Krönungsfeierlichkeiten. An Pfeilern und Wänden sieht man die Wappen der verstorbenen Ritter des Schwarzen Adlerordens. Der Schloßhof ist 105 m lang und 67 m breit. Am 10. September 1840 hatten sich dort über 20 000 Menschen versammelt. Friedrich Wilhelm IV. nahm damals auf dem Altan des Ostflügels die Erbhuldigung der preußischen Stände entgegen.

Der Schloßhof des Kgl. Schlosses in Königsberg.

Vom Schloßhof aus gelangt man in das im Nordflügel befindliche „Blutgericht", einen vielbesuchten alten Weinkeller. Unverbürgten Berichten gemäß soll sich hier einstmals eine Folterkammer befunden haben. Vor kurzem ist die Außenseite des Südflügels freigelegt worden. Dem Beschauer sind dadurch bisher unbeachtete altertümliche Schönheiten erschlossen worden. Hier befindet sich auch ein Standbild Friedrich Wilhelms I. Die königlichen Gemächer enthalten eine Anzahl geschichtlicher Erinnerungen, besonders an die Königin Luise.

2. **Der Dom.** Schon Ende des 13. Jahrhunderts wurde in der Altstadt eine Domkirche erbaut, die sich aber bald als zu klein erwies und 1330

aufgegeben wurde. Nun erbaute der Bischof auf dem Kneiphof eine neue Kathedrale. Sie sollte gleichzeitig eine Festung bilden. Der am Ostgiebel vorhandene Wehrgang weist unverkennbar darauf hin. Es war ursprünglich geplant worden, ihn um den ganzen Dom zu führen. Der Hochmeister erhob jedoch dagegen Widerspruch. In einer noch heute vorhandenen Urkunde von 1333 fügte sich der Bischof und ließ das Gotteshaus, das in seinem unteren Teile burgartige Mauern aufweist, nur als Kirchenbau aufführen. Der Dom zeigt den in dem Ordensland üblichen gotischen Backsteinbau. Er ist neben den Domen in Marienwerder, Culmsee und Frauenburg das schönste Gotteshaus in Altpreußen. Seine Länge beträgt 118 m, seine Breite 30 m. An den langgestreckten Chor, der anfangs in einen Priester- und einen Ritterchor geteilt war, schließt sich das ursprünglich dreischiffige Langhaus als Laienkirche an. Um das Jahr 1440 wurde die Kirche umgebaut und erhielt ihre jetzige Beschaffenheit. Zufügungen aus späterer Zeit sind die oberen Teile der Türme, der Anbau der Taufkapelle, die Sakristei und die Kindlersche Gruft. Nach wiederholten Ausbesserungen wurde das Äußere und Innere des Domes in den Jahren 1901 bis 1907 durch den Dombaumeister Dethlefsen einer durchgreifenden Erneuerung unterzogen. Der Innenraum des Langhauses erhielt von dem Maler Albers aus Hannover nach vorhandenen Resten prächtige Fresken. Bemerkenswert ist, daß auch Putzflächen der Außenwand mit Freskomalereien versehen wurden. Von den Glasgemälden des Kirchenraumes ist eins auf der Südseite, das den Einzug Christi in Jerusalem darstellt und von de Boucher in München gefertigt worden

Der Dom in Königsberg.

ist, ein Geschenk Kaiser Wilhelms II., die übrigen Fenster sind von alten Familien der Provinz Ostpreußen und der Stadt Königsberg gestiftet worden. Die Malereien der Chorfenster sind von Linnemann in Frankfurt a. M. ausgeführt. Von weiteren Sehenswürdigkeiten sind zu erwähnen die im Jahre 1588 aus gotländischem Sandsteine gefertigte Kanzel mit einer kunstvollen schmiedeeisernen Türe, die Taufkapelle mit dem Taufstein und dem Gitterabschluß aus derselben Zeit, der Hochaltar, der Magisterstand, die Beichtstühle neben dem Altar und die prächtige, im Jahre 1719 erbaute Orgel. An dem Pfeiler links vom Altar hängt eine Madonna von Lukas Cranach. Hinter dem Altar führen zwei Türen in den abgeschlossenen Chor. Seit der Reformation dient er als Fürstengruft. Dort ruhen die Hochmeister, die in Königsberg ihren Wohnsitz hatten, Friedrich von Meißen ausgenommen, ferner die Herzöge Albrecht I., Albrecht Friedrich, Kurfürst Georg Wilhelm, dessen Zinksarg ein bemerkenswertes Kunstwerk ist, die beiden Gemahlinnen des Herzogs Albrecht und verschiedene andere Fürstlichkeiten. Auch der 1550 auf Schloß Balga gestorbene Bischof Georg von Polenz hat daselbst seine Ruhestätte gefunden. Das bemerkenswerteste Grabdenkmal in dem ganzen Raum ist das des Herzogs Albrecht I. Es wurde 1570 von Cornet Floris Binerell in Antwerpen gefertigt. Ein Meisterwerk ist auch das Grabmal des 1665 verstorbenen Kanzlers Johann von Kospoth. Es ist von M. Döbel gefertigt und vom Großen Kurfürsten gestiftet worden. Weitere Denkmäler sind die Epitaphien der Markgräfin Elisabeth und des Landhofmeisters J. v. Wallenrodt. Unter den vielen Grabsteinen dürfte der ein besonderes Interesse haben, der die Grabstätte der Anna Sabinus, einer Tochter Melanchthons, zudeckte. In dem nördlichen Turme des Domes befand sich früher die 1659 bis 1689 angelegte Gräflich von Wallenrodtsche Bibliothek, die unverändert auf unsere Zeit gekommen und jetzt der Königlichen Bibliothek einverleibt worden ist. Das beste Stück der wertvollen Urkunden ist der Geleitsbrief Luthers zum Reichstag in Worms.

Außer dem Dome sind noch folgende Gotteshäuser in Königsberg zu erwähnen: 1. Die Altstädtische Kirche, ein Ziegelrohbau in gotischem Stile, 1845 nach verkleinerten und veränderten Plänen von Schinkel fertiggestellt. 2. Die Haberberger Kirche mit einem 77 m hohen Turme, auf dessen Spitze ein 2,2 m hoher vergoldeter Engel steht. 3. Die Löbenichtsche Kirche, im Innern ganz im Rokokostile gehalten. 4. Die Katholische Kirche, eine dreischiffige Hallenkirche, 1776 neu erbaut; der Hochaltar enthält das berühmte Gemälde Ittenbachs Christus am Kreuz. 5. Die Sackheimer Kirche, 1771 neu gebaut, besitzt das Heydecksche Gemälde „Der einladende Christus“. 6. Die Französisch-reformierte Kirche ist im Zehneck angelegt, sie wurde 1736 fertiggestellt. 7. Die Burgkirche, im Jahre 1701 in Gegenwart Friedrichs I. geweiht, ist eine Nachbildung der Neuen Kirche im Haag. 8. Die Altroßgärter Kirche wurde von 1651 bis 1683 erbaut. 9. Die Tragheimer Kirche, von 1784, weist Kreuzform auf. Sie ist geschmückt mit einem Bildnisse des Oberkonsistorialrats Weiß (†1873) und einem Bildnisse des Pfarrers Wasianski, eines Freundes Kants. 10. Die Steindammer Kirche, wohl das älteste Gotteshaus der Stadt, mit dem Altarbild Das Jüngste Gericht von Anton Möller; das Gotteshaus ist auch Universitätskirche. 11. Die Neuroßgärter Kirche von 1467, mit 90,07 m hohem Turme, besitzt ein Bildnis des Erzbischofs von Borowski.

3. **Kants Begräbnisstätte.** An der Nordseite des Domes befindet sich die 1881 errichtete Grabkapelle des großen Weltweisen Immanuel Kant. Im Gewölbe, das sich darunter befindet, ruhen seine Gebeine. Ursprünglich waren sie in dem Professorengewölbe beigesetzt, das sich ebenfalls an der Nordwand unter den jetzt abgebrochenen Arkaden befand. Die Kapelle enthält auf der einen Wand eine Wiedergabe der im Vatikan befindlichen Rafaelschen Schule von Athen von dem Königsberger Akademieprofessor Neide. Vor dem Bilde steht die von Siemering nach Hagemann modellierte Marmorbüste Kants. Auf der gegenüberliegenden Wand liest man Kants Worte aus der Kritik der praktischen Vernunft: „Zwei Dinge erfüllen das Gemüt mit immer neuer und zunehmender Bewunderung, je öfter und anhaltender sich das Denken damit beschäftigt: der gestirnte Himmel über mir und das moralische Gesetz in mir.“ Im Jahre 1904, und zwar bei der hundertsten Wiederkehr von Kants Todestag, wurde in die Mauer, die sich an der Westseite der Schloßterrasse entlang zieht, eine bronzene Gedächtnistafel eingelassen, die dieselbe Inschrift trägt.

4. **Das Rathaus**, das bis zum Jahre 1724 nur der städtischen Verwaltung des Kneiphofes diente, ist ein altes Bauwerk, das nach und nach errichtet worden ist. Schon im Jahre 1374 wird ein Rathaus im Kneiphof erwähnt. Jedoch stammt der Teil des gesamten Rathausviertels, der an der Brotbänkenstraße gelegen ist, erst aus dem Jahre 1695. Die Hauptseite, die dieser Straße zugekehrt ist, zeigt eine beachtenswerte Architektur. Der Eingangstür ist eine steinerne Doppeltreppe, an der zwei Bären mit Wappen angebracht sind, vorgelagert. Sehenswert ist der Magistrats-Sitzungssaal mit einer künstlerischen Stuckdecke aus dem Anfange des 18. Jahrhunderts. Die Wände dieses Saales sind mit den Fahnen des ostpreußischen Landwehr-Kavallerieregimentes, mit den Bildnissen der preußischen Herrscher und dem Rechlinschen Gemälde Erstürmung des Grimmaischen Tores zu Leipzig durch die ostpreußische Landwehr geschmückt. Als Sitzungszimmer der Stadtverordneten dient der im Westflügel des Rathausvierecks gelegene Junkerhof. Dieser Saal besitzt eine ähnliche Stuckdecke wie der Magistrats-Sitzungssaal. Das Deckenbild in der Mitte ist von Heydeck gemalt und stellt Apollo und Terpsichore in Begleitung von Amoretten dar. Hier befindet sich auch das Gemälde Besuch von Opitz bei Simon Dach auf den Hufen von Dettmann, ferner eine kunstvolle Uhr mit allegorischen Figuren (ein Altpreuße

fischt Bernstein). Im Vorzimmer des Junkerhofes hängt Dörstlings Gemälde Kant und seine Tischgenossen.

5. **Die Börse.** Sie ist von dem Erbauer der Bremer Börse, dem Architekten Müller, in den Jahren 1870 bis 1875 im Stile der italienischen Hochrenaissance fertiggestellt worden. Die imposante westliche Freitreppe, von der man auf die neue, im Ziegelrohbau errichtete Werfthalle und auf die alten Speicher der Lastadie sieht, macht mit ihren beiden, auf Podesten sitzenden Löwen (von Bildhauer Hundrieser, einem geborenen Königsberger), die Stadt- und Kaufmannschaftswappen beschützen, mit der dahinterliegenden fünftürigen Wand einen prächtigen Eindruck. Der große Börsensaal, der eine schöne Kassettendecke besitzt, ist 35 m lang, 22 m breit und 19 m

Die Universität in Königsberg.

hoch. Im Winter finden in ihm große Konzerte statt. Neben dem Börsensaale zieht sich an der Pregelseite eine mit Glasdach bedeckte Halle, die sogenannte Sommerbörse, entlang. Hier werden in gewissen Zeitabständen Kunstausstellungen veranstaltet.

6. **Das Universitätsgebäude** ist nach Stülerschen Entwürfen im italienischen Renaissancestil in den Jahren 1844 bis 1862 erbaut worden. Die Grundsteinlegung erfolgte bei der 300jährigen Jubelfeier der Universität im Beisein des Königs Friedrich Wilhelm IV. An der ganzen, dem Paradeplatze zugekehrten Vorderfront läuft eine 75 m lange und 20 m breite Wandelhalle. Im Mittelbau befindet sich oben zwischen vier die Fakultäten

darstellenden Figuren das Reiterstandbild Herzog Albrechts, des Begründers der Albertina, unten die Statuen von Melanchthon und Luther. Die Aula besitzt ein herrliches Sterngewölbe sowie sehenswerte Wandgemälde von Rosenfelder, Heydeck, Piotrowski, Gräf und Neide. Im Senatssitzungszimmer steht eine Büste des achtzigjährigen Kant, bei dessen Lebzeiten von Hagemann modelliert, von Schadow ausgeführt.

7. **Die Palästra Albertina** ist eine Stiftung eines früheren Schülers der Universität Königsberg, des Dr. med. Lange in New York. Sie ist die einzige derartige Einrichtung in ganz Europa. Das auch in architektonischer Hinsicht beachtenswerte Gebäude enthält Vereinszimmer, Fechtsäle, Lesezimmer, eine Turnhalle, ein Hallenbad, eine Restauration und zahlreiche Nebenräume.

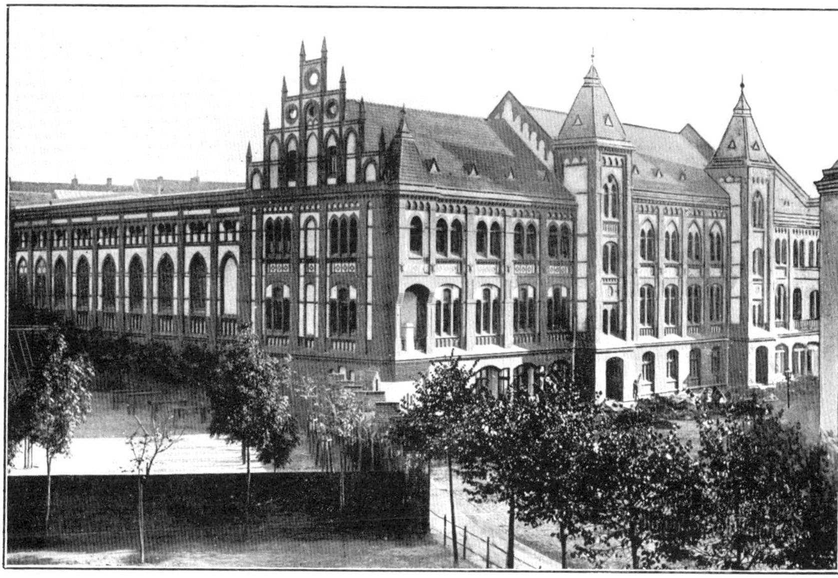

Die Palästra Albertina in Königsberg.

8. **Das Regierungsgebäude** wurde von 1872 bis 1880 im Stile der italienischen Renaissance erbaut. Die Vorderseite weist reichen Figurenschmuck auf. Im Treppenhause befinden sich drei Wandgemälde von Professor Knorr, die die Hauptbeschäftigung der Bewohner Ostpreußens darstellen, nämlich Bernsteingräberei, Jagd, Fischerei, Pferdezucht, Viehzucht, Landwirtschaft. Der Festsaal enthält zwei prächtige Landschaftsbilder von Max Schmidt: Die Hohenzollernburg und Die Ostseeküste.

9. **Sonstige sehenswerte Bauten:** Das Stadttheater wurde 1806 auf der Grundmauer einer ehemaligen Garnisonkirche gebaut. Zwei Jahre

später brannte es ab und wurde 1809 neu erbaut. 1892 erhielt es eine wesentliche Vergrößerung. Die letzte Erneuerung erfuhr es 1911. Das Hauptpostamt wurde 1902 im Stile der Ordensbauten aufgeführt. Es besitzt einen wuchtigen Turm. Das Landeshaus enthält im großen Saale das Gemälde von Brausewetter Yorks Ansprache an die Stände am 5. Februar 1813. Das Königliche Bibliotheksgebäude, das 1901 erbaut wurde, zeigt über dem Eingang ein Brustbild des Herzogs Albrecht. Für das wissenschaftliche Leben unserer Provinz ist die Königliche und Universitäts-Bibliothek nicht ohne geringe Bedeutung. Sie umfaßt zurzeit rund 400 000 Bände. Ihr Begründer ist der Herzog Albrecht. Schon im Jahre 1534 legte er für seinen eigenen Bedarf eine „Schloßbibliothek" an. Diese wurde nach und nach vergrößert und 1540 der allgemeinen Benutzung übergeben. Besonders wuchs sie an durch die nach der Säkularisation der geistlichen Orden frei gewordenen sehr alten Büchersammlungen, ferner durch Privatgeschenke, wobei die namentlich in der musikalischen Abteilung ausgezeichnete Sammlung des 1858 verstorbenen Direktors des Friedrichskollegiums, Dr. F. A. Gotthold, besonders erwähnenswert ist, durch Pflichtlieferungen, Ankäufe usw. Der gegenwärtige jährliche Zuwachs beträgt 3000 bis 4000 Bände. Besonders interessant ist die sogenannte Silberbibliothek, die eine besondere Abteilung ausmacht. Sie stammt auch aus der Zeit des Herzogs Albrecht und gehörte zum größten Teile seiner prunkliebenden zweiten Gemahlin Maria Anna. Vor dem Einfall der Russen im Siebenjährigen Kriege wurde sie nach Küstrin und zur Zeit des Unglücklichen Krieges nach Memel gerettet. Die Einbände der dazugehörigen 20 Bücher weisen kunstvolle Silberbeschläge auf, die davon Zeugnis ablegen, daß im damaligen Königsberg die Goldschmiedekunst auf einer hohen Stufe der Entwickelung gestanden hat. In der Nähe des Domes liegt das 1304 gegründete Kneiphöfische Gymnasium, die älteste Schule Preußens. Daran grenzt das alte Universitätsgebäude, in dem die Stadtbibliothek aufbewahrt wird. Die Stadtbibliothek entstand 1541 aus der mehr als 1000 Bände umfassenden Büchersammlung des altstädtischen Pfarrers Johann Poliander. Sie weist eine Anzahl wichtiger Handschriften und Landeschroniken auf. Wertvoll ist besonders die Sammlung von 500 Bibeln, die der Bibliothek durch den Stadtsekretär Bartsch zugewiesen wurden. Im ehemaligen Altstädtischen Rathause befinden sich gegenwärtig das Standesamt und die Handelshochschulkurse, die 1907 eröffnet wurden. Die Königliche Sternwarte ist 1811 bis 1813 durch den Astronomen Friedrich Wilhelm Bessel, dessen Bronzebüste sich vor dem Gebäude erhebt, errichtet worden. 1897 erhielt sie ein neues Fernrohr von 6 m Länge. Das Objektiv besitzt einen Durchmesser von 325 mm. Die Vergrößerungen sind 800fach. Das Gewicht des Rohres beträgt 750 kg. Altertümliche Wohnhäuser sind nur noch vereinzelt im Kneiphof zu finden. Einige zeigen einen figurenreichen

Königsberg: der obere Fischmarkt.

Frontschmuck. Das ursprüngliche Gepräge haben vor allem die schlichten Häuser am Fischmarkt gewahrt. Auf der Lastadie finden sich alte Speicher mit ihren eigenartigen Haus- und Handelsmarken und den bemerkenswerten Reliefs aus dem 16. und 17. Jahrhunderte.

c) Denkmäler.

1. **Das Kaiser Wilhelm-Denkmal.** Es erhebt sich an der Südwestecke der Schloßterrasse. Sein Schöpfer ist der 1906 gestorbene Königsberger Bildhauer Prof. Reusch. Der polierte Granitsockel, der aus einem heimischen erratischen Blocke gefertigt worden ist, trägt auf der Vorderseite die Inschrift: „Ihrem ruhmgekrönten König, Kaiser Wilhelm I., die dankbare Provinz Ostpreußen 1894.“ Der Kaiser steht da mit erhobenem Schwert im vollen Schmucke, wie er bei seiner Königskrönung im Jahre 1861 vor dem Altar den Segen des Allerhöchsten erflehte. Auf dem Haupte trägt er die Krone. Um die Schultern hat er den Hermelinmantel gelegt.

Denkmal Kaiser Wilhelms I. in Königsberg.

2. **Das Bismarckdenkmal.** Es wurde 1901 enthüllt und steht in der Nähe des Kaiser Wilhelm-Denkmals auf dem Kaiser Wilhelms Platz. Es ist ebenfalls von Prof. Reusch modelliert worden. Der Mosaikboden, auf dem es sich erhebt, trägt die Inschrift: „Wir Deutsche fürchten Gott, sonst nichts auf der Welt.“ Das Standbild, das den Fürsten Bismarck in Kürassieruniform darstellt, befindet sich auf einem grauen Granitsockel. Zu den Füßen Bismarcks windet sich der Drache der deutschen Zwietracht. Er ist vom Schwerte durchbohrt. Zu beiden Seiten des eigentlichen Denkmals sind zwei Nebenfiguren, Krieg und Frieden darstellend, angebracht.

3. **Das Denkmal Friedrichs I.** steht dem Ostflügel des Schlosses gegenüber und zeigt den ersten preußischen König im Imperatorengewande. Das Haupt ist unbedeckt. Ein Helm liegt zu den Füßen des Königs. In seiner

Rechten trägt er das Königszepter. Das Modell ist aus der Meisterhand Andreas Schlüters hervorgegangen. Die Vorderseite des Unterbaues trägt die Inschrift: „Friedrich, erster König der Preußen, zu Königsberg gekrönt den XVIII. Jänner MDCCI.“ Auf der Rückseite findet sich die Widmung: „Die Bildsäule des Ahnherrn widmete dem edlen Volke der Preußen zum immerwährenden Denkmale gegenseitiger Liebe und Treue den 18. Jänner 1801 Friedrich Wilhelm III.“ Die rechte Seite zeigt den preußischen Adler mit Zepter und Reichsapfel und der Inschrift des Schwarzen Adlerordens Suum cuique, die linke Seite Zepter und Krone. Das Standbild hat ein eigenartiges Schicksal gehabt. Erst am 3. August 1802 wurde es auf seinem jetzigen Platz enthüllt. Man bezeichnet es als das hervorragendste Kunstwerk Königsbergs.

Denkmal König Friedrichs I. in Königsberg.

4. An der Nordostecke des Schlosses, gegenüber dem Denkmale Friedrich I., erhebt sich am Fuße des Haberturmes das **Bronzestandbild des Herzogs Albrecht.** Der polierte Granitsockel enthält die Inschrift: „Albrecht von Brandenburg, Letzter Hochmeister, Erster Herzog in Preußen.“ Der Herzog steht barhäuptig da, in der Tracht seiner Zeit. In der rechten Hand hält er die neue Kirchenagende sowie die Stiftungsurkunde der Königsberger Universität mit den Zahlen 1525 und 1544. Die linke

Denkmal des Herzogs Albrecht in Königsberg.

Hand stützt sich auf das Schwert. Hinter ihm liegen und stehen einige Bücher. Sie wollen die Liebe des Herzogs zu den Wissenschaften andeuten. Das Denkmal wurde am 19. Mai 1891 in Gegenwart Kaiser Wilhelms II. enthüllt. Sein Schöpfer ist der schon mehrfach genannte Prof. Reusch.

5. Vor dem Universitätsgebäude befindet sich das **Reiterstandbild Friedrich Wilhelms III.** Es ist aus der Hand des Professors August

Reiterstandbild Friedrich Wilhelms III. in Königsberg.
(Nach einer Photographie der Neuen Photographischen Gesellschaft in Steglitz-Berlin.)

Kiß hervorgegangen und wurde am 3. August 1851 in Anwesenheit des Königs Friedrich Wilhelm IV. enthüllt. Die Gesamthöhe des Denkmals beträgt 11 m, davon entfallen 5 m auf das Standbild. Der König sitzt hoch zu Roß. Er hat den Krönungsmantel angetan und trägt auf dem Haupt einen Lorbeerkranz. Die Reliefbilder des Sockels sind durch sechs weibliche allegorische Figuren (Glaube, Borussia, Gerechtigkeit, Liebe, Segensfülle,

Weisheit) voneinander getrennt. Sie stellen dar: die Gründung der preußischen Landwehr, den König im Kreise seiner Familie in Königsberg, die Übergabe wichtiger Urkunden zur Neugestaltung des Staates durch den König an Hardenberg und endlich die Segnungen des Friedens. Die Inschriften über den Bildern lauten: Sein Beispiel, seine Gesetze machten uns stark zur Befreiung des Vaterlandes, ihm danken wir des Friedens Segnungen. Das ganze Denkmal wird von einem mit Adlern und Lorbeeren gezierten Gitter eingeschlossen.

6. Nicht weit von diesem Denkmale befindet sich seit 1885 ebenfalls auf dem Paradeplatz das Standbild des großen Philosophen **Kant**. Der Sockel besteht aus poliertem Granit und enthält als Inschrift nur das eine Wort Kant. Der Königsberger Weltweise ist von der Meisterhand Rauchs in der Tracht seiner Zeit dargestellt worden. Die Rechte ist lehrend erhoben. In der Linken trägt er den Stock und den dreieckigen Hut. Ursprünglich stand es in der Nähe von Kants ehemaligem Wohnhause, Prinzessinstraße 2.

Standbild des Philosophen Kant.

7. **Sonstige Denkmäler.** In der Nähe des Stadttheaters erhebt sich das Denkmal des Dichters Friedrich von Schiller, modelliert von Cauer. Es wurde im Herbste 1910 enthüllt. In der Königsstraße steht vor der Kunstakademie ein hoher, aber wenig ansprechender Eisenobelisk, den 1843 die Königsberger Bürger ihrem Oberpräsidenten Theodor von Schön errichten ließen. Ohne irgendwelchen künstlerischen Wert, erhält dies Denkmal dadurch seine Bedeutung, daß es aus eigenstem Antriebe der Bürger, aus dem lebendigen Bewußtsein heraus, wie unendlich viel die Provinz dem Wirken dieses Mannes zu danken hat, entstanden ist. Im Vorgarten der Kunstakademie befindet sich die Badende Nymphe von Cauer. Der Bildhauer Hundrieser hat die am Bergplatz befindliche Büste des im Jahre 1874 gestorbenen Professors der Chirurgie Burow geschaffen. In der Wagnerstraße, und zwar vor der Augenklinik, steht die Büste des Professors der Augenheilkunde Julius Jakobson. Sein Schöpfer ist der Professor Reusch. Von demselben Meister stammt auch die Büste des Astronomen Bessel vor der Sternwarte. Das Kriegerdenkmal im Volksgarten, eine schlichte Denksäule, trägt die Inschrift: „Das höchste Gut des Mannes

ist sein Volk" (Felix Dahn) und „Nicht Euer Lohn, nur unser Dank" (Ernst Wichert). 1874 wurde im Parke Luisenwahl ein Denkmal der Königin Luise errichtet. In einem Medaillonbogen befindet sich die Marmorbüste der Königin von Rauch. Die Inschrift lautet: „Dem Genius Preußens — der unvergeßlichen Königin Luise — die Königsberger Bürger 1874." Der Botanische Garten enthält ein Denkmal des 1821 auf Sizilien ermordeten Professors Schweigger. Von J. G. Schadows Hand stammt das Denkmal des Daniel David Zimmermann im Garten des Zimmermannschen Stiftes, Königsstraße 37. Der evangelische Erzbischof v. Borowski, der 1831 als Oberhofprediger gestorben ist, hat ein Denkmal von Cauer an der Neuroßgärter Kirche. Am Ostgiebel des Domes ist ein Denkstein für Julius Rupp errichtet. Auf dem Steindammer Markt steht der von Cauer modellierte Evabrunnen. Der Bogenschütze von Heinemann befindet sich in der Mitte der nordwestlichen Schloßteichpromenade. Auf dem Kaiser Wilhelms-Platz, früher Altstädtischer Kirchenplatz genannt, liegt der sogenannte Lutherstein. Er befindet sich an der Stelle, wo einst der Altar der 1826 abgebrochenen Altstädtischen Kirche gestanden hat. An diesem Altar war der am 28. Oktober 1575 gestorbene älteste Sohn unseres Reformators, Hans Luther, begraben worden. Der Stein wurde 1859 gesetzt.

8. **Tordenkmäler.** Das Steindammer Tor enthält das lebensgroße Denkmal Friedrich Wilhelms III. von Wolff. Das Roßgärter Tor besitzt die Medaillonporträts Scharnhorsts und Gneisenaus. Das Königstor ist mit den Standbildern des Königs Ottokar von Böhmen, Herzogs Albrecht I. und Königs Friedrich I. geschmückt. Am Friedländer Tor steht an der Innenseite das Standbild des Grafen Friedrich von Zollern, an der Außenseite das des Hochmeisters Friedrich von Feuchtwangen. Am Brandenburger Tor finden wir die Medaillonbildnisse der Generale von Boyen und von Aster und am Sackheimer Tor die von Bülow und York. Bei der Niederlegung der Wälle werden auch die Festungstore fallen. Nur das Königstor und das Roßgärter Tor, letzteres mit dem Dohna- und Wrangelturm, sollen inmitten schöner Anlagen erhalten bleiben und an ihre ehemalige Bestimmung erinnern.

Für die heimische Kunst war und ist von großer Bedeutung die **Königsberger Kunstakademie.** Sie wurde am 1. September 1845 durch Rosenfelder als Direktor mit den Professoren Piotrowski (Figurenfach), Trossin (Kupferstecher), Behrendson (Landschaft), Gemmel (Architektur) eröffnet. Rosenfelder, ein berühmter Geschichtsmaler, leitete die Anstalt bis 1881. Ihm folgten die Professoren Steffeck, Schmidt und Dettmann. Treffliches hat besonders die Königsberger Malerschule in der Landschafts- und Genremalerei geleistet. Einige Maler haben sich hauptsächlich die Darstellung des charakteristischen landschaftlichen Reizes unserer Provinz zur Aufgabe gestellt. So sind beispielsweise die friedlichen Landseen, die von Monien gemalt worden sind, wahrhaft köstliche Idyllen. Motive von unseren Nehrungen hat Dettmann in vortrefflicher Weise benutzt. Von den Malern, die auf der Königsberger Akademie ihre Laufbahn begannen, sind besonders Scherres und Gustav Gräf zu nennen. Die Gründung der Akademie ist ein Verdienst des Oberpräsidenten von Schön. Von ihm stammt auch die stolze Inschrift ihres Gebäudes: Artium operibus condendis et artificibus instituendis. Sie deutet auf den Zweck der Anstalt hin, der darin besteht, der Schöpfung von Kunstwerken und der Ausbildung von Künstlern zu dienen.

Der Königsberger Schloßteich.

d) Weitere Sehenswürdigkeiten.

Der Paradeplatz, früher Königsgarten genannt, war ursprünglich ein Lust- und ein Hetzgarten. Friedrich der Große ließ letzteren eingehen und beseitigte die Hetzjagden. Die dafür ausgesetzte Summe wurde unter die Armen verteilt. Friedrich Wilhelm III. übergab 1809 den Königsgarten der Stadtgemeinde mit der ausdrücklichen Bestimmung, daß er stets ein öffentlicher Platz zu bleiben habe. Die jetzigen englischen Anlagen stammen aus dem Jahre 1885. Einen eigenartigen Schmuck besitzt Königsberg in dem gartenumrahmten Schloßteich. Er ist ungefähr 9 ha groß und ist eine Schöpfung des Ordens. Entstanden ist er durch Aufstau eines zum Pregel eilenden Baches. Der Damm trägt heute die Französische Straße. Die Aufgabe des Teiches war, ein Staubecken für die Schloßmühle zu sein und einen gewissen Schutz der Burg zu verleihen. 1753 erhielt er eine Überbrückung. Am 13. September 1869 brach bei einer festlichen Veranstaltung aus Anlaß der Anwesenheit Wilhelms I. das Geländer der überfüllten Brücke. Eine große Zahl von Zuschauern stürzte in den Teich. Etwa 40 Personen mußten ertrinken. Am Anfange dieses Jahrhunderts wurde am Südende der

Blick auf das Schloß freigelegt. Gleichzeitig wurde ein herrlicher Spazierweg von der Schloßteichbrücke nach dem Münzplatz geschaffen. Vor dem Steintor liegt der Juditter Stadtpark mit dem Parke Luisental und der Ratshöfer Park mit einer Heimstätte für pflegebedürftige Kinder. In der Nähe des Königstores findet sich der Kalthöfer Park. Sehenswert ist auch der Max Aschmann-Park am Oberteich und die Stadtgärtnerei bei Maraunenhof. Besonders interessant ist in der Stadtgärtnerei, zu der auch der „Pflanzenlieferungsgarten“ für die Königsberger Schulen gehört, die Sammlung sämtlicher in Ostpreußen wachsender winterfester Hölzer.

Das Busoltsche Haus auf den Hufen in Königsberg.

e) Die Hufen.

Auf den Hufen finden wir den Städtischen Spielplatz. Er wurde 1892 angelegt. Seine Entstehung verdankt er einer Schenkung des damaligen Stadtrats Dr. Walter Simon. Die Jugend Königsbergs hat hier Gelegenheit, unter sachverständiger Aufsicht Spiele im Freien zu üben und so Erholung nach und von der Arbeit in der Schule zu finden. 1895 wurde auf den Hufen, und zwar im Anschluß an die Nordostdeutsche Gewerbeausstellung, der Königsberger Tiergarten angelegt. Er gehört zu den besten zoologischen Gärten des deutschen Vaterlandes. Am 31. Dezember 1809 umfaßte der Tierbestand 405 Arten mit 2095 Stück. Mit dem Tiergarten ist das 1911 eröffnete Freilichtmuseum verbunden. Es enthält in Nachbildungen ein litauisches und ein masurisches Bauerngehöft, ein oberländisches Bauernhaus, ein litauisches Fischerhaus, eine litauische Klete usw. Nicht weit vom Tiergarten, und zwar am westlichen Ausgange der Hufen, liegt der Park Luisenwahl, der herrliche alte Bäume enthält. Hier steht das schon geschilderte Luisendenkmal. Dem Parke gegenüber sieht man ein einfaches Landhaus, das während der Sommermonate 1808 und 1809 der Königin Luise und ihrer Familie als Aufenthaltsort gedient hat.

Es ist in seiner damaligen Beschaffenheit bis heute unverändert erhalten. In den erwähnten Jahren gehörte es dem Regierungsrate Busolt. Kaiser Wilhelm I. kaufte von den Busoltschen Erben im Angedenken an seine Mutter und an die in Königsberg verlebten Jahre nicht nur das Landhaus, sondern das ganze dazugehörige Gut, darunter auch den Park Luisenwahl. Als Napoleon 1812 auf seinem Zuge nach Rußland auch nach Königsberg kam, beabsichtigte er, im Busoltschen Hause Quartier zu nehmen. Er hoffte, dortselbst eine aufs vornehmste ausgestattete Wohnung zu finden. Da er aber in dieser Annahme schwer getäuscht wurde, nahm er seinen Aufenthalt im Schloß. In unmittelbarer Nähe des Parkes erhebt sich die im romanischen Stil nach Plänen von Heitmann und Krah erbaute Luisenkirche. Sie wurde am 9. September 1901 in Gegenwart des Kaiserpaares eingeweiht. An die Hufen schließt sich die im letzten Jahrzehnt entstandene Villenkolonie Amalienau an. Vom Gasthause Zum Korinthenbaum hat man eine schöne Aussicht auf das untere Pregeltal. In Amalienau steht die katholische St. Adalberts-Kapelle, die ihren Namen nach dem ersten Apostel der Preußen, Adalbert von Prag, trägt. Kl. Amalienau hat einen Militärluftschiffhafen. Die dazu erforderliche Halle ist 170 m lang und fast 50 m breit. Die lichte Höhe beträgt 37 m. Sie stellt ein Riesenbauwerk dar. Ihre Torflügel sind die größten der Welt. In der Halle können zwei große Zeppelin-Luftschiffe gleichzeitig Unterkunft finden. Sie wurde 1911 ihrer Bestimmung übergeben.

f) Berühmte Königsberger.

1. Kant.

Immanuel Kant war der Sohn eines Sattlermeisters zu Königsberg und wurde am 22. April 1724 geboren. Seine Eltern waren Leute von schlichter, einfältiger Frömmigkeit und warmem Herzen, dem damals üblichen Dogmengezänke durchaus abgeneigt. Diese Richtung der Eltern erzeugte in dem Gemüt Immanuels die unerschütterliche Pflichttreue und die strenge Moral, die er zuerst selbst ausübte, ehe er sie anderen als Lehrer vortrug. Der Konsistorialrat Schultz, der zugleich Direktor des Friedrichskollegiums war, wußte die Eltern zu bestimmen, den Knaben diese Anstalt besuchen zu lassen. Außer seinem Direktor bewahrte Kant vor allem dem Lehrer der alten Sprachen, Heydenreich, Dankbarkeit und Hochachtung. Die Vorliebe für alte Sprachen ließ Kant ein enges Freundschaftsbündnis mit seinem Mitschüler David Ruhnken schließen, der nachmals einer der berühmtesten Philologen wurde.

1740 bezog Kant die Albertina. Er hörte Vorlesungen über Theologie, Mathematik und Naturlehre, alte Literatur und Philosophie. Sein Bestreben ging dahin, sich in allen Wissenschaften Kenntnisse zu erwerben. Doch trat jetzt schon seine Vorliebe für Mathematik, Naturwissenschaften und Philosophie hervor. Den meisten Einfluß auf seine Studien hatten der Professor Knutzen, der Mathematik und Philosophie las, und der Professor der Physik Teske. Während seiner Studentenzeit war Kants Lage die allerbedrängteste, da sein Vater nicht in der Lage war, für seinen Unterhalt zu sorgen. Er mußte zu Nachhilfestunden greifen, die er wohlhabenden Studenten gab. Trotzdem hätte er seine Studien nicht fortsetzen können, wenn ihn nicht ein bemittelter Verwandter unterstützt hätte. Als sein Vater 1746 starb, sah er sich genötigt, eine Hauslehrerstelle anzunehmen. Neun Jahre hindurch bekleidete er dies mühselige und nur zu oft geisttötende Amt. Über seine Leistungen sprach er sich selber sehr unbefriedigt aus. Bei allen mißlichen Verhältnissen behielt er sein Ziel fest im Auge, und dieses war die Wirksamkeit an der Universität. Im Jahre 1755 wurde es ihm möglich, den Doktorgrad zu erwerben und sich als Privatdozent niederzulassen. Seine Vorlesungen über Mathematik, Naturlehre und verschiedene Zweige der Philosophie erregten sowohl durch den Gedankenreichtum, als auch durch den zu jener Zeit seltenen freien und lebhaften Vortrag sofort großes Aufsehen. Schon im folgenden Jahre konnte sein geräumiger Hörsaal die Zuhörer nicht fassen. In demselben Jahre erschien sein erstes größeres Werk „Allgemeine Naturgeschichte des Himmels". Es enthält höchst scharfsinnige Schlüsse über den Bau des Weltalls, die später durch Herschel zum größten Teile bestätigt wurden.

Trotz der glänzenden Erfolge mußte sich Kant 15 Jahre lang mit der Stellung eines Privatdozenten begnügen. Erst nachdem er durch eine Preisschrift, die von der Berliner Akademie der Wissenschaften den zweiten Preis erhielt (der erste wurde Moses Mendelssohn zuerkannt), die Aufmerksamkeit des Ministeriums auf sich gelenkt hatte, erhielt er die Stelle eines Unterbibliothekars an der Königlichen Bibliothek und damit ein ganz kleines, festes Einkommen. 1770 wurde er ordentlicher Professor in seiner Vaterstadt und konnte die gleichzeitigen Berufungen nach Erlangen und Jena ablehnen. Seine Anhänglichkeit an Königsberg bewies er später dadurch, daß er auch dem Rufe nach Halle nicht Folge leistete.

Die Jahre 1770 bis 1790 bilden den bedeutendsten Lebensabschnitt Kants. In dieser Zeit steht er auf der Höhe seiner Schaffenskraft und seines Einflusses nicht bloß auf die gesamte Provinz, sondern weit über deren Grenzen hinaus. In seinen Universitätsvorlesungen zeigte er sich als geistvoller Redner, der Herz und Gefühl ebenso hinriß, als den Verstand befriedigte. Bei der Aufstellung und Bestimmung von Begriffen machte er es so, daß er vor seinen Zuhörern gleichsam Versuche anstellte, als wenn er selbst anfange, über den Gegenstand nachzudenken. Allmählich fügte er neue bestimmende Begriffe hinzu, versuchte Erklärungen nach und nach zu verbessern und ging dann endlich zum völligen Abschlusse des vollkommen erschöpften und von allen Seiten beleuchteten Begriffes über. So machte er seine streng aufmerkenden Zuhörer nicht allein mit dem Gegenstande bekannt, sondern leitete sie auch zum methodischen Denken an.

Im Jahre 1783 erlaubte es ihm sein Einkommen, sich in der Prinzessinstraße ein Haus zu kaufen. Er bewohnte es bis zu seinem Tode. Hier versammelte er fast täglich einen Kreis von Freunden um sich. Zu ihm gehörten besonders der Kriegs- und Domänenrat Scheffner, der Oberhofprediger und nachmalige evangelische Erzbischof Borowski, die Professoren Kraus, Pörschke, Reusch, Hagen, Gensichen, die Buchhändler Nicolovius und Kanter und andere gebildete und kenntnisreiche Männer. Bei Tische hatte er in der Regel zwei bis fünf Gäste um sich. Die Unterhaltung war heiter und ungezwungen, vor allen Dingen belehrend, aber von aller gelehrten Schwerfälligkeit frei. Noch nach seinem Tode versammelten sich seine Anhänger alljährlich an seinem Geburtstage zu einem Mahle, das sie mit ernster Rede und heiterem Gespräche würzten. Aus dieser Vereinigung ist die Kantgesellschaft hervorgegangen. Als letzter Gang auf der Festtafel dieser Gesellschaft am 22. April erscheint regelmäßig die Bohnentorte, in die eine große Bohne hineingebacken worden ist. Wer sie findet, ist der Bohnenkönig. Ihm liegt es ob, beim nächsten Bohnenmahl, also wieder an Kants Geburtstag, eine Rede zu halten, die sich entweder mit Kants Person oder mit seinen Schriften und seiner Bedeutung als Philosoph beschäftigt.

In die genannte Zeit fällt auch die Abfassung seiner Hauptwerke. 1770 gab er beim Antritte seiner Professur die Abhandlung heraus: „Über Form und Inhalt der sinnlichen Gedankenwelt." Hier sind die Grundzüge seiner Philosophie zu finden. Die Ausführung der daselbst niedergelegten Gedanken erschien 1781 unter dem Titel: „Kritik der reinen Vernunft". Dieses Werk ist eins der reifsten und tiefsten Produkte des menschlichen Geistes. Doch baute Kant sein System noch immer weiter aus und suchte es auf das sittliche Handeln, auf die Erkenntnis der sinnlichen Erscheinungen und auf das Gefühl anzuwenden. So erschienen rasch nacheinander von 1785 bis 1790 folgende Schriften: „Die Grundlegung zur Metaphysik der Sitten", „Die metaphysischen Anfangsgründe der Naturwissenschaft", „Die Kritik der praktischen Vernunft", „Die Kritik der Urteilskraft". Von den genannten Werken ist keines so wichtig und folgenschwer geworden wie die Grundlegung zur Metaphysik der Sitten und die mit ihr fast ein Ganzes bildende Kritik der praktischen Vernunft. Die Kritik der reinen Vernunft brachte auf eigentlich wissenschaftlichem Gebiet eine wahre Umwälzung hervor. Von diesen Schriften gingen die mächtigsten sittlichen Anregungen aus. Besonders räumt Kant dem Willen eine erhabene Stellung ein. Der Verstand ist begrenzt. Der Wille ist jedoch frei, und deshalb beruht die Würde des Menschen darin, daß er sich aus freier Entschließung für das Gute bestimmen kann und dies Gute für seine Pflicht hält. Dies Pflichtgefühl soll ihm ein kategorischer Imperativ, eine zwingende Gewalt werden. „Du kannst, denn du sollst", dies ist das mächtige Wort, mit dem sich Kant an seine Mit- und Nachwelt wandte. Und das eigene Leben des Weisen stand mit seiner Lehre im harmonischen Einklang. Auf die studierende Jugend Ostpreußens übte er den nachhaltigsten Einfluß aus. Das zeigte sich besonders im Jahre 1813. Die ewig denkwürdige Erhebung in jenem Jahre war zum großen Teil eine Frucht der Kantschen Lehren.

Alle großen Geister seiner Zeit scharten sich um Kants Fahne. Besonders war Schiller für Kants Philosophie empfänglich. Wilhelm von Humboldt, Goethe, Jean Paul, sie alle waren von diesem Weisen begeistert. Letzterer urteilt über ihn: „Kant ist nicht bloß ein Licht der Welt, sondern ein ganzes strahlendes Sonnensystem auf einmal".

Kant war von schwächlichem Körperbau. Er hatte eine flache, eingedrückte Brust, die ihn früh kurzatmig machte. Doch trotz seines schwächlichen Körpers hat er sich bis in sein siebzigstes Lebensjahr hinein durch Regelmäßigkeit und strenge Diät vor jeder nennenswerten Krankheit bewahrt. Leider blieb sein Lebensabend nicht von manchem Verdrusse verschont. Seine Auseinandersetzungen über Denken und Glauben, Philosophie und Theologie hatten das Mißfallen des Ministers Wöllner erregt. In der Kabinettsorder vom 1. Oktober 1794 erhielt er eine scharfe Rüge hinsichtlich seines Werkes „Religion innerhalb der Grenzen der bloßen Vernunft". Gleichzeitig wurde sämtlichen theologischen und philosophischen Dozenten der Königsberger Universität verboten, über Kantsche Religionsphilosophie zu lesen. Dazu kam eine schwere Krankheit. Zwar erholte er sich bald, doch mußte er bereits 1797 seine Vorlesungen einstellen. Körper- und Geisteskräfte versagten ihm den Dienst. Seine Sehkraft nahm ab, und der Mann, dessen Gedächtnis einst riesengroß war, mußte beständig ein Notizbuch bei der Hand haben. Am 12. Februar 1804, kurz vor Vollendung seines 80. Lebensjahres, hauchte Kant seine große Seele aus. Am 28. Februar wurde die sterbliche Hülle mit einer Feierlichkeit bestattet, wie sie Königsberg noch nicht gesehen hatte. Sein Leichnam wurde an der Nordwand des Domes, in dem sogenannten Professorengewölbe, beigesetzt. Als bald darauf das Gewölbe geschlossen wurde, stellte man Kants Sarg am Ostende des Domes auf. In den siebziger Jahren trat eine Anzahl von Verehrern des großen Toten zusammen, um seine Grabstätte in würdiger Weise wiederherstellen zu lassen. So wurde die kleine Kapelle erbaut, die sich an der Nordseite des Domes befindet. (Siehe Seite 345!)

2. Einige andere nennenswerte Königsberger.

1. Prinz Albrecht von Preußen, vierter Sohn Friedrich Wilhelms III. und der Königin Luise, wurde am 4. Oktober 1809 zu Königsberg geboren. Im Kriege von 1866 wohnte er den Schlachten von Münchengrätz, Gitschin und Königgrätz bei. Im Deutsch-Französischen Kriege nahm er an den Kämpfen des Generals von der Tann, des Großherzogs von Mecklenburg-Schwerin und des Prinzen Friedrich Karl gegen die Loirearmee, namentlich an dem schweren Winterfeldzuge teil. Seit dem 16. Juni 1871 war er als Generaloberst höchster Befehlshaber der preußischen Kavallerie. Er starb am 14. Oktober 1872. Das Lit. Dragonerregiment Nr. 1 in Tilsit führt seinen Namen. Er ist der Vater des früheren Prinzregenten von Braunschweig, Prinzen Albrecht von Preußen.

2. Ludwig Ernst Borowski wurde 1740 zu Königsberg geboren. Nachdem er in seiner Vaterstadt das Studium beendigt hatte, wurde er Lehrer am Fridericianum und gegen Ende des Siebenjährigen Krieges Feldprediger. Seit 1770 war er Pfarrer und Erzpriester in Schaaken und von 1783 bis 1815 Pfarrer an der Neuroßgärter Kirche. Als die Königliche Familie in Königsberg weilte, hat sie oft die Predigten Borowskis besucht und sich daraus Trost und Glaubensmut geholt. Borowski stand beim Könige sehr in Ehren. Deshalb erlangte er hohe geistliche Würden. Er wurde zum Bischof und 1823 sogar zum Erzbischof ernannt. Kurze Zeit vor seinem Tode, der am 10. November 1831 erfolgte, wurde er geadelt.

3. Fast Altersgenosse von Kant und in entscheidenden Punkten sein erbitterter Gegner ist der Mann, den der Literaturhistoriker Heinrich Kurz die seltsamste und bedeutungsvollste aller merkwürdigen Erscheinungen der deutschen Literatur nennt: Johann Georg Hamann. Am 27. August 1730 wurde er in Königsberg geboren. Sein ganzes äußeres Leben war ein unstetes. Bald ist er in Rußland, bald in England, bald wieder in der Heimat. Von 1777 bis 1787 sehen wir ihn als Packhofverwalter in Königsberg tätig. Seit dem letztgenannten Jahre lebte er bei der Fürstin Galitzin in Münster, woselbst er 1788 starb. Als theologisch-philosophischer Schriftsteller durchbrach er die beengenden Schranken des damaligen orthodoxen Schulsystems mit größter Kühnheit und Entschiedenheit. Als Ästhetiker gab er den Anstoß zu der Bewegung in unserer Literatur, die diese völlig umgestalten half. Herder, Goethe, Jacobi, Claudius, Lavater, Jean Paul standen nämlich mehr oder weniger unter seinem Einflusse. Mit aller Entschiedenheit trat er für das vergessene Volkslied in die Schranken. Der deutschen Dichtkunst eroberte er die Phantasie zurück, die sie auch unter eines Ostpreußen — Gottscheds — Einfluß beinahe verloren hatte. Trotz aller Eigentümlichkeit des Stils war er ein glänzender Schriftsteller. Eine Fülle der fruchtbarsten, eigenartigsten und seiner Zeit weit vorauseilenden Ideen sprudelt in seinen leider nur wenig umfangreichen und zu wenig gekannten Schriften über, die ihm den Namen „Magus im Norden" einbrachten. Mit Kant, Hippel und anderen hervorragenden Männern Königsbergs stand Hamann trotz seiner niedrigen Stellungen, in denen er kaum das Leben fristete, in eifrigem Verkehre. Seine wechselvollen Lebensschicksale hat Minor (Frankfurt a. M. 1881) beschrieben.

4. Zu den eigenartigsten Erscheinungen unter den deutschen Literaturgrößen gehört der am 24. Januar 1776 zu Königsberg geborene Ernst Theodor Amadeus Hoffmann. Dieser Mann zeigte eine seltene Begabung, die sich nach den verschiedensten Richtungen hin äußerte. Als kaum zwanzigjähriger Jüngling malt er seine ersten Bilder und fertigt seine ersten, kühn angelegten Romane. Sein erstaunliches Talent für Karikaturzeichnungen verdirbt ihm für lange Zeit seine juristische Laufbahn. Er wird Komponist und Dirigent. Seine reichbewegte Laufbahn beschließt er als Novellist. Hier entfaltet sich sein staunenerregendes Genie am glänzendsten. Er ist in der Wirklichkeit ebensogut zu Hause, wie im Reiche der Träume und des Märchens. In der Beherrschung der Sprache weist er eine große Meisterschaft auf. Reich ist er an Humor und Witz. Mehrere seiner Novellen werden noch heute geschätzt, vor allem sein „Meister Martin, der Küfer, und seine Gesellen". Leider führt ihn seine oft ungezügelte Phantasie manchmal in das Reich des Schauerlichen und Entsetzlichen. Zum Teil läßt sich dieses aus seinem ungeordneten Leben erklären. Diese Tatsache hat ihm den Beinamen „Gespenster-Hoffmann" eingetragen. Als Musiker war Hoffmann kaum weniger begabt als auf dem Gebiete der Dichtkunst. Vor allen Dingen besaß er ein feines musikalisches Verständnis. Im Geistesleben Robert Schumanns und Richard Wagners spielt Hoffmann eine nicht untergeordnete Rolle, und des letzteren „Meistersinger" stehen ganz auffällig unter dem Einflusse der bereits erwähnten herrlichen Novelle „Meister Martin, der Küfer, und seine Gesellen". Hoffmann starb als Kammergerichtsrat am 24. Juli 1822 zu Berlin.

5. Johann Jakobi wurde am 1. Mai 1805 zu Königsberg als Sohn jüdischer Eltern geboren. Nachdem er Medizin studiert hatte, ließ er sich in seiner Vaterstadt als Arzt nieder. 1841 machte er sich durch seine Broschüre bekannt: Vier Fragen, beantwortet von einem Ostpreußen. In ihr legte er die Notwendigkeit einer konstitutionellen Verfassung für Preußen klar. Im Frankfurter Parlament gehörte er zu den hervorragendsten Vertretern der Linken. Sein Vorgehen gegen die Regierung war sehr scharf. Mehrmals war er mit Anklage wegen Hochverrats bedroht. Leider hat ihn auch der nationale Aufschwung von 1866 und 1870/71 nicht von seinem schroffen regierungsfeindlichen Standpunkt abbringen können. Er ging schließlich zur Sozialdemokratie über. Am 6. Mai 1877 ist er in Königsberg gestorben.

6. Karl Lehrs wurde am 14. Januar 1802 als der Sohn eines aus Jastrow i. Westpr. stammenden jüdischen Kaufmannes zu Königsberg geboren und starb ebendaselbst am 9. Juni 1878 als Universitätsprofessor. Er hat der Albertina seit 1831 angehört und ist eine ihrer größten Zierden gewesen. Selten hat ein Universitätslehrer bei seinen Schülern eine derartige Verehrung genossen wie Lehrs. Fachleute zählen ihn zu den bedeutendsten Philologen Deutschlands. Nicht nur ostpreußische Gymnasien, sondern auch solche anderer Provinzen haben von ihm vorzüglich vorbereitete Lehrer der alten klassischen Sprachen, besonders des Griechischen, erhalten. Sein Leben hat der frühere Königsberger Provinzialschulrat Kammer, der Lehrs' Schüler war, beschrieben.

7. Julius Rupp, der Mitbegründer der Freien Gemeinden, wurde am 13. August 1809 zu Königsberg geboren. 1835 wurde er Lehrer am Altstädtischen Gymnasium und 1842 Divisionsprediger. Am 15. Oktober desselben Jahres hielt er in der Deutschen Gesellschaft seine Rede Über den christlichen Staat. Diese Rede wurde bei den Behörden übel vermerkt. Deshalb wurde auch nicht die auf ihn gefallene Wahl zum Direktor des Kneiphöfischen Gymnasiums bestätigt. Wegen offener Verwerfung des Athanasianischen Bekenntnisses wurde er 1845 seines Amtes entsetzt. 1846 gründete er die Freie evangelisch-katholische Gemeinde. Er war viele Jahre Prediger dieser Gemeinde. Seiner glänzenden Beredsamkeit wegen war er in Königsberg sehr beliebt. Auch politisch hat er sich betätigt. 1849 und 1862/63 hat er seine Vaterstadt im Parlament vertreten. Am 11. Juli 1884 ist Rupp in Königsberg gestorben.

8. Karl Scherres, Landschaftsmaler, geboren den 31. März 1833 zu Königsberg, war seit 1849 Schüler der dortigen Akademie und des Landschaftsmalers Behrendson. 1859 bis 1866 lebte er in Danzig, zog dann nach seiner Vaterstadt und siedelte schließlich nach Berlin über. Die Motive zu seinen Landschaften hat er hauptsächlich seiner Heimatprovinz entlehnt. Am bekanntesten ist wohl das Bild, das eine Überschwemmung darstellt. 1856 malte er seine erste ostpreußische Landschaft bei einem heraufziehenden Gewitter. Ferner sind zu nennen: Nach dem Regen auf der Dorfstraße, Bei scheidendem Sonnenlichte vor der Waldhütte, Gewitter über den Dünen, Einsame Hütten im Moorlande.

9. Rudolf Siemering, einer der bedeutendsten deutschen Bildhauer, erblickte am 10. August 1835 in Königsberg das Licht der Welt. Nachdem er daselbst die Akademie besucht hatte, kam er zum Bildhauer Bläser nach Berlin, wo er an den Reliefs für die Dirschauer Brücke arbeiten mußte. Für die Vorhalle der Berliner Börse schuf er die sitzende Figur König Wilhelms I. 1877 vollendete er das Standbild Friedrichs des Großen in Marienburg, dessen Sockel von den Bronzefiguren der Hochmeister Hermann von Salza, Siegfried von Feuchtwangen, Winrich von Kniprode und Albrecht von Brandenburg geschmückt ist. Am 10. November 1883 wurde das von ihm geschaffene Lutherdenkmal in Eisleben enthüllt. 1875 bis 1888 entstand das großartige Siegesdenkmal in Leipzig. Siemering ist ferner der Schöpfer des Bronzestandbildes Wilhelms I., das sich im Berliner Zeughause befindet, und des Reiterdenkmals desselben Herrschers in Magdeburg. Natürlich ist damit die Zahl seiner Werke noch lange nicht

erschöpft. Seiner Vaterstadt hat er eine kleine Sammlung von plastischen Werken seiner Hand — meist Abgüssen — geschenkt, die später in dem geplanten Museumsbau der Stadt Königsberg Aufstellung finden werden. Das Modell des im Berliner Zeughause befindlichen Kaiser Wilhelm-Denkmals schenkte der Künstler der Oberrealschule in Graudenz. Es bildet den schönsten Schmuck ihrer Aula. Siemering starb am 23. Januar 1905. Einer der bedeutendsten Schüler Siemerings ist der Bildhauer Emil Hundrieser. Er ist ebenfalls Königsberger von Geburt. Von ihm stammen die Berolina auf dem Alexanderplatz in Berlin, das Lutherdenkmal in Magdeburg, das Kaiser Wilhelm-Denkmal auf dem Kyffhäuser. Auch hat er eine Marmorskulptur der Königin Luise geschaffen. Hundrieser starb Anfang des Jahres 1911 im 65. Lebensjahre.

10. Eduard Simson. Unter den Männern, deren Namen mit der Neugründung des Deutschen Reiches eng verknüpft sind, hat Eduard von Simson eine hervorragende, wenn auch nicht eigentlich schöpferische Rolle gespielt. Am 10. November 1810 wurde er in Königsberg (im Hause Brotbänkenstraße Nr. 25) als der Sohn eines israelitischen Kaufmannes geboren.

Nachdem er sich auf den Wunsch seiner Eltern, die übrigens später selbst zum evangelischen Bekenntnis übertraten, hatte taufen lassen, bestand er schon im März 1826, wenig über fünfzehn Jahre alt, die Abiturientenprüfung. Zunächst studierte er ein Semester in Berlin und bezog dann die Universität Bonn, wo er seine juristischen, geschichtlichen und philosophischen Studien fortsetzte.

Im Jahre 1831 begann Eduard Simson an der Universität seiner Vaterstadt als Dozent des römischen Rechtes sein akademisches Berufsleben, in dem er es schon im Jahre 1833 zum außerordentlichen und im Jahre 1836, also im Alter von sechsundzwanzig Jahren, zum ordentlichen Professor brachte. Dazu gesellte sich ungefähr zu derselben Zeit die Würde eines Rats am damaligen Tribunal für die Provinz Preußen (Ost- und Westpreußen). Erst als Dr. Simson im Jahre 1848 seinen Weg in die Paulskirche zu Frankfurt a. M. fand, öffnete sich ihm das Feld, für das seine Natur wie geschaffen war. Am 31. Mai 1848 wurde er zum Schriftführer der Versammlung gewählt, im Oktober zum Vizepräsidenten, am 18. Dezember zum Präsidenten.

Im April 1849 erschien er an der Spitze der Deputation, die König Friedrich Wilhelm IV. zur Annahme der auf ihn gefallenen Wahl zum „Kaiser der Deutschen" auffordern sollte, in Berlin. Als am 20. März 1850 in Erfurt das Volkshaus mit der Aufgabe zusammentrat, die geplante deutsche Union zustande zu bringen, wurde Simson zum Präsidenten erwählt. Vor und nach Erfurt war Simson auch Mitglied der damaligen „Zweiten Kammer" in Berlin, von 1860 bis 1861 Präsident des Hauses und nahm als solcher an der Krönung in Königsberg teil.

Am 18. Dezember 1870 hielt Simson als Führer der Deputation des Reichstages, die dem siegreichen königlichen Feldherrn die Kaiserkrone anbieten sollte, in Gegenwart vieler deutscher Fürsten, Prinzen und Generale in dem glänzendsten Saale des französischen Königsschlosses zu Versailles eine Anrede, über die der Kronprinz in seinem Tagebuche vermerkte: „Simsons Meisterrede entlockte mir helle Tränen, es ist eigentlich kein Auge dabei trocken geblieben." Von 1871 bis 1874 präsidierte er dem Deutschen Reichstag. Am 18. März 1888 verlieh Kaiser Friedrich ihm den mit dem erblichen Adel verbundenen Schwarzen Adlerorden, „in aufrichtiger Anerkennung der wahrhaft patriotischen Gesinnungen", wie es in dem Geleittelegramm hieß.

Im Herbst 1879 war Simson auf Bismarcks Vorschlag zum obersten Präsidenten des neugeschaffenen Reichsgerichts in Leipzig ernannt worden und verwaltete das Amt, bis fortdauernde Kränklichkeit ihn Anfang 1891 zwang, um seinen Abschied einzukommen. Es siedelte dann nach Berlin über, wo er am 2. Mai 1899, am Tage nach der Feier seines siebzigjährigen Doktorjubiläums, im Alter von 88 Jahren seine Augen für immer schloß.

Mit ihm ging ein Mann dahin, der zu den Besten einer großen Zeit gehörte.

11. Als Dramatiker von Ruf, und zwar als Begründer der sogenannten Schicksalstragödien, ist Friedrich Ludwig Zacharias Werner zu nennen. Er wurde am 18. November 1768 zu Königsberg geboren. Vielleicht mit Recht wird er nach Schiller und Kleist als der bedeutendste Dramatiker unserer klassisch-romantischen Epoche angesehen. Sein erstes und bestes Werk Die Söhne des Tals überragt die Erzeugnisse seiner Zeitgenossen und späterer Dichter, wie Raupach, Müllner und Immermann, bei weitem. Ein weiteres Drama von ihm ist Martin Luther oder die Weihe der Kraft. Auf seiner Reise nach Italien trat er 1811 zur katholischen Kirche über, studierte darauf in Rom Theologie, erhielt die Priesterweihe und lebte seit 1814 hauptsächlich in Wien. Als Katholik schrieb er Weihe der Unkraft, worin er sein erstgenanntes Drama als eine Verirrung bezeichnete. Werner starb am 17. Januar 1823 in Wien.

Kirche in Juditten.

10. Der Landkreis Königsberg.

Westlich von Königsberg liegt das Kirchdorf Juditten. Die dortige Kirche gehört zu den ältesten Gotteshäusern des Samlandes. Sie ist Ende des 13. Jahrhunderts erbaut worden. Ihre starken Grundmauern lassen darauf schließen, daß sie auch als Festung dienen sollte. Der Turm stand anfangs mit der Kirche nicht in Verbindung. Erst in späterer Zeit wurde er mit ihr durch einen Zwischenbau vereinigt. Im Innern der Kirche sind alte Wandgemälde bloßgelegt und wiederhergestellt worden. Die Königin Luise hat während ihres Königsberger Aufenthaltes diese Kirche zu wiederholten Malen besucht. Daran erinnert ein Bild der hohen Frau, das der Königsberger Maler Professor Knorr gemalt und 1883 der Kirche geschenkt hat. Eine Schenkung Kaiser Wilhelms I. ist das Bild des auferstandenen Christus von demselben Maler. Zu beiden Seiten des Altars hängen die auf Bleiplatten von dem Königsberger Künstler

A. E. Knopke gemalten Porträts des Feldmarschalls von Röder und des Feldmarschalls von Lehwaldt. Diese Bilder sind Widmungen der Frau Sophie Agnes von Buddenbrock, die mit diesen Generalen nacheinander vermählt war. Die Gebeine Lehwaldts, der 1757 bei Gr. Jägersdorf von den Russen geschlagen wurde, ruhen in der Gruft der Juditter Kirche. Vor der Reformationszeit war Juditten ein berühmter Wallfahrtsort. Noch heute steht rechts vom Altar ein überlebensgroßes Marienbild. Die Mutter Maria hält ein nacktes Knäblein im Arme. Sie tritt auf einen dichtverhüllten Kopf, der in einer Mondsichel ruht. Die Figur ist mit einem Wehrgehenk versehen. Namentlich stand Juditten als Wallfahrtsort unter dem Hochmeister Konrad von Jungingen in hohem Ansehen. Noch im 18. Jahrhunderte fanden sich Wallfahrer in Juditten ein. Gegen Ende des 17. Jahrhunderts trieb dortselbst der Theosoph Schönherr sein Wesen. In heidnischer Zeit hat in Juditten eine befestigte Anlage bestanden.

Am 2. Februar 1700 wurde zu Juditten der Literaturreformator Johann Christoph Gottsched geboren. Dieser Ostpreuße war es, der die arg in Verwilderung geratene Schriftsprache Luthers für die Literatur neu eroberte. Er hat die moderne Bühne gegründet, die schrecklichen „Haupt- und Staatsaktionen" und den vielleicht noch schlimmeren Hanswurst mit der alten Stegreifschauspielerei zu beseitigen gesucht und sich bestrebt, das Publikum mit einem anständigen Drama bekannt zu machen. Letzteres konnte, den damaligen Zeitverhältnissen entsprechend, nur im Anschluß an das französische Drama geschehen. Mit allem Eifer eines Patrioten wies Gottsched auf das alte deutsche Singspiel hin und zog es der italienischen Oper mit ihren unsinnigen Texten vor. Nicht zu vergessen ist der Umstand, daß Gottsched auch auf die Tüchtigkeit der deutschen Schauspieler hinwies, und das in einer Zeit, wo in ganz Deutschland die ausländischen Bühnenkünstler noch ihren Platz behaupteten. Selten ist ein Dichter mehr angegriffen worden als Gottsched. Schuld daran war sein zu selbstbewußtes Auftreten. Er verfocht seine Ansichten bis zum Eigensinn. Doch war damals diese diktatorische Gewalt nötig, und nur durch seine unbeugsame Festigkeit konnte er der große literarische Zuchtmeister seiner Nation werden. Am meisten schlug Lessing Gottscheds Autorität in Stücke, nämlich als dieser Klopstock verhöhnt und Schönaich in den Himmel gehoben hatte. Erst neuerdings hat man die Bedeutung des arg verkannten Mannes richtig erfaßt, auch diejenige seiner Gattin und Gehilfin Adelgunde, geb. Kulmus, gewürdigt.

Gottsched, der ein Hüne von Körpergestalt und Geist war, hatte Theologie studiert. Aus Königsberg war er vor den Werbern des Soldatenkönigs Friedrich Wilhelm I. geflüchtet. Er begab sich nach Leipzig. Dort wurde er Senior der „Deutschen Gesellschaft", Professor und fünfmal Rector magnificus. Er starb am 12. Dezember 1766 zu Leipzig.

Im Kirchspiele Juditten liegt hart auf dem rechten Pregelufer das von Kurfürst Friedrich III. 1697 erbaute Jagdschloß Friedrichshof. Es sollte gelegentlich der Elchjagden in der Kaporner Heide Verwendung finden. König Friedrich Wilhelm I. schenkte es 1719 einem Verwandten, dem Herzoge Friedrich Wilhelm von Holstein. Dieser ließ es in Form eines H ausbauen und gab ihm den Namen Schloß Holstein. Heute befindet es sich in Privatbesitz und dient als Gutshaus. (Siehe Seite 133!)

In einer Entfernung von 4 km nördlich von Königsberg finden wir am Südfuße eines 54 m hohen Sandhügels das Kirchdorf Quednau. Es erinnert uns an den Heldenmut, mit dem einstmals die Samen, besonders der edle Preuße Sklodo und seine Söhne, dem Orden Widerstand leisteten, aber auch an die Treue, mit der sie ihm nach ihrer Unterwerfung ergeben waren. Einstmals trug der erwähnte Hügel eine Kirche, die dem Apostel Jakobus dem Ältern, dem Schutzpatron der Schiffer und Fischer, geweiht war. Kurz vor der Reformation wurde sie abgebrochen und in das Dorf an ihren jetzigen Platz versetzt. Ein furchtbarer Sturm hat sie 1687 umgeworfen, so daß sie vollständig neu erbaut werden mußte. Diese Kirche ist in gotischem Stil errichtet und besitzt ein schönes Sterngewölbe. Im Unglücklichen Kriege wurde sie von den Franzosen als Pferdestall benutzt. Auf dem Hügel erhebt sich jetzt ein starkes Fort.

Gehen wir die Chaussee von Quednau nordwärts, so gelangen wir nach dem Dorfe Trutenau. Hier befand sich vor hundert Jahren eine berühmte Papier- und Preßspanfabrik[1]). Diese Fabrik hatte der 1787 verstorbene Königsberger Buchhändler Kanter 1775 an Stelle einer kleinen Papiermühle erbauen lassen. Sie zählte zu den größten deutschen Papierfabriken ihrer Zeit. Das Gebäude, in dem sie untergebracht war, ist noch heute vorhanden.

In nordöstlicher Richtung von Königsberg, etwa 11 km von dieser Stadt entfernt, finden wir das Kirchdorf Neuhausen mit altertümlichem Schloß und schönem Parke. Das Schloß wurde 1292 von dem samländischen Domkapitel, dessen Sitz Königsberg war, angelegt, um den Domherren als Sommeraufenthalt zu dienen. Nach der Säkularisation 1525 kam es in den Besitz des Herzogs Albrecht, der das Schloß vollständig umbaute und es zu seiner Sommerresidenz erwählte. Hier wurde 1553 der nachmalige Herzog Albrecht Friedrich geboren, der später nach Ausbruch seiner Geisteskrankheit an der Stätte seiner Geburt abgeschlossen von der Welt lebte. 1566 entfloh von Neuhausen der berüchtigte Alchimist Paul Skalich. Am 20. März 1568 starb hier die zweite Gemahlin des Herzogs, Anna Maria. Genau an demselben Tage verstarb auch der Herzog auf Schloß Tapiau. Der Kurfürst Georg Wilhelm erwählte Neuhausen zu seinem Lieblingssitz. Oft war der ganze Hof dort. In dem benachbarten Tiergarten fanden dann große Jagden statt, an die sich fröhliche Gelage anschlossen. Die dabei benutzten Trinkgefäße werden noch heute im Hohenzollern-Museum in Berlin aufbewahrt. Im Jahre 1814 erhielt Bülow von Dennewitz Neuhausen von seinem Könige zum Geschenke für seine dem Vaterland im Befreiungskriege treu geleisteten Dienste. 1842 verkauften die Nachkommen des Grafen Bülow das Schloß Neuhausen an einen Grafen Luckner. Seitdem ist es in verschiedenem Besitze gewesen. Der Südflügel des Schlosses ist am besten erhalten. Der Nordflügel dient Wirtschaftszwecken, zeigt aber noch teilweise die alte Bauart. West- und Ostflügel sind teils zerstört, teils überbaut worden.

Von Neuhausen führt die von Königsberg kommende Chaussee nordwärts nach Schaaken. Das Haus Schaaken wurde 1270 erbaut und war der Wohnsitz eines Pflegers. Nach Auflösung des Ordens wurde es Sitz des Herzoglichen Kammeramtes. 1525 geriet es auf kurze Zeit in die Hände der aufständischen samländischen Bauern. Im Jahre 1606 wurde es durch eine Feuersbrunst im Innern vollständig zerstört. Obgleich es wieder ausgebaut wurde, so sieht es heute doch sehr verunstaltet aus. Gegenwärtig bildet es die Wohnung des Domänenpächters. Am Haff liegt Schaaksvitte, ein Fischerdorf. Im ersten Drittel des vorigen Jahrhunderts fand zwischen Schaaksvitte und Memel ein regelmäßiger Verkehr über das Haff mittels der sogenannten Schaakener Böte statt. Auf Frachtwagen gingen dann die Waren von Schaaksvitte nach Königsberg (Siehe Seite 94). Ungefähr 7 km westlich von Schaaken befindet sich das Kirchdorf Powunden. Früher stand hier eine bischöfliche Burg. Sie war von 1265 bis 1270 angelegt worden. Heute ist sie bis auf einen kreisrunden breiten Graben und bis auf Spuren der innerhalb gelegenen Feldsteinmauer verschwunden. Die Mauerüberreste wurden zum Bau der Cranzer Chaussee verkauft. Ein Versuch, die 1847 noch ziemlich bedeutende Ruine zu erhalten, scheiterte am Geldpunkte, da der Kreis sich weigerte, die dazu erforderlichen Kosten zu tragen. Etwa 10 km stromaufwärts von Königsberg erhebt sich auf dem hochgelegenen nördlichen Pregelufer das Kirchdorf Arnau. Auf einem durch Parkanlagen geschmückten Hügel lag eine alte Ordensburg, ihre Stelle ist heute nur noch durch einen Graben kenntlich. Die Kirche war der heiligen

[1]) Preßspäne sind dünne, aber sehr glatte und feste Papptafeln, zwischen denen Tuch gepreßt wurde, damit es einen schönen Glanz erhielt.

Katharina geweiht und zur Ordenszeit Wallfahrtskirche. Sie besitzt ein schönes gotisches Sterngewölbe und trägt Wandmalereien, die aber von der Tünche verdeckt sind. Der schön gelegene Friedhof, von dem man eine weite Aussicht auf das Pregeltal genießt, birgt unter einem Granitblocke die Gebeine des Staatsministers Theodor von Schön. Neben ihm ruhen Gattin und Tochter. Unmittelbar an Arnau grenzt ostwärts das Dorf Jungferndorf, das vom Hochmeister Dusemer von Arfberg 1349 dem zu begründenden Jungfrauenkloster im Löbenicht verschrieben wurde und davon seinen Namen hat. Östlich von Arnau, und zwar in einer Entfernung von 6 km, liegt Waldau. Schon zu altpreußischer Zeit war hier eine Ansiedelung. Das äußerlich teilweise noch wohlerhaltene Schloß ist 1264 von Johann Brulant und Konrad Dyabel erbaut worden. Es lag ursprünglich in einem kleinen See, der jetzt trockengelegt ist. Als die Hochmeister ihren Sitz in Königsberg hatten, ist es zeitweise ihre Sommerresidenz

Schloß Waldau.

gewesen. Heute sind von der ehemaligen Schloßanlage nur das Haupthaus und ein Seitenflügel, das sogenannte Brauhaus, übriggeblieben. Im Innern sind natürlich bedeutende Umänderungen getroffen worden. Fast unverändert sind die Kellerräume erhalten. Nach 1525 wurde Waldau Vorwerk von Neuhausen, 1720 königliche Domäne. Das Schloß selbst verblieb jedoch in staatlicher Verwaltung. Am 9. Oktober 1858 wurde in ihm eine landwirtschaftliche Akademie durch den Landesökonomierat Settegast eröffnet. Die Anstalt bot nach Boden, Einrichtung und Lehrkräften reiche Mittel der Belehrung. Die ganze Bewirtschaftung der Domäne sowie der Unterrichtsbetrieb wurde auf die Eigenart der preußischen Verhältnisse zugeschnitten. Neben der Landwirtschaft wurde eine Baumschule, ein botanischer Garten, ein Versuchsfeld und eine Ziegelei errichtet. Jedoch erfüllten sich die gehegten Erwartungen nicht. Die Besuchsziffer wurde immer geringer, und bereits am 1. April 1867 wurde die Domäne ihrer früheren Bestimmung zurückgegeben. (Siehe Seite 249!) In das Schloß zog aber 1870 das Volksschullehrerseminar, das bis dahin mit dem Königsberger Waisenhause verbunden war, hinein. In südlicher Richtung von Waldau finden wir das Gut Fuchshöfen, das diesen Namen von seinem einstmaligen Besitzer, dem brandenburgischen Minister Paul von Fuchs (1640 bis 1704), erhalten hat. Im östlichsten Zipfel des Kreises liegt das Kirchdorf Heiligenwalde, das auf einer flachen Sandscholle erbaut ist, die sich kaum 2 m über die ringsherum befindlichen Wiesen erhebt. Das südliche Ufer des Pregels trägt im Landkreise Königsberg nicht unbedeutende Waldungen. Diese gehören größtenteils zu den Begüterungen des Grafen Dönhoff, dessen Wohnsitz das Schloß Friedrichstein ist. Es wurde in den Jahren 1709 bis 1714 erbaut und birgt heute sehenswerte Kunstschätze.

Schloß Friedrichstein.

11. Der Kreis Fischhausen.

a) Die Städte.

1. **Fischhausen.** Anfangs hieß der Ort Schonewik = schöne Bucht, später Bischoweshusen, darauf Bischhusen, Vischhusen und endlich Fischhausen. Der erste Bischof von Samland, Heinrich von Strittberg mit Namen, erhielt Fischhausen zum Wohnsitz und erbaute sich hier von 1264 bis 1268 ein Schloß, von dem heute nur noch dürftige Überreste auf dem Wirtschaftshofe der Königlichen Domäne zu finden sind. Zur Zeit Friedrichs I. wurde es zum größten Teil abgebrochen. Die Ziegel fanden beim Bau der Festung Pillau Verwendung. 1305 erhielt Fischhausen die Stadtgerechtigkeit. Im sogenannten Dreizehnjährigen Kriege des Ordens gegen die Polen (1454 bis 1466) hatte Fischhausen viel zu leiden. Von hier aus wurden in demselben Kriege die Angriffe des Ordens gegen die aufständische Stadt Königsberg unternommen. Die Stadt blieb Sitz des samländischen Bischofes bis zur Reformation. Der letzte Bischof, Georg von Polenz, trat sein Gebiet und seine Residenz an den Herzog Albrecht ab und siedelte nach Königsberg, später nach Balga über. 1618 starb in dem Bischofsschlosse der unglückliche geisteskranke Herzog Albrecht Friedrich. Die etwa 1315 erbaute und von 1852 bis 1856 gründlich ausgebesserte Pfarrkirche hat an ihrem Haupteingang einen schönen, beachtenswerten Schmuck. Die Pforte ist nämlich zu beiden Seiten von zwei mächtigen, in Nischen befindlichen Statuen flankiert. Sie waren ursprünglich aus Terrakotta hergestellt und stammen aus der Meisterhand

Siemerings. Friedrich Wilhelm IV. hat sie der Kirche zum Geschenk gemacht. Zur Aufstellung gelangten sie jedoch erst im Jahre 1864. Sie stellen dar den Bischof Georg von Polenz und den ersten Apostel der Preußen, Adalbert von Prag. Der erstere trägt in der Linken das Evangelium, die Rechte ist wie zum Lehren erhoben. Adalbert ist eine hoheitsvolle männliche Erscheinung mit langwallendem Bart und im Gewande des Bischofs. In der Rechten hält er den Krummstab, die Linke wird mit beredter Geste hochgehalten. Da die Figuren unter dem Einflusse der Witterung schon stark gelitten hatten, so wurden sie durch bronzene ersetzt, zu denen sie das Modell lieferten. Über der Tür befindet sich eine Christusstatue, ebenfalls von Siemering. Ein schöner Weg führt von Fischhausen nach dem reizend gelegenen Rosental. Es ist der besuchteste Wintersportplatz in der Nähe der Stadt Königsberg.

Kirchenportal in Fischhausen.

2. **Pillau.** Diese Stadt gehört zu den jüngsten Siedelungen unserer Provinz. In der herzoglichen Zeit befand sich dort nur ein einfaches Bretterhaus, in dem die in Alt Pillau wohnenden Lotsen ihre Seegatts-Merkzeichen (Tonnen) verwahrten. 1626 eroberte Gustav Adolf in seinem Kriege mit den Polen das Gelände, auf dem jetzt Pillau liegt. Auf dem Platze der heutigen Festung legte er eine kleine Befestigung an und besetzte sie mit eisernen Kanonen. In der Nähe ließen sich Fischer nieder und schufen dadurch den Anfang der Stadt. Von Pillau aus führte Gustav Adolf seine Kriege gegen die Polen weiter. Die Schweden blieben auch nach seinem Tode (1632) im Besitze des Ortes. Sie räumten ihn erst 1636, und zwar infolge des im Jahre 1635 geschlossenen Stuhmsdorfer Vertrages. Die Umgegend von Pillau war in jener Zeit bis Fischhausen hin dicht bewaldet. Als 1657 die Schweden Pillau von der Landseite angreifen wollten, ließ der damalige Kommandant dieser Festung, Pierre de la Cave, die Wälder abholzen. Die Folge davon war eine starke Versandung der ganzen Gegend um Pillau. Sogar der Hafen

war gefährdet. 1793 wurde der nördlich von Pillau gelegene Landstrich wieder aufgeforstet. Dadurch wurde der Grund zu der heutigen Plantage gelegt. Jetzt sind die Dünen bis Neuhäuser bewaldet und damit festgelegt. Der Kurfürst Georg Wilhelm baute die kleine Befestigungsanlage weiter aus. Mehr jedoch sorgten für den Ausbau der Große Kurfürst und Friedrich I. Der erstgenannte Herrscher gab ihr im großen und ganzen ihre gegenwärtige Gestaltung. Zur Befestigung der Wälle wurden Quadern vom alten Ordensschlosse Balga herbeigeschafft. Im Jahre 1680 machte er Pillau auf Anraten des holländischen Kaufmannes Raule zum Ausgangspunkte für seine überseeischen Unternehmungen in Guinea. Drei Fregatten, jede mit 20 Kanonen ausgerüstet, kamen hier zusammen, um die in Guinea mit großen Kosten erworbenen Besitzungen Preußens zu schützen. Die Siedelung neben der Festung blieb indessen noch immer recht unbedeutend. 1701 erhielt sie jedoch Marktgerechtigkeit und 1725 wurde sie zur Stadt erhoben. Im Jahre 1784 hatte die Stadt Pillau 1300, 1802 bereits 1900, 1835 aber schon 4000 Einwohner. Friedrich II. wollte die Festung eingehen lassen. Da seit 1770 für ihre Erhaltung nichts geschah, geriet sie bald in große Verwahrlosung. Friedrich Wilhelm II. ließ sie jedoch seit 1790 wiederherstellen. Der gesamte Ausbau wurde erst 1805 beendigt. Im Unglücklichen Kriege wurde sie von ihrem Kommandanten von Hermann rühmlichst gehalten und verteidigte sich wacker bis zum Abschlusse des Tilsiter Friedens. Im Jahre 1812 mußte sie für die Dauer des Krieges an Napoleon abgetreten werden. Sie verblieb in französischer Gewalt aber nur bis zum 8. Februar 1813. Heute ist Pillau ein Platz von großer strategischer Wichtigkeit. Zu der Festung gehören Außenforts mit weitreichenden Geschützen. Die Bedeutung der Stadt Pillau beruht vor allem auf dem Umstande, Vorhafen von Königsberg zu sein. Seit der Eröffnung des Königsberger Seekanals hat sie aber erheblich verloren. Die heutige höhere Einwohnerzahl ist auch nicht aus der inneren Gesundung der sozialen Verhältnisse hervorgegangen, sondern lediglich durch die Eingemeindung des Nachbarortes Alt Pillau bedingt worden. Immerhin ist Pillau auch jetzt noch eine wichtige Stadt. Interessant sind die dortigen Hafen- und Molenanlagen. Die Schichauwerft hat in Pillau ein Dock für Torpedoboote erbauen lassen, die von hier aus oft ihre Probefahrten in Haff und See antreten.

Die Hafenanlagen lassen sich deutlich von der Galerie des Leuchtturmes übersehen. Hinsichtlich ihrer Entstehung sei folgendes bemerkt: Als das jetzige Tief bei Pillau sich immer mehr ausbildete, da entstand 1683 der erste künstliche Liegehafen, der sogenannte Graben, der den auf der Durchreise befindlichen Schiffen entweder während der Zollabfertigung oder auch zum Zweck einer Überwinterung Schutz gegen den Wellenschlag bot. Dieser Schutz wurde vermehrt durch die Herstellung eines 340 m langen Dammes, den die Russen während des Siebenjährigen Krieges zur Sicherung ihrer Flotte vor dem Graben aufführten. Aus diesem Damm entstand durch allmähliche Verlängerung nach dem Festlande hin (bei Wogram) und durch weitere Anschüttungen eine Insel, die auch heute noch Russischer Damm genannt wird und mehrere staatliche Hafengebäude trägt. Zwischen dem Russischen Damm und der Stadt bildete sich so der Alte Hafen, der durch

Der Pillauer Hafen.

einen an den Russischen Damm sich anschließenden Flügeldamm gegen die vom Haff oder von der See kommenden Wellen und Eisschollen geschützt wurde. Zur Sicherung des Ufers auf der Stadtseite wurden ebenfalls Befestigungen hergestellt, indem man das Hohe Bollwerk aufführte. Als die Ostpreußische Südbahn gebaut wurde, hat man auch den Pillauer Bahnhof an den Hafen angeschlossen, ferner wurde ein Bollwerk von 1460 m Länge und neben ihm durch Baggerung der 7 m tiefe Neue Hafen hergestellt. In dessen Fortsetzung befindet sich der Hinterhafen. Dieser hat nur eine bescheidene Tiefe und dient kleineren Fahrzeugen in den Wintermonaten als Liegeplatz. Da ein Lagern von Petroleumfässern in festen Schuppen seitens der Fortifikation verboten ist, so wurde zur Verhütung eines größeren Hafenbrandes an den Vorhafen ein eigener, möglichst abgeschlossener Petroleumhafen von 4 ha Fläche angegliedert, jedoch von diesem durch eine 20 m breite, mittels eines feuersicheren eisernen Pontons verschließbare Einfahrt getrennt. Außer dieser Öffnung ist noch eine zweite, nach der Haffseite stets geöffnete Mündung angelegt. Um den Ausbau dieser Hafenanlagen hat sich besonders der Oberlandesbaudirektor Hagen verdient gemacht. Ihm zu Ehren hat die Königsberger Kaufmannschaft 1887 auf dem Russischen Damm aus Granitblöcken ein eigenartiges, aber würdiges Denkmal setzen lassen.

b) Sonstige Ortschaften.

Dicht an der Eisenbahn von Fischhausen nach Pillau liegt die Burg Lochstädt. Zuerst hieß sie Witlandsort = Spitze von Witland oder Samland. Ihren jetzigen Namen trägt sie nach einem dort ehemals ansässigen samländischen Edelmanne namens Laucstiete. Ihr Bau wurde 1270 in Angriff genommen. Anfangs wohnte auf der Burg ein Komtur, später ein Pfleger. Schon ihre ganze Anlage läßt darauf schließen, daß sie Komtursitz sein sollte. Sie besaß nämlich nicht nur eine Kapelle, sondern auch einen Remter und einen Kapitelsaal. Zur herzoglichen Zeit beherbergte sie bis 1581 ein Bernsteinamt. Während der schwedisch-polnischen Kriege hatte sie viel durch die Polen zu leiden. Man hat die Burg Lochstädt nächst der Marienburg als das bedeutendste erhaltene Bauwerk aus der Ordenszeit bezeichnet. Heute haben wir aber nur schwache Überreste ihrer früheren Herrlichkeit. Von dem ursprünglichen Vierecke sind allein zwei Flügel übriggeblieben. Bei der Belagerung durch die Schweden 1626 mußte die Burg schwer leiden. In den Jahren 1701 und 1702 wurden Nord- und Ostflügel abgebrochen und die Ziegel zum Bau der Festung Pillau verwendet. Während des Siebenjährigen Krieges wurde sie von den Russen besetzt. Der russische Generalleutnant von Korff ließ 1760 die Kapelle herstellen und ausbauen. 1805 kam Lochstädt für kurze Zeit in Privatbesitz und wurde dann, nachdem die Franzosen 1807 dort arg gehaust

Burg Lochstädt.

hatten, staatliches Besitztum. Die ehemalige Burgkapelle, die sich im Südflügel befindet, wurde 1869 nach ihrer Wiederherstellung für den Gottesdienst neu geweiht. Der frühere Konventsremter ist seit 1891 zur Schule eingerichtet worden. In der ehemaligen Wohnung des Befehlshabers der Burg, die sich im Westflügel befand, wohnt jetzt ein königlicher Förster. Auf der Burg Lochstädt hatte von 1422 bis 1429 der frühere Hochmeister Heinrich von Plauen, der Retter der Marienburg nach der Schlacht bei Tannenberg, seinen Wohnsitz. Kurz vor seinem Tode bekleidete er das Pflegeramt dieser Burg. Seine Gebeine wurden in der Marienburg in der dortigen Hochmeistergruft beigesetzt. Sehenswert sind in der Burg Lochstädt die schönen Kreuzgewölbe und die Buchstabenfriese über den Portalen und Fensterbogen. In letzteren haben sich arabische Kunsteinflüsse geltend gemacht. Beim Reinigen der Wände in der ehemaligen Komturwohnung, vor allem im Komturremter, wurden

St. Adalbertskreuz.

1885 in Tempera gefertigte Wandmalereien aufgefunden, deren Ursprung auf die erste Hälfte des 14. Jahrhunderts gelegt worden ist. Sie stellen Ereignisse aus der biblischen Geschichte dar.

In kurzer Entfernung nördlich von Lochstädt liegt das Dorf Tenkitten. Unweit dieses Dorfes erhebt sich seit 1831 auf einem Dünenhügel dicht am Strande das St. Adalbertskreuz. Es ist aus Eisen gefertigt und hat eine Höhe von 8,87 m. Gestiftet wurde es von der polnischen Gräfin Wiepolska, die im Jahre 1830 durch die Revolution nach Fischhausen verschlagen worden war. Das Kreuz steht auf einem vierstufigen granitenen Unterbau und trägt an seinem Fuße die Inschrift: „Bischof St. Adalbert starb hier den Märtyrertod 997 für das Licht des Christentums, Wiepolska 1831.“ Zum 23. April 1897 wurde das Kreuz erneuert. Auf der Rückseite steht darum: „Erneuert am 23. April 1897 durch die evangelische Pfarrkirche Ostpreußens“, und darunter der Spruch Ev. Joh. 15, 13. Das Denkmal wird von einem würdigen gußeisernen Gitter und im weiteren Umkreise von einer geschmackvollen Anlage umgeben. Früher stand auf dem Dünenhügel die St. Adalbertskapelle, die 1424 von dem Ordensmarschall Friedrich von Lansa erbaut worden war. Sie besaß als Wallfahrtskapelle ein großes Ansehen. 1669 wurde sie durch einen Sturm umgeworfen und nicht wieder aufgebaut. Der allmählich versandete Platz der Kapelle ist seit 1822 durch ein hölzernes Kreuz bezeichnet worden, bis 1831 das obenerwähnte eiserne errichtet wurde. Daß Bischof Adalbert gerade bei Tenkitten erschlagen sei, ist allerdings keine einwandfrei bewiesene Tatsache. Auf der Fahrt von Fischhausen nach Palmnicken gelangt man nach dem in der Nähe des Großen Hausen gelegenen Kirchdorfe G e r m a u. Hier erlitt das unter dem Christburger Komtur Heinrich Stange in Samland eingefallene Ordensheer 1253 eine Niederlage. Bald nach 1270 erbaute der Orden in Germau eine Burg, die 1581 dem Bernsteinmeister als Wohnsitz überwiesen wurde. Auch beherbergte sie kurze Zeit nach 1644 das Bernsteingericht. Bernsteinamt und Bernsteingericht wurden dann nach Palmnicken verlegt. Ende des 16. Jahrhunderts war die Burg fast gänzlich verfallen. Die heutige Kirche ist auf den Mauerresten des südlichen Flügels der Burg erbaut worden. Etwa 8 km südlich von dem Badeorte Neukuhren liegt das Kirchdorf P o b e t h e n, das nach Pillau und Fischhausen der bedeutendste Ort des Samlandes ist. Friedrich Wilhelm IV. und Wilhelm I. haben hier als Prinzen kurze Zeit besuchsweise geweilt und sich an der schönen Lage des Ortes erfreut. Noch heute erinnert der sogenannte „Fürstensitz“ an jenen Besuch. Die Kirche von Pobethen ist ein Feldsteinbau aus dem 14. Jahrhundert. Im Innern zeigt sie alte Wandmalereien, die aber leider übertüncht worden sind. An ihr hat in der Mitte des 16. Jahrhunderts Pfarrer A b e l W i l l gewirkt, dem wir die Übertragung des Lutherschen Katechismus ins Altpreußische verdanken. (Siehe Seite 209!) In der Nähe der Kirche befinden sich verschiedene Mauerüberreste, die dem ehemaligen „Haus Pobethen“ entstammen. Diese Ordensburg war im 13. Jahrhundert erbaut worden, 1525 wurde sie von den aufständischen samländischen Bauern zerstört. Gehen wir die von Pobethen nach Osten führende Chaussee etwa 5 km weit, so gelangen wir nach dem Gute G r ü n h o f f. Schon zur Ordenszeit befand sich hier eine Ansiedelung. Sie war wegen ihrer Pferdezucht berühmt. Das jetzige Schloß wurde im 17. Jahrhundert erbaut. Im Jahre 1814 fiel Grünhoff zusammen mit Neuhausen durch Geschenk an den G r a f e n B ü l o w v o n D e n n e w i tz. In dem schönen Mausoleum zu Grünhoff hat der große Feldherr, der 1816 in Königsberg starb, seine letzte Ruhestätte gefunden. Verfolgen wir die Chaussee weiter ostwärts, so kommen wir nach L a p t a u. Hier hat einst eine Burg gestanden, die den Bischöfen von Samland gehörte. Sie soll 1351 erbaut worden sein. Ihre Ruinen standen bis 1851. Dann wurden sie abgerissen und die Steine zum Bau der Cranzer Chaussee verwendet. In südlicher Richtung von Laptau liegt R u d a u, ebenso wie Laptau ein Kirchdorf. Die alten Preußen hatten hier eine Burg, die vom Ritterorden erobert und ausgebaut wurde. Nahebei liegt das Schlachtfeld, auf dem am Sonnabende vor Fastnacht des Jahres 1370 der Ritterorden gegen die heidnischen Litauer kämpfte. Zwischen den Dörfern Transsau und Mülsen erhebt sich eine Denksäule zum Andenken an den in dieser Schlacht gefallenen Ordensmarschall Henning Schindekopf. Sie wurde vom Hochmeister Winrich von Kniprode gestiftet und ist mehrfach — zuletzt 1870 — erneuert worden. Ihr Unterbau ist aus Granitsteinen zusammengefügt, die eigentliche Säule aber aus Sandstein gefer igt. Letztere ist achteckig. Oben trägt sie ein ebenfalls aus Sandstein geformtes Kreuz, in dessen Mitte ein Adler eingemeißelt ist. An die Schlacht bei Rudau knüpft sich die Sage vom Schustergesellen Hans von Sagan und vom Schmeckbier.

In der Mitte zwischen Königsberg und dem Galtgarben finden wir das Kirchdorf W a r g e n, das mit seinem „Kirchenteich“ zu den lieblichsten Punkten des Samlandes zählt. Auf einer Landzunge am Westufer des Teiches erhebt sich die Kirche. Sie wurde hier im 14. Jahrhundert auf den Trümmern einer Ordensburg erbaut. In der Nähe der Kirche steht das 1894 erbaute Schloß des 1905 verstorbenen Grafen Lehndorff. Es paßt sich schön dem ganzen Landschaftsbild an. Südlich davon bei Preil befindet sich seit 1880 ein Denkstein mit folgender Inschrift auf einer eingelassenen gußeisernen Tafel: „S. M. der Deutsche Kaiser Wilhelm mit seinem Sohne, dem Kronprinzen K. und K. H., und seinem Enkel, dem Prinzen Wilhelm K. H., stiegen hier zu Pferde und geruhten einen Steigbügeltrunk anzunehmen von Graf Heinrich Lehndorff, General à la suite Sr. Maj. des Kaisers und Königs, den 8. September 1879.“ An dem Ostufer des Wargener Kirchenteiches, und zwar auf der südlichen Hälfte, von dem Dorfe durch einen Zipfel getrennt, erhebt sich der mit Buchen, Eichen und Fichten bewachsene sogenannte Schloßberg. Er fällt mit seiner Westseite steil in den tiefen Teich ab und ist ein ringförmig von drei Parallelgräben und Wällen umzogener Burgberg. Zu erwähnen ist noch der Wargener Narrenmarkt, der in der ersten Hälfte des vorigen Jahrhunderts alljährlich im September stattfand. Königsberger zogen zu diesem Markt in Scharen hinaus, kauften sich dort Masken, Lärminstrumente aller Art und kehrten dann spät abends unter manchmal recht lauten Scherzen zur Stadt zurück. Zum Gute Warglitten gehört ein eigenartiges Denkmal, das 1824 der Graf Heinrich von Lehndorff hat errichten lassen. Es besteht aus einem Sockel, der eine Urne trägt. An diese sind Schwert und Keule angelehnt. Eine lodernde Fackel liegt neben der Urne. Die Urne trägt die Inschrift: Requiescant in pace. Auf den vier Seiten des Sockels liest man folgende Worte: „Den Urbewohnern dieses Hains in tiefster Ehrfurcht einer ihrer Enkel 1824 L.

Wackre Samen, edle Ritter,
Gleiche Achtung wird euch heut; —
Gewiß, auch ihr bereuet bitter
Nunmehr den Haß, der euch entzweit. —
Und Herz an Herz im bessern Lande
Umschlingen euch des Vaters Bande. —“

Das Denkmal steht inmitten eines eingefriedigten, mit Buschwerk bedeckten Platzes. Bei Wiekau liegen die großartigen Stauanlagen, die zur Speisung der Königsberger Wasserwerke dienen. Südlich vom Galtgarben ist das Kirchdorf Medenau zu erwähnen, das schon als altpreußische Ansiedelung bestanden hat. In der Nähe besiegte 1255 König Ottokar von Böhmen die Samländer. Von der später erbauten Burg sind nur ganz bescheidene Wallreste übriggeblieben. Die aus dem Anfange des 14. Jahrhunderts stammende Kirche ist ein Feldsteinbau mit Ziegelecken. Auf dem Pfarrlande von Medenau erhebt sich seit 1881 ein Kaiser Wilhelm-Denkmal. Kaiser Wilhelm I. hielt hier 1879 gelegentlich des Kaisermanövers die Heerschau ab. Das Denkmal ist ein Granitobelisk, auf dem ein Adler sitzt. Auf der Vorderseite des Obelisken steht die Inschrift: „Mit Gott für König und Vaterland.“ Und auf der Vorderseite des Sockels liest man die Worte: „Seine Majestät der Kaiser und König Wilhelm I. beobachtete von dieser Feldmark das Manöver des ersten Armeekorps am 9. September 1879. Heil dem Heldengreise.“ Auf der Rückseite des Sockels steht: „Zur Erinnerung gewidmet von G. W. Loewner. Adl. Medenau, den 9. September 1881.“ Etwa 15 km nördlich von Königsberg und ungefähr 1 km von der Eisenbahnstation Gr. Raum entfernt liegt mitten im Walde die Erdbebenstation der Universität Königsberg. Sie ist mit einem Wichertschen astatischen Pendel-Seismometer ausgerüstet, bietet aber noch Platz für weitere Apparate. Im Januar 1912 hat sie ihre Tätigkeit aufgenommen.

IV. Das Gebiet zwischen den Pregelkreisen und dem Ermland.

(Es umfaßt etwa das alte Natangen und Barten.)

Dazu gehören folgende Kreise: Heiligenbeil (907,61 qkm), Pr. Eylau (1231,44 qkm), Friedland (881,17 qkm), Gerdauen (845,92 qkm), Rastenburg (874,72 qkm).

1. Der Kreis Heiligenbeil.

1. **Heiligenbeil** liegt etwa 1 km oberhalb der Mündung der Jarft in die Bahnau, und zwar an einer flachen Krümmung dieses Flüßchens. Man hat die Stadt nicht an der Mündungsstelle angelegt, weil man hier jedenfalls Überschwemmungsgefahr gefürchtet hat. Ihre Gerechtsame erhielt die Stadt im Jahre 1301 durch den Orden. Der Name Heiligenbeil hat mit „Beil" nichts zu tun. Er ist entstanden aus swentopil = heiliger Berg. Im Wappen der Stadt befinden sich allerdings zwei übereinander gekreuzte Beile. In Heiligenbeil war ehemals ein Augustinerkloster. Sein Gründungsjahr ist 1372. Das Klostergebäude wurde am 8. Mai 1520 von den Polen vollständig niedergebrannt. Aus Mangel an Geldmitteln konnte es nicht wieder aufgebaut werden. Es war das mit ein Grund, weshalb einige Jahre später die Mönche aus Heiligenbeil verschwanden. Über den verlassenen Grundbesitz führte der in Balga residierende Bischof von Polenz die Aufsicht, bis ihn Herzog Albrecht 1563 dem in Heiligenbeil neugegründeten St. Georgs-Hospital zuwies. Die Kirche ist eine der ältesten im ehemaligen Balgaer Amtsgebiete. Sie soll bereits 1349 bestanden haben. Durch Feuersbrunst ist sie im Laufe der Jahrhunderte sehr schwer beschädigt worden. Sie ist mehrere Male bis auf die nackten Mauern heruntergebrannt. In ihrer jetzigen Gestalt ist sie in den Jahren 1788 bis 1794 aufgebaut worden. Vor dem St. Georgs-Hospital liegt der Feyerabendplatz mit einer gotischen gußeisernen Denksäule. Beides erinnert an einen verdienten Bürgermeister der Stadt. Die Denksäule wurde 1882 errichtet. Noch um die Mitte des vorigen Jahrhunderts war Heiligenbeil der feinen Drechslerarbeiten wegen, die hier aus Wacholderholz hergestellt wurden, weit über die Grenzen Ostpreußens hinaus bekannt. Heute ist auch in Heiligenbeil das Drechslergewerbe nur von ganz untergeordneter Bedeutung.

An der Mündung des Frisching liegt der Marktflecken Brandenburg. Hier stand ehemals ein festes Schloß, das ein wichtiges Zwischenglied zwischen Königsberg und Balga war. Es wurde 1266 vom Markgrafen Otto von Brandenburg, der mit einer Kreuzfahrerschar nach Preußen gekommen war, angelegt. Im Jahre 1520 wurde es in den Kämpfen des letzten Hochmeisters mit den Polen zum großen Teil eingeäschert. Trotzdem war es auch damals noch eine der schönsten Ordensbauten. Selbst 1751 befand es sich in solchem Zustande, daß man es zur Unterkunft eines Justizkollegs verwenden wollte. Seit 1762 ging es jedoch seinem vollständigen Verfall entgegen. Um die Burg lagerte sich bald ein Flecken, meistens aus Kruggrundstücken bestehend, in denen schon die nach Preußen kommenden Kreuzfahrer ihre Bedürfnisse zu bestreiten pflegten. In alten Geographiebüchern ist Brandenburg als große Handelsstadt aufgeführt, ja sogar mit einem Hafen voller Schiffe in Kupfer gestochen, so in Merians Topographia Electoratus Brandenburgici etc. von 1652. Merian schreibt über Brandenburg: „Im Jahre 1265 gieng im heiligen Reich eine betrübte Zeitung/daß die vngläubigen Heyden in Preussen/dem Teutschen Orden zu mächtig würden/und eine Victori/nach der andern erhielten. Derwegen machten sich auff/Marggraff Otto zu Brandenburg/Hertzog Albrecht zu Braunschweig/und Landgraff Albrecht zu Düringen/ die brachten dem Orden neue Hülff zu. Doch vermochte man wegen widrigen Wetters vnmüglich dem Feinde Abbruch zu thun. Derwegen zogen die Fürsten vngeschafter Sachen zu Hauss/und ließen dem Orden ihr Volck/zu Besatzung der Stätte vnd Schlösser/wider die Feinde. Der Marggraff baute damals in Preußen eine Statt/vnd nante Sie Brandenburg/zuvor hieß sie Pocarwin.“ Im vorigen Jahrhunderte sollte allerdings Brandenburg zur Stadt erhoben werden. Die Einwohnerschaft lehnte aber die Stadtwürde ab. Die Kirche ist im gotischen Stil aus Feldsteinen und Ziegeln erbaut. 3 km südwestlich von Brandenburg, unmittelbar am Haff, liegt die Lenzenburg, offenbar eine Anlage der heidnischen Preußen. In der Nähe von Brandenburg finden wir auch Pokarben. Hier hat 1262 ein für den Orden unglückliches Gefecht stattgefunden. Die alten Preußen trugen unter Anführung des Herkus Monte den Sieg über die Ordensritter davon. Auf einer in das Frische Haff vorspringenden „Landzunge“ erhebt sich in romantischer Lage die älteste Ordens-Steinburg, die Burg Balga. Schon die alten Preußen hatten auf dieser Stelle eine Burg, über deren Namen man sich noch nicht hat einigen können. Sie fiel 1239 in die Hände des Ordens. Der Orden zerstörte sie nicht gänzlich, sondern baute sie weiter aus und befestigte sie. In den Jahren 1240 bis 1250 wurde so ein Burgenbau im unregelmäßigen Sechseck aufgeführt, der heute selbst in seinen Trümmern gewaltig erscheint. Jetzt stehen noch der Speicher mit Gebietigerwohnung und ein viereckiger Turm der Vorburg, der den Haffschiffern als Merkzeichen dient. Die Burg Balga war Sitz eines Komturs und eines bedeutenden Ritterkonvents. Als im Jahre 1525 der samländische Bischof Georg von Polenz alle seine Hoheitsrechte an den Herzog Albrecht abgetreten hatte, erhielt er, wie schon früher bemerkt worden ist, diese Burg mit den dazugehörigen Gütern zur Wohnung und Nutznießung. 1526 zog er nach Balga und wohnte auch hier bis zu seinem Tode 1550. Gustav Adolf benutzte im ersten Schwedenkriege die Burg Balga als Kriegsmagazin. Nicht nur der Zahn der Zeit hat an der Vernichtung der mächtigen Burg gearbeitet, sondern man hat sogar absichtlich ihre Zerstörung herbeigeführt. Gebäude und Mauern wurden zum großen Teil abgebrochen, um Baumaterial für die Festung Pillau zu gewinnen. Mächtige Trümmer sind auch in das Haff hinabgestürzt. Bei der Burg liegt der gleichnamige Marktflecken. Die Kirche dortselbst konnte am 23. Oktober 1839 das

Ruine der Burg Balga (Vorburg).

Fest ihres 600jährigen Bestehens feiern. Im Stadtverordnetensitzungssaale des Memeler Rathauses hängt ein schönes Ölgemälde von dem Königsberger Professor Heydeck, das die Burg Balga in künstlerischer Weise zur Darstellung bringt. Die äußerste Spitze der Balgaer Landzunge nimmt das Fischerdorf Kahlholz ein, man nennt sie deshalb auch Kahlholzer Haken.

2. Im westlichen Teile des Kreises finden wir die Stadt **Zinten**, am Stradick gelegen. Als Gründungsjahr wird das Jahr 1313 bezeichnet. Die erneuerte Handfeste stammt aus dem Jahre 1352. 1414 wurde Zinten von den Polen verbrannt. In dem Kriege des letzten Hochmeisters gegen seinen Lehnsherrn äscherten die Heilsberger, die auf seiten der Polen standen, die Stadt vollständig ein. Nach einer Bestimmung des ermländischen Bischofs M. Ferber von 1526 durften Nichtkatholiken im Ermland nur vorübergehend wohnen. Die Braunsberger Protestanten reisten nun, um diese Vorschrift zu umgehen, alle Jahre um Neujahr herum nach Zinten und kehrten dann nach einigen Tagen nach Braunsberg zurück. Sie nannten Zinten deshalb das Ausland. Diese Bezeichnung wird heute noch im scherzhaften Sinne gebraucht.

2. Der Kreis Pr. Eylau.

1. **Pr. Eylau** am Pasmar wurde 1336 zur Stadt erhoben. Die in der Nähe befindliche Burg Ilaw, jetzt Henriettenhof, entstand von 1325 bis 1330. Burg und Amt Ilaw wurden 1492 vom Hochmeister dem Ordensbruder Heinrich Reuß von Plauen auf Lebenszeit überlassen. Im Jahre 1520, gelegentlich des Krieges zwischen dem letzten Hochmeister und den Polen, wurde die Stadt vollständig verwüstet. Nachdem am 3. Februar 1807 ein Gefecht bei Bergfriede stattgefunden hatte, war am 7. und 8. Februar desselben Jahres die große Schlacht bei Pr. Eylau. Das französische Heer wurde durch diese Schlacht zum Rückzuge hinter die Passarge gezwungen. Die Kirche in Pr. Eylau zeigt noch heute im Giebel der Sakristei Kugeln, die aus dem blutigen Kampfe stammen. Außerdem hat damals die nördliche Langseite der Kirche erheblich gelitten. Im Innern wurde von den Franzosen alles Holzwerk bis auf Altar und Kanzel zerstört und das Gotteshaus zu einem Magazin und Lazarett eingerichtet. Napoleon wohnte damals in dem Hause der Landsberger Straße Nr. 172/173. Ein Bild im Louvre in Paris, gemalt von Jean Antoine Gros, zeigt Napoleon auf dem Schlachtfelde von Pr. Eylau auf einem Schimmel reitend und die Schlacht lenkend. Über die Pr. Eylauer Bürger, die auf Knien liegend um Erbarmung flehen, sieht er hartherzig hinweg. In der Nähe der Stadt, und zwar an der nach Bartenstein führenden Chaussee, wurde am 12. September 1850 in Gegenwart des Königs Friedrich Wilhelm IV. der Grundstein zu einem Denkmale gelegt, das die Nachwelt an diese Schlacht dauernd erinnern soll. Es ist nach Angaben des Königs von Stüler entworfen, hat

eine Höhe von 10,60 m und ist ein kunstvoll gegliederter gotischer Turmbau aus Sandstein. Die auf ihm befindliche Inschrift lautet: „Dem glorreichen Andenken L'Estocqs, Dierekes und ihrer Waffengefährten." Auf seinen Seitenfeldern trägt es die Bildnisse der genannten Generale und Bennigsens und in zierlichen Blenden vier Einzelfiguren mit schützenden Schwertern. Seit 1835 besteht in Pr. Eylau ein evangelisches Lehrerseminar, das aus der Vereinigung der Seminare zu Kl. Dexen und Mühlhausen hervorgegangen ist.

Denkmal zur Erinnerung an die Schlacht bei Pr. Eylau.

Wenige Kilometer westlich von Pr. Eylau liegt das Kirchdorf Kl. Dexen, das schon 1335 erwähnt wird. Hier stiftete im Jahre 1767 der Kriegsrat Genge ein evangelisches Lehrerseminar und bestimmte die Einkünfte des Gutes Lölken zu dessen Unterhaltung. 1818 wurde die Anstalt mit staatlicher Unterstützung erweitert und auf 30 Zöglinge gebracht.

11 km nördlich von Pr. Eylau finden wir an der Beisleide das Kirchdorf Mühlhausen. Die Kirche ist ein Denkmal aus der Ordenszeit. Im Jahre 1454 erhielt der aus Lothringen stammende Ritter Daniel von Kunheim für seine dem Orden im Dreizehnjährigen Städtekriege treu geleisteten Dienste Dorf und Kirche Mühlhausen vom Hochmeister zum Geschenke. Daniel von Kunheim fand aber die Kirche in keinem guten Zustande. Bei einer persönlichen Anwesenheit in Rom 1492 erwirkte er einen Ablaßbrief für sie, und mit Hilfe der Ablaßgelder konnte sie neu ausgebaut werden. Bis zur Reformation war sie Wallfahrtskirche und der heiligen Anna geweiht. Ein eisernes Kreuz in der Mauernische der Turmseite bezeichnet noch heute die Stätte, wo ihr Bild gestanden hat. Die Familie von Kunheim blieb bis zum zweiten Viertel des 17. Jahrhunderts im Besitze Mühlhausens. Dann ging es an das Adelsgeschlecht von Kalkstein über. Daniel von Kunheim starb 1507. Sein Enkelsohn Georg Wilhelm von Kunheim hatte während seiner Studienzeit in Wittenberg D. Martin Luthers jüngste Tochter

Margarete kennen gelernt und sich mit ihr im Jahre 1555 vermählt. Margarete folgte ihrem Gatten auf seine ostpreußischen Besitzungen. Aus der Ehe gingen vier Söhne und fünf Töchter hervor. Sechs von diesen Kindern starben in der Jugend und wurden in der Mühlhausener Kirche begraben. 1570 starb Margarete im 36. Lebensjahr und fand ebenfalls ihre letzte Ruhestätte in dieser Kirche. Sie ruht hier in einem Gewölbe vor dem Altar gemeinsam mit ihren Kindern, ihrem Gatten, dessen zweiter Frau Dorothea, geb. von Oelsnitz, und den sonstigen von Kunheimschen Familienmitgliedern. Als 1830 die Gruft geöffnet wurde, fand man vor, daß während des Unglücklichen Krieges, als die Bewohner Mühlhausens dort Zuflucht gesucht, Särge und Gebeine durcheinandergeworfen waren. Welche Gebeine der Tochter des großen Reformators angehören, war deshalb schwer zu entscheiden. Aber das steht unumstößlich fest, daß ihr Staub noch heute in der genannten Gruft geborgen wird. Die Gruft wurde wiederhergestellt, mit den alten Leichensteinen zugedeckt und fest vermauert. Als Andenken an Margarete Luther besitzt die Kirche ihr Bildnis von Lucas Cranach dem Jüngeren, ferner ein Gemälde, das ihren Vater darstellt, angeblich von demselben Maler. Beide Bilder sind von Erhard von Kunheim, einem Sohne ihres Gatten aus dessen zweiter Ehe, gestiftet worden. Am Anfange des vorigen Jahrhunderts hatte Mühlhausen ein kleines Lehrerseminar, das gemeinsam mit dem Kl. Dexener Seminar nach Pr. Eylau verlegt wurde.

Inneres der Kirche in Mühlhausen.

2. Am Zusammenflusse von Pasmar und Kaister liegt das Städtchen **Kreuzburg.** Von dem ehemaligen Ordenshause daselbst, das 1253 angelegt wurde, ist nur noch ein dürftiger Mauerüberrest vorhanden. Die Stadt wurde 1315 gegründet. Ihre Handfeste erhielt sie von dem Komtur Heinrich von Plotzk. Viel hat sie 1807 von den Franzosen zu leiden gehabt. 1818 brannte sie fast ganz nieder. Von ihren ehemaligen Befestigungsanlagen ist nur noch der breite und tiefe Graben erhalten. 1646 wurde hier der Kirchenliederdichter Michael Kongehl geboren. Von ihm stammt das Lied

Nur frisch hinein. Er war später Bürgermeister vom Kneiphof. Kreuzburg ist ferner der Geburtsort des Dialektdichters **Wilhelm Reichermann** (geb. am 26. Februar 1845). Seine Dichtungen sind betitelt: Ut Notoange, Plattdütsche Spoaßkes. Herzog Albrecht schenkte dem aus Agram in Kroatien stammenden Abenteurer **Paul Skalich** als Zeichen seiner besonderen Zuneigung nicht nur den Skalicher Hof in Königsberg und den Skalischer Forst, sondern auch die Stadt Kreuzburg. Paul Skalich konnte sich jedoch dieses Besitzes nicht lange erfreuen. Als 1566 drei seiner Anhänger auf Veranlassung polnischer Kommissare hingerichtet wurden, mußte er fliehen, führte dann ein unstetes Leben und starb 1574 in Danzig.

Kirche und Pfarrhaus in Tharau.

An der Chaussee, die von Kreuzburg nach Bahnhof Tharau führt, befindet sich das Kirchdorf **Tharau**. Hier wirkte der Pfarrer **Andreas Neander**, der Vater der „Anke von Tharow“. Ännchen von Tharau vermählte sich mit dem Pfarrer Joh. Portatius in Trempen. Zu ihrer Hochzeit dichtete Simon Dach 1633 das in ganz Deutschland bekannt gewordene Lied Anke von Tharow öß, de my gefòllt. Von 1790 bis 1797 war **Johann Gottlieb Weiß** Pfarrer der Tharauer Kirche. Er wurde dann Superintendent der Altstadt Königsberg. Von ihm stammt das in Ostpreußen viel beim Konfirmandenunterricht und auch in der Schule gebrauchte „Religionsbüchlein“, das sich, allerdings unter manchen Umarbeitungen, bis auf den heutigen Tag erhalten hat.

3. In südwestlicher Richtung gelangt man von Pr. Eylau nach dem Städtchen **Landsberg**. Es führte ursprünglich den Namen Landstraß und erhielt 1335 das Stadtrecht. 1414 wurde die Stadt von den Polen in

Asche gelegt. 1655 brannte sie abermals fast ganz ab. 1807 wurde sie von den Russen und Franzosen geplündert. An einem Strebepfeiler der Kirche befindet sich ein Denkstein für einen gewissen Andreas Tolksdorf. Er war einer von den wenigen, die 1710 in Landsberg die Pest überlebten.

In der Nähe von Landsberg liegt der Kirchort Canditten. Im Pfarrgarten dortselbst befindet sich ein einfacher Granitstein, der der Sage nach die Grabstätte des Sudauerhäuptlings Skomand bezeichnen soll. Nach seiner Taufe lebte nämlich Skomand mit seinen drei Söhnen friedlich auf seiner Besitzung Steyno — jetzt Gr. Steegen bei Landsberg —, dem Landbau ergeben. Diese Besitzung hatte er 1285 von dem Landmeister Konrad von Tierberg erhalten.

Laubenhaus in Friedland.

3. Der Kreis Friedland.

a) Die Städte.

1. **Friedland,** an der Alle gelegen, wurde 1312 vom Hochmeister Karl Beffart von Trier begründet. Hier wurde am 14. Juni 1807 eine der schicksalsschwersten Schlachten der Weltgeschichte ausgefochten. Dem russischen Feldherrn Bennigsen fehlte die schnelle Entschlossenheit des großen Korsen, sonst wäre es ihm gelungen, die nacheinander aufmarschierenden Truppenteile der Franzosen einzeln zu vernichten. Die Schlacht führte den Frieden von Tilsit herbei. Nach der Schlacht ließ Napoleon die Stadt plündern. In Friedland befindet sich eine der größten und schönsten Kirchen der Provinz. Altar und Kanzel weisen reiches Schnitzwerk auf. Auf dem St. Lorenzkirchhof

steht eine über 3 m hohe Pyramide aus Sandstein. Sie erinnert an den am 14. Juni 1807 gefallenen russischen Generalmajor von Makowsky. 1746 wurde der durch die Übersetzung des Vergilschen Gedichtes Georgica, das vom Landbau handelt, bekannt gewordene Karl Gottlieb Bock in Friedland geboren. Er wurde Kammersekretär zu Marienwerder und später Kommerzien- und Admiralitätsrat in Königsberg.

2. Westlich von Friedland liegt das Städtchen **Domnau.** In der Nähe befindet sich das Hügelland der Damerau. Domnau ist 1400 Stadt geworden. Die ehemalige Ordensburg ist bis auf wenige Feldsteinreste verschwunden. Der bewaldete Schloßberg bildet einen schönen Schmuck der Stadt. In Domnau erblickte 1590 der Kirchenliederdichter Georg Weißel das Licht der Welt. Er wurde Pfarrer an der Altroßgärter Kirche zu Königsberg. Von ihm haben wir die bekannten Lieder: Macht hoch die Tür, Such, wer da will, ein ander Ziel und Kurz ist die Zeit, kurz sind die Jahr.

3. Südlich von Friedland, da wo die Guber in die Alle mündet, finden wir die Stadt **Schippenbeil.** Die Alle umschließt sie von drei Seiten und treibt bedeutende Mühlenwerke. Die Stadt Schippenbeil gehört zu den Städten des Halbinseltyps. Sie konnte auf der langen, schmalen und scharf herausgearbeiteten Halbinsel nur beschränkten Platz finden. Darum liegt auf der gegenüberliegenden Seite eine ähnliche Siedelung, der Ort Langendorf. Schippenbeil ist wahrscheinlich 1299 gegründet worden. Eine Burg hat dort niemals bestanden. Die benachbarte Leunenburg war die Schutz- und Trutzfeste für Schippenbeil. In der Umgegend befinden sich starke Befestigungsanlagen, Wallburgen, aus altpreußischer Zeit. In dem Eroberungszuge des Ritterordens ist hier besonders schwer gekämpft worden. Vielleicht haben die alten Preußen ein Heiligtum verteidigt. Die stattliche Kirche ist ein gotischer Basiliken-Ziegelrohbau. Anfangs war sie eine Kloster- und Wallfahrtskirche. Der erste evangelische Gottesdienst wurde in Schippenbeil bereits 1523 gehalten. 1758 mußten die Schippenbeiler den Russen huldigen. Im Unglücklichen Kriege hatte die Stadt schwer zu leiden.

4. Oberhalb Schippenbeils finden wir in schöner Gegend an der Alle die Kreisstadt und bedeutendste Stadt des Kreises Friedland, **Bartenstein.** Sie ist die ehemalige Hauptstadt des Bartenlandes und unter dem Schutze der schon in Natangen befindlichen, auf dem Schloßberg angelegten Burg entstanden, die eine sehr geschützte Lage hatte. Diese Burg wurde um 1240 angelegt, 1249 wird sie bereits erwähnt. Jetzt sind von ihr nur noch einige bescheidene Mauerüberreste sichtbar. Die Stadt erhielt ihre Handfeste 1332, und zwar von dem Hochmeister Luther von Braunschweig. Ursprünglich soll sie den Namen Rosental geführt haben. 1390/91 wohnte der Litauer Fürst Witold mit seiner Familie in Bartenstein. Der Hochmeister Ulrich von Jungingen hatte nach seiner Wahl 1407 längere Zeit in Bartenstein seine Residenz. Die früher dem heiligen Johannes gewidmete Stadtkirche ist höchstwahrscheinlich

in der Zeit erbaut worden, als die Stadt begründet wurde. Sie ist ebenso wie die Schippenbeiler Kirche ein Basiliken-Ziegelrohbau. Außer dieser Kirche besitzt Bartenstein noch einen Hospitalbetsaal und die Johanniskirche. Alle dienen dem evangelischen Kult. Neuerdings ist dort auch eine katholische Kirche erbaut worden, die schöne Schnitzarbeiten aufweisen kann. Georg von Polenz suchte in Bartenstein die Reformation möglichst frühe einzuführen. Sein eifrigster Widersacher war jedoch der dortige Komtur. Er verweigerte dem vom Bischof hierher gesandten evangelischen Prediger den Eintritt in die Stadt, vereinigte sich sogar mit dem ermländischen Bischof Mauritius, um mit ihm gemeinsam die Reformation in Preußen auszurotten. Allein alle seine Anstrengungen waren vergeblich. Am 30. Juni 1525 hielt die Reformation auch in Bartenstein ihren Einzug. Am 26. April 1807 wurde hier ein Vertrag zwischen Preußen und Rußland, die sogenannte IV. Koalition, abgeschlossen. Friedrich Wilhelm III. und Kaiser Alexander wohnten damals 13 Wochen in Bartenstein. Beachtenswert ist das Heilsberger Tor. Es ist ein Überbleibsel der mittelalterlichen Befestigungsanlage, die die Stadt 1411 nach der Schlacht bei Tannenberg erhielt. Die Stadt beherbergt zwei altertümliche Steinfiguren, Bartel und Gustebalde genannt, die höchstwahrscheinlich der heidnischen Zeit entstammen. Der Bartel stellt eine menschliche Figur mit spitzer Kopfbedeckung dar, die in der Rechten ein Trinkhorn, in der Linken ein Schwert hält. (Siehe Seite 16!) Auch der zweite Stein kennzeichnet eine menschliche Figur. Allerdings sind ihre Formen viel weniger bestimmt.

Das Heilsberger Tor in Bartenstein.

b) Sonstige Ortschaften.

Etwa 2 km stromaufwärts von Allenburg liegt Auglitten. Die Kirche daselbst hat eine hohe Lage und ist wahrscheinlich an Stelle einer alten Preußenburg erbaut worden. In der ersten Zeit ihres Bestehens hat sie zweifellos auch als Fliehburg gedient. In der Nähe von Auglitten finden wir Wohnsdorf. Von der dortigen Burg sind jetzt nur noch wenige Überreste vorhanden. Sie befinden sich in dem Park und bestehen aus einem Stücke Mauerwerk und einem wiederhergestellten freistehenden Torturm. In südöstlicher Richtung von Friedland liegen die Dörfer Allenau und Böttchersdorf mit alten Kirchen. Verfolgen wir die von Schippenbeil nach

Bischofsstein führende Chaussee, so kommen wir nach dem Kirchdorfe Falkenau mit einer sehr schönen Ordenskirche. Ihr Inneres ist in spätgotischer Zeit durchweg mit Temperafarben ausgemalt gewesen. Gehen wir von Falkenau weiter südwärts, so gelangen wir nach Gr. Schwansfeld mit einer eigenartigen Kirche. Der Turm ist nämlich bis zu seiner halben Höhe in das Langhaus eingebaut. Ein beachtenswertes Kunstwerk ist die schmiedeeiserne Tür, die zu der v. d. Groebenschen Grabkapelle führt. An der Kanzel befindet sich eine Nische mit der Statue eines Ritters, den ersten dortigen Majoratsherrn von Schwansfeld darstellend. Im südlichsten Zipfel des Kreises, und zwar an der von Bartenstein nach Bischofsstein führenden Kunststraße, liegt Gallingen. Der Orden schenkte das Gut Gallingen 1468 einem Herrn Wendt zu Eulenburg. Seine Nachkommen besitzen es noch jetzt. 1728 stiftete der Freiherr Gottfried Heinrich zu Eulenburg die Gallinger Kirchenbibliothek, die noch heute beachtenswert ist. Sie soll eine der ältesten Ausgaben des Sachsenspiegels enthalten. Die Kirche ist von einer mit Schießscharten versehenen Mauer umgeben. Alte Ordenskirchen befinden sich ferner in Schönbruch, Stockheim, Dt. Wilten und Georgenau. Die letzterwähnte war in katholischer Zeit eine vielbesuchte Wallfahrtskirche. Nach der Schlacht bei Friedland mußte sie als Lazarett dienen. Um die Mitte des vorigen Jahrhunderts wurde sie neu ausgebaut.

4. Der Kreis Gerdauen.

1. Die Kreisstadt **Gerdauen** liegt auf einer Halbinsel, die sich in den kleinen Banctinsee hineinschiebt. Die nach Norden offene Landseite wurde durch eine Burg geschützt. An dieser Stelle tritt die Omet, ein Nebenfluß der Alle, aus dem See heraus. Die Burg soll 1325 an Stelle einer Preußenburg erbaut worden sein. Ihr Name stammt der Sage nach von dem tapferen altpreußischen Edeln Gerdawe. Die in der Nähe der Burg entstandene Siedelung erhielt ihr Stadtprivileg am 21. September 1398 durch den Hochmeister Konrad von Jungingen. Im Jahre 1469 bekam der Ritter Georg von Schlieben für sich und seine Nachkommen wegen der dem Orden im Kampfe gegen die Polen 1454 treu geleisteten Dienste die Burg und das Erbhauptamt Gerdauen, wozu auch die Stadt Nordenburg gehörte. Das Schliebensche Geschlecht blieb im Besitze der geschenkten Begüterungen bis 1831. In diesem Jahre ging Gerdauen an einen Freiherrn von Romberg über. Die Burg Gerdauen muß ein festes Bauwerk gewesen sein. 1347 hielt sie einer schweren Belagerung durch die Litauer stand. Allerdings trug dazu auch viel ihre geschützte Lage bei. Noch heute bildet das Schloß mit seinen altehrwürdigen Bauten eine Zierde der Stadt Gerdauen. Gegen Ende des vorigen Jahrhunderts ist der Banctinsee zum größten Teil abgelassen worden. Er gewährt jetzt nur noch den Anblick eines erweiterten Flußbettes. Die Stadt Gerdauen hat dadurch das Gepräge einer Halbinselstadt verloren. Leider hat auch ihre Umgebung an Reiz viel einbüßen müssen. Auf dem Banctinsee befand sich noch im 18. Jahrhundert eine schwimmende Insel. Von ihr erzählt Lucanus, daß sie aus einem großen Stücke „grasigten Landes" bestanden habe, das auf dem See durch den Wind von einem Ufer zum anderen hin und her getrieben wurde. Die Dicke des

Erdreiches rechnete man auf etwa $1\frac{1}{2}$ m. Da zuweilen Stücke durch den Sturm und Frost abgerissen wurden, so wurde die Insel immer kleiner. Schließlich wurde sie an das Land getrieben und dort festgemacht. Anfangs war sie mit Bäumen bestanden. Die Gerdauer Kirche ist ein stattlicher Ziegelrohbau im gotischen Stil. Auf dem Markt erhebt sich ein Kriegerdenkmal. In der Nähe der Stadt liegt die große Brauerei Kinderhof-Gerdauen.

In Gerdauen erblickte am 31. Januar 1741 der humoristische Schriftsteller Theodor Gottlieb Hippel das Licht der Welt. Wenn auch nicht von so weittragender Bedeutung für die deutsche Literatur wie Gottsched, so ist er doch immerhin ein Mann von großem literarischen Rufe gewesen. In seinen Büchern Über die Ehe (1774), Über die bürgerliche Verbesserung der Weiber (1792) und Nachlaß über weibliche Bildung (1801) tritt er mit großem Eifer als erster in Deutschland für die Gleichstellung der Frau ein. Seine Schrift über Gesetzgebung und Staatenwohl, gewissermaßen sein politisches Glaubensbekenntnis, enthält Grundsätze, die nicht lange darauf durch die französische Revolution vielfach zur Tatsache gemacht wurden. Hippel ist der Begründer der deutschen Humoristik, der geistige Vorgänger Jean Pauls. Die Lebensläufe nach aufsteigender Linie nebst Beilagen A. B. C. sind der erste deutsche humoristische Roman, der sich außerdem durch landschaftliche und gesellschaftliche Schilderungen auszeichnet. Auch als Dramatiker hat sich Hippel mit einigem Geschicke versucht. Sein einaktiges Lustspiel Der Mann nach der Uhr hat seinerzeit vielen Beifall gefunden, selbst bei Lessing. Er starb 1796 als Geheimer Kriegsrat und Stadtpräsident von Königsberg.

2. **Nordenburg** liegt an der Swine, etwa $2\frac{1}{2}$ km von dem gleichnamigen See entfernt. Daß früher dieser See bis an die Stadt herangereicht hat, darauf läßt der Umstand schließen, daß sich jetzt zwischen Stadt und See ein sumpfiges Gelände hinzieht, das von der Swine durchflossen wird. Das Schloß Nordenburg, an das heute der nördlich von der Stadt gelegene Schloßberg erinnert, soll 1305 erbaut worden sein. Zuerst wird es 1366 erwähnt, und zwar als „Wildhaus“. Überreste sind davon nicht mehr vorhanden. Die Stadt erhielt 1404 ihre Handfeste durch den Hochmeister Konrad von Jungingen. Der Platz vor der etwa zweihundert Jahre alten, aber vor einigen Jahrzehnten umgebauten Kirche ist mit prächtigen Bäumen bestanden. Der Markt hat nur einen bescheidenen Umfang. Unter der großen Pest 1709 bis 1711 hat Nordenburg sehr schwer leiden müssen. 1523 und 1564 haben Feuersbrünste die Stadt in Schutt und Asche gelegt. Im Jahre 1898 erhielt die bis dahin ganz vom Weltverkehr abgelegene Ackerstadt Anschluß an das Bahnnetz. Das von der Bahn durchschnittene Gelände ist recht hügelig und gewährt stellenweise schöne Fernblicke. Auf dem nördlich von der Stadt gelegenen Hexenberg soll eine heidnische Burg gestanden haben.

In der Nähe von Nordenburg liegen große Güter: Truntlack, Birkenfeld, Gr. Sobrost. Fährt man die Chaussee von Nordenburg nach Wehlau, so gelangt man nach dem Marktflecken Muldszen, dessen stattliche Kirche schon von weitem sichtbar ist. Assaunen an der Omet hat eine alte Ordenskirche. Vor der Vorhalle befinden sich noch zwei Weihwassersteine. In der Wand ist ein eingemauertes Halseisen. Die

Kirche in Laggarben, südwestlich von Gerdauen, war früher eine der hl. Anna geweihte Wallfahrtskirche. Verfolgen wir die von hier nach Schippenbeil führende Chaussee, so kommen wir nach Löwenstein mit einer der besterhaltenen Kirchen Natangens.

5. Der Kreis Rastenburg.

1. Die Stadt **Rastenburg** liegt auf einer Anhöhe zwischen der Guber und dem Oberteich. Diese Anhöhe fällt zur Guber steil ab. Das Ordenshaus daselbst wurde 1329 angelegt. Bereits 1344 wurde es samt der unter seinem Schutze stehenden Siedelung von den Litauern zerstört. Nachdem beide 1354 wieder aufgebaut worden waren, erhielt der Ort 1357 durch Henning von Schindekopf seine Handfeste. Die mehrfach umgebaute Burg hatte drei Flügel. Sie ist noch in einzelnen Teilen erhalten. Besonders Erwähnung verdient das hübsche Torhaus. Jetzt dient der Nordflügel der Burg dem Kommandeur der 3. Infanterie-Brigade als Wohnung. Bei den Umbauarbeiten sind manche Spuren aufgedeckt, die auf das frühere Aussehen des Schlosses bestimmte Schlüsse ziehen lassen. So wurden nach der Hofseite Spitzbogen und Rundbogen ehemaliger Fenster freigelegt. Die Wohnräume, insbesondere der Remter, sind jetzt nach Motiven der Marienburg ausgemalt. Die ehemaligen Kamine wurden wiederhergestellt, einer davon hat als Gesimsbedeckung die Kacheln des altertümlichen Ofens erhalten, der mit seinen originellen Figuren eine Sehenswürdigkeit ist. Bei den Erdarbeiten zur Kanalisation wurden vor dem Portal des Schlosses gewaltige Fundamente freigelegt, die wahrscheinlich von dem ältesten bei den Kriegswirrnissen zerstörten Schloßteile stammen. Ein Überrest der mittelalterlichen Befestigungsanlage ist der stattliche Josephiturm. Ein ansehnliches Bauwerk ist die Pfarrkirche zu St. Georgen. Sie steht teilweise auf der alten Stadtmauer und lenkt schon von weitem die Aufmerksamkeit auf sich. Das Altargemälde Christus am Kreuz stammt von dem Königsberger Professor Rosenfelder. 1625 herrschte in Rastenburg eine schreckliche Pest, der 2500 Menschen zum Opfer fielen. Die Redensart: „Er glüht wie ein Rastenburger“, soll auf die hochroten Dächer der Stadt zurückzuführen sein.

Ordensschloß Rastenburg mit Torhaus.

Am 26. April 1863 wurde in Rastenburg der Dichter Arno Holz geboren. In dem Gedichte Phantasus sagt er:

„An einem ersten blauen Frühlingstag,
in einer Königlich preußischen, priviligierten Apotheke zum schwarzen Adler
bin ich geboren.

Vom nahen Georgenturm
über den alten Markt der kleinen weltentlegenen Ordensritterstadt,
zwischen dessen buntlichem, holprigem Pflaster noch Gras wuchs,
durch die geöffneten Fenster,
läuteten die Sonntagsglocken."

Seine erste Liedersammlung trug den Titel Kling ins Herz. Mit seinem Freund Oskar Jerschke gab er die Deutschen Weisen heraus und später das Drama Traumulus. In den Modernen Dichtercharakteren zeigt er sich als einer der entschiedensten Vertreter der neuesten Literaturrichtung, des Naturalismus. Ihm zur Seite standen die Dichter Johannes Schlaf und Richard Dehmel. Mit Schlaf gemeinsam schrieb er Papa Hamlet (eine Novellensammlung) und das Drama Familie Selicke.

Etwa $3^1/_2$ km von Rastenburg liegen die im Jahre 1882 begründeten Carlshöfer Anstalten. Sie bezwecken 1. Heilung, Erziehung und Pflege Fallsüchtiger und schwachsinniger Lungenschwindsüchtiger der Provinzen Ost- und Westpreußen. (Die Aufnahme von Angehörigen anderer Provinzen und Länder ist nicht ausgeschlossen.) 2. Erziehung und Besserung von Minderjährigen (Fürsorgeerziehung). 3. Unterhaltung einer Brüderanstalt zur Heranbildung evangelischer Jünglinge für die Arbeiten der Inneren Mission in und außerhalb der Anstalt. 4. Unterhaltung einer Trinkerheilstätte für Alkoholkranke beiderlei Geschlechts. Die Leitung dieser unter Oberaufsicht des Staates stehenden Wohltätigkeitsanstalten hat ein evangelischer Geistlicher in Händen. Der Begründer der Carlshöfer Anstalten ist der Superintendent Klapp in Rastenburg. Ihm zur Seite in diesem Liebeswerke stand der Landhofmeister im Königreich Preußen, Graf zu Eulenburg-Prassen. Im Jahre 1900 erhielt Carlshof eine eigene Anstaltskirche. Für die lungenschwindsüchtigen Kranken besteht ein Kranken- und ein Isolierhaus. Am 23. Oktober 1882, dem Einweihungstage, befanden sich 31 Pfleglinge in Carlshof. Im April 1910 hatte die Anstalt 807 epileptische Pfleglinge, 73 tuberkulöse Schwachsinnige, wozu noch 7 nicht tuberkulöse Idioten kommen, ferner in der Trinkerheilstätte, die seit 1902 besteht, 26 Alkoholkranke und in der Ost- und Westpreußischen Brüderanstalt 50 Zöglinge. In diesen Anstalten hat sich christliche Liebestätigkeit ein herrliches Denkmal gesetzt.

In südwestlicher Richtung von Rastenburg finden wir das Kirchdorf Bäslack. Das Haus Bäslack, ein „Wildhaus", wird um 1402 erwähnt. Man nimmt aber an, daß es bereits dann erbaut worden sei, als die Rastenburg errichtet wurde. 1583 wurde in dem Schlosse die Kirche eingerichtet. Dadurch wurde es nicht nur vor dem Untergange bewahrt, sondern so gut erhalten, daß eine Wiederherstellung seines ehemaligen Zustandes nicht besonders schwierig wäre. Die alte Architektur ist vor allem am nördlichen Giebel erhalten. Westlich von Bäslack liegt Heiligelinde. Die Umgebung dieses Ortes ist eine überaus reizvolle. Im Jahre 1311 fielen die Litauer unter ihrem

Großfürsten Witen in die dortige Gegend ein. Sie wurden aber von dem Großkomtur Heinrich von Plotzk geschlagen. Höchstwahrscheinlich zum Andenken an diesen Sieg wurde ein Marienbild errichtet und eine Kapelle gebaut. Heiligelinde wurde bald ein berühmter Wallfahrtsort. Die 1524 zerstörte Kapelle wurde unter Bischof Simon Rudnicki wieder erbaut und 1619 eingeweiht. Die jetzige prachtvolle Wallfahrtskirche, die den Stil der Spätrenaissance aufweist, wurde von den Jesuiten in den Jahren 1687 bis 1730 aufgeführt. Sie wird von einem viereckigen Kreuzgang umgeben, an dessen Ecken sich je eine Kuppelkapelle erhebt. Die Pforte zum Kreuzgang ist durch ein kunstvolles schmiedeeisernes Gitter verschlossen, das von einem Rösseler Meister angefertigt worden ist. Die ehemals großen Jahrmärkte, die in Heiligelinde stattfanden, haben jetzt an Bedeutung sehr verloren. Doch bringen die Wallfahrer dorthin noch immer ein verhältnismäßig reges Treiben. Sie kommen bis aus Russisch-Polen. Selbst evangelische Masuren finden sich in Heiligelinde ein. Im westlichen Teile des Kreises finden wir in fruchtbarer Umgebung den wichtigen Eisenbahnknotenpunkt Korschen.

Heiligelinde.

2. Von Rastenburg führt eine Bahn nördlich nach **Barten.** Diese Stadt wird von der Liebe, einem Nebenflüßchen der Omet, durchflossen. Eine kleine Strecke südlich der Stadt erhebt sich auf einer von drei Teichen gebildeten Halbinsel die Burg Barten, die 1325 erbaut worden ist. Sie war Sitz eines Konvents und ein wichtiger Waffenplatz für das Ordensheer. Die Stadt war früher eine „Lischke", 1365 erhielt sie ihr städtisches Privileg.

Westlich von Barten liegt Dönhoffstädt mit einem schönen herrschaftlichen Schloß und einem prächtigen Parke. Die zu Dönhoffstädt gehörigen Begüterungen wurden 1720 von dem General Boguslaw Friedrich Graf von Dönhoff begründet und nach seiner Familie benannt. Die dortige Kirche besitzt einen aus karrarischem weißen Marmor in Rom gefertigten Altar. Seine Vorderseite trägt eine Darstellung der Grablegung Christi. Westlich von Dönhoffstädt, ziemlich nahe dem Friedländer Kreise, liegt das Kirchdorf Leunenburg. Es war früher eine Stadt und erinnert heute noch vielfach an seine ehemalige Bedeutung. Die Sage erzählt von sieben Kirchen, die Leunenburg ehemals gehabt haben soll. Seine Entstehung verdankt der Ort der gleichnamigen Burg, die der Komtur von Balga, Friedrich von Altenburg, 1326 am Zusammenflusse von Guber und Zaine anlegen ließ. Am Markte stehen hübsche Laubenhäuser.

3. Östlich von Barten finden wir an der Omet die Stadt **Drengfurt.** Sie wurde 1403 vom Hochmeister Konrad von Jungingen begründet. 1657 wurden Stadt und Kirche durch die Tataren verwüstet und zum Teil verbrannt. Bei der Wiederherstellung wurde die Kirche nebst Turm niedriger gemacht, als ihre ursprüngliche Höhe betrug.

Bei Fürstenau ist ein bedeutendes Gräberfeld gefunden worden. Wolfshagen hat Überreste einer Verschanzung aus der Ordenszeit. Überhaupt ist die Umgegend von Drengfurt reich an vorgeschichtlichen Altertümern. An die Kirche zu Schwarzstein knüpft sich die Sage von der Krugbesitzerin zu Eichmedien, die wegen schlechten Biereinschenkens vom Teufel in ein Pferd verwandelt worden ist. Nordwestlich von Rastenburg liegt Paaris mit einer alten Ordenskirche. Bei Lamgarben befand sich eine Fliehburg, von der noch heute einige Überreste vorhanden sind.

V. Das Ermland.

Das heutige Ermland umfaßt die Kreise Braunsberg (946,18 qkm), Heilsberg (1095,57 qkm), Rößel (852,13 qkm), Stadtkreis Allenstein (83 qkm), Landkreis Allenstein (1273,29 qkm).

1. Der Kreis Braunsberg.

1. **Braunsberg,** die ehemalige Hauptstadt des Ermlandes, liegt etwa 7 km oberhalb der Mündung der Passarge. Über die Herleitung des Namens sind die verschiedensten Ansichten laut geworden. Höchstwahrscheinlich ist er eine Umformung einer altpreußischen Bezeichnung und hat, trotzdem es vielfach angenommen worden ist, zu dem Preußenmissionar Bruno von Querfurt auch nicht die geringste Beziehung. (Siehe Seite 209!) Die Burg dortselbst ist 1240 vom Orden erbaut worden, kam aber einige Jahre später in bischöflichen Besitz. Bis 1340 war sie sogar Residenz des Bischofs. Jetzt steht an ihrer Stelle das katholische Lehrerseminar. Nur der Torturm ist noch vorhanden. Die Stadt kommt bereits 1254 vor. Ihre Handfeste erhielt sie jedoch erst 1284 von dem Bischof Heinrich I. Fleming. Sie hatte lübisches Recht. In der Ordenszeit gehörte Braunsberg zur Hansa und hatte Stapelrecht über alle ermländischen Produkte. Unter diesen waren am bedeutendsten Getreide, Flachsgarn und Leinwand. Noch heute erinnern die großen Speicher an der Ladebrücke an Braunsbergs Hansazeit. Die

mittelalterliche Befestigungsanlage ist noch zu einem guten Teil erhalten. Die jenseits der Passarge gelegene Neustadt wurde um 1340 von dem Bischof Hermann von Praga gegründet. Bis 1772 bildete sie eine besondere Stadt. Ihr Rathaus ist erst unlängst beseitigt worden. In dem ersten Schwedisch-polnischen Kriege hatte Braunsberg viel zu leiden. Gustav Adolf nahm die Stadt ein. Wertvolle Sachen, besonders kirchliche Gegenstände, wanderten nach Schweden, woselbst sie noch heute aufbewahrt werden. Auch Karl XII. eroberte sie und legte ihr fast unerschwingliche Lasten auf. Im übrigen hatte Braunsberg bis 1772 unter den ostpreußischen Städten eine besondere

Braunsberg mit Mühlen und Speichern an der Passarge.

Stellung. Ihre Rechte waren fast diejenigen einer freien Reichsstadt. Aber auch heute noch hat diese Stadt einen gewissen Ruf. In erster Reihe verdankt sie ihn dem Lyzeum Hosianum, einer Art Universität mit allerdings nur zwei Fakultäten, der theologischen und philosophischen. Es ist aus dem von dem Kardinal Hosius 1565 begründeten Jesuitenkollegium hervorgegangen. Aus dem Jesuitenkollegium entstand nämlich später ein Gymnasium und am 19. Mai 1818, wenn auch nicht unmittelbar, das Lyzeum Hosianum. Das Lyzeum besitzt reiche Sammlungen. Am bedeutendsten ist das Skulpturenkabinett. Auch ein botanischer Garten ist neuerdings angelegt worden. Auf dem Altstädtischen Markt erhebt sich das ansehnliche Rathaus. Sein Giebel trägt die Inschrift:

Haec domus odit, amat, punit, defendit, honorat
Desidiam, studium, crimina, iura, probos.

Dies Haus hasset und liebt, bestraft, verteidigt und ehret
Trägheit, Fleiß, böses Tun, Rechte und biederen Sinn.

Beachtenswert sind ferner die Figuren, die das Rathaus schmücken. Ein prächtiges Bauwerk ist die katholische Pfarrkirche. Man hat sie mit Recht dem Frauenburger Dom als ebenbürtig zur Seite gestellt. In der Nähe der Pfarrkirche befindet sich das Mutterhaus des Katharinerinnenordens. Dieser Orden ist auch über Ermland hinaus vertreten. Er findet sich sogar in England und Brasilien. An der Pfarrkirche steht das Ermländische Museum. Es ist vom Historischen Verein für Ermland angelegt worden. Dieser Verein tagt abwechselnd in Braunsberg und Frauenburg. Ihm verdankt Ermland eine Sammlung aller die Geschichte des Landes betreffenden Urkunden und zahlreiche Monographien über einzelne Abschnitte seiner Geschichte, wie sie kein anderer Teil der Provinz in annähernder Vollständigkeit genießt. Auf der Stätte des heutigen Gymnasiums erhob sich früher ein Franziskanerkloster. Die evangelische Kirche, in der Grundform der Basilika und im Rundbogenstil mit zwei Türmen nach Schinkelschen Plänen erbaut, wurde erst im Jahre 1837 eingeweiht. Früher, d. h. seit 1772, befand sich die evangelische Kirche in dem vormaligen Neustädtischen Rathaus. Eigenartig ist die außerhalb der Stadt am linken Passargeufer gelegene Kreuzkirche.

Katholische Pfarrkirche in Braunsberg.

An der Mündung der Passarge liegen auf fruchtbarem Marschboden die Fischerdörfer Alt und Neu Passarge. Hier wird ein ausgiebiger Gemüsebau betrieben. Südöstlich von Braunsberg finden wir die Dörfer Schalmey, Pettelkau, Plaßwich. Sie haben interessante und sehenswerte Kirchen. Bei Schalmey liegt Tromp, wo man eine große Menge römischer Goldmünzen gefunden hat. In Stangendorf stehen noch einige der leider immer seltener werdenden ermländischen Bauernhöfe. Die Kirche zu Plaßwich besitzt eine Monstranz, die als ein Meisterwerk der Goldschmiedekunst gilt.

2. **Frauenburg** ist eine der Siedelungen des Deutschen Ritterordens. Auf einem Dünenberge zwischen Braunsberg und Tolkemit, vielleicht an der Stelle einer alten Preußenfeste, erhob sich um 1270 eine neue Burg, die der Patronin des Ordens zu Ehren Unser Frawen Burg genannt wurde. Dieser Name ist in einer Urkunde von 1278 zuerst verbürgt worden. Am Fuße des Burgberges, zwischen Haff und Düne, ließen sich bald danach die ersten Ansiedler nieder. Niederdeutsche waren es, Sachsen und Flamländer, die ihr Wagemut an die preußische Küste gebracht hatte. Ein Lübecker, Gerhard Fleming, führte diese Schar. Von Anfang an war die Siedelung als Stadt geplant. Schon in einer Urkunde von 1287 spricht der Bischof, der ein Bruder Gerhard Flemings war, von Ratsherren und Bürgern Unser Frawen Burg. Ums Jahr 1280 wurde Frauenburg Sitz der Kathedrale und des Domkapitels. Der erste Dom war jedenfalls aus Holz erbaut. Erst im Jahre 1329 wurde der Bau des jetzigen Domes begonnen und 1388 vollendet, doch schon im Jahre 1342 konnte Bischof Hermann von Praga den Chor des Domes weihen. Am 8. Juli 1310 verlieh Bischof Eberhard von Ermland der Stadt eine Handfeste nach lübischem Rechte mit allerlei Markt- und Fischereigerechtigkeiten. Für jede Hufe Landbesitz hatte die Stadt einen kleinen Zins an den Bischof zu zahlen.

Die offene Stadt hat zu Kriegszeiten viel erdulden müssen, lockten doch droben auf dem Domberge die reichen Kirchenschätze und das Gold der Kanoniker. Nach der für den Deutschen Ritterorden unglücklichen Schlacht von Tannenberg schwärmten polnische Söldnerhaufen zum erstenmal durch das Ordensland. 1414 fielen die beutegierigen Scharen auch ins Bistum Frauenburg ein. Die Domkirche wurde von den Polen geplündert und geschändet. Vier Kurien, die Vikarienhäuser und mehrere Vorwerke wurden verbrannt. Die Stadt selbst und die Pfarrkirche gingen gleichfalls in Flammen auf. Nach dem unseligen Bürgerkriege des Preußischen Städtebundes gegen den Orden bis zum zweiten Thorner Frieden hat in Frauenburg ein böhmischer Söldnerführer gehaust. 1477 bemächtigten sich polnische Söldnerbanden der Domkirche und der Burg, verwüsteten sie und brannten die Domhöfe nieder. Ein harter Schlag traf auch die unglückliche Stadt bei dem Einfalle des Schwedenkönigs Gustav Adolf ins Ermland 1626.

Am 23. September 1772 ging das Fürstbistum Ermland zugleich mit ganz Westpreußen in die Herrschaft Friedrichs des Großen über. Königlich preußische Kommissare, Kriegs- und Domänenrat Boltz und Justizrat Hahn, kamen mit einem Kommando, bestehend aus einem Offizier, einem Unteroffizier, neun Soldaten und einem Tambour des Regiments von Ingersleben, nach Frauenburg und nahmen von Dom und Stadt im Namen des

Königs von Preußen Besitz. Nachdem den Domherren in der Kapitelsstube das Besitzergreifungspatent vorgelesen war, zog die Truppe auf den Markt, der Tambour wirbelte, der Kommissar verlas die Königliche Order und die Soldaten präsentierten. Dann wurde der Preußische Adler am Rathaus angeschlagen und das städtische Archiv versiegelt. Damit begann die neue preußische Zeit Frauenburgs. Nach dem Tode des Fürstbischofs Joseph von Hohenzollern (1836), der im Winter meistens in seiner Abtei zu Oliva, im Sommer auf dem bischöflichen Lustschlosse zu Schmolainen residierte, wurde Frauenburg ständige Residenz der Bischöfe von Ermland. Vorher war Heilsberg Bischofssitz.

Frauenburg mit Kathedrale.

Das schönste Gebäude in Frauenburg ist der Dom. Im Vereine mit der prächtigen Lage macht es einen ungemein günstigen Eindruck auf den Beschauer. Die westliche Hauptfront muß als besonderes Beispiel architektonischer Schönheit angesehen werden. Der Chor ist reich an kunstvollem Gestühl. Es stammt aus der ersten Hälfte des 18. Jahrhunderts. Der Hochaltar erinnert an den des Krakauer Domes. Links von ihm hängt die von Gerhard von Kuegelgen gemalte Nachbildung der Sixtinischen Madonna von Rafael. Das Bild ist ein Geschenk des Fürstbischofs Joseph von Hohenzollern an den Dom. Der Glockenturm, der einen achteckigen Unterbau und eine Höhe von 65 m hat, steht westlich in einiger Entfernung vom Dom. Auf der Ostseite des Domhofes erhebt sich das bischöfliche Palais. Es wurde im Jahre 1536 durch den Bischof Mauritius Ferber erbaut. Westlich vom Dome steht auch der sogenannte Kopernikusturm. Es ist ein bescheidenes

Bauwerk, in dem Kopernikus seine astronomischen Studien betrieben und das nach ihm benannte Sonnensystem ausgedacht hat. Kopernikus war von 1510 bis 1543 Frauenburger Domherr. Seit 1909 erhebt sich auf der Höhe des Domberges in den Anlagen sein Denkmal. Es hat die Form eines Turmes und ist in seiner Bauart dem gotischen Dom angepaßt, von dem es durch eine Schlucht getrennt ist. An den vier Ecken trägt es die Namen Galilei, Kepler, Newton, Gaus. Auf den vier Seiten steht aber immer der Name Kopernikus. In einer Seitennische befindet sich sein Reliefbildnis. In der Linken hat er ein Maiglöckchen. Der Schöpfer des 30 m hohen Denkmals heißt Meckel. Im Dom, und zwar wahrscheinlich unter dem Pflaster vor der Szembekschen Kapelle, hat er seine letzte Ruhestätte gefunden. Im Innern des Doms, in der Nähe des Maturaaltars, hängt seit 1735 zur Erinnerung an Kopernikus eine Gedenktafel mit Porträt. Der ganze Domhof ist von einer Mauer umgeben. An ihrer Außenseite liegen die Wohnungen der Domherren. Die in Frauenburg befindliche evangelische Kirche, zu der der König selbst den Plan entworfen hat, wurde 1862 eingeweiht. Die Stadt breitet sich am Fuße des Domberges aus. An ihrem Hafen, der schon 1675 vom Domkapitel angelegt wurde, herrscht reges Leben. Es hat sich wieder eingestellt, seitdem im Jahre 1899 die Haffuferbahn fertig ist. Dadurch ist auch eine Erweiterung der Hafenanlagen erforderlich geworden. Durch die Erbauung der Ostbahn waren leider Handel und Wandel in Frauenburg sehr zurückgegangen. Jetzt wird die alte Bischofstadt auch öfters von Fremden besucht.

Das Kopernikus=Denkmal.

3. **Mehlsack** liegt südöstlich von Braunsberg an der Walsch. Der Name stammt her von dem altpreußischen Worte malzekuke = Teufelsgrund, woraus melzag und endlich Mehlsack entstand. Von der ehemaligen Burg Mehlsack sind nur noch zwei Flügel erhalten. In dem einen befindet sich das Amtsgericht. Der andere dient als Vorratsspeicher. Sie gehörte dem

Frauenburger Domkapitel. Die Stadt Mehlsack erhielt 1312 ihre Handfeste. Im Dreizehnjährigen Städtekriege wurde die Stadt 1455 von Heinrich Reuß von Plauen erobert und verbrannt. Bald darauf wurde sie aber dem Orden wieder abgenommen. Im „Reiterkriege" nahm sie der Hochmeister Albrecht von Brandenburg ein. Auch dabei hatte sie schwer zu leiden. Im ersten Schwedenkriege fiel sie 1626 an Gustav Adolf. Dieser mußte sie aber bald darauf an die Polen abtreten, die die geängstigte Stadt einäscherten. Die Truppen Karls XII. von Schweden hielten sich hier im Jahre 1703 sechs Monate auf. Das Rathaus ist, wie das auch in einigen

Mehlsack.

anderen Städten des Ermlandes der Fall ist, von niederen Gebäuden umgeben, die an Stelle ehemaliger Verkaufsbuden getreten sind. Die Häuser am Markte, der einem schlesischen „Ringe" gleicht, weisen vielfach Lauben auf. Mehlsack ist ein beliebter Ausflugsort geworden. Was die Fremden dorthin lockt, ist das herrliche Walschtal. Zu beiden Seiten des Flüßchens ziehen sich reizende Spazierwege hin, die immer neue schöne Ausblicke eröffnen. (Siehe Abbildung Seite 137!)

Über den Spitzberg hinaus gelangt man zum Heilbrunnen, einer eisenhaltigen Quelle, neben der ein kapellenartiges Häuschen errichtet ist. In der Nähe des von Malern häufig besuchten Tafter Sees liegt eine Fliehburg. Eine besonders starke Verschanzung befand sich bei Plauten, 10 km östlich von Mehlsack. Sie ist aus der Preußenzeit übernommen und im 14. Jahrhundert wiederhergestellt worden. Sie sollte Schutz gegen die Einfälle der Litauer bieten und hatte den Namen Burg Plut. Das Kirchdorf Langwalde enthält noch ein schönes ermländisches Bauernhaus. Die Kirche in Rosberg besitzt einen silbernen, ganz vergoldeten Kelch aus dem Jahre 1379, der wohl der älteste und kostbarste Kelch der ganzen Provinz Ostpreußen sein dürfte. Als ältestes Dorf des Ermlandes sieht man das nordwestlich von Mehlsack gelegene Tolksdorf an.

4. Die Hauptstadt der alten Warmier ist, worauf schon der Name schließen läßt, **Wormditt.** Gegründet wurde diese Stadt wahrscheinlich im Jahre 1308. Ihre Handfeste erhielt sie vom Bischof Eberhard 1316. Die Burg Wormditt, deren Lage noch heute kenntlich ist, befand sich im Nordwesten

Pfarrkirche in Wormditt.

der Stadt. Sie wird zuerst 1338 erwähnt. Ein beachtenswerter Bau ist die katholische Pfarrkirche. Sie war ursprünglich dreischiffig in Basilikenform angelegt. Später fügte man an jede Langseite eine Reihe von Kapellen an. Dadurch erhielt man gewissermaßen das vierte und fünfte Schiff. Die weitere Folge davon war aber auch das eigenartige, vielgiebelige Dach des Gotteshauses. Die Giebel der Kapellen sind so angeordnet, daß sie sich über den Strebepfeilern des Mauerwerks erheben. Die Dächer stoßen infolgedessen über den Fenstern zusammen. Die Kirche ist vor kurzem nach langer, mühevoller Arbeit wiederhergestellt worden. Ein eigenartiger gotischer Bau ist das von Anbauten eingeschlossene Rathaus. In seinem Dachreiter hängt die älteste Glocke des Ermlandes. Am Marktplatze befindet sich eine größere Anzahl von Laubenhäusern, die in keiner ermländischen Stadt so gut erhalten sind wie gerade in Wormditt. Überhaupt zeigt diese Stadt am deutlichsten das Gepräge der ermländischen Städte.

2 km nordöstlich von Wormditt entfernt liegt das Gut Krossen, in dessen Nähe sich eine vielbesuchte Wallfahrtskirche befindet. Sie ist nach dem Muster der Kirche in Heiligelinde erbaut, erreicht aber ihr Vorbild bei weitem nicht. Geweiht wurde sie 1720. Das Dorf Kleefeld besitzt einige recht altertümliche Bauernhäuser. Basien (Baysen) hat einem einflußreichen altpreußischen Adelsgeschlechte den Namen gegeben. Die Herren von Baysen sind ein wahrscheinlich aus Lübeck eingewandertes Geschlecht, das ursprünglich Fleming hieß. In Tüngen, südwestlich von Wormditt, hatte Herr von Blell allmählich eine reichhaltige Waffensammlung angelegt. Er schenkte sie der Marienburg, und jetzt schmückt sie deren Gastkammern. Am Portale des Tünger Herrenhauses finden sich Beischläge, ähnlich denjenigen, die in Danzig zu sehen sind. Im Kirchspiele Kalkstein finden sich bei Lemitten noch französische Schanzen aus dem Kriegsjahre 1807. In der Nähe von Wormditt liegt die Anstalt St. Andreasberg für katholische Epileptiker des Ermlandes.

2. Der Kreis Heilsberg.

1. Die Stadt **Heilsberg** liegt auf der hohlen Seite eines Bogens der Alle, gewissermaßen auf einer Halbinsel, ihr gegenüber zwischen Alle und Simser das Schloß Heilsberg. Allerdings ist ein Teil der recht geräumig gebauten Stadt auch auf der Seite, wo sich das Schloß befindet. Stadt und Schloß liegen wenig über dem mittleren Wasserstande der genannten Flüsse. Dagegen erheben sich in unmittelbarer Nähe, hart am Südufer der Alle, die Höhen des Eckerts-, Linden- und Kreuzberges, die in ihrer Gesamtheit von den Heilsbergern als „Gebirge" bezeichnet werden. Die Lage der Stadt Heilsberg ist als eine recht günstige zu bezeichnen, nicht nur in landschaftlicher, sondern auch in wirtschaftlicher Hinsicht. (Siehe Abbildung Seite 129!) Die unmittelbare Nähe eines mühlentreibenden Gewässers ist für die Anlage einer mittelalterlichen Burg fast in allen Fällen ausschlaggebend gewesen, so auch hier. Die Burg Heilsberg wurde 1241 von dem Deutschen Orden begründet und höchstwahrscheinlich zuerst in Holz und Erde aufgeführt. Als 1243 das Bistum Ermland errichtet wurde, da wurde auch Heilsberg mit anderen ermländischen Burgen eine bischöfliche Burg. In den Jahren 1350 bis 1401 wurde nun der Bau aufgeführt, wie wir ihn noch heute größtenteils erblicken. Allerdings wurde die Burg 1497 nach einem verheerenden Brande teilweise verändert. Seit 1795 stand sie viele Jahre leer und drohte zu verfallen. Dazu kam noch, daß 1807 dort die Franzosen arg wüsteten. 1838 wollte man sie abbrechen lassen. Auf wiederholte Vorstellungen des Bischofs beschloß man jedoch ihre Erhaltung. 1861 wurde sie zu einer Waisen- und Krankenanstalt auf bischöfliche Kosten hergerichtet. Trotz aller Stürme, die über sie hinweggebraust sind, kann man behaupten, daß sie das besterhaltene und sehenswerteste

Bauwerk in ganz Ostpreußen ist. Die Burg besitzt ein Vor- und ein Hochschloß. Auf dem Hofe des ersteren steht ein Standbild der heiligen Katharina, aus Sandstein gefertigt. Die Baulichkeiten des Vorschlosses dienen jetzt teils als Speicher und Wohnräume, teils zu Gerichts- und Verwaltungszwecken. Das Hochschloß besteht aus einem annähernd quadratischen Mauerkörper von etwa 40 m Länge. Der Schloßhof erinnert lebhaft an den des Hochschlosses der Marienburg. In der Mitte befindet sich ein Brunnen. Auf allen vier Seiten zieht sich ein Kreuzgang hin, der durch zwei Geschosse geht. Das ebenerdige Geschoß mit seinen mächtigen Gewölben dient Wirtschafts-

Die frühere bischöfliche Burg Heilsberg. (Hochschloß, Nordseite.)
Originalaufnahme der Königl. Preußischen Meßbildanstalt zu Berlin.

zwecken. Von dem oberen Kreuzgange gelangt man in die Prunkräume der Burg mit ihren prächtigen Sterngewölben. Da liegen die Schloßkapelle, der kleine und der große Remter. Die Kapelle ist in Rokoko ausgebaut. Der im Ostflügel befindliche große Remter hat sich manche Umwandlung gefallen lassen müssen. Seine Wandmalereien sollen wiederhergestellt werden. Einstmals war er der bischöfliche Festsaal. Im zweiten Stocke sind die Schule und die anderen Räume eingerichtet, die das Waisenhaus, nach dem Bischof Joseph Ambrosius Geritz Josephsstift genannt, für seine Zwecke beansprucht. Der stattliche Bergfried, der sieben Stockwerke aufweist, ist unten quadratisch, oben achteckig. Er besitzt Verlies und Schatzkammer. Ein

Remter im Heilsberger Schlosse.

Kreuzgang auf dem Hofe des Heilsberger Schlosses mit Brunnen.

Aufstieg auf diesen Turm gewährt eine lohnende Fernsicht. Der ganze Nord- und Westflügel, also wohl auch der kleine Remter, haben zu den Wohnräumen des Bischofs gehört. Die Burgkapelle befindet sich im Südflügel. Die Stadt Heilsberg erhielt ihre Handfeste 1308 durch den Bischof Eberhard, den dritten Bischof des Ermlandes. Bis 1772 ist Heilsberg der Sitz der Ermländer Bischöfe gewesen. Am 28. September des genannten Jahres leisteten Bischof und Domkapitel Friedrich II. den Huldigungseid. Die Bischöfe verließen Heilsberg. Die beiden Hohenzollern nahmen ihren Wohnsitz in Oliva, ihre Nachfolger in Frauenburg. Bis zum Jahre 1865 stand auf dem Marktplatz ein gotisches Rathaus, das dann abbrannte. Das neue, in einer Seitenstraße befindliche Rathaus kann nur als ein schwacher Ersatz bezeichnet werden. Der Markt besitzt noch mehrere steinerne Laubenhäuser. Die katholische Pfarrkirche wurde 1315 den Aposteln Petrus und Paulus geweiht. Sie war ursprünglich eine Hallenkirche. Erst später wurde sie in eine Kreuzkirche umgestaltet. Der mit drei Kuppeln aufsteigende Turm weist den Renaissancestil auf. Durch das altertümliche Hohe Tor gelangt man auf die Straße, die zum Bahnhofe führt. Die evangelische Kirche wurde 1823 eingeweiht. Sie ist das erste protestantische Gotteshaus des Ermlandes. Im Winter 1703/04 hielt sich Karl XII. auf dem Heilsberger Schloß auf. Am 10. Juni 1807 war in der Nähe von Heilsberg eine Schlacht. Etwa 2 km westlich und nordwestlich der Stadt deuten noch heute drei Schanzen, hinter denen die vereinigten Preußen und Russen unter Bennigsens Anführung den Angriff Napoleons erwarteten, den Kampfplatz an. Im wesentlichen wird er gegenwärtig von der nach Landsberg und Mehlsack führenden Chaussee begrenzt. Auf dem Windmühlenhügel bei Reimerswalde soll Napoleon seine Truppen in der Schlacht bei Heilsberg befehligt haben.

Am 3. September 1789 wurde auf dem Gute Rerfken bei Heilsberg der Dichter Friedrich August Heyden geboren. Am 5. November 1851 starb er als Oberregierungsrat zu Breslau. Er hatte eine große Begabung für die poetische Erzählung. Von ihm stammt das noch heute viel gelesene Wort der Frau. Andere Dichtungen von ihm sind Der Schuster von Ispahrin und Die Königsbraut. Alle sind durch formellen Reiz, durch edle Phantasie und zuweilen durch behaglichen Humor ausgezeichnet. Etwa 10 km östlich von Heilsberg liegt Springborn, woselbst sich von 1639 bis 1810 ein Franziskanerkloster befunden hat. Der Bischof Nikolaus Szyszkowski gründete es als ein Zeichen des Dankes gegen Gott für den 1635 mit den Schweden geschlossenen Frieden. Springborn war auch ein bedeutender Wallfahrtsort. In dem benachbarten Kiwitten befindet sich über dem Friedhofseingang auf der Mauer ein steinernes Totengerippe, genannt der „Tod von Kiwten". Man nimmt an, daß es an den Einfall der Litauer 1311 erinnern soll. Die Redensart: „Er sieht aus wie der Tod von Kiwten", ist auf dieses eigenartige Erinnerungszeichen zurückzuführen.

2. Von Heilsberg führt eine Kunststraße über Schmolainen nach **Guttstadt.** Die Stadt, von der Alle umflossen, wurde 1325 gegründet, erhielt aber ihre Handfeste erst 1329. Das früher hier vorhandene Domkapitel mit fünf Domherren wurde 1811 aufgehoben. Mit ihrer stattlichen Kirche, ihren

mittelalterlichen Befestigungsanlagen, von denen besonders ein wohlerhaltener runder Turm auffällt, und dem mit Laubenhäusern noch verhältnismäßig gut besetzten Marktplatze macht sie auf den Fremden einen recht günstigen Eindruck. Die Kirche wird noch vielfach Domkirche genannt, weil sie das Gotteshaus des Kollegiatstiftes oder des Domkapitels war. Mit ihr in Verbindung steht das Kollegiatgebäude der Domherren. Es enthält eine alte Bibliothek, das Archiv, und in der ehemaligen Wohnung des Erzpriesters einen Ofen aus blauen Kacheln, die mit Bildern aus der biblischen Geschichte bedeckt sind. Die evangelische Kirche soll nach Schinkels Plänen erbaut worden sein. Sie gleicht der Wormditter Kirche.

Eine kurze Strecke südwestlich von Guttstadt kommen wir nach dem Wallfahrtsorte Glottau. An den Abhängen des Quehlebaches stehen im Grün versteckt 14 gotische Kapellen, in denen Christi Leidensweg in Lebensgröße künstlerisch dargestellt ist. Nordöstlich von Guttstadt an der Eisenbahn nach Wormditt liegt das Kirchdorf Regerteln. Hier wurde am 24. Mai 1835 der Schulmann Carl August Schroeter geboren. Er war viele Jahre Seminardirektor, zuerst in Angerburg, dann in Marienburg. Eine große Zahl ost- und westpreußischer Lehrer verdankt ihm ihre Ausbildung. Am 6. März 1904 ist er in Marienburg gestorben, woselbst ihm seine Schüler ein Grabmal setzen ließen. Schmolainen, die ehemalige Sommerresidenz der ermländischen Bischöfe, war ein beliebter Aufenthaltsort des Fürstbischofs Prinzen Joseph von Hohenzollern.

3. Der Kreis Rössel.

1. Die Stadt **Rössel**, in landschaftlich schöner Lage auf einer schroff abfallenden Höhe am Zaineflüßchen, hat einen altpreußischen Namen. Ihre Handfeste erhielt sie 1337. Die dort vorhandene Burg wurde 1240 in Holz erbaut und von 1350 bis 1355 in Stein aufgeführt. Ausgebaut sind jedoch nur der Süd- und Ostflügel. In der Mitte der Westfront befindet sich der gut erhaltene Torturm mit hoher Fallgatternische. In der Nordwestecke steht der mächtige Bergfried. Er ist unten quadratisch, oben rund. Von der Parchammauer sind noch einzelne Stücke erhalten. Darin befinden sich zwei halbkreisförmige Türme. Als das Ermland 1772 an Preußen fiel, wurde die Burg zu einer

Burg Rössel.

Strafanstalt eingerichtet. 1807 brannte sie gänzlich aus und blieb bis 1822 als Ruine stehen. Im letztgenannten Jahre wurde im Südflügel die evangelische Kirche untergebracht und im Ostflügel die Pfarrerwohnung eingerichtet. Die Einweihung der Kirche erfolgte bereits am 18. Oktober 1823. Hoch über der Zaine erhebt sich auch die katholische Pfarrkirche. Sie ist ein prächtiges Gotteshaus. Durch den großen Stadtbrand 1806 hatte sie schwer zu leiden. Nur wenige Ausstattungsstücke konnten gerettet werden. 1817 wurde sie durch den nachmaligen Bischof von Hatten neu geweiht. In Rössel erhielten um die Mitte des 14. Jahrhunderts Augustiner Mönche neben dem Schloß einen Platz zur Erbauung eines Klosters mit Kirche. Im Jahre 1347 nahmen sie von dem Kloster Besitz. Bereits 1373 wurde es aber durch eine Feuersbrunst zerstört. Aus dieser Zerstörung ging es schöner und stattlicher als bisher hervor. Zur Zeit des Herzogs Albrecht geriet der Augustinerorden im Lande Preußen, der außer in Rössel noch Klöster in Heiligenbeil und in dem nicht mehr vorhandenen Orte Patollen in der Pr. Eylauer Gegend hatte, in Verfall. Im Jahre 1533 standen die Klostergebäude in Rössel bereits vollständig leer, so daß Bischof Mauritius Ferber sie der Stadt zur Benutzung überwies, um sie vor dem Verfalle zu bewahren. Als 1626 die Jesuiten vor den Schweden aus Braunsberg weichen mußten, zogen sie nach Rössel und fanden in den von den Augustinern verlassenen Räumen Unterkunft. 1631 gründeten sie ein neues Kollegium. Im Jahre 1780 wurde auf Grund der päpstlichen Bulle von 1773 das Rösseler Jesuitenkollegium geschlossen. Seine Besitzungen fielen an den Staat. Dieser richtete in den Räumen zuerst ein Progymnasium, dann ein Gymnasium ein. Die ehemalige Klosterkirche wurde Gymnasialkirche. Das Gymnasium hat der kleinen Stadt immer ein gewisses Ansehen unter den ermländischen Städten verliehen.

Westlich von Rössel, in der Niederung der Zaine, liegt das Gut Molditten, hier hielt sich einstmals häufiger König August der Starke auf. Er unterhielt daselbst eine Maitresse. Ihre Kinder führten den Namen der Grafen von Zeigun. Im Herrschaftshause sind noch heute aus jener Familie Originalbilder vorhanden.

2. Fast auf der Mitte des Weges zwischen Rössel und Heilsberg finden wir die Stadt **Bischofstein.** Sie ist aus dem Dorfe Schönfließ oder Strowangen entstanden und erhielt 1385 durch den Bischof Heinrich III. Sorbom die städtische Handfeste. Im Dreizehnjährigen Städtekriege des Ordens hatten sich in Bischofstein feindliche Heerhaufen festgesetzt. Die Bürger waren nämlich nicht vermögend genug, die Stadt ausreichend zu befestigen und zu verteidigen. Deshalb ließ der Bischof Paul von Legendorf Bischofstein gänzlich in Asche legen, um den Feinden den Stützpunkt zu nehmen. Der Bischof Nikolaus von Tüngen genehmigte jedoch nach langem Zögern den Wiederaufbau der Stadt und stellte ihr 1481 eine neue Handfeste aus. Von der alten Stadtmauer sind noch einige Reste vorhanden. Ebenso steht auch

noch ein Stadttor, das Heilsberger Tor. In der Nähe der Pfarrkirche befindet sich ein altes Blockhaus. An der Westseite des verhältnismäßig großen Marktplatzes ziehen sich noch Laubengänge hin.

Das etwa 10 km südlich von Bischofstein gelegene Kirchdorf Lautern bildet den Mittelpunkt des Kreises Rössel. Es besitzt eine der schönsten neueren Kirchen des Ermlandes.

3. An der Bahn von Rotfließ nach Sensburg liegt die Stadt **Bischofsburg.** Sie erhielt zehn Jahre nach Bischofstein, also 1395, ebenfalls durch Bischof Heinrich III. ihre Handfeste. Ursprünglich bildete sie ein Rechteck und war von einer Mauer umgeben. Schreckliche Brände haben hier gewütet. Dem Brande von 1766 fiel auch die Kirche zum Opfer. Die Pest von 1710 raffte etwa 1000 Bürger dahin. In Bischofsburg entstand die erste festbegründete evangelische Gemeinde des Ermlandes. Ihr Gotteshaus wurde aber erst 1846 eingeweiht. Es ist eine im Rundbogenstil ausgeführte dreischiffige Basilika mit Apsis. Der Turm in Kampanileform ist neueren Datums. Er steht daneben und ist mit der Kirche durch einen Säulengang verbunden. Bischofsburg ist der Sitz des Landrates für den Kreis Rössel.

Nicht weit von der Eisenbahnstation Bergental liegt Bansen, das größte Rittergut des Ermlandes. Es besitzt ein schönes Schloß mit einem prächtigen Park. Das Kirchdorf Gr. Köllen ist von rheinischen Bauern besiedelt worden.

4. Fährt man mit der Bahn von Rotfließ nach Heilsberg, so kommt man an der Stadt **Seeburg** vorbei. Ihr Name ist wohl mit aller Wahrscheinlichkeit auf die vielen in der Nähe befindlichen Seen, die von der Simser durchflossen werden, zurückzuführen. Sie wurde neben der schon vorhandenen Burg 1338 begründet. Der Bischof Johann I. von Meißen ließ von 1350 bis 1355 die Burg ausbauen. Im Jahre 1521 stand sie noch in ihrer ehemaligen Beschaffenheit da. 1609 mußte jedoch die Burgkapelle schon wegen Baufälligkeit geschlossen werden. 1783 brannten Stadt und Burg infolge eines Blitzschlages fast gänzlich nieder. Heute sind nur noch bescheidene Mauerüberreste von der Burg vorhanden. Umfassungsmauer und Stadttore sind gänzlich abgebrochen worden. 1572 wurde in Seeburg der Verfasser der Historia Prussiae, Johannes Leo, als Sohn eines Schuhmachers geboren. Er starb 1635. Seeburg ist auch der Geburtsort des Bischofs Joseph Ambrosius Geritz, der das Josephstift in Heilsberg begründet hat.

Im nahegelegenen Dorfe Lockau erblickte der ermländische Bischof Andreas Thiel das Licht der Welt.

4. Stadt- und Landkreis Allenstein.

a) Die Stadt Allenstein.

Geschichtliches. Allenstein, auf einer Halbinsel am rechten Ufer der Alle gelegen, an die hier Erhebungen von 120 bis 140 m Höhe herantreten, wird schon 1348 genannt, erhielt die Handfeste aber erst am 31. Oktober 1353.

Im Jahre 1378 tritt die Neustadt hinzu. Die Burg Allenstein wurde vom ermländischen Domkapitel erst nach 1353 errichtet und war auch stets ein Aufenthaltsort der Domherren von Frauenburg. Nikolaus Kopernikus hat hier in den Jahren 1517 bis 1519, ferner 1521 und 1524 das Amt eines Domkapitel-Administrators bekleidet. Der runde Turm der Burg bot ihm die beste Gelegenheit für seine astronomischen Studien. Unter den verheerenden Einfällen der Litauer hat Allenstein zu wiederholten Malen leiden müssen, so vor allem in den Jahren 1356 und 1385. Bald darauf, es war im Jahre 1400, vernichtete eine große Feuersbrunst das junge Gemeinwesen. Außer der Ringmauer blieben nur die Burg und die Pfarrkirche verschont. Nach der Schlacht bei Tannenberg mußte Allenstein die Tore dem Sieger öffnen. Drei Monate blieben Stadt und Burg in seinen Händen. Kaum hatten sie sich von seinen Schlägen erholt, als 1420 abermals eine große Feuersbrunst den größten Teil der Stadt vernichtete. Zur Zeit des allgemeinen Abfalls der Städte vom Orden trat auch Allenstein dem Preußischen Bunde bei. In dem Dreizehnjährigen Städtekriege, 1454 bis 1466, hat diese Stadt eine bedeutende Rolle gespielt. Die Bürger zwangen den bischöflichen Administrator zur Übergabe der Burg an den Preußischen Bund. Dem Orden kam es jedoch darauf an, sie als das festeste Bollwerk des Ermlandes in seinen Besitz zu bekommen. Der Söldnerhauptmann Georg von Schlieben besetzte darum die Stadt mit Einwilligung der Domherren, die sich dem Orden wieder angeschlossen hatten, und versuchte die Burg in seinen Besitz zu bekommen. Fünf Jahre behauptete er sich in Allenstein. Da ihm der Orden den Sold nicht zahlen konnte, so erpreßte er den Unterhalt für sich und die Söldner von den Bürgern der Stadt. Die Allensteiner haben ihren Abfall vom Orden bitter büßen müssen. Was ihnen aber noch an Hab und Gut übrigblieb, wurde 1458 ein Raub der Flammen, die wieder einmal fast ganz Allenstein vernichteten. Im zweiten Thorner Frieden 1466 sagte sich das Ermland vollständig vom Orden los. Der Bischof mußte dem Polenkönig den Lehnseid leisten. Die Folge davon war, daß der südliche Teil dieses Gebietes mit Allenstein polnisch wurde. Im sogenannten Reiterkriege (1519 bis 1525) blieb auch Allenstein nicht verschont und mußte 1521 eine schwere Belagerung durch Albrecht von Brandenburg durchmachen, fiel aber nicht in die Hände des Hochmeisters. Nun kam eine längere Zeit der Ruhe über die viel und schwer geprüfte Stadt. Diese glückliche Zeit dauerte etwa 100 Jahre. 1622 brannte aber die Stadt zum vierten Male gänzlich nieder. In dem ersten Schwedisch-polnischen Kriege (1626 bis 1635) wurde sie von den Schweden belagert. Zwar fiel sie nicht in die Hände der Belagerer, mußte aber die Belagerungsjahre hindurch die Kosten des Krieges tragen helfen. Kaum hatte sie sich von allen Schicksalsschlägen erholt, da kam der zweite Schwedisch-polnische Krieg (1656 bis 1660), der auch in das Ermland hinüberspielte und der Stadt Allenstein neue Wunden schlug. Ebenso suchte der Nordische Krieg in der Zeit von 1700 bis 1704 jene Gegend schwer heim. Zu allem Unglücke wütete noch 1709 bis 1711 die große Pest, die mindestens ein Drittel der gesamten Einwohnerschaft dahinraffte. Im Jahre 1772 ergriff Friedrich der Große nach der ersten Teilung Polens vom Ermland und somit auch von Allenstein Besitz. Nun trat eine kurze Zeit ruhiger und geordneter Verhältnisse ein. Sie reichte aber nur bis zum Unglücklichen Krieg. Allenstein blieb von ihm nicht verschont. Die Stadt war von Januar bis Dezember 1807 abwechselnd von Franzosen und Russen besetzt. Vom 2. bis 4. Februar wurde sie von den ersteren geplündert. Am 3. Februar traf Napoleon selbst in Allenstein ein. Erst nach den Freiheitskriegen war es Allenstein beschieden, sich von allen Stürmen zu erholen und sich ruhig zu entwickeln. Allerdings ging die Entwickelung in der ersten Zeit sehr langsam vor sich. Als die Thorn-Insterburger Bahn den Süden der Provinz erschloß, war Allenstein noch ein Landstädtchen von etwa 6000 Einwohnern. Niemand konnte damals ahnen, daß hier etwa zehn Jahre später ein großer Eisenbahnknotenpunkt sein werde. Bei der Neuregelung des Gerichtswesens erhielt die Stadt 1879 ein Landgericht, nachdem sie zwei Jahre vorher auf eigene Kosten ein Gymnasium eingerichtet hatte. 1884 kam Militär nach Allenstein. Die Garnison wurde dann in kurzen Abständen derart vergrößert, daß heute Allenstein einer der wichtigsten militärischen Standorte des deutschen Ostens ist. Ebenso schnell nahm das Eisenbahnnetz um Allenstein zu. 1886 wurde die Irrenanstalt Kortau gebaut. Im Jahre 1905 schuf man in Allenstein den Sitz der Regierung für den neueingerichteten Regierungsbezirk Allenstein. Alle diese Umstände bedingten natürlich ein äußerst schnelles Wachstum der Stadt. Folgende Zahlen werden das näher zeigen:

1880	=	7 435	Einwohner
1885	=	11 555	„
1890	=	19 236	„
1900	=	24 307	„
1905	=	27 344	„
1910	=	33 070	„

Beachtenswerte Bauten. Das Schloß wurde von 1353 bis 1360 aufgeführt. Von der Hauptburg sind der Nordflügel mit Kreuzgang, der Südflügel und zwischen beiden im Westen die starke Wehrmauer erhalten. Merkwürdig ist der Wehrgang, der sich am Südflügel auf den vorgekragten Dachbalken befindet. Der Bergfried steht in der Südwestecke. Er ist unten quadratisch, oben rund. Vorhanden sind auch Reste des Torhauses und der Parchammauern. Im Südflügel befindet sich die schön gewölbte St. Annenkapelle. Das auf der Ostseite liegende Mittelgebäude stammt aus dem Anfange des vorigen Jahrhunderts. Es ist zur Wohnung des Regierungspräsidenten ausgebaut worden. Auch der Remter im Nordflügel ist wiederhergestellt.

In diesem Flügel hat Nikolaus Kopernikus seine Wohnung gehabt. Das Hohe Tor, das heute als Polizeigefängnis dient, ist ein Überrest der mittelalterlichen Befestigungsanlage. Andere Stadttore sind nicht vorhanden. Dagegen besitzt Allenstein aber noch bedeutende Stücke der alten Stadtmauer. Die katholische Pfarrkirche war dem Apostel Jakobus dem Älteren geweiht und ist ein mächtiger dreischiffiger gotischer Hallenbau, der zu den wertvollsten Baudenkmälern der ganzen Provinz gehört. Das Jahr ihrer Gründung ist nicht mit Sicherheit festzustellen. Es ist aber erwiesen, daß sie im 14. Jahrhundert erbaut worden ist. Das Sterngewölbe ist

Burg Allenstein.
Originalaufnahme der Königl. Preußischen Meßbildanstalt zu Berlin.

nach und nach entstanden. Im Winter 1807 wurden in dieser Kirche 1500 preußische und russische Soldaten von den Franzosen gefangengehalten. Um sich zu erwärmen, verbrannten die Gefangenen sämtliche Holzteile des Gotteshauses, die sie abschlagen konnten. Dadurch hat es sehr gelitten. Zwischen den beiden ersten freistehenden Pfeilern hängt ein überlebensgroßer hölzerner Kruzifixus. Ein Kronleuchter der Kirche ist aus dem Geweih eines Sechzehnenders gebildet worden. In den Jahren 1866 bis 1868 wurde sie in würdiger Weise wiederhergestellt. Das Königliche Gymnasium ist ein in einfachen gotischen Formen gehaltenes Gebäude. Die Aula besitzt ein großes Gemälde von Heinrich Gärtner, Iphigenie am Meeresstrande darstellend. Vor dem Gymnasium erhebt sich auf granitenem Sockel das zwei

Meter hohe Bronzestandbild Kaiser Wilhelm I. Es ist von dem taubstummen Bildhauer Peter von Woedtke modelliert worden. Am 18. Oktober 1901 wurde es enthüllt. Auf der Mitte des viereckigen Marktplatzes befindet sich das schlichte Rathaus, das für das heutige Allenstein viel zu klein ist. Es wird auf dem alten katholischen Friedhof an der Guttstädter Straße ein neues gebaut werden, dessen Pläne auf der Allensteiner Ausstellung 1910 zu sehen waren. Am Marktplatze stehen noch einige Laubenhäuser. Am Ausgange der Kleeberger Straße steht das Regierungsgebäude. Es weist die Formen des Barockstiles auf. Das Erdgeschoß ist aus ostpreußischen Findlingen erbaut. Die Hauptfront hat eine Länge von 58,7 m, während die Seitenfronten sich je 80,24 m lang hinziehen. Am 1. Juli 1911 wurde das Gebäude seiner Bestimmung übergeben. Bis dahin war die Regierung in Mietsräumen untergebracht. Die feierliche Weihe des neuen Hauses fand am 15. Juli 1911 statt.

Sonstiges. Im Stadtwappen sehen wir auf silbernem Grunde den Apostel Jakobus in blauer Pilgertracht mit Stab und Kürbisflasche zwischen einem halben Ordenskreuz und einem roten Zinnenturme stehen. In Allenstein erblickte 1503 der Chronist Lukas David das Licht der Welt. Er wurde Kanzler des Bischofs von Culm und später Rat des Herzogs Albrecht von Preußen. Als solcher starb er in hohem Alter 1583 höchstwahrscheinlich zu Königsberg. Seine zehn Bücher der preußischen Geschichte, nach Urkunden in deutscher Sprache abgefaßt, sind noch immer eine wichtige Quelle zur Ordensgeschichte bis zum Jahre 1410.

Umgebung. Etwa $1^1/_2$ km südlich von Allenstein liegt die im Jahre 1886 eröffnete Provinzial-Heil- und Pflegeanstalt Kortau. Sie ist wiederholt durch Neubauten vergrößert worden und bietet jetzt das Bild einer kleinen, schön gebauten Stadt. Nördlich von Allenstein befindet sich im Stadtwald, etwa 100 m von der Wadanger Kunststraße, die Lungenheilstätte Frauenwohl. Sie wurde vom Verein zur Errichtung von Lungenheilstätten in Ostpreußen erbaut und im November 1907 eröffnet und nimmt nur Frauen auf. (Siehe Seite 423!) Der beliebteste Ausflugsort der Allensteiner Bürgerschaft ist Jakobsberg. Dortselbst fand auch 1910 die Allensteiner Gewerbeausstellung statt. Unmittelbar hinter der Stelle, wo die Wadang in die Alle mündet, ist im Jahre 1907 eine Stauanlage errichtet worden, die dem städtischen Elektrizitätswerke die Wasserkraft liefert. Dicht bei der Bahnstation Gr. Buchwalde, an der Strecke Allenstein—Königsberg liegt das Gut Adl. Bergfriede. Um den Besitz der dort befindlichen Allebrücke fand am 3. Februar 1807 ein Gefecht zwischen Franzosen und Russen statt. In der Nähe von Bergfriede steht eine der größten Eichen Ostpreußens, die „Napoleonseiche". Napoleon soll an ihr seinen Stand gehabt und von da aus die Schlacht geleitet haben. Ihr Stamm ist etwa 25 m hoch und hat in 1 m Höhe über dem Boden einen Umfang von 9,85 m. Der Kreisverband Allenstein hat die Sorge für die Erhaltung dieses Naturdenkmals übernommen. An dem Wege von Adl. Bergfriede nach Gr. Buchwalde liegen die Russengräber. Bei Dorothowo, 10 km südlich von Allenstein, breitet sich der inselreiche Wulpingsee aus. In ihm befindet sich die Hertainsel, ein lieblich bewaldetes hügeliges Eiland.

b) Wartenburg.

Wartenburg liegt am Zusammenflusse des Kirmasflusses und der Pissa, die nun die Wadang bilden. Der Pissafluß erweitert sich vor der Stadt teichartig und entsendet aus diesem Teiche nach dem westlich der Stadt vorbeifließenden Kirmasfluß zwei Arme. Zwischen ihnen liegt die Stadt, die mithin als eine Inselstadt bezeichnet werden kann. Da aber diese Insel für die Ausdehnung der Stadt nicht ausgereicht hat, so hat sich letztere über sie hinaus nach Norden und Süden erweitert. Ursprünglich lag sie da, wo sich heute Alt Wartenburg befindet. Dort war sie 1325 begründet worden. 1364 wurde sie, nachdem sie 1354 von den Litauern fast gänzlich zerstört worden war, auf ihre jetzige Stelle verlegt. Die neue Stadt erhielt eine starke Mauer. 1594 und 1798 herrschten schwere Feuersbrünste in Wartenburg. Die mittelalterliche Befestigung ist jetzt gänzlich geschwunden. Ebenso ist von der bischöflichen Burg nichts mehr zu sehen. Sie ist abgebrochen worden. 1826 wurde auf einem Teil ihrer Fundamente die evangelische Schule gebaut. Die Pfarrkirche wurde bald nach Verlegung der Stadt gegründet. Unter dem Brande von 1594 hat sie schwer leiden müssen. Das Franziskanerkloster, das sich einstmals in Wartenburg befand, wurde von Bischof Johannes II. angelegt. Zur Zeit der Reformation entvölkerte sich das Kloster, und der Bischof vermietete es an Wartenburger Bürger zu Wohn- und Wirtschaftszwecken. Später zogen Bernhardinermönche in die Klosterräume ein. In den dreißiger Jahren des vorigen Jahrhunderts wurde in ihnen eine Strafanstalt eingerichtet. 1846 brannte die Anstalt ab, dabei wurde auch die Klosterkirche beschädigt. Die jetzigen Anstaltsgebäude erinnern daher sehr wenig an ihre frühere Bestimmung. Die evangelische Stadtkirche führt den Beinamen „Pastorenkirche“. Mehrere tausend Pastoren aus ganz Deutschland trugen auf Bitten des damaligen Pfarrers Haß zum Bau der Kirche je einen Taler bei. Im Jahre 1871 konnte sie eingeweiht werden. Vorher fand der evangelische Gottesdienst in dem über der evangelischen Schule befindlichen oberen Stockwerke statt. Das auf der Mitte des Marktplatzes stehende Rathaus ist in der Mitte des vorigen Jahrhunderts erbaut und trägt einen gotischen Dachreiter. Im August 1911 erhielt die Stadt auf dem Platze vor der Post ein schönes Kriegerdenkmal. Es ist von dem Bildhauer Oskar Bodin aus Steglitz ausgeführt und von der untersten Stufe bis zur Fahnenspitze 5,50 m hoch. Der Krieger, der eine Höhe von 2,20 m hat, sowie das Doppelmedaillon Kaiser Wilhelms I. und Kaiser Friedrichs III. sind aus Bronze hergestellt. Die Architekturformen bestehen aus Granit. Die Namen der Gefallenen sind direkt in Stein eingemeißelt und vergoldet.

c) Sonstige Ortschaften.

In Hirschberg, 6 km südöstlich von Wartenburg, lag eine bischöfliche Burg. Noch im Anfange des vorigen Jahrhunderts war sie vorhanden und wurde damals als „eine der schönsten Burgen" bezeichnet. An der Pissa, etwa 2 km von Wartenburg entfernt, erhebt sich der Kreuzberg, eine im oberen Teile künstlich aufgetragene Höhe, die auf der Spitze wahrscheinlich menschliche Wohnungen getragen hat. Alt Wartenburg, nordöstlich von Allenstein gelegen, heißt noch immer im Volksmunde die alte Stadt. Bei Tengutten, in nordöstlicher Richtung von Alt Wartenburg, hat man Überreste eines Pfahlbaues gefunden. Nahe der Westgrenze des Kreises liegt der Wallfahrtsort Dietrichswalde. Im Jahre 1877 soll die Jungfrau Maria an einem Baum außerhalb des Dorfes, der jetzt mit einem eisernen Gitter umgeben ist, mehreren Gläubigen erschienen sein. Dietrichswalde bekam bald einen großen Zuspruch von Fremden, die die Erscheinung auch sehen wollten. Die dortige neue schöne Kirche ist vom Diözesanbaumeister Güldenpfennig aus Paderborn entworfen worden. Sie vereinigt in sich den romanischen und gotischen Stil. In dem Orte Gelguhnen, der in dem Ramucker Forste gelegen ist, wurden 1782 vom Staat eine Pottaschensiederei und eine Glashütte, die mit einer Glasschleiferei versehen war, angelegt. Die Glashütte bestand noch spät in das vorige Jahrhundert hinein.

VI. Das deutsche Oberland.

Dazu gehören die drei Kreise Pr. Holland (859,69 qkm), Mohrungen (1264,65 qkm) und Osterode (1552,86 qkm). Man spricht in neuerer Zeit vom deutschen und vom polnischen Oberlande. Der Kreis Osterode fällt mit seinem südlichen Teile schon in das letztere hinein. Außerdem zählt man noch dazu die Kreise Neidenburg und Ortelsburg, obwohl letzterer schon in Masuren liegt.

1. Der Kreis Pr. Holland.

a) Die Städte.

1. **Pr. Holland,** ursprünglich Pazluk genannt, liegt etwa 30 m hoch am Rande der Niederung, die sich um den Drausensee ausbreitet. Früher befand sich in der Nähe der Stadt ein von der Weeske durchflossener See, von dem jetzt nur noch ein Sumpf übriggeblieben ist. Diese ausgeprägte Lage zwischen Niederung und Höhe teilt Pr. Holland mit keiner anderen Stadt unserer Provinz. Das dortige Ordensschloß, das sich scharf an der Kante des Abhanges zum Weesketal erhebt, wurde bereits vor 1319 erbaut. Im „Reiterkrieg", und zwar im Jahre 1521, wurde es bis auf die schönen kreuzgewölbten Keller zerstört. Herzog Albrecht begann 1543 den Wiederaufbau. Markgraf Georg Friedrich ließ ihn beendigen und auch die beiden runden Ecktürme, die jetzt weit ins Land hinausschauen, aufführen. Auf dem Burghofe befindet sich ein tiefer Brunnen. Als Elbing 1466 an Polen fiel, nahm der

dortige Komtur seinen Wohnsitz auf dem Schloß in Pr. Holland. 1530 traten an Stelle der Komture Hauptleute. Heute dient die Burg als Gefängnis. Die Stadt erhielt 1297 durch den Landmeister Meinhard von Querfurt ihre Handfeste. Ihren heutigen Namen verdankt sie eingewanderten Holländern. Von der mittelalterlichen Befestigung ist in Pr. Holland verhältnismäßig viel zu finden. Zwei Stadttore, das Mühlen- und das Steintor, sind gut erhalten, das Töpfertor allerdings weniger. Die Mauer ist beinahe um die ganze Stadt herum zu verfolgen. Die Pfarrkirche (Bartholomäuskirche) hat wie die meisten Stadtkirchen des Oberlandes den Turm seitlich stehend. Das Rathaus besitzt einen sterngewölbten Vorbau. Bemerkenswerte Gebäude sind das von Thaddensche Haus auf der Vorstadt,

Ordensschloß Pr. Holland.

jetzt Sitz des Amtsgerichtes, und das von Lengefeldsche Haus in der Langgasse, das niederländischen Stil aufweist. Nach der Schlacht bei Tannenberg mußte sich Pr. Holland dem Könige Jagello ergeben, fiel aber im ersten Thorner Frieden wieder an den Orden zurück. Im Jahre 1454 wurde die Stadt vom Preußischen Bund eingenommen. Auch im zweiten Thorner Frieden blieb sie beim Orden. Während des schon erwähnten Reiterkrieges war sie in polnischem Besitze, kam dann aber an das Herzogtum Preußen. Herzog Albrecht gestattete den Bürgern, die Ziegel des niedergerissenen Schlosses zum Aufbau ihrer im Kriege zerstörten Häuser zu verwenden. In der Bartholomäuskirche wurden 1635 vor dem Altare die Friedensbedingungen des ersten Schwedisch-polnischen Krieges entworfen, die in demselben Jahre zum Waffenstillstande bei Stuhmsdorf führten. Gelegentlich einer

Durchreise weilte im Jahre 1645 die verwitwete Königin von Schweden, eine Schwester des Kurfürsten Georg Wilhelm, einige Tage auf dem Schlosse Pr. Holland. Im Jahre 1659 mußte Pr. Holland eine Belagerung durch die Schweden und 1758 eine durch die Russen aushalten. Große Feuersbrünste haben in der Stadt zu wiederholten Malen gewütet und viel Ungemach über die Bürger gebracht. Am 29. September 1897 hat Pr. Holland, die älteste Ordensstadt des schönen Oberlandes, das Jubelfest ihres sechshundertjährigen Bestehens gefeiert. Das Wappen der Stadt stellt einen geharnischten Ritter auf springendem Rosse dar, mit der Rechten das Schwert schwingend, mit der Linken sich einen Schild vor der Brust haltend.

2. **Mühlhausen.** Dieses Städtchen liegt in schöner Umgebung an der Südostseite der Trunzer Berge, und zwar an der Donne, einem Nebenflüßchen der Baude. Man kann es zu den Randstädten der Weichselniederung rechnen. Mühlhausen wurde ungefähr 1327 vom Oberspittler und Komtur zu Elbing, Hermann von Öttingen, gegründet. Winrich von Kniprode hoffte, die neue Stadt würde den bischöflichen Städten Braunsberg und Wormditt den Rang ablaufen, und versuchte deshalb, die Landleute von den dortigen Märkten abzulocken und sie der Ordensstadt Mühlhausen zuzuführen. Sie wurde bald von Mauern umgeben, die sich in Form eines Quadrates um die Stadt herumzogen. Nur die Westecke war abgestumpft. Die Mauer war mit Verteidigungstürmen versehen. Etwa in der Mitte des 14. Jahrhunderts wurde Mühlhausen der Sitz eines der Komturei Elbing unterstellten Waldmeisteramtes, das jedoch nach der Schlacht bei Tannenberg nach Cadinen verlegt wurde. Von dem befestigten Waldmeisterhause sind unlängst Überreste aufgedeckt worden.

b) Sonstige Ortschaften.

Etwa 4 km nordöstlich von Pr. Holland liegt das Kirchdorf Marienfelde. In der dortigen Kirche hat man 1892 bei der Ausbesserung der Wände unter der dreifachen Tünche mehr als lebensgroße Wandgemälde aufgefunden. Nicht weit von der Kirche steht ein gut erhaltenes Laubenhaus mit einem künstlerisch gehaltenen Türklopfer. In südwestlicher Richtung von Pr. Holland finden wir den Kirchort Reichenbach. Er gehörte seit 1315 dem Hospital zum Heiligen Geist in Elbing an. Die jetzige Kirche steht seit 1877. Altar, Orgel, Kanzel und Kronleuchter sind mit Schnitzwerken des Pfarrers Grzybowski geschmückt, der ein Meister in der Skulptur war. Die Gegenstände sind aus der alten Kirche hinübergenommen worden. 1867 waren sie auf der Weltausstellung in Paris ausgestellt. Der Grundgedanke des geschnitzten Altarschmuckes ist die bildliche Darstellung der allmählichen Entwickelung des Gottesbegriffes vom Heidentum bis zum Christentum. Im Kirchspiele Reichenberg liegt das Gut Hohendorf. Es gehört einer aus Holland stammenden Sekte, die der Amsterdamer Johann Georg Gichtel († 1710) gestiftet hat, und die sich nach ihrem Begründer Gichtelianer nennt. Sie verlangt von ihren Mitgliedern die Ehelosigkeit. Am Oberländischen Kanal und Forst westlich von Pr. Holland liegt das Kirchdorf Hirschfeld. Ehemals war hier eine Zuckerfabrik. In der Nähe ist die Geneigte Ebene Nr. 4. Das im Südwestzipfel des Kreises befindliche Kirchdorf Blumenau ist schon 1299 von der Komturei Christburg aus begründet worden. In der Nähe sind römische (Marc Aurel und Julian) und arabische Münzen gefunden worden. Im Kirchspiele Blumenau ist das Schlachtfeld an der Sirgune (Sorge) zu suchen. Hier siegte 1233 der Landmeister Hermann Balk mit Hilfe des Pommerellen-Herzogs Swantopolk über die Pruzzen. Das Gut Quittainen, südöstlich von Pr. Holland an der Chaussee nach Mohrungen gelegen, befand sich im 17. Jahrhundert im Besitze des Feldmarschalls Derfflinger. Das dortige neue Schloß mit einem hohen Turm in der Mitte wurde 1847 erbaut. Die hochgelegene Kirche in Schmauch (etwa 15 km östlich von Pr. Holland), die sich höchstwahrscheinlich auf einem heidnischen Burgwall erhebt, ist aus Findlingsblöcken erbaut, nur die Giebel sind aus Ziegeln. Der Turm ist ebenso wie der in Blumenau aus Holz aufgeführt. Bei dem Pfarrer Hennig in Schmauch hat der Dichter Schenkendorf einige Zeit verweilt. (Siehe Seite 304!) In der Nähe des Bahnhofes Schlobitten befindet sich die Herrschaft Schlobitten. Das dortige Schloß ist seit 1525 im Besitze der Dohnaschen Familie. Es wurde in der ersten Hälfte des 17. Jahrhunderts vom Burggrafen Abraham zu

Das Fürstlich Dohnasche Schloß Schlobitten.

Dohna umgebaut. Dieser Dohna ist auch der Begründer der großen, im Schlosse befindlichen Bibliothek. In Schlobitten war der berühmte Kanzelredner Schleiermacher als Kandidat Hauslehrer. In der Kirche zu Hermsdorf, östlich von Schlobitten gelegen, befindet sich das Dohnasche Grabgewölbe. Der erste Dohnasche Landbesitz in Preußen war Deutschendorf. Im Kirchspiele Deutschendorf liegt Schlodien mit altem Herrenschlosse, das seit 1643 im Dohnaschen Besitz ist. Die Kirche zu Döbern birgt ein Denkmal des Grafen Elias von Kanitz († 1674). Es ist 1704 in Königsberg aus Sandstein gefertigt worden und zeigt die Denkmalsfigur in liegender Stellung. Neben dem Turmeingange befinden sich in der Mauer in Halshöhe Teile eines aus Eisen gefertigten Prangers. Sie legen Zeugnis ab von den entwürdigenden Strafen früherer Jahrhunderte. Das Schloß in Podangen, das der Familie von Kanitz gehört, ist vom Oberburggrafen Friedrich Wilhelm von Kanitz 1701 erbaut worden. Zu den Dohnaschen Gütern gehört auch Lauk mit einem Schlosse, das aus dem 18. Jahrhundert stammt. Auf den meisten Friedhöfen der in der Nähe von Pr. Holland gelegenen Dörfer sind den Verstorbenen keine Grabkreuze gesetzt worden, sondern mehr oder weniger kunstvoll geschnitzte Pfähle. Die Wohnhäuser sind oft mit auf Pfeilern gestützten, laubenartigen Vorsprüngen versehen.

2. Der Kreis Mohrungen.

a) Die Städte.

1. **Mohrungen** ist mit Benutzung einer kleinen Insel auf einer Halbinsel zwischen Mohrung- und Schertingsee angelegt worden. Das ehemalige Konventshaus hierselbst wurde wahrscheinlich 1280 gegründet. Es liegt auf der Südseite der Stadt. Nur der Nordwestflügel ist noch übriggeblieben, allerdings ist er durch späteren Umbau stark verändert worden. Ursprünglich hatte das Haus Mohrungen vier Flügel. Auf jeder Ecke stand ein Turm. Der nordöstliche Flügel wurde erst 1815 abgebrochen und an seiner Stelle eine

Mohrungen, von Südosten aus gesehen.

Schule erbaut. Die Stadt ist 1302 entstanden. Sie ist zum Teil noch heute von einer Mauer mit Türmen umgeben. Nach der Schlacht bei Tannenberg 1410 wurde sie von den Polen eingenommen und verblieb auch in deren Händen bis zum Jahre 1461. Auf dem Mohrunger Schlosse starb 1470 der Hochmeister Heinrich Reuß von Plauen. Da der Hochmeister Albrecht von Brandenburg den Polen nicht huldigen wollte, wurde 1520 Mohrungen von diesen eingenommen und verbrannt. Im ersten Schwedisch-polnischen Kriege wurde die Stadt 1626 von den Schweden schwer belagert. Sie leistete jedoch tapferen Widerstand, und die Feinde mußten unverrichteter Sache abziehen. Im Jahre 1697 wurde sie ein Raub der Flammen. Auch das kurz vorher erbaute „Schlößchen" brannte nieder. Nur Schloß und Kirche fielen der Feuersbrunst nicht zum Opfer. In der Nähe der Stadtmauer liegt die alte Kirche. Sie wurde in den Jahren 1305 bis 1312 erbaut und 1856 wiederhergestellt. Sehenswert sind ihre Orgel, die Sakristei mit den Statuen alttestamentlicher Würdenträger, wahrscheinlich Moses und Aaron, den alten Gemälden, Herzog Albrecht und D. Martin Luther darstellend, und den Grabsteinen. Der schöne Turm liegt an der Nordostseite der Kirche. Das Rathaus ist in neuerer Zeit freigelegt und stilvoll erneuert worden. Es trägt einen Holzturm mit achteckiger Laterne. An der Seitenfront links vom Eingange steht ein Kaiser Wilhelm-Denkmal. In der vom Markte nach der Kirche führenden Straße liegt Herders Geburtshaus. Es ist durch eine Gedächtnistafel gekennzeichnet. Die Inschrift der Tafel lautet: „Johann Gottfried Herder wurde in diesem Hause geboren d. 26. August 1744 und starb als Präsident des Oberkonsistorii zu Weimar am 18. Dezember 1803. Ihm, dem gediegenen Schriftsteller, Dichter, Philosophen und Orientalisten, zum Andenken und der Jugend zu Mohrungen zur Nacheiferung." Dem Hause gegenüber erhebt sich seit 1854 auf einem geschmackvollen Sockel die schöne, große Bronzebüste Herders. Sie wurde 1852 von W. Wolff gefertigt. Die Geldmittel dazu wurden „durch die Munifizenz Friedrich Wilhelms IV. und Beiträge der Verehrer Herders aus allen gebildeten Staaten" aufgebracht. Das Schlößchen, das nach dem Brande von 1697 wieder aufgebaut wurde, ist jetzt Landratsamt. Das davor befindliche Denkmal, abgestumpfte Pyramide aus Stein mit Medaillonbildnis, ist dem Schöpfer der Mohrungenschen Landschaft, Reichsgrafen George Konrad von Finckenstein (gest. 1799), zu Ehren im Jahre 1801 errichtet worden. An der Kunststraße nach Liebstadt steht in der Nähe Mohrungens seit 1852 ein Denkmal, das dem dortselbst im Gefechte am 25. Januar 1807 gefallenen russischen Generalleutnant von Anrepp gesetzt worden ist. Mohrungen hat einige seltene Kulturdenkmäler aufzuweisen. Dazu gehören die beiden an der Mauerstraße stehenden Häuser mit übergebautem oberen Stockwerke, ferner die Wappen und Sprüche, die sich außen an einigen Bürgerhäusern befinden, sowie deren altertümliche Einrichtungen im Innern. Eigenartig sind auch die oben mit Blech verkleideten hölzernen Grabdenkmäler. Sie stehen auf dem alten Friedhof an der Straße nach Pr. Holland. In Mohrungen ist 1790 die Physikalisch-ökonomische Gesellschaft begründet worden. Später wurde sie nach Königsberg verlegt, woselbst sie ihren Sitz noch heute hat. Seit dem Jahre 1848 erscheint in Mohrungen der in weiten Kreisen bekannte Kalender: Der redliche Preuße und Deutsche.

Am 15. Januar 1736 wurde zu Mohrungen Johann Gottlieb Willamow geboren. Er studierte in Königsberg und wurde 1758 Professor in Thorn. Nach neun Jahren berief man ihn als Direktor der Deutschen Schule nach Petersburg. Da ihm jedes wirtschaftliche Verständnis fehlte, geriet er bald in mißliche Vermögensverhältnisse. 1776 mußte er deshalb seine Entlassung nehmen. Als Mädchenschullehrer fristete er noch ein Jahr sein Leben. 1777 starb er in großer Armut. Willamow ist als

Dithyrambendichter bekannt. Er wollte diese Dichtungsart auf deutschen Boden verpflanzen. Auch hat er sich als Fabeldichter einen gewissen Ruf erworben. Seine Fabeln in Form von Zwiegesprächen zeichnen sich fast durchweg durch Natürlichkeit und Anmut aus.

Der größte Sohn der Stadt Mohrungen und einer der bedeutendsten Ostpreußen überhaupt ist **Johann Gottfried Herder,** der am 26. August 1744 geboren wurde. Sein Vater, der dort Küster und Elementarlehrer war, hatte früher das Gewerbe eines Tuchmachers betrieben. Der redliche Eifer, mit dem dieser sich seinem Berufe hingab, sowie der fromme und stille Sinn der Mutter wirkten äußerst vorteilhaft auf des Knaben lebendigen Geist und sein tiefes Gemüt ein. Gleich günstigen Einfluß auf Herders Wesen gewann der Prediger Willamovius. Seine Schulbildung empfing Herder in der Stadtschule zu Mohrungen, die von dem Rektor Grimm geleitet wurde. Er gewann die Zuneigung dieses strengen Mannes, der sich bewogen fühlte, ihm und anderen geweckten Knaben an den schulfreien Nachmittagen Unterricht im Griechischen und Hebräischen zu erteilen. Der junge Herder zeigte frühzeitig einen Hang zur Schwermut. Der Grund war der, daß er in der Armut seiner Eltern, in seinem schwächlichen Körperbau und dem kranken Auge, das ihn sehr quälte, unüberwindliche Hindernisse sah, die sich seinem Drange zum Studium in den Weg stellten.

Johann Gottfried v. Herder.

Auf den Rat des Predigers Trescho sollte Herder ein Handwerk erlernen. Er hatte ihn zunächst aber in sein Haus als Abschreiber und Aufwärter genommen und wies ihm als Schlafstelle sein Bibliothekzimmer an. Von dem geringen Frühstücksgelde kaufte sich Herder das nötige Öl für die Lampe und trieb in der Nacht ernstliche Studien. Einst überraschte der Geistliche den Jüngling beim Lesen des Neuen Testaments in der Ursprache. Ein anderes Mal fand er ihn bei der Lektüre des Homer eingeschlafen. Diese Vorfälle und manche andere Äußerungen einer hohen Wißbegierde bewirkten, daß Trescho den Geistesgaben Herders zunehmende Beachtung schenkte. Zu den Beschäftigungen Herders gehörte es, Treschos Handschriften für den Druck abzuschreiben. Eines Tages sollte er einen Teil der Manuskripte verpacken und an den Buchhändler Kanter in Königsberg schicken. Der Sendung legte Herder eine von ihm verfaßte Ode an Cyrus bei. Kanter fand sie so schön, daß er sie drucken ließ und Trescho fragte, wer ihr Verfasser sei. Blöde und zaghaft bekannte sich Herder dazu. Auf der Rückkehr aus dem Siebenjährigen Kriege wurden Russen in Mohrungen einquartiert, und Herder machte Bekanntschaft mit dem Regimentschirurgen Schwarzerloh. Dieser fand Gefallen an der Gediegenheit und dem edlen Anstande des Jünglings und erbot sich, ihn nach Königsberg und von da nach Petersburg mitzunehmen. Gleichzeitig versprach er, für die Heilung seines kranken Auges sowie für die Ausbildung zum Wundarzte Sorge tragen zu wollen. 1762 verließ Herder Vaterstadt und Elternhaus. Beide sollte er nicht wiedersehen. Er kam nach Königsberg. Dem Studium der Medizin konnte er sich jedoch nicht widmen. Gleich bei der ersten Sektion, der er beiwohnte, fiel er in Ohnmacht. Er begleitete seinen Beschützer nicht nach Petersburg, sondern beschloß, in Königsberg zu bleiben und sich dem Studium der Theologie zu widmen. Bald wurde er mit mehreren berühmt gewordenen Männern, vor allem mit Kant und Hamann, vertraut. Durch die Beziehungen zu ihnen erhielt er eine Stelle als Aufseher der Kostgänger im Friedrichskollegium, wo er nach kurzer Zeit auch Lehrer der lateinischen Sprache, der Philosophie und Geschichte wurde. 1765 folgte er dem Ruf als Lehrer an die Domschule nach Riga, mit welcher Stelle der dortige Magistrat ein Predigtamt verknüpft hatte. Hier erntete er den schönsten Segen seiner Wirksamkeit. Seine Zöglinge hingen mit ganzer Seele an ihm, und die Kirche konnte die Menge der andächtigen Zuhörer nicht mehr fassen. Der Drang, die Welt zu sehen, trieb ihn, seine Stelle in Riga niederzulegen und auf Reisen zu gehen. Zur See reiste er nach Nantes, von dort nach Paris. Hier erhielt er die Aufforderung, den Prinzen von Holstein-Eutin auf einer Reise durch Frankreich und Italien zu begleiten. Er folgte ihr und trat die Reise an. Doch schon in Straßburg mußte er sich vom Prinzen trennen, da sein verschlimmertes Augenleiden ihn nötigte, sich daselbst einer Operation zu unterwerfen. Hier traf er Goethe, wurde mit ihm näher bekannt und gewann auf ihn einen bedeutenden Einfluß. Nach seiner Wiederherstellung nahm er einen Ruf als Pfarrer und Konsistorialrat nach Bückeburg an. Fünf Jahre hatte er an diesem Orte gewirkt, als er auf Goethes Empfehlung die ehrenvolle Aufforderung erhielt, als Generalsuperintendent und Oberkirchenrat nach Weimar zu kommen. Mit Freuden folgte er. Aber weder der Erfolg seiner Schriften, noch die Achtung und Liebe, die er in Weimar genoß, ließen ihn zu rechter Befriedigung kommen. Eine große Reizbarkeit, höchstwahrscheinlich die Folge seiner Kränklichkeit und seines traurigen Jugendlebens, veranlaßte, daß er sich mit Goethe und Schiller überwarf. Auch mit der übrigen Weimarer Gesellschaft wußte er sich nicht besonders zu stellen. Darum vereinsamte er von Jahr zu Jahr immer mehr. Ein Lichtpunkt seines Lebens war eine Reise nach Italien (1788). Nach der Rückkehr wurde er zum Vizepräsidenten, später zum Präsidenten des Oberkonsistoriums ernannt. Der Kurfürst von Bayern erhob ihn darauf in den Adelsstand. In der hohen amtlichen Stellung verblieb er bis zu seinem Tode, der nach langem Leiden am 18. Dezember 1803 erfolgte. Der Großherzog Karl August ließ 1819 auf sein Grab eine Gedächtnistafel mit der Inschrift: „Licht, Liebe, Leben" legen. Am 25. August 1850 wurde ihm in Weimar vor der dortigen Stadtkirche ein Standbild aus Erz errichtet.

Als Dichter kann Herder trotz nicht gewöhnlicher Eigenschaften neben seinen großen Zeitgenossen Goethe und Schiller nicht aufkommen. Nur sein Cid, der nach einigen spanischen Romanzen, welche Don Rodrigo Diaz von Vivar zum Mittelpunkte haben, bearbeitet wurde, steht als eine achtunggebietende, ja in mancher Hinsicht bewunderungswürdige Leistung vor uns und wird zweifellos noch lange von unserem Volke geschätzt werden. Jedoch als Ästhetiker und sachverständiger Kunstenthusiast war er für seine Zeit eine Größe ersten Ranges. Er wies nicht nur auf die Volkspoesie hin, er forderte auch für die Kunstpoesie durchaus Volkstümlichkeit. An Ossian weist er den Charakter des Volks- und Naturgesanges und sein vorbildliches Wesen für alle Zeiten nach. An Shakespeare zeigt er, wie Vollendetes im Drama nur in freier Entfaltung aus dem Leben des Volkes hervorgehen könne. Seine Abhandlungen über Ossian und Shakespeare waren epochemachend und eröffneten gewissermaßen die „Sturm- und Drangperiode" unserer Literatur. Unermüdlich war er im Sammeln von Volksliedern und gab sie später unter dem Titel Stimmen der Völker in Liedern heraus. Ein seltenes Übersetzertalent verrät er hier. Herder hat es nämlich verstanden, den poetischen Erzeugnissen fremder Völker viel vom deutschen Geiste mitzugeben.

2. **Liebstadt** liegt an der in die Passarge gehenden Liebe. Diese Stadt wird schon in einer Urkunde von 1315 erwähnt. Über ihre Gründung ist Genaueres nicht bekannt. 1414 wurde sie von den Polen, 1659 von den Schweden verbrannt. Am schrecklichsten hat sie aber von den Franzosen 1807 leiden müssen. Die zur Komturei Elbing gehörige Burg lag im Norden der Stadt.

Von ihr sind jetzt nur noch die Fundamente vorhanden, die aber durch andere Bauwerke verdeckt sind. Die alte Umfassungsmauer ist noch teilweise erhalten. Am 6. Mai 1807 hat auch die Kirche dem Feuer zum Opfer fallen müssen. Erst im Jahre 1823 ist sie wieder aufgebaut worden, dabei wurden die im Feuer nicht zerstörten Grundmauern beibehalten. Im letzten Jahrzehnte hat sie eine durchgreifende Umgestaltung erfahren. Am 14. Mai 1911 konnte sie aufs neue geweiht und ihrer Bestimmung übergeben werden.

In Liebstadt erblickte im Jahre 1733 Herders Lehrer, Trescho das Licht der Welt. Nachdem er in Königsberg sein theologisches Studium beendigt hatte, wurde er in Mohrungen Diakonus. Gestorben ist er 1804. Er war ein fruchtbarer theologischer Schriftsteller. Am bekanntesten wurden seine Briefe über die neueste theologische Literatur. Auch geistliche Lieder hat er gedichtet.

3. **Saalfeld,** am Ewingsee gelegen, der durch den Weinsdorfer Kanal[1]) mit dem Geserichsee in schiffbarer Verbindung steht, wurde von Thüringern gegründet und erhielt 1305 die Handfeste durch den Komtur zu Christburg Sieghart von Schwarzburg. Die mittelalterliche Befestigungslinie ist jetzt noch festzustellen. Es sind erhebliche Teile der Mauer erhalten. Von den Mauertürmen ist noch einer, westlich von der Kirche gelegen, vorhanden, dagegen sind die alten Stadttore vollständig verschwunden. Der Hochmeister Johann von Tiefen gründete 1497 in Saalfeld ein Bernhardinerkloster, das aber bereits 1525 einging. Als im Jahre 1587 das pomesanische Bistum aufgehoben wurde, richtete der Markgraf Georg Friedrich in Saalfeld das Oberländische Konsistorium ein, das 1751 mit dem Königsberger Konsistorium vereinigt wurde. Markgraf Georg Friedrich schuf in Saalfeld 1587 auch eine Provinzial- und Landesschule, die dritte in Preußen. So hatte Saalfeld eine gewisse Bedeutung im Oberland und galt in kirchlicher Hinsicht sogar als seine Hauptstadt.

Saalfeld ist der Geburtsort Robert Roberthins. Er erblickte dortselbst am 3. März 1600 das Licht der Welt. Mit Recht nennt man ihn den ersten ostpreußischen Dichter. Einen früheren verzeichnet nämlich die Literaturgeschichte nicht. Er war ein durch viele Reisen gebildeter Weltmann, ein geschulter Philolog und Historiker und ein tüchtiger Jurist. Als „kurfürstlicher Rat, auch Ober- und Regiments-Sekretarius“ verfaßte er eine Reihe von Gedichten für den Königsberger „Dichterkreis“ Eine innige Freundschaft verband ihn mit Simon Dach und mit Heinrich Albert. Dem Musiker Stobäus ist er väterlicher Beschützer und Förderer gewesen. Mit dem Dichter Martin Opitz stand er in lebhaftem Briefwechsel. Opitz hat ihn von Danzig aus auch besucht. Der ganze Königsberger Dichterkreis nahm Anlaß, diesen Besuch besonders zu feiern. Roberthin starb am 7. April 1648, von seinen Freunden aufs schmerzlichste betrauert. Seine Gedichte hat er nicht gesammelt, darum sind sie fast gar nicht bekanntgeworden. Für die heutige Zeit haben sie nur literarhistorischen Wert.

---

[1]) Der Weinsdorfer Kanal ist bereits in den Jahren 1311—1324 von Saalfelder Bürgern angelegt worden. Im Jahre 1776 wurde er ausgebessert. Beim Bau des Oberländischen Kanals erfuhr er eine abermalige Ausbesserung.

b) Sonstige Ortschaften.

In dem südwestlich von Mohrungen gelegenen Dorfe Sonnenborn finden sich noch Bauernhäuser mit Vorlauben und auf dem Friedhof eigenartige Grabdenkmäler. Dasselbe gilt von dem benachbarten Benedien. Dortselbst wurde der 1574 verstorbene evangelische Bischof von Pomesanien George Venediger geboren. Verzierte und geschnitzte Holzpfähle findet man anstatt der Kreuze auch auf den Friedhöfen zu Kahlau und Hagenau. Auch hier sind mit Vorlauben versehene Bauernhäuser. Hagenau mit dem Windmühlenberge bildet einen der schönsten Punkte Ostpreußens. Von Mohrungen durch den Nariensee getrennt, liegt das Kirchdorf Alt Reichau. Unter der Sakristei der Kirche befindet sich das Familiengewölbe für die Reichauer Besitzer und unter dem gräflichen Ponarier Kirchenstande das Gewölbe der Besitzer von Ponarien. Am Nordende des Rötloff- und am Südende des Samrodtsees, da wo sich die alten Landstraßen Elbing—Osterode und Saalfeld—Mohrungen kreuzen, finden wir Maldeuten. Der Ort hat eine lebhafte Holzindustrie. Im Gutsparke sind schöne Anlagen, besonders prächtige Buchenalleen. Nicht weit von Maldeuten ist die Geneigte Ebene Buchwalde. Von hier kann man den Lauf des Oberländischen Kanals bis zum etwa 100 m tiefer gelegenen Drausensee verfolgen. Am Rötloffsee, in Zölp, befand sich ehemals der Sitz des Kanalamtes. Der Erbauer des Kanals, Baurat Steenke, hatte sich hier eine schöne Villa errichten lassen. (Siehe Seite 122!) Seit 1905 ist der Oberländische Kanal der Wasserbauinspektion Osterode unterstellt. Nicht fern von Saalfeld, und zwar in westlicher Richtung, finden wir Pr. Mark mit den Ruinen eines ehemaligen Ordenshauses. Die Überreste der Burg Pr. Mark liegen auf einer Halbinsel im Singersee, aus dem die Alte Sorge entspringt. Sie war dem Komtur zu Christburg unterstellt und war schon 1312 Sitz eines „Schäffers." Später wohnte dort ein „Pfleger." So war beispielsweise der Hochmeister Konrad Zöllner, bevor er das höchste Ordensamt bekleidete, Pfleger in Pr. Mark. Endlich hatten dort Vögte und Hauskomture ihren Wohnsitz. Nach der Schlacht bei Tannenberg fiel die Burg auf kurze Zeit in die Hände der Polen. Im Dreizehnjährigen Städtekriege bildete sie einen wichtigen Stützpunkt des Ordens. Im zweiten Thorner Frieden verblieb sie beim Orden. In herzoglicher Zeit bildete Pr. Mark den Sitz eines Hauptamtes. Während des ersten Schwedisch-polnischen Krieges ist der Kurfürst Georg Wilhelm zu wiederholten Malen dort gewesen. Im zweiten Schwedisch-polnischen Kriege hat die Burg den Schweden erfolgreichen Widerstand geleistet. Ungefähr 100 Jahre später befand sie sich schon in einem sehr baufälligen Zustande. Vom Haupthause sind jetzt nur noch ganz bescheidene Überreste vorhanden. Von der ersten Vorburg sind die Mauern und der Turm erhalten. Auf der zweiten Torburg steht die 1796 erbaute evangelische Kirche, deren Glocken in dem Vorburgturm, dem „Transpanon", hängen. Die Mutterkirche von Pr. Mark befindet sich in Liebwalde. Dieses Gotteshaus stammt bereits aus der Ordenszeit. Am Kreuzungspunkte der Eisenbahnstrecken Elbing—Osterode und Marienburg—Allenstein liegt Miswalde mit einer ebenfalls aus der Ordenszeit stammenden Kirche. Die Sorge ist hier zu einem Mühlenteich angestaut. An diesem Teich erhebt sich ein Schloßberg. Prökelwitz, an der Bahnstrecke Miswalde—Christburg, ist seit 1736 Dohnascher Besitz. Das dortige Schloß dient dem Kaiser bei seinen Prökelwitzer Jagden zum Aufenthalt. In der Nähe von Prökelwitz finden wir das Dorf Altstadt. Man nimmt an, daß es einst die Stadt gewesen sei, die zu der Burg Alt Christburg gehörte. Auch die Altstädter Kirche gehört der Ordenszeit an. Alt Christburg, in der Nähe der westpreußischen Grenze und großer Waldungen, hat einen Schloßberg, der einstmals eine starke altpreußische Feste trug. Nach sagenhaften Berichten soll die Burg in der Christnacht 1234 vom Orden erobert worden sein. Er baute sie aus und nannte sie Christburg. Da sie aber zu häufig von den Pogesaniern angegriffen wurde, gab der Orden sie auf und erbaute 1248 in nördlicher Richtung davon an der Sorge eine neue Burg, die auch Christburg genannt wurde. Auf dem Schloßberge der Stadt Christburg sieht man noch heute ihre Überreste. Südöstlich von Alt Christburg liegt Mortung, zur Ordenszeit ein Pfleger- und Fischmeisteramt der Komturei Christburg. Gehen wir die von Liebstadt südwärts führende Kunststraße, so gelangen wir nach dem Kirchdorfe Herzogswalde. Die Annahme, daß dieser Ort aus einem Jagdschlosse des Herzogs Albrecht hervorgegangen sei, ist falsch. Er wird bereits 1335 in einer Urkunde genannt. Östlich davon liegt Waltersdorf. Auf dem dortigen Friedhofe findet man auch die eigenartigen oberländischen Grabdenkmäler.

3. Der Kreis Osterode.

a) Die Städte.

1. **Osterode,** am Einflusse der Drewenz in den Drewenzsee gelegen, bildet den Ausgangspunkt der Oberländischen Wasserstraße und ist dadurch zum Hafenplatz eines großen, fruchtbaren und waldreichen Hinterlandes geworden. Diese Wasserstraße und die später erbaute Thorn-Insterburger Eisenbahn haben Osterode einen großen Aufschwung verliehen. In der Zeit von 1864 bis 1875 hat Osterode um 42,5% Einwohnerzahl zugenommen, ein für den deutschen Osten kaum noch sich wiederholendes Wachstum. Allerdings hat es nicht in demselben Maßstabe bis zur Gegenwart angedauert. Die mächtig aufstrebende Stadt Allenstein hat nicht nur Osterode den Rang abgelaufen, sondern hält auch jetzt diese Stadt vermöge ihres Übergewichtes in der Entwickelung zurück. Die Burg Osterode hat anfangs nur aus Erde und Holz bestanden. Die Errichtung der festen Burg erfolgte in den Jahren 1350 bis 1370 durch den Erbauer der Schwetzer Burg, Günter von Hohenstein. Schon um das Jahr 1340 wurde Osterode Sitz einer Komturei. Durch den großen Stadtbrand 1788 hat die dortige Burg schwer leiden müssen. Einzelne Teile finden sich noch heute. Die Stadt wurde von sächsischen Kolonisten von 1270 bis 1302 gegründet und erhielt 1329 ihre Handfeste. 1400 fiel sie einer großen Feuersbrunst zum Opfer. Unmittelbar nach der Schlacht bei Tannenberg 1410 wurde sie eine Beute der Litauer und Polen. Im Dreizehnjährigen Städtekriege stellte sie sich anfangs auf die Seite des Preußischen Bundes, schloß sich aber bald wieder dem Orden an. Am 6. Juli 1639 starb auf der Burg Osterode die Gemahlin des Herzogs Johann Christian von Liegnitz-Brieg. Die Burg war ihm von Kurbrandenburg zum Pfande gegeben worden. Er war dorthin gezogen, um sich vor der in Schlesien herrschenden Pest zu retten. Ein Leichenstein vor dem Altar der deutschen Kirche kennzeichnet die Stelle, wo die Gebeine der Herzogin ruhen. Nach dem großen Brande vom 21. Juli 1788 mußten Stadtmauern und Tore abgebrochen werden. Das Material fand zu Neubauten Verwendung. Auch

die deutsche Kirche wurde vom Feuer zerstört. Sie wurde auf den alten Fundamenten wieder erbaut und 1801 geweiht. Die polnische Kirche steht teilweise auf der alten Stadtmauer. Diese Kirche brannte 1788 nicht ab, mußte aber von 1806 bis 1812 als Magazin dienen. 1815 wurde sie neu geweiht. Vom 16. bis 23. November 1806 war Osterode Hauptquartier Friedrich Wilhelms III. In den letzten Tagen des Monats Februar 1807 sammelte Napoleon auf den Höhen bei Osterode seine aus der Schlacht bei Pr. Eylau am 7. und 8. Februar nicht siegreich hervorgegangenen Truppen, um sie zu ergänzen und zu neuen Siegen zu führen. Am 23. Februar hatte er noch die

Osterode mit Drewenzsee. (Vom Bismarckturm aus gesehen.)

Absicht, sich bis Thorn oder gar Warschau zurückzuziehen. Jetzt beschloß er, haltzumachen und nicht weiter zurückzugehen. Zur Erinnerung daran wurde eine Denkmünze geprägt. Auf ihrer Vorderseite steht die Inschrift Napoléon à Osterode, auf der Rückseite Fabius Cunctator. Im Schlosse zu Versailles befindet sich ein großes Wandgemälde, das die Unterschrift trägt: Napoléon à Osterode accorde des graces aux habitants. Mars 1807. Es erinnert ebenfalls an den Aufenthalt Napoleons in Osterode. Dargestellt ist auf dem Gemälde hauptsächlich die schöne Landschaft am Drewenzsee, die Napoleon vom höchsten Punkte der Osteroder Höhen, südwestlich von Buchwalde, geschaut hat. Osterode ist eine der schönsten Städte nicht nur des Oberlandes, sondern der ganzen Provinz. Vor allem gilt das von der Umgebung. Einen prächtigen Rundblick genießt man von dem am Nordufer des Drewenzsees befindlichen Bismarckturm. Es ist das erste Bauwerk dieser Art, das in Ostpreußen errichtet worden ist. Zu Osterode wurde 1753 der nachmalige Königsberger Professor der praktischen Philosophie und Kameralwissenschaften Christian Jakob Kraus geboren. Er war einer der gelehrtesten und geistreichsten Männer seiner Zeit und gehörte zum engsten Freundeskreise des großen Immanuel Kant. Kraus starb 1807.

2. **Liebemühl,** 1335 gegründet, liegt an dem Liebeflüßchen und ist von allen Seiten von Seen umgeben, so daß nur schmale Zugänge zu dieser Stadt führen. Die ehemalige Burg dortselbst ist wahrscheinlich 1337 erbaut worden. Heute steht nur noch auf dem alten Platz an ihrer Nordostecke die Mühle. Im Dreizehnjährigen Städtekriege hielt ihre Besatzung treu zum Orden, während die Stadt von ihm abgefallen war. Im Reiterkriege schlug hier der letzte Hochmeister die ganze polnische Besatzung der Stadt und unternahm auch erfolgreiche Ausfälle auf das bei Osterode lagernde polnische Heer. In der Herzogszeit wurde die Burg Liebemühl dem evangelischen Bischof von Pomesanien George Venediger zum Wohnsitz überwiesen. Venediger residierte von 1568 ab in Liebemühl. Er starb 1574 und ist in der Liebemühler Kirche beigesetzt worden. Ihm folgte bis 1587 der Bischof Wigand, der ebenfalls in Liebemühl starb und dort auch seine letzte Ruhestätte gefunden hat. Die jetzt evangelische Pfarrkirche war vor der Reformation dem Apostel Bartholomäus geweiht. Sie besitzt eine würdige Ausstattung.

3. **Gilgenburg** im alten Lande der Sassen hat eine recht interessante Lage. Im Osten befindet sich der Große, im Westen der Kleine Damerausee. Beide sind im Norden durch den Wickerfluß, im Süden durch den Stadtgraben verbunden. Infolgedessen ist die Stadt vollständig von Wasser umgeben. Ringsherum ziehen sich ansehnliche Hügelketten. Sie wurde 1326 begründet, während die daselbst vorhandene Ordensburg bereits 1319 erbaut worden ist, und zwar durch den Komtur Luther von Braunschweig. In den Polenkriegen ist Gilgenburg ein vielumstrittener Punkt gewesen. Die Burg wurde 1410 und 1520 von den Polen erstürmt. Obwohl sie besonders fest gebaut war und dazu noch eine vorzügliche Lage hatte, fiel sie 1410 bereits einige Tage vor der Schlacht bei Tannenberg in die Hände der Feinde. Mit unerhörter Grausamkeit haben diese in Burg und Stadt gewütet. Selbst vor dem Gotteshause machten sie nicht halt. Der Polenkönig vermochte nicht der Wut der entfesselten Scharen Einhalt zu tun. In ähnlicher Weise hausten die Polen auch im Reiterkriege 1520. Bald nach 1525 kam Gilgenburg in den Besitz der Familie von Gablenz. Kurze Zeit später fiel die Stadt an die Familie von der Oelsnitz. Von 1572 bis 1832 gehörte sie den Grafen

von Finckenstein. Ein Graf von Finckenstein ließ im 16. Jahrhundert das Schloß vollständig umbauen. Was jetzt noch von der dortigen Burg zu sehen ist, stammt von diesem Umbau her. Ein jüngeres Alter hat trotz ihres ehrwürdigen Aussehens die evangelische Kirche. Sie wurde 1600, allerdings auf älteren Fundamenten, erbaut. Der schöne gotische Westgiebel stammt erst aus dem Jahre 1842. Böhmische Brüder, die 1547 ihrer Religion wegen aus Böhmen vertrieben wurden, ließen sich auch in Gilgenburg nieder. Sie bauten sich hier sogar eine Kirche, zogen aber schon 1563 von Gilgenburg fort. Zwei ihrer Geistlichen, Matthias Sioninus und Matthias Czerwonka, liegen in Gilgenburg begraben. Die Gedenktafel des letzteren hängt noch heute in der Sakristei der evangelischen Kirche. 1729 wurde die Kirche der Böhmischen Brüder zur Schule eingerichtet. Der mittelalterliche Be-

Gilgenburg.

festigungsgürtel der Stadt läßt sich noch genau verfolgen. Auch das ehemalige Polnische Tor ist noch zu bestimmen. Das Deutsche Tor ist beseitigt worden. Seit 1865 steht in Gilgenburg eine katholische Kirche. Sie ist im gotischen Stil erbaut und ist weithin sichtbar.

4. **Hohenstein** liegt ebenfalls im ehemaligen Lande der Sassen, und zwar am Amelingflusse unweit des Mispelsees. Früher hat dieser See wahrscheinlich bis zur Stadt gereicht, während sich jetzt zwischen See und Stadt ein sumpfiges Gelände ausdehnt. Hohenstein befindet sich in etwa 150 m Höhe über dem Meeresspiegel. Die Umgegend ist bergig und steinicht. Ihren Namen hat die Stadt von dem Erbauer der Burg, Günter von Hohenstein, Komtur zu Osterode. Die Stadtgerechtigkeit erhielt sie 1359 durch Winrich von Kniprode. Merkwürdigerweise wurde sie nach der Niederlage des Ordens bei Tannenberg von den Polen verschont, obschon sich das Schlachtfeld in nächster

Nähe befand. Im Jahre 1414 wurde sie aber nebst der Burg aus Furcht vor Jagello und Witold von dem Orden selbst niedergebrannt. 1444 schloß sich Hohenstein den Polen an, trat aber mit Beginn des Dreizehnjährigen Städtekrieges wieder zum Orden über. Die Reformation wurde hier verhältnismäßig frühzeitig eingeführt. Dabei machte sich besonders der Erzpriester Matthias Bienwald verdient. In dem Kriege Gustav Adolfs gegen die Polen wurde Hohenstein längere Zeit von den Polen besetzt gehalten. Große Brände herrschten 1651, 1685 und 1804. Dem letzteren fiel auch das Rathaus zum Opfer. Die Pest von 1709 hat in Hohenstein besonders schlimm gehaust. Zu der Zeit, als die Stadt ihre Handfeste erhielt, wurde auch die Burg erbaut. Sie erhebt sich auf einer bescheidenen Anhöhe und beher-

Burg Hohenstein, jetzt Kgl. Lehrerseminar.

bergt seit 1895 ein Königliches Lehrerseminar. Vorher, und zwar von 1857 ab, war darin ein Königliches Gymnasium untergebracht. Am besten sind Nord- und Ostflügel erhalten. Im Nordflügel befindet sich ein Keller mit schönem Kreuzgewölbe. Die Innenräume des Schlosses sind seiner jetzigen Bestimmung entsprechend umgebaut worden. Einen recht altertümlichen Eindruck macht allerdings heute noch die Seminar-Aula. Die Pfarrkirche besitzt ein schönes Altarbild von Gratz, Christus am Kreuz darstellend. Außerdem hat die Kirche auch ein Bildnis D. Martin Luthers. Im Hohensteiner Stadtwalde, nahe dem Griesliener See, befindet sich in schöner und sehr geschützter Lage die erste Lungenheilanstalt der Provinz. Sie wurde am 1. Oktober 1903 eröffnet und soll im Gegensatze zu der für Frauen bestimmten Heilstätte „Frauenwohl“ bei Allenstein nur Männer aufnehmen.

Seit 1. April 1911 hat sie 82 Betten. Sämtliche Krankenzimmer liegen nach Süden. Die Anstalt ist mit vorzüglichen Liegehallen ausgestattet und hat auch sonst die neuesten und besten Einrichtungen. Bis zum 1. Januar 1911 hat sie 1816 Kranke aufgenommen, davon etwa $\frac{4}{5}$ aus Ostpreußen. Sie gehört dem „Verein zur Einrichtung von Lungenheilstätten in Ostpreußen".

b) Sonstige Ortschaften.

Die Bahn nach Osterode führt in südöstlicher Richtung nach dem Kirchdorfe Mühlen. Hier befand sich schon zur Ordenszeit eine Kirche. 1807 richteten die Franzosen die Mühlener Kirche zur Kaserne ein. Die jetzige Kirche wurde 1862 auf Veranlassung Friedrich Wilhelms IV. fertiggestellt. Ihre Tochterkirche ist die Kirche zu Tannenberg. Dieser Ort wird schon im Jahre 1334 erwähnt. Die Kapelle auf dem Schlachtfelde zu Tannenberg (siehe Seite 29!) ließ der Hochmeister Heinrich von Plauen erbauen. Sie wurde am 12. März 1413 zu Ehren der Mutter Maria geweiht. Schon im nächsten Jahre wurde sie von den Polen eingeäschert, aber bald darauf vom Orden wiederhergestellt. Bereits zu Hennenbergers Zeiten war sie verfallen. An ihrer Stelle baute man die jetzige Fachwerkskirche. Nördlich von Gilgenburg liegt Marwalde. Der Ort hatte 1656 durch den Tatareneinfall schwer zu leiden, selbst die Kirche wurde verwüstet. Nördlich davon finden wir Döhlau. Als Friedrich Wilhelm IV. im Jahre 1842 das Tannenberger Schlachtfeld besuchte, bat man ihn um ein Schriftstück von seiner Hand zur Aufbewahrung im Turmknopfe der neuausgebauten Kirche. Der König kam dieser Aufforderung nach und schrieb folgendes: „Aufgefordert, für den Knopf zur Kuppel der neuen Kirche Döhlau einen Beitrag zu liefern, tue ich dieses nur mit dem innigsten Wunsche, daß Gottes h. Wort an dieser Stätte und in der ganzen Umgegend nimmer schwinden möge. — Gott sei mit uns! — Geschrieben zu Hohenstein (9. Sonntag nach Trin.), den 24. Juli 1842 bei der Heimkehr von der silbernen Hochzeit meiner Schwester Charlotte mit dem Kaiser Nicolaus von Rußland auf der Reise von Königsberg nach Erdmannsdorf in Schlesien, nachdem ich gestern die biedere Bekanntschaft mit dem Erbauer der Kirche, Hauptmann Kern auf Döhlau, gemacht habe. Friedrich Wilhelm." An die Kirche in Marienfelde knüpft sich die eigenartige Sage, daß sie nach der Schlacht bei Tannenberg im dichten Walde ganz in Vergessenheit geraten sei. Erst nach vielen Jahren habe sie dort ein Viehhirt zufällig entdeckt. Wenige Kilometer östlich von Döhlau liegt das Kirchdorf Geierswalde. In dem benachbarten Reichenau ist eine achteckige Holzkirche mit hölzernem, freistehendem Turm und mit schön geschnitztem Altaraufsatze. Manchengut am Amelingflusse hat einen hölzernen Kirchturm mit achteckiger, schindelgedeckter Spitze. Das unmittelbar unter dem Dache befindliche Stockwerk ragt über die unteren Stockwerke hinweg. Im Nordostzipfel des Kreises liegt der Marktflecken Locken. Der dortige Kirchturm ist in seiner oberen Hälfte aus Holz erbaut und trägt eine zwiebelförmige Spitze, die wie der Manchenguter Turm mit Schindeln gedeckt ist. Früher soll in Locken eine Ordensburg gestanden haben. Im Südostzipfel des Kreises finden wir das Kirchdorf Kurken. Hier wird eine Kultstätte der alten Preußen vermutet, die ihrem Erntegotte geweiht war.

VII. Masuren.

Zu diesem Landstriche gehören folgende Kreise: 1. Neidenburg (1633,58 qkm), 2. Ortelsburg (1705,09 qkm), 3. Sensburg (1233,64 qkm), 4. Lötzen (894,41 qkm), 5. Johannisburg (1681,86 qkm), 6. Lyck (1127,75 qkm), 7. Oletzko (841,30 qkm).

1. Der Kreis Neidenburg.

a) Die Städte.

1. **Neidenburg,** an der Neide (siehe Seite 115!) gelegen, bildete einst die Grenzstadt zwischen dem ehemaligen Sassenland und Galindien. Die dortige, in der Nähe der Stadt befindliche Burg wurde zwischen 1310 und 1376

Schloß Neidenburg.

erbaut. Sie erhebt sich auf einem Hügel, der von drei Seiten von der Neide umgeben ist, und bildete den Sitz eines „Pflegers“, der der Komturei Osterode unterstand. Im Laufe der Jahrhunderte hat sie schwere Schicksalsschläge erdulden müssen. 1784 wurde Neidenburg von einer Feuersbrunst heimgesucht. Die deutsche Vorstadt brannte ganz ab. Um Material für den Neubau zu haben, wurde nicht nur eine Vorburg ganz, die andere zum größten Teil abgebrochen, sondern auch das Haupthaus beschädigt. Am meisten hat die Burg im Jahre 1807 leiden müssen, und zwar waren es polnische

Truppen, die unter französischem Befehle den alten Bau verwüsteten. Als die Franzosen 1812 nach Rußland zogen, benutzten sie den Remter als Speicher. Schließlich stand das Schloß ganz öde da, selbst das Dach fehlte. Der Kreisjustizrat Gregorovius vermochte es, den Oberpräsidenten von Schön dafür zu gewinnen, die Burg wiederherstellen zu lassen. Da sich auch der Kronprinz, der nachmalige König Friedrich Wilhelm IV., dafür interessierte, so wurde ihre vollständige Erneuerung angeordnet. Sie erfolgte in den Jahren 1828 bis 1830. Die Burg hat einen West- und einen Ostflügel, die durch starke Wehrmauern verbunden sind. An den Ecken des letzteren stehen zwei trotzige Türme mit zeltförmigem Ziegeldach. Im Westflügel befanden sich Rittersaal (Remter) und Kapelle. Jetzt birgt die Burg das Amtsgericht. Außerdem befinden sich dort zahlreiche Gefängnisräume. Die Stadt ist im Jahre 1381 gegründet worden. Auch sie hat eine abwechselungsreiche Vergangenheit. Schon vor der Schlacht bei Tannenberg fiel sie in die Hände der Polen. Einige Monate später wurde sie jedoch vom Orden zurückerobert. Ganz genau so erging es ihr im Jahre 1414. Im Dreizehnjährigen Städtekriege hielt sie sich zum Preußischen Bund. Im zweiten Thorner Frieden kam sie aber wieder unter die Herrschaft des Ordens. 1656 wurde sie von den Tataren belagert. Ein Bürger, namens Nowak, wurde der Retter der geängstigten Stadt. Er schoß eine Kanone auf die an dem großen erratischen Blocke lagernden Anführer der wilden Horden ab. (Siehe Seite 17!) Die Kugel traf den Stein und zerstörte das Mittagsmahl. Die Bestürzung bei den Tataren war derartig groß, daß sie die Belagerung aufgaben und abzogen. Nowak wurde für diese Tat von seinen Mitbürgern hoch geehrt. Im Siebenjährigen Kriege, und zwar 1758, haben die Neidenburger den Russen huldigen müssen. Am 24. November 1806 weilte Friedrich Wilhelm III. kurze Zeit in Neidenburg. 1812 zogen große französische Truppenteile durch Neidenburg nach Rußland. Schwere Brände herrschten in der Stadt in den Jahren 1664, 1784, 1804 und 1835. Außer der eigentlichen Stadt hat Neidenburg zwei Vorstädte, nämlich die deutsche und die polnische, und den Stadtteil Töpferberg. Von der mittelalterlichen Stadtmauer sind noch erhebliche Bestandteile vorhanden. Dagegen sind die ehemaligen Tore abgebrochen worden. Die evangelische Pfarrkirche mußte im Unglücklichen Kriege den Franzosen als Feldbäckerei dienen. In der südöstlichen Ecke der Stadt befindet sich das sogenannte Magazin. Früher hieß es „Klösterlein". Seine ursprüngliche Bestimmung läßt sich nicht genau nachweisen. An der Nordostecke sind ganz bescheidene Überreste des ehemaligen „Schlößchens" vorhanden. Die Brauerei an der Westseite der Stadt soll schon zur Ordenszeit bestanden haben. Auf dem Marktplatze steht ein Kriegerdenkmal und auf dem Bismarckplatz ein über 3 m hoher Stein mit dem bronzenen Brustbilde des ersten Reichskanzlers. Der Stein ist ein Stück eines auf der Feldmark Gardienen gelegenen mächtigen Findlingsblockes. Die Granitpyramide auf dem Schloßberg ist ein Denkmal für den 1867 verstorbenen Landrat Alexander Lavergne Peguihen. Zwischen Stadt und Bahnhof dehnte sich früher ein sumpfiges Gelände aus, das 1868 entwässert worden ist.

Neidenburg ist der Geburtsort des Dichters und Geschichtsforschers Ferdinand Gregorovius, der dortselbst am 19. Januar 1821 das Licht der Welt erblickte. Seit 1852 lebte er abwechselnd in München und Rom und starb in erstgenannter Stadt am 1. Mai 1891. Seiner achtbändigen Geschichte der Stadt Rom im Mittelalter wegen, die auf Kosten Roms in das Italienische übersetzt wurde, erhielt er 1876 als erster Protestant das Ehrenbürgerrecht dieser Stadt. Die ersten Dichtungen verfaßte er bereits als Hauslehrer in seiner Vaterstadt und später in Soldau. Wir haben von ihm das Trauerspiel Der Tod des Tiberius und das formvollendete Idyll Euphorion. Mehrfach sind seine Wanderjahre in Italien aufgelegt worden, die nach und nach zu einer Reihe von fünf Bänden anwuchsen. An weiteren historischen Werken besitzen wir von ihm Die Geschichte des römischen Kaisers Hadrian, Die Grabmäler der römischen Päpste, Lucrezia Borgia usw. Bei aller Beschäftigung mit der Zeit des klassischen Altertums und trotz seines langen Verweilens auf dem Boden Italiens hat er nicht seine ostpreußische Heimat vergessen. Wohl selten ist dieser ein größerer Lobredner erstanden als in dem Dichter Gregorovius.

In Neidenburg wurde ferner am 20. November 1825 von jüdischen Eltern der spätere „Eisenbahnkönig" Bethel Henry Strousberg geboren. Sein ursprünglicher Name hieß Baruch Hirsch Strausberg. In London erfolgte sein Übertritt zum Christentum. 1855 ließ er sich in Berlin als Eisenbahnbauunternehmer nieder. In unserer Provinz schuf er die Tilsit-Insterburger Bahn und die Südbahn. Weitere Strecken von ihm sind: Berlin—Görlitz, Märkisch-Posener Bahn, Rechte Oderuferbahn, Halle—Sorau und Hannover—Altenbeken. Sein letztes großes Unternehmen waren die rumänischen Bahnbauten von 1868 bis 1871. Diese führten jedoch seinen wirtschaftlichen Ruin herbei, brachten ihn sogar auf kürzere Zeit ins Gefängnis. Nachdem in Berlin über sein Vermögen der Konkurs eröffnet worden war, vermochte er sich nicht mehr zu erholen. Er starb am 31. Mai 1884 in letzterwähnter Stadt. Seine von ihm selbst verfaßte Lebensbeschreibung zeigt diesen Großindustriellen auch als vorzüglichen Schriftsteller.

2. **Soldau** liegt an der Neide, die sich hier zu einem kleinen See, dem Soldausee, anstaut. Unter dem Namen Soldau verläßt der Fluß diesen See und geht nun südwärts zur Grenze. Das Haus Soldau ist zwischen 1300 und 1310 erbaut worden. Es beherbergte zuerst Pfleger, seit 1383 aber nur Vögte. Nach der Schlacht bei Tannenberg ging auch die Vogtei Soldau ein. Von der Burg steht noch der Hauptflügel. Ende der sechziger Jahre des vorigen Jahrhunderts brannte die Burg ab. Dabei wurde das Dach zerstört. Erst seit kurzem ist der Hauptflügel mit einem Dache versehen worden. Auch sonst ist man jetzt bemüht, das alte Schloß „aus den Ruinen zu reißen". Die Stadt erhielt ihre erste Handfeste 1344 vom Hochmeister Ludolf König. Sie hat wie die meisten südlichen Grenzstädte unserer Provinz sehr viel Schweres erdulden müssen. 1409 wurde sie bei einem Einfalle der Russen und Litauer niedergebrannt. Im folgenden Jahre fiel sie schon vor der Schlacht bei Tannenberg in die Hände Jagellos, 1439 wurde das Schloß von den Polen gestürmt und eingenommen. Im Dreizehnjährigen Städtekriege schloß sich Soldau den Bündnern an, wurde jedoch schon 1455 vom Hochmeister Ludwig von Erlichshausen wieder zurückgewonnen. Die Stadt verblieb

nun dem Orden bis zum Reiterkriege. In diesem Kriege wurde 1520 die Burg von den Polen erobert, die Stadt aber, weil der Hochmeister Albrecht von Brandenburg dem Polenkönige den Huldigungseid verweigerte, niedergebrannt. Im ersten Schwedisch-polnischen Kriege haben Polen und Schweden die Stadt in gleicher Weise verwüstet. 1656 hatte Karl X. Gustav, König von Schweden, in Soldau sein Hauptquartier. Ein Jahr später fielen die Tataren dort ein. Nach der fürchterlichen Feuersbrunst im Jahre 1733 wurde die Stadt größtenteils auf Staatskosten besser und regelmäßiger wieder aufgebaut. Dies geschah in noch größerem Maße nach dem Brande 1794. Am ersten Weihnachtsfeiertage 1806 wurde Soldau nach einem hitzigen Gefechte als die erste ostpreußische Stadt von den Franzosen unter Marschall Ney erobert. In diesem Gefechte zeichnete sich der preußische Leutnant Grolmann durch große Tapferkeit aus. Das 18. Infanterieregiment trägt seinen Namen. Die Stadt hat breite Straßen und einen geräumigen Marktplatz, auf dessen Mitte das Rathaus, davor eine „Justitia“, steht. Von der mittelalterlichen Befestigung ist nichts mehr vorhanden, doch soll die evangelische Kirche teilweise auf der alten Stadtmauer stehen. Die Glocken dieser Kirche sind ein Geschenk Friedrich Wilhelms II. Das schöne Altarbild stellt die Grablegung Christi dar.

Schloß Soldau.

b) Sonstige Ortschaften.

Im nordöstlichen Teile des Kreises liegt das Kirchdorf Jedwabno, woselbst sich zur herzoglichen Zeit eine „Jagdbude“ befand. Es war bis in das vorige Jahrhundert hinein von Beutnern bewohnt. In dem südlich von Jedwabno gelegenen Malga ist eine hölzerne Kirche mit ebenfalls hölzernem Turme. In Muschaken, östlich von Neidenburg, war von 1883 bis 1891 Agathon Harnoch Pfarrer. Von ihm stammt die leider nicht durchweg zuverlässige Chronik und Statistik der evangelischen Kirchen in den Provinzen Ost- und Westpreußen. In diesem Kirchdorfe befindet sich die Fürsorgeanstalt Emmaus. Zwischen Soldau und Illowo finden wir das Dorf Narzym. Hier stand früher ein Ordensschloß, das noch heute an Fundamentüberresten kenntlich ist. Auch die Kirche stammt aus der Ordenszeit. Bei Niederow, 3 km von Soldau entfernt, steht der „Schwuraltar“. Er ist ein Zeuge der Begeisterung vor Beginn der Freiheitskriege. Im westlichen Teile des Kreises liegen die Kirchorte Usdau, Sczuplienen, Gr. Koschlau. Die Kirche in Skottau, nordwestlich von Neidenburg, besitzt ein Altargemälde, die Auferstehung Christi darstellend. Es ist ein Geschenk des ehemaligen Kultusministers Dr. Falk. Lahna, in der Nähe der Allequellen, hat eine aus Feldsteinen erbaute Kirche mit einem hölzernen Turme. Der Grenzort Illowo hat einen stattlichen Bahnhof mit mächtigen Behältern zur Aufnahme des russischen Petroleums. Hier ist ferner eine Kontrollstation für den Auswandererverkehr. Jenseits der Grenze liegt der Bahnhof Mlawa. In Kyschienen wurden früher berühmte Viehmärkte abgehalten. Selbst podolisches Vieh wurde dort feilgeboten.

2. Der Kreis Ortelsburg.

a) Städte.

1. **Ortelsburg.** Die dort befindliche Ordensburg erhebt sich auf einer Halbinsel, die sich rechtwinklig in den Hausensee hineinschiebt. An sie lehnt sich die nur aus einer Straße bestehende eigentliche Stadt an. Zu dieser

Burghof mit dem Burggraben und Ausfalltor des Schlosses Ortelsburg.

kommen noch das ehemalige Domänenvorwerk, das 1786 in ein Dorf Fiugatten umgewandelt wurde, und zwei Beutnerdörfer, A und B, auf der anderen Seite des Sees (Nordseite) gelegen. Das Erbauungsjahr der Burg ist unbekannt. Ihren Namen hat sie von dem Elbinger Komtur Ortolf von Trier. Sie war Sitz eines „Pflegers". Bereits 1370 wurde sie von Kynstut zerstört. Nach dem Wiederaufbau ist sie längere Zeit Jagdschloß des Ritterordens gewesen. Markgraf Georg Friedrich hat 1581 die Innenräume, und zwar wohl auch für Jagdzwecke, ausbessern und ausstatten lassen. Im Jahre 1792 mußte die Burg ein Kriegsmagazin aufnehmen. Was von ihr erhalten ist, dient auch heute noch hauptsächlich der Militärverwaltung. Die Stadt war lange Zeit eine Lischke. Erst 1616 erhielt sie durch Johann Sigismund die Stadtrechte. Eine mittelalterliche Befestigung hat sie nicht gehabt. Geschichtlich merkwürdig ist Ortelsburg durch die Zusammenkunft des Kurfürsten Georg Wilhelm mit dem Polenkönige Wladislaus im Jahre 1629. Beutnerdorf ist älter als Ortelsburg. Es entstand dort in der „Wildnis" gegen Ende des 14. Jahrhunderts als eine polnische Ansiedelung. Der Orden begünstigte die Einwanderung der Polen, um durch sie die großen Waldgebiete zu bevölkern. Hauptsächlich nährten sie sich vom Beutnern, also von der Honiggewinnung. Sie trieben aber auch Jagd und Fischfang. Beutnerdorf wird demnächst ebenso wie Fiugatten mit Ortelsburg eine Gemeinde bilden. Es hat noch eine Anzahl alter masurischer Holzhäuser im Gehrsaß aufzuweisen. Ortelsburg hat eine lebhafte Holz- und Mühlenindustrie. Vor dem Rathaus erhebt sich ein stattliches Kriegerdenkmal. Interessant sind die dortigen Wochenmärkte. Sie zeigen dem Fremden häufig die masurische Landbevölkerung in ihrer ureigensten Verfassung.

2. **Passenheim.** Diese Stadt verdankt ihre Entstehung ebenso wie Ortelsburg der alten Verkehrsstraße, die aus dem Herzen Polens nach dem Ordenslande führte. Ihre Bedeutung erlosch mit dem Untergange des polnischen Reiches. Passenheim liegt zum größten Teil auf einer rechtwinkligen Halbinsel im Kalbensee. Die Burg stand in der Nordostecke der Stadt, wo sich heute die katholische Kirche erhebt. 1616 ließ der Kurfürst Johann Sigismund sie abbrechen und aus dem Baumateriale das Rathaus aufführen. Die Stadt ist aus dem Dorfe Heinrichswalde hervorgegangen, das 1386 vom Hochmeister Konrad Zöllner Stadtrechte erhielt. Zu Ehren des obersten Spittlers und Komturs zu Elbing, Siegfried Walpot von Bassenheim, wurde die neue Stadt Bassenheim und später Passenheim genannt. 1414 wurde Passenheim von den Polen eingenommen, 1656 von den Tataren schrecklich verwüstet. Die Tataren kamen unter Anführung des polnischen Generals Gonsiewski. Ihre erste Belagerung war erfolglos. Da zeigte ein Verräter, ein Bauer aus dem benachbarten Dorfe Gr. Rauschken, von Gewinnsucht getrieben, den feindlichen Horden eine seichte Stelle im See, führte sie in der Nacht durch ihn hindurch und durch eine kleine Pforte in die Stadt hinein, woselbst nun die Tataren wie wilde Bestien hausten. Der nachmalige Historiker Hartknoch konnte sich durch eine gelungene Flucht über die dünne Eisdecke des Kalbensees aus der Metzelei retten. (Siehe Seite 431!) Große Brände waren 1583, 1750 und vor allem 1868. Der letztgenannte Brand bereitete der Stadt in wirtschaftlicher Hinsicht unendlichen Schaden.

3. **Willenberg,** zwischen Omulef und dem in diesen mündenden Sawitzflüßchen gelegen, wurde erst 1733 Stadt. Zur Ordenszeit war der Ort eine Lischke. Die Burg Willenberg war ein „Wildhaus" und rings von Wasser und sumpfigem Gelände umgeben. In dem auf unsere Zeit gekommenen

Überrest der Burg sind die Magistratsräume und die Bürgermeisterwohnung untergebracht. Unter dem Tatareneinfall 1656 hatte auch Willenberg furchtbar zu leiden. 1807 hatte Napoleon in Willenberg sein Hauptquartier. Kaiser Alexander von Rußland hielt sich hier 1813 auf. Er wartete auf die Entscheidung Preußens hinsichtlich des Anschlusses an Rußland, die ihm durch den General von Kleist überbracht werden sollte.

b) Sonstige Ortschaften.

Im Südostzipfel des Kreises finden wir am Rosogfluß den Marktflecken Friedrichshof. Er ist um 1675 in der Nähe der Jagdbude Rossoggen angelegt worden. Alljährlich werden hier mehrere Kram- sowie Vieh- und Pferdemärkte abgehalten. Im Spätsommer findet ein reger Gänsehandel statt. Der Grenzverkehr ist recht lebhaft. Vor allem wird jenseits der Grenze viel Schweinefleisch gekauft. Der Ort trägt größtenteils einen stadtähnlichen Charakter, besitzt auch einen geräumigen Marktplatz. Noch im ersten Drittel des vorigen Jahrhunderts wurde bei Friedrichshof nach Bernstein gegraben. Das dortige Königl. Lehrerseminar wurde 1884 nach Ortelsburg verlegt. Die Präparandenanstalt folgte 1898. Sie kam nach Mohrungen. Das Kirchspiel Friedrichshof gehört zu den bevölkertsten Gegenden des südlichen Ostpreußens. Westlich von Friedrichshof liegen die großen Grenzdörfer Willamowen und Liebenberg. Verfolgen wir die von Friedrichshof nordwärts führende Straße, so kommen wir über das etwa 1000 Einwohner zählende Dorf Farienen nach Adamsverdruß, in einer freundlichen Lichtung der großen Heide gelegen. Der Ort soll seinen eigenartigen Namen nach dem Domänenbeamten Adam aus dem benachbarten Friedrichsfelde führen, gegen dessen Willen in Adamsverdruß die Anlage einer Glashütte um 1780 erfolgte. Seit mehr als 20 Jahren ist die Glashütte nicht mehr. Die Fabrikanlagen, die Arbeitshäuser sind spurlos verschwunden. Nicht einmal eine Glasschlacke erinnert an die frühere Heideindustrie. Etwa 4 km nördlich von Adamsverdruß liegt Puppen. In der herzoglichen Zeit war Puppen die schönste unter den fünf Jagdbuden in der damals sehr wildreichen Heide. Herzog Albrecht besuchte sie mit Vorliebe und verlegte zweimal während der Pestzeit 1548/49 und 1564/65 sein Hoflager hierher. Über Puppen geht die alte, nun völlig bedeutungslose Verkehrsstraße von Ortelsburg quer durch die Heide nach Johannisburg. Heute hat Puppen eine lebhafte Holzindustrie. Auch Holzteer wird dort gewonnen. Im Sommer wird von Puppen aus ein schwungvoller Handel mit Blaubeeren getrieben. Bei Kl. Jerutten fand 1802 eine Heerschau statt, der die Königin Luise beiwohnte. Im dortigen Pfarrhause haben sich vorübergehend aufgehalten Friedrich Wilhelm III. und die Königin Luise 1802, ferner 1812 beim Durchzuge nach Rußland die französischen Generale Dubois und Tierny, ebenso beim Durchzuge der Russen nach Frankreich hohe russische Offiziere, so der Großfürst Konstantin. In der nördlichsten Spitze des Kreises liegt das Kirchdorf Kobulten mit einer evangelischen und einer katholischen Kirche. Erstere liegt auf einer Anhöhe neben dem Dorf. Ihre Altargeräte sind ein Geschenk des Vaterländischen Frauenvereins zu Frankfurt a. M. Südlich davon, und zwar an der von Bischofsburg nach Ortelsburg führenden Chaussee, liegt Mensgut, ein Marktflecken mit zwei Kirchen und einem fast städtischen Gepräge. Die evangelische Kirche ist ein altehrwürdiges Bauwerk mit einem schönen Turm. In dem an der eben erwähnten Kunststraße gelegenen Jablonken wurde 1644 der große Historiker Christoph Hartknoch geboren. Seine Jugendzeit hat er in Passenheim verlebt, von wo er bei dem schrecklichen Tatareneinfall nach Königsberg flüchtete. Er starb 1687 in Thorn, woselbst er am Gymnasium Professor war. Von ihm haben wir die Schriften Res publica Polonica, Jena 1687; Petri de Dusburg chronicon Prussiae, Frankfurt 1679; Altes und Neues

Preußen, Frankfurt 1684 und Preußische Kirchenhistorie, Frankfurt 1686. Seine Gedächtnistafel, die früher in der Kirche in Passenheim hing, befindet sich jetzt im Prussia-Museum in Königsberg. Südöstlich von Willenberg dehnt sich das ehemalige Latanabruch aus. (Siehe Seite 173!) Es wurde 1794 vermittels Abzugsgräben nach dem Omulef und dem Waldpuschfluß entwässert. Auf dem gewonnenen Boden entstanden sechs Dörfer: Borken, Latana, Röbelau, Schröttersaue, Wagenfeld und Werder. Einen Rest der alten Brücher bildet heute die sogenannte Holländerei. Südlich von Willenberg, hart an der russischen Grenze, liegt der Marktflecken Opalenietz, jetzt Flammberg, mit einem bedeutenden Zollamte. Hier wirkte der Pfarrer C z y g a n, der mehrere Bücher geistlichen Inhalts durch zweckmäßige Übersetzung dem Verständnisse der ostpreußischen Masuren zugänglich gemacht hat.

3. Der Kreis Sensburg.

a) Die Städte.

1. **Sensburg,** früher höchstwahrscheinlich Segensburg genannt, breitet sich auf einer Landenge, die den Czoossee von dem Junosee trennt, an dem Norduser des erstgenannten Sees aus. Andere Seen in der Nachbarschaft sind der Große und der Kleine Magistratssee und der Czarnasee. Zu diesem Seenreichtume gesellen sich Hügel und Wald. Sie geben der Stadt eine schöne Lage und eine abwechselungsreiche Umgebung. Allerdings hat der große Seenreichtum auch seine Schattenseiten. Man will durch vieljährige Untersuchungen festgestellt haben, daß die Vegetation um Sensburg gegen das Memeltal um etwa acht Tage zurück ist. Auch der Laubfall tritt hier früher ein als in bedeutend nördlicher gelegenen Teilen Ostpreußens. Die Gründe dafür sind in der zur Abend- und zur Nachtzeit stattfindenden Abkühlung zu suchen, die

Sensburg.

durch die zur Verdunstung gelangenden Wassermassen der benachbarten Seen bedingt wird. Die Stadt wurde durch den Hochmeister Konrad von Jungingen zwischen 1393 und 1407 in der damaligen „Wildnis“ begründet. Ihre Handfeste wurde 1444 bestätigt. Sie erlangte bald eine gewisse Bedeutung, weil sich hier für eine ganze Anzahl von Straßen der bequemste Übergang über die lange Sensburger Seenkette bot. 1520 wurde sie von den Polen geplündert und 1568 durch eine große Feuersbrunst in Asche gelegt. Noch am Anfange des vorigen Jahrhunderts bestand sie hauptsächlich aus einstöckigen Holzhäusern. Die letzten Jahrzehnte haben jedoch Sensburg sehr gehoben. Die Stadt erhielt 1898 Anschluß an das Eisenbahnnetz der Provinz, ferner

Nikolaiken.

bekam sie eine Garnison. Die schmucklose evangelische Kirche ist aus Feldsteinen erbaut. Die Wetterfahne auf dem Turm enthält das Stadtwappen. Stattlicher ist die katholische Kirche, die den Stil der alten Ordenskirchen zeigt. Im Stadtpark auf dem Mühlenberge befindet sich das Kriegerdenkmal mit dem Bismarckturm. Man hat von hier eine schöne Fernsicht.

2. **Nikolaiken**, das „ostpreußische Venedig“, liegt zu beiden Seiten des überbrückten Talter Gewässers. Obgleich an dieser Übergangsstelle mehrere Straßen zusammentreffen, hat die Stadt doch kaum größere Bedeutung gewinnen können, weil diese Straßen nur ein kleines und nicht besonders fruchtbares Hinterland erschließen. Der Ort, der seit 1722 Stadtgerechtigkeit hat, ist aus den beiden Fischerdörfern Niklasdorf und dem auf der anderen Seite

des Sees gelegenen Koslau entstanden. Beide Orte sind jetzt durch eine lange und breite Holzbrücke verbunden. Unter ihr haust der sagenhafte „Stinthengst". Eine massive Brücke soll an ihre Stelle treten. Der Name Nikolaiken ist auf St. Nikolas zurückzuführen, dem vor der Reformationszeit die dortige Kirche geweiht war. Die jetzige, im romanischen Stil erbaute Kirche wurde 1842 eingeweiht. Der Turm ist erheblich jünger. Er schließt mit einer Galerie ab, worauf sich eine achteckige, mit Kupfer gedeckte Pyramide erhebt. Die Stadt wird hauptsächlich von Ackerbürgern und Fischern bewohnt. Berühmt sind die Nikolaiker Maränen, für deren Zubereitung eine größere Räucheranstalt ins Leben gerufen worden ist. In der Gegend von Nikolaiken war es, wo 1698 der Kurfürst Friedrich III. und der König August II. von Polen eine große Jagd veranstalteten. Dabei sollen 400 Elche zusammengetrieben worden sein.

b) Sonstige Ortschaften.

Nördlich von Sensburg, in der Nähe des Junosees, finden wir das Kirchdorf Seesten mit den Ruinen einer ehemaligen Ordensburg. Diese Burg wurde unter Heinrich Dusmer von Arfberg 1348 erbaut. Zur Zeit des herzoglichen Preußens war dort der Sitz eines Hauptamtes. Ulrich von Jungingen gründete 1401 neben der Burg das Kirchdorf und wies dem Pfarrer vier Kirchenhufen an. Die alte Ordenskirche brannte jedoch schon 1619 ab. Die jetzige Kirche ist ein Feldsteinbau. Die Grundmauern des hochragenden Turmes stammen wohl noch aus der Ordenszeit. In Seesten war früher eine blühende Holzindustrie. Um 1450 hatte die dortige Schneidemühle ihre Blütezeit. Sie wird als die größte und leistungsfähigste des ganzen Ordenslandes bezeichnet. An der von Sensburg nach Bischofsburg führenden Kunststraße liegt Sorquitten. Das stolze, im englischen Burgenstil erbaute Herrenhaus erhebt sich am Nordende des Lampaskees. Es ist von einem herrlichen Park umgeben. Natur und Kunst haben sich hier vereinigt, um eine Wohnstätte von unvergleichlicher Schönheit hervorzuzaubern. Das Dorf Sorquitten soll schon 1379 gegründet worden sein. Bereits 1497 geschieht eines dortigen Geistlichen Erwähnung. In Sorquitten wurde am 3. Mai 1750 der Begründer der Pepiniere, Johann Goercke, als Pfarrerssohn geboren. Diese militärärztliche Bildungsstätte zu Berlin, die heute den Namen Kaiser Wilhelm-Akademie führt, wurde im Jahre 1795 errichtet. Während der Feldzüge 1792, 1806/07, 1813 bis 1815 hat Goercke eine hervorragende organisatorische Begabung und eine rastlose Tätigkeit im Interesse der Verwundeten entfaltet. Er starb am 30. Juni 1822 zu Sanssouci. Der Kirche seines Heimatortes stiftete er 1787 ein Bild, das den Todesengel darstellt. Am Gehlandsee, der malerische Ufergehänge und schönbewaldete Inseln hat, befindet sich seit 1890 die Korbflechtanstalt Alt Gehland. Hier werden arme Krüppel und Blinde durch Beschäftigung mit Korbflechtarbeiten in die Lage versetzt, sich ihr Brot selbst zu verdienen. (Siehe auch Seite 277!) Am Nordende des Sonntagsees, nordwestlich von Sensburg, finden wir das Dorf Warpuhnen mit einer auf einem Hügel gelegenen, im gotischen Stil erbauten Kirche. Südlich von Sorquitten liegt das Dorf Ribben, woselbst sich schon zur Ordenszeit eine Kirche befunden hat. Im Nordostzipfel des Kreises finden wir das Kirchdorf Eichmedien, das zwischen 1392 und 1396 durch den Komtur von Balga, Konrad von Kyburg, begründet wurde. Das Herrenhaus zu Eichmedien, dessen Bau 1680 vollendet wurde, hat der Große Kurfürst für einen Freiherrn von Hoverbeck aufführen lassen. Es hat bedeutende Kelleranlagen. Zwei Stockwerke liegen übereinander. Auf der Fahrt von Sensburg nach

Rudczanny kommen wir nach der Station Peitschendorf. Dieser Ort entstand 1448 als Beutnerdorf. Heute zeichnet er sich durch eine lebhafte Holzindustrie aus. Südwestlich davon liegt der Marktflecken Aweyden, ebenfalls ein ehemaliges Beutnerdorf, das schon 1397 begründet wurde. Der Kirchturm ist unten massiv, oben aus Holz erbaut. Die Kirche selbst ist ein Feldsteinbau. Fährt man mit der Bahn von Peitschendorf weiter nach Rudczanny zu, so gelangt man nach dem Marktflecken Alt Ukta am Crutinnenfluß mit teilweise städtischem Aussehen. Die dortige Kirche ist im Stile der Basilika aufgeführt, hat jedoch keinen Turm, sondern nur einen unbedeutenden Dachreiter auf dem Giebel. In der Nähe von Ukta befindet sich die Hauptniederlassung der Philipponen, Eckertsdorf. (Siehe Seite 214!) Rudczanny im südöstlichen Teile der Provinz ist nicht nur ein Industrieort, sondern kommt auch immer mehr in Aufnahme als Sommerfrische zahlreicher Fremden.

4. Der Kreis Lötzen.

a) Die Städte.

1. **Lötzen** erstreckt sich an den Ufern des Löwentinsees auf einer Landenge, die diesen See von dem Mauersee trennt. Die militärisch und geographisch günstige Lage der Stadt ist auch für ihre Entwickelung von Vorteil geworden. Das dort befindliche Ordenshaus, das Sitz eines dem Komtur zu Balga unterstellten Pflegers war, ist um 1335 erbaut worden. Bereits 1348 wurde es umgebaut. Seine jetzige Gestalt, Barockstil, erhielt es 1614. In herzoglicher Zeit beherbergte es ein Hauptamt des Kreises Natangen. Die Siedelung neben der Burg führte anfangs den Namen Neuendorf. Sie war eine Lischke und wurde vom Herzog Albrecht Friedrich 1573 zur Stadt erhoben.

Schloß Lötzen.

Im Dreizehnjährigen Städtekriege hielt Lötzen treu zum Orden. Schwer mußte die Stadt bei dem Tatareneinfall leiden. 1686 vernichtete eine große Feuersbrunst fast das ganze Gemeinwesen. Dasselbe geschah auch 1786, also 100 Jahre später. Die Pest von 1710 raffte etwa 800 Einwohner dahin. Die strategisch wichtige Landenge wurde durch ein $1\frac{1}{2}$ km von der Stadt entferntes Festungswerk gesichert. Mit seinem Bau wurde 1844 begonnen. Der Kriegsminister General von Boyen legte dazu den Grundstein. Nach diesem Manne trägt es auch den Namen. Das Ordensschloß dient dem Kommandanten dieser Feste als Wohnung. Die hochgelegene evangelische Pfarrkirche wurde 1827 nach Plänen von Schinkel erbaut und 1881 gründlich erneuert. Das Altarbild, der einladende Christus, ist von Pfannschmidt gemalt worden. Da die Stadt Lötzen an der großen masurischen Wasserstraße gelegen ist, wird sie im Sommer recht häufig von Fremden besucht. Einem jeden fallen die breiten, von Linden eingefaßten Straßen angenehm auf. Der Markt ist recht geräumig und ebenfalls mit Bäumen geschmückt. Eine schattige Lindenallee führt vom Kanale nach der von Grün umgebenen Feste Boyen. In der nächsten Umgegend sind herrliche Aussichtspunkte. Den besten Rundblick genießt man von der bewaldeten Höhe des Aussichtsturmes. Man kann Lötzen mit Recht zu den schönstgelegenen Städten der Provinz zählen. Handel und Wandel stehen in Lötzen in Blüte. Besonders für den Holzhandel ist diese Stadt ein wichtiger Platz. Zeugnis davon legt der am Bahnhofe belegene vorzügliche Holzhafen ab. Auch der Handel mit landwirtschaftlichen Erzeugnissen ist nicht ohne Belang. Dasselbe gilt von den industriellen Unternehmungen: Sägemühlen, Brauereien, Maschinenfabriken usw.

2. **Rhein.** Die dortige Burg wurde 1377 vom Hochmeister Winrich von Kniprode angelegt. Anfangs war sie Sitz eines Komturs. Später barg sie ein Pflegeramt. Mannigfach sind ihre Geschicke. 1415 wurde sie von den Ordenssöldnern versetzt, jedoch 1455 vom Orden zurückerobert. Im Laufe der folgenden Jahrhunderte geriet sie in einen Zustand unglaublicher Verwahrlosung. Von 1793 bis 1853 befand sie sich in Privatbesitz. Im letztgenannten Jahre wurde sie vom Staate zur Strafanstalt für weibliche Strafgefangene umgebaut, brannte aber 1881 im Innern vollständig aus. Nach der Wiederherstellung bildet sie ein stattliches Bauwerk, dem man seine frühere Bestimmung nicht mehr anzusehen vermag. Im Jahre 1911 ist aber die Strafanstalt eingegangen. Der neben der Burg befindliche Flecken wurde 1726 von Friedrich Wilhelm I. zur Stadt erhoben. Die Lage der Stadt Rhein am Nordende des Talter Gewässers (Rheinscher See) ist eine sehr schöne. Sie zeigt sich am besten von der nach Nikolaiken führenden Chaussee. Hier sieht man die Stadt malerisch am Seeufer ansteigen. Die Hauptbeschäftigung ihrer Bewohner sind Ackerbau und Fischfang. Bis in die allerletzten Jahre hinein ist Rhein vom größeren Verkehr abgeschlossen gewesen. Erst unlängst hat die Stadt Eisenbahnverbindung erhalten. Trotz alledem haben hier früher verschiedene Landesherren, Hochmeister, Herzöge, Kurfürsten und Könige als Gäste geweilt.

b) Sonstige Ortschaften.

Südöstlich von Lötzen liegt der Marktflecken W i d m i n n e n, gleichzeitig Station der Ostpreußischen Südbahn. Bereits am Ausgange des 16. Jahrhunderts war Widminnen ein bedeutender Ort. Hennenberger nennt ihn 1595 „ein großes Kirchdorff mit Marktrecht und zehn Krügen". Die dortigen Märkte haben seit langem eine gewisse Berühmtheit. Sie sind stark besucht. Das gilt sogar von den Wochenmärkten. Die

Umgegend ist recht fruchtbar und reichbevölkert. 1572 und 1656 herrschten große Brände in Widminnen. Der erstere äscherte auch die Kirche ein. Dem Brande von 1894 fielen über fünfzig Gebäude zum Opfer. Der Ort hat deshalb vorwiegend neue und massive Häuser aufzuweisen und macht fast durchweg einen städtischen Eindruck. Die Kirche ist aus Feldsteinen erbaut. Von der Fruchtbarkeit der Gegend, die sich zwischen Lötzen und Widminnen erstreckt, legen auch die großen und schön ausgebauten Dörfer Schedlisken und Kruglinnen Zeugnis ab. Zwischen Widminnen und Staschwinnen dehnen sich die Staschwinner Wiesen aus, die 1835 durch Trockenlegung des Staschwinner Sees gewonnen wurden. Westlich von Lötzen finden wir an der Südbahn das ansehnliche Kirchdorf Gr. Stürlack. Der Ort wurde schon 1387 begründet. Das jetzige Gotteshaus wurde 1832 nach Schinkelschen Plänen erbaut. Beim Tatareneinfall hat Stürlack schwer leiden müssen. Zwischen Löwentin- und Saitensee liegt das Dorf Rydzewen, dessen Kirche vom pomesanischen Bischof Johannes Wiegand 1579 begründet wurde. Sie ist aus Feldsteinen erbaut. Eine Gedächtnistafel weist darauf hin, daß der Pfarrer Joh. Sartorius im Jahre 1710 in sieben Tagen seine sieben Kinder verloren hat. Im Nordostzipfel des Kreises, und zwar in der Nähe der Rotebuder Forst, ist das Kirchdorf Orlowen gelegen. Es wurde bereits 1448 begründet. Die dortige Kirche ist im gotischen Stil erbaut. Eine gewisse Berühmtheit hat der Orlower Pfarrgarten. Seine Anlage erfolgte durch den Pfarrer Kiehl. Er umfaßt über $1\frac{1}{2}$ ha. Der südöstlichste Zipfel des Kreises enthält das Kirchdorf Neuhof, früher Seelken genannt. Im Stile der Kirche ist Schinkelscher Einfluß bemerkbar. Die von Lötzen nach Arys und Johannisburg führende Eisenbahn berührt das stattliche Kirchdorf Milken, das sich am Ostufer des Milker Sees zu beiden Seiten der Straße lang hinzieht. Die von Grün umgebene Kirche hat schon vor der Zeit der Reformation bestanden.

5. Der Kreis Johannisburg.

a) Die Städte.

1. **Johannisburg** liegt am Pissek unterhalb seines Ausflusses aus dem Roschsee. Den Zwischenraum zwischen der Stadt und diesem See bildet ein feuchtes, mooriges Gelände. Das Haus Johannisburg wurde während der Litauer Kriege, kurz bevor Heinrich Dusmer die Hochmeisterwürde erlangt hatte (1345), angelegt. Die Litauer waren nämlich unter der Anführung Olgierds und Kynstuts in den südlichen Teil Ostpreußens eingefallen, bis Rastenburg vorgedrungen und hatten diesen Ort niedergebrannt. Zum Schutze gegen weitere Einfälle wurde gewissermaßen als Grenzfestung die Johannisburg angelegt. Die Gründung geschah von Balga aus. Schon 1361 wurde sie aber von Kynstut eingenommen und niedergebrannt. Kaum war sie wieder hergestellt worden, da kam Kynstut zum zweiten Male und äscherte sie 1366 abermals ein. Der dort wohnende „Pfleger" konnte sich nur mit Mühe retten. Auch jetzt wurde sie wieder aufgebaut, und zwar höchstwahrscheinlich als „Jagdbude". Als Winrich von Kniprode 1379 auf seiner Masurenfahrt auch die Johannisburg besuchte, soll er hier Lebensmittel für die Weiterreise mitgenommen haben. Im Kriege des letzten Hochmeisters gegen die Polen wurde sie von diesen belagert, konnte jedoch nicht eingenommen werden. Auch bei den Tatareneinfällen 1556 und 1557 hielt sie stand.

In den nun folgenden Jahren geriet sie allmählich in Verfall. 1787 kam sie in Privatbesitz. Heute sind von der Ordensburg nur wenig Überreste vorhanden, z. B. halbverschüttete Keller, die auf Erlenrosten und kiefernen Grundpfählen ruhen. Die neben dem Ordenshaus angelegte Siedelung war anfangs eine Lischke. Ihrer geschieht schon 1367 Erwähnung. Sie war von Fischern und Beutnern bewohnt. Zu Herzog Albrechts Zeit war sie ein Flecken, doch werden ihre Einwohner schon Bürger genannt. Das Stadtrecht erhielt sie erst 1645 vom Großen Kurfürsten. Kurz vorher und nachher wurde die Stadt von einer Mauer umgeben. Durch den General von Waldeck erhielt sie 1684 eine Palisadenbefestigung. Heute ist davon nichts mehr vorhanden. Die große Pest, die in den Jahren 1709 bis 1711 Ostpreußen verheerte, soll in Johannisburg ihren Anfang genommen haben. Die jetzige Kirche ist 1843 in Fachwerk erbaut worden, und zwar auf dem Platze der früheren Kirche. Der Turm blieb stehen. Er ist massiv und hat Spitzbogenfenster. Das stattliche Rathaus, vor dem sich ein Bismarckdenkmal erhebt, steht an Stelle der früheren Militärwache, die der nachmalige General von York hatte erbauen lassen. In Johannisburg hat nämlich York von Wartenburg von 1797 bis 1799 als Major und Kommandeur eines neuerrichteten Füsilierbataillons gestanden. Da er glaubte, hier längere Zeit bleiben zu müssen, und sich ihm keine passende Wohnung bot, baute er mit Unterstützung Friedrich Wilhelms III. ein Haus „in schlicht edlem Stil", umgeben von einem Garten. Dieses Haus liegt in der Warschauer Straße und ist heute Sitz des Amtsgerichts. Es trägt eine Erinnerungstafel. Leider hängt sie so hoch, daß man mit bloßem Auge die Inschrift nicht lesen kann. Auf dem Durchzuge der russischen Armee 1813 weilte der Kaiser Alexander einige Tage dortselbst. In Johannisburg wurde 1725 der Literaturhistoriker Georg Christoph Pisanski geboren. Er starb 1790 in Königsberg als Doktor der Theologie und Rektor der dortigen Domschule. Durch eine Anzahl größerer und kleinerer Schriften teils über Theologie und Pädagogik, teils über historische und naturwissenschaftliche Gegenstände, die sein Heimatland betreffen, hat er sich einen geachteten Namen gemacht. Besonders bekannt von ihm sind seine „Literärgeschichte von Preußen" und seine „Bemerkungen über die Ostsee". Als die Sekte der Sozinianer — sie verwarfen die Lehre von der Dreieinigkeit, hatten auch andere Ansichten über die Person und Werke Christi als die herrschenden kirchlichen — 1648 in Polen geächtet wurde, sahen sie sich nach einer neuen Heimat um und kamen auch nach Preußen, woselbst sie sich 1676 in Johannisburg und in einigen Dörfern der Umgegend niederließen. In Andreaswalde hatten sie ihr Gotteshaus.

2. **Arys**, am Abflusse des Aryssees zum Spirdingsee gelegen, wurde durch den Hochmeister Konrad von Erlichshausen 1443 als Zinsdorf gegründet. 1721 erhielt der Ort durch Friedrich Wilhelm I. seine Handfeste. Die Kirche ist aus Feldsteinen erbaut. Ihr Turm ist verhältnismäßig niedrig, läuft

aber in eine schlanke, eigenartige Spitze aus. Die lange, breite Hauptstraße dient gleichzeitig als Marktplatz. Arys ist die kleinste Stadt Masurens. Zur Sommerzeit herrscht dort aber reges Leben. Es wird bedingt durch den großen Militärschießplatz. Südlich von der Stadt dehnt sich das sogenannte Lager aus. Es hat zahlreiche Baracken und massive Geschäfts- und Logierhäuser. Das stattlichste Gebäude ist das Kasino.

3. **Bialla** liegt an dem sich in den Roschsee ergießenden Biallaflüßchen. Friedrich Wilhelm I. erteilte diesem Orte 1722 die Stadtgerechtigkeit. Früher war er ein Dorf, das 1428 begründet worden ist. Als Dorf führte er auch den Namen Gaylen oder Gehlen. Schon zur Ordenszeit befand sich hier eine Kirche. Das jetzige Gotteshaus wurde um die Mitte des 18. Jahrhunderts aus Feldsteinen erbaut. Der nach Schinkelschen Plänen errichtete Turm stammt aus neuerer Zeit. Er trägt ein flaches Zeltdach mit Wetterfahne. Auf der Mitte des viereckigen Marktplatzes steht das Rathaus.

b) Sonstige Ortschaften.

An der Nordostecke des Spirdingsees liegt das Kirchdorf E c k e r s b e r g. Da wo jetzt das Pfarrhaus steht, befand sich früher das „Haus Eckersberg". Nur ein Keller ist von ihm noch erhalten. Im Jahre 1361 wurde diese Ordensburg von Kynstut belagert und zerstört. In dem sich daranschließenden Kampfe wurde Kynstut vom Orden gefangen genommen. Das geschah durch den Ritter Heinrich von Kranichsfeld, als Kynstut durch die Lanze eines anderen Ritters vom Pferde geworfen worden war. Südlich von Johannisburg finden wir in einem freundlichen Tale das ehemalige Eisenhüttenwerk W o n d o l l e k. (Siehe Seite 24!) Wondollek gehört zum Kirchspiele Gehsen. Der von Friedrich Wilhelm II. zum Marktflecken ernannte Ort G e h s e n wurde schon 1445 begründet. Das Kirchspiel entstand erst 1846. Zwanzig Jahre war Gottesdienst in der dortigen Schule. Zum Bau der Kirche schenkte Wilhelm I. 2700 Taler. Die Glocken der Kirche sind in Wondollek gegossen worden. Wenige Kilometer südlich von Gehsen liegt der Grenzort D l o t t o w e n mit einer wichtigen Zollstation. Seit wenigen Jahren ist er mit Johannisburg durch eine Eisenbahn verbunden. Hier war 1831 auf kurze Zeit die Leiche des russischen Feldmarschalls Diebitsch von Sabalkansky beigesetzt, bis ihr die Überführung in die Heimat möglich gemacht worden war. Unter den armseligen Ortschaften, die sich im westlichen Teile des Kreises südlich vom Niedersee finden, ist die größte das Kirchdorf G r. T u r o s c h e l n. Es liegt in einer von Brüchern durchzogenen Lichtung der Johannisburger Heide. Die Kirche ist aus Holz erbaut und hat keinen Turm. Der Niedersee trägt seinen Namen nach dem an der Spitze seines Nordwestzipfels gelegenen Dorfe N i e d e n. Die echt masurisches Gepräge tragenden Häuser dieses Dorfes liegen verstreut auf den Uferanhöhen des Sees und tragen eine angenehme Abwechselung in die Waldeinsamkeit hinein. Mit der von Johannisburg nach Lyck führenden Bahn kommen wir nach dem Marktflecken D r y g a l l e n. Dieser Ort wurde 1438 durch einen gewissen Martin Drygall begründet und hieß anfänglich Drigelsdorf. Die Tataren brannten die Kirche 1656 nieder. Die jetzige Kirche stammt aus den Jahren 1731/32. Sie liegt auf einer Anhöhe und besitzt einen hohen Turm mit pyramidenförmiger Spitze. Östlich von Drygallen finden wir das Kirchdorf R o s i n s k o, das vor der Reformationszeit eine der heiligen Anna gewidmete Wallfahrtskirche besaß. Es wurde 1475 begründet. Im Jahre 1894 wurde dortselbst die alte strohgedeckte, eigenartige Holzkirche abgebrochen. Rechts vom Altar hatte sie ein viereckiges Fenster. Die darin enthaltenen zwei kreisförmigen Scheiben enthielten Glasmalereien, die Ereignisse aus der biblischen Geschichte darstellten. Sie nebst einem Heiligenbilde wurden die Veranlassung, daß beim Tatareneinfall 1656 das zur Einäscherung bestimmte Gotteshaus verschont blieb. Jetzt erhebt sich auf einem Hügel neben dem durch das Dorf fließenden Bach eine neue stattliche Kirche, deren hochragender Turm eine vergoldete Kugel und ein Kreuz trägt. Südwestlich von Bialla finden wir in einem anmutigen Tale das Kirchdorf Kumilsko. Während der großen Pest starb der dortige Pfarrer Paul Trentovius an einem und demselben Tage (9. Januar 1710) gemeinsam mit seiner Frau und seinen sieben Kindern.

6. Der Kreis Lyck.

a) Lyck.

Lyck, die „Hauptstadt Masurens", zieht sich langgestreckt auf und neben dem hohen Ufer des Lycker Sees hin. Das Schloß auf der Insel dieses Sees wurde schon um 1390 vom Komtur zu Balga angelegt, nach einigen Jahren aber umgebaut und erweitert. Während des Dreizehnjährigen Städtekrieges wurde es 1454 von den Polen niedergebrannt. Als der Hochmeister Friedrich von Meißen 1497 dem Polenkönige den Huldigungseid verweigerte, ließ er die Burg Lyck wieder aufbauen und stark befestigen, um einen Schutz gegen die Polen zu haben. Heute sind nur neue Häuser auf der Insel zu sehen. Neben der Ordensburg entstand bald ein Fischerdorf, das 1425 durch den Hochmeister Paul von Rußdorf die Handfeste erhielt. Diese Urkunde wurde nach des Hochmeisters Tode bestätigt, und zwar 1445 zu Rastenburg. Eine Stadt wurde jedoch Lyck noch nicht. Der Große Kurfürst verlieh erst im Jahre 1669 dem Orte Lyck ein neues Privilegium. Dieses hatte zur Folge, daß er nunmehr zur Stadt erhoben wurde. Eine mittelalterliche Befestigung hat Lyck nicht gehabt. Die erste evangelische Kirche dortselbst wurde auf Anordnung des Bischofs von Pomesanien, Paul Speratus, erbaut. 1651 brannte sie ab. Durch diesen Brand wurde auch die in der Kirche befindliche reichhaltige Bibliothek vernichtet. Die neuerrichtete Kirche brannte nach wenigen Jahren wieder ab. 1688 trat ein neues Gotteshaus an ihre Stelle, das 1837 wegen Baufälligkeit geschlossen werden mußte. Die jetzige Kirche, ein gefügter Backsteinbau, wurde 1850 eingeweiht. Sie weist gotische Formen auf. Ihr Turm trägt auf seinem Zeltdach einen Dachreiter mit Kreuzdach und kegelförmiger Spitze. Die dem heiligen Adalbert geweihte katholische Pfarrkirche ist im Jahre 1853 erbaut worden. Die breite Hauptstraße trägt an der Stelle, wo sie auch als Marktplatz dient, das Denkmal des Generals Guenther. Dieser General stand von 1788 bis 1795 in Lyck in Garnison. Er hat sich besonders im polnischen Feldzuge 1794 ausgezeichnet. Das Denkmal besteht aus Eisen und wurde in der Union-Gießerei zu Königsberg hergestellt. Seine Höhe beträgt 7½ m. Die Enthüllung erfolgte am 16. Juni 1841. Die Inschrift, die das Denkmal trägt, lautet: „Dem Freunde der Menschheit, dem Freunde des Vaterlandes, dem Verehrer des Königs, dem Andenken des Generalleutnants Heinrich Johann Freiherrn von Guenther,

Lyck vom Wasserturm aus gesehen.

geb. d. 8. Dezbr. 1736 zu Neuruppin, gest. d. 22. April 1803 zu Tykoczyn." Vor der Kirche erhebt sich das schöne Kriegerdenkmal. Seine Weihe erfolgte am 22. September 1875. Der Unterbau besteht aus rohen Granitsteinen. Darauf steht ein dorisches Tempelchen, ebenfalls aus Granit und bekrönt von der kranzwerfenden Nike nach Rauch. Der Erbauer dieses Denkmals ist der Kreisbauinspektor Schmarsow. Hinter der Kirche liegt das stattliche Gymnasialgebäude. Die Aula ist mit Statuen aus dem klassischen Altertume geziert.

Kgl. Lehrerseminar in Lyck.

Das Lycker Gymnasium ist 1812 aus der alten Lateinschule hervorgegangen. Sie war 1546 begründet, 1587 gemeinsam mit der Tilsiter und Saalfelder in eine Provinzialschule und 1599 in eine sogenannte Fürstenschule umgewandelt worden. Nicht nur dieser Schule wegen, sondern auch in anderer Hinsicht war Lyck früher der geistige Mittelpunkt Masurens. Schon 1536 errichtete nämlich der Pfarrer Maletius, der aus einem adligen Geschlechte bei Krakau stammte, auf seinem ihm vom Herzog Albrecht verliehenen, bei Lyck gelegenen Gut eine Druckerei und ließ verschiedene polnische Bücher drucken. Es war die dritte Druckerei im damaligen Preußenlande. Die beiden älteren befanden sich in Marienburg und Königsberg. 1756 wurde zu Lyck der nachmalige Geschichtschreiber Ludwig von Baczko geboren. Er studierte in Königsberg und lebte daselbst erblindet als Professor bis zum

Jahre 1823. Von 1792 bis 1800 gab er in sechs Bänden die „Geschichte Preussens" heraus.

Lyck hat sein Wachstum in den letzten vier Jahrzehnten hauptsächlich den die Stadt berührenden Schienensträngen zu verdanken. Sie haben Handel und Wandel bedeutend gehoben und die Einwohnerzahl gegen den Anfang der sechziger Jahre des vorigen Jahrhunderts beinahe verdoppelt. Für den Handel mit Rußland ist Lyck ein besonders wichtiger Punkt. Auch die Industrie dieser Stadt ist nicht ohne Bedeutung. Wir finden in Lyck Maschinenfabriken, Holzschneidemühlen, Ziegeleien, Brauereien und andere industrielle Unternehmungen. Ansehnlich sind die dortigen Gärtnereien. Der neuere, nach dem Bahnhofe zu gelegene Stadtteil hat schöne, großstädtisch gehaltene Bauwerke. Hier steht beispielsweise das stattliche Gerichtsgebäude. Auf einer in den Lycker See hineinragenden Halbinsel liegt der „Roßgarten", ein beliebter Erholungsort der Lycker Bürger. Er hat schöne Anlagen und gewährt einen herrlichen Ausblick. Überhaupt ist Lyck an schönen Punkten in der Umgebung nicht arm. Einen prächtigen Überblick über die schöne Lage dieser Stadt genießt man von dem im Jahre 1908 fertiggestellten stilvoll erbauten Königlichen Lehrerseminar. Der Baranner Forst gibt Gelegenheit zu weiten Spaziergängen. Das lieblich gelegene Dörfchen Sybba ist eine beliebte Sommerfrische geworden.

b) Sonstige Ortschaften.

Am Lyckflusse liegt unweit der russischen Grenze das Dorf Prostken, das seine Blüte dem regen Verkehr auf dem Grenzbahnhofe verdankt. Am 18. Oktober 1656 war dort eine unglückliche Schlacht. In dem zweiten Schwedisch-polnischen Kriege bemühte sich der Große Kurfürst, die Last der polnischen Lehnshoheit abzuschütteln. Infolgedessen schloß er mit den Schweden einen Bund gegen die Polen, zog mit seinen Truppen vor Warschau und gewann hier vom 28. bis 30. Juli 1656 einen glänzenden Sieg. Die Polen sammelten jedoch bald ihre Streitkräfte und fanden in den Tataren mächtige Bundesgenossen. Mit einem Heere von 20 000 Mann rückte der polnische General Gonsiewski auf die preußische Grenze zu. Ihm entgegen zogen die Preußen unter dem General von Waldeck und die Schweden unter Anführung des Fürsten Boguslaw Radziwill. Sie konnten den Feinden nur 10 000 Mann entgegenstellen. Zur Verstärkung sollte noch der schwedische General Steenbock von Johannisburg heranrücken, der jedoch in Untätigkeit blieb. Von Memel aus hatte das Wallenrodtsche Regiment zu Hilfe zu eilen. Leider kam es zu spät auf dem Kampfplatz an. Nur der preußische Adel hatte schnell noch 2000 freiwillige Reiter aufgetrieben, die den Verbündeten Hilfe bringen sollten. Der Zusammenstoß der feindlichen Heere erfolgte bei Prostken. Die Schlacht nahm für die Preußen und Schweden einen unglücklichen Verlauf. 7000 Mann waren tot. Das ganze Gepäck und alle Kanonen fielen den Feinden in die Hände. Die Anführer wurden teils schwer verwundet, teils gefangen genommen. Nun fielen die Tataren wie wilde Bestien über das schutzlose Masuren her. Die größte Verwüstung kennzeichnet ihre Spuren. Man hat berechnet, daß infolge des Tatareneinfalles zwischen Ragnit und Passenheim 13 Städte, 245 andere Ortschaften und 37 Kirchen eingeäschert wurden. 23 000 Menschen fanden durch die Hände dieser Unmenschen ihren Tod und 34 000 wurden in Gefangenschaft und Sklaverei geschleppt. Die Tatareneinfälle dauerten bis zum Frühlinge des Jahres 1657. Bei dem Dorfe Kl. Prostken steht die Ostrokollnische Grenzsäule. Herzog Albrecht hat sie im Jahre 1545 errichten lassen. Sie ist aus Ziegelsteinen erbaut. Der Sockel ist mit schwarzer, alles übrige mit grüner Ölfarbe angestrichen. Die lateinische Inschrift stammt von dem ersten Rektor der Albertina, Georg Sabinus. Verdeutscht lautet sie in der Schaperschen Übersetzung:

„Als in des Vaters Reich einst Sigmund August regierte,
Und der Markgraf zugleich Albrecht der Erste gebot —
Jener beherrschte Jagellos, des Doppelnamigen, Städte,
Dieser der Preußen Reich weise mit friedlichem Sinn —
Ward diese Säule gesetzt, die die Fluren der mächtigen Fürsten
Sondert und fest die Mark ihrer Gebiete bestimmt."

Ostrokollnische Grenzsäule.

Über der Inschrift befinden sich zwei Wappen, links das litauische, rechts das preußische. Der Preußische Adler trägt auf seiner Brust ein S. Dieses Zeichen soll daran erinnern, daß Albrecht sein Herzogtum vom Polenkönige Sigismund zum Lehn erhalten habe. Nordwestlich von Prostken finden wir das Kirchdorf Ostrokollen. Es ist wegen seines regen Grenzhandels von Friedrich Wilhelm II. zum Marktflecken erhoben worden. Die dortige Kirche ist ganz aus Holz im sogenannten Gehrsaß erbaut. Von außen und innen ist sie mit Brettern verschalt. In östlicher Richtung von Lyck liegen die Kirchdörfer Pissanitzen und Borzymmen. Pissanitzen wurde an einem Herbstsonntage des Jahres 1656 während des Gottesdienstes von den Tataren überfallen. Sie metzelten 54 Personen nieder und schleppten 329 in die Gefangenschaft. Die ehemalige Holzkirche ist durch ein neues schönes Gotteshaus ersetzt worden. Borzymmen ist ein Marktflecken. Am Südende des Przepiorkasees liegt der Marktflecken Lissewen. Auf der von Borzymmen nordwärts führenden Chaussee gelangen wir nach Kallinowen, einem Kirchdorf und Marktflecken. Die Kirche dortselbst ist ebenso wie die zu Ostrokollen im Gehrsaß und in beiderseitiger Bretterverschalung erbaut. Von 1780 bis 1798 wirkte an ihr der Pfarrer Michael Pogorzelski. Vorher war er Rektor in Ortelsburg. Seine Predigten waren von einem sonderbaren Humor erfüllt, haben aber die masurischen Bauern gepackt. Braun nennt ihn in seinen „Alten und neuen Bildern aus Masuren" ein urwüchsiges Original Masurens. 1736 starb in Kallinowen der Pfarrer Bernhard Rostock. Er soll nach dem Liederdichter-Verzeichnisse des Evangelischen Gesangbuches für Ost- und Westpreußen der Dichter des in Masuren sehr beliebten geistlichen Volksliedes „Das Feld ist weiß, die Ähren neigen sich" sein. Am südöstlichen Zipfel des Laszmiadensees finden wir in äußerst anmutiger Gegend das Kirchdorf Stradaunen. Das dortige Gotteshaus ist eine aus Feldsteinen erbaute Kreuzkirche. Der Turm ist unten viereckig, oben achteckig. Er ist viel jünger als die aus der Ordenszeit stammende Kirche. Zu herzoglicher Zeit soll an dem aus dem Laszmiadensee kommenden Stradunnekfluß ein Schloß gestanden haben, auf dem sich ein

Kammeramt befand. Mit der Südbahn gelangen wir von Lyck nach dem Kirchdorfe Jucha. Es hat eine landschaftlich schöne Lage. Alljährlich wird in Jucha ein Vieh- und Pferdemarkt abgehalten. In der Nähe der Kirche liegt der würfelförmige „Opferstein". Er läßt auf eine heidnische Kultstätte schließen. Die Juchaer Kirche ist viele Jahrhunderte hindurch ein vielbesuchter Wallfahrtsort gewesen. Auf der von Lyck nach Arys führenden Chaussee kommt man an dem hochgelegenen Kirchdorfe Claussen vorbei, das sich anmutig zwischen drei Seen ausdehnt. Schon zur Ordenszeit befand sich hier eine Kapelle, die Clausula Mariana. Die neue gotische Kirche mit schlankem Turme wurde im Jahre 1884 eingeweiht. In ihrer Nähe liegt ein sagenumwobener Stein. Er legt Zeugnis von dem krassen Teufelsglauben ab, der vor wenigen Jahrhunderten nicht nur beim schlichten Mann, sondern auch bei den Geistlichen zu finden war. Claussen hatte bis vor kurzem eine meteorologische Station. Sie war 1851 ins Leben getreten und blickte auf langjährige Wetterbeobachtungen zurück.

7. Der Kreis Oletzko.

a) Marggrabowa.

Diese Stadt liegt an dem Ausflusse der Lega aus dem Oletzkoer See. Sie wurde 1560 vom Herzog Albrecht begründet, und zwar, wie gewöhnlich angenommen wird, zum Andenken an eine Zusammenkunft mit seinem Freunde, dem Polenkönige Sigismund II. August. Diese Zusammenkunft fand auf einer befestigten „Jagdbude" statt, die sich am Oletzkoer See erhob. Der Polenkönig soll aus gleichem Anlasse die Stadt Augustowo ins Leben gerufen haben. In dem Gründungsprivileg ist jedoch von dieser Zusammenkunft keine Rede. Deshalb ist wohl anzunehmen, daß die Stadt diesem Umstande nicht ihre Entstehung verdankt. Der Name ist aber höchstwahrscheinlich trotzdem auf Herzog Albrecht zurückzuführen, der ja auch den Titel Markgraf führte. An Stelle der Jagdbude legte der Amtshauptmann Christoph Albrecht von Schönaich 1654 ein Schloß an, das längst wieder verschwunden ist. Jetzt erhebt sich dort das burgartig erbaute Kreishaus. Eine Befestigung hat die Stadt niemals besessen. 1656 wurde sie mit Rathaus und Kirche von den Tataren verbrannt. Die Feuersbrunst im Jahre 1684 legte sie abermals vollständig in Asche. Der dortige Marktplatz ist der größte im Preußischen Staat. Er enthält über 7 ha Bodenfläche. Auf einer Anhöhe des Marktplatzes erhebt sich die Kirche. Daneben stehen Rathaus und eine Schule. Ringsherum ziehen sich geschmackvolle Anlagen, die aus einem alten Friedhofe hervorgegangen und von einem festen Zaun umgeben sind. Am Eingange zu den Anlagen befindet sich das Kriegerdenkmal der Stadt. Die Kirche muß bald nach der Begründung der Stadt angelegt worden sein. Sie bildet ein massives Rechteck mit polygonalem Chorschlusse. Da sie sehr baufällig war, ist sie vor etwa 10 Jahren ausgebaut worden. Die Grundmauern blieben stehen, Sakristei und Turm wurden neu aufgeführt. Marggrabowa ist eine recht lebhafte Stadt. Zwar gibt es dort noch eine ganze Anzahl Ackerbürger, aber auch Handel und Industrie (Mühlen, Molkereien, landwirtschaftliche Maschinen) sind nicht ganz belanglos. Der Grenzhandel war allerdings früher bedeutender. Durch den polnischen Aufstand im Jahre 1863 hat er sehr gelitten. Die nach Mierunsken führende Kleinbahn wird ihn jedoch wieder heben. Blühend ist noch immer der Getreidehandel, obgleich er durch die veränderten Verkehrsverhältnisse eine andere Gestaltung hat als vor einigen Jahrzehnten.

b) Sonstige Ortschaften.

Am Seedranker See in der Nähe von Marggrabowa liegt die Domäne Seedranken. Sie gehört zu den ersten Gütern, die die meisten landwirtschaftlichen Arbeiten durch elektrische Kraft ausführen lassen. Südlich von der Eisenbahnstation Kowahlen ist das Kirchdorf Scharenken, das 1566 von dem Schulzen Scharenko begründet wurde. In dem nahegelegenen Walde findet man noch einige sorgfältig behütete Taxusbäume. Von Kowahlen führt eine sehr lebhafte Kunststraße über das Dorf Lakellen zu dem Grenzort und Marktflecken Mierunsken. Schon im Jahre 1278 wird dieses Ortes Erwähnung getan. Friedrich Wilhelm II. erhob ihn zum Marktflecken. Der dortige Grenzverkehr ist sehr lebhaft. Jenseits der russischen Grenze liegt die Stadt Filipowo. An der Nordwestecke des Großen Mierunsker Sees finden wir in schöner Gegend den Ort Garbassen. Die von Kowahlen in südwestlicher Richtung abgehende Kunststraße führt über die Seesker Höhe hinweg nach dem Kirchdorfe Czychen. Das Gotteshaus dortselbst blieb beim Tatareneinfall verschont. Es sollte auch eingeäschert werden. Da erblickte ein Tatar auf dem Altar ein Marienbild mit dem Christuskind und verhinderte infolgedessen den Brand. Die erwähnte Chaussee geht weiter an dem schön gelegenen Gute Chelchen vorbei und kommt schließlich nach Dunenken. Hier mündet sie in die Straße, die von Marggrabowa nach Widminnen führt. Dunenken ist ein größeres Dorf mit Brennerei und Molkerei. In südöstlicher Richtung gelangt man von der Kreisstadt nach dem Kirchdorfe Wielitzken, am Kleinen Oletzkosee, mit einer Holzkirche. Auf der von Marggrabowa nach Lyck führenden Chaussee erreicht man das Kirchdorf Gonsken. Die dortige Kirche scheint nach Schinkelschen Entwürfen gebaut zu sein. Am Schwentainer See westlich von Marggrabowa liegt das Doppeldorf Schwentainen-Suleyken.

Vierter Teil.

Übersichtliche Zusammenstellungen.

1. Politische Einteilung.

a) Regierungsbezirk Königsberg (14010,38 qkm).

Einwohner: 437775 männl., 476784 weibl., 914559 zusammen.

15 Kreise: 1. Memel, **2.** Stadtkreis Königsberg, **3.** Landkreis Königsberg, **4.** Fischhausen (mit Pillau), **5.** Labiau, **6.** Wehlau (mit Tapiau und Allenburg), **7.** Gerdauen (mit Nordenburg), **8.** Rastenburg (mit Drengfurt und Barten), **9.** Friedland (mit Bartenstein — Kreisstadt — Schippenbeil und Domnau), **10.** Pr. Eylau (mit Landsberg und Kreuzburg), **11.** Heiligenbeil (mit Zinten), **12.** Braunsberg (mit Frauenburg, Mehlsack und Wormditt), **13.** Heilsberg (mit Guttstadt), **14.** Mohrungen (mit Liebstadt und Saalfeld), **15.** Pr. Holland (mit Mühlhausen).

b) Regierungsbezirk Gumbinnen (10950,76 qkm).

Einwohner: 296356 männl., 310049 weibl., 606405 zusammen.

14 Kreise: 1. Heydekrug, **2.** Niederung, **3.** Stadtkreis Tilsit, **4.** Landkreis Tilsit, **5.** Ragnit, **6.** Pillkallen (mit Schirwindt), **7.** Stallupönen, **8.** Gumbinnen, **9.** Stadtkreis Insterburg, **10.** Landkreis Insterburg, **11.** Darkehmen, **12.** Angerburg, **13.** Goldap, **14.** Oletzko.

c) Regierungsbezirk Allenstein (12037,61 qkm).

Einwohner: 269248 männl., 274156 weibl., 543404 zusammen.

10 Kreise: 1. Lyck, **2.** Lötzen (mit Rhein), **3.** Johannisburg (mit Bialla und Arys), **4.** Sensburg (mit Nikolaiken), **5.** Ortelsburg (mit Passenheim und Willenberg), **6.** Rössel (mit Bischofstein, Bischofsburg und Seeburg), **7.** Stadtkreis Allenstein, **8.** Landkreis Allenstein (mit Wartenburg), **9.** Neidenburg (mit Soldau), 10. Osterode (mit Liebemühl, Gilgenburg und Hohenstein).

2. Die ostpreußischen Städte und größeren Landgemeinden.

(Nach der Volkszählung von 1910.)

a) Über 30000 Einwohner.

Königsberg 245853, Tilsit 39011, Allenstein 33070, Insterburg 31627.

b) Über 10000 Einwohner.

Memel 21470, Gumbinnen 14539, Osterode 14359, Braunsberg 13599, Lyck 13430, Rastenburg 11947.

c) Über 5000 Einwohner.

Goldap 9498, Bartenstein 7344, Pillau 7093, Lötzen 6962, Sensburg 6491, Heilsberg 6070, Tapiau 5985, Angerburg 5715, Stallupönen 5650, Wormditt 5549, Ragnit 5533, Ortelsburg 5477, Bischofsburg 5423, Marggrabowa 5362, Wehlau 5299, Neidenburg 5060, Guttstadt 5037.

d) Unter 5000 Einwohner.

Heiligenbeil 4821, Pr. Holland 4750, Soldau 4728, Labiau 4604, Rössel 4458, Wartenburg 4400, Pillkallen 4355, Johannisburg 4287, Mohrungen 4146, Mehlsack 3918, Darkehmen 3514, Zinten 3383, Pr. Eylau 3274, Bischofstein 3182, Friedland 3027, Gerdauen 3025, Seeburg 2973, Hohenstein 2821, Fischhausen 2614, Saalfeld 2600, Frauenburg 2523, Willenberg 2466, Schippenbeil 2414, Mühlhausen 2409, Landsberg 2390, Liebemühl 2375, Nikolaiken 2292, Arys 2189, Bialla 2169, Nordenburg 2151, Passenheim 2073, Liebstadt 1926, Rhein 1920, Domnau 1907, Kreuzburg 1727, Allenburg 1696, Gilgenburg 1632, Drengfurt 1523, Barten 1220, Schirwindt 1151.

e) Größere Landgemeinden und Flecken.

Schmelz 6016, Eydtkuhnen 5540, Norutschatschen 3712, Nemonien 3682, Beutnerdorf 3391, Bommelsvitte 2942, Prostken 2680, Cranz 2570, Heinrichswalde 2406, Kaukehmen 2222, Juditten 2130, Ruß 2011, Wischwill 1670, Friedrichshof 1073, Heydekrug 1000, Mehlauken 731, Prökuls 548.

3. Unterrichtswesen.

a) Höhere Knabenschulen.

Gymnasien: **1.** Allenstein, **2.** Bartenstein, **3.** Braunsberg, **4.** Gumbinnen (Friedrichschule), **5.** Insterburg, **6.** Königsberg: Altstädtisches Gymnasium, **7.** Friedrichs-Kollegium ebendaselbst, **8.** Kneiphöfisches Gymnasium ebendaselbst, **9.** Wilhelms-Gymnasium ebendaselbst, **10.** Hufengymnasium ebendaselbst, **11.** Lötzen, **12.** Lyck, **13.** Memel (Luisen-Gymnasium), **14.** Osterode (Kaiser Wilhelm-Gymnasium), **15.** Rastenburg (Herzog Albrechts-Schule), **16.** Rössel, **17.** Tilsit.

Realgymnasien: **1.** Goldap, **2.** Insterburg (verbunden mit dem Gymnasium), **3.** Königsberg, **4.** Tilsit. — **Realprogymnasium:** Neidenburg.

Oberrealschulen: **1.** Allenstein, **2.** Königsberg (Oberrealschule auf der Burg), **3.** Löbenichtsche Oberrealschule ebendaselbst.

Realschulen: **1.** Gumbinnen (verbunden mit dem Gymnasium), **2.** Königsberg: Steindammer Realschule, **3.** Vorstädtische Realschule ebendaselbst, **4.** Marggrabowa (verbunden mit der Landwirtschaftsschule), **5.** Pillau, **6.** Rastenburg (verbunden mit dem Gymnasium), **7.** Stallupönen, **8.** Wehlau.

Außerdem bestehen höhere Knabenschulen und Privatanstalten in: Angerburg, Bischofsburg, Heilsberg, Pr. Holland, Kaukehmen, Königsberg, Neukirch, Ortelsburg, Pillkallen, Ragnit, Wormditt.

Seminare für höhere Schulen: Königsberg, Insterburg, Allenstein und Gumbinnen.

b) Höhere Mädchenschulen.

Dergleichen Anstalten befinden sich in Allenstein (Luisenschule), Bartenstein (Königin Sophie Charlotte-Schule), Braunsberg (kathol. Privatschule), Gumbinnen (Cecilienschule), Insterburg, Königsberg (städtische Königin Luise-Schule und außerdem neun Privatschulen), Lyck, Memel, Osterode (Kaiserin Auguste Viktoria-Schule), Rastenburg, Tilsit (städtische Königin Luisen-Schule und eine Privatschule). Die meisten dieser Schulen besitzen ein Höheres Lehrerinnenseminar, einige auch eine Frauenschule.

c) Lehrerbildungsanstalten.

Seminare: Im Regierungsbezirk Königsberg: **1.** Braunsberg, kath., **2.** Pr. Eylau, ev., **3.** Memel, ev., **4.** Waldau, ev. Im Regierungsbezirk Gumbinnen: **5.** Angerburg, ev., **6.** Karalene, ev., **7.** Ragnit, ev. Im Regierungsbezirk Allenstein: **8.** Hohenstein, ev., **9.** Lyck, ev., **10.** Ortelsburg, ev., **11.** Osterode, ev.

Ein evangel. Volksschul-Lehrerinnenseminar befindet sich in Insterburg.

Präparandenanstalten: Im Regierungsbezirk Königsberg: **1.** Friedland, **2.** Memel, **3.** Mohrungen, **4.** Pillau, **5.** Rastenburg. Im Regierungsbezirk Gumbinnen: **6.** Insterburg, **7.** Pillkallen. Im Regierungsbezirk Allenstein: **8.** Johannisburg, **9.** Lötzen, **10.** Lyck. Alle diese Anstalten sind für evangelische Schüler bestimmt.

d) Taubstummen- und Blindenanstalten.

Provinzial-Taubstummenanstalten sind in Königsberg, Tilsit und Rössel. In Königsberg befindet sich außerdem die Anstalt des Prov.-Vereins für Blindenunterricht.

e) Kreisschulinspektionsbezirke.

1. Regierungsbezirk Königsberg.

Hauptamtliche Stellen: **1.** Braunsberg, **2.** Guttstadt, **3.** Heilsberg, **4.** Königsberg (Land), **5.** Memel. Nebenamtliche Stellen: **1.** Fischhausen I, **2.** Fischhausen II, **3.** Fischhausen III, **4.** Friedland I, **5.** Friedland II, **6.** Gerdauen I, **7.** Gerdauen II, **8.** Gerdauen III, **9.** Heiligenbeil I, **10.** Heiligenbeil II, **11.** Königsberg (Stadt) I, **12.** Königsberg (Stadt) II, **13.** Königsberg (Stadt) III, **14.** Labiau I, **15.** Labiau II, **16.** Labiau III, **17.** Mohrungen I, **18.** Mohrungen II, **19.** Pr. Eylau I, **20.** Pr. Eylau II, **21.** Pr. Eylau III, **22.** Pr. Holland I, **23.** Pr. Holland II, **24.** Pr. Holland III, **25.** Rastenburg I, **26.** Rastenburg II, **27.** Wehlau I, **28.** Wehlau II.

2. Regierungsbezirk Gumbinnen.

Hauptamtliche Stellen: **1.** Darkehmen, **2.** Heydekrug, **3.** Insterburg, **4.** Oletzko, **5.** Pillkallen, **6.** Ragnit, **7.** Tilsit. Nebenamtliche Stellen: **1.** Angerburg I, **2.** Angerburg II, **3.** Goldap I, **4.** Goldap II, **5.** Gumbinnen I, **6.** Gumbinnen II, **7.** Niederung I, **8.** Niederung II, **9.** Stallupönen I, **10.** Stallupönen II.

3. Regierungsbezirk Allenstein.

Hauptamtliche Stellen: **1.** Allenstein I, **2.** Allenstein II, 3. Arys, **4.** Hohenstein, **5.** Johannisburg, **6.** Lötzen, **7.** Lyck, **8.** Neidenburg, **9.** Ortelsburg I, **10.** Ortelsburg II, **11.** Osterode, **12.** Rössel, **13.** Soldau, **14.** Wartenburg. Nebenamtliche Stellen: **1.** Rössel, 2. Sensburg I, **3.** Sensburg II.

f) Landwirtschaftliche Lehranstalten.

Landwirtschaftsschulen.

1. Landwirtschaftsschule in Heiligenbeil, gegr. am 18. Oktober 1879.
2. Landwirtschaftsschule in Marggrabowa, gegr. am 2. Dezember 1880.

Landwirtschaftliche Winterschulen.

1. Gumbinnen,	gegr.	1874	**7.** Heydekrug,	gegr.	1897	**14.** Neidenburg,	gegr.	1907
2. Angerburg,	„	1877	**8.** Ortelsburg,	„	1899	**15.** Marggrabowa,	„	1907
3. Wehlau,	„	1879	**9.** Ragnit,	„	1901	**16.** Barten,	„	1909
4. Braunsberg,	„	1887	**10.** Pr. Holland,	„	1902	**17.** Fischhausen,	„	1909
5. Allenstein,	„	1888	**11.** Heilsberg,	„	1903	**18.** Insterburg,	„	1909
6. Johannisburg,	„	1893	**12.** Lötzen,	„	1906	**19.** Bartenstein,	„	1909
			13. Osterode,	„	1906			

(Diese Anstalten sind der Landwirtschaftskammer unterstellt.)

Landwirtschaftliche Haushaltungsschulen.

1. Wehlau, eröffnet am 22. Jan. 1907, untersteht der Landwirtschaftskammer.

2. Wormditt, eröffnet am 4. März 1890, untersteht dem Ermländischen Bauernverein und dem Vorstande der Kongregation der Schwestern der heil. Katharina.

Molkereischulen.

a) Für männliches Personal:

1. Molkereischule in Königsberg, früher in Kleinhof Tapiau, eröffnet 1887.

b) Für weibliches Personal:

2. Molkereischule zu Warnickam, Kr. Heiligenbeil, eröffnet 1883.
3. Molkereischule zu Gr. Karschau, Kr. Königsberg, eröffnet 1898.

Hufbeschlaglehrschmieden.

1. Allenstein,	eröffnet	1906,	Begründer	und	Inhaber	der	Kreis	Allenstein.
2. Bartenstein,	„	1906,	„	„	„	„	„	Friedland.
3. Lyck,	„	1887,	„	„	„	„	„	Lyck.
4. Pr. Holland,	„	1887,	„	„	„	„	„	Pr. Holland.
5. Tilsit,	„	1903,	„	„	„	„	„	Landkreis Tilsit.
6. Trakehnen,	„	1893,	„	„	„	das Kgl. Hauptgest. Trakehnen.		
7. Wehlau,	„	1890,	„	„	„	der Kreis Wehlau.		

Ländliche Fortbildungsschulen.

Es befanden sich im Jahre 1910

im Regbz. Königsberg	39	ländliche	Fortbildungsschulen,
„ „ Gumbinnen	110	„	„
„ „ Allenstein	378	„	„
zus.	527	„	„

4. Kirchliches.

a) Die evangelischen Kirchen unterstehen dem Konsistorium zu Königsberg. Es sind folgende Diözesen vorhanden: **1.** Allenstein, **2.** Angerburg, **3.** Braunsberg, **4.** Darkehmen, **5.** Fischhausen, **6.** Friedland, **7.** Gerdauen, **8.** Goldap, **9.** Gumbinnen, **10.** Heiligenbeil, **11.** Heydekrug, **12.** Hohenstein, **13.** Insterburg, **14.** Johannisburg, **15.** Königsberg Stadt, **16.** Königsberg Landkr. I, **17.** Königsberg Landkr. II, **18.** Labiau, **19.** Lötzen, **20.** Lyck, **21.** Memel, **22.** Mohrungen, **23.** Neidenburg, **24.** Litauische Niederung, **25.** Oletzko, **26.** Ortelsburg, **27.** Osterode, **28.** Pillkallen, **29.** Pr. Eylau, **30.** Pr. Holland, **31.** Ragnit, **32.** Rastenburg, **33.** Saalfeld, **34.** Sensburg, **35.** Soldau, **36.** Stallupönen, **37.** Tilsit, **38.** Wehlau, **39.** Die Superintendentur für die reformierten Gemeinden Ostpreußens.

Die Zahl der evangelischen Bewohner beträgt 46,3% der Gesamtbevölkerung der Provinz.

b) Die katholischen Kirchen Ostpreußens gehören zum exemten Bistum Ermland[1]). Bischofssitz ist Frauenburg. Es sind folgende Dekanate vorhanden: **1.** Allenstein, **2.** Braunsberg, **3.** Elbing, **4.** Guttstadt, **5.** Heilsberg, **6.** Litauen, **7.** Marienburg, **8.** Masuren, **9.** Mehlsack, **10.** Neuteich, **11.** Rössel, **12.** Samland, **13.** Seeburg, **14.** Stuhm, **15.** Wartenburg, **16.** Wormditt. Von Westpreußen zählen die Kreise Elbing, Marienburg und Stuhm zum Bistum Ermland. Dagegen hat das Bistum Culm das Dekanat

---

1) Ermland ist ein exemtes Bistum, d. h. es ist keinem Erzbischof unterstellt.

Pomesanien in Ostpreußen. Dazu gehören die Pfarreien Bialutten, Gilgenburg, Gr. Lensk, Mohrungen, Neidenburg, Osterode, Soldau und Thurau. Lehranstalten der Diözese sind: 1. Das Bisch. Priesterseminar, 2. das Königl. Lyzeum Hosianum, 3. das Knabenkonvikt in Braunsberg, 4. das Knabenkonvikt in Rössel.

Die Zahl der katholischen Bewohner beträgt 14,1 % der Gesamtbevölkerung der Provinz.

5. Gerichtswesen.

Das Oberlandesgericht unserer Provinz hat seinen Sitz in Königsberg. Ihm unterstehen 8 Landgerichte und 71 Amtsgerichte.

1. Landgerichtsbezirk Allenstein mit den Amtsgerichten: Allenstein, Gilgenburg, Hohenstein, Neidenburg, Ortelsburg, Osterode, Passenheim, Soldau, Wartenburg, Willenberg.

2. Landgerichtsbezirk Bartenstein mit den Amtsgerichten: Barten, Bartenstein, Bischofsburg, Bischofstein, Domnau, Friedland, Gerdauen, Guttstadt, Heilsberg, Kreuzburg, Landsberg, Nordenburg, Pr. Eylau, Rastenburg, Rössel, Schippenbeil, Seeburg.

3. Landgerichtsbezirk Braunsberg mit den Amtsgerichten: Braunsberg, Heiligenbeil, Liebstadt, Mehlsack, Mohrungen, Mühlhausen, Pr. Holland, Saalfeld, Wormditt, Zinten.

4. Landgerichtsbezirk Insterburg mit den Amtsgerichten: Darkehmen, Goldap, Gumbinnen, Insterburg, Pillkallen, Stallupönen.

5. Landgerichtsbezirk Königsberg mit den Amtsgerichten: Allenburg, Fischhausen, Königsberg (zugleich Schiffsregister-Behörde), Labiau, Mehlauken, Pillau, Tapiau, Wehlau.

6. Landgerichtsbezirk Lyck mit den Amtsgerichten: Angerburg, Arys, Bialla, Johannisburg, Lötzen, Lyck, Marggrabowa, Nikolaiken, Rhein, Sensburg.

7. Landgerichtsbezirk Memel mit den Amtsgerichten: Heydekrug, Memel (zugleich Schiffsregister-Behörde), Prökuls, Ruß.

8. Landgerichtsbezirk Tilsit mit den Amtsgerichten: Heinrichswalde, Kaukehmen, Ragnit, Skaisgirren, Tilsit, Wischwill.

Kammern für Handelssachen finden sich in Königsberg und Memel.

Königliche Strafanstalten (Zuchthäuser) sind in Insterburg und Wartenburg.

6. Post.

a) Oberpostdirektion Gumbinnen.

Postämter I: Angerburg, Eydtkuhnen, Goldap, Gumbinnen, Heydekrug, Insterburg, Lötzen, Lyck, Marggrabowa, Pillkallen, Sensburg, Stallupönen, Tilsit.

Postämter II: Arys, Darkehmen, Heinrichswalde, Johannisburg, Kaukehmen, Prostken, Ragnit, Ruß.

b) Oberpostdirektion Königsberg.

Postämter I: Allenstein, Bartenstein, Braunsberg, Heilsberg, Königsberg, Memel, Neidenburg, Ortelsburg, Osterode, Pr. Holland, Rastenburg, Soldau, Wehlau, dazu Telegraphenamt I Königsberg und Bahnpostamt 25 in Königsberg.

Postämter II: Bischofsburg, Cranz, Fischhausen, Gerdauen, Guttstadt, Heiligenbeil, Korschen, Labiau, Mohrungen, Pillau, Pr. Eylau, Rössel, Saalfeld, Tapiau, Wartenburg, Wormditt, Zinten.

7. Zollwesen.

Die Provinzialsteuerdirektion in Königsberg trat am 1. Februar 1826 ins Leben. Am 1. April 1908 hat sie infolge der Neueinrichtung der Zollbehörden die Amtsbezeichnung Oberzolldirektion erhalten. Ihr Vorstand führt den Amtstitel Präsident der Oberzolldirektion. Der Geschäftsbereich der Oberzolldirektion umfaßt die Provinz Ostpreußen.

1. Hauptzollamt Braunsberg mit den Zollämtern II Bartenstein, Heilsberg, Landsberg, Mohrungen, Pr. Holland, Saalfeld, Wormditt, Zinten.

2. Hauptzollamt Eydtkuhnen mit den Zollämtern I Eydtkuhnen, Schirwindt und den Zollämtern II Gr. Kallweitschen, Pablindszen, Schillehnen a. M., Neu Skardupönen, Stallupönen, Upidamischken.

3. Hauptzollamt Gumbinnen mit den Zollämtern I Goldap, Insterburg und den Zollämtern II Angerburg, Benkheim, Darkehmen, Wehlau.

4. Hauptzollamt Johannisburg mit den Zollämtern I Dlottowen, Lötzen, Sensburg und den Zollämtern II Bialla, Friedrichshof, Nikolaiken, Schwiddern.

5. Hauptzollamt Königsberg (Holländerbaum) mit den Zollämtern I Königsberg, Pillau.

6. Hauptzollamt Königsberg (Tragheim) mit den Zollämtern I Gerdauen, Rastenburg und dem Zollamt II Labiau.

7. Hauptzollamt Lyck mit den Zollämtern I Marggrabowa, Prostken (Bahnhof), Prostken (Kette) und den Zollämtern II Borawsken, Borszymmen, Czymochen, Mierunsken, Sawadden.

8. Hauptzollamt Memel mit den Zollämtern I Bajohren, Ruß und den Zollämtern II Heydekrug, Kolletzischken, Laugallen, Nimmersatt, Poeszeiten.

9. Hauptzollamt Neidenburg mit den Zollämtern I Illowo, Ortelsburg, Soldau und den Zollämtern II Camerau, Flammberg, Fürstenwalde, Napierken.

10. Hauptzollamt Osterode mit den Zollämtern I Allenstein, Bischofsburg, Gilgenburg, Hohenstein, Wartenburg und dem Zollamt II Guttstadt.

11. Hauptzollamt Tilsit mit den Zollämtern I Laugszargen, Schmalleningken und den Zollämtern II Augsgirren, Kaukehmen, Laugallen, Thomascheiten, Ragnit.

8. Eisenbahnen.

I. Staatsbahnen.

Im Betriebe befindlich.

a) Hauptbahnen.

1. Güldenboden—Königsberg. Die Länge dieser Strecke beträgt 104,19 km. Sie ist in folgenden Teilstrecken dem Betrieb übergeben worden: Güldenboden—Braunsberg (42,27 km) am 19. Oktober 1852 und Braunsberg—Königsberg (61,92 km) am 2. August 1853.

2. Königsberg—Insterburg—Eydtkuhnen (Reichsgrenze) mit einer Länge von 153,07 km. Dem Betriebe wurden übergeben: Königsberg—Stallupönen (141,95 km) am 6. Juni 1860 und Stallupönen—Eydtkuhnen (11,12 km) am 15. August 1860. Diese beiden Strecken sind zweigleisig.

3. Pillau—Königsberg—Korschen—Lyck—Prostken (Reichsgrenze). Die gesamte Länge beträgt 242,86 km und ist in nachstehenden Teilstrecken erbaut, bzw. dem

Betrieb übergeben: Pillau—Königsberg (45,75 km), eröffnet am 11. September 1865, Königsberg—Bartenstein (58,36 km), eröffnet am 24. September 1866, Bartenstein—Rastenburg (45,25 km), eröffnet am 1. November 1867, Rastenburg—Lyck (77,06 km), eröffnet am 8. Dezember 1868, und Lyck—Prostken (16,44) km, eröffnet am 1. November 1871.

Diese Strecke ist die ehemalige Ostpreußische Südbahn. Sie war zunächst Privatbahn und wurde am 1. Juli 1903 vom Staat übernommen.

Von Korschen bis Lyck ist 1893/94 ein zweites Gleis in einer Länge von 98,72 km erbaut worden, das am 22. November 1894 in Betrieb genommen wurde.

4. Bergfriede—Osterode—Allenstein—Korschen—Insterburg. Diese Strecke hat eine Länge von 187,05 km. Die Eröffnung geschah in folgenden Teilstrecken: Bergfriede—Osterode (9,44 km) am 1. Dezember 1872, Osterode—Allenstein (39,77 km) am 15. August 1873, Allenstein—Rothfließ (30,53 km) am 1. Dezember 1872, Rothfließ—Gerdauen (62,61 km) am 27. Dezember 1871, Gerdauen—Insterburg (44,70 km) am 16. Januar 1871.

Von Bergfriede bis Skandau ist die Strecke mit 131,58 km zweigleisig.

5. Insterburg—Tilsit—Memel. Gesamtlänge = 146,14 km. Eröffnung in folgenden Teilstrecken: Insterburg—Tilsit (53,82 km) am 16. Juni 1865, Tilsit—Pogegen (6,23 km) am 1. Oktober 1875 und Pogegen—Memel (86,09 km) am 1. Juni 1875.

6. Allenstein—Göttkendorf—Kobbelbude (114,43 km). Am 1. Mai 1911 als Hauptbahn in Betrieb genommen. (Abzweigung bei Perwilten.) In Teilstrecken: Göttkendorf—Wormditt (45,20 km) am 1. November 1884 und Wormditt—Kobbelbude (61,07 km) am 1. Juli 1885 eröffnet.

b) Nebenbahnen.

1. Memel—Dangegleis mit 1,25 km, eröffnet am 1. April 1876.

2. Memeler Hafenbahn mit 1,79 km, eröffnet am 22. November 1876.

3. Königsberg—Kaibahnhof mit 1,16 km, eröffnet am 1. November 1877.

4. Insterburg—Goldap—Lyck. Gesamtlänge 118,79 km. In Teilstrecken eröffnet: Insterburg—Goldap (53,53 km) am 15. November 1878 und Goldap—Lyck (65,26 km) am 1. Juli 1879.

5. Güldenboden—Maldeuten mit einer Länge von 26,88 km, eröffnet am 1. November 1882.

6. Marienburg—Miswalde—Maldeuten—Mohrungen—Allenstein. Gesamtlänge 113,69 km. Eröffnet in folgenden Teilstrecken: Maldeuten—Mohrungen (12,88 km) am 1. November 1882, Mohrungen—Allenstein (45,31 km) am 15. August 1883 und Marienburg—Maldeuten (55,50 km) am 1. September 1893. Ursprünglich wurde die Strecke Güldenboden—Maldeuten—Allenstein benannt. Erst nach Eröffnung der Teilstrecke Marienburg—Maldeuten erhielt sie ihren jetzigen Namen. Von Marienburg bis km 27,52 (zwischen den Stationen Gr. Waplitz und Christburg) liegt die Strecke in der Provinz Westpreußen.

7. Fischhausen—Palmnicken mit einer Länge von 18,43 km, eröffnet am 16. September 1884. Sie gehörte bis 1. Juli 1903 zur Ostpreußischen Südbahn.

8. Allenstein—Ortelsburg—Johannisburg—Lyck. Die gesamte Strecke hat eine Länge von 157,42 km. Sie wurde in folgenden Teilstrecken eröffnet: Allenstein—Ortelsburg (44,93 km) am 1. November 1883, Ortelsburg—Johannisburg (57,01 km) am 15. August 1884 und Johannisburg—Lyck (55,48 km) am 16. November 1885.

9. Braunsberg—Mehlsack mit einer Länge von 27,12 km, eröffnet am 1. November 1884.

10. Allenstein—Hohenstein—Neidenburg—Soldau mit einer Länge von 83,28 km, wurde in den Teilstrecken eröffnet: Allenstein—Hohenstein (30,33 km) am 15. November 1887 und Hohenstein—Soldau (52,95 km) am 1. Oktober 1888.

11. Königsberg—Labiau—Tilsit. Gesamte Länge 125,62 km. In Teilstrecken eröffnet: Königsberg—Labiau (50,49 km) am 1. Oktober 1889, Labiau—Heinrichswalde (55,04 km) am 1. August 1891 und Heinrichswalde—Tilsit (20,09 km) am 1. Juni 1891.

12. Memel—Bajohren mit einer Länge von 20,63 km, eröffnet am 1. November 1892. (Memel—Collaten für den Personenverkehr bereits am 15. Juni 1892 eröffnet.)

13. Tilsit—Stallupönen. Diese Strecke, die 76,21 km lang ist, wurde in folgenden Teilstrecken dem Verkehr übergeben: Tilsit—Ragnit (13,17 km) und Pillkallen—Stallupönen (17,62 km) am 1. November 1892, Pillkallen—Rautenberg (18,84 km) am 1. November 1893, Ragnit—Klapaten (7,01 km) und Rautenberg—Naujeningken (9,33 km) am 15. Januar 1894 und Klapaten—Naujeningken (10,24 km) am 1. Oktober 1894.

14. Elbing—Miswalde—Osterode—Hohenstein. Gesamte Länge 116,66 km. In Teilstrecken eröffnet: Elbing—Osterode (75,93 km) am 1. September 1893 und Osterode—Hohenstein (40,73 km) am 1. November 1894. Von Elbing bis km 17,41 (zwischen den Stationen Markushof und Alt Dollstädt) liegt die Strecke in der Provinz Westpreußen.

15. Mohrungen—Wormditt mit einer Länge von 29,14 km eröffnet am 1. August 1894.

16. Rothfließ—Rudczanny. Länge 67,17 km. In folgenden Teilstrecken eröffnet: Rothfließ—Bischofsburg (7,52 km) für den Wagenladungsverkehr am 15. Juni 1898, für den vollen Verkehr am 1. September 1898, Bischofsburg—Sensburg (26,54 km) am 1. September 1898 und Sensburg—Rudczanny (33,11 km) für den Wagenladungsverkehr am 1. Juli 1898, für den vollen Verkehr am 1. September 1898.

17. Zinten—Rothfließ. Länge 82,22 km. In Teilstrecken: Zinten—Wildenhoff (17,97 km) für den Wagenladungsverkehr am 15. August 1898, für den vollen Verkehr am 15. September 1898, Wildenhoff—Landsberg (6,90 km) am 15. September 1898, Landsberg—Heilsberg (20,36 km) am 1. Oktober 1899 und Heilsberg—Rothfließ (36,99 km) am 15. November 1899.

18. Gerdauen—Angerburg—Goldap. Länge 86,63 km. In Teilstrecken: Gerdauen—Nordenburg (17,49 km) am 1. Juli 1898, Nordenburg—Angerburg (19,26 km) am 1. September 1898 und Angerburg—Goldap (49,88 km) am 15. August 1899.

19. Neidenburg—Ortelsburg mit einer Länge von 63,56 km eröffnet am 1. Juli 1900.

20. Goldap—Stallupönen. Länge 50,67 km. In Teilstrecken eröffnet: Goldap—Rominten (12,85 km) am 15. September 1900 und Rominten—Stallupönen (37,82 km) am 1. August 1901.

21. Löwenhagen—Gerdauen in einer Länge von 60,79 km am 1. August 1901 eröffnet.

22. Pogegen (Tilsit)—Laugszargen, 22,00 km lang, am 1. Mai 1904 eröffnet.

23. Wormditt—Bischdorf in einer Länge von 64,48 km, am 1. September 1905 eröffnet.

24. Johannisburg—Arys—Lötzen. Länge 54,08 km. In Teilstrecken eröffnet: Johannisburg—Arys (24,82 km) am 15. November 1905 und Arys—Lötzen (29,26 km) am 1. Juni 1906.

25. Lötzen—Angerburg. Länge 34,64 km, eröffnet am 21. Dezember 1905.

26. Rastenburg—Angerburg. Länge 33,27 km, eröffnet am 1. Juli 1907.

27. Gumbinnen—Tollmingkehmen—Szittkehmen. Länge 50,62 km. In Teilstrecken eröffnet: Gumbinnen—Tollmingkehmen (25,45 km) am 1. Oktober 1907, Tollmingkehmen—Mehlkehmen (9,58 km) am 15. Juni 1908 und Mehlkehmen—Szittkehmen (15,59 km) am 15. August 1908.

28. Bischdorf—Rastenburg. Länge 27,21 km. In Teilstrecken: Bischdorf—Rössel (9,67 km) am 15. August 1908 und Rössel—Rastenburg (17,54 km) am 1. Juli 1908.

29. Johannisburg—Dlottowen. Länge 21,21 km, eröffnet am 1. September 1908.

30. Kruglanken—Marggrabowa mit einer Länge von 43,67 km, eröffnet am 15. September 1908.

31. Ortelsburg—Bischofsburg. Länge 44,96 km. In Teilstrecken: Ortelsburg—Jablonken (15,66 km) am 15. Juni 1909, Jablonken—Mensgut (5,38 km) am 15. April 1909 und Mensgut—Bischofsburg (23,92 km) am 15. Dezember 1908.

32. Mohrungen—Liebemühl mit einer Länge von 20,20 km eröffnet am 1. Juli 1909.

33. Bergfriede—Gr. Tauersee. Länge 51,08 km. Eröffnung am 1. Oktober 1910.

34. Wehlau—Friedland: 33,72 km lang, eröffnet am 1. Juni 1911.

35. Friedland—Bartenstein: 29,60 km lang, eröffnet am 1. Juli 1911.

36. Sensburg—Nikolaiken—Arys: 51,97 km lang, eröffnet am 2. Oktober 1911.

c) Durch Gesetz bereits genehmigt, aber zurzeit noch nicht in Angriff genommen:

1. Angerburg—Darkehmen—Gumbinnen: 62,70 km lang,
2. Arys—Lyck: 36,80 km lang,
3. Marggrabowa—Czymochen: 16,50 km lang.
4. Bartenstein—Heilsberg.

In Aussicht steht der Bahnbau Schlobitten—Wormditt und Rosenberg—Zinten—Pr. Eylau.

d) Eisenbahnknotenpunkte.

Allenstein, Angerburg, Insterburg, Königsberg, Korschen, Lyck, Osterode, Rothfließ, Tilsit.

e) Größere Eisenbahnbrücken.

Auf den Hauptbahnstrecken.

1. Königsberg—Eydtkuhnen: Allebrücke bei Wehlau mit 5 Öffnungen, Stützweite je 26,50 m. **2.** Insterburg—Memel, Angerappbrücke bei Insterburg mit 1 Öffnung, Stützweite von 60 m. Memelbrücke bei Tilsit mit 5 Öffnungen und einer Drehbrücke, Stützweite je 96,66 m. Usslenkisbrücke mit 6 Öffnungen, Stützweite je 70 m. Kurmerzerisbrücke mit 5 Öffnungen, Stützweite je 70 m. **3.** Allenstein—Kobbelbude: Drewenzbrücke bei Wormditt mit 1 Öffnung, Stützweite von 42,60 m. Walschbrücke bei Mehlsack mit 3 Öffnungen, Stützweite je 42,60 m.

Auf den Nebenbahnstrecken.

1. **Königsberg—Tilsit**: Pregelbrücke in Königsberg mit einer Stützweite von 60 m und einer Drehbrücke. Deime-Flutbrücke mit 1 Öffnung, Stützweite 72 m. Deime-Strombrücke mit einer Stützweite von 72 m und einer Drehbrücke. 2. **Marienburg—Allenstein**: Sorgebrücke vor Christburg mit 2 Öffnungen, Stützweite je 51,60 m, Sorgebrücke vor Miswalde, Stützweite 42,60 m, Sorgebrücke zwischen Miswalde und Pollwitten mit 31,04 m Stützweite. 3. **Mohrungen—Wormditt**: Passargebrücke bei Sportehnen mit 4 Öffnungen, Stützweite je 28,38 m. 4. **Zinten—Rothfließ**: Allebrücke bei Heilsberg mit 3 Öffnungen, Stützweite eine 51,60 m und zwei je 21,84 m. 5. **Rothfließ—Rudczanny**: Brücke bei Sorquitten mit 1 Öffnung, Stützweite 51,09 m, Crutinnenflußbrücke mit 31,04 m und Talbrücke mit 31,04 m Stützweite. 6. **Wormditt—Bischdorf**: Allebrücke bei Heilsberg mit 3 Öffnungen, Stützweite eine von 52 m und zwei je 22 m. 7. **Insterburg—Lyck**: Angerappbrücke bei Darkehmen mit 3 Öffnungen, Stützweite eine 42,60 und zwei je 14 m. 8. **Löwenhagen—Gerdauen**: Allebrücke bei Friedland mit 2 Öffnungen, Stützweite je 46,70 m. 9. **Allenstein—Lyck**: Rudczannybrücke mit 1 Öffnung, Stützweite 46,80 m, Pissekbrücke mit 1 Öffnung, Stützweite 49,93 m, Lyckflußbrücke mit 1 Öffnung, Stützweite 40 m. 10. **Elbing—Osterode**: Thienebrücke mit 1 Öffnung, Stützweite 58,80 m, Sorgebrücke zwischen Markushof und Alt Dollstädt mit 1 Öffnung, Stützweite 58,80 m. 11. **Allenstein—Soldau**: Maransebrücke mit 1 Öffnung, Stützweite 39,60 m, Skottauflußbrücke mit 1 Öffnung, Stützweite 40 m. 12. **Bergfriede—Gr. Tauersee**: Brücke über die Wicker mit 1 Öffnung, Stützweite 44 m. 13. **Wehlau—Friedland**: Allebrücke bei Friedland mit 2 Öffnungen, Stützweite je 47 m. 14. **Sensburg—Nikolaiken—Arys**: Brücke über das Talter Gewässer mit 3 Öffnungen, Stützweite je 46,80 m, Brücke über den Spirdingsee mit 24,48 m Stützweite.

f) Verwaltungsbehörden.

Die staatlichen Bahnen unterstehen der Königl. Eisenbahndirektion zu Königsberg, an deren Spitze der Eisenbahndirektionspräsident steht. Die Direktion umfaßt folgende 18 **Betriebs- bzw. Betriebsnebenämter**: B.A. Allenstein 1, 2 und 3. B.A. Angerburg, B.N.A. Gumbinnen, B.N.A. Heilsberg, B.A. Insterburg 1 u. 2, B.A. Königsberg 1, 2 und 3, B.N.A. Lötzen, B.A. Lyck 1 und 2, B.N.A. Ortelsburg, B.A. Osterode, B.A. Tilsit 1 und 2; ferner 5 **Maschinenämter**: Allenstein, Insterburg, Königsberg, Lyck, Tilsit; 4 **Werkstättenämter**: Königsberg a, b, c und Osterode und endlich 5 **Verkehrsämter**: Allenstein, Königsberg 1 und 2, Lyck und Tilsit.

II. Privatbahnen.

1. Königsberg—Cranz mit 28,30 km, eröffnet am 31. Dezember 1885.
2. Cranz—Neukuhren mit 18,03 km, eröffnet im Jahre 1900.
3. Cranz—Cranzbeek mit 2,20 km, eröffnet im Jahre 1895.

III. Kleinbahnen.

1. **Rastenburg—Sensburg—Lötzener Kleinbahnen**: Länge 95,70 km, eröffnet 1898, Spurweite 0,75 m. 2. **Wehlau—Friedländer Kreisbahn**: Länge 65,77 km, eröffnet 1898, Spurweite 0,75 m. 3. **Haffuferbahn** (Elbing—Braunsberg): Länge 48,34 km, eröffnet 1899, Spurweite 1,435 m. 4. **Fischhausener Kreisbahn** (Marienhof—Fischhausen): Länge 18,60 km, eröffnet 1900, Spurweite 1,435 m. 5. **Königsberger Kleinbahnen**: Länge 58,55 km, eröffnet 1900, Spurweite 0,75m. 6. **Samlandbahn** (Königsberg—Neukuhren—Warnicken): Länge 47,58 km, eröffnet

1900, Spurweite 1,435 m. 7. Pillkaller Kleinbahnen: Länge 61 km, eröffnet 1901, Spurweite 0,75 m. 8. Insterburger Kleinbahnen: Länge 261,19 km, eröffnet 1902, davon 228,33 km mit einer Spurweite von 0,75 m und 55,08 km mit 1 m Spurweite. 9. Memeler Kleinbahnen: Länge 50,05 km, eröffnet 1906, Spurweite 1 m. 10. Wöterkeim—Schippenbeiler Kleinbahn: Länge 5,02 km, eröffnet 1907, Spurweite 1,435 m. 11. Tharau—Kreuzburg: Länge 13,74 km, eröffnet 1908, Spurweite 1,435 m. 12. Oletzkoer Kleinbahnen: Länge 43,10 km, (Marggrabowa—Schwentainen und Marggrabowa—Mierunsken—Garbassen), eröffnet im September 1911, Spurweite 1 m.

Die Kleinbahnen, mit Ausnahme der Rastenburg—Sensburg—Lötzener Kleinbahnen, die einer Gesellschaft mit beschr. Haftung gehören, sind Eigentum von Aktiengesellschaften. Alle unterstehen der Aufsicht der Königl. Eisenbahndirektion zu Königsberg.

9. Reichsbank.

a) Die einzelnen Anstalten:

1. Reichsbank-Hauptstelle: Königsberg.
2. Reichsbankstellen: Allenstein, Insterburg, Memel, Tilsit.
3. Reichsbank-Nebenstellen: Allenburg, Angerburg, Bartenstein, Braunsberg, Goldap, Gumbinnen, Guttstadt, Heydekrug, Kaukehmen, Labiau, Lötzen, Lyck, Marggrabowa, Osterode, Pillkallen, Rastenburg, Ruß, Schirwindt, Sensburg, Soldau, Stallupönen, Wehlau.
4. Reichsbank-Warendepots: Bischofsburg, Fischhausen, Tapiau, Wormditt.

b) Die selbständigen Bankanstalten mit den zu ihrem Geschäftsbezirk gehörigen Unteranstalten:

1. Allenstein (Rbkstelle):

Bischofsburg, Guttstadt, Lötzen, Rastenburg, Sensburg.

2. Insterburg (Rbkstelle):

Angerburg, Goldap, Gumbinnen, Lyck, Marggrabowa, Stallupönen.

3. Königsberg (Rbkhauptstelle):

Allenburg, Bartenstein, Braunsberg, Fischhausen, Labiau, Tapiau, Wehlau, Wormditt.

4. Memel (Rbkstelle):

Heydekrug, Ruß.

5. Tilsit (Rbkstelle):

Kaukehmen, Pillkallen, Schirwindt.

Die Rbknebenstellen Osterode und Soldau sind von der Rbkstelle Elbing abhängig.

10. Körperschaften für Handel und Gewerbe.

1. Handelskammer in Braunsberg (die kleinste Kammer im Deutschen Reiche), 2. Handwerkskammer Gumbinnen, verbunden mit einer Meisterschule, beide besitzen seit dem 2. Februar 1910 ein eigenes stattliches Heim, 3. Handelskammer Insterburg, 4. Vorsteheramt der Kaufmannschaft in Königsberg, 5. Handwerkskammer Königsberg, 6. Vorsteheramt der Kaufmannschaft in Memel, 7. Vorsteheramt der Kaufmannschaft in Tilsit.

11. Militärwesen.

Ostpreußen gehört mit Ausnahme der Kreise Osterode und Neidenburg zum Gebiete des I. Armeekorps, dessen Generalkommando in Königsberg ist. Die beiden genannten Kreise fallen in das Gebiet des XVII. Armeekorps.

1. Division (Königsberg).

1. Infanterie-Brigade (Königsberg).
   Grenadier-Regiment Kronprinz (1. Ostpr.) Nr. 1 Königsberg.
   Infanterie-Regiment von Boyen (5. Ostpr.) Nr. 41, Stab, I. und II. Batl. Tilsit, III. Batl. Memel.

2. Infanterie-Brigade (Königsberg).
   Grenadier-Regiment König Friedrich Wilhelm I. (2. Ostpr.) Nr. 3, Stab, I. und II. Batl. Königsberg, Füs.-Batl. Braunsberg.
   Infanterie-Regiment Herzog Karl von Mecklenburg-Strelitz (6. Ostpr.) Nr. 43, Stab, I. und III. Batl. Königsberg, II. Batl. Pillau.

1. Kavallerie-Brigade (Königsberg).
   Kürassier-Regiment Graf Wrangel (Ostpr.) Nr. 3 Königsberg.
   Dragoner-Regiment Prinz Albrecht von Preußen (Litauisches) Nr. 1 Tilsit.

1. Feldartillerie-Brigade (Königsberg).
   1. Ostpreußisches Feldartillerie-Regiment Nr. 16 Königsberg.
   2. Ostpreußisches Feldartillerie-Regiment Nr. 52 Königsberg.

2. Division (Insterburg).

3. Infanterie-Brigade (Rastenburg).
   Grenadier-Regiment König Friedrich der Große (3. Ostpr.) Nr. 4 Rastenburg.
   Infanterie-Regiment Graf Dönhoff (7. Ostpr.) Nr. 44 Goldap.

4. Infanterie-Brigade (Gumbinnen).
   Füsilier-Regiment Graf Roon (Ostpr.) Nr. 33 Gumbinnen.
   8. Ostpreußisches Infanterie-Regiment Nr. 45, Stab, II. und III. Batl. Insterburg, I. Batl. Darkehmen.

2. Kavallerie-Brigade (Insterburg).
   Ulanen-Regiment Graf zu Dohna (Ostpr.) Nr. 8, Stab, 3., 4., 5. Eskd. Gumbinnen, 1. und 2. Eskd. Stallupönen.
   Litauisches Ulanen-Regiment Nr. 12, Stab, 2.—5. Eskd. Insterburg, 1. Eskd. Goldap.

2. Feldartillerie-Brigade (Insterburg).
   Feldartillerie-Regiment Prinz August von Preußen (1. Litauisches) Nr. 1, Stab, reitende und II. Abt. Gumbinnen, I. Abt. Insterburg.
   2. Litauisches Feldartillerie-Regiment Nr. 37, Insterburg.

37. Division (Allenstein).

73. Infanterie-Brigade (Lyck).
   2. Masurisches Infanterie-Regiment Nr. 147, Stab, I. und II. Batl. Lyck, III. Batl. Lötzen.
   2. Ermländisches Infanterie-Regiment Nr. 151, Stab, I. und III. Batl. Sensburg, II. Batl. Bischofsburg.

75. Infanterie-Brigade (Allenstein).
   1. Masurisches Infanterie-Regiment Nr. 146 Allenstein.
   1. Ermländisches Infanterie-Regiment Nr. 150 Allenstein.

37. Kavallerie-Brigade (Allenstein).
Dragoner-Regiment König Albert von Sachsen (Ostpr.) Nr. 10 Allenstein.
Dragoner-Regiment von Wedel (Pommersches) Nr. 11 Lyck.
Masurisches Feldartillerie-Regiment Nr. 73 Allenstein.
(Zugeteilt der 1. Feldartillerie-Brigade).

Beim Korps befinden sich außerdem:

Fußartillerie-Regiment von Linger (Ostpr.) Nr. 1, Stab, 1.—8. Battr. Königsberg, 9. und 10. Batterie Feste Boyen.
Jäger-Bataillon Graf York von Wartenburg (Ostpr.) Nr. 1 Ortelsburg.
Kommando der Pioniere I. Armeekorps Königsberg.
Pionier-Bataillon Fürst Radziwill (Ostpr.) Nr. 1 Königsberg.
Samländisches Pionier-Bataillon Nr. 18 Königsberg.
Ostpreußisches Train-Bataillon Nr. 1 Königsberg.
2. Kompagnie Luftschiffer-Bataillon Nr. 2.

Maschinengewehr-Abteilungen und -Kompagnien.

Maschinengewehr-Abteilung Nr. 1, zugeteilt dem Jäger-Batl. Nr. 1, Ortelsburg,
" " Nr. 5, " " III./147 Lötzen,
" " Nr. 6, " " I./151 Sensburg,
" Kompagnie, zugeteilt dem Gren.-Reg. Nr. 3 Königsberg,
" " " " Füs.-Reg. Nr. 33 Gumbinnen,
" " " " Inf.-Reg. Nr. 41 Tilsit,
" " " " Inf.-Reg. Nr. 150 Allenstein.

Festungen und Fortifikationen.

Königsberg, Pillau, Feste Boyen.

Kommandanturen.

Königsberg, Pillau, Arys, Feste Boyen.

Intendanturen.

Intendantur des I. Armeekorps und der 1. Division in Königsberg, der 2. Division in Insterburg und der 37. Division in Allenstein.

Artillerie-Depots.

Königsberg mit Nebenartilleriedepot Allenstein, Feste Boyen, Pillau, Insterburg.

Garnison-Kommandos.

Allenstein, Bartenstein, Bischofsburg, Braunsberg, Darkehmen, Goldap, Gumbinnen, Insterburg, Lyck, Memel, Ortelsburg, Rastenburg, Sensburg, Stallupönen, Tilsit.

Sonstiges.

In Königsberg befindet sich die I. Festungsinspektion, eine Militärlehrschmiede, das Bekleidungsamt des I. Armeekorps, die Linienkommandantur N, die 2. Remontierungskommission, das Traindepot und das Sanitätsamt des I. Armeekorps, ferner eine Arbeiterabteilung und die I. Gendarmerie-Brigade. An militärischen Bildungsanstalten besitzt Ostpreußen in Bartenstein eine Unteroffizier-Vorschule. In Arys ist ein Truppenübungsplatz. Er wurde am 1. April 1892 eröffnet und ist alljährlich vom März bis September belegt. Ein Luftschiffhafen befindet sich seit 1911 in Kl. Amalienau bei Königsberg.

Ersatz.

Im I. Armeekorps sind 1909

a) ausgehoben worden:
für das Heer 9067 Mann,
für die Marine 308 Mann,

b) freiwillig eingetreten:
zu zwei- und mehrjährigem Dienst im I. A.-K. 1709 Mann,

Von dem beim I. Armeekorps 1909 aus Ostpreußen eingestellten Ersatze waren 12 Mann ohne Schulbildung (Analphabeten).

12. Oberförstereien.

I. Regierungsbezirk Königsberg.

1. Forstinspektion Wormditt.

Schwalgendorf, Alt Christburg, Wichertshof, Wormditt, Födersdorf, Pr. Eylau, Greiben.

2. Forstinspektion Frisching.

Tapiau, Gauleden.

3. Forstinspektion Labiau.

Papuschienen, Drusken, Alt Sternberg, Neu Sternberg, Mehlauken, Pfeil, Kl. Naujok, Nemonien.

4. Forstinspektion Königsberg.

Gertlauken, Leipen, Kobbelbude, Fritzen, Warnicken, Rossitten (Kurische Nehrung), Klooschen (bei Prökuls).

II. Regierungsbezirk Gumbinnen.

1. Forstinspektion Goldap.

Borken, Rotebude, Heydtwalde, Rominten, Goldap (die Oberförsterei ist in Rominten), Nassawen, Warnen.

2. Forstinspektion Insterburg.

Skallischen, Kranichbruch, Astrawischken, Tzullkinnen, Eichwald, Padrojen.

3. Forstinspektion Gumbinnen.

Brödlauken.

4. Forstinspektion Lasdehnen.

Schorellen, Uszballen, Weszkallen, Neu Lubönen, Trappönen, Schmalleningken, Jura, Wischwill.

5. Forstinspektion Tilsit.

Wilhelmsbruch, Schnecken, Dingken, Tawellningken, Ibenhorst, Norkaiten.

III. Regierungsbezirk Allenstein.

1. Forstinspektion Allenstein.

Lyck, Sadlowo (bei Bischofsburg), Kudippen (bei Allenstein).

2. Forstinspektion Johannisburger Heide-Südost.

Grondowken, Drygallen, Wolfsbruch, Kullik, Turoscheln, Kurwien, Breitenheide, Rudczanny.

3. Forstinspektion Johannisburger Heide-Nordwest.

Johannisburg, Guszianka, Crutinnen, Nikolaiken, Pfeilswalde, Friedrichsfelde, Puppen, Ratzeburg (bei Grünwalde).

4. Forstinspektion Ortelsburg.

Reußwalde (bei Gr. Schiemanen), Corpellen (bei Ortelsburg), Grüneberge, Willenberg, Kaltenborn, Grünfließ, Kommusin (bei Grünfließ), Hartigswalde (bei Jedwabno).

5. Forstinspektion Osterode.

Purden (bei Gr. Purden), Ramuck, Lanskerofen (bei Wuttrienen), Hohenstein, Jablonken (bei Alt Jablonken), Taberbrück, Prinzwald, Liebemühl.

(Kiefern-Samendarren befinden sich in Rudczanny, Puppen und Taberbrück.)

13. Verzeichnis der Wochenmärkte an den wichtigeren Marktplätzen.

a) Regierungsbezirk Königsberg.

Allenburg, Mittwoch und Sonnabend.
Barten, Sonnabend.
Bartenstein, Mittwoch und Sonnabend.
Braunsberg, Mittwoch und Sonnabend.
Domnau, Mittwoch und Sonnabend.
Drengfurt, Mittwoch und Sonnabend.
Pr. Eylau, Mittwoch und Sonnabend.
Fischhausen, Mittwoch und Sonnabend.
Frauenburg, Dienstag und Freitag.
Friedland, Mittwoch und Sonnabend.
Gerdauen, Mittwoch und Sonnabend.
Guttstadt, Dienstag und Freitag.
Heiligenbeil, Mittwoch und Sonnabend.
Heilsberg, Dienstag und Freitag.
Pr. Holland, Mittwoch und Sonnabend.
Königsberg, Mittwoch und Sonnabend.
Kreuzburg, Mittwoch und Sonnabend.
Labiau, Mittwoch und Sonnabend.
Landsberg, Mittwoch und Sonnabend.
Mehlauken, Mittwoch.
Mehlsack, Mittwoch und Sonnabend.
Memel, Mittwoch und Sonnabend.
Mohrungen, Mittwoch und Sonnabend.
Mühlhausen, Mittwoch und Sonnabend.
Nordenburg, Mittwoch und Sonnabend.
Pillau, Mittwoch und Sonnabend.
Pobethen, Mittwoch.
Rastenburg, Mittwoch und Sonnabend.
Saalfeld, Mittwoch und Sonnabend.
Schippenbeil, Mittwoch und Sonnabend.
Tapiau, Mittwoch und Sonnabend.
Wehlau, Mittwoch und Sonnabend.
Wormditt, Mittwoch und Sonnabend.
Zinten, Mittwoch und Sonnabend.

b) Regierungsbezirk Gumbinnen.

Angerburg, Mittwoch und Sonnabend.
Darkehmen, Mittwoch und Sonnabend.
Goldap, Montag und Donnerstag.
Gumbinnen, Dienstag und Freitag.
Heinrichswalde, Mittwoch.
Heydekrug, Dienstag und Freitag.
Insterburg, Mittwoch und Sonnabend.
Kaukehmen, Mittwoch.
Koadjuten, Donnerstag.
Kraupischken, Donnerstag.
Marggrabowa, Dienstag und Sonnabend.
Pillkallen, Mittwoch und Sonnabend.
Pröküls, Mittwoch und Sonnabend.
Ragnit, Mittwoch und Sonnabend.
Ruß, Mittwoch und Sonnabend.
Schirwindt, Donnerstag.
Schmalleningken, Mittwoch.
Stallupönen, Montag und Donnerstag.
Szillen, Freitag.
Tilsit, Mittwoch und Sonnabend.
Trempen, Freitag.

c) Regierungsbezirk Allenstein.

Allenstein, Dienstag und Freitag.
Arys, Freitag.
Bialla, Montag und Donnerstag.
Bischofsburg, Mittwoch und Sonnabend.
Bischofstein, Dienstag und Freitag.
Gilgenburg, Mittwoch und Sonnabend.
Hohenstein, Mittwoch und Sonnabend.
Johannisburg, Dienstag und Freitag.
Liebemühl, Mittwoch und Sonnabend.
Liebstadt, Mittwoch und Sonnabend.
Lyck, Mittwoch und Sonnabend.
Lötzen, Dienstag und Freitag.
Neidenburg, Mittwoch und Sonnabend.
Nikolaiken, Mittwoch und Sonnabend.
Ortelsburg, Mittwoch und Sonnabend.
Osterode, Mittwoch und Sonnabend.
Passenheim, Mittwoch und Sonnabend.
Rhein, Mittwoch und Sonnabend.
Rössel, Mittwoch und Sonnabend.
Seeburg, Mittwoch und Sonnabend.
Sensburg, Dienstag und Freitag.
Soldau, Dienstag und Freitag.
Wartenburg, Mittwoch und Sonnabend.
Widminnen, Mittwoch.
Willenberg, Mittwoch und Sonnabend.

14. Die Hochmeister des Deutschen Ritterordens.

1.	Heinrich Walpot v. Bassenheim	1198–1200
2.	Otto von Kerpen	1200–1206
3.	Hermann Bart	1206–1210
4.	Hermann von Salza	1211–1239
5.	Landgraf Konrad von Thüringen	1239–1240
6.	Gerhard von Malberg	1240–1244
7.	Heinrich von Hohenlohe	1244–1249
8.	Günter von Schwarzburg	1249–1253
9.	Poppo von Osterna	1253–1257
10.	Anno von Sangerhausen	1257–1274
11.	Hartmann v. Heldrungen	1274–1283
12.	Burkhard von Schwenden	1284–1290
13.	Konrad von Feuchtwangen	1290–1297
14.	Gottfried von Hohenlohe	1297–1303
15.	Siegfried v. Feuchtwangen	1303–1311
16.	Karl Beffart v. Trier	1311–1324
17.	Werner von Orseln	1324–1330
18.	Herzog Luther von Braunschweig	1331–1335
19.	Burggraf Dietrich v. Altenburg	1335–1341
20.	Ludolf König	1342–1345
21.	Heinrich Dusmer von Arfberg	1345–1350
22.	Winrich von Kniprode	1351–1382
23.	Konrad Zöllner von Rotenstein	1382–1390
24.	Konrad von Wallenrod	1391–1393
25.	Konrad von Jungingen	1393–1407
26.	Ulrich von Jungingen	1407–1410
27.	Heinrich von Plauen	1410–1413
28.	Michael Küchmeister von Sternberg	1414–1422
29.	Paul von Rußdorf	1422–1441
30.	Konrad von Erlichshausen	1441–1449
31.	Ludwig von Erlichshausen	1450–1467
32.	Heinrich Reuß v. Plauen	1468–1470
33.	Heinrich von Richtenberg	1470–1477
34.	Martin Truchseß von Wetzhausen	1477–1489
35.	Johann von Tiefen	1489–1497
36.	Herzog Friedrich v. Sachsen	1498–1510
37.	Markgraf Albrecht v. Brandenburg	1511–1525

15. Die Bischöfe von Ermland.

I. Ermland selbständig:

1.	Anselmus	1250–1278.
2.	Heinrich I. Fleming	1279–1300.
3.	Eberhard (aus Neiße)	1301–1326.
4.	Jordan	1326–1328.
5.	Heinrich II. (Wogenap)	1329–1334.
	Von 1334–1338 Sedisvakanz.	
6.	Hermann (aus Prag)	1338–1349.
7.	Johann I. (Frankonius)	1350–1355.
8.	Johann II. (Stryprock)	1355–1373.
9.	Heinrich III. (Sorbom)	1373–1401.
10.	Heinrich IV. (Vogelsang)	1401–1415.
11.	Johann III. (Abeyer)	1415–1424.
12.	Franz (Kuhschmalz)	1424–1457.

13. Äneas Sylvius Piccolomini 1457–1458.
14. Paul (v. Legendorf) 1458–1467.

Ermland unter polnischer Herrschaft (1466–1772):

15. Nikolaus (von Tüngen) 1467–1489.
16. Lukas (Watzelrode) 1489–1512.
17. Fabian (v. Markelingerode) 1512–1523.
18. Mauritius Ferber 1523–1537.
19. Johann IV. (Dantiskus) 1537–1548.
20. Tidemann Giese 1549–1550.

II. Bischöfe polnischer Nation:

21. Kardinal Stanislaus Hosius 1551–1579.
22. Martin Kromer 1579–1589.
23. Kardinal Andreas Bathori, 1589–1599. er war ein Bruder des Königs Stephan Bathori.
24. Peter Tylicki 1600–1604.
25. Simon Rudnicki 1604–1621.
26. Johann Albert, 1621–1633. er war ein Sohn des Königs Sigismund.
27. Nikolaus Szyszkowski 1633–1643.
28. Johann Karl Konopacki 1644, starb bald nach seiner Ernennung, hat aber gar nicht dem Bistume vorgestanden.
29. Wenceslaus Leszyński 1644–1659.
30. Johann Stephan Wydźga 1659–1679.
31. Kardinal Michael Stephan Radziejowski 1679–1688.
32. Johann Stanislaus Sbąski 1688–1697.
33. Andr. Chrysost. Załuski 1698–1711.
34. Theodor Andreas Patocki 1711–1724.
35. Christophorus Andreas Johannes Szembek 1724–1740.
36. Adam Stanislaus Grabowski 1741–1766.
37. Ignaz Krasicki 1767–1795.

III. Ermland unter preußischer Herrschaft von 1772 ab:

38. Graf Karl v. Hohenzollern 1795–1803.
39. Prinz Joseph von Hohenzollern 1803–1836.
40. Andreas Stanislaus von Hatten 1836–1841.
41. Joseph Ambrosius Geritz 1841–1867.
42. Philipp Krementz 1868–1885.
43. Andreas Thiel 1886–1908.
44. Augustinus Bludau seit 20. Juni 1909.

16. Wichtige Zahlen aus der ostpreußischen Geschichte.

997 Bischof Adalbert von Prag wird von den heidnischen Preußen erschlagen.
1008 Bruno von Merseburg erleidet den Märtyrertod.
1190 Stiftung eines Deutschen Krankenpflegerordens zu Akkon.
1198 Der Deutsche Ritterorden geht aus diesem Krankenpflegerorden hervor.
1226 Herzog Konrad von Masovien bittet den Deutschen Ritterorden um Hilfe gegen die Preußen.
1230—1283 Eroberung Preußens durch den Deutschen Ritterorden.
1237 Vereinigung des Deutschen Ritterordens und des Schwertbrüderordens.
1242—1248 Erster Aufstand der Preußen gegen den Orden.
1255 Königsberg wird gegründet.
1260—1272 Zweiter Aufstand der Preußen gegen den Orden.
1309 Der Hochmeister Siegfried von Feuchtwangen kommt nach Preußen und nimmt seinen Wohnsitz in der Marienburg.
1351—1382 Regierungszeit des Hochmeisters Winrich von Kniprode.
1370 Schlacht bei Rudau.
1386 Jagello, Großfürst von Litauen, tritt zum Christentum über und vereinigt infolge seiner Heirat mit Hedwig, der Erbin von Polen, Litauen und Polen.
1410 (15. Juli) Schlacht bei Tannenberg.
1411 Erster Friede zu Thorn.
1422 Friede am Melnosee.
1440 Gründung des Preußischen Bundes.

1454—1466 Der Dreizehnjährige Städtekrieg (Bündner-Krieg).
1466 Zweiter Friede zu Thorn.
1473—1543 Nikolaus Kopernikus.
1519—1525 Der sogenannte Reiterkrieg (Lehnskrieg zwischen dem letzten Hochmeister und den Polen).
1525 Vertrag zu Krakau.
1525—1568 Markgraf Albrecht von Brandenburg regiert als erster Herzog von Preußen.
1544 Die Universität Königsberg wird gegründet.
1568—1618 Albrecht Friedrich ist Herzog in Preußen.
1618 Kurfürst Johann Sigismund vereinigt Preußen mit Brandenburg.
1626—1635 Der erste Schwedenkrieg.
1656—1660 Der zweite Schwedenkrieg.
1656 Vertrag zu Labiau.
1656 und 1657 Tatareneinfälle.
1657 Vertrag zu Wehlau.
1678 zu 1679 Winterfeldzug des Großen Kurfürsten. Gefecht bei Splitter.
1701 (18. Januar) Preußen wird ein Königreich.
1703—1712 Der dritte Schwedenkrieg.
1709—1711 Die große Pest in Ostpreußen.
1732 Aufnahme der vertriebenen Salzburger in Ostpreußen.
1757 Schlacht bei Gr. Jägersdorf.
1758—1762 Ostpreußen von den Russen besetzt.
1772 Erste Teilung Polens. Das Ermland wird preußisch.
1806 und 1807 Der Unglückliche Krieg.
1812 Durchzug der Franzosen durch Ostpreußen.
1813 (3.—5. Februar) Ostpr. Landtag in Königsberg. Erhebung des Ostpreußenvolkes.
1878 Teilung Preußens in die Provinzen Ost- und Westpreußen.
1910 Vertrag über die Niederlegung der die Stadt Königsberg einengenden Festungsanlagen.

17. Zur Literatur über Ostpreußen.

Dr. Aloys Bludau, Die Oro- und Hydrographie der preußischen und pommerschen Seenplatte, insbesondere im Stromgebiete der Weichsel. (Mit Höhenschichtenkarte.) Gotha, Justus Perthes, 1894.

Rudolf Bogdahn, Der Kreis Niederung. Ein Beitrag zur Heimatkunde. Tilsit, Selbstverlag des Verfassers, 1903.

Dr. Hugo Bonk, Die Städte und Burgen in Altpreußen (Ordensgründungen) in ihrer Beziehung zur Bodengestaltung. Königsberg, Ferd. Beyers Buchhandlung, 1895.

Adolf Bötticher, Die Bau- und Kunstdenkmäler der Provinz Ostpreußen, herausgegeben im Auftrage des Ostpreußischen Provinzial-Landtages. Königsberg, Bernhard Teichert. Acht Hefte und ein Registerband, 1894—99.

G. Braun, Ostpreußens Seen. Schrift der Physik. Ökon. Gesellschaft zu Königsberg, 1903.

Richard Dethlefsen, Bauernhäuser und Holzkirchen in Ostpreußen. Berlin, E. Wasmuth, 1911.

Deutsches Land und Leben in Einzelschilderungen: Dr. Albert Zweck: Litauen, Masuren, Samland und das Pregel- und Frischingtal; Dr. Aloys Bludau: Oberland, Ermland, Natangen und Barten, 1901; Dr. Richard Armstedt: Geschichte der Königl. Haupt- und Residenzstadt Königsberg, 1899, Stuttgart, Hobbing u. Büchle.

Flora von Ost- und Westpreußen. Herausgegeben vom Pr. Bot. Verein zu Königsberg i. Pr. Berlin, R. Friedländer und Sohn, 1898ff.

P. Gerhardt, Handbuch des deutschen Dünenbaues. Berlin, Paul Parey, 1900.

Dr. Max Hecht, Aus der deutschen Ostmark, Wanderungen und Studien. Gumbinnen, C. Sterzels Buchhandlung, 1897.

A. Hensel, Samland. (Mit Karte.) 5. Auflage. Königsberg, Hartungsche Verlagsdruckerei, 1909.

A. Hensel, Masuren. Ein Wegweiser durch das Seengebiet und seine Nachbarschaft. 5. Aufl. (Mit Karte). Königsberg, ebenda, 1909.

Emil Hollack, Vorgeschichtliche Übersichtskarte von Ostpreußen, mit Erläuterungen. Im Auftrage des Ostpreußischen Provinzial-Verbandes bearbeitet und herausgegeben. Berlin, Carl Flemming, A.-G., 1908.

Dr. Alfred Jentzsch, Nachweis der beachtenswerten und zu schützenden Bäume, Sträucher und erratischen Blöcke in der Provinz Ostpreußen. (Beiträge zur Naturkunde Preußens, herausgegeben von der Physikalisch-Ökonomischen Gesellschaft zu Königsberg). Königsberg i. Pr., W. Koch, 1900.

Dr. Alfred Jentzsch, Führer durch die Geologischen Sammlungen des Provinzialmuseums der Phys.-Ökon. Gesellschaft, enthaltend eine Übersicht der Geologie Ost- und Westpreußens. Königsberg, Wilh. Koch, 1892.

Dr. C. Krollmann, Ostpreußens Burgen. Nach einem Vortrage. Berlin, Franz Ebhardt u. Co., 1905.

Dr. Karl Lohmeyer, Geschichte von Ost- und Westpreußen. I. Band bis 1411. 3. Aufl., Gotha, F. A. Perthes, 1908. Der II. Band von Dr. C. Krollmann erscheint demnächst.

Dr. H. Lullies, Landeskunde von Ost- und von Westpreußen. 7. Auflage. Breslau, Ferdinand Hirt, 1911.

Ministerium der öffentlichen Arbeiten: Führer auf den deutschen Schiffahrtsstraßen. 6. Teil. Das Weichselgebiet und die östlichen Schiffahrtsstraßen. Berlin, Berliner Lithographisches Institut, 1903.

Sahm, Wegweiser durch Königsberg i. Pr. und Umgebung. 2. Auflage. Königsberg, Wilh. Koch, 1910.

Ostpreußen, herausgegeben vom Verein zur Hebung des Fremdenverkehrs. Königsberg, 1910.

Segelhandbuch für die Ostsee, Abteilung III, mit Nachtrag. Vierte Auflage. Berlin, Dietrich Reimer (Ernst Vohsen), 1904 und Nachtrag von 1908.

Kais. Stat. Amt: Die Stromgebiete des Deutschen Reiches, hydrographisch und orographisch dargestellt mit beschreibendem Verzeichnisse der deutschen Wasserstraßen. Teil I. Gebiet der Ostsee. Berlin, Puttkammer u. Mühlbrecht, 1908.

Fr. Tetzner, Die Slawen in Deutschland. Beiträge zur Volkskunde der Litauer usw. Braunschweig, Vieweg & Sohn 1902.

Dr. A. Tornquist, Geologie von Ostpreußen. Berlin, Gebrüder Borntraeger, 1910.

Dr. Felix Wahnschaffe, Die Oberflächengestaltung des norddeutschen Flachlandes. 3. Auflage. Stuttgart, J. Engelhorn, 1909.

Der Wanderer durch Ost- und Westpreußen. Illustrierte Monatsschrift zur Pflege heimatlicher Interessen. Elbing, E. Wernich. Von 1904 ab.

18. Karten.

1. W. Liebenow, Spezialkarte der Provinz Ostpreußen mit angrenzenden Länderteilen. Frankfurt a. M., Ludwig Ravenstein.
2. Dr. C. Vogel, Karte des Deutschen Reiches. 27 Blätter in Kupferstich. Umdruck-Ausgabe. Gotha, Justus Perthes. In Betracht kommen die Blätter 4, 5, 10, 11.
3. F. Handtke, Generalkarte von Ostpreußen (Nr. 27 der Generalkarten). Berlin, Carl Flemming.

4. Eulitz, Verkehrskarte der Provinz Ostpreußen. Revidiert von der Kgl. Eisenbahndirektion Königsberg. 20. Auflage. Lissa, Oskar Eulitz.

5. Sicker, Karte von Ostpreußen (unter Mitwirkung von Zühlke, Bludau und Zweck). Stuttgart, A. Zimmer.

6. Für die einzelnen Kreise sind Karten aus der Generalstabskarte des Deutschen Reiches 1 : 100 000 zu haben.

7. Die Kgl. Preußische Landesaufnahme gibt Meßtischblätter (in Farbendruck je 1 ℳ) heraus. Von Ostpreußen sind bisher erschienen: 103 Gr. Dirschkeim, 104 Rauschen, 105 Neukuhren, 106 Cranz, 107 Bledau, 108 Postnicken, 139 Palmnicken, 140 Germau, 141 Pobethen, 142 Rudau, 143 Powunden, 144 Schaaken, 180 Lochstädt, 181 Fischhausen, 182 Medenau, 183 Königsberg-West, 184 Königsberg-Ost, 185 Schönwalde, 226 Pillau, 227 Zimmerbude, 228 Brandenburg, 229 Ponarth, 230 Ludwigswalde, 231 Löwenhagen, 277 Balga, 278 Bladiau, 279 Pörschken, 280 Mahnsfeld, 281 Tharau, 282 Uderwangen.

8. Seekarte der Kaiserlich Deutschen Admiralität Nr. 45: Küste von Ostpreußen und Kurisches Haff. Berlin, D. Reimer. 1904.

9. Paul Langhans, Nationalitätenkarte der Provinz Ostpreußen. Gotha, J. Perthes. 1907.

Namen- und Sachregister.

Druckfehlerberichtigung.

Seite 38 Zeile 23 v. o. lies Kallningken statt Kalningken.
„ 55 „ 9 „ u. „ Heiligelinde statt Heilige Linde.
„ 76 in der Bildunterschrift lies Rossitten statt Rossiten.
„ 93 Zeile 15 v. u. lies Takgraben statt Taggraben.
„ 119 „ 4 „ o. „ Buchwalde statt Buchwald.
„ 165 „ 21 „ u. „ 16 statt 10 Oberförstereien.
„ 178 „ 21 „ u. „ Jodekrandt statt Jodekandt.
„ 400 „ 18 „ u. „ Nerfken statt Nerkken.

49,80

FRIEDRICHSTEIN

BALGA